顧留

乙宥 斧四十八卷

隱卒

遺愛

右通共十二篇

七十二條

四十八卷

十六冊每三卷為一卷

역주 목민심서 7

정약용

다산연구회 역주
임형택 교열

창비

次例

일러두기

1. 이 책 『역주 목민심서』 제7권은 아래 4종의 대본을 가지고 대조·교정한 한문 원본이다.

    ① 신조선사본新朝鮮社本: 1930년대 신조선사에서 간행한 『여유당전서與猶堂全書』 제5집 정법
    집政法集의 『목민심서牧民心書』. 약칭 '신조본新朝本'이라고 함.

    ② 성균관대학교도서관본: 연조年條 미상의 사본으로 총 7책, 약칭 '성대본成大本'이라고 함.

    ③ 서벽외사 쌍매당본栖碧外史 雙梅堂本: 경남 밀양군 퇴로리 쌍매당 소장으로 곤양昆陽의 관
    인官印이 찍힌 조선 후기의 사본으로 총 14책. 약칭 '쌍매당본雙梅堂本'이라고 함.

    ④ 다산학술문화재단본: 다산학술문화재단에서 간행한 『정본 여유당전서』 제5집 정법집政法
    集의 『목민심서牧民心書』. 약칭 '재단본財團本'이라고 함.

2. 4종의 대본 가운데 '신조본'은 문헌편찬위원회 및 경인문화사의 영인影印으로 가장 널리 반포
되어 있으나, 글자의 오류가 있고 가끔 누락된 곳도 있으며 강綱과 목目이 구분 없이 이어진
곳도 있다. 그러나 반포된 상황을 고려하여 이 '신조본'을 토대로 하고 잘못된 점들은 '성대본'
'쌍매당본' '재단본'에 의하여 시정하였다.

3. '성대본' '쌍매당본'에 의하여 시정한 점들은 따로 표시하지 않고, '신조본'의 원래 잘못된 점과
'재단본'을 통해 확인한 사항만을 각주로써 밝혀놓았다. 다만 원 출전을 찾아 확인하고 수정한
사항에는 그 근거가 되는 원 출전을 밝혀놓았다.

4. 정약용 자신의 견해를 밝힌 부분임을 알려주는 '案' '鏞案' '臣謹案'은 굵은 글씨로 달리 표시하
였다. 鏞案은 존경하는 분의 말씀에 대해, 臣謹案은 임금의 말씀에 대해, 案은 그밖의 일반적인
문제에 대한 견해이다.

5. 정약용의 주는 【 】로 표시하였다.

自序

昔舜紹堯, 咨十有二牧, 俾之牧民, 文王立政, 乃立司牧, 以爲牧夫, 孟子之平陸, 以芻牧喩牧民, 養民之謂牧者, 聖賢之遺義也. 聖賢之敎, 原有二途. 司徒敎萬民, 使各修身, 大學敎國子, 使各修身而治民, 治民者, 牧民也. 然則君子之學, 修身爲半, 其半牧民也. 聖遠言湮, 其道寢晦, 今之司牧者, 唯征利是急, 而不知所以牧之. 於是, 下民羸困, 乃瘰乃瘝, 相顚連以實溝壑, 而爲牧者, 方且鮮衣美食以自肥, 豈不悲哉? 吾先子受知聖朝, 監二縣, 守一郡, 護一府, 牧一州, 咸有成績. 雖以鏞之不肖, 從以學之, 竊有聞焉; 從而見之, 竊有悟焉; 退而試之, 竊有驗焉, 旣而流落, 無所用焉. 窮居絶徼, 十有八年, 執五經四書, 反復硏究, 講修己之學, 旣而曰學學半. 乃取二十三史及吾東諸史及子集諸書, 選古司牧·牧民之遺迹, 上下紬繹, 彙分類聚, 以次成編. 而南徼之地, 田賦所出, 吏奸胥猾, 弊瘼棼興, 所處旣卑, 所聞頗詳, 因亦以類疏錄, 用著膚見. 共十有二篇, 一曰赴任, 二曰律己, 三曰奉公, 四曰愛民, 次以六典, 十一曰賑荒, 十二曰解官. 十有二篇, 各攝六條, 共七十二條. 或以數條合之爲一卷, 或以一條分之爲數卷, 通共四十八卷, 以爲一部. 雖因時順俗, 不能上合乎先王之憲章, 然於牧民之事, 條例具矣. 高麗之季, 始以五事, 考課守令, 國朝因之, 後增爲七事, 所謂責其大指而已. 然牧之爲職, 靡所不典, 歷擧衆條, 猶懼不職, 矧冀其自考而自行哉! 是書也, 首尾二篇之外, 其十篇所列, 尙爲六十, 誠有良牧[1], 思盡其職, 庶乎其不迷矣. 昔傅琰作『理縣譜』, 劉彝作『法範』, 王

---

1 牧: 新朝本에는 '牲'으로 되어 있음.

素有『獨斷』, 張詠有『戒民集』, 眞德秀作『政經』, 胡大初作『緒言』, 鄭漢奉作「宦澤」篇, 皆所謂牧民之書也. 今其書多不傳, 唯淫辭奇句, 霸行一世, 雖吾書, 惡能傳矣? 雖然, 『易』曰: "多識前言往行, 以畜其德." 是固所以畜吾之德, 何必於牧民哉! 其謂之'心書'者何? 有牧民之心, 而不可以行於躬也, 是以名之.

當宁二十一年辛巳莫春, 洌水丁鏞, 序.

赴任六條
除拜·治裝·辭朝·啓行·上官·莅[1]事

第一條 除拜

他官可求, 牧民之官, 不可求也.

事上曰民, 牧民曰士. 士者仕也, 仕者皆牧民者也. 然京官, 或以供奉爲職, 或以典守爲任, 小心謹愼, 庶無罪悔. 唯守令者, 萬民之宰, 一日萬機, 具體而微, 與爲天下國家者, 大小雖殊, 其位實同, 斯豈可求者乎? 古者上公, 地方百里, 侯伯七十里, 子男五十里, 不能五十者, 謂之附庸, 皆諸侯也. 今大州, 其地準上公, 中邑準侯[2]伯, 下邑準子男, 殘小者如附庸. 其爵名雖殊, 其職則古諸侯也. 古之諸侯, 有相焉, 有三卿焉, 大夫百官具焉, 各治其事, 其爲侯也不難. 今之守令, 孑然孤立乎萬民之上, 以姦民三人爲之佐, 以猾吏六七十人爲之輔, 麤豪者數人爲幕賓, 悖戾者十人爲僕爲隷, 相與朋比固結, 以掩蔽一夫之聰明, 欺詐舞弄, 以虐萬民. 然且古之諸侯, 父傳子承, 世世襲位, 臣民得罪者, 或終身不調, 或歷世不振, 其名義至重, 故雖有惡人, 不敢不畏服. 今之守令, 其久者或至二朞, 不然者數月而遞, 其爲物也, 如逆旅之過客, 而彼爲佐·爲輔·爲幕賓·爲僕隷者, 皆父傳子承, 如古之世卿焉. 主客之勢旣殊, 久暫之權又懸. 非有君臣大義·天地定分, 其得罪者, 逃而避之, 客去而主人還家, 其安富自若, 又何畏焉? 故守令之難, 百倍於公侯, 斯豈可求者乎? 雖有德, 不

---

1 莅: 新朝本에는 '蒞'으로 되어 있음.
2 侯: 新朝本에는 '俟'으로 되어 있음.

威不能焉; 雖有志, 不明不能焉. 凡不能者, 民受其害, 毒痛顛連, 人非鬼責, 殃流苗裔, 斯豈可求者乎? ○今武人, 躬謁銓官, 乞爲守令, 習久成俗, 恬不知恥. 其才謂之能與不能, 求之者, 旣不自揣; 聽之者, 亦不考問, 斯固非矣. 文臣爲玉堂·銀臺者, 有乞郡之法, 下以其孝誠乞之, 上以其孝理許之, 習久成俗, 以爲當然. 然虞夏殷周之世, 必無此事. 夫家貧親老, 菽水難繼者, 其私情, 誠亦矜惻, 然天地公理, 有爲官擇人, 無爲人擇官, 爲一家之養, 求萬民之牧, 可乎? 爲人臣者, 乞征萬民, 以養我父母, 非理也; 爲人君者, 許征萬民, 以養爾父母, 非理也. 若有懷才抱道之人, 自揣其器, 可以牧民, 則上書自薦, 乞治一郡, 可也. 徒以家貧親老·菽水難繼爲辭, 而乞得一郡, 非理也. 古者, 蓋有經幄之臣, 素負民望者, 偶一乞郡, 朝廷遣此人, 不慮其不能; 郡民得此人, 胥欣而胥悅. 後之人, 無才無德者, 援此爲例, 其家不貧, 菽水不匱者, 亦皆冒沒乞郡, 非禮也. 必不可蹈也.

退溪答李剛而書曰: "甘旨之闕, 雖人子之所深憂者, 今人每以榮養藉口, 而受無義之祿, 與乞墦間而充甘旨, 無以異也." ○又曰: "毛義奉檄而喜, 張奉美之, 此別是一說. 蓋毛公本有高退之志, 爲養親而屈意, 故美之. 若以非義得而喜之, 則奉將唾之而去矣." ○案 才短家富而乞郡以養親者, 非不義乎? 如有吏才, 雖自薦, 可也.

後漢耿純, 請治一郡盡力自效, 上笑曰: "卿乃欲以治民自效." 遂拜東郡太守.

唐李抱眞, 願將一州以自試, 初授潞州, 復徙懷州. 八年居官, 百姓安逸.

除拜之初, 財不可濫施也.

守令俸祿, 無不排月, 細剖其數, 無不排日. 凡引月引日, 以用其財者, 皆非其財而用之者也. 凡非其財而用之者, 貪之兆也. 守令未到而遞者, 皆不得與分其俸, 身未離京, 何爲而用彼邑之財乎? 其不得已者施之, 餘不可濫也. ○今守令辭朝之日, 掖隷·院隷【大殿別監, 政院使令.】, 討索例錢, 名之曰'闕內行下', 多者數百兩, 少者五六十兩. 蔭官·武官及寒遠之人, 或所施不滿其欲, 此輩公肆詬罵, 或執衣袂, 窘辱罔狀. 先朝嘗嚴禁, 政院爲之酌定其數, 令不得加減, 雖其詬罵少息, 其徵索無異貢額, 大非禮也. 夫朝廷爲民遣牧, 當戒其節用以愛民, 先縱披隷·院隷, 討索無名之錢, 以防其挾娼·會飲·彈箏·擎笛之用, 斯何禮也? 近臣督之, 曰: "爾得腴邑, 將食民膏, 其餉內隷." 非禮也; 牧臣順之, 曰: "我得腴邑, 將食民膏, 何辭此費?" 非禮也. 況邑例萬殊, 闕內行下之錢, 或有自民庫取用者, 若是者, 非縱隷以剝民乎? 雖然, 此事宜自朝廷禁斷, 其出牧者, 唯有考例二字, 循常酬應而已, 將奈之何? ○窮交·貧族·姑嫂·姊妹, 或有求者, 不可不應, 然帖子之末, 書之曰: "上官後十日覓納."【十日程者, 限十日; 五日程者, 限五日. 度無事上官, 然後施行.】以付邸吏【京主人】. 其情境不急者, 竝以溫言留約, 上官後一兩月內, 自官輸送, 邸債不可多負也. 是者, 亦須先給帖子【書之曰: "某宅錢幾兩."】, 使之安心傾信.

邸報下送之初, 其可省弊者省之.

新迎禮節, 一曰支裝封進, 二曰衙舍修理, 三曰旗幟迎接, 四曰風約待候【卽坊里之任】, 五曰中路問安, 其弊或有可省者. ○邸吏告遣人, 牧傳令于本邑公兄曰【吏房·戶長等】: "支裝物種, 酒脯之外, 竝勿封進, 衙舍修理, 待分付擧行. 上官日, 境上旗幟, 只令旗二雙, 以門卒奉持【卽使令】, 他皆除減. 毋論邑與外村, 一箇軍卒, 切勿知委. 自下討索者, 另行嚴禁. 外村風憲·約正及千把摠·哨官·旗牌官之等, 竝勿知委. 中路問安, 惟趁半程, 一次起送, 物種竝勿封進." ○古者, 支裝之物, 鞍具·衣資·紙幣·膳物, 厥數夥然, 此新迎之禮貌也. 受此禮物, 以散親戚, 古之道也. 此雖美風, 中世以來, 郡邑凋弊, 凡事務從節約, 故曰支裝可省. ○衙舍修理, 則紙物浩費, 役民役僧, 其弊多端, 待我上官, 量宜修理, 可也. ○新迎旗幟, 例捉束伍軍, 使之奉持, 其入邑者, 遲留浹旬, 其不入邑者, 私有徵斂, 若値農時, 益爲民弊, 不可以不念也. ○凡村氓入邑遲留, 皆爲民弊. 故風約·將官之等, 亦可省也. ○新迎之初, 邑吏問安之伻, 絡繹不絶, 畢竟其往來浮費, 皆出民力. 上官之後, 門隷【卽使令】憑藉爲說, 徵於村里, 或稱動鈴【卽白手求乞之名】, 或稱釣鯤【卽佩酒求乞之名】, 或於契房村爲之

【詳見下】, 或於海島山村爲之. 故問安之伴, 不可數也.

『茶山筆談』云: "新迎騶從之中, 其最無用者, 吏房之吏也. 我之赴任, 欲奉母携妻, 與之偕行, 則吏房不可少也, 若我翩然獨行, 吏房豈不贅哉?" ○邸報下送之初, 傳令曰: "官今獨行, 務要簡省. 新迎吏房, 切勿上來, 但於境上迎候. 唯刑吏一人, 兼廚史【即所云監嘗】·館史【即行次工房】, 通引一人【即侍童】, 侍奴二人【即及唱】, 騶從二人【即驅從房子】, 阜隸三人【即使令】, 可即上來, 除此以外, 無敢亂動." ○若我事情, 不可簡省, 須增人數, 以少爲貴.

新迎刷馬之錢, 旣受公賜, 又收民賦, 是匿君之惠, 而掠民財, 不可爲也.

按『續大典』, 外官迎送刷馬, 計道里定數.【見「戶典」外官供給條】西關·北關二路之外, 皆有刷馬, 州府二十匹, 郡縣十五匹, 爲元定之數. 而又以上中下道分三等, 又以大中小邑分三等, 其遠而大者, 加至六匹; 其近而小者, 或加二匹. 京畿有減, 西關之博川以西, 北關之洪原以北, 皆給驛馬.【見「兵典」驛馬條】凡刷馬之價, 始皆給米, 均役以來, 三南沿邑, 以錢代給【見『大典』】, 多者四百餘兩, 少者三百餘兩. 立法之初, 朝廷慮迎送之時, 或以刷馬侵民, 畫給此錢, 以防其雇. 今新舊官交遞之時, 新舊官刷馬之錢, 又徵於民間, 或視公賜加倍, 或與公賜相準. 習久成俗, 恬不知恥, 大非禮也.【舊官之行, 無公賜.】君爲民憂, 賜我以馬, 匿君之惠, 又漁民貨, 所謂葛伯食之, 又不以祭也. 新官刷馬之錢, 必自鄕廳發令, 非新官之罪也. 然及其上官之後, 不以此錢還給民間, 是新官食之也. 收者非我, 食者伊誰? 尙可以逭其咎乎? 旣不可食, 無寧早下一令, 以之明此心於萬民乎?

邸報下送之日, 別下傳令於公兄曰: "新迎夫刷價, 似於令前, 業已收斂. 然旣有公家之畫給, 又何收斂於民間? 然旣斂之物, 還給民間, 則中間消融, 亦可慮也. 諸里賦役之中, 毋論軍錢·稅錢, 必有數月內當納之物, 夫刷價已納者, 當以此移施, 就其當納之中, 計除此數, 勿復來納, 誠合事宜. 須以此意, 自鄕廳發令, 一一曉喩, 使各知悉." ○若其交遞在京, 而邑不及知, 則令曰: "新迎夫刷價, 旣有公家之畫給, 又何收斂於民間乎? 愼勿收斂."【不可添一字】

○凡新官初出, 萬民想望風采. 當此之時, 此令下去, 則歡聲如雷, 歌頌先作, 威生於廉, 奸猾慴伏, 發號施令, 民莫不順. 嗟乎! 所捨者, 三百兩錢, 以三百兩錢, 買此歡聲, 不亦善乎? 上下數百年, 縱橫四千里, 上官之前, 終無能發此令者, 非人人皆不廉也. 未經事者, 不知此例, 既上官, 認爲當然, 故莫之能焉. 自我爲首, 倡此義聲, 不亦快乎? ○邑例萬殊. 廨舍修理, 日傘·雙轎等猥瑣名目, 亦或與夫刷價, 同時收斂, 問於邸吏, 邑例若然, 宜亦竝擧.

第二條 治裝

治裝, 其衣服鞍馬, 竝因其舊, 不可新也.

愛民之本, 在於節用, 節用之本, 在於儉. 儉而後能廉, 廉而後能慈, 儉者, 牧民之首務也. 愚夫不學無識, 欲以鮮衣·細笠·好鞍·快馬, 逞其威稜, 不知老吏覘官者, 先問其衣服鞍馬, 若奢侈華麗者, 哂曰可知; 若儉朴鹿疏者, 愕曰可畏. 市童之憐, 識者鄙之, 究何益矣? 愚者錯料, 謂人慕我, 不唯不慕, 乃反嫉之. 虧我財貨, 損我聲譽, 以受人嫉, 不亦愚乎? 凡侈皆愚者也. ○出牧者, 必由京官, 其衣服鞍馬, 必皆粗備. 遂以此行, 不亦善乎? 一物不可以新製也.

鄭瑄曰: "寒士一朝爲官, 凡輿馬·僕從·飮食·衣服之數, 卽欲與膏粱家, 爭爲盛麗, 秋毫皆出債家. 謁選之官, 債主亦隨之而至, 非盜竊帑藏朘剝閭閻, 何以償之?"

宋范公稱『過庭錄』云: "先君昔赴遂州, 行裝只三擔, 罷官仍舊. 不唯緩急, 易於去就, 亦免張外醜也." 夫楊誠齋立朝, 不市一物, 恐累歸擔; 范右丞赴任, 只携三擔, 思便行裝. 去就若此, 取予安有不廉者乎?

皇明海瑞, 爲南總憲, 初來莅任, 止携二笭箵, 舟泊上河, 人猶不知. 嘗携病延醫, 入視室中, 所御衾幬皆白布, 蕭然不啻如寒生焉.

柳參判誼, 牧洪州時, 破笠鹿袍, 橫醬色之帶, 乘款段之馬, 弊衾襤褸, 不褥不枕. 以此威立, 蒲鞭不用, 而奸猾屛息. 余所睹也.

『寒巖瑣話』云:"尹參判光顔, 與余校書于外閣, 麤袍如齊疏之服, 其爲慶尙監司, 威行一路. 柳參判烱, 爲忠淸監司, 蠟造蜜華, 以爲貝纓, 列邑震悚, 服其淸儉. 金司書敍九, 平生好儉, 疏布之袍, 上加羊裘, 市童笑之, 其爲海南縣監, 威惠雙行, 瘝者以禳. 古之淸吏, 必皆如此. 廉則損財, 猶云難行, 儉則不費, 豈不易蹈? 近一武人爲海南縣監, 錦囊蜂紐, 其垂若若, 康津吏覘之, 曰: '觀其囊, 必淫必貪.' 旣而果然. 此覘人之妙道也, 不唯識者能之, 奸吏猾胥, 皆能知之, 豈不可畏哉?"

繖者蓋也. 五十年前, 堂下官必持黑傘, 此古之所謂皂蓋也. 近世習俗好白, 上自大臣, 下至縣監, 皆用素傘, 非禮也. 黑傘蔽日, 素者漏日. 凡守令出外者, 毋論堂上堂下, 皆持黑傘, 唯以臍帷·紐垂, 別其品級【或別之以采色, 或別之以銅鐵】, 抑所宜也. 雖違衆, 不可素也.

有屋轎·靑翼帳, 乃大夫之物, 堂下官不可僭也. 先朝禁令至嚴, 未有犯者, 近復襲謬, 大非禮也. 車服以庸, 王者之大柄. 『周禮』, 車有六等, 服有六等, 隨其命數, 以別尊卑. 有屋轎·靑翼帳之限品設禁, 亦此遺意, 不可犯也. 漢法, 唯長吏二千石, 得皂蓋·朱旛. 黃霸爲揚州刺史, 治有異績, 詔賜車蓋, 特高一丈, 以彰有德. 蘇亮爲岐州刺史, 特賜[3]路車·鼓吹, 以勸治理. 不賜而乘, 何以勸矣? 今也, 小縣令長, 咸乘屋轎, 國之所禁, 私自犯之, 以自表其榮貴. 國綱王章, 至是而蓋蔑如矣. ○武臣必乘鞍馬, 亦朝令, 不可違也.

白軒李景奭, 錄觀雪許厚之言, 曰【許公逸持平】:"監司乘轎, 寒月則垂帳, 暑月則去帳, 以傘遮日而已. 今人三面襄帷, 此上僭乘輿也." 其言悚然. ○案 國典, 雙馬轎, 唯觀察使及二品以上許乘, 而又云曾經承旨及義州·東萊亦許乘【今濟州牧, 亦乘之】, 則三品以上, 亦雙轎也. 然三品, 非奉命, 不乘雙轎. 余謂雙馬轎有弊, 唯相臣正卿乘之, 亞卿及下大夫, 乘有屋轎, 似宜也. 雙馬轎亦襄三面, 許公之言, 恐未必然.

---

3 賜: 新朝本에는 '陽'으로 되어 있음.

潘子眞云: "『禮』, 天子六馬左右驂, 三公九卿, 駟馬左驂. 漢制, 九卿則二千石以右驂, 太守駟馬而已. 其加秩中二千石, 乃右驂, 故以五馬爲太守美稱." 『學林』云: "漢時朝臣, 出使爲太守, 增一馬, 故爲五馬." 【『邏齋閒覽』亦云】○案 古之太守, 巡行縣邑, 卽吾東之監司也. 今小縣令長, 僭稱太守, 欲以五馬備文, 亦非矣.

馮元常, 任浚儀·始平二縣, 皆單騎赴官. ○魏崔琳, 爲鄢陵令, 徒步之官. ○『野人迂談』云: "中國則官員迎送之際, 不給夫馬, 官員只領文憑赴任, 則官吏·儒生·耆老·人民, 出郭迎接而已."

同行者, 不可多.

子弟一人, 宜從行. ○近俗有所謂冊客, 以掌會計, 非禮也, 宜除之【詳下屏客條】若我之札翰荒拙, 宜携一客, 以掌書記. ○傔人者, 官府之大蠹也, 切不可携. 如有功多者, 宜約厚贈. ○奴僕不可携, 只許一箇內行時隨來. ○總之, 子弟以下, 不可與官屬接語. 新迎吏來之日, 召首吏約之曰: "子弟以下, 可以接面, 不可以接語. 子弟有語, 汝不得不答, 罪在子弟. 其餘偶一接語, 汝則有罪. 吏隸接語, 汝不能禁, 汝則有罪." ○乃飭我人, 毋得犯禁, 其有犯者, 必罪無赦.

許鈜爲嘉善令, 廉介剛直, 來任只携一子一僕. 冬月, 其子畏寒, 乞公從外索炭, 公命庫中取一木棍, 與之曰: "踏此旋轉, 足自溫矣." ○按 此太刻薄, 不近情, 不可效也.

趙淸獻任成都, 携一龜一鶴, 其再任也, 屏去龜鶴, 只一蒼頭. 張公裕送以詩, 云: "馬諳舊路行來滑, 龜放長江不共流."

楊繼宗知嘉興府, 止帶蒼頭一人, 如旅寓然. 考滿九載, 終不以家累相隨.

王恕撫雲南, 不挈僮僕, 其告示有云: "欲携家僮隨行, 恐致子民嗟怨, 是以不恤衰老, 單身自來." 人皆焚香禮之. ○唐侃知永豐縣, 之官, 不携妻子, 獨與一二僮僕, 飯蔬豆羹以居, 久之, 吏民信服. ○謝子襄爲吏廉謹, 歷官三十年, 不以家累自隨.【已上『明史』】

衾枕袍襦之外, 能載書一車, 淸士之裝也.

今人赴縣者, 唯曆書一卷見携, 自餘書史, 一不入裝. 爲往, 當多得財帛, 歸裝必重, 卽一卷書籍, 亦能爲累也. 嗟乎! 其心計鄙陋至此, 又惡能牧民如法哉? 文士居官, 自有隣近士流, 質問送難. 下此一等, 卽勸課時藝, 考古覓題, 須有書籍. 下此一等, 或隣官歡會, 遨游山水, 發韻賦詩, 須有古人詩卷. 況田政·賦役·賑恤·刑獄, 不考古籍, 何以議之? 朔南遐荒, 風氣絶殊, 疾病相嬰, 醫者難得, 醫書數種, 何可少也? 邊塞乘障, 朝夕待變, 卽戚繼光·兪大猷·王鳴鶴·茅元儀所編諸書, 又不可不常常披閱. 載書一車, 所不可已也. 歸之日, 不帶土物, 以此車歸, 豈不淸風滿路哉?

第三條 辭朝

既署兩司, 乃辭朝也.

『續大典』: "各道都事·守令初除者, 竝署經, 曾經侍從及堂上官, 竝勿署經. 兩司備二員擧行.【兩司雖未齊會, 一司備員則先行.】過五十日, 未署出者, 啓改. ○ 監察時已署經, 則雖初除守令, 更勿署經." ○案 署經者, 列書內外四祖【竝考妻四祖】, 考其痕咎有無【亦考己身痕咎】, 以定可否者也. 有特敎, 則一司除署經. 今備文而已.

『經國大典』: "守令講四書·一經·『大明律』·『經國大典』【『通編』云: "三冊不通者汰去, 三次不進者亦同." ○ "一不通兩不進者, 兩不通一不進者, 亦汰去."], 製述治民方略." 【今廢】 ○案 古法, 最重守令, 未除而有薦擧, 旣除而有署經, 又講經律, 以觀其才識. 今此法, 應文備數, 有名無實, 闒茸無文者, 咸進無礙矣.【今惟自徒入仕者, 初出六品, 乃應講.】

---

4 上: 新朝本에는 '丈'으로 되어 있음.

『經國大典』: "每歲孟春, 東班三品以上, 西班二品以上, 各薦堪爲守令萬戶者, 竝無過三人. ○若犯贓汚·敗常之罪, 則竝坐擧主." ○案 薦擧之法, 今雖存羊, 旣犯贓汚, 不坐薦主, 何益之有矣?

歷辭公卿·臺諫, 宜自引材器不稱, 俸之厚薄, 不可言也.

邑俸雖薄, 要之十口無飢. 去者送者, 宜論邑弊民瘼, 其俸之曰腴曰瘠, 所耻言也. 賀其腴者, 宜答之曰: "想多不正之物, 何足喜也?" 憂其瘠者, 宜答之曰: "要之十口無飢, 何足憂也?" ○宰相臺臣, 有曾經本道監司及近邑守令者, 則宜詳問風俗·弊瘼, 仍請矯救之策, 務要至誠求助, 不可草率應文.

楊萬里爲零陵丞, 以弟子禮, 謁張魏公, 因跪請教, 公曰: "元符貴人, 腰金紆紫者何限, 惟鄒志完·陳瑩中姓名, 與日月爭光." 楊得此語, 終身勵淸直之操.

歷辭銓官, 不可作感謝語.

銓官爲國用人, 不可引之爲私恩; 守令循格得官, 不可含之爲私恩. 一席相對, 不可語及於注擬, 若銓官自言, 但當答之曰: "明公誤擧匪材, 深恐債事, 他日貽累於明公也." ○今武臣出宰者, 歷辭銓家, 必請所求, 銓官佯求薄物, 守令更請厚遺. 及其上官, 公輸貨賂, 以爲當然, 廉耻道喪, 一至是矣. 先輩無此風.

金參議汴光, 以前騎郎, 窮居鄕谷, 不求仕宦, 尹某爲三銓, 差龍岡縣令. 其後尹有女婚, 送馬求助, 金答書曰: "貧則相賙, 人事之常, 第念嫌疑之際, 君子所愼. 鄙人於公, 前無從遊之舊, 後有薦拔之力, 雖有名之饋, 非貨之取, 不知者必以爲言. 區區數十年所自守者, 一朝喪失, 豈不亦累淸德而損令譽耶? 虛辱來使, 還切愧悚."

新迎吏隷至, 其接之也, 宜莊和簡默.

新迎首吏, 囊中例有小冊子, 名曰邑總記, 俸祿米錢之數, 翻弄取賸之法,種種條列. 來現之日, 出而上之, 牧者受之, 欣然動色, 條條詢問, 以知其妙理方法, 此天下之大恥也. 吏上之日, 宜卽還給, 默無他語, 仍飭子弟親賓, 切勿討看. ○厥明日朝, 召首吏, 問邑中巨瘼一二事, 旣聽, 默然不答. 若其巨瘼在所必革者, 歷辭之日, 須與曾經監司者, 議其釐革之方. ○對新迎吏隷, 不可輕[5]率損體, 亦不可矜持自重, 莊而能和, 則可矣. 唯默然不語, 爲無上妙法.

朴錦洲炡, 新除南原府使, 新迎吏, 私通本府曰: "年少學士, 不言不笑, 兀然端坐, 其中不可測." 一時傳誦, 以此爲錦洲畫像贊.【『晦隱集』】

飭子弟·奴婢, 勿敢與吏隷接語, 申嚴約束. ○朝謁旣畢, 卽刻放還邸家, 勿令復來. 厥明亦然, 雖一箇通引【卽侍童】, 亦無爲也.【留之, 則聞門動靜, 先自猜度了, 遠來之人, 亦合休息.】○召首史約曰: "歷辭之日, 宰相有以縣吏名字託我者, 上官之日, 重者除籍, 輕者汰任."

辭陛出門, 慨然以酬民望報君恩, 設于乃心.

陛辭之日, 守令七事, 或誦之於榻前, 或講之於政院, 不可忽也. 殿陛升降之節, 筵席起伏之體, 宜與知者熟講, 庶免顚錯.

『高麗史』, 辛禑元年, 敎守令考績以五事, 曰田野闢·戶口增·賦役均·詞訟簡·盜賊息.【先是, 顯宗九年, 定州府員奉行六條, 一察民疾苦, 二察長吏能否, 三察盜賊奸猾, 四察民犯禁, 五察民孝弟廉潔, 六察吏錢穀放失.】辛昌卽位, 趙浚上書, 請以田野闢·戶口增·詞訟簡·賦役均·學校興五事, 巡察州郡, 爲黜陟之本. 本朝『經國大典』, 增爲七事, 農桑盛, 戶口增, 學校興, 軍政修, 賦役均, 詞訟簡, 奸猾息.

『唐書·循吏傳序』云: "治人之本, 莫重刺史, 故臨軒冊受. 其受命之日, 入對便殿, 賜衣物乃遣."

徐居正上疏曰: "伏覩聖上, 愼簡百僚, 尤重守令之選, 選必政府·銓曹同薦. 有文理吏治者, 視品秩幹[6]局, 而量授之, 遣必引內殿, 溫諄告諭, 勉以五事,

---

5 輕: 新朝本에는 '經'으로 되어 있음.
6 幹: 新朝本에는 '斡'로 되어 있음.

有十考, 皆居上者, 必超擢而用之. 內官無此[7]例, 蓋[8]重之也." ○案 徐四佳是世祖朝人, 而猶云五事, 則守令七事, 蓋[9]成宗以後之所改定也.

于延陵爲建州刺史, 入[10]辭, 上曰: "建州去京師幾何?" 對曰: "八千里." 上曰: "卿到彼爲政善惡, 朕皆知之, 勿謂其遠. 此階前卽萬里也."

『紫筠菴漫筆』云: "昔余爲谷山都護【嘉慶丁巳七月】, 辭朝之日, 入對于熙政堂, 上曰: '古法律, 守令貪婪不法, 及罷軟不勝任者, 銓官有罪. 故中批除授者, 益加愼畏, 謂不可歸罪於銓官也. 予以中批屢逢愧悔, 今又不戒[11], 添書落點【時銓曹三以他人注擬, 自上添書余名】, 無異於中批矣. 其往善做, 毋貽予羞.' 臣惶汗浹背, 至今不敢忘此諭也."

辭陛, 至闕門外, 卽回身向闕, 立心自誓, 默語曰: "主上以千萬口赤子, 全付我小臣, 俾字以牧, 小臣其不欽承, 死有餘罪." 乃轉身上馬.

移官隣州, 便道赴任, 則無辭朝之禮.

此所謂除朝辭赴任也, 只得省弊而已, 非日覲[12]班瑞之古意也.

唐令狐綯, 嘗徙其故人, 爲隣州刺史, 便道之官, 上見其謝上表以問, 綯對曰: "以其道近, 省送迎耳." 上曰: "朕以刺史, 多非其人, 爲百姓害, 故欲一見之, 訪聞其所施設, 知其優劣, 以行黜陟, 而詔命旣行【刺史, 不得外徙之詔令也】, 直廢格不用, 宰相可謂有[13]權." 時方寒, 綯汗透重裘.

第四條 啓行

---

7 此: 新朝本에는 '比'로 되어 있음.
8 蓋: 新朝本에는 '盍'으로 되어 있음.
9 蓋: 新朝本에는 '盍'으로 되어 있음.
10 入: 新朝本에는 '八'로 되어 있음.
11 戒: 新朝本에는 '戎'으로 되어 있음.
12 覲: 新朝本에는 '觀'으로 되어 있음.
13 有: 新朝本에는 '身'으로 되어 있음.

啓行在路, 亦唯莊和簡默, 似不能言者.

行必早發, 夕必早息. 上馬而天始明, 下馬而日未落, 則可矣. ○召首吏約曰: "下人旣食, 乃上進支【卽尊者之飯】, 上馬而東始明, 則可矣, 知此擧行." ○不達下情者, 先無約束, 早起促飯, 旋卽上馬, 下人受飯, 不食而起者多矣. ○勿驅馬. 驅馬則知性之輕躁. ○徑路曲折處, 勿回顧. 回顧則吏屬騎馬者, 雖泥下馬, 亦可念也. 不惟不回顧, 隨勢轉頭, 使得容身, 可也. ○在路, 吏雖有不曲躬者, 勿責焉. 默然似不能言者.

在路, 每日三時之飯, 其殽羞一羹一齏【卽沈菜】, 一醬之外, 毋過四楪. 四楪者, 古之所謂二豆二籩也. 食於店廚, 勿減於此數; 食於行廚【卽所謂支應】, 毋增於此數. 其所用物種, 聽下輩所爲, 不可細言, 所費多少, 切不可問. ○若殘縣薄祿, 如木川·燕岐之類, 宜以二楪爲式.

東俗, 在行有歡馬聲, 非不囂之義也. 行至郊, 召首吏約之曰: "歡馬聲, 吾甚惡之, 過村一聲而止, 過邑, 入邑出邑, 入站出站, 無過三聲. 若踰此數, 汝則有罪." ○『詩』云: "之子于征, 有聞無聲." 君子之行, 其嚴肅如是也. 東俗喜囂, 群騶擁官, 雜聲亂發, 民之望之, 無肅穆威重之象. 凡儼恪淵思之人, 必不喜此聲也. 爲民牧者[14], 雖在馬上, 宜運智凝神, 以思便宜之政. 若一向浮動, 安有沈細之慮哉?

呂惠卿知延州, 道出西都, 程伊川謂門人曰: "吾聞呂吉甫, 未識其面, 朝經吾門, 且一覘之." 旣而問之, 過去久矣. 伊川歎曰: "從者數百人, 馬數十, 能使悄然無聲, 馭衆如此, 可謂整肅. 立朝雖多可議, 其才亦何可掩也?"

行至郊, 召首吏約曰: "路逢士人, 士人爲我下馬, 而汝等不下馬, 汝則有罪. 雖徒行者, 若明知爲貴族, 汝等下馬. 其或有言, 汝則有罪." ○近世吏習日驕, 甚至朝官名士, 遇官下馬, 而陪吏橫馳不顧. 守令庇護不戒[15], 以此之故, 積

---

14 者: 新朝本에는 '有'로 되어 있음.
15 戒: 新朝本에는 '戎'으로 되어 있음.

受訕罵者多矣, 約束宜至嚴.

在路吏隷有罪過, 其細者偶誤者, 竝略之, 其大者故犯者, 召刑吏附過, 旣上官三日, 召而責之, 遂竝赦之, 可也. 千里同行者, 在路箠扑狼藉, 旣到行罪勿赦, 非人情也. 唯罔赦之罪, 不在此限.

在路, 有留邑公兄文報, 但當題曰'到付', 或曰'知悉', 不可張皇論理. 若有要務, 令首吏私通. ○ 在路, 有邑民訴牒, 但題曰'待上官來訴', 不可論理.

道路所由, 其有忌諱, 舍正趨迂者, 宜由正路, 以破邪怪之說.

盧遵爲全義令, 視其城, 塞北門, 鑿他齒以出. 問之, 其門人曰: "餘百年矣." 或曰: "巫言不利於令, 故塞之." 或曰: "以賓旅之多, 有懼竭其餼饋者, 欲回其途, 故塞之." 遵曰: "是非怪且誣歟? 賢者之作, 思利於人, 反是, 罪也. 余其復之." 上于大府, 大府以兪. 邑人便焉, 讙舞里閭. 居者思止其家, 行者樂出其塗.

『南史』夏侯詳爲相州, 城南有峻峯. 人言: "刺史登此峯輒解職." 以此無人往到, 詳乃於其地, 起臺迎僚, 以示輕任之志.

孫舜孝爲嶺南巡察使, 寧海有西泣嶺. 俗云: "使星若初踰此嶺, 則必有凶事." 人皆避之, 公直到嶺上, 白古樹而題詩曰: "汝揖華山呼萬歲, 我將綸命慰群氓. 箇中輕重誰能會, 白日昭然照兩情." 因改名曰'破怪峴'.

廨有鬼怪, 吏告拘忌, 宜竝勿拘, 以鎭煽動之俗.

東漢王忳除郿令, 到官至斄亭, 亭長曰: "亭有鬼, 數殺過客, 不可宿." 忳曰: "仁勝凶邪, 德除不祥, 何鬼之避?" 卽入亭止宿, 夜中聞女子稱冤, 爲亭長所殺. 明朝召游徼[16]詰問, 具服罪, 卽收繫.

晉樂廣爲河南尹, 官舍多怪, 前尹不敢居之. 廣後於壁穿中, 得貍殺之, 怪遂絕. 梁傅[17]昭, 歷位左右尙書, 爲安成內史. 郡自宋來, 兵亂相接, 府舍稱凶,

---

16 徼: 新朝本에는 '檄'으로 되어 있음.

昏旦間人鬼相觸, 在任者, 鮮以吉終. 及昭至, 有人夜見, 甲兵出曰: "傅[18]公善人, 不可侵犯." 乃騰虛而去, 自是郡遂無患.

趙克善爲沔川郡守, 將之任, 吏以拘忌, 請從迂路, 以鬼怪請移厓舍, 又請擇日上官, 皆不聽[19]. ○又唐李吉甫, 我朝李緯國, 皆承前官之喪, 不忌舊廨. 見下「解官」篇【隱卒條】, 今略之.

歷入官府, 宜從先至者, 熟講治理, 不可諧謔竟夕.

旣入本道, 其列邑守令, 皆有僚誼[20]. 苟非嫌家, 宜直訪見, 不宜憂過以自驕也. 況彼居官旣久, 其風謠物俗及新弊舊瘼, 必有可問者, 新至者, 可不自廣其耳目乎?

上官前一夕, 宜宿隣縣.

『治縣訣』云: "上官前一夕, 宜宿隣縣, 不宜宿本縣境內. 蓋新官之行, 從者迎者人數甚多, 宿於境內, 則部民受弊." ○或境上亭院, 除其徭役, 專應此事者, 不必曲念. 問其衰盛, 許從便宜.

第五條 上官

上官不須擇日. 雨則待晴, 可也.

人莫不擇日, 有封庫而罷者【暗行御史, 擊去貪官, 必封庫.】, 有貶下而罷者, 有遭故而去者. 前者不驗, 又何踖焉? 每見新官, 旣到近地, 或日行一站, 或全日滯留, 以待吉日. 其在邑吏屬, 竊竊然笑之, 逆知其不慧, 其從行官屬, 思家心急,

17 傅: 新朝本에는 '傅'으로 되어 있음.
18 傅: 新朝本에는 '傅'으로 되어 있음.
19 傅: 新朝本에는 '傅'으로 되어 있음.
20 誼: 新朝本에는 '聽'으로 되어 있음.

而坐費盤纏, 皆詛其災厄. 吉不當詛, 究何益矣? 惟上官之日, 風雨晦冥, 無以新民之耳目, 少俟[21]清明, 可也.

旗幟有弊, 故只用令旗二雙【已見上】. 其餘官屬, 迎候之禮, 竝許如例. ○入境, 飭勿驅馬, 其路傍觀者, 飭勿禁除. 入邑益勿驅, 此示民以重之道也. ○在馬上, 勿游目, 勿側身, 衣冠嚴整, 此示民以莊之道也.

到館外, 改服入庭, 行望闕禮, 俯伏少頃, 心自語之曰: "殿下明見萬里, 天威不違顏咫尺, 小臣敢不祗敬? 殿下以赤[22]子萬命, 全畀[23]我小臣, 小臣其敢不牧之唯謹?" 於是, 興而退.

乃上官, 受官屬參謁.

召座首, 坐而語之曰: "不急公事, 待出官【上官三日, 乃出官.】, 如有時急公事, 雖今日明日, 勿拘槀定, 可也." ○公署宏美, 勿言好; 公署破落, 勿言陋, 左右器用百物, 或美或惡, 竝勿開口, 一切含默. 目若無睹者, 口若不能言者, 肅然無譁, 使府中如水.

上官必進饌, 宜用特牲之品, 其爵一獻【酒一盞】, 其食二簋【餅餌各一器】, 其羹三鉶【皆於雜菜, 和以肉汁, 乃爲羹】, 其肉三俎【熟肉一楪, 燒肉一楪, 魚膾一楪】, 濡物四豆【菜二楪, 魚肉二楪】, 乾物四籩【果二楪, 脯鱐一楪, 糗粉之食一楪】, 不可加也. ○子弟或親賓從行者, 宜用特豚小品, 其爵一獻, 其食一簋, 一鉶一俎, 二豆二籩, 不可加也. ○若殘縣薄俸, 其上官之饌, 宜用特豚三鼎, 其羹一鉶, 二豆二籩, 餘與特牲同. ○先王之禮, 飲食有五等, 一曰太牢, 二曰少牢, 三曰特牲, 四曰特豚三鼎, 五曰特豚一鼎. 其籩豆簋鉶, 各有恒數, 散見於三『禮』及『春秋傳』. 其文詳載余『祭禮考定』第二卷. 古者, 大夫祭以少牢, 其食特牲; 士祭以特豕, 其食特豚, 不可踰也. 夫禮者, 天地之節文. 祭祀·燕享, 尤所致愼, 其名與器, 不可加減. 輕棄其禮者, 必輕犯其法. 故君子重禮. ○行至中路, 預以此禮, 書

---

21 俟: 新朝本에는 '侯'로 되어 있음.
22 赤: 新朝本에는 '亦'으로 되어 있음.
23 畀: 新朝本에는 '勿'로 되어 있음.

付首吏, 使之私通, 可也. ○凡俎載其高毌[24]過二寸, 籩載其高毌過三寸.【或二寸】豆載其高毌過一寸.【竝以周尺論】

從行吏隷, 限三日給由, 首吏則否. ○召首吏·首校, 約曰: "朝仕用天明參謁禮畢, 日始出, 可也.【其起在未明】放衙在二更, 閉門之後, 麥飯熟, 可也.【冬夜宜差晚】每到天明, 侍奴告朝仕時至, 我則開戶.【侍奴卽及唱】每到二更, 侍奴告放衙時至, 遂下退令. 今日知委, 使各知悉. 其或愆期, 汝則有罪." ○朝辨色者, 古之禮也. 郡縣雖小, 朝禮宜然. 每見守令, 興居無節, 日高三丈, 牧者睡熟, 吏校·百執事, 集於門外, 彷徨楡柳之陰, 訟民稽留, 遂棄一日之傭. 百務停滯, 萬事頽墮, 甚不可也. 或其起太早者, 吏亦病之. ○雨雪泥淖, 可除參謁.

參謁旣退, 穆然端坐, 思所以出治之方. 寬嚴簡密, 預定規模, 唯適時宜, 確然以自守.

『治縣訣』云: "君子臨民, 當先取吾性度之所偏處, 矯揉之. 柔懦者, 以強矯之; 懶慢者, 以勤矯之, 偏於剛者, 以寬大矯之; 偏於緩者, 以威猛矯之." 必取丘濬『大學衍義』, 趙善璙『自警編』, 薛文淸『從政錄』等書, 其嘉言善行, 心所悅服者, 常常紬繹, 反覆體行, 以澄其本源. 又以『大典』·『受敎輯錄』·『決訟類聚』·『無冤錄』·『種德篇』·『疑獄集』等書, 先事硏究, 皆可以得力. 古人敎人醫術, 使每日平明, 先讀『孝經』·『論語』, 亦此義也.

順菴『政要』云: "千里不同俗, 百里不同風. 一省之內, 山海殊宜; 一縣之內, 邑村異尙. 駔儈之地, 民心詐僞; 農穡之處, 民心質朴. 治民者, 當審勢而處之耳. 昔柳仲郢爲京兆尹, 北司吏入粟違約, 杖殺之, 政號嚴明. 後爲河南尹, 以寬惠爲政, 或言不類京師時, 仲郢曰: '輦轂之下, 彈壓爲先; 都邑之治, 惠愛爲本.' 崔郾治陝以寬, 莅鄂以猛曰: '陝土瘠民貧, 撫之惟恐其擾, 鄂土沃民剽, 非用威莫可.' 張詠治蜀, 初以嚴, 復來知民信己, 遂易嚴以寬. 此皆因俗而知變也."

---

24 毌: 新朝本에는 '毋'로 되어 있음.

厥明謁聖于鄉校, 遂適社稷壇, 奉審唯謹.

是日, 未明而起, 炬而行, 執燭以行禮. 禮畢, 上殿奉審, 又適東西廡奉審.
○出坐明倫堂, 召參禮儒生, 相見答拜.【雖西北, 是日不可不答拜.】與儒生約曰:
"時任齋儒, 不得不相見. 然四孟朔焚香, 余當親行, 春秋釋菜, 余當親行, 此日
可相見. 又以時設場試士, 齋任, 禮當押班, 其日當相見. 或有民事邑弊, 欲知
物議, 余當召之, 其日當相見. 諸君無得到官門請謁." 旣還, 召禮吏戒[25]之曰:
"約束如此, 汝其知之, 無得通謁."

遂適社稷壇, 以朝服奉審, 分遣禮監【卽官廳別監】于厲壇·隍壇, 奉審以來. ○
一邑之鬼, 社稷最大, 近世守令, 全不致謹, 甚不可也. 厲壇·隍壇, 雖不躬往,
牧者, 百神之主也, 新到之初, 宜有禮意, 遣人奉審, 可也. ○遂還受參謁.

第六條 莅事

厥明開坐, 乃莅官事.

上司報牒, 其應循例者, 隨卽成帖【押署打印, 曰成帖.】, 其可論理者, 須取吏草,
修潤成文, 使之改書. ○民間發令者, 一字半句, 不可信手成帖. 須考下文六
典三十六條【六六, 三十六】, 一一查檢, 明知其無一毫奸僞伏於其中, 然後乃可
成帖. 其或可疑者, 勿恥下問, 召首吏·該吏, 委曲採訪, 明知本末, 然後乃可
成帖. 每見一等愚人, 佯若曉事, 恥其下問, 混沌吞疑, 署尾唯謹, 墮於術中者
多矣. ○其或本邑謬例, 流來已久, 全不合理, 其期限不迫者, 留之几案, 姑勿
成帖, 以圖釐革, 其期限已迫, 或事多繁糾, 不可猝變者, 姑且發令, 徐圖釐革.

凡在道付過者, 是日推閱, 竝宜戒飭放送, 不必笞治. 其或罔赦者, 囚之以
待後日. 凡上官十餘日之間, 不必用刑, 中外傳聞, 似若壹於寬厚, 而不能剛

---

25 戒: 新朝本에는 '戎'으로 되어 있음.

猛者, 乃佳.

是日, 發令於士民, 詢瘼求言.

下帖于境內士林及大小民人曰: "行縣令爲知委事, 官以匪材, 謬蒙國恩, 來莅玆邑, 夙夜憂懼, 未知攸措. 其有舊弊新瘼, 爲生民疾苦者, 一坊中識務者五六人, 齊會一處, 商議條列, 具狀以來. 或一邑之通弊, 或一坊一村之偏苦者, 各書一紙, 總之, 一坊各具一狀, 自今七日之內, 一齊來納. 其或吏校·豪右之所厭聞者, 慮有後患, 不肯顯言, 則非下車詢訪之本意. 各用薄紙糊封, 外著標識, 竝於某日午刻, 同時入邑, 同時入庭, 面前親納. 若有一種奸民, 入邑逗留, 改換刪拔者, 當有嚴懲, 其各知悉. 採訪雖易, 釐革極難. 可革者革之, 不可革者, 因之而已. 今日毋或浮動, 他日毋或失望. 其坊里私弊, 如或挾私虛張, 隱其實狀, 飾其浮言者, 終亦有罪, 竝須惕念." ○新官莅任, 例有牛酒松三禁, 申嚴之令, 此文具也, 宜勿之.

朱子始至南康, 「榜諭文」云: "當職久以疾病, 退伏里閭, 比蒙誤恩, 假守玆土, 懇辭不獲, 扶曳而來. 到任之初, 伏自惟念, 聖天子所以搜揚幽隱, 付畀民社之意, 固將使之宣明敎化, 寬恤民力, 非徒責以簿書期會之最而已. 顧雖不能, 其敢不勉? 今有合行詢訪勸諭事件. ○一, 役煩稅重, 有能知得利病根原, 次第合作如何措置? ○一, 前代孝子司馬氏·熊氏, 皆以孝行顯, 又有義門洪氏累世義居, 婺婦陳氏守節不嫁. 請後世修行不愧古人. ○一, 請鄕黨父兄, 各推擇其子弟之有志於學者, 遣來入學." ○案 朱子此文, 一曰食, 二曰敎, 三曰學, 君子之於小民也, 必先養而後敎, 敎而後學焉, 斯其義也.

沈泛齋大孚爲星山縣監, 榜示城門, 曰: "持身淸謹, 聽政公平, 太守事也, 太守勉之, 敦孝友, 聽約束, 無廢法令, 百姓事也, 百姓勉之."

是日, 有民訴之狀, 其題批宜簡.

『治縣訣』云: "民狀所告, 不宜嚴判, 宜令兩造對辨, 不可以一偏之言, 徑先論斷. 鬪毆來訴者, 尤不可信聽其言, 輕許推捕." ○又曰: "訴牒酬應, 本是末務, 精神有限, 不可盡詳. 埋頭沒身, 何事可做? 須就民訴諸事, 分爲數種, 乃作例題套語, 以授刑史. 乃選刑史, 大邑四人, 次邑二人, 令受民狀, 分類作編, 題此例[26]語, 而某日之左, 自書姓名, 以備後考, 以防奸僞, 則雖日掃萬牒, 亦不難矣." 假如田土·奴婢之訟, 則例題曰: "兩隻各持文劵, 兩造對辨." 若春分已過, 而田土是訟, 則例題曰: "田訟非時, 待秋分更訴." 若年事告歉, 而奴婢是訟, 則例題曰: "凶年推奴, 國有禁令, 待秋更訴."【若仰役奴婢, 目前逃亡, 境內隱接者, 不在此限】若債錢是訟, 則例題曰: "負債者無信乎? 徵債者太濫乎? 兩造對辨." 若負債者農夫, 而時當劇農, 則例題曰: "窮春徵債, 有違事目, 待秋更訴."【若負債人, 是商賈·行船者, 不在此限】若田主奪耕, 佃客來訴, 則例題曰: "田主受囑乎? 佃夫惰農乎? 本里諸上戶【俗所云頭民】, 公議平決, 俾無更訴."【若田主豪富, 而貧佃被奪, 則令刑史抽稟之】若溝渠爭水, 弱者來訴, 則例題曰: "擅壅者豪强乎? 偸灌者奸詐乎? 本里諸上戶, 公議平決, 俾無更訴."【若里議不公, 致有更訴, 則上戶論罪, 無或遺漏】若雇奴·雇主, 爭其雇價, 奴者來訴, 則例題曰: "雇主無信乎, 雇奴有罪乎? 自本里公議平決, 使之加給, 俾無更訴."【著本里上戶】若鬪毆被傷, 親屬來訴, 則例題曰: "如果重傷, 其犯人, 自本里嚴加拘禁, 以待辜限【三十日】, 辜限旣過, 自本里公議押送, 以聽處置."【著本里上戶】若云命在頃刻, 則例題曰: "傷處摘奸, 如果危急, 自本里招風憲·領將等, 查其正犯·次犯, 結縛押送, 以聽處置."【著本里上戶】○諸如此類, 咸作例題, 以授刑史, 唯其事情特殊, 不可例題者, 令刑史抽而上之, 我乃詳審, 另用特題, 猶不可徑先論理, 咸使之兩造對辨. ○案 小縣閒官, 不必用此法.

『茶山筆談』云: "田稅加卜【卜者負也, 加卜者, 幾負加出.】, 戶主來訴, 則例題曰: '此事須有大查覈一番, 今姑退去, 以待傳令.' 卽令刑史, 錄其姓名, 錄其要語, 列于一冊. ○軍額旣免【有頉役之題】, 今又徵布, 免者來訴, 則例題曰: '此事須有大查覈一番, 今姑退去, 以待傳令.' 卽令刑史, 錄其姓名, 錄其要語, 列于一冊. ○還上出秩, 徵所不食, 冤者來訴, 則例題如上法, 鈔錄如上法. ○後五六

---

26 例: 新朝本에는 '列'로 되어 있음.

日, 訴者益多, 乃於開日, 特召該吏【田吏·軍吏·倉吏等】, 出示小冊, 直於面前, 查其根脈, 首鄕·首吏, 使與同查, 其或易辨者, 卽令釐正; 其或有奸者, 卽令首實, 若復吞吐飾詐, 卽行決罰【事額旣免, 實未塡代者, 令軍吏及風約納布.】, 傳令于本民, 以告釐正." ○『治縣訣』云: "民之來訴, 以有冤也. 軍布有訴, 是吾軍政之未善也; 田稅有訴, 是吾田政之未善也. 徭役有訴, 是吾之不能平賦也; 倉穀有訴, 是吾之不能理財也. 侵虐有訴, 是不能擊豪也; 漁奪有訴, 是不能束吏也. 觀於民訴, 而我之治不治, 可知矣. 爲政者, 能正其大綱, 則民自無冤, 又何訴牒之紛紛哉?"

『治縣訣』云: "民之苦樂, 治之得失, 不係乎訴牒之題判. 唯其大綱能正, 則小小題判之臧否, 不足論也. 田政也, 軍政也, 倉政也, 徭役也, 戶籍也, 賑恤也, 此六者, 爲治之大綱. 於此六者, 能運智設法, 吏無所容其奸, 民莫不被其澤, 則訴牒其自稀矣."

是日發令, 以數件事, 與民約束, 遂於外門之楔, 特懸一鼓.

行縣令爲知委事, 官民之間, 宜有約束, 後錄條件, 一一曉喩, 一一詳審, 依此遵行, 毋或違越. 其有違越者, 嚴治不赦, 其各惕念.

後錄條件. ○一, 民之訴牒, 不必一一親呈. 其緊急者, 本人來呈, 其閒漫不急者, 書付風約, 令於入邑之日, 竝受官題, 或其里中, 有持訴牒入邑者, 亦許順付. 雖一氓呈十人之牒, 官所不拘. ○一, 聯名等訴之牒【等訴者, 齊籲也.】, 方其會議也, 雖十人同署, 方其持狀而入邑也, 另擇解事者一人, 使之獨行. 若係大事, 或二人入邑, 或三人入邑, 雖極大之事, 三人之外, 無得加入. 其往來酒食之費, 無得濫下, 以爲民苦. 如是約束之後, 若有多人隨入邑中, 潛伏主家, 但其入庭之數, 佯遵約束, 又其酒食之費, 或有過當, 必有後悔, 其各惕慮.【發令之後, 或有一坊來訴大事, 密遣人偵于坊邸, 若有落後者, 捉而治之】 ○一, 失物失券, 及失去人口牛馬, 欲得立旨者, 須具本里上戶文跡, 或風憲報狀, 粘連來呈. ○一, 持訴牒來者, 勿見刑吏, 勿問門隷【卽使令】, 直自外門, 遂入內門, 親納于廳前, 則刑吏·門隷, 追後入來, 俾無壅遏之弊. 猶有壅遏, 則外門之楔,特懸一鼓, 或晨或昏, 或於不意之時, 來擊此鼓, 官當招而問之, 以此知悉. ○一, 訴牒之題, 使之兩造對辨者, 若自下私和, 則都無事矣. 若既不私和, 又不就訟, 使原告者, 有拒逆之訴, 則官不得不發遣邸卒【面主人】, 甚者或發門隷, 或發軍校, 若是則閭里騷擾, 極矣. 凡拒逆不來者, 必當嚴懲, 以靜閭里. 訟理雖直, 罪則治之, 此知悉. 若有一種奸民, 初不示題, 誣云拒逆, 對辨之日, 此奸乃露, 則其所嚴處, 又當加倍. 以此知悉. ○一, 官傳令, 其時急之事, 當委遣邸卒, 其不急之事, 或順付於風約, 或順付於訟民, 以靜閭里. 傳令內事, 必及期舉行然後, 乃無遣卒發差之弊. 凡拒逆官令, 遲滯官令, 致騷閭里者, 必罪無赦.

『治縣訣』云: "立旨有數樣. 毀失文劵, 請出立旨者, 或稱火燒, 或稱盜携, 其稱火燒者, 須據隣保之牒; 其稱盜携者, 須憑鄉甲之報.【卽所云面任】奴婢在逃者, 須考戶籍, 其名不載, 則不可準也; 棺材搬運者, 或係禁物, 其根未詳, 則不可許也. 乞以冠名代其兒名者, 欲幻弄於軍籍也; 乞以正軍降爲保人者, 欲變通於番次也. 諸如此類, 不可勝數, 今之爲牧者, 但見民狀之末, 有立旨二字, 不問虛實, 一概題準, 疏脫甚矣." ○余謂, 大邑訴牒, 雲委山積, 必欲一一詳審, 反成拘牽, 吏民目之以狐疑, 亦未爲善. 能於行雲流水中, 時拈一張, 發其奸僞, 斯良牧也.

『雲谷政要』云: "民之來訴者, 如入父母之家, 親熟傾倒, 洞徹無礙而後, 斯可謂民之父母. 方飯方沐, 亦勿闔禁, 其或違約者, 閽者猛下三四杖."【方如厠, 不得不少停.】

包拯知開封府, 舊制, 凡訟訴不得徑造, 府吏坐門收訟牒, 謂之牒司. 拯大開牙門, 人徑至庭下, 自道曲直, 吏民不敢欺.

金益炅累典郡縣, 持大體不事苛細. 洞開外門, 民之有疾苦者, 皆令造庭直訴, 無不自盡其情.

寇準知巴東縣, 每期會·賦役, 不出符移, 惟其鄉里姓名揭縣門, 民莫敢後者.

种世衡知武功縣, 人服其威信. 或有追呼, 不使人執帖入里, 但以片紙榜縣門, 皆如期而至.

　眞西山知泉州, 聽訟不遣郡卒, 唯揭示姓名, 民自詣州對訟.

　張橫渠爲雲巖縣令, 每有所敎告, 常患文檄之出, 不能盡達于民, 每召鄕長于庭, 諄諄口諭, 使往告其里閭, 間有民因事至庭, 或行遇于道, 必問其時命某告某事聞否, 聞卽已, 否則罪其受命者, 故一言之出, 雖愚夫孺子, 無不預知.

官事有期, 期之不信, 民乃玩令, 期不可不信也.

　凡御衆之法, 必先明約束, 三令五申, 又必寬其期限, 令可周旋而後, 其犯者如約, 乃無辭也.

　胡大初曰: "凡事非信不集. 況一邑之事, 至爲總總, 一令之威, 無甚赫赫, 乃使期限不信, 號令不肅, 其何以行之哉? 故其要莫先於立限之堅. 然情理各殊, 再展三展【謂退限】, 三展不行, 厥罰宜嚴." ○ 又曰: "去縣五十里以上, 限七日, 則以下限五日, 先考遠近, 預立規式. 又令直日廳吏, 就案頭隨卽抄記, 以俟稽察, 其違者罰之."

　韓延壽爲潁川太守, 收租賦, 先明布告其日, 以期會爲大事, 吏民敬畏, 趨向之.

　曾鞏領州, 度緩急與之期, 期未盡, 不復移書督趣. 期盡不報, 乃按其罪. 期與事不相當【謂期促】, 聽縣自言, 別與之期, 違者行罰無赦, 於是莫敢慢事, 皆先期而集.

　徐九思爲句容知縣, 訟者抶不過十, 諸所催科, 預爲之期, 逾期令里老, 逮之而已, 官隷莫至鄕落.

是日, 作適曆小冊, 開錄諸事[27]之定限, 以補遺忘.

　朱子曰: "當官須有旁通曆, 逐日公事開項, 逐一記錄, 了卽句之, 未了卽敎

---

27 事: 新朝本에는 '當'으로 되어 있음.

了,方不廢事."

『象山錄』云: "獄囚有記, 名之曰囚徒, 刑吏修之【例本然】; 徵輸有限, 名之曰限記, 該吏修之【以下, 余所爲】; 追呼有期, 名之曰期錄, 侍童修之【出牌子捉民】上司督責, 厥有定日, 名之曰聰錄, 首吏修之【如上納·卜定之類】諸如此類, 悉宜有記錄, 逐日展看, 以自提醒也."

厥明日召老吏, 令募畫工, 作本縣四境圖, 揭之壁上.

『治縣訣』云: "圖中川流山脈, 務令酷肖, 東西南北及四維方位, 宜各標別, 鄉名里名【俗以鄉爲面】, 亦各題識, 四距道里之數, 諸村[28]衆孤之形, 大路·小蹊·橋梁·津嶺·亭店·寺利之處, 具宜昭列. 此可以察謠俗揣事情, 亦可以知吏民往來之所由也." ○案 此圖最緊, 本縣若無畫工, 聘於鄰縣, 雖拙無傷也. 須令老丞·老吏·老校之等, 照管作圖, 而吾東地圖, 不問長短, 皆作方形, 不可用也. 須先打經緯線, 每以一格爲十里, 東距百里, 則十格在東; 西距十里, 則一格在西, 不必使縣治坐於中央也. 百戶之村, 雖難盡描, 須作稠密之形, 知其爲大村. 一戶二戶之介於山谷者, 勿令漏落, 知其有人跡. 瓦屋大家, 亦各標別, 知其爲豪戶, 可也.

印文不可漫滅, 花押不可草率.

篆文模糊, 則吏奸易售. 故吏屬爲之說曰: "改印者速遞." 於是, 愚愁不慧之官, 深信此說, 不敢改鑄, 乃以沒字之碑, 亂搨不畫之卦. 於是, 南瓜之皮·篛笠之片, 皆足以爲牒爲帖爲契爲劵, 後之人, 何以辨矣? 上官之初, 見印文不明, 卽報禮曹, 以圖改造, 不踰旬月, 可也. ○花押亦然. 若畫法疏拙, 箇箇不倖, 則奸弊生矣. 如欲察物, 不可不留心也.

是日, 刻木印幾顆, 頒于諸鄉.

---

28 村: 新朝本에는 '付'로 되어 있음.

木印之大, 宜方二寸【用周尺】, 刻文曰: '某山坊鄉會所之私印.' ○鄉村風約, 都無印信, 其報狀之上於官者, 或多中間僞作, 其疏脫如是也. 宜用木刻爲信, 搨之以墨, 不必用朱. 其或一鄉之民, 會議有狀, 亦可通用, 故不云風憲之印. 然宜令風憲主之. ○印旣成, 頒而約之曰: "不打印者勿施."

律己六條
飭躬·淸心·齊家·屛客·節用·樂施

第一條 飭躬

興[29]居有節, 冠帶整飭, 莅民以莊, 古之道也.

未明而起, 明燭盥洗, 整衣束帶, 默然危坐, 涵養神氣. 少頃, 乃繹思慮, 取今日當行之務, 先定先後次第. 首治某牒, 次發某令, 皆歷然在心. 乃取第一件, 思其善處; 次取第二件, 思其善處, 務絶私欲, 一循天理.

昧爽滅燭, 一直危坐, 天旣明, 侍奴告時至【已見前】, 乃啓牎受參謁. ○黑布笠者, 本係行路蔽陽之物, 旣非燕服, 尤非公服. 臨民者, 宜常著烏紗帽·靑敞衣. 今京官入直者皆然, 外官何獨不然? ○若遇大坐起, 宜著團領袍·鞓帶·黑靴, 坐椅受謁. ○若因武事, 有大坐起, 宜具戎服【虎鬚笠, 紗帖裏】, 佩劍. ○或見樂疎放厭拘束者, 單著駭巾·夾袖衣, 或不網不韈, 以臨吏民, 大不可也. 『詩』云: "抑抑威儀, 唯德之隅." 『詩』云: "敬愼威儀, 惟民之則." 古之道也. 威儀旣爽, 民罔攸則, 何以濟矣? ○至夕放衙, 秋冬宜差晚, 春夏宜差早.【已見前】

胡大初曰: "一日之事在寅, 今日有某事當決, 某牒當報, 某賦某色當辨, 禁繫某人當釋, 時時察之, 汲汲行之."

呂公著爲郡, 率五鼓起, 秉燭視案牘, 黎明出廳, 決民訟, 退就便坐, 宴居如齋, 賓寮至者, 毋拘時. 以故郡無留事, 而下情通. 凡典六郡以爲常.

唐裴耀卿勤政, 廳前一大桐樹, 曉則群鳥翔集, 以此爲出廳之候, 呼爲'報曉

---

29 興: 新朝本에는 '輿'로 되어 있음.

鳥', 時人美焉.

韓祉爲監司, 日未明盥洗, 冠袍出坐, 座側不置枕几懶案, 聳身反趾, 拱手以坐, 終日無傾搖, 雖窓櫺未嘗憑. 與之處三年者, 未嘗見其疲倦欠伸之容. 晚飯了, 常步後庭, 其折旋處, 劃然如矩, 終始如一.

宋太祖謂一縣令曰: "切切於黃紬被放衙." ○ 文潞公在楡次縣, 題衙鼓云: "如今幸有黃紬被, 努出頭來聽放衙."【蘇軾詩云: "看君擁黃紬, 高臥放晩衙."】

范文正公云: "吾每就寢, 卽計一日奉養之費及所爲之事, 果相稱則熟寐, 不然, 終夕不安眠, 明日必求以稱之者." ○『詩』云: "彼君子兮, 不素餐兮." 此之謂矣.

趙抃任成都, 日所爲事, 夜必衣冠, 拈香告天, 不可告者, 不敢爲也. ○此君子戒愼恐懼之工, 眞正門脈.

公事有暇, 必凝神靜慮, 思量安民之策, 至誠求善.

朱子曰: "吳公濟[30]云: '逐日應接事物之中, 須得一時辰寧靜, 以養[31]衛精神, 要使事愈繁而心愈暇, 彼不足而我有餘.' 其言, 雖出於異說, 然試之略有驗, 豈周子所謂主靜者耶?"[32]

程伯子作縣, 嘗於座右, 書'視民如傷'四字, 云: "某每日常有愧於此."【楊龜山云: "觀其用心, 應是不錯決了撻人."】

張九成【字子韶】爲鎭東判官, 究心吏事, 人不能欺, 嘗大書于壁曰: "此身苟一日之閒, 百姓罹無涯之苦."

『治縣訣』云: "居官之要, 畏一字而已. 畏義, 畏法, 畏上官, 畏小民, 心常存畏, 無或恣肆, 斯可以寡過矣."

『政要』云: "居官有三字玄訣, 一曰淸, 二曰愼, 三曰勤."

---

30 吳公濟: 新朝本에는 '吳濟公'으로 되어 있으나『朱子語類·學六·持守』에 의거하여 바로잡음.
31 養: 新朝本에는 이 다음에 '榮'이 있으나『朱子語類·學六·持守』에 의거하여 삭제함.
32 其言…主靜者耶: 新朝本에는 이 부분이 원주로 되어 있으나 주자의 말을 인용한 것임.
   '靜'은 新朝本에 '神'으로 되어 있으나『朱子語類·學六·持守』에 의거하여 바로잡음.

呂氏童蒙訓曰: "事君如事親, 待群吏如奴僕, 愛百姓如妻子, 處官事如家事, 然後能盡吾之心, 如有毫末不至, 皆吾心有所未盡也." ○ 每遇一事, 毋得循例施行, 必於法度之內, 思其便宜變通, 以圖安民利民. 或其法度非國家典章, 而顯不合理者, 不可不釐革.

韓魏公爲開府推官, 理事不倦, 暑月汗流浹背, 府尹王博文重之, 曰: "此人要路在前, 而治民如此, 眞宰相器也." ○ 今人以玉堂·銀臺出者, 妄自驕重, 不親細事, 乃曰: "文臣治體, 與蔭官不同." 唯棋局·詩篇, 以自娛樂, 委政丞佐, 以病生民, 凡如是者, 宜觀此條.

眞西山帥長沙, 宴十二邑宰於湘江亭作詩, 曰: "從來官吏與斯民, 本是同胞一體親. 旣以膏脂供爾祿, 須知痛癢切吾身. 此邦素號唐朝古, 我輩當如漢吏循. 今日湘亭一杯酒, 更煩散作十分春."

鄭瑄云: "天非私富一人, 蓋託以衆貧者; 天非私貴一人, 蓋託以衆賤者. 貧賤人食力營業, 自家血汗, 自家消受, 天之鑑察反寬, 富貴人擔爵食祿, 萬民血汗, 一人消受, 天之督過更重."

韓祉爲監司, 每幕賓入朝, 推副盤賜之, 酒旣行, 問: "吾昨日所爲, 有何過差?" 對曰: "無有." 則正色曰: "三人同行, 必有我師, 十數人意見, 豈必一如吾見? 諸君第言之, 言之而是則當從之, 非則互相覆難, 亦不無所悟矣." 日問以爲常, 諸裨預講入告, 所言果是, 則雖至重難改之事, 翻然舍己而從之. 常曰: "天下事, 非一人所可爲也."

毋多言, 毋暴怒.

爲民上者, 一動一靜, 一語一默, 在下者皆伺察猜摸, 由房而門, 由門而邑, 由邑而達於四境, 布於一路. 君子居家, 尙當愼言, 況居官乎! 侍童雖眇少, 侍奴雖愚蠢, 積年在官, 如鐵百鍊, 皆機警巧慧, 伺察如神, 纔出官門, 細細傳洩. 余十餘年, 客居邑底, 知其情矣. 『易』曰: "君子居其室, 出其言善, 則千里之外應之, 況其邇者乎! 居其室, 出其言不善, 則千里之外違之, 況其邇者乎!" 『詩』云: "用戒不虞, 愼爾出話." 爲民上者, 不可以不謹也.

鄭瑄曰: "身爲民牧, 則此身便爲射的矣. 故一言一動, 不可不愼." ○ 又云: "有一言而傷天地之和, 一事而折終身之福者, 切須點檢."

包拯尹京, 寡言笑. 人以其笑比黃河淸. 出牧者本有恒言曰: "此土人心極惡." 出于西土者爲此言, 出于南土者爲此言, 出于東·出于北者, 亦爲此言. 天理本善, 豈有八路之民, 其心皆極惡而我獨善乎? 孟子曰: "愛人不親, 反其仁; 禮人不答, 反其敬." 盍亦自反之爲智乎? 陸象山曰: "西海東海, 心同理同." 此土人心, 豈必偏惡乎? 況我者客也, 彼主人也, 以孑然一身, 投諸衆楚之中, 詈之曰'人心極惡', 非自孤之道乎? 四方風俗, 或各不同, 不與我熟, 未免拂心, 以此嗔恚, 亦少見而多怪也. 牧遇一惡人, 罵之曰'此土人心淳朴, 汝乃淆之, 其罪益重', 則衆人皆悅; 牧遇一惡人, 罵之曰'此土人心極惡, 乃有此事', 則衆人皆怒. 自我失言, 以速衆怒, 不亦愚乎? 況其所謂極惡者, 皆米鹽小事, 瓜菜微物, 而虐民犯法者, 不在所怒, 又何以服衆心矣. 古人以齊魯待蜀人, 況本非蜀人者乎!

呂本中『童蒙訓』曰: "當官者, 先以暴怒爲戒. 誠以守令秉刑罰之權, 凡有命令左右有順無逆, 若乘其暴怒, 輒施刑罰, 其不中者多矣." ○ 凡暴怒爲病者, 宜於平日誓心立法, 以三字銘書于肝肺, 曰'怒則囚'. 於是, 當其怒發之時, 猛悟力制, 卽把犯人下獄囚禁. 或思之經夜, 或思之三日, 未有不怡然理順, 處之得中者也. 又凡暴怒之人, 其發旣暴, 其解必速. 所謂飄風不終朝, 驟雨不終日也. 不遠而復, 其侮不難, 人用免禍, 我以無咎, 不亦善乎?

鄭瑄曰: "怒時言語, 都忘體面, 怒後思之, 自家鄙瑣肺腸, 全被人覰破了."

韓祉爲監司, 未嘗有疾言怒色, 一日杖人, 不過二三, 而府內外肅然, 但聞履聲躚躚, 人人戰慄. 巡歷所至, 不待禁喧而寂然若無人, 令行禁止, 莫知其所以然也.

御下以寬, 民罔不順. 故孔子曰: "居上不寬, 爲禮不敬, 吾何以觀之?" 又曰: "寬則得衆."

人有恒言曰: "居官莫如尙猛." 此俗語也. 先設一猛字在胸中, 卽其存諸中者, 已自不好, 何以濟矣? 有罪則罪之, 我之用刑, 各當其罪而已, 何必尙猛? 『詩』云: "敬爾威儀, 無不柔嘉." 柔嘉二字, 氣象最好. 余昔在朝, 每見公卿大臣, 其辭色大抵柔嘉, 後世之人不如古人, 而亦必柔嘉者, 致遠得衆, 其怫鬱暴戾者, 多中途而蹶, 余以是知柔嘉爲好氣象也. 『詩』云: "柔嘉維則, 令儀令色." 仲山甫之德也. [33] 然『詩』云: "維仲山甫, 柔亦不茹, 剛亦不吐, 不侮矜寡, 不畏彊禦." 仲山甫豈遂柔懦者乎? 唯其平日辭色, 柔嘉溫恭而後, 能不吐剛不畏彊, 此理又甚明也.

楊龜山云: "今人只要事事如意, 故覺寬政悶人, 不知權柄在手, 不是使性氣處. 何嘗見百姓不畏官人, 但見官人多虐百姓耳?"

張詠再知益州, 知民信己, 易嚴以寬, 凡一令之下, 人情無不愜愜. 詠問李畋曰: "百姓信我否?" 曰: "侍郞威惠及民, 民皆信服." 詠曰: "前一任未也, 此一任應稍稍爾, 只此一箇信, 五年方得成."

范忠宣公知齊州, 或勉公曰: "公爲政素寬, 然齊民兇悍, 性好剽劫, 宜以嚴治之." 公曰: "寬出於性, 若强以猛治[34], 則不能持久, 猛而不久以治兇民, 取玩之道也."

官府體貌, 務在嚴肅, 坐側不可有他人.

牧之位尊嚴, 群吏俯伏, 庶民在庭, 敢有他人干於其側乎? 雖子弟親賓, 皆宜屛除, 巋然獨坐, 乃中禮也. 或淸晝公退, 靜夜無事, 乃可引接. ○奉親者, 晨起詣親所問安, 乃出受參謁. 或父兄尊長在內舍食時, 公事畢暫自入謁, 不可使父兄尊長市坐於政堂.

蔡樊翁留守華城, 有通家少年, 曳衰入門, 公罪其門者, 亟令少年出, 舍于門外. ○李衛率述源嘗爲成川都護, 其胤子以衰服至, 舍於大門之外, 召吏請入謁[35]. 李公曰: "衰服者, 不可由公門, 不可上政堂." 命吏毀垣而納之, 處之

---

33 柔嘉維則…德也: 『詩經·蒸民』에는 '仲山甫之德, 柔嘉維則, 令儀令色'으로 되어 있음.
34 治: 『宋史』와 『范忠宣集』에는 '治'가 없음.
35 謁: 新朝本에는 빠져 있음.

內舍, 躬就而見之. 余在谷山, 聞而善之. ○政堂體貌尊嚴, 凡齊衰之人·緇髡之人·野服之人【蔽涼子·夾袖衣】, 不可引接於政堂. 古人皆然.

呂氏『童蒙訓』曰: "當官者, 凡異色人, 皆不宜相接. 巫祝·尼媼之類, 尤宜疏絶." ○雖詩僧可愛者, 當於游寺之日, 相見於山間, 不宜招之入府, 雖住持在任[36]者, 除其參謁, 勿令上廳. 如有弊瘼當告者, 使之文報.

『象山錄』云: "官庭擊儺, 內舍賽神, 僧巫雜作, 鉦鼓嘲轟, 大非官府之體. 若乘牧之出, 行此怪事, 是妻子不從令也, 尤見其家法蕩然."

君子不重則不威, 爲民上者, 不可不持重.

謝安圍棋不輟, 劉寬羹覆不驚, 皆平日熟有商度, 臨事乃免慌忙也. 府中或有虎狼·盜賊·水災·火患·牆崩·屋塌之變, 或蜈蚣·蛇虺落於衽席, 或侍童不慧覆水翻鑪, 竝須凝然不動, 徐察其理, 或御史出道【暗行莅事, 謂之出道.】, 貶報猝至, 尤宜不變辭色以取譏侮也.

裵度在中書, 左右忽白失印, 裵飲酒自如. 頃復白於故處得印, 度亦不應. 或問故, 度曰: "此必吏盜, 以印書券耳. 急則投諸水火, 緩則復還故處." 人服其量.

柳公權嘗貯杯盂一笥, 縢緘如故, 而所貯物皆亡, 奴妄言不知. 公權笑曰: "銀杯羽化矣." 不復詰.

韓魏公在大名府, 以百金買玉盞一雙, 耕者得於古塚, 表裏無瑕絶寶也. 一日召漕使酌酒, 一吏誤觸, 玉盞俱碎. 公神色不動, 謂坐客, 曰: "物之成毁, 亦自有時." 顧吏曰: "汝誤也, 非故也, 何罪之有?" ○文潞公出四玉杯勸客, 官奴不謹碎其一, 潞公將治之. 司馬溫公請筆, 書牘尾云: "玉爵弗揮, 典禮雖聞於往記, 彩雲易散, 過差可恕於斯人." 潞公笑釋之.

王文正平生未見其怒, 飲食有不潔者, 但不食而已. 家人欲試其量, 以塵埃投羹中, 公唯啖飯. 問何不食羹, 曰: "偶不喜肉." 一日, 又墨其飯, 公視曰: "偶

---

36 任: 新朝本에는 '住'로 되어 있음.

不喜飯, 可具粥."

呂祖謙少時, 性氣粗暴, 飲食不如意, 便敢打破家事. 後因久病, 只將一冊『論語』, 早晚閒看, 忽然覺得意思平了. 遂終身無暴怒, 此可謂變化氣質法.

陳鎬督學山東, 夜至濟陽公館, 庖人供膳忘置箸. 恐怒責, 請啓門外索, 公弗許曰: "禮與食孰重?" 竟不夜餐, 啖果數枚.

韓魏公帥定武時, 夜作書, 令一侍兵持燭於傍. 侍兵他顧燭燃公鬚, 公遽以袖摩之而作書如故. 少頃回視, 已易其人矣. 公恐主吏鞭之, 亟呼曰: "勿易, 渠今已解持燭矣."

夏原吉冬出使至館, 命館人烘韤, 誤燒其一, 館人懼不敢告, 索韤甚急, 左右請罪. 公笑曰: "何不早白?"

蔣瑤性寬厚. 守揚時出市, 有兒放紙鳶, 因落公帽, 左右欲執之. 公曰: "兒幼勿怖也." 有婦瀉水樓牕, 誤濺公衣. 縛其夫至, 瑤叱左右去之. 或訝公太褻, 瑤曰: "吾非好名. 并此婦亦誤耳, 況其夫何辜!"

張鑾巡按東省, 初到臨淸, 偶酒家酒標, 掣落其紗帽, 左右失色. 早日, 州守縛此人待罪. 鑾徐曰: "今後酒標須高掛." 迺遣出.

張鑾在官, 有獄事須急報, 夜坐秉燭, 趣吏治文書. 夜半書既就, 吏袖拂燭覆於書, 書不可奏. 吏叩頭請死, 公曰: "慞耳." 趣再書之, 坐待怡然, 竟曙不寢.

斷酒絕色, 屛去聲樂, 齊漱端嚴, 如承大祭, 罔敢游豫, 以荒以逸.

鄭瑄曰: "聰明有限, 事機無窮, 竭一精神, 以防衆奸, 已非易事. 而耽延含杯, 恣情漁色, 賦詩品奕, 遂致獄訟經年, 是非易位, 詞訴愈多, 事機愈夥, 豈不嗟哉? 鷄鳴聽政, 家務盡屛, 勿以酒色自困, 勿以荒樂自戕. 某事當決, 某牒當報, 某賦當辨, 某繫當釋, 時時察之, 汲汲行之, 毋謂姑俟來日, 則事無不理, 而此心亦寧矣."

傅僧佑及子琰, 琰子翽爲令, 竝著奇績. 時云: "諸傅有治縣譜, 相傳不以示人." 劉玄明甚有吏能, 歷建康·山陰令, 政爲天下第一. 傅翽代爲山陰, 問玄明曰: "願以舊政告新令尹." 答曰: "我有奇術, 卿家譜所不載. 唯日食一升飯而不飮酒, 此第一策."

梅摰知韶州, 著瘴說云: "仕有五瘴, 急催暴斂, 剝下奉上, 此租賦之瘴也; 深文以逞, 良惡不白, 此刑獄之瘴也; 昏晨酣宴, 弛廢王事, 此飮食之瘴也; 侵牟民利, 以實私儲, 此貨財之瘴也; 盛揀姬妾, 以娛聲色, 此帷薄之瘴也. 有一於此, 民怨神怒, 安者必疾, 疾者必殞. 仕者不知咎之土瘴, 不亦謬乎?"

『象山錄』云: "嗜酒皆客氣也. 世人誤以爲淸趣, 轉生客氣. 習之旣久, 乃成饕狂, 欲罷不能, 誠可哀也. 有飮而酗者, 有飮而談者, 有飮而睡者, 其不酗者, 自以爲無弊. 然細談贅語, 吏則苦之; 熟睡長臥, 民則怨之, 何待狂叫·亂嚷·淫刑·濫杖而後害於政事? 爲牧者不可不斷酒."

『茶山筆談』云: "每季冬季夏, 見八道襃貶之目, 其曰: '斛[37]濫雖平, 觸政宜戒.' 其曰: '非不願治, 奈此引滿.' 若此之類, 項背相望, 猶復沈湎而不省, 抑何心哉? ○昔一縣令, 沉[38]醉不理事, 監司書考曰: '醒日亦醉.' 一世傳笑."

娼妓縱淫, 非三古先王之俗. 後世夷俗, 漸染於中國, 遂及吾東. 爲民牧者, 決不可狎昵娼妓, 一有所狎, 其一政一令, 皆受疑謗, 雖至公大正之事, 皆致疑於女謁, 不亦悶乎? 每見拙朴深居之士, 初狎妓物, 其沈惑益甚, 衽席之間, 密語深謀, 信如金石, 不知此物面面流情, 人性已亡, 別有情郎, 無言不洩. 半夜呫囁, 朝已滿城, 而夕達于四境矣. 平生端士, 一朝遂爲癡人, 豈不可哀? ○凡妓物妖豔, 不宜交昵, 朔望點考之外, 勿令入門. ○子弟親賓, 尤宜嚴防, 若禁戒本嚴, 設有犯者, 不至爛漫. 旣發覺, 不必衆中嗔罵, 但於密室責其犯禁, 厥明日賜馬治裝, 使卽還去, 無亂我政, 無毀我法, 爲無上方便.

趙淸獻公帥蜀時, 有妓戴杏花. 公偶戲曰: "髻上杏花眞有幸." 妓應聲曰: "枝頭梅子豈無媒." 逼晚公使老兵呼妓, 幾二鼓不至. 令人速之, 公周行室中, 忽高聲呼曰: "趙抃, 不得無禮." 旋令止之. 老兵自幕後出曰: "某度相公不時辰此念便息, 實未嘗往也."

---

37 斛: 新朝本에는 '濫'으로 되어 있음.
38 沉: 新朝本에는 '況'으로 되어 있음.

趙淸獻每絶慾, 掛父母畫像於臥榻中, 以自監. ○柳鳳瑞爲北評事, 遇一妖妓, 排脫不得, 掛其父柳相國尙運畫像, 日夜瞻泣【柳相逆知其沈惑, 別日贈之以畫像】, 終亦不禁, 竟歿於官. 嗚乎, 哀哉!

張乖崖帥蜀時, 給滌濯·針紉二人, 乖崖悅一姬. 中夜心動而起繞室行, 但云: "張詠小人小人." 遂止. ○鄭瑄云: "嗜慾萌生, 旣遂必悔, 忍過必樂, 忿怒亦然."

張乖崖鎭蜀, 當游宴時, 士女環左右, 終三年未嘗回顧. ○『象山錄』云: "牧出入城府及過閭里, 覺牆頭街上有婦人, 不宜流目."

張詠知益州, 僚屬憚其嚴峻, 莫敢畜婢. 公不欲絶人情, 遂自買[39]一婢以侍巾櫛, 自此僚屬稍置姬侍. 在蜀四年, 被召還朝, 呼婢父母, 出貲嫁之, 仍處女也.

程彦賓爲羅城使, 左右以三處女獻, 皆有姿色. 公謂女子曰: "汝猶吾女, 安敢相犯?" 因手自封鎖, 置于一室, 及朝訪父母還之, 皆泣謝.

韓祉爲監司, 侍妓數十, 常置一房, 終無所犯, 諸裨亦不敢狎. 一日, 從容問曰: "久旅有所昕乎?" 具對以實. 笑曰: "豈可以吾之自防而竝防人乎? 但無雜亂而已. 然色之難忍, 至於此乎? 吾嘗爲湖西亞使, 以檢田都會留淸州一望, 妓有絳梅者, 才色超絶, 常在傍. 第三夜睡間伸足, 忽觸人肌膚, 問之, 絳梅也. 云: '主官有命, 不被昕, 將罪之, 故冒耻潛入.' 余曰: '是易耳.' 卽命入衾. 凡十三日同寢, 終不亂. 罷事而歸, 梅也泣. 余曰: '尙有情乎?' 對曰: '何情之有? 但無聊故泣耳.' 主官戲之曰: '梅也遺臭萬年, 使君遺芳百世矣.'"

趙云仡爲江陵府使【號石澗】, 不喜接賓客, 不煩擾民間, 至今以淸白稱之. 一日, 府妓在席上相戲笑, 公問其故, 一妓答云: "妾夢侍官寢, 今與諸伴解夢耳." 公卽索筆題曰: "心似靈犀意已通, 不須容易錦衾同. 莫言太守風情薄, 先入佳兒吉夢中."

朴信少有時譽, 按江原, 愛江陵妓紅糚, 情頗珍重. 秩滿將還, 府尹趙云仡,

---

39 買: 新朝本에는 '賣'로 되어 있음.

詿云: "糚已仙去." 朴悼念不自聊. 府有鏡浦臺, 尹邀廉使出游, 密令紅糚靚飾
豔服, 別具畫船, 選一老官人, 鬚眉皓白, 衣冠褒偉, 載紅糚. 又揭彩額, 題詩
其上曰: "新羅聖代老安詳, 千載風流尙未忘. 聞說使華游鏡浦, 蘭舟聊復載
紅糚." 徐徐擊楫入浦口, 徘徊洲渚間, 絲管淸圓, 如在空中. 尹曰: "此地有仙
侶往來, 但可望不可近也." 朴涕淚盈睫. 俄而舟行順風, 一瞥直前, 朴駭愕曰:
"必神仙中人!" 熟視乃紅妓. 一座抵掌大笑. ○案 朴按使固荒迷矣, 趙公調
戲上官, 亦非矣. 余在西邑, 遇如此事, 令妓臥病, 毋得陪游, 旣罷而直言之,
按使亦謝之, 不我怒也.

鄭寒岡爲安東府使. 先是, 官舍有花名妓女者, 公命剪去, 權晦谷春蘭問其
故, 答曰: "人之易惑者, 莫如色, 故惡其名而去之耳."

聲樂者, 民怨之鼓鞴也. 我心樂, 而左右之心, 未必皆樂; 左右之心皆樂, 而
一城男婦之心, 未必皆樂; 一城之心皆樂, 而四境之內萬民之心, 未必皆樂.
其中一有飢寒困乏, 或罹於刑獄, 號呼顚連, 視天無光, 慘然無生世之樂者,
一聞鼓樂之音, 必纈頞努目, 詬于路而詛于天矣. 飢者聞之, 益恨其飢, 囚者
聞之, 益悲其囚, 『孟子』‘今王鼓樂’之章, 不可不深味也. 『詩』云: "鼓鍾于宮,
聲聞于外." 『易』曰: "鳴豫凶." ○每見奉親者, 或晬日張樂, 我以爲孝, 而民則
詛之. 使民詛親, 非不孝乎? 若晬日兼行養老之宴, 則民不詛矣. ○設場試士
之日, 方其進饌, 宜霎時用樂, 不必終席.

唐辝平易三鎭, 而聲樂不聞于家. 憲宗以治行, 薦御史大夫.

柳觀鉉性儉約, 其在官對方丈曰: "不如鄕園鱠魚煮耳." 聽妓歌曰: "不如聽
隴畝[40]農謳耳."

燕游般樂, 匪民攸悅, 莫如端居而不動也.

朱博前後爲三縣, 廉儉不好酒色游宴. 自微賤至富貴, 食不重味. 案上不過
三杯【謂不過三豆】, 夜寢早起, 妻罕見其面.

---

40 畝: 新朝本에는 '晦'로 되어 있음.

李及知杭州. 性淸介, 惡錢塘風俗侈靡, 不事游宴.

唐錢徽爲江州刺史. 州有牛田錢百萬, 刺史以給宴飮饋饗者. 徽曰: "此農畦之備, 可他用哉?" 命代貧民租入.

鄭判書尙淳爲平安監司, 二期而遞, 終不登練光亭而歸. 平日居家, 待以擧火者, 四十餘竈. 有弟病瘵癧, 醫令食蛇鱠, 公先自啗之曰: "其味甚佳, 汝亦食之."

治理旣成, 衆心旣樂, 風流賁飾, 與民皆樂, 亦前輩之盛事也.

東坡鎭餘杭, 遇游西湖, 多令旌旗導從, 出錢塘門, 坡則自湧金門, 從一二老兵, 汎舟絶湖而來, 飯于普安院, 徜徉靈隱·天竺間. 以吏牘自隨, 至冷泉亭, 則据案剖決, 落筆如風雨, 分爭辯訟, 談笑而辦. 已乃與僚吏劇飮, 薄晚則乘馬而歸, 夾道燈火, 縱觀太守. 有老僧紹興末年九十餘, 幼在院爲蒼頭, 能言之. 當是時, 此老之豪氣逸韻, 可以想見也.

黃幹知安慶府, 治理旣成, 會上元日張燈, 士民扶老携幼, 往來不絶. 有老嫗百歲, 二子輿之, 諸孫從至府致謝. 幹禮之, 命具酒炙, 且勞以金帛. 嫗曰: "老嫗之來, 爲一郡生靈謝耳, 太守之賜非所冀也." 不受而去.

蔡京守永興, 上元陰雨[41]連綿三日, 不得出游. 十七日雨止, 欲再張燈兩日, 吏謂: "常歲張燈, 所用膏油至多, 臨時營之, 決不能辦." 蔡因取備城庫貯油用之, 爲轉運使所劾. ○案 若是者, 當爲鑑戒.

蔡君謨守福州, 上元日, 令民衆點燈七盞, 陳烈作大燈, 題詩其上曰: "富家一盞燈, 太倉一粒粟. 貧家一盞燈, 摳郤心頭肉. 風流太守知不知, 猶憾笙歌無妙曲." ○康津宰有嬖妓. 欲觀燈, 四月八日, 令城中點燈, 竿高者有賞. 於是, 吏校出浦口, 盡奪船中桅檣. 遠島之民, 將赴漁場, 不可暫留, 以錢贖之, 一船皆出二百, 怨聲滿海. 故牧之一動難矣.

鄭漢奉云: "有數官人遇休沐, 携歌舞燕僧舍者, 酒酣誦前人詩: '因過竹院

---

41 雨: 新朝本에는 '兩'으로 되어 있음.

逢僧話, 又得浮生半日閒.' 僧聞而笑曰: '尊官得半日閒, 老僧却忙了三日. 謂一日供帳, 一日燕集, 一日掃除也.'" ○縣令一游僧寺, 僧之所費, 殆折半年之用. 凡一行之人, 酒飯煙鞋, 按例討索, 又若携妓奏樂, 倡優雜戲, 則士女來觀者, 皆討食於僧, 僧其堪乎? 或賜錢米以酬其費, 雖面前親給, 牧既出門, 吏奴已攘而去矣. 或給稅米尺文【受米之小券】, 方纔領受也.

『茶山筆談』云: "去年春, 余乘小艇, 游駕牛島漁村, 縣監亦乘舟至萬德寺游宴. 余至漁村, 聞漁人之語曰: '海船入港口者, 吏校每一艘討錢二百, 漁濱在海中者數十處, 其潮水汐水之所漁, 咸攘以去, 皆以縣令之游爲辭.' 嗟! 縣令何以知之? 余方夕陽小櫂, 沿洄葦柳之間, 望見山腰寺閣, 紅綠錯行, 簫鼓方轟, 而不知漁村諸民, 側目以詛詈. 嗟乎! 爲民上者, 不亦難乎?"

簡其騶率, 溫其顔色, 以詢以訪, 則民無不悅矣.

高麗徐忱爲蔚珍縣令, 多善政嘗騎牛勸農.

朴世樑爲新昌縣監, 百事簡約. 坐衙無鼓吹, 出門無皁隷, 非疾病無兼味, 非大暑不張蓋. 每當農月, 吏役皆聽歸田, 守衙纔數人, 所須薪藁, 使僮僕取給. 暇則短巾便服, 荷杖逍遙, 有時民不能識也.

柳誼爲洪州牧使, 乘款段一馬二僮, 巡行野外, 遇饁婦發其飯包, 草具薄者, 戒其怠惰; 殽醬多者, 責其濫侈, 民情大悅.

政堂有讀書聲, 斯可謂之淸士也.

人主萬機至煩, 猶欲其日御經筵, 誠以聖賢格言, 浸灌肺腑, 發之爲政, 自然其益弘多也. 公事有暇, 宜取『尙書』·『魯論』·『中庸』·『大學』及『宋名臣錄』·『自警編』等書, 常常誦讀.

柳仲郢以禮律身, 端坐拱手, 三爲大鎭, 廄無良馬, 衣不熏香. 公退必讀書, 手不釋卷.

完平李相公元翼云: "吾平日亦好看書, 若居官則束書庋之, 蚤夜專心公事而已. 今人作郡讀書, 此非吾才所能及也."【出謚狀】

李義傳【完平孫】每治郡無事, 手不釋卷, 曰: "先事而治民, 不煩而事自省. 博於古事, 論議多警人者."

武臣元永胄爲長興府使, 權判書襜時爲監司, 書上考曰: "官齋讀書." 先王命置下考. ○讀書不治事者, 固可貶也. 吾所言者, 時讀聖賢書一二章, 欲以浸潤肺府, 感發善心而已.

若夫哦詩賭棋, 委政下吏者, 大不可也.

成宗朝兪潘溪好仁, 乞養爲山陰縣監. 嶺南方伯陛辭, 上引見曰: "予故人兪好仁, 見任山陰, 卿其斗頓【卽扶護之意】." 方伯竟以不恤民隱, 哦詩不輟, 罷黜.

金南牕玄成屢典州郡, 洗手奉職, 廉聲著世. 而性甚疏雅, 不閑吏事, 不事鞭扑, 淡然鈴齋終日吟哦. 好事者爲之語曰: "牕愛民如子, 闔境怨咨, 秋毫無犯, 官庫板蕩." 一時傳笑.

陶侃爲廣州刺史, 終日斂膝危坐, 軍府衆事, 檢攝無遺, 未嘗少閒. 諸參佐或以談戲廢事者, 命取其酒器蒱博之具, 悉投之於江, 將吏則加鞭扑, 曰: "樗蒱者, 牧豬奴戲耳."

○令狐綯擬李遠杭州刺史, 上曰: "吾聞遠詩云'長日惟消一局棋', 安能理人?" 綯曰: "詩人託興, 未必實然." 上曰: "且令往試觀之." ○棋猶其雅者也. 近來縣令, 或於政堂, 與邸吏·邑子·傔人之等, 馬弔江牌, 窮晝達夜, 體貌之壞至是極矣! 噫! 將若之何?

循例省事, 務持大體, 亦或一道, 唯時淸俗淳, 位高名重者, 乃可爲也.

陸賈曰: "君子之爲治也, 渾然無事, 寂然無聲. 官府若無人, 亭落若無吏. 郵無夜行之卒, 鄕無夜召之征. 耆老甘味於堂, 丁男耕耘於野." ○案 漢初承秦之苛, 欲與民休息, 故其論多如此. 庸人慕此拱默, 萬事其隳矣.

汲黯爲東海太守, 理民好淸淨, 擇丞史而任之, 其治責大指而已, 不少苛, 黯多病, 臥閨閤內, 不出歲餘, 東海大治. ○案 汲黯威望素重, 且能知人而任人, 故乃能爲此. 庸夫妄效此法, 千家其愁歎聲矣.

唐陸象先爲蒲州, 嘗曰: "天下本無事, 庸人擾之耳. 苟澄其源, 何憂不簡?"

南宋謝朓守義興, 不省雜事, 悉附綱紀, 曰: "吾但能作太守耳." ○案 此所謂持大體也. 威名素著, 乃可爲此. 庸夫效之, 庶事隳矣.

第二條 淸心

廉者, 牧之本務, 萬善之源, 諸德之根, 不廉而能牧者, 未之有也.

國朝淸白吏之選, 通共一百單十人, 太祖朝以下四十五人, 中宗朝以下三十七人, 仁祖朝以下二十八人, 景宗朝而降, 此選遂絶, 而國益以貧, 民益以困, 豈不嗟哉? 四百餘年, 其束帶立朝者, 幾千萬矣, 而與此選者, 止於此數, 亦士大夫之羞也歟?

『象山錄』云: "廉有三等. 太上, 俸廩之外, 悉皆不食, 其食而餘者, 亦不持歸, 歸之日, 匹馬蕭然, 此古之所謂廉吏也. 其次, 俸廩之外, 其名正者食之, 其不正者不食, 其食而餘者, 輸之家, 此中古之所謂廉吏也. 最下者, 凡已成規例者, 雖其名不正食之, 其未成規例者, 不爲禍首, 不賣鄉賣任, 不偸災翻穀, 不賣訟鬻獄, 不加賦竊羨, 此今之所謂廉吏也. 諸惡悉備者, 今之滔滔者, 皆是也. 能爲太上固善矣, 如其不能, 抑其次可也. 若所謂最下者, 在古必烹. 凡樂善恥惡之人, 必不肯爲是也."

楊秉淸儉雅素, 歷豫荊徐兖四州, 計日受俸, 餘祿不入私門. 家室貧窶, 併日而食, 嘗曰: "我有三不惑, 酒色財也."【後漢楊震之子】

襄毅公山雲, 廉正無比. 廣西帥府有鄭牢者, 老隸也, 性鯁直敢言. 公詢之曰: "世謂爲將不計貪, 我亦可貪否?" 牢曰: "公初到, 如一新潔白袍, 一汚點墨, 則終不可澣也." 公又曰: "人云土夷饋送之物, 苟不納, 彼必疑忿, 奈何?" 牢曰: "居官黷貨, 則朝廷自有重法. 不畏朝廷, 反[1]畏蠻子耶?" 公笑納之, 鎭廣西十年, 廉操終始不渝.

廉者, 天下之大賈也. 故大貪必廉. 人之所以不廉者, 其智短也.

孔子曰: "仁者安仁, 知者利仁." 余謂: "廉者安廉, 知者利廉." 何也? 財者, 吾人之所大欲也. 然所欲有大於財者, 故舍之不取也. 雖以得財爲心, 亦當爲廉吏, 何也? 每見地閥華顯·才望藹蔚者, 爲數百緡所陷, 削奪流竄, 十年不調者比比. 雖或勢高風利, 免被刑辟, 而物論唾鄙, 雅望衰落. 文臣坐此, 不得爲館閣; 武臣坐此, 不得爲將帥者, 亦何限矣? 智遠而慮深者, 其欲大故爲廉吏; 智短而慮淺者, 其慾小故爲貪吏, 苟能思量乎是, 則庶乎無人不廉也.

宋之野人, 耕而得玉, 獻之司城子罕, 子罕不受. 野人請曰: "此野人之寶也. 願相國受之." 子罕曰: "子以玉爲寶, 我以不受爲寶, 若我受之, 爾與我皆喪寶也." ○公儀休爲魯相, 客有遺魚者, 不受. 客曰: "聞君嗜魚, 遺君魚, 何故不受也?" 休曰: "以嗜魚, 故不受也. 今爲相, 能自給魚, 今受魚而免, 復誰給我魚者? 吾故不受也."

楊震爲涿郡太守, 性廉. 或勸開産業, 震不肯曰: "使後世稱爲淸白吏子孫, 以此遺之, 不亦厚乎?"

故自古以來, 凡智深之士, 無不以廉爲訓, 以貪爲戒.

裵俠曰: "淸者莅官之本, 儉者持身之基."

『律己箴』曰: "惟士之廉, 猶女之潔. 苟一毫之點汚, 爲終身之玷缺, 毋謂黯室, 昭昭四知. 汝不自愛, 心之神明其可欺? 黃金五六駄, 胡椒八百斛, 生不足以爲榮, 千載之後, 有餘戮, 彼美君子, 一鶴一琴, 望之凜然, 淸風古今."

包孝肅公家訓云: "後世子孫, 仕宦有犯贓濫者, 不得放歸本家, 亡沒之後, 不得葬於大塋之中. 不從吾志, 非吾子孫." 其下押字仰珙, 刻石於堂屋東壁, 以詔後世.

---

1 反: 新朝本에는 '又'로 되어 있음.

羅景倫曰: "士大夫若愛一文, 不值一文." ○陳簡齋詩云: "從來有名士, 不用無名錢." ○楊伯子曰: "士大夫清廉, 便是七分人了."

馮猶龍曰: "天下無窮不肖事, 皆從捨不得錢而起; 天下無窮好事, 皆從捨得錢而做."

鄭瑄曰: "貪得者無厭, 總是一念好奢所致. 若是恬淡知足, 要世間財利何用? 清風明月不用錢, 竹籬茅舍不費錢, 讀書談道不求錢, 潔己愛民不要錢, 濟人利物不餘錢, 如是存省, 則世味脫然, 貪心又何自而生乎?"

鄭瑄曰: "侈輦載於鄉閭, 盛誇稽古之力; 詢地產於海曲, 冀充宦囊之資, 間有飲泉不貪, 敝車羸馬者, 則嗤之曰: '惡用是拙官為哉? 好官不過多得錢爾.' 噫! 吾亦見多得錢者矣, 沒不數年, 而子孫以爭奪敗, 又不再世, 子孫以淫蕩廢. 其尤惑者, 志在溫飽, 術工攘剝, 聞人稱其有十乘之富, 則艴然怒, 聞人譽其無甔石之儲, 則欣然喜. 其子孫, 求人狀其祖父之行也, 詆之以季孫·陶朱之儔, 亦艴然怒; 等之於公儀·伯起之列, 亦欣然喜. 是明知多錢之可醜, 而拙清之足貴也. 乃所志非所貴, 所貴多所醜, 獨何哉?"

鄭瑄曰: "近世士大夫, 有外釣功名, 內營產業, 廣廈千間, 膏田萬頃, 僮僕如蟻, 婢妾如雲, 而開口高談性命, 自負清虛, 雖復舌吐五色寶蓮, 吾不信也."
○又曰: "搢紳一登仕籍, 轉眄富盛, 利厚官高, 則是能品, 寒儉有官, 猶免姍笑. 公廉骯髒, 官與利兩喪, 則稱大拙, 妻孥尤之, 親朋笑之, 殆無以自託於鄉里. 自非天挺高標, 鮮不從風而靡矣."

宋蓋巨源為縣令, 因買羅於公廳上, 手自拓量. 其侍婢從屏間見之, 惡曰: "不意今日却事一羅絹牙郎." 因求去, 不可留. ○近一縣令於政堂中, 手自尺布, 何代無賢?

石璞歷官四十餘年, 清介如一日. 鄉人有為典史歸者, 璞往省之, 几上陳銀器列金杯十餘. 璞問曰: "汝宦幾年?" 曰: "未滿考." 曰: "胡歸乎?" 曰: "刁民訟吾貪奪職." 璞曰: "嗟夫! 使我治汝, 汝安得歸哉?" 拂衣去.

福建廉使陶垕仲, 劾方伯薛大方貪暴, 大方誣訐. 垕仲至京事白, 大方得罪, 詔垕仲還官. 閩人迎拜, 語曰: "陶使再來天有眼, 薛公不去地無皮."

宋節度使米信, 儉嗇聚斂, 積聚百萬緡. 其子豪侈浪蕩, 以信故不敢自專. 但於富室, 厚利貸錢自用, 謂之老倒還. 其詞以爲若父死, 鍾聲纔絶, 本利齊還也. 於是, 私募僕夫, 飾鞍服, 置於宅門左右, 俟出門, 卽擁掖去, 其黨則京師搖脣舌, 獵炮炙之徒也. 信甫卒, 縱蕩殆盡, 至假獄卒·搖鈴子夜軍之力以糊口.

牧之不淸, 民指爲盜, 閭里所過, 醜罵以騰, 亦足羞也.

鄭瑄曰: "官訊一盜曰: '爾試自言盜狀.' 盜佯不省曰: '何名爲盜?' 官曰: '汝盜, 那得不自知? 肢篋竊財, 是爲盜耳.' 盜乃笑曰: '如公言, 余何能盜? 若官人眞盜也. 儒生唔咿帖括, 曾不考古今究天人, 思經濟皇輿惠澤黔首, 日夜望事權入手, 借以攫取大利. 父師所敎, 友朋所學, 習盜也. 公服手板而高坐堂皇, 胥吏旁列, 輿臺下擁, 尊嚴如天帝. 官餯利出, 政以賄成. 原郭巨豪, 白晝殺人, 苞苴一入, 三尺安在, 黃金有權, 白日無光, 又出而揚揚豪里中矣. 閭左賤氓, 罰贖貧苦, 披髮剝膚, 室廬不保, 鬻及妻孥, 赴海塡壑, 莫之省憂, 神怒人怨, 錢神通天, 官譽大起, 甲第連雲, 歌鍾撲地, 僮奴如蜂, 粉黛塞房, 眞天下之大盜也. 穴地破壘, 竊人一錢, 卽以盜論, 官人高坐拱手, 搜括鉅萬, 而猶不失官譽, 大盜不問, 而問民間乞兒·小偸乎?' 於是, 官人立[2]釋此盜."

高麗羅得璜, 剝民聚斂, 諂事崔沆, 爲濟州副使. 前此, 宋佋守濟州, 坐贓免, 得璜至, 人語曰: "濟州昔經小盜, 今遇大賊."

李墍『松窩雜說』[3]云: "國初咸鏡一道, 鄰於野人, 大小守令, 皆例以武官差遣, 加以朝廷絶遠, 無所畏忌, 專以酷刑箕斂爲事. 間遣文官, 而稱望者亦絶少, 民以畫賊目之. 有一北氓初赴京者, 至成均館前路, 謂同伴曰: '此何郡府?' 其伴曰: '此是朝廷, 聚會畫賊長秧[4]之處.' 此言雖過於憤激, 聞之者, 亦可

---

2 立: 新朝本에는 '玄'으로 되어 있음.

3 松窩雜說: 新朝本에는 '東閣雜記'로 되어 있음. 이 내용이 『東閣雜記』에는 보이지 않고 『松窩雜說』에 실려 있어 바꾼 것임.

4 秧: 新朝本에는 '袂'으로 되어 있음.

媿也."

『寒巖瑣話』云: "白蓮寺僧有善諧者, 常誦一聯曰: '日傘陰中多大盜, 木鐸聲裏少眞僧.'"【謂首座多慾】

貨賂之行, 誰不秘密, 中夜所行, 朝已昌矣.

吏屬甚佻, 入則曰: "此事秘密, 人無知者, 宣則害己, 誰肯宣之?" 牧深信其言, 欣然受之, 纔出門, 昌言不諱, 以沮其敵, 頃刻之間, 達乎四境, 而牧且深居孤立, 漠然不聞, 誠可哀也. 楊震四知之外, 人知不可防也.

楊震爲荊州刺史, 茂才王密除昌邑令, 夜懷金十斤遺之, 曰: "暮夜無知." 震曰: "天知神知我知子知, 何謂無知?" 密愧而退.【『後漢書』】

孫薪·黃葆, 爲太學舊游, 後[5] 黃葆以御史出處州時, 有吏胥欲賄黃葆, 將因孫薪納之. 薪曰: "謹勿語! 使吾聞, 是入耳贓."

饋遺之物, 雖若微小, 恩情旣結, 私已行矣.

鬲令袁毅, 賄朝臣以營譽, 嘗遺山濤絲百斤. 濤不欲爲異, 受之納於梁上, 後毅事發, 濤於梁上取絲付吏. 絲已數年, 塵埃黃黑, 封印如初.

羊續爲廬江太守, 府丞饋魚, 受而不食掛之. 後復進, 續出前魚示之, 府丞愧而止.

熊泰簡公平生淸節, 一芥不取. 其巡撫雲南平蠻, 公宴之日, 乃受金花綵段, 或者疑焉. 次年公還京, 召有司領金花綵段貯庫, 始知公不肯以淸病人也. 不然, 當日公不受, 誰敢受? 此與張乖崖納侍女之事, 頗相類.

曹克明在湖廣行省, 有主簿寄辰砂一函, 未及啓封, 漫置篋中, 後取視, 乃有砂金三兩雜其內. 公驚歎曰: "彼以我爲何如人耶?" 時主簿已歿, 呼其子歸之.

葉宗行令錢塘, 按察使周新風采嚴重, 尤重之. 嘗候宗行出, 潛至其舍, 視

---

5 後: 新朝本에는 '浚'으로 되어 있음.

室中無長物, 唯笠澤銀魚乾一裹. 新歡息携少許而去, 明日召以食之, 曰: "此君家物也." 時呼錢塘一葉淸.

北齊蘇瓊爲南淸河太守, 性淸愼, 不受瓜果. 郡人趙榮, 獻新瓜一雙, 瓊置梁上竟不割. ○賈郁遷仙游縣, 有邑客遺果, 郁不受.

宋査道嘗出按部, 路側有佳棗. 從者摘以獻道, 卽計直掛錢於樹而去.

所貴乎廉吏者, 其所過山林泉石, 悉被淸光.

吳隱之刺廣州, 山海郡二十里許, 有泉曰貪泉, 言飮者必貪. 隱之徑酌飮之, 淸操彌厲, 歸無餘貲. 爲尙書遷太僕, 以竹蓬爲屛風, 家人幷日而食, 晏如也.

唐李白爲虞城令, 官宅舊井, 水淸而味苦. 下車嘗之, 莞爾笑曰: "我苦且淸, 足符吾志." 遂汲不改, 變爲甘泉.

方峻於所居東北, 鑿一井旣成, 著公服焚香, 禱之曰: "願子孫居官淸白, 有如此水."

元魏房豹守樂陵, 郡無甘水, 皆濱海味鹹. 豹令鑿一井, 遂得甘泉, 及豹還甘味復鹹.

宋虞愿爲晉安太守, 海邊有越王石, 常隱雲霧. 相傳云: "淸太守乃得見." 往觀之, 淸澈無所隱蔽.

楊誠齋贈廬陵守詩云: "今侯冰檗淸到底, 一粒不嚼廬陵米. 一芽只瀹淸泉水, 玉皇知渠是良吏."

凡珍物産本邑者, 必爲邑弊, 不以一枚[6]歸, 斯可曰廉者也.

如江界之蔘貂, 鏡北之氈布, 南平之扇, 淳昌之紙, 潭陽之綵箱, 東萊之煙具, 慶州之水晶, 海州之墨, 藍浦之硯, 及歸之日, 橐中不帶一枚, 則淸士之行也. ○每見珍物携歸者, 以其珍物羅列左右, 貪鄙之色由內達外, 使人代慚.

白香山自言: "久宦蘇州, 不置太湖一片石."

---

6 枚: 新朝本에는 '杖'으로 되어 있음.

雲南大理府, 出石屛. 官其地者, 每勞民傷財, 載以饋人. 有李邦伯, 獨寓意於送行詩云: "相思莫遣石屛贈, 留刻南中德政碑." ○河南土産, 蘑菰·線香. 宦游者, 每取以饋當路. 于肅愍公, 巡撫其地, 絶無所取, 有詩云: "手帕蘑菰與線香, 本資民用反爲殃. 淸風兩袖朝天去, 免得閭閻話短長." ○鄭瑄曰: "嗟夫! 土有産, 土之災也. 徽【徽州也】瘠郡爾, 廷珪墨·龍尾硯, 至今爲累多矣. 留刻德政, 淸風滿袖, 是所望於司牧."

包拯爲端州守, 歲州貢硯. 前守所取, 輒數十倍, 以遺權貴, 公命製者, 纔足貢數. 歲滿, 一硯不持歸.

歐陽文忠公, 與姪通理書: "昨日書中, 言欲買朱砂來, 吾不闕此物. 汝於官下宜守廉, 何得買官下物? 吾在官除飮水外, 不曾買一物. 可視此爲戒也."

唐介倅潭州, 一巨賈私藏蚌胎, 爲關吏所搜. 太守而下輕其估, 悉自售焉. 分珠獄發, 仁宗謂近侍曰: "唐介必不肯買." 案覈[7]之, 果然.

唐桂州都督李弘節歿, 其家賣珠. 太宗聞之, 曰: "此人宰相言其淸, 今旣賣珠, 擧者豈得無罪?" 魏徵救解之. ○土物之可畏, 如是矣.

合浦出寶珠. 守宰貪穢, 詭人採取, 珠遂漸徙交趾郡界. 於是, 行旅不至, 人物無資. 孟嘗爲合浦太守, 革退前弊, 曾未逾歲, 去珠復還, 商賈流通, 稱爲神明.

柳子厚「零陵復乳穴記」云: "連産石鍾乳, 連之人告盡者五歲. 以貢則買諸他部. 刺史崔公至逾月, 穴人來以乳復告, 嚮刺史貪戾, 徒役而不貨, 以是病而紿焉. 今刺史令明而志潔, 信順休洽, 以是誠告焉."

余靖帥二廣, 請立法戒官吏, 不得市南藥. 及公北歸, 不載南海一物.

王僧孺爲南海太守, 外國舶物, 竝無所取, 曰: "昔人爲蜀長史, 終身無蜀物. 吾欲遺子孫不敢越裝."

唐朱敬則貶涪州刺史. 及還, 無淮南一物, 所乘止一馬, 子曹步從以歸.

董士毅爲蜀州守, 赴任時, 諸子請曰: "大人志節, 兒輩能諒, 一切生事, 不

7 覈: 新朝本에는 '覆'으로 되어 있음.

敢少覬. 第念大人年高, 蜀中多美材, 後事可爲計也." 公曰: "唯唯." 旣歸, 諸子迎之水次, 以後事問, 公曰: "吾聞之, 杉不如栢也." 子曰: "大人所具者柏耶?" 公莞爾曰: "吾玆載有柏子在, 種之可也."

若夫矯激之行, 刻迫之政, 不近人情, 君子所黜, 非所取也.

楊繼宗以髡首逐妻【見下齊家條】, 許鎡以棍木熒子【見上篇】, 非刻迫之政乎? 孔覬以錦絹投火, 李汧公以犀象投水【見末篇】, 非矯激之行乎? 若是者, 皆君子之所不取也.[8]

鄭瑄曰: "士大夫損德處, 多由立名心大急."

高齊庫狄干子士文, 性清苦不受公料. 子啖官廚餌, 枷之獄累日, 杖二百, 步送還京. 摘發姦諂, 尺布[9]斗粟之贓, 無所寬貸, 至奏配千人嶺南, 皆瘴癘死, 親屬號哭. 士文捕搦箠楚盈前, 而哭者彌甚. 上聞之曰: "士文暴過獨獸矣." 坐免. ○鄭瑄曰: "昔聞長者言上官貪, 百姓尙有生路, 清而刻, 卽生路絶矣. 古今淸吏子孫多不振, 正坐刻耳."

清而不密, 損而無實, 亦不足稱也.

『象山錄』云: "牧之清者, 清而不密, 但務損財, 不知所用, 或散之妓伶, 或施之佛宇, 斯固非矣. 其自以爲務實者, 又或買牛以敷民, 放債以補徭, 不知歸蓋出門, 約條隨壞, 牛錢盡歸豪戶, 而吏與之分味, 債錢勒配貧竈, 而民以之破家. 新官聞之, 如[10]鷹遇肉, 如虎跑地, 追括已消之物, 以充無厭之慾, 而憲約都毀, 如除虐政. 天下之無義無智, 莫此若也. 然則奈何? 如有大財, 當置田設莊, 以蠲徭役【卽民庫】如不能然, 卽養老·慈幼·嫁娶·殯葬·癃疾之養, 罷癃之贍, 當於目前行之, 以慊吾心而已. 吾位不固, 烏能爲日後計哉!"

---

8 楊繼宗…所不取也: 新朝本에는 이 目이 위의 綱에 이어져 있음.

9 布: 新朝本에는 '市'로 되어 있음.

10 如: 新朝本에는 '知'로 되어 있음.

凡買民物, 其官式太輕者, 宜以時直取之.

胡大初曰: "苫官之要, 曰廉與勤, 一毫或虧, 其害於政也甚烈. 且人孰不知廉吾分內事也, 物交勢迫, 浸不自由. 素貧賤者, 有妻子啼號之撓; 素富貴者, 有口體豢養之需, 喜聲譽, 則飾廚傳以娛賓; 務結託, 則厚苞苴以通好. 又其甚者, 婚男嫁女囊帛匱金, 雖欲廉得乎? 貪黷忘恥之人, 固不暇恤, 稍有畏淸議者, 亦不過曰: '吾上不竊取於公帑, 下不妄取於民財, 足矣. 收買飮食, 素有官價, 吾行之奚愧? 供需賓客, 例敷吏貼, 吾循之奚怍?' 得無愧辭乎?" ○ 案素有官價者, 今之所謂官定式也. 官定之價, 槪從輕薄, 或其中有從厚者, 官則不用, 吏其堪乎? 物之貴賤, 時月以變, 而官式一定, 百年不改, 其不能與時平準, 必矣. 價薄則吏苦, 吏苦則民削, 畢竟害歸於下民, 吏何與焉? 大抵吏之爲物, 樂則進, 苦則退, 見其不退, 則知其有可樂也. 民之爲物, 樂亦留, 苦亦留, 以身著土, 如縛受笞, 雖不去, 不可曰無苦也. 數十年來, 所謂契房, 除役之村, 日增月加, 賦役偏苦, 民不聊生. 欲革此弊, 吏則曰逃. 余察其由, 一, 列邑之諂事監司, 愈往愈甚也; 一, 官式之勒定物價, 不公不平也. 吏旣蒙害, 勢必告退, 官欲挽留, 必充其壑, 而上不忍釋利, 下不可加賦. 於是, 除給一村, 使爲契房, 天下之巧詐鄙吝, 未有甚於是者也. 故牧之新到者, 無不欲打破契房, 旣知妙理, 又無不默然內沮者, 知本之由己也.

凡官用諸物, 宜以春分·秋分, 改定時價, 行之半年, 其可因者因之, 其可改者改之, 一從時直, 無削無濫, 不亦善乎? 『禮』曰: "日夜分則, 同度量, 均衡石, 角斗甬[11], 正權槪." 亦此意也. ○ 凡吏奴進諸物者, 若於貿販無所稱冤, 則凡契房等害民之事, 始可以矯革惟意矣.

凡謬例之沿襲者, 刻意矯革, 或其難革者, 我則勿犯.

西路之防番錢, 山邑之火粟錢, 餘如場稅錢·巫女布等物, 雖屬謬例, 皆朝廷所知, 或可因也. 若西路之臥還債【詳見還上條】, 南方之隱結債【詳見田政條】,

---

11 甬: 新朝本에는 '角'으로 되어 있음.

雖沿襲日久, 斷不可食. ○新官之夫刷價, 決不當再斂【已見前】推官之雇馬
錢, 決不當虛下.【列邑有雇馬庫者, 每有推官之行, 雇馬庫例下錢數十兩. 於是, 一月三推,
但以文書報營, 實[12]未嘗躬行, 而雇馬之錢, 依然取用.】宮結之賸餘錢, 決不當偸食.【諸
宮房無土免稅, 每一結, 戶曹收錢未滿七兩, 而凶年米貴, 則每結收數十兩, 本邑食其賸.】民庫
之猥瑣名目, 必不當依例取用. 若此之類, 不可枚擧, 要在爲牧者, 商度義理,
其違天理而干王法者, 萬不可躬犯. 其或牽掣難破者, 雖不能釐革, 我則勿之.
○凡防番錢·火粟錢, 雖不能全破, 敗里殘村, 軍額難充, 指徵無處者, 悉宜蠲
減, 不可吝也.

高麗金之錫, 高宗末爲濟州副使. 州俗, 男年十五以上, 歲貢豆一斛, 衙吏
數百人, 各歲貢馬一匹, 副使·判官分受之, 以故守宰雖貧者, 皆致富. 有井奇
·李著二人, 嘗守是州, 俱坐贓免. 之錫到州日, 卽蠲貢豆貢馬, 選廉吏十人,
以充衙吏, 政淸如水, 吏民懷服. 先是, 有慶世封者, 守濟州, 亦以淸白稱. 州
人曰: "前有世封, 後有之錫."

高麗權㫜爲慶州留守. 舊有一庫, 賦民綾羅貯之, 名甲坊. 充貢獻贏餘甚多,
皆爲留守所私. 㫜撤甲坊, 以一年所收, 支三年貢.

賈黃中知昇州, 一日案行府庫, 見扃鐍甚嚴, 發之得寶貨數千櫃, 皆李氏宮
闈之物, 不隷於籍. 黃中悉表上之, 上歎曰: "府庫之物有籍, 貪黷者, 尙冒禁
取之, 況此物乎!" 賜錢二百萬, 以旌其潔.

凡布帛貿入者, 宜有印帖.

每邑必有邑市, 吏奴掌貿者, 憑藉官貿, 布帛之屬, 輕價勒買, 又或內舍·冊
房, 私自貿入, 陰削其價, 或吏奴自當其欠, 或商賈坐失其直. 皆取怨之道, 而
官所不聞也. ○上官之初, 宜令掌市之吏【或戶房掌之, 或他吏掌之.】, 徧告布帛之
商曰: "自今凡官貿布帛, 必有印帖【帖文踏印者, 其大如掌.】, 無此印帖, 卽非官貿.
印帖之下, 所受本價, 汝宜手錄, 使吏還納, 俾有憑考." ○印帖式. 甲子二月

---

12 實: 新朝本에는 '實'로 되어 있음.

初六日, 官寶帖. 第二行, 八升棉布二疋, 第三行, 九升苧布一疋, 第四行, 十升表袖一疋, 第五行, 首奴得孫, 當中踏印. ○旣貿, 賈人李命聃, 自書其名, 逐行錄價, 使之還納. ○如是則所貿布帛, 容[13]有換易之弊, 然其在商賈則無怨矣. ○八[14]方風俗, 各自不同, 若吏俗淳厚, 本無奸弊者, 不必用此法.

凡日用之簿, 不宜注目, 署尾如流.

學宮及諸庫下記, 宜詳審密察[15], 至於廚吏·縣司之下記, 切勿諦看, 亟著花押【方言曰手例】, 可也. 雖有濫下者, 切勿削之.

『象山錄』云: "今俗令冊客照檢, 冊客任怨密察, 則謗言喧騰, 而客何干政之題, 必登貶目; 冊客顧私朋姦, 則嘲笑沓臻, 而吏與分利之弊, 無計防塞.【見下屛客條】又或土書翻繹【俗所云諺文】, 納于內舍, 受其墨印, 以相照勘, 則閨門不嚴, 事面乖戾, 皆不可爲也. 凡內供之物, 咸定厥式, 咸以朔納【見下節用條】, 而日供特[16]用之物, 不過一二種而止, 則都無事矣. 此無上妙法."

牧之生朝, 吏校諸廳, 或進殷饌, 不可受也.

諸廳進饌, 皆出民力. 或收契房之錢, 或收保率之錢, 憑藉虐斂, 無所不及. 奪漁戶之魚, 擊民村之狗, 麵油取之於僧寺, 碗碟取之於陶家, 此斂怨之物也, 如之何其受之? 或有鍮器一具, 細布數端, 獻之爲壽, 尤不可受. ○春府萱堂之生日所獻, 尤不可受.

胡大初云: "生辰獻壽, 一切罷去. 我旣不求, 吏未知悛, 則責之, 可無愧辭."

凡有所捨, 毋聲言, 毋德色, 毋以語人. 毋說前人過失.

每見廉劌之人, 或捨謬例之財, 以循公理, 或捐俸廩之物, 以爲民惠者, 其

---

13 容: 新朝本에는 '宮'으로 되어 있음.
14 八: 新朝本에는 '入'으로 되어 있음.
15 察: 新朝本에는 '蔡'로 되어 있음.
16 特: 新朝本에는 '物'로 되어 있음.

事雖善, 方其捨之也, 必逞氣大言曰: "士大夫安用此物?" 吏或據例爲說, 必叱之棍之, 以顯其廉. 又曰: "俸廩所餘, 吾豈可歸買田土?" 颺言誇張, 慮有德色, 對民對客, 常常誇矜, 其心以數百兩錢, 看作大物, 識者傍觀, 豈不竊笑? 凡捨財捐廩, 宜以過去數語, 分付該吏, 勿復提說. 人有問者, 答曰: "今姑舍之, 後恐未然." 遂言他事, 勿復張皇, 可也. ○前人循例, 本非作惡. 今我捐財, 或出要譽, 以我小惠, 議人常事, 非禮也. 切須戒之.

杜衍曰: "作官第一清. 然無求人知. 苟欲人知, 同列不謹者衆必譖己, 爲上者又不加察, 適足取禍耳. 但默而行之, 無愧於心, 可也."

鄭瑄曰: "居官以清, 士君子分內事. 清非難, 不見其清爲難, 不恃其清而操切陵轢人, 爲尤難." ○又曰: "清是居官本分, 却不可矜清傲濁; 愼是做官細心, 却不可愼大忽小; 勤是從政實地, 却不可勤始怠終."

胡威父質爲荊州刺史, 威自京師定省. 及告歸, 賜絹一匹爲裝. 武帝謂威曰: "卿孰如父清?" 威對曰: "臣父清畏人知, 臣清畏人不知, 是臣不及父遠矣."

李東岳安訥, 選於淸白吏. 嘗語人曰: "吾於莅郡按節, 豈能無所玷? 但夫人不善治家, 使吾衣服·飲食·居處·服用之物, 不能爲他人觀美, 故見者認吾爲淸白, 吾甚愧之." 先輩之循實不喜名, 如此.【鄭載嵩『公私聞見』】

廉者寡恩, 人則病之. 躬自厚而薄責於人, 斯可矣. 干囑不行焉, 可謂廉矣.

吏奴之屬, 不學無識, 但有人慾, 不識天理. 我方黽勉, 何以責人? 律我以禮, 責人以衆, 無怨之道也. 科外虐民者, 法當嚴禁, 其承訛襲謬, 認之爲恒祿者, 多所闊略, 可也.【如色落米·付標債之類】

趙克善在郡邑, 小吏嘗失官鷹, 買他鷹以納, 公曰: "鷹自颺去, 爾奚罪?" 却之不問.

『象山錄』云: "每見俗吏, 其遇窮交貧族, 不肯以俸餘施之, 別令其人, 自求一事, 聽其干囑, 是掠民之財, 以救吾族也. 雖歸[17]橐不些, 頌聲以作, 不可爲也."

淸聲四達, 令聞日彰, 亦人世之至榮也.

高麗尹宣佐, 忠肅王時爲漢陽尹. 旣而王及公主如龍山, 王謂左右曰: "尹尹淸儉, 故使牧民, 汝曹愼勿擾溷." 後王親注守令, 至鷄林尹, 輟筆思曰: "朝臣盈庭, 無如尹尹." 卽注之.

高麗田祿生爲慶州判官, 爲政淸白. 李齊賢詩曰: "田郞作倅吾鷄林, 父老至今懷淸德."

完善君李義傳爲楊根郡守, 蒼石李公埈嘗過郡, 歎曰: "淸氣襲人."

李棨【號松郊】爲舒川郡守, 監司李安訥書其考: "淸如玉壺, 惠似春風." ○蔡樊翁爲伊川府使, 政尙淸簡, 監司書考曰: "行何德政, 伊水爲淸."

李奎齡爲水原府使, 爲政淸慈, 宋尤菴致書賀之曰: "大水籠山, 咫尺不聞人語, 獨仁聲聒於耳邊." ○利川有古碑, 刻文曰: "李侯奎齡通萬古, 第一淸德善政碑."

第三條齊家

修身而後齊家, 齊家而後治國, 天下之通義也. 欲治其邑者, 先齊其家.

治縣如治國. 不能齊家, 何以治矣? 齊家之務, 厥有數端. 一曰從行不可不守法也, 二曰治裝不可不從儉也, 三曰飮食不可不節約也, 四曰閨門不可不嚴謹也, 五曰干謁不可不斷截也, 六曰貿販不可不廉淸也. 於此六者, 不能立法, 而牧之治理, 可知矣.

『續大典』云: "守令之濫率家眷者, 潛奸邑婢者, 竝摘發罷黜."【見「吏典」之末】○案『國典』, 濫率有禁而無明文. 宜著爲式. 父母妻之外, 唯一子許侍, 其未婚子女, 勿計而許之. 一奴二婢之外, 毋得帶去, 斯可矣. ○父母也, 妻子也,

17 歸: 新朝本에는 '婦'로 되어 있음.

兄弟也, 是爲六親. 上奉祠版, 下率賓從, 又帶婢奴, 一室遷徙[18], 百事纏絀, 殉私滅公, 治理以紊. 古之賢牧, 不以家累自隨, 良以此也. 唯父母旣老, 榮養是急, 其餘務從簡約.

父之就養, 朋友謂之春府, 吏奴謂之大監. 大監年踰六十衰老待養者, 宜亟勉就養, 其不然者, 雖孝子懇請, 不宜[19]輕往. ○若不得已而就養, 宜於內舍【俗謂之內衙】, 擇一溫房, 深居養病, 勿與外人相接, 乃中禮也. 每見春府多不知禮, 外舍開座, 罵吏叱隷, 狎妓延客, 甚則賣訟鬻獄, 濁亂官政, 詛者滿城, 譏者滿境. 若是者, 慈孝兩傷, 公私俱病, 不可以不知也.

畢終敬父子, 相代爲兗州太守, 當世榮之. 子元賓每聽政, 終敬乘板輿, 至元賓所, 遣左右敕不聽起, 觀其斷決, 欣欣然喜見顏色. ○案 若是者, 春府雖往, 彌有光矣. 韓億之父, 亦往從焉.【見下條】

宗子奉祀者, 宜奉祠版, 其支子不祭者, 不宜然也. 自官助祭, 是亦官饗, 何必虛其廟而就官乎? 宗孫不當室者, 與支子同. 『禮』曰: "有適子者, 無適孫."

大明循吏, 若楊繼宗·謝子襄·王恕·唐侃之等, 其赴州縣, 皆不挈妻子.【已見前】此近古之淸跡也. 況於漢唐乎!

羊續爲南陽太守, 妻與子秘俱往郡舍, 續閉門不納. 妻自將秘行, 其資裝, 唯布衾·弊幬·鹽麥數斛. ○此矯激之行, 非人情也, 不可訓也.

子女幻穉, 欲從行者, 情所不禁. 苟其年齒旣長, 婚娶旣成者, 宜令挨次來觀, 不可一時竝來. ○古人有言曰: "出宰者有三棄. 一曰屋棄, 凡屋宇空虛則破壞也; 二曰奴棄, 凡奴僕游閒則放肆也; 三曰兒棄, 凡子弟芬華則怠蕩也."

---

18 徙: 新朝本에는 '徒'로 되어 있음.
19 宜: 新朝本에는 빠져 있음.

誠哉言也!

昆弟相憶, 以時往來, 不可以久居也.

兄弟友愛雖篤, 不得不暫相離別. 弟猶可矣, 兄尤非也. 余見牧之兄隨弟在
官者[20], 吏奴號之曰官伯. 倭皇尸位而關白用事, 如縣令尸位而官伯用事, 故
譏之如是也. 賢弟雖泣乞團聚, 兄宜掉頭. 若一投足, 官伯之號, 不可辭也. ○
姑嫂妯妹, 有貧寡願從者, 豈不憐矣? 國法旣嚴, 不可携也.

賓從雖多, 溫言留別, 臧獲雖多, 良順是選, 不可以牽纏也.

宗族宜睦而不可携也, 賓客宜厚而不可招也, 傔從有勞而不可使從行也.
諸如是者, 約以餼遺, 溫言留之. 俾知官府之內, 不可多人, 庶乎其無怨矣.
鄭左相弘淳爲平安監司, 傔人有積年勤勞者, 謂當從行, 私自治裝, 公拒之
不許. 傔人憂憤成疾. 後半年, 冒沒往從. 公留之三日, 卽又治遣, 唯給一馬,
不以一物相贈, 傔人益復大恚. 公旣秩滿而歸, 遂絶跡. 居月餘, 公召而責之,
贈敝紙一軸, 傔益懷恨, 歸而投之於母前. 母發之, 乃其人貢物二名之交劵
也.【其人者, 供柴炭·炬燁.】
奴僕最能作過, 擇良善拙直者, 一奴二婢之外, 不可加率. 或眷屬不多者,
一婢亦可. 第五倫妻自炊爨, 王恕不挈[21]僮僕, 豈無所以然哉?
范文正公出守時, 有三婢, 及歷二府, 以至于薨, 不增一人, 亦未嘗易.

內行下來之日, 其治裝, 宜十分儉約.

雙馬轎, 非美制也.【不如太平車】然女子生, 祝之以雙轎, 奉母者, 不可不用,
若室人, 則何必然矣? 婦女無識, 心誠願之, 則宜借人雙轎, 或至一站【南路宜
至果川, 西路宜至高陽, 東路宜至平丘.】, 或至一日【卽二站】, 便可除之. 獨馬轎·靑翼

帳, 垂之以朱簾, 以至於邑, 獨不能爲榮乎? 一日乘之, 足以還祝, 何必十日乘
之, 然後快於心哉? ○母轎·妻轎之外, 其一行人馬, 不宜用官隷官馬, 宜以
家奴家馬, 或雇人雇馬, 乃中禮也.

『野人迁談』云: "杜黃裳在相府, 而夫人只乘竹兜子, 何必雙轎作行然後方
爲遠嫌? 我國中古以前, 雖宰相夫人, 亦騎馬戴羃䍦, 而今則風俗浮侈, 日滋
月甚, 責出夫馬, 無有限節. 一雙轎之行, 左右扶擁, 不知其數, 甚至多發人夫,
千里舁行者有之. 夫雙轎者, 君上之所御, 而肩舁雙轎, 則君上之所不爲也,
其僭何如? 古者監司夫人, 乘獨馬轎, 而今則市井賤女, 因其夫知縣, 亦乘雙
轎, 其濫何如?" ○案 牧之有志者, 學於中國, 作太平車一輛, 以奉其母, 可以
爲榮, 可以無怨矣.

韓億爲河北轉運使, 大夫人坐太平車, 以葦席爲棚, 獻肅公【其父也】乘驢隨
車. 其儉如此. ○韓億·李若谷, 未第時皆貧, 同試京師, 每出謁更爲僕. 李先
登第授長社縣主簿赴官, 自控妻驢, 億爲負一箱, 將至縣三十里, 李謂韓曰:
"恐縣人來." 箱中只有錢六百, 以其半遺韓, 相持大哭而去. 後擧韓亦登第, 皆
至參政.

尹碩輔【燕山朝】嘗守豐基郡, 只率一奴一婢【不挈妻子】, 後爲星州牧使, 妻朴
氏有孕已八朔, 使騎馬以行, 不敢轎. 朴氏弟仲幹牧尙州, 來見餉供甚貧, 饋
鹽斗. 公卽還之, 如將浼焉. ○案 國初士族婦女, 亦羃䍦騎馬明矣.

宋孝憲公欽, 每出宰赴任, 新迎馬只三匹. 蓋公之所乘者一馬, 而母與妻各
一馬, 時人謂之三馬太守.

子弟必乘草轎【無屋者】, 令官隷左右扶護, 非禮也. 少年宜習鞍馬, 不然屈鞍
【方言曰吉馬[22]】馱行具【方言曰負擔】, 以騎以行, 無不可矣.

內行將發前一日, 宜以酒餠羹飮, 餉吏奴將行者. ○牧行之時, 無此餉者.
牧主於嚴, 且係公行, 不必餉也. 內行宜主於慈善, 且係私行, 宜有餉也. ○內
行旣到邑三日, 亦宜有餉, 以酬從行之勞.

---

22 馬: 新朝本에는 '鞍'으로 되어 있음.

衣服之奢, 衆之所忌, 鬼之所嫉, 折福之道也.

　婦人識道理者, 絶少. 大都皆膚淺之俗見, 纔聞夫子作宰, 便謂一苞富貴從天下來. 其裝飾環佩, 務要盡美, 濫討邸錢, 廣招牙婆【俗稱方物婆】, 奇綃異緞, 細苧纖布, 雕龍之釵, 蜚蛾之佩, 粧孩爲妖, 飾婢爲娼, 必欲超越諸家, 輝耀一路, 而識者見之, 已知夫子未出於正也. 浪費財賄, 消折福祿, 以削夫子之面皮, 抑何快之有?

　周新按察浙江, 僚屬一日餽以鵝炙. 懸於室, 後有餽者, 指示之. 及同官內宴各盛飾, 新家人荊釵布裙以往, 大類田野婦. 盛飾者, 各相慚恧, 更爲澹素.

　衡公岳知慶陽, 僚友諸婦嘗會飮, 在席者金綺爛然, 公內子荊布而已. 既罷不樂, 公曰: "汝坐何處?" 曰: "首席." 公曰: "既坐首席, 又要服飾華好? 富貴可兼得耶?" 至今人爲美談.【『易』曰: "其君之袂, 不如其娣之袂." 良卽此義也.】

　徐廷忠爲烏程縣丞, 一塵不染, 出入敝衣敝蓋. 偶一日室人編謫, 輒笑曰: "詰朝當有餉餽至庭, 若輩徐待之." 屆期則歸安一尉, 以墨罹法上臺, 知公廉明, 特檄推鞫, 蒲伏階下也. 相傳爲美談.

飲食之侈, 財之所糜, 物之所殄, 招災之術也.

　後漢孔奮守姑臧, 唯老母極珍膳, 妻子飯食葱芥. 或嘲奮曰: "置脂膏中, 不能自潤."

　趙峿爲陝川郡守, 淸節無比. 嘗在郡, 子壻奴婢往來者, 皆賫私粮. 又郡産銀口魚, 夏月雖至腐敗, 不許妻子嘗之.

　後唐劉贊父玭爲縣令. 贊始就學, 衣以靑布衫襦, 每食則自肉食, 別以蔬食食贊牀下, 曰: "肉食, 君之祿也. 爾欲之則勤學以得祿. 吾食非爾之食也." 由是, 贊力學擧進士.

　胡壽安永樂中任新繁, 在官未嘗食肉. 其子自徽來省居一月, 烹二雞. 胡怒曰: "飲食之人, 則人賤之矣. 吾官二十餘年, 嘗以奢侈爲戒, 猶恐不能令終. 爾好大嚼如此, 不爲吾累乎?"

閨門不嚴, 家道亂矣. 在家猶然, 況於官署乎! 立法申禁, 宜如雷如霜.

內舍之門, 古稱簾席門. 古者隔之以簾, 遮之以席, 家奴官僕, 不相接面, 所以嚴內外也. 近世此法蕩然, 家奴任出此門, 官婢闌入此門, 去簾撤席, 附耳接膝, 令出多門, 百弊以生, 豈不寒心?

簾席門外, 置一椔石【砌石, 作椔禁之狀】, 令曰: "每朝, 廚奴【卽官廳庫直】・園奴【園頭漢】, 以其供上之物, 置於椔石之上, 掣鈴以告之【卽內舍之鈴】, 退而立乎三十步之外【宜[23]畫地立表】, 內奴聞鈴聲, 至門撤席, 取諸物納之, 卽以虛器, 還置椔石之上. 旣入良久, 外奴取虛器以出. 敢有見面接語者, 內外奴皆從重決答." ○所供之物, 誠苦惡不可食, 牧於入內之日, 親目察視, 其可恕者恕之, 其不可恕者, 宜於閒隙, 言于首吏, 使之自外察飭, 終不可使家奴微發一言, 亦不可使內眷私下一令, 又不可使冊客【卽子弟親賓】, 曰是曰非, 一毫干涉. ○若所用時急, 而其納甚遲, 宜以內札告于冊房, 轉告東軒.【卽政堂】東軒召首吏, 使之督飭, 終不可使私人督飭官屬. 雖至微至瑣之事, 萬不可使令出多門. ○立法如是, 則首吏甚苦, 其督飭必嚴, 行之數日, 必沛然無滯矣.

權佋爲邑宰, 母安夫人戒之曰: "臨民必推恕, 毋令老母慚愧於受養. 內外不嚴者, 苞苴之逕, 尤不可不愼."

官妓・官婢, 不宜出入內庭. 瑣言雜說, 皆自此輩口中流出矣. ○針婢有事, 宜自東軒董飭首奴, 使之派工. ○汲水之婢, 宜於席門之側, 穿墻掛筧, 使之流水于內.

首吏之妻, 不可使出入內舍. 此屬必乘空官之時【牧出謂之空官】, 盛設殽饌, 或持布帛敦匜可愛之物, 以獻內室, 以厚顏私. 牧以此拘牽, 視首吏爲私人, 害於政多矣.

每遇股祭之日, 賜餕宜均. 古禮煇胞・翟閽, 施惠必均. 故『禮』曰: "惠均則政行." 六房之吏, 侍奴侍童之近而有勞者, 不可以不均也.

---

23 宜: 新朝本에는 '官'으로 되어 있음.

胡大初曰: "子弟門客, 勿令與吏輩交接; 吏民婦女, 勿令其出入貿易. 往來結託, 交通關節, 禍起蕭墻, 若何拯療? 事干閨閫, 未易辨明."

『烏城家誡』云: "子弟親賓深處冊室, 不可與吏鄉奴隸, 對面接語.【昔余先人, 治郡縣時, 戒之如此】子弟宜晨興盥櫛, 上堂問安【卽晨省】, 參謁時至, 卽退處私次, 不可立於親側, 以觀參謁. 或吏退庭空, 又上堂陪歡. 若訟民入庭, 或[24]罪人決杖, 宜卽退還私次, 不可立於親側, 以觀其決訟決罪." ○子弟或上京還家, 或出游近邑, 宜用私奴私馬. 每見子弟出行, 騎官馬, 率官隸, 左擁右喝, 作官人貌樣, 令人代悶. ○子弟在冊室, 必有侍童.【卽冊房通引】若無此童, 爲客者不能措手足, 所不可禁. 然宜以穉小無知, 口尙乳臭者充之, 常飭子弟, 愛之撫之, 敎以文字, 雖有罪過, 不宜嗔喝. ○子弟或出遊山寺, 宜與此童, 從容步往. 所食飯蔬, 厚酬其價. 詢其弊瘼, 歸而告之, 雖有詩僧經僧, 不可招入府中. ○若有邑子要與相見, 辭之勿見, 其有猝然來語者, 溫顔致辭, 曰: "家訓甚嚴, 不敢歡接, 幸望寬恕." 卽起避之.

干謁不行, 苞苴不入, 斯可謂正家矣.

我位旣尊, 自我妻子, 皆壅蔽欺負之人也. 妻無不敬夫, 子無不愛親, 夫豈有壅蔽欺負之心哉? 知道者鮮, 或爲顔私所牽, 或爲貨賂所誘, 干謁於是乎行焉. 玆所謂婦孺之仁也. 或以膚受之譖, 除去某吏; 或以蟠木之容, 推譽某佐, 或云某甲之訟, 輿情稱冤; 或云某乙之獄, 官決有誤. 凡奸人在下者, 百計鑽刺, 以行反間, 則仁妻穉子, 墮其術中, 自以爲公誦, 不覺其私訐. 余見若是者多矣. 我之聽之也, 勿遽傾信, 唯以公理徐察之, 若其所言果係忠實, 宜不露形跡, 默運而善處之. 若其所言本係奸人設計, 則宜採出蹊徑, 掀翻窩藪, 乃於本事之外, 加之以干謁之罪, 明示心法, 大行懲創不可已也. 若云妻子是愛我之人, 其言必忠, 則失之遠矣. 妻子旣然, 況於其餘乎!

楊繼宗知嘉興郡, 有園卒饋熟彘首, 夫人受之. 繼宗歸而食之問所自. 婦人

以告, 繼宗大悔, 聲鼓集寮吏, 告曰: "繼宗不能律家, 使妻納賄, 陷其身不義." 因吞皁莢丸出之, 卽日遣妻子歸. ○案 此事不必如此. 厚酬甒價, 密戒家人勿復受, 如其不悛, 勿露形跡, 徐遣[25]之, 可也. 謙爲至德, 鳴謙則爲爽德; 廉爲高行, 鳴[26]廉則爲詭行. 每見廉士之傳, 其不近人情者, 還若好名者然, 非君子之所宜法也.

高麗庾應圭, 操行貞固. 嘗倅南京【今楊州】, 政尙淸介. 其妻因娩乳疾甚, 但菜羹而已. 有一衙吏密饋雙雉, 妻曰: "良人平日不受人饋, 豈以我口[27]腹累良人淸德?" 吏慚而退.【倅者, 判官也.】

金淸陰尙憲, 居官淸白. 有一官人, 憂其婦女受賂有謗, 公曰: "婦人所請, 一不施行, 則謗息矣." 官人大悟, 一如其言, 婦人常罵金公曰: "彼老漢, 自爲淸白吏足矣, 何令人效之, 使我喫苦如此?"【鄭載崙『因繼錄』】

李公安訥【號東嶽】爲忠淸觀察使. 先壟在沔川, 男樞死於沔. 聞其母將奔哭, 使人逆諸途, 促使歸, 曰: "吾今按道, 不可令婦妾入吾界也." 其峻截無私如此.

貿販不問其價, 役使不以其威, 則閨門尊矣.

『象山錄』云: "每見無法之家, 首吏 · 廚吏【官廳色】, 首奴 · 工奴【工庫直】, 恒立席門之外, 棉布 · 麻布 · 土紬 · 生紵連苞盈擔, 納于內衙, 以聽抽擇. 卽[28]豪奴悍婢, 遞傳吩咐, 曰粗曰疏, 曰刁曰踊, 執其尤物, 勒以賤直.【欲以輕價取美物】琅琅之音, 或及於風聆; 瑣瑣之腸, 悉露於衆目. 抱布而出, 惡聲四散, 此天下之大恥也. 宜定約束, 凡布帛貿易之權, 任之首奴.【首吏亦大吏, 不宜管此小事】首奴自著墨印, 納于冊房; 冊房[29]不敢展看, 納于內舍. 卽雖升斗半減, 價直倍高, 毋得還給, 恭受不辭, 默無一言, 庶乎家法不乖, 惡言不播矣."

---

25 遣: 新朝本에는 '遺'로 되어 있음.
26 鳴: 新朝本에는 '嗚'로 되어 있음.
27 口: 新朝本에는 '尸'로 되어 있음.
28 卽: 新朝本에는 '印'으로 되어 있음.
29 冊房: 新朝本에는 빠져 있음.

『象山錄』云: "婦女無識者, 役使官婢有同家奴, 授之以苦楚, 董之以威力. 迫促其期限, 嚴酷其箠罰, 怨歸於一身, 謗達於四境, 惡乎可哉! 一言半詞, 不可自內而出." ○內外衣服, 不可使婢妓針縫. 如有不得不借手者, 宜召針婢【卽所謂針匠】, 持往針家【邑邑皆有針家, 號稱善手者.】, 給雇以製之. ○每見內眷以全疋細衲【俗稱疋縷飛】, 勒授針妓, 針妓賣其釵釧錡釜, 以償針家之雇, 怨聲徹天. 其釵釧錡釜, 本是行淫所得, 以此爲衣, 以爲朝服·祭服, 以掩父母遺體, 其可曰敬其君上, 敬其祖考, 敬其父母之遺體乎? 言之醜也.

惟府中貧客授衣者, 其針功麤疏, 不必借手, 宜令針妓爲之.

房之有嬖, 閨則嫉之. 擧措一誤, 聲聞四達. 早絶邪慾, 毋俾有悔.

婦人不妒者, 或鮮矣. 牧之不謹, 或置嬖妓, 卽河東起獅子之吼, 江左促塵尾之驅, 鶴羹不療, 蛾眉先刻. 小則閤中鑾躁, 大則府外喧轟, 不幸聲徹于按司, 卽書考曰: "志固願治, 事或駭聽." 天下之恥, 有大於是者乎? 牧宜商量, 切勿自誤. 本係國禁, 不唯家難是懼也.

晉謝邈爲吳興太守, 妻郗氏性妒, 以邈娶妾, 怨懟與書告絶. 邈疑門下生仇玄達爲妻所作, 乃斥去玄達. 玄達奔孫恩, 遂害邈.

慈母有敎, 妻子守戒, 斯之謂法家, 而民法之矣.

曹璨, 彬之子也. 爲節度使, 其母一日閱宅庫, 見積錢數千緡. 召璨指而示曰: "先侍中履歷中外, 未嘗有此積聚. 可知汝不及父遠矣."

楊東山守吳, 其母羅大夫人, 嘗於園囿種苧, 躬紡績以爲衣. 東山月俸分而奉母, 夫人忽小疾. 旣愈, 出所積俸, 曰: "自吾積此, 意不樂, 果致疾. 今宜悉以謝醫, 則吾無事矣." 生四子三女, 悉自乳, 曰: "饑人之子, 以哺吾子, 是誠何心哉?"

鄭善果爲景州, 母崔氏通曉政事, 每善果出聽事, 母輒坐胡牀於障後, 察之. 聞其決合理, 則賜之坐, 相對談笑, 若行事不允, 或妄嗔怒, 母乃還室, 蒙袂而泣, 終日不食. 故所至號淸白吏.【一本云, 唐鄭善果爲沂州.】○案 此事固善. 然婦人之義, 本不當干預外事. 若吏隷有罪, 將施重杖, 或有大夫人手札, 使之寬假, 牧因此減等從輕, 不害於政而歸恩於親, 亦善事也. 室人以下, 不可有手札. ○前輩若尹八松諸公, 每作養老之宴, 其婦人耆老, 令大夫人領宴, 此或不害於禮法也歟?

尹碩輔守豐基郡, 妻子留豐德村廬, 苦於飢寒. 無以自賴, 妻朴氏賣其家傳錦衣, 換置一畝田. 公聞之, 走書亟令還其田, 曰: "古人有不廣尺寸之地, 以負其君者. 今我從大夫之後, 食人祿而使置田宅, 可乎? 其毋與民買賣重我罪戾." 朴氏不得已還其田.

柳公綽居外藩, 其子每入境, 郡邑未嘗知. 旣至每出入, 常於戟門外下馬. ○案 戟門者, 今之所謂外三門也. 數步之間, 其勞未甚, 而家法有足見者, 如之何其不傚也? ○子弟來, 必開正門, 非禮也. 宜從東夾門出入. 『禮』曰: "爲人子者, 立不中門, 行不中道."

第四條 屏客

凡官府不宜有客. 唯書記一人, 兼察內事.

今俗有所謂冊客一人, 以掌會計以看下記【卽日用米鹽之簿】, 非禮也. 官府會計, 凡公用私用, 無不入焉; 凡群吏衆隷, 無不繫焉. 乃使無位無名之人, 總攬此權, 日與吏奴掌財者, 曰多曰少, 曰虛曰實, 豈當於理乎? 斯人也, 能發奸摘伏, 則怨歸於我; 能含垢匿瑕, 則書歸[30]於我, 將何益矣? 下記細瑣, 不足致察. 官苟明矣, 吏自不欺. 雖有鼠竊, 終年所失, 不能萬錢【卽百兩】, 會計之客, 一年所養, 少不下三四萬錢, 得不補失, 徒增我累. 此宜去之贅也. 每見吝嗇之人, 申飭冊客, 使之細櫛下記, 客與吏約曰: "官性好削, 我亦苦矣. 凡所費用, 汝宜加錄, 我其削之. 油用五合, 汝增爲七. 我削爲五. 在汝無損, 在官無失, 我

---

30 歸: 新朝本에는 빠져 있음.

於其間, 得免咎責, 不亦善乎?" 吏則欣然, 遂與同心, 陰以土物, 賂遺冊客, 庇覆其濫, 與之分利. 及官之歸, 群吏相會, 以語此事, 與之拍掌, 官愚客詐, 兩名俱惡. 斯不可以不知也. ○ 凡官用百物, 宜有月例【詳下節用條】, 既有月例, 下記何察焉?

惟書記一人, 不可少也. 凡牧之家事, 須有家宰一人【古禮家臣主事者, 謂之宰.】, 承接上下, 導達內外. 凡細瑣之事, 官自照管, 則有損體貌; 子弟照管, 則歸於鄙賤, 家宰不可少也. 祭祀之物, 饋遺之物, 其封裹標識, 宜任此人, 內用百物, 其出納裁酌, 宜任此人. 但不可使此人發一令出一言, 且令乘隙稟命於東軒. 又凡書牘酬應, 若我子弟無可代勞者, 宜任此人, 斯之謂記室也. ○ 守令書牘, 或稱某倅, 非也. 郡倅謂之半刺, 倅者, 副也貳也. 營下判官, 自稱曰倅可也【公州·全州等】, 郡守縣令, 非倅也. 然且倅者, 取內切【音與蔡相近】, 今讀之如粹, 亦誤.

月例之外, 其別般用下者, 宜令此人, 私爲簿曆, 至月終會計之後, 取會計文書, 付之此人, 私自查驗其月例所用及別下所用, 若有違錯, 宜摘告于東軒. 東軒召首吏, 使之釐正而已, 終不可使此人招吏召奴, 同席打算點朱勒墨.

凡邑人及鄰邑之人, 不可引接. 大凡官府之中, 宜肅肅淸淸.

今俗有所謂存問之法. 土豪奸民, 締結朝貴, 辭朝之日, 朝貴囑其存問, 隨事斗護.【卽庇護之意】昔柳參判誼牧洪州時, 凡存問之託, 一不施行. 余言其太拘, 柳公曰: "主上旣以洪州之民, 全付我牧臣, 使之存恤, 使之庇護, 朝貴之託雖重, 何以踰是? 若我偏執一人, 偏問而偏護之, 則是違君之命, 以奉私令, 余何敢焉?" 余深服其言, 不能復難. 大抵存問, 不可輕也. ○ 若有不得不聽施者, 須於上官三月之外, 徐察其人之所爲, 無武斷奸詐之行者, 乃可存問. 其禮單之末, 書之曰: '須勿來謝.' ○ 嚴飭門吏【禮房承發等】, 約曰: "凡邑子雖時任學宮, 及新受存問者, 無敢通刺. 如其有犯, 汝則有罪." ○ 朝官退居者, 雖殘蔭冷武, 不可不首先存問, 貴貴之義也. 其或來見者, 不宜拒絕. 相見之日, 約曰: "意非不厚, 禮欲有防, 我與公約. 欲有議, 則就之可與相見; 欲有會, 則速之可與相見. 如其不然, 澹臺未嘗至偃室, 龐公未嘗入城府. 雖若悁悵, 永以爲好." 因飭門吏, 告以此約. ○邑中必有稱之曰文士者, 以科詩科賦, 締結官長, 因緣作奸者, 不可引接. 又如風水·斗數·看相·推命·卜筮·破字, 種種妖誕之術, 皆能締結官長, 小則亂政, 大則取禍, 宜斥絶千里, 毋近影響. ○唯醫者, 難斥. 我不知醫, 彼若精通, 不得不以時招延. 然宜十分審愼, 厚酬其勞, 不許開口干囑.

尹翁歸爲東陽太守, 于定國欲屬託邑子兩人, 令坐後堂待見. 定國與翁歸語, 終日不見其邑子. 旣去, 定國謂邑子曰: "此賢不可干以私."

『南史』: "謝覽爲吳興太守, 時中書舍人黃睦之家居烏程. 子弟專橫, 覽未到郡, 睦之弟迎[31]謁, 覽逐去之."

薛文淸『讀書錄』曰: "儒士固當禮接, 或假文辭字畫, 以媒進, 一與款洽, 卽墮術中. 若此之類, 能審察疏絶, 亦淸心省事之一助也."

鄭漢奉云: "當官不接異色人最好. 不止巫祝·尼媼, 至工藝之人, 用之以時, 不宜久留. 與之親狎, 皆能變易聽聞, 簸弄是非. 房琯爲相, 因一琴工黃庭蘭出入門下, 依倚爲非, 遂爲相業之玷, 若此之類, 可不深察?"

親戚故舊, 多居部內, 宜申嚴約束, 以絶疑謗, 以保情好.

親[32]戚故舊, 或居本邑, 或居鄰邑, 宜一番延見, 一番往見, 以時餽遺, 約曰: "雖常常欲見, 禮則有防, 招延之前, 切勿來見. 書牘往復, 亦招疑謗, 如有疾病憂患, 要相報者, 數字之書, 勿用糊封, 直付禮吏, 使之公然受納." ○每見族戚乘時干囑, 積失人心, 官去之後, 江流石存, 衆怒交發, 不能保存者多矣, 可不懼哉!

唐張鎭周爲舒州都督, 舒州本其鄕里. 到州就故宅, 多市酒殽, 召親戚與之酣宴, 散髮箕踞, 如爲布衣時, 凡十日. 旣而分贈金帛, 泣與之別曰: "今日張

---

31 迎: 新朝本에는 빠져 있음.
32 親: 新朝本에는 '都'로 되어 있음.

鎭周, 猶得與故人歡飲, 明日之後, 則舒州都督治百姓耳. 官民禮別, 不復得爲交游." 自是, 親戚故人犯法, 一無所縱[33] 包拯合肥人, 守本郡, 不屈法阿鄉曲. 鄉人爲之語曰: "直柏終爲棟, 剛衡不作鉤."【包拯知盧州, 卽鄉郡. 親戚多乘勢擾官府, 有從舅犯法, 希仁撻之. 自是親舊屛息.】

李公賢輔【號聾巖】爲安東府使, 安東闔境皆親舊. 以禮迎接, 政多防礙, 而公處之無難, 不容毫髮偏私, 人亦不敢怨.

胡大初曰: "賓朋游謁, 邑人相與語曰: '某往來甚密, 某款話甚久, 情好必甚.' 於是, 輻輳其門, 而請託之路開矣. 甚者, 旣受甲金, 又約乙錢, 趨謁縣齋, 語話移時, 倏[34]然而退, 告甲與乙曰: '已致委曲矣.' 實未嘗開口, 他日令決其事, 必有一勝, 則如約取金, 曰: '將以納諸琴堂.' 令何辜而受此名哉?" ○ 又曰: "納謁之時, 止當於公廳相見. 吏民共覩, 自難致疑. 但使禮貌有加, 彼自不以我爲慢也." ○ 人情物態, 古今不殊, 東西無別, 有如是矣.

凡朝貴私書, 以關節相託者, 不可聽施.

郤都爲濟南守, 爲人公廉, 不發私書, 問遺無所受, 請寄無所聽. 常稱曰: "已背親而出仕, 固當奉職死節." 終不顧妻子矣.

魏司馬芝爲河南尹, 抑强扶弱, 私情不敢行. 有內官欲以事託芝, 不敢言, 因芝妻伯父董昭通意, 昭亦憚芝, 不爲通.

陳泰爲幷州太守, 京邑貴人多寄書, 泰皆掛於壁, 不發其書. 及徵爲尙書, 乃悉還之.

趙琰爲靑州刺史, 有貴要書囑, 悉投之水中, 無所執名. ○ 孔翊爲洛陽令, 得囑託書, 皆投水中.

包拯【字希仁】知開封府, 爲人剛嚴, 不可干以私. 京師爲之語曰: "關節不通, 有閻羅·包老." ○ 王閑爲冀州, 不發私書, 不容豪族, 號曰'王獨坐'.

---

33 縱: 新朝本에는 '繼'로 되어 있음.
34 倏: 新朝本에는 '倐'로 되어 있음.

馬遵守開封, 常以權豪請託, 不可治. 客至有所請, 輒善遇之, 無所拒, 客退, 視其事一斷以法. 居久之, 人知君之不可以私囑也, 縣遂無事. ○邞都·陳泰, 猶有怨矣, 當以馬遵爲法.

陳襄爲蒲城縣主簿, 邑多世族, 前後令罕能制. 蒙蔽請託, 習以爲常. 公夜寐夙興, 務究其弊, 有請託者, 惜其士類, 不欲遽繩以法, 每聽訟, 必數人環列於前, 私謁者無所發. 由是, 邑人知不可干, 老奸宿贓, 縮手喪氣.

柳參判誼牧洪州時, 余在金井驛. 書議公事不答. 後入州相見, 曰: "何不答書?" 柳公曰: "我在官, 素不發書." 遂令侍童, 寫下書籠, 一籠之書, 都不開坼, 皆朝貴書也. 余曰: "彼固然矣. 我所言者, 公事, 胡亦不發?" 柳公曰: "若係公事, 胡不公移?" 余曰: "適是秘事." 柳公曰: "若係秘事, 胡不秘移?" 余無以應. 其絕去私囑, 如此.

貧[35]交窮族, 自遠方來者, 宜卽延接, 厚遇以遣之.

先人嘗曰: "貧交窮族, 最難善遇. 誠以淸士高朋, 雖甚貧窮, 不肯訪友尋族以到官府. 其來訪我者, 蓋多邋遢·儱侗·苟且·卑陋之人, 或面目可憎, 語言無味; 或干囑非理, 求索無厭; 或敝衣疏屨, 蟣蝨滿身; 或我曾厄窮, 全不顧恤. 炎涼之際, 情狀可惡, 我之接之也, 極難和洽."

大抵接人, 如作文, 好題善作, 不足稱工, 必難題默運, 別起波瀾, 爛燁鏗鏘, 斯高手也. 若遇此等人, 宜惻然慈愛, 歡然迎接, 顏色愉愉, 言笑衎衎, 寢之以溫室, 饋之以豐食, 授之以新衣, 及其歸也, 厚其行橐, 勿令狼狽, 可也. 昔李參判基讓爲灣尹, 善遇此等人, 旬月之間, 聲譽滿世. 及其罹禍, 泣者獨多, 玆事不可忽也. ○但其迎接之日, 若參謁未罷, 或吏民在庭, 宜令直赴冊房, 待其庭空, 其尊者躬就以拜之, 平交以下, 接見于東閣, 約曰: "自今至歸之日, 深居冊房, 毋至政堂." 或夜深衙罷, 乃至政堂, 煖酒燒肉, 與之相樂. ○若夫淸士高朋, 偶至官府者, 凡人皆能善遇, 無所勉也.

---

35 貧: 新朝本에는 '貪'으로 되어 있음.

范文正公嘗語諸子弟曰: "吾吳中宗族甚衆, 以吾祖宗視之, 則均是子孫. 若獨享富貴而不恤宗族, 異日何以見祖宗於地下, 今亦何顔以入家廟乎?"

鄭瑄云: "富貴之家, 常[36] 有窮親戚, 往來便見忠厚."

閣禁, 不得不嚴.

今人或以洞開重門爲德, 此德而不知爲政也. 我職牧民, 非掌客也. 生無一面之雅者, 豈可盡見? 與閣吏約曰: "凡客至門外, 先以溫言辭之, 乃有密告以聽裁[37]處." 斯無失矣.

『經國大典』曰: "私出入官府者, 杖一百. 惟父子壻兄弟, 不在此限."【禁徐條】○案 邦禁如此, 凡修身篤行之士, 必不當冒犯.

第五條 節用

善爲牧者必慈, 欲慈者必廉, 欲廉者必約. 節用者, 牧之首務也.

不學無識者, 纔得一邑, 放肆驕侈, 無所節制, 隨手亂用. 厥債旣高, 其勢必貪. 欲貪則與吏謀, 與吏謀則分其利, 分其利則民膏削. 故節用者, 愛民之先務也.

安順菴云: "糜財之道, 恒由於搬挈往來, 送迎結託, 造器用蓄珍異諸事."【見『政要』】牧能不挈妻妾, 不許子弟往來, 不事權門貴戚, 不招金工·木工, 不取金珠寶貝, 雖燕歧·鎭岑, 不患其不足矣.

節者, 限制也. 限以制之, 必有式焉. 式也者, 節用之本也.

『周禮·天官·冢[38]宰』, 以九式節財用.【祭祀·賓客等】彼以天子之富, 必先出

---

36 常: 新朝本에는 '嘗'으로 되어 있음.

37 裁: 新朝本에는 '栽'로 되어 있음.

38 冢: 新朝本에는 '家'으로 되어 있으나『周禮』篇名이므로 바로잡음.

其式, 以節其用, 況小邑之守令乎! 式不可不定也. 量邑大小, 計俸厚薄, 約之爲恒式.

劉元城謂馬永卿曰: "賢俸祿薄, 當量入以爲出."

衣服飮食, 以儉爲式. 輕踰其式, 斯用無節矣.

衣服務在麤儉. ○朝夕之食, 一飯·一羹·一韲·一醬之外【韲, 沈菜也. 醬, 豉淸也.】, 宜止四楪. 四楪者, 古之所謂二豆二籩也. 燒肉一楪, 脯鱐一楪, 菹一楪, 醢一楪, 不可加也. ○近來官長, 百事皆失體貌, 唯於飮食, 妄自尊大, 稱用古法, 大小二盤, 具設紅白之飯【染以赤豆者, 爲紅飯】; 內外二膳, 備陳水陸之珍【內舍·外廚, 各進盛饌也.】, 自以爲官長體貌, 本當如此. 食而有餘, 惠及奴妓. 不知我職旣溺, 薄餐猶素, 不務其職, 但索其食, 豈不可笑? 費濫則財屈, 財屈則割民爾. 所見者奴妓耳, 見牛而忘羊. 割民以肥妓, 將何益矣? 然且初到之時, 逞其愚氣, 未過數月, 權輿不承, 減之爲薄小者多矣. 則吏民傳笑, 譏其不恒, 又得無愧色乎?

眞西山論菜云: "百姓不可一日有此色, 士大夫不可一日不知此味." ○鄭瑄云: "百姓有此色, 正緣士大夫不知此味. 若自一命至公卿, 皆得咬菜根之人, 則必知職分所在, 百姓何愁菜色?"

後漢劉虞爲幽州刺史, 敝衣繩屨, 食不兼肉.

後漢范丹, 字史雲, 爲萊蕪長, 歌曰: "甑中生塵范史雲, 釜中生魚范萊蕪."

宋何須爲安漢令, 去官時巴土饑, 送吏取民芋以自給, 隨卽以線繫其處償直.

齊劉懷慰[39]爲齊郡太守, 有餉新米一斛者. 劉出麥飯示之, 曰: "食有餘, 幸不煩此."

後周裵俠爲河北郡守, 躬履儉素, 所食唯菽麥鹽菜而已. 俠常與諸牧, 謁周文帝, 帝命俠別立, 謂諸守曰: "裵俠淸貞, 爲天下最, 衆中有如俠者, 可與之

---

39 慰: 新朝本에는 '惠'로 되어 있음.

俱立." 衆皆默然, 號爲'獨立使君'.

唐馮[40]元叔歷始平縣, 所乘馬不與芻豆, 令作齋馬.

董士毅爲蜀州守, 十數年, 僅一布袍·一革靴.

瑞昌令劉公仁, 與高安令嚴某, 同入覲. 時楊溥當國, 遣一价往覘, 還白曰: "嚴富貴, 雅稱官也. 劉藁席·布被·瓦盆·煤竈, 猶然窮人耳." 公心識之. 嚴先見, 贄以金幣, 公麾之. 劉嗣見, 具茗一帑·蜜一缶而已, 公嘉納, 尋擢爲御史.

軒輗爲浙江按察使, 俸資之外, 一毫不取, 四時著一靑布袍, 破則補之, 蔬食不厭. 與同僚約, 三日以米易肉一斤, 多不能堪. 忽聞親喪, 次日遂行, 屬僚尙有未及知者. 初爲漁鹽運使, 廉名大著. 嘗坐水傍, 一童子曰: "水之淸, 不如使君之淸."

僉事王奇, 居官淸白, 衣敝以紙補隙.

王恕撫雲南, 不挈童僕, 唯行竈一, 竹食籮一, 日給乳豆一塊, 菜束醬醋, 水則取主家.【乳豆者, 豆腐也.】

方克勤循吏也. 自奉簡素, 一布袍十年不易, 日不再肉食. ○姚希得知靜江, 官署舊以錦爲幕, 希得曰: "吾起家書生, 安用此?" 命以布易之, 日唯啖菜而已.

高麗奇虔爲濟州安撫使, 性執而廉謹. 州産鰒魚, 其採民甚病之. 虔曰: "民之受病如是, 吾忍食諸?" 遂不食, 人皆服其廉.

丁忠靖公【諱應斗】七道按節, 再任關西, 而行部之日, 未嘗坐花紋席, 其惜福好儉, 如此.

鄭監司玉, 藥圃相公之孫也, 爲黃海觀察使, 律身淸苦. 巡行列邑, 只饌二楪, 有違令者罪之. ○余在西邑, 見一邑宰, 朝夕必具內外二饌. 及其去也, 加下錢四十萬, 首吏破家.

柳正源屢爲郡縣, 每解紱歸鄕, 以一鞭就道, 衣服器用, 無所增飾. 自慈仁由還在家, 子弟在縣衙, 還送弊籠于家, 慮中虛易陷, 實藁草其中. 里婦爲其

---

40 馮: 新朝本에는 '馬'로 되어 있음.

b

自官來, 爭聚觀之, 知其爲藁艸也, 皆大笑而去.【『大山集』】

祭祀·賓客, 雖係私事, 宜有恒式. 殘小之邑, 視式宜減.

公祭有公式.【『五禮儀』】 ○家祭宜遵古禮. 大夫以上, 宜用少牢之饌【通政大夫以上】; 堂下官, 宜用特牲之饌【通訓大夫以下】. 加豆加籩, 抑所宜也. ○少牢者, 其爵三獻, 其食四簋【飯一器, 麮一器, 餠二器】, 三鉶·五俎·六豆·六籩.【菹醢等濡物爲豆, 脯栗等乾物爲籩.】 加豆不過二品, 酏魚【俗名曰魚煎】·糝肉【俗名曰肝南】, 是也. 加籩不過二品, 蓮飴【俗名曰正果】·粟餈【俗名曰揆食】之類, 是也. 郡縣之祿, 厚於京官, 擬有加豆加籩. ○上所論者, 時祭·忌祭之饌也. 春分·秋分, 行時祭, 冬至·夏至, 行薦新之禮. 大夫特豚三鼎【一獻·二簋·一鉶·三俎·二豆·二籩】, 堂下官特豚一鼎【一獻·一俎·二豆·二籩】, 不可加也. ○朔日之祭, 大夫特豚一鼎, 堂下官脯醢而已.【一獻·一豆·一籩】 ○淸明·寒露有墓祭, 大夫士皆特豚三鼎. ○按 此祭禮之式, 卽余之所擬議也. 家各有禮, 非有國家定制, 惟當各遵其家式.

公賓有公式.【『五禮儀』】 ○私賓之饋, 須分二等. 尊長四楪, 卑幼二楪, 其物之腴薄, 隨其邑力. ○自官廚饋之者, 執其一饋, 條列諸物【米肉鹽醬等】, 折以原式【諸邑皆有式】, 得其本價, 定爲幾錢. 於是, 廚吏下記曰: "某日賓饋四具, 某日賓饋五具." 及會計之日, 算其幾具, 以錢會減. 其米肉醢醬之等, 初勿條列, 則簿錄淸簡, 自無舛錯矣. 古不用錢【肅宗朝始用錢】, 故下記繁瑣, 今宜從簡. ○若云以錢折定, 有妨禮貌, 則一饋所入諸物, 須出恒式, 及至會計之日, 査定諸物之總數. 凡一饋之式, 其米一升, 則十饋之會, 其米一斗也. 一饋之式, 其肉二兩, 則八饋之會, 其肉一斤也.【肉不能常存, 則以肉價錢二文, 買魚以饋之會計, 則仍以肉二兩計之】 香油一勺, 十之則一合也. 石魚一尾, 十之則一束也. 下記雖無條列, 會計可得實數, 顧何必條列乎? 雖不折錢, 而條列之法, 斷可廢也.【旣定恒式, 則自下變通, 或以煮代炙, 或以鰕代蛤, 在所不禁, 姑以原式會之】

溫公曰: "先公爲群牧判官, 客至未嘗不置酒. 或三行, 或五行, 不過七行. 酒沽於市, 果止梨[41]栗棗柹[42], 肴止於脯醢菜羹, 器用瓷漆. 當時士大夫皆然, 人不相非也. 會數而禮勤, 物薄而情厚."

凡內饋之物, 咸定厥式, 一月之用, 咸以朔納.

內眷旣到, 官廚日供[43]其用, 行之十日, 合計諸物. 於是, 執其總數, 增爲三倍【一月三旬, 故三倍之】, 乃以三倍之數, 朔日都納之. ○假如十日所用, 白米十斗, 黏米三升, 赤豆四升, 麨末二升【卽眞末】, 菉末一升, 胡麻一升【俗名曰眞荏】, 鮱魚二尾【卽民魚】, 鮨魚二束【卽石魚】, 卵醢一升, 鰕醢三升, 鷄卵四十箇, 白蜜一升, 香油一升, 淸醬五升, 釀醋六合, 大棗一升, 生薑一兩, 海帶二束【俗名曰甘藿】, 海衣五束【卽紫菜】, 昆布一束, 鹽五升, 麴二圓, 則執其總數, 增爲三倍, 以定朔納之式.

官府政令, 貴在淸簡. 小小米鹽, 一日十索, 內奴呼侍奴, 侍奴呼門卒, 門卒呼廚奴, 廚奴告廚吏, 曰遲曰滯, 曰有曰無, 曰多曰少, 紛然囂囂, 一城擾亂. 厥明勘簿【卽下記】, 冊客開坐, 召奴對吏, 査虛考實, 補漏削濫. 一勺之微, 墨勒招怨, 半銖之輕, 朱泥費精. 會計之日【來月之朔日】, 又重打算, 一唱一應, 其聲譁然而疑謗群興. 思慮不淸, 或疑冊客與吏朋姦, 或疑廚吏竝客欺騙, 橫施怒罵, 積取嘲訕, 天下之不智不慧, 未有甚於是者也. 妻之在家, 甁甖悉空, 箱篋都罄, 賣釵典衣, 以賖溝樓之薨【京城牙婆, 坐於汚穢之市, 是溝樓也. 薨, 乾魚也.】, 猶以樂生, 今居潭潭之府, 每月之朔, 庖人·廩人, 以日用百物, 擎跽而獻之, 一朝富貴, 何所不滿, 必令時時刻刻, 呼廚奴以索之乎? 此法不可不改. ○惟庖肉不可朔納. 宜先定日供之數, 使於宰牲之日, 計日以納. 假如一日二斤爲恒式, 則宰牲之日, 納二十斤, 十日之後, 又復宰納, 以充恒式之額. ○鮮魚不可朔納. 每到市日【邑中之市, 皆一月六會.】, 納魚幾斤以爲恒式. ○凡朔納恒式之外, 其有特用者, 乃爲日簿. 所錄旣簡, 詐僞無所容矣. ○行之數月, 或有羡餘者, 朔納之日, 拔而除之【令勿納】其每患不足者, 量增恒式, 唯其宜也. ○如是, 則下記無所察也, 會計無所稽也. 政淸事簡, 上下俱便, 此不易之良法也.

---

41 梨: 新朝本에는 '黎'로 되어 있음.

42 栜: 新朝本에는 '梯'로 되어 있음.

43 供: 新朝本에는 '拱'으로 되어 있음.

○縣司所供柴炭芻藁之屬, 亦照此爲例, 其或用之於賓餼者【謂接客】, 宜照恒式別爲一簿.

睦茶山大欽, 聰明强記. 爲延安府使, 日用百物, 不煩簿記, 而一不遺忘, 吏不敢欺. 嘗以蟹數百, 醃于大瓮, 以供朝夕. 一日, 廚吏告罄, 公曰: "尙有二蟹." 吏惶懼, 退搜瓮中, 果有二小蟹在醃汁中. 自此, 公私簿曆, 一毫無隱.

李某爲康津, 因事被拿, 赴京保放. 在獄外九日, 每飯後噉桃. 吏以一錢買二桃進之, 一大一小. 官取其大而餘其小, 侍童食之.【郞通引】 旣還, 縣吏錄九錢, 官曰: "何哉? 我食其半, 餘不知也." 削之爲五錢. 吏謂侍童曰: "汝食其餘, 當此四錢." 童曰: "嗟哉! 蚤知如此, 誰其食之?" 吏曰: "毋⁴⁴怨. 法當均攤, 官酬其五, 寬汝半錢, 汝之利也." 童曰: "冤哉! 我食其小, 積其所虧, 奚止半錢?" 囊出四錢, 唾而擲之. ○按 節用如此, 不如濫費之爲善也.

公賓之餼, 亦先定厥式, 先期辦物, 以授禮吏, 雖有贏餘, 勿還追也.

賓餼品級, 竝見「禮典」.【賓客條】 ○觀察使饗食之饌, 宜遵古禮. 如或不便, 宜遵邑例, 須執十年之例【例者, 謄錄也】, 去其太奢, 去其最儉, 取其中者【不侈不儉者】, 著爲恒式. 令廚吏辦其諸物, 以授該吏, 有餘不足, 毋敢復言, 先期勘簿, 以待會計. 殘杯·冷炙, 設有贏餘, 勞者之利, 不可窺也. ○如是, 則吏受諸物, 認爲己貨, 撙節照管, 不爲濫費. 送賓之日, 不復勘簿, 囊中之餘, 悉歸其家, 在官無費, 在吏爲惠, 斯良法也. ○其或於恒式之外, 賓有別索, 吏應其求者, 別爲小簿, 賓去而勘之. ○西路赴燕使臣, 及諸路御史·京試官·頒赦官, 一切公賓, 皆照此爲例.

凡吏奴所供, 其無會計者, 尤宜節用.

官府百物, 皆出於民力, 其不會計者【俗稱無下記】, 其害民尤切. 非天雨而地涌也, 節其用而察其害, 使民力得以小紓, 不亦善乎?

---

44 毋: 新朝本에는 '母'로 되어 있음.

菜蔬·瓜瓠, 園奴供之.【俗稱園頭漢】以此功勞, 例爲倉奴【倉庫直】, 濫收粟米, 以報其債【名曰色落米】, 不禁其濫, 則民受害. 猝嚴其防, 則奴破産, 曷若淸其源而遏其流乎? ○ 凡菜蔬, 宜嚴定厥式, 日供幾斤, 不可踰也. 一握二握, 一束二束, 本是吾東之亂法. 握有大小, 束有輕重, 不可劑也. 宜[45]用衡秤, 每日某菜一斤·某蔬一斤, 以爲恒式. 恒式之外, 其或加用者, 皆給本錢, 某菜一斤本錢一文, 某蔬幾斤本錢二文, 亦各有式, 可也. ○ 每見縣令, 其家法不嚴者, 園奴納菜于中門, 內奴內婢, 嗔其苦惡, 怒其薄小, 翻筐覆筥, 咆喝萬端, 令則不聞, 襃如充耳, 不亦羞乎? 甚者內奴, 濫收此物, 還以其餘, 私惠官婢, 以圖通奸, 不可以不察也.【嚴械石之法, 則自無此弊. 見上條】

梁蔡樽爲吳興太守, 在官惟飮郡井, 齋前自種白莧紫茄, 以爲常餌, 詔襃其淸.

崔潤德判安州牧使, 公務之暇, 治廳後隙地, 種瓜手自鋤之. 有訴訟者, 不知是公, 乃問曰: "相公今在何所?" 公紿曰: "在某所." 入而改服聽決焉.

李節度得駿爲康津宰, 內舍前後大治菜圃, 令內奴內婢, 糞之耘之. 厥蔬肥茂, 四時不斷, 園奴所供, 悉皆蠲除, 食之有餘, 頒給近侍. 至今頌惠, 傳爲美談.

王瓜日供十枚, 甘瓜二枚, 西瓜一枚, 以供縣令, 使爲恒式, 有加於是, 咸給本錢, 抑所宜也. 多率子孫者, 童稺無知, 索瓜無厭, 園奴之怨, 容有旣乎? 雖一枚, 不可許也.

瓠瓜·南瓜, 亦皆定其日額, 凡出額外者, 皆給本錢. ○ 凡徵瓜之法, 其徵宜晚【待爛漫之後】, 其停宜早【在捲蔓之前】, 亦惠政之一也. 每見縣令子弟徵瓜太早, 園奴四走而求之, 以致遲滯, 則曰: "此土, 人心極惡." 斯皆可愧之事也.

肪燭【俗名曰肉燭】, 庖奴進之【卽肉直】, 例無會計, 難繼之道也. 惟政堂日供二枝【夜長則三枝】, 內舍·冊房, 宜用香油點燈. ○ 每見不肯子弟, 濫徵肪燭, 懷其羨餘, 又於政堂, 收其殘烺, 聚之于內舍, 以待歸日, 此事使人代慚.

---

45 宜: 新朝本에는 '宣'으로 되어 있음.

後漢巴祗爲揚州刺史, 在官不迎妻子, 夜與客坐暗中, 不燃官燭.【一本云, 與客賭飮, 不然官燭.】

林孝澤居官, 所至以廉平稱. 臨淸[46]漳, 一夕視事竟, 有持燭送至閤內者, 孝澤曰: "此官燭也, 何可用之私室?" 亟令持去. ○鄭瑄云: "昔有縣令極廉介. 京遞至【公事也】, 秉官燭發緘視之, 中有家問, 卽令滅官燭, 取私燭, 閱書畢然後, 再秉官燭. 雖其矯枉過甚, 取以勵俗, 可也." ○凡收殘炧, 以待歸日者, 覽此知所愧矣.

張宗璉, 明之循吏也, 蒞郡不携妻子. 病亟召醫, 室無燈燭, 童子從外, 索取油一盂入, 宗璉立却之. 其淸峻如此. ○**按** 此近於刻, 不必然也.

或有邑例, 所用牛肉, 都無會計. 得是邑者, 欣然樂聞, 以爲美例, 不知如此之物, 總有出處, 無天雨地涌之理. 旣無會計, 必係民瘼. 或割取坊里, 以爲契房【私收賦役之名】, 或翻弄倉穀, 用其羨餘, 其利倍厚, 官乃分之, 故無會計也. 其或古厚而今薄者, 一年供庖, 倉逋如山, 厥奴在逃, 徵族徵民, 害毒所蔓, 靡所不及. 行盜者, 奴也; 食贓者, 牧也. 我食其贓, 罪奴爲盜, 其中於理乎? 我以其贓, 養我父母, 祭我祖考, 孝於何有, 福將何降? 凡得此邑者, 宜亟變其法, 定其本錢, 明其會計. 於是, 破其契房, 以均民徭; 嚴其庫鑰, 以除民瘼. 斯不可已也.

溟涬子爲政, 未嘗受民一尺帛, 食人一鷄子. 以錢易筝, 百錢當得筝十斤, 守門者取十一斤, 溟涬子召還賣筝者, 而杖守門者.

私用之節, 夫人能之; 公庫之節, 民鮮能之. 視公如私, 斯賢牧也.

諸邑必有公用之財, 設立諸庫. 其始也, 名之曰公用, 而設立旣久, 漸支私用, 謬例層生, 糜費無節. 以其本公用之庫也, 故牧終不致察, 監吏·庫奴, 欺詐百端, 偸竊唯意. 財之旣竭, 又重斂之, 此諸路之通患也. 其諸庫之名, 或稱補民, 或稱補役, 或稱補餉, 或稱補弊, 或稱解懸, 或稱息肩, 或稱雇馬, 或稱修城, 或稱養士, 或稱藏氷, 或稱軍器, 或稱軍需, 或稱賑恤, 或稱傳關, 其名不一, 其用無式, 斯不可不正也. ○牧者, 一縣之主宰也. 一縣之事, 靡所不管, 責在元帥, 何以辭矣? 其日用下記, 宜逐條明察, 一銖半鎰, 不可放過. 官廚下記, 縣司下記, 細察則受侮; 諸庫下記, 學宮下記, 細察則生威, 爲其公私不同也. 其立法本自不密者, 改撰節目, 刪其謬例, 苴其罅漏, 使之永久無弊可矣. 竝見守法條·興學條·賦役條【民庫節目[47]】·軍器條, 姑略之.

鄭萬和累按藩臬, 所至儲蓄盈溢. 於始至其羨餘, 至不可勝數, 嘗歎曰: "吾杜塞侵欺, 一年之間, 有贏如是, 節用豈非愛人之本乎?"

遞歸之日, 必有記付, 記付之數, 宜豫備也.

官府所傳錢穀諸物, 厥有都籍, 名曰重記. 遞歸之時, 略以用餘, 留載重記, 此之謂記付也. 平時不能留意, 臨急何以猝辦? 每當朔望會計之日, 官用諸物, 略存贏餘, 以待不時之遞, 可矣.

『治縣訣』云: "官廚所用, 旣皆排月, 但勿犯越, 斯無憂矣. 其他錢穀, 常存後慮, 愼勿濫用, 然後可無末梢之患." ○又曰: "作一小帖, 中横一格. 上層開列前官記付諸物之數, 下層寫各物會計後時在之數. 而時在之數, 月月不同, 不可椿定, 須用紙簽, 條條付之, 常常考閲. 若其時在之數, 遠過於前記付, 則放心用之; 不及於前記付, 則補而塡之, 庶乎臨急無憂也."

天地生物, 令人享用, 能使一物無棄, 斯可曰善用財也.

陶侃在荊州, 敕船官悉錄鋸木屑, 以禦雪泥, 竹之厚頭, 積之如山, 後桓公伐蜀, 裝船悉以作釘.

貝恒爲東阿[48]令在官, 雖小物, 必思及民. 營繕有餘, 其廢鐵·敗皮·朽索·故紙之類, 悉存之. 工匠閒暇, 令煮皮爲膠, 鑄鐵爲杵, 搗紙索爲糞, 貯之庫.

---

47 目: 新朝本에는 빠져 있음.
48 阿: 新朝本에는 '河'로 되어 있음.

會車駕巡幸北京, 勅使督建席殿, 所貯悉濟急用, 而民不費.

尹鉉爲戶曹判書, 凡弊席·地衣·靑綠布, 悉藏之庫中, 衆咸笑之. 其後弊席, 付之造紙署, 磨碾作紙, 紙品最佳, 取靑綠布付之禮曹, 作野人衣紐. ○邑民爲木碑, 宜卽拔入, 貯之工庫, 其大者, 贍民之死而無棺者, 其小者, 以作燭盒餌盒等小小器具, 勿復索材於民園, 可也.

第六條[49] 樂施

節而不散, 親戚畔之. 樂施者, 樹德之本也.

澤上有水, 以淳以濬, 將以洩疏, 以潤物也. 故能節者, 能施, 不能節者, 不能施也. 狎妓召娼, 彈絲吹竹, 曳綺疊紈, 高馬雕鞍, 重之以諂事上官, 賂遺權貴, 費用日過數萬, 消折歲算千億, 將何以施及親戚哉? 節用爲樂施之本也. 余在謫中, 每見官長, 能憐恕賙恤我者, 視其衣服, 必著麤儉, 其麗服映顔, 淫佚以自娛者, 不我顧矣.

貧交窮族, 量力以周之.

一室之人, 雖不能率來, 其有貧不能擧火者, 不可不計其食口, 繼其月料. 小功之親, 有貧不能擧火者, 宜繼半月之料, 其餘周急而已. ○其貧未甚者, 以時饋贈. ○貧[50]交來乞者, 厚遇之, 其贈也, 計其路費, 使歸家之日, 得有羨餘, 可也.

劉宋江秉之爲新安太守, 所得俸祿, 悉散親故. 在官止作一書, 留以付庫.

房彦謙爲涇陽令, 家有舊業, 所得俸錢, 皆以周恤親友, 雖致屢空, 怡然自得. 嘗謂其子玄齡曰: "人皆因祿富, 我獨以官貧. 所遺子孫, 在於淸白爾."

---

49 條: 新朝本에는 '律'로 되어 있음.
50 貧: 新朝本에는 '貪'으로 되어 있음.

羅惟德任寧國時, 一日謁劉寅, 喜動顏色曰: "今日一大愉快事." 寅問何事曰: "近貧宗有十數人, 以饑荒遠來乞周, 比積俸餘, 施散殆盡, 家大人以下及諸眷屬, 無一阻撓我者, 爲是뭏然耳."

尹八松煌, 所至州郡遇宗族, 必盡誠款接. 削衣貶食, 有求必應曰: "吾宗族衰替, 食祿者, 唯我而已, 若我不恤, 雖得廉約之名, 非所體祖考之心也. 且居官之道, 苟不自肥, 斯無愧矣." ○庫有餘財, 悉以施人, 則至德也. 濫用財物, 以負公逋, 則非禮也. 近世茯菴李丈爲灣尹, 以濫施之故, 負公債八千兩. 雖觀過知仁, 而非居官者所宜法也.

韓監司祉按藩, 每當時節, 使諸裨書祭單, 終日乃畢. 或問曰: "所祭不已多乎?" 曰: "此皆吾先塋之內, 同族之墓也. 自吾祖而視之, 同是至親, 同葬一山, 一枝榮貴, 盛受官供, 一枝寂寞, 不能灑麥, 豈神道之所安, 亦[51]奚賴於族屬之榮貴耶?" 曾宰全義, 邑力至殘, 而諸處祭單, 一如此耳.【祭單, 卽所云祭需單子.】

李監司昌庭任順天府時, 有與公同姓名者, 官品亦與公等. 其友寒士一人, 爲請嫁女之需而來見公, 則非也, 憮然逡巡. 公與之坐, 徐叩其故, 其人吐實. 公笑曰: "固無怪也." 待之加厚, 爲備所需一物不歉. 其人謝曰: "雖使友人當之, 不能如此."

我廩有餘, 方可施人. 竊公貨以賙私人, 非禮也.

若公債實高者, 宜以實[52]情徧告親友, 令稍俟羨餘, 方來求之. 客氣浧豪, 官庫板蕩, 吏縋奴逃, 流毒一境者, 不可以樂施爲德也.

尹友畏心, 其弟爲海南宰, 公債尚高, 爲致祭需, 尹友却之不受, 曰: "下奪民[53]財, 以祭祖考, 吾不忍爲也." 此格言也. 祭祀尚然, 況於其餘乎!

劉球事兄甚謹, 同居合食. 從弟砒爲甫田令, 奉夏布一疋, 卽日封還, 貽書戒之曰: "當守淸白, 以光前人. 此非所望於賢弟者."

---

51 亦: 新朝本에는 빠져 있음.
52 實: 新朝本에는 '寶'로 되어 있음.
53 民: 新朝本에는 '吏'로 되어 있음.

鄺埜性至孝, 爲陝西臬司副使, 有聲. 其父家教至嚴, 嘗以俸易一紅褐寄之, 父大怒曰: "汝掌一方刑名, 不能洗冤澤物, 乃以此不義之物汚我耶?" 卽封還, 以書責之.

鄭瑄曰: "待有餘而後濟人, 必無濟人之日; 待有暇而後讀書, 必無讀書之時." ○節用固爲經[54]法, 如有觸目生悲, 急欲拯救者, 又不可商度有無也.

近一弊俗, 出於朋黨之習. 凡色目同者, 不問其知與不知求與不求, 通同計戶而贈之. 蓋古所未聞, 亦唯南村有是也, 今旣成俗. 當量我俸餘, 隨力以爲之.

節其官俸, 以還土民; 散其家穡, 以贍親戚, 則無怨矣.

人有恒言曰: "奚樂乎官? 餘者家私." 謂田莊所穫, 不輸於家, 以儲以糶, 斯爲贏羨, 乃可以益廣田土也. 兵法曰: "因粮於敵, 不費我粟." 是其心以民爲敵, 故作計如是也. 何如散給宗族, 不費官財之爲益合理乎?

李積【栗谷之從孫】累典郡縣, 在官時, 庶弟積代已幹蠱. 每歲惡, 積貽書曰: "家儲必先施諸親族, 有餘, 分之僮僕鄰里." 或勸以乘時益置田宅, 積曰: "自爲身謀, 而忍使彼飢餓乎?" 歸自河陽, 亟焚家僕斂散文書, 而杖其僕.

李慣每典郡邑, 嘗曰: "擧家仰俸祿, 亦已足矣." 以此朝夕饔飧之外, 凡親身被服之資, 率皆取辦於家私. 親戚知舊, 有以貧[55]窶告, 則曰: "身食於官, 穀餘於家, 是亦因官得之者." 使之隨多少取去.

高麗李茂方, 恭愍初, 知淳昌郡, 有求土物者, 茂方解所佩筆鞘及帶, 付吏曰: "朋交私請, 不可以公物應, 以此易所求與之." 請者媿而去.

柳觀鉉爲鏡城判官, 乙亥之饑, 至誠賙救, 一境賴而全活. 一日, 監賑者請曰: "南路饑荒, 與關北無異. 城主[56]旣以俸祿活民命, 又當仁及親族. 已自賑廳有若干別儲, 請急足送致." 公曰: "祿俸亦出於民, 豈可視爲私財, 先恤家

---

54 經: 新朝本에는 '徑'으로 되어 있음.
55 貧: 新朝本에는 '貪'으로 되어 있음.
56 主: 新朝本에는 '至'로 되어 있음.

族?" 遂不許.

讁徙[57]之人, 旅瑣困窮, 憐而贍之, 亦仁人之務也.

方克勤知濟寧府, 明太祖用法嚴, 士大夫多被讁. 過濟寧者, 克勤輒周恤之. 人或危之, 猶不已.

金永耇爲全州判官, 時有付處以下諸囚贖金之令. 判中樞金公睟, 讁居萬頃, 貧不能辦. 公與其家素善, 出奴婢七口, 漢上三石田以奉給, 不以邑人相累也.

朴大夏爲羅州牧使時, 鄭桐溪蘊, 直言讁濟州, 路過羅境. 公曾無一日雅, 握手流涕, 贐行甚厚, 鄭公歎息而去.

干戈搶攘, 流離寄寓, 撫而存之, 斯義人之行也.

姜秀崑爲高敞縣監, 方師旅之際, 國大饑, 人相殺食. 公能畫辦以賑飢. 兩湖流民千數, 而北方之親戚故人, 飢寒爲客者, 日且千數. 公躬自薄以給人, 所活千餘人.

洪履一爲大丘判官時, 當丙子之亂. 大嶺以南, 兵革不及, 士大夫避亂者, 多從之. 公周恤甚善, 客皆喜過望. 公曰: "當此時, 吾得專城之饒, 豈可躬自厚, 而視人之寒餓也? 況士大夫之失所流離者乎?" 一日, 觀察公戲之曰: "居官政淸固善, 其奈子孫何?" 公笑曰: "行己無負此心, 足矣. 以此遺子孫, 不爲不厚."

權門勢家, 不可以厚事也.

權門饋獻, 不可厚也. 我所受恩, 或依賴相善者, 以時饋贈, 不過食物數種, 其餘貂蔘繒帛可寶之物, 斷不可獻. 何也? 宰相廉明有識者, 非但不受, 抑且以我爲鄙夫佞人, 或入告君前, 請施罪罰. 此損財而亡身, 危道也. 若其宰相,

---

57 徙: 新朝本에는 '徒'로 되어 있음.

樂受貨賂, 由此汲引者, 其人必不久[58]敗亡, 公議指我爲私人, 大則連累, 小則枳廢, 此必然之理也. 以此以彼, 有害無益, 何苦而爲是哉?

宣廟壬辰, 李贊成直彦以獻納, 扈從在龍灣, 湖南守宰, 有餉夏扇者. 公具陳劾之曰: "此何時也, 可通問乎?" 同列爲之悚然. ○仁廟朝, 有一北邊武宰, 餉貂皮於崔相鳴吉, 鳴吉召其人還付, 責之曰: "歸語爾守. 此是昏朝餘風, 吾欲入啓請罪, 而今姑寬之, 後勿如是." ○顯廟甲寅, 右議政金壽恒, 啓曰: "士大夫大小喪紀, 例有親知致賻之規, 而十歲前殤喪, 豈有此事? 臣於去冬遭幼子之喪, 忠淸兵使朴振翰, 以棉布一同【五十四】致賻. 臣忝在大臣之位, 若非媚悅, 必是探試. 雖卽退送, 決不可置之. 令有司考律, 勘罪何如?" 上曰: "依爲之." ○如此之事, 豈不可畏? 不如勿之.

肅廟丙子冬, 有一老吏, 歸自闕中, 語其妻孥曰: "近來名官, 聚會終日所談, 一無及於國計民憂, 只論列邑所餽多少好否, 曰: '某倅所送, 物極精妙, 某宰所送, 物種頗優.' 名流之評品如此, 方外之徵斂必增, 國安得不亡?" 垂涕不已.【鄭載崙『閒居漫錄』】

鄭瑄曰: "取不義之財, 以供妻兒妄費; 取不義之財, 以充權貴苞苴; 取不義之財, 以供設齋徼福, 皆謬用其心者也."

李敬文爲高陽內史【卽李繪[59], 北齊人】, 河間守崔諶, 恃其弟暹權勢, 從敬文乞麞角·翎羽【一本, 翎皆作鴿】, 敬文答曰: "翎有六翮, 飛則沖天, 麞有四足, 走[60]便入海, 下官體膚疏懶, 手足遲鈍, 不能逐飛追走." 遠事佞人.

鄭新堂鵬爲靑松府使, 宰相成希顔求松子·蜂蜜, 公答曰: "松在高峯頂上, 蜜在村家桶中, 爲太守者, 何由得之?" 成公愧謝.【松者, 果松也.】

高麗庾碩爲東北面兵馬使, 先是有一兵馬使, 始以江瑤柱餽崔怡, 遂爲常例. 江瑤柱, 海物也, 出龍津縣, 捕之甚艱. 邑民五十餘戶, 因之失業, 逃散幾盡, 碩一禁絶之, 流亡盡還. 時守令爭事侵漁, 以媚權貴. 碩移牒禁之, 有忌碩

---

58 久: 新朝本에는 빠져 있음.
59 繪: 新朝本에는 '季繪'으로 되어 있음.
60 走: 新朝本에는 빠져 있음.

者, 取牒示怡, 怡曰: "碩不餽我足矣, 何苦禁道內?" 東北人感碩清德, 呼爲父母, 秩滿當還, 請借三年, 召拜禮賓卿.

趙滄江涑爲臨陂縣令, 造竹皮席, 名曰簞團, 欲贈蔡湖洲裕後, 爲草堂具. 適聞湖洲家草堂易瓦, 歎曰: "瓦家不合此物." 遂不贈. 湖洲聞之, 愧歎.

奉公六條
宣化·守法·禮際·文報·貢納·往役

第一條 宣化

郡守縣令, 本所以承流宣化, 今唯監司, 謂有是責, 非也.

董仲舒「對策」曰: "今之郡守縣令, 民之師帥, 所使承流而宣化也. 故師帥不賢, 則主德不宣, 恩澤不流. 今吏旣亡敎訓於下, 或不承用主上之法, 暴虐百姓, 與姦爲市. 貧窮孤弱, 冤苦失職, 甚不稱[1]陛下之意. 是以陰陽錯繆, 氛氣充塞, 群生寡遂, 黎民未濟[2], 皆長吏不明, 使至於此也." ○案 宣化承流, 是守令之責, 今唯監司之署, 題榜曰'宣化堂', 守令習見此榜, 心以爲, '宣化承流, 非我輩之責, 我且催科督稅, 以免上司之嗔而已.' 嗟乎! 豈不固哉?

『書』曰: "臣作朕股肱耳目." 予欲宣力四方, 汝爲郡守縣令者, 所以宣力於四方也. 宣布朝廷德意, 俾民愛戴, 是之謂民牧, 今之牧者, 自作虐政, 歸怨朝廷. 停稅有詔, 而匿之不頒, 一向榷剝, 以逞其興販【謂大同停退】; 已債有詔, 而匿之不頒, 與吏朋奸, 以資其料理【謂還上蕩減】, 救疾埋胔之令, 匿之不頒【如乾隆末年西來之疫】; 勸婚收[3]幼之令, 匿之不頒【先朝屢有此令】偸災傷, 則曰: "朝廷削之." 汰飢口, 則曰: "朝廷難之." 罷癃仰號, 則曰: "朝令至嚴, 吾亦柰何?" 禁繫思鬻, 則曰: "朝禁本嚴, 汝何犯之?" 使斯民督督然怨慕朝廷. 噫! 其可乎? 牧宜念此, 每對下民, 唯以宣布朝廷德意, 爲第一職分, 可矣.

---

1 稱: 新朝本에는 '聽'으로 되어 있음.
2 濟: 財團本에는 '滋'로 되어 있음.
3 收: 新朝本에는 '牧'으로 되어 있음.

韓文公爲潮州刺史, 到州上訖, 與官吏百姓等相見, 具言: "朝廷治平, 天子神聖·威武·慈仁, 子養億兆人庶, 無有親疎遠邇, 雖在萬里之外·嶺海之陬, 待之一如畿甸之間·輦轂之下. 有善必聞, 有惡必見, 早朝晩罷, 兢兢業業, 唯恐四海之內·天地之中, 一物不得其所. 故遣刺史, 面問百姓疾苦, 苟有不便, 得以上陳. 國家憲章完具, 爲治日久, 守令承奉詔條, 違犯者鮮, 雖在蠻荒, 無不安泰. 吏民聞所稱聖德, 鼓舞讙呼, 不勞施爲坐以無事."

綸音到縣, 宜聚集黎民, 親口宣諭, 俾知德意.

『後漢·循吏傳』序云: "光武長於民間, 頗達情僞. 以手跡賜方國者, 皆一札十行, 細書成文. 勤約之風行于⁴上下."

黃霸爲潁川太守, 爲選擇良吏分部, 宣布詔令, 令民咸知上意.

綸音者, 君父之所以愍諭子女者也. 愚民不解文字, 非耳提而面命, 猶無諭也. 每綸音一降, 牧宜於牌殿門外, 親口宣諭, 布揚朝廷德意, 俾民懷恩. 每見綸音之來, 草草翻謄, 以授風約. 若其中有違詔不行者, 吏與風約, 隱而不宣. 如稅穀停退, 還穀蕩減之等, 德音十降, 而隱之者八九矣. 守令諸罪之中, 此罪最大, 誅殛不可辭也, 而可犯乎? ○余謫嶺南, 見荒村小聚, 皆有綸音閣. 一間之屋, 當其北堵, 橫以長板, 每奉綸音貼于板上, 父老羅拜其前. 國有慶則羅拜, 國有恤則羅拜, 遂於其前行望哭禮, 有大議必會於其下. 此天下之美俗也, 宜以此俗通于諸路.

教文·赦文到縣, 亦宜撮其事實, 宣諭下民, 俾各知悉.

國有大慶, 爰有頒教. 或玉候平復, 或儲嗣衍慶, 或聖壽躋隆, 或嘉禮載擧【冠昏皆嘉禮】, 肆有頒教, 因而宣赦. 但其騈儷藻繪之文, 愚民未曉, 牧宜鋪敍稱慶之本事, 別爲諭文, 宣布下民, 使與同慶. 其或平賊討逆而稱慶者, 亦宜如此.

---

4 于: 新朝本에는 '干'으로 되어 있음.

中國頒赦之詔, 其恩例條列, 詳明周密, 其赦有所限及賜賚所沾, 曉然易知, 而吾東頒赦之文, 本不條鬯, 民未易知. 牧宜註[5]明其旨, 翻以土書【俗所謂諺文】, 俾民曉然.

凡望賀之禮, 宜肅穆致敬, 使百姓知朝廷之尊.

『禮』曰: "朝辨色." 辨色者, 昧爽之時也.【天遠明之時】昧爽行禮者, 必雞鳴而起, 盥櫛衣服, 乃可以及時也. ○入庭行禮訖, 必俯伏良久, 默念前此十五日以來所爲, 得無愧我主上乎, 眞若主上臨視在上. 如有內愧於心者, 亟宜改革, 以養我秉彝之天. ○今俗唯朔望, 乃有望賀. 然大殿誕日及陳賀正日, 皆宜望賀, 雖違衆不可不行.

望慰之禮, 一遵『儀』注, 而古禮不可以不講也.

望慰之禮, 尤宜恪愼. 若論古禮, 國恤始聞, 宜以烏[6]紗帽·淺淡服·黑角帶, 往哭于庭中, 退出外庭改服, 入又哭. ○又哭者, 「奔喪禮」所云五哭之第二哭也. 『禮』曰: "於又哭, 括髮·袒·成踊."【「奔喪」文】將入, 宜脫烏[7]紗帽脫網巾, 解髻爲髺【聚髮, 而再三屈之而已】, 用麻繩撮之, 此所謂括髮也. ○君喪括髮, 古禮至嚴, 故「聘禮」云: "復命出, 袒·括髮, 卽位踊." 『春秋傳』云: "公孫歸父聘于晉, 還及笙壇·帷·復命, 袒·括髮卽位, 哭三踊而出.【宣十八】此禮不可廢也. 古禮括髮, 在小斂之後, 而聞喪不得奔者, 於又哭已括髮, 不待三哭也.【三哭, 象小斂之哭[8].】今之『儀』注, 皆無括髮之說, 外官無以獨行, 然古禮不可以不知也. ○乃左袒入哭, 盡哀出.【雖括髮, 仍著淺淡服·黑角帶.】○仍於牌殿外庭, 倚屋爲廬【俗名曰廬幕】, 居廬食粥【君喪居廬, 見「雜記」, 君喪食粥, 見「檀弓」.】○是日, 作首経·腰経·絞帶, 用之於夕哭.【日入時夕哭】若聞喪在晚者, 於三哭用経帶亦可.

---

5 註: 新朝本에는 '詿'로 되어 있음.
6 烏: 新朝本에는 '鳥'로 되어 있음.
7 烏: 新朝本에는 '鳥'로 되어 있음.
8 哭: 新朝本에는 빠져 있음.

○厥明三哭, 夙興淺淡服, 去紗帽角帶, 具布巾絰帶, 入卽位哭.【括髮仍不改】日中一哭【以象無時哭】, 日入一哭. ○厥明四哭, 如上禮, 日中日入, 亦如之. ○厥明五哭, 夙興斬衰裳·中衣·苴杖, 乃改括髮爲髻, 加喪冠, 具絰帶·菅屨【宜有布網巾】, 入卽位哭以成服. ○今之『儀』注, 聞喪六日, 乃成服, 然古禮天子諸侯之喪, 先成服後大斂【詳見余『禮箋』】, 其必六日而成服者, 後世之失禮也. 然『儀』注旣然, 不得不一遵『儀』注. ○今俗小斂之絰, 別用單股, 非禮也.【單股者, 弔客之絰.】宜用雙糾之絰. ○今俗絞帶, 爲三重四股, 非禮也.【三重四股者, 葛帶之制.】宜用雙糾之帶. ○旣成服, 乃還政堂, 權著布紗帽·白布衣·絞帶, 以臨民. ○每至朔望, 以衰裳絰帶, 瞻哭如禮. ○及葬下玄宮, 虞祔練祥, 皆望哭如禮.

內殿之喪, 不括髮, 以布巾代之.【布巾者, 古之綃也.】其五哭皆如上禮, 不居廬不食粥.

國忌廢事, 不用刑, 不用樂, 皆如法例.

國忌前一日坐齋, 用笞不用杖.【今俗以用杖, 謂之用刑.】開牙門, 不用軍樂. ○厥明罷齋, 乃用笞杖. ○今人, 或於國忌之日, 游宴鼓樂, 吏民譏其非禮, 四境喧騰, 牧則罔聞, 斯不可不愼也. ○禰廟王考廟, 我所歷事, 宜嚴齋致慕, 斷酒絶肉, 不異親忌, 乃中禮也.

鄭萬和在藩臬時, 必朝服以對吏民, 曰: “受命巡宣, 身奉敎書, 而褻衣自便, 非所以敬君父也.” 朔望遙拜, 必齋沐致敬, 不覺其遠階前也. 所帶褊褌, 必以士夫子枝, 曰: “市井輩[9]重利, 不可近.”

趙克善爲溫陽郡守, 仁祖大王之喪, 公歠粥寢苫, 朝夕哀臨, 內外廚輟酒肉, 婦女幼穉, 亦無敢食肉者. 又下帖郡境曰: “『禮』所謂方喪者, 比方於親喪也. 今閭巷之間, 毋得宴飮·嫁娶·歌舞·漁獵. 罔或干犯禮律.” 於是, 大小畏誼, 各自勅勵, 市不沽酒, 野無農歌.

---

9 輩: 新朝本에는 ‘背’로 되어 있음.

朝令所降, 民心弗悅, 不可以奉行者, 宜稱[10]疾去官.

姜潛爲陳留知縣, 到官纔數月, 靑苗令下. 潛印榜于縣門, 又移之鄕村, 各三日無人至, 遂撤榜付吏曰: "民不願矣." 卽稱[11]疾去. ○時山陰知縣陳舜兪, 上書極論新法, 謫監南康軍鹽·酒稅, 至是復上書言: "靑苗法甚便, 初迷不知爾." 識者笑之.

璽書遠降, 牧之榮也; 責諭時至, 牧之懼也.

朝廷下詔褒嘉, 非譽我也; 朝廷下諭切責, 非惡我也, 罔非爲斯民也. 凡蒙獎受責, 悉宜宣布德意, 不可隱也.

宋太宗立郡國戒碑: "爾俸爾祿, 民膏民脂, 下民易虐, 上天難欺."【歐陽『集古錄』: "戒碑, 起唐明皇."】

第二條 守法

法者, 君命也. 不守法, 是不遵君命者也, 爲人臣者, 其敢爲是乎?

案上置『大明律』一部·『大[12]典通編』一部, 常常披閱, 具知條例, 以之守法, 以之行令, 以之決訟, 以之處事. 凡法條所禁者, 不可一毫干犯, 雖流來邑例, 沿襲已久, 苟於王法, 顯相違越者, 不可犯也. ○『大典』原編·續編, 以及通編, 雖屢經增補, 仍多闕略, 遇事考檢, 多無可憑. 且其門目太簡, 原不細剖, 按目尋索, 隱者不彰. 又或宜入戶典者, 入於兵典, 宜入禮典者, 入於刑典, 覽者病之. 有意牧民者, 宜取大典, 擇其要者, 別爲部分, 又取『萬機要覽』·『備局謄錄』·『攷事新書』等書, 撮其要者, 彙爲一編, 臨事考檢, 可也.

---

10 稱: 新朝本에는 '移'로 되어 있음.

11 稱: 新朝本에는 '移'로 되어 있음.

12 大: 新朝本에는 '一'로 되어 있음.

許相國稠爲全州判官, 淸節自持, 剛明能斷. 嘗自誓曰: "非法斷事, 皇天降罰." 以八字書小板, 懸廳事.

高麗琴儀, 體貌奇爽, 器度雄偉. 知淸道郡爲政剛正, 守法不撓, 一方號曰'淸道鐵太守'. ○權判書克智, 居官一切裁以法, 人不敢干以私, 稱以'鐵浮屠'.

每遇一事, 必考『國典』, 若犯法干律者, 斷不可行. 若前官犯法, 傳流冒我者, 宜往復求正, 彼猶凝然不動者, 但當報營, 不可饒也. ○每遇一事, 必內自思念曰: '監司聞之, 不以是貶我乎? 御史聞之, 不以是擊我乎?' 知其無憂, 然後乃可行之. ○一直守法, 有時乎太拘. 小有出入, 乃可以利民者, 古人亦或有達權. 要之, 此心出於天理之公, 則法不必膠守也; 此心出於人慾之私, 則法不可微犯也. 犯法抵罪之日, 仰不愧, 俯不怍, 則其犯必利民便民之事, 若是者, 容有出入焉.

馬永卿問立身仕宦之道於劉元城, 元城曰: "『漢書』云: '吏以法令爲師, 有暇可看條貫.'【「薛宣傳」】不獨治人, 亦可以保身." 先生以永卿初出場屋, 行己或犯法, 且爲吏所欺, 故有此言.

李命俊爲高山察訪, 驛當北關孔道, 乘傳者, 多越法濫責, 郵卒不堪命. 公執三尺不撓. 雖監司至, 必按牌給乘, 監司怒不聽, 公爭之, 遂請命于朝, 朝廷直公而詘監司. 宿弊頓革, 而公竟棄官歸.

宋邦祚爲金郊察訪, 使命之行過者, 按法給乘, 雖名位隆赫, 少不假借. 居無幾, 蘇殘補弊, 綽有成效. 會有繡衣使者, 怙勢冒禁, 公馳狀擧劾, 聞者壯之.

宋爾昌爲連原察訪, 先是, 各道進供者, 幷載其私物, 而遞馬之際, 假託剩數, 已成弊規. 公乃一一查出, 移牒於體府抵罪, 自是諸道甚憚之, 不敢肆焉.

法之無害者, 守而無變; 例之合理者, 遵而勿失.

程子曰: "居今之時, 不安今之法令, 非義也. 若論爲治, 須於今之法度內, 處得其當, 方爲合義. 若須更改而後爲, 則何義之有?"【『近思錄』】

朱子曰: "爲政如無大利害, 不必議更張. 議更張, 則所更之事未成, 必鬨然成擾, 卒未已也."

趙克善其在郡邑, 必昧爽而起冠帶視事, 不喜紛更改革. 曰: "凡作爲必須有漸. 乍到任所, 一切除弊, 而後不能繼, 則必有有始無終之患. 宜先去泰甚, 以至於無不盡, 可也." ○案 古人戒紛更者, 爲有法可守也. 今我郡縣所用, 都非國法, 凡賦役徵斂, 皆由吏臆. 急宜釐革, 不可因也.

邑例者, 一邑之法也. 其不中理者, 修而守之.

列邑諸庫, 皆有舊例, 名之曰節目. 創立之初, 本多未善, 後來之人, 變亂增損, 總以私意, 利己剝民, 荒雜苟陋, 不可按行. 於是, 廢其節目, 任行新令, 凡剝民之條, 歲增月衍. 民不聊生, 職此由也. 上官旣數月, 取諸庫節目, 逐條查問, 知其利害, 其中於理者, 表而章之; 其違於理者, 革而去之. 物價, 古賤而今貴者, 議而增之; 古貴而今賤者, 因而厚之. 民戶, 古盛而今衰者, 議而蠲之; 古寡而今衆者, 移而均之【移其賦】非理而贍官者, 革而除之; 無法而雜出者, 畫而限之. 精思密察, 博詢勇斷, 慮後弊而杜之, 依輿情而順之, 立之爲金石之典, 守之如關和之法, 則發號施令, 庶幾無愧於心矣. 我去之後, 後人之遵與不遵, 雖不可知, 我在之日, 按而行之, 不亦可乎? ○舊節目舊式例【名之曰膽錄】, 宜一一收聚, 燒之滅之, 永絶根本. 若一葉存留, 則後來者, 馮藉古例, 弊復如初矣.

凡日用之物, 宜有式而無記.【無下記】試論鋪陳一事.【莞席之屬, 謂之鋪陳.】記之曰: "錢三戔【三卜曰三戔】白席一張價, 錢一戔龍鬚草染色價【靑赤黃黑皆染之】, 錢一戔起花時工價【繡之以五色草, 曰起花】, 錢二戔袷裏草席價【繡席·草席合之爲袷席, 名曰登每】, 錢三戔飾紬三尺價【飾繡席】, 錢二戔飾布三尺價【棉布飾草席】, 錢一戔飾紬絳染價【名之曰木紅】, 錢一戔飾布靑染價, 錢五分飾緣針線價, 錢五分聯袺繩價, 錢二戔工人糧米價, 錢一戔起花時燈油價." 瑣瑣屑屑, 列之爲十有二行, 此袺席之記也. 面席之記, 八九行也【二席相連者, 謂之面席】; 單席之記, 八九行也【不連者, 謂之單席】; 方席之記, 十二行也【小席正方者, 曰方席】; 地衣之記, 六七行也; 隱囊¹³之記, 八九行也.【俗名曰按席】鋪陳一部, 其記五六十行. 其物價, 時增時減, 忽多忽少, 牧何以盡察, 民何以盡知? 今宜精詢細察, 折定其式, 曰: "袺席一張, 本錢一兩六戔【上所列, 一兩八戔】; 面席一張, 本錢一兩; 單席一張, 本錢六戔; 方席一張, 本錢八戔; 地衣四間, 本錢四兩; 隱囊一顆, 本錢一兩, 合而計之, 則鋪陳一部, 其錢九兩也." 於是, 載之爲節目曰: "錢九兩, 監司春巡時, 鋪陳一部價; 錢九兩, 冬至使行時, 鋪陳一部價." 其瑣小條列, 竝行淘汰, 則官旣易察, 吏不容奸, 不亦善乎? 一應百物, 悉用此法, 可也.【皆先出式例, 記以總數.】

　諸庫所用, 厥有二名, 一曰應下, 二曰別下. 應下者, 年年必用, 無加無減, 可爲恒典者也. 別下者, 年年不同, 時有時無, 不可爲恒典者也. 假如冬至使求請, 冬至使支應, 正朝進上, 誕日進上, 及京司年例所納, 營門年例所徵, 官家年例所用, 皆應下之物也. 至如別使求請, 別使支應【非賀正, 則皆稱別使】, 陳賀日進上, 慶禮日進上, 及京司別求請, 營門別卜定【分徵者, 名曰卜定】, 官家交遞所用, 皆別下之物也. 其應下之物, 明其式例, 載之節目, 書于其末曰: "都已上一年應下, 二千三百四十五兩六錢七分."【假令也】依節目上下【猶言出給也】, 無下記無會計.【年年相同故】其別下之物, 依其式例載之節目【與應下者同】, 隨用隨記【有下記】, 記其都數【如云鋪陳一部, 別使行次時進排】, 歲末會計, 知其實數. ○昔余在谷山府, 撰民庫節目如此, 吏民咸悅, 欲以此法通于一國. 及考兵曹一軍色·二軍色節目, 靈城君朴文秀撰定如此, 益信此法可通於大小也. 條例下記者, 群奸之竇, 諸弄之藪, 必革而不可因者也. ○諸庫必有監有胥【卽所云監色】, 其月料之錢, 是應下也. 若値閏月, 是別下也. 庫入一定全無羨餘者, 有閏之歲, 以十二節頒其月料, 斯無坊也.【立春·驚蟄等】○凡撰節目, 宜用

---

13 囊: 新朝本에는 '橐'으로 되어 있음.

堅厚白硾紙, 作烏絲欄, 楷字謹書, 嚴肅森整, 諸庫節目, 合之爲一帙, 剪之以一刀, 置之案上, 守之如『國典』. ○ 又作副本, 分給諸坊[14]【方言曰各面】, 使各嚴守, 則其利於民者, 後人雖欲改之, 民必爭之, 未易毀也.

第三條 禮際

禮際者, 君子之所愼也, 恭近於禮, 遠恥辱也.

尊卑有等, 上下有章, 古之義也. 車服異制, 旗綏別采, 昭其數也. 身爲下官, 當恪守本分, 以事上官. 我文彼武, 不可校也; 我熱彼寒, 不可憍也; 我賢彼愚, 不可道也; 我老彼少, 不可悼也. 嚴恭孫順, 毋敢失禮; 和平通達, 毋胥芥潷, 則庶乎其情志交孚矣. 唯爲民之事, 彼若不慈, 不可曲循其意, 詒毒下民.

黃直卿言: "廖子晦作宰不庭參, 當時忤[15]了上位, 此一節最可服." 先生曰: "庭參固不是, 然待上位來爭到底, 也不是."【『朱子語類』】

金鶴峯誠一素稱剛正, 然爲守令, 每聞上官至境, 必冠帶而候於公門.

外官之與使臣相見, 具有禮儀, 見於邦典.

『經國大典』: "外官堂上官, 於堂上使臣【監司·兵水使·冬至使等】, 從西戶入, 就前再拜, 使臣答拜, 於堂下使臣【御史·京試官·書狀官等】; 客東主西, 相對再拜. ○堂下官, 於堂上使臣, 現身請謁【就階上請謁】; 於堂下使臣, 隱身請謁, 竝從西戶入, 就前再拜. 使臣, 差等則答拜【嘉善與通政爲差等, 通政與通訓爲差等等.】, 隔等則不答.【二品與四品爲隔等, 三品與五品爲隔等.】 ○參下官【謂七品以下】, 於參上使臣, 現身請謁; 於參下使臣, 隱身請謁, 竝就前再拜." ○案『續典』·『通編』, 此法未[16]嘗改. 今之監司, 於牧使守令, 無論同等差等, 竝以坐揖答之, 惟通政監

---

14 坊: 新朝本에는 '妨'으로 되어 있음.
15 忤: 新朝本에는 '忓'으로 되어 있음.
16 未: 新朝本에는 '末'로 되어 있음.

司, 於嘉善守令起而答拜, 謬云隔等故答拜. 是不知何物爲隔等, 謬以上差, 名爲下隔, 謬以答拜, 混於不答也. 此法流染, 兵馬使·水軍使, 亦復效響, 御史·書狀官, 乃以堂下使臣於堂上守令, 亦復坐揖. 朝禮紊亂, 莫此爲甚. 蓋聞英宗初年, 有倨傲自重者爲監司, 始於差等同等之守令, 創出坐揖之例, 爲下官者, 患失其職, 俛首甘受. 傳相流染, 以至此耳. 此[17]例之行, 已近百年, 遂成石典. 非有大臣建白朝令申嚴, 在下者, 唯當黽勉從俗而已. 曲在於彼, 我何與焉? ○古禮, 西北尊嚴, 東南卑巽. 故賓坐於西北, 主人坐於東南. 故『易例』: "乾爲賓, 巽爲主人." 所以尊賓而卑己也. 客東主西, 違於古意, 當時制禮之臣, 未深考也. 古之再拜, 今爲單拜; 古之現身, 今爲隱身, 斯則古恭而今簡也.

『經國大典』: "虞候巡行諸邑時, 虞候坐於東, 堂上守令坐於西【竝交椅】, 堂下守令坐於南. ○無堂上守令, 則虞候坐於北, 堂下守令坐於西. ○都事·評事同." ○案 今俗於虞候, 待之如平等, 於都事·評事, 待之如使臣【都事·評事, 是佐幕之官, 非奉命使臣】, 彼是武人故, 待之不及於『國典』, 此是文臣, 故待之有過於『國典』, 皆弊俗也.

延命之赴營行禮, 非古也.

延命者, 守土之臣, 坐於本邑, 而宣化之臣, 巡到本邑, 則守土之臣, 於牌殿之庭, 祗承敎書, 遂行瞻賀之禮. 蓋云朝廷詔諭, 土臣欽承也. 故巡行不到本邑, 則土臣有終不延命者, 古之道也. 英宗初年, 猶用古道, 世道彌降, 士大夫風節彌衰, 諸事上官, 唯恐見忤, 監司到界, 旬日之內, 土臣亟赴營下, 亟行延命之禮. 此非延命, 乃是參謁, 此[18]非尊朝廷, 乃是諂上官, 皆俗弊也. 監司不知禮者, 見土臣不卽延命, 乃欲督過, 不亦謬乎? ○今習俗已成, 不可泥古. 然不宜汲汲赴營, 以取識者之笑, 稍俟數旬, 黽勉行之, 可也.

---

17 此: 新朝本에는 '比'로 되어 있음.
18 此: 新朝本에는 빠져 있음.

又凡延命之禮, 使臣宜親宣詔諭, 非敬守令敬君命也. 今之使臣, 妄自尊大, 必令裨將代宣, 乃以代宣, 名曰代受, 非禮也. 夫使臣宣命, 故土臣延命. 本意如此, 而今以延命認爲參謁故, 名之曰代受, 卽受一字, 本領之訛舛, 可知也. 甚之兵馬使·水軍使, 同是使臣, 而亦令裨將代受, 大非禮也. 昔唐李愬出征淮西, 相臣裴度往而宣撫. 於是, 李愬具囊鞬, 迎於路左, 使蔡人知朝廷之尊. 此帥臣延命之故事也. 今之節度使, 卽昔之李愬, 今之巡察使, 卽昔之裴度, 若使裴度令裨[19]將代受, 則李愬其肯具囊鞬延命乎? 昔余在西邑, 巡察使·兵馬使, 以此相持. 余以裴·李事譬曉, 乃親受焉. ○今習俗已成, 守令且當從俗. 曲在於彼, 我何與焉? 若帥臣則雖遭罷黜, 不可[20]屈也.

監司者, 執法之官, 雖有舊好, 不可恃也.

我有實犯, 彼以義斷者, 固無怨矣. 今人或於所親, 別求生事, 以釣公正之名, 此機又不可不察.

蘇章爲冀州刺史, 有故人爲淸河太守. 章行部欲按其奸贓. 乃爲設酒甚歡, 太守喜曰: "人皆有一天, 我獨有二天." 章曰: "今夕蘇孺文與故人飮者, 私恩也; 明日冀州刺史按事者, 公法也." 遂擧正其罪, 州境肅然.

沈晩沙之源爲洪州牧使, 林判書㙉爲本道監司, 巡到洪州, 公自以平日親友, 接待頗簡. 林公答州吏曰: "汝官於我, 交契雖密, 上下官體貌, 不可不嚴. 汝官有失, 汝替受答." 沈公每語子弟曰: "吾先失體貌, 而復怒其答吏, 則近蔑法, 故終不介懷. 林判書之玉成于我, 實多云."

營下判官於上營, 宜悋恭盡禮, 不可忽也.

程伯子爲鎭寧判官, 時爲守者, 嚴刻多忌, 通判以下, 莫敢與辨事. 始意先生嘗注臺憲, 必不盡力職事, 而又慮其慢己. 旣而先生事之甚恭, 雖管庫細務,

---

19 裨: 新朝本에는 '稗'로 되어 있음.
20 可: 新朝本에는 '何'로 되어 있음.

無不盡心, 事小未安, 必與之辯, 遂無不從者, 相與甚歡. 屢平反重獄, 得不死者, 前後蓋十數.

眞定府帥王嗣宗, 恃氣侮折其屬, 爲不法久之, 莫敢爲通判者. 王【失名】爲通判, 嗣宗稍侵公以氣, 公恬然不爲校也, 以禮示之. 嗣宗詘服, 凡斷獄決事, 一聽公言. 公雖分別可否, 使其政皆由嗣宗以出, 雖府人不知爲公助, 一府遂治, 士以此稱公爲長者.【『王荊公集』】

王質通判蘇州, 每與知州黃宗旦[21]爭事. 宗旦[22]不悅, 公曰: "吾受命佐公, 事有當爭職也."

吳相國允謙, 自玉堂出, 爲鏡城判官, 雞林君李守一, 時爲兵使. 前通判以文士自驕貴, 視節度爲麤人, 李公甚不喜也. 及公爲佐, 折節事之惟謹, 李公大歎服, 推心相待, 益檢束管下褊[23]裨, 裨不敢眙弊本府, 府以和理.

趙公錫胤爲晉州牧使, 每日乘曉, 問安于兵馬使, 曰: "吾所以爲此者, 敬君命也." 終不廢. 閔公維重爲鏡城判官, 問安于兵馬使, 一如趙公之爲.【『東平聞見錄』】○今人妄自驕重, 不肯屈節事上, 好與上營生事角勝, 非所以順理也. 其或非理者, 爭之可也.

權判書大載, 律己儉約, 居官淸簡. 嘗爲公州判官, 監司所需, 亦皆撙節, 不令濫用. 營屬謀所以生事, 竊其餕薪, 房炕常冷. 監司問之, 對曰: "餕薪本少." 監司有嘖[24]言, 公曰: "敢不董飭?" 是日, 躬監燒之, 盡其餕薪, 熱如烘鑪. 監司不耐, 亟令人謝之曰: "吾過矣, 吾過矣." 公乃退.

上司推治吏校, 雖事係非理, 有順無違焉, 可也.

罪在本邑, 而上司推治者, 固無論已. 其或上司無端生事, 橫加非理者, 我旣在下, 亦順之而已. 若上司之意, 出於過誤, 非有惡心者, 我於起送之狀, 附

---

21 旦: 新朝本에는 '且'로 되어 있으나 人名이므로 바로잡음.
22 旦: 新朝本에는 '且'로 되어 있으나 人名이므로 바로잡음.
23 褊: 新朝本에는 '編'으로 되어 있음.
24 嘖: 新朝本에는 '嘖'로 되어 있음.

陳事情, 委曲譬解, 以祈寬恕, 使我吏校得免枉刑, 是忠厚謙卑之道. 若彼本意, 出於相害, 不可以口舌爭者, 遂以公兄文狀, 起送諸囚, 隨寫辭狀, 使之同呈.【辭狀曰: "矣身, 身病猝重, 無以察任."】彼若摧謝, 黽勉視事, 若遂無禮, 連呈三度, 以決去就. ○彼若外示假借, 內猶含怒, 以待考課, 將置下考者, 卽解印符, 差禮鄕·禮吏, 赴營投納, 棄官歸家. 不可苟且蹲坐, 以自取辱也. ○兵馬使·水軍使·討捕使, 其名位視監司稍輕, 我之所以事之者, 尤宜恪恭盡禮, 不可與監司有所差等. 若我出自銀臺·玉堂, 或我本是名門勢族, 其所恪恭, 尤宜加倍, 不可挾貴挾勢以慢上官也. 若夫殘武冷蔭, 自視孤畸, 而彼上官以此凌蔑, 橫加非禮者, 宜奮發大勇, 如脫敝[25]屣, 與彼貴世者, 其自處不同, 皆所以遠恥辱之道也.

所失在牧, 而上司令牧自治其吏校者, 宜請移囚.

凡下吏作罪, 爲牧者, 有不察之失, 有不飭之失. 上司推治, 或移囚隣邑, 使之行罰, 而原其本事, 出於過誤, 則官師相規, 不必深引. 然若自上司使我自治, 則臨軒決杖, 有靦面目. 本事雖小, 宜有論報. ○報曰: "本縣下吏李某, 有報牒稽滯之罪【隨本事措語】, 所當依關辭決杖, 而事發之日, 縣監[26]先已懲治, 若論本事, 其不飭之失, 在於縣監. 今若依關辭決杖, 則是替受之罰, 我乃自行也, 自視靦顔, 無以擧行. 移囚隣邑, 使之懲治, 恐合事宜."

唯上司所令, 違於公法, 害於民生, 當毅然不屈, 確然自守.

吳芾敎其子弟曰: "若等從宦, 視官物當如己物, 視公事當如私事. 必不得已, 與其得罪於百姓, 寧得罪於上官.【紫霞山人云: "獲罪於民, 是獲罪於天, 故不敢."】[27]

漢任延爲武威太守, 光武親見, 戒之曰: "善事上官, 無失名譽." 延對曰: "臣

---

25 敝: 新朝本에는 '敞'으로 되어 있음.

26 監: 新朝本에는 '鹽'으로 되어 있음.

27 吳芾…故不敢: 新朝本에는 이 目이 綱에 이어져 있음.

聞忠臣不私, 私臣不忠. 履正奉公, 臣子之節, 上下雷同, 非陛下之福, 善事上官, 臣不敢奉詔." 帝歎息曰: "卿言是也."

張宗璉謫知常州, 御史李立, 理江南軍籍, 檄宗璉自隨. 立受點[28]軍詞, 多逮平民以實伍, 宗璉數爭之. 立怒, 宗璉輒臥地乞杖, 曰: "請代百姓死." 以此免株累者甚衆.

趙豫知松江府, 清軍御史李立至, 專務益軍, 句及姻戚同姓. 稍辨則酷刑榜掠, 人情大擾, 訴枉者千餘人. 鹽司[29]句竈丁, 亦累及他[30]戶, 大爲民害. 豫皆上章極論之, 咸獲蘇息. ○案 御史所爲及上司所爲弊政, 守令能上章極論, 大明之法, 猗其善矣. 我國專視體統, 上司所爲, 雖橫濫不法, 守令不敢一言, 民生憔悴, 日以益甚矣.

高麗鄭云敬知密陽郡, 忠惠時密人, 有貸宰相趙永暉布者. 永暉託御香使安祐, 移牒徵之, 云敬曰: "密人貸布者, 趙自徵之, 非公所宜問." 祐怒令左右辱之, 云敬正色曰: "今已郊迎天子之命, 將何以罪我? 公不布德音惠遠民, 敢爲是耶?" 祐屈而止.

朴煥爲金溝縣令, 淸人責送中國民在東者, 朝廷不敢拒, 令下郡邑. 郡邑震駭, 皆恐失刷獲重譴, 搜索紛然. 公歎曰: "腰綬可解, 此不可爲也." 遂申縣無漢人可刷. 由是, 漢人居縣者, 獨晏如, 見聞無不服其義.

李永輝爲安峽縣監時, 按道者葬其妻於管內, 而需求郡邑甚多. 郡邑承奉恐後, 公曰: "以上官而私索下官, 彼旣非義; 以下官而善事上官, 吾卽爲諂. 然彼以喪請, 不可拒也." 乃約其物以應之. 按使怒, 故假行田都事, 中以法.

禮不可不恭, 義不可不潔, 禮義兩全, 雍容中道, 斯之謂君子也.

士大夫居官之法, 宜以一棄字, 揭之壁上, 朝夕常目. 行有跲則棄之, 心有怫則棄之, 上司無禮則棄之, 己志不行則棄之, 監司知我爲輕棄之人, 常以爲

---

28 點: 新朝本에는 '點'로 되어 있음.
29 司: 新朝本에는 '史'로 되어 있음.
30 他: 新朝本에는 '地'로 되어 있음.

不可磯之人, 然後始可以牧民. 若惴惴栗栗, 猶恐失之, 惶懼之言貌色辭, 達
於面目, 則上官輕我, 督責相續, 眞不能久於其職. 此必然之理也. 然上官下
官, 禮級本嚴, 雖論報辭狀, 終至於投印決歸, 其致辭修容[31], 宜溫恭卑巽, 無
一毫噴薄怫鬱之氣, 然後方可曰中禮也.

卞延之爲上虞令, 會稽太守孟顗, 以令長裁之, 積不能容, 脫幘投地, 曰:
"我所以屈卿者, 祇爲此幘耳. 卿乃以世勳, 傲天下國士乎?" 拂衣而去.

柳璧爲桂管判官, 軍政不愜, 璧極言不納, 拂衣而去, 桂府尋亂.

張九成僉判鎭東軍, 民冒醎禁, 事連旁郡. 公曰: "當坐者數人, 餘皆良民."
監司怒形于色, 辭旨侵公, 公曰: "事不可行, 豈宜苟循[32]?" 卽投檄而歸.

張九成通判婺州時, 浙東提刑張宗臣, 逮婺州平民數十人, 曰: "此事左相
專遣人來討[33], 知之否?" 九成曰: "但知有聖旨, 不知有宰相." 遂投檄而去.

徐九思爲句容知縣, 時工部尙書趙文華, 視師東南道河上. 九思不出迎, 遣
一吏齎牒往謁, 文華嫚罵而去, 歸與吏部尙書吳鵬, 合謀搆之, 遂坐落職. ○
案 外官遇王人到境, 宜恪恭出迎, 徐公之事, 有未善也.

隣邑相睦, 接之以禮, 則寡悔矣. 隣官有兄弟之誼, 彼雖有失, 無相猶矣.

隣官之所以不睦者, 或訟民推捉[34], 而庇護不遣則失睦; 或差役當行, 而規
避相諉則失睦. 客氣相乘, 恥負好勝, 以至是耳. 彼若非理挾私, 侵我小民, 我
爲民牧, 職當庇護. 若彼所執, 原出公正, 而我民頑詐, 依我爲藪者, 我當與之
齊憤, 使之推治, 顧當懷私而匿奸乎? ○ 又彼之所以規避, 出於驕重, 使我替
當, 誠亦可憎. 若其親癠身病, 本係實情, 我當樂爲之替行, 豈以是失睦乎?

梁大夫宋就爲縣令, 與楚隣界, 兩界皆種瓜. 梁人劬力數灌, 其瓜美; 楚人
窳而稀灌, 其瓜惡. 楚令忌梁瓜美, 夜竊搔之. 梁瓜有焦者矣. 梁亭欲報搔楚

---

31 容: 新朝本에는 '客'으로 되어 있음.
32 循: 新朝本에는 '徇'으로 되어 있음.
33 討: 新朝本에는 '封'으로 되어 있음.
34 捉: 新朝本에는 '促'으로 되어 있음.

瓜, 宋就曰: "是分禍也." 令人竊爲楚亭夜灌瓜. 楚亭每旦往, 瓜俱已灌, 日已美矣, 察之則梁亭爲也. 楚令大悅, 以聞楚王, 楚王悅梁之陰讓也, 謝以重幣, 而交好於梁王. ○夏禹以四海爲壑, 白圭以隣國爲壑, 治渠宜遵水道. 鍾離爲楚之邊邑, 卑梁爲吳之邊邑, 爭桑卒起兵禍. 故君子以善隣爲務也. 吾民民也, 隣邑之民亦民也. 心誠愛民, 豈以爲民之故與隣邑相爭哉?

陳寔爲大丘長, 修德淸淨, 百姓以安. 隣縣民歸附者, 寔輒令還本.

唐薛[35]大鼎·鄭德本·賈敦頤, 俱守河北郡, 皆有治聲, 號鎧脚刺史.

交承有僚友之誼, 所惡於後, 無以從前, 斯寡怨矣.

呂氏『童蒙訓』曰: "同僚之契, 交承之分, 有兄弟之義, 至其子孫, 亦世講之. 前輩專以此爲務, 今人知之者, 蓋少矣."【見『小學』】

前官有僚友之誼, 故交承之際, 古人從厚, 雖貪婪不法, 餘虐未霽, 其變革擺理, 務在雍容委曲, 不露形跡. 若急迫豪快, 一反舊政, 自處以大寒陽春, 以取林譽者, 其德佻薄, 又不能善其後也. ○前官眷屬, 未及離發, 尙在邑底, 則其行裝百務, 盡心董察, 如治己事. 其或官屬輕薄, 俏舊忘尊, 情狀可惡者, 申申曉喩, 使之勿然, 其甚者嚴治其罪. ○若前官本遭喪故, 未及發引者, 其急難恤患, 宜如親戚, 不可一毫放心, 必須十分盡力.

前官有疵, 掩之勿彰; 前官有罪, 補之勿成.

若前官干犯公貨, 虧欠倉穀, 或[36]虛留反作者, 不可挑發, 須定期賠補, 過期不報者, 乃議上司. ○或其前官, 本係勢家·豪族, 恃强凌弱, 處事乖當, 不慮其後者, 我之應之也, 必剛必嚴, 勿少撓屈. 雖由此得罪, 終身轗軻, 不可顧也.

王沂公曾代陳堯咨莅大名府. 旣視事, 無所改作, 政有不便, 委曲彌縫, 悉掩其非. 及移, 陳復爲代, 歎曰: "王公宜其爲宰相. 我之量不及已." 蓋陳以昔

---

35 薛: 新朝本에는 '辥'으로 되어 있음.
36 或: 新朝本에는 '成'으로 되어 있음.

時之嫌, 謂公必發其隱也.

傅堯兪知徐州, 前守侵軍餉, 堯兪代償之, 未足罷去. 堯兪竟亦不辨. ○邵康節曰: "欽之! 淸而不耀, 直而不激, 勇而能[37]溫, 是以難耳!"

陸坦守岳州, 先有巨木漂入郡界, 前守不知爲皇木, 送之起坊. 督木使者誤論坦, 坦不辨. 人或諷之, 坦曰: "奏則彼將得罪, 吾負罪以歸, 可也." 久之得白.

胡文恭知湖州, 前守滕公大興學校, 費錢數千萬, 未訖, 滕公罷去. 群小謗滕公用錢不明, 自通判以下, 不肯書其簿. 公曰: "君佐滕侯幾時矣? 侯有不臧, 奚不蚤告, 陰拱以觀, 侯其去乃非之, 豈古人分謗之意?" 一坐大慙.

林一鶚知鎭江府, 擧偏救弊, 凡前政之廢弛者, 次第擧之, 未嘗[38]一言暴前人之非. 唯曰: "必如是乃是." ○大抵新官之於前官, 非困君而奪位也. 然前妻惡後妻, 舊將惡新將, 亦常情也. 平生知舊, 一爲交承, 遂成仇敵者多矣. 新譽猝赫則惡之, 舊愆忽播則惡之, 皆取禍之道也.

鄭相國知和【號南谷】爲廣州府尹, 前尹坐贓下理. 公當其覈, 躬閱亂簿, 得[39]一事可爲地者, 喜曰: "交承之義, 本如兄弟, 庶以此救其命." 遂力辨于道臣, 減死論.

李泰淵爲平安道觀察使, 前政爲牟利人所誤, 餉穀負欠者數萬斛. 臺臣以爲言, 公方便補足, 而亦未嘗對人言, 人不能知也.

若夫政之寬猛, 令之得失, 相承相變, 以濟其過.

韓延壽爲潁川太守, 先是, 趙廣漢爲太守, 患其俗多朋黨, 故構會吏民, 令相告訐一切, 以爲聰明. 由是, 民多怨讐. 延壽敎以禮讓, 恐百姓不從, 乃歷召郡長老, 爲鄕里所信嚮者數十人, 設酒具食, 親與相對, 接以禮意. 人人問以謠俗民所疾苦, 爲陳和睦親愛, 銷除冤咎之路, 長老皆以爲便可施行.

後漢傳蝦爲河南尹, 前尹司馬芝, 擧其綱而太簡, 次尹劉靜, 綜其目而太密,

---

37 能: 新朝本에는 '罷'로 되어 있음.

38 嘗: 新朝本에는 '甚'으로 되어 있음.

39 得: 新朝本에는 빠져 있음.

後尹李勝, 毀常法以收一時之聲. 蝦立司馬氏之綱統, 裁劉氏之細目, 以經緯之, 李氏所毀, 以漸補之, 官曹分職, 以次考核. 其治以德敎爲本, 然持法有恒, 不可犯.

歐陽修知開封府, 代包拯威嚴, 公簡易循理, 不求赫赫之名. 有以包政厲公者, 公曰: "凡人材性不一, 用其所長, 事無不擧, 强其所短, 勢必不逮, 吾亦任其所長耳." 公爲數郡, 不求治績, 以寬簡不擾爲意, 故所莅皆大郡, 公至三五日, 事已十減五六, 一兩月後, 官府如僧舍. 或問: "爲政寬簡, 而事不弛廢, 何也?" 曰: "以縱爲寬, 以略爲簡, 則弛廢而民受弊. 吾所謂寬不爲苛急, 所謂簡不爲煩碎耳." 公嘗語人曰: "治民如治病. 凡治人不問吏材能否·設施何如, 但民稱便, 卽是良吏."

謝方明承代前人, 不易其政, 必宜變者, 則以次漸更, 使無跡可尋. 其不欲彰人過如此.

第四條 文報

公移文牒, 宜精思自撰, 不可委之於吏手.

胡大初曰: "醻應日繁, 心力日耗, 方虞息肩無所, 何幸吏牘已備, 俛首涉筆, 終亦歸於苟道而已." ○ 文牒其按例應文者, 聽吏無妨. 其或爲民說弊, 以圖矯革, 或違拒上令期不奉行者, 若委吏手, 必挾私懷奸, 拔其要語, 添出枝辭, 以敗其事而可用乎? 若武人·迂儒, 不嫺吏文, 宜携記室一人, 與之商議.

『茶山筆談』云: "今人讀朱書, 唯就書[40]牘, 觀性理之說, 冀摘一句, 用於對策, 不知朱子學問施發處, 都在於「公移」諸篇. 凡爲牧者, 宜取朱子「公移」, 置之案上, 時時誦讀, 以作模楷, 其免爲俗吏矣."

韓魏公勤于吏職, 簿書文檄, 檢察硏核, 莫不躬親. 左右或曰: "公位重年耉,

---

40 書: 新朝本에는 빠져 있음.

功名如此, 朝廷賜郡以養, 幸無親小事." 公曰: "已憚煩勞, 吏民當有受弊者. 且俸祿日萬錢, 不事事, 吾何安哉?" ○名⁴¹位稍隆者得郡, 務持大體, 不親小事, 唯以聲樂自娛⁴², 可乎?

韓祉爲郡守·監司, 常曰: "天下事, 非一人所可爲也." 每爲文牒草成, 必歷示幕裨·鄕丞, 以至軍官, 僉曰可用, 然後用之.

其格例文句, 異乎經史, 書生始到, 多以爲惑.

凡上司報牒, 例有書目. 書目者, 原狀之大槪也. 監司題判在於書目, 而原狀留爲憑考.【縣監·縣令, 於秩高之府尹·府使, 亦具書目.】凡原狀⁴³之末, 具花署【俗所云著名】·花押【方言云手例】, 書目有署而無押. 初宦者, 宜知之.

韓魏公在魏府, 僚屬路拯者, 就案呈有司事, 而狀尾忘書名, 公卽以袖覆之, 仰首與語, 稍稍潛卷語定, 從容以授之. 路君退而自見, 且愧且歎曰: "眞天下盛德也." ○中國文牒違式者, 必遭大咎. 故以韓公之事爲盛德.

吏讀者, 世稱新羅薛聰所作【如是白遣·爲乎旀】, 其中或有難解.【如新反·更良】牧於京官之日, 從人肄習, 自當解頤. 又凡全文述旨者, 謂之謄報; 節錄要語者, 謂之節該. 須於平日習熟看詳, 免受生澁之誚矣.

『象山錄』云: "出莅西關者, 宜取中國「公移」, 習其文句. 乾隆之末, 鳳凰城將軍, 移文于義州府尹, 告勅使遲滯之由. 文到黃州, 察使以下, 無能曉其文者, 未卽論啓幾乎生事. 若於平日, 略涉譯院文字, 習見禮部咨文, 通其文句, 豈有臨急慌張之理? 其文不過用官話句語【俗稱語錄體】, 而章京筆帖, 雜以滿語而已. 吾東士大夫, 全不習實用文字, 其害如此."

上納之狀, 起送之狀, 知會之狀, 到⁴⁴付之狀, 吏自循例, 付之可也.

---

41 名: 新朝本에는 '各'으로 되어 있음.
42 娛: 新朝本에는 '課'로 되어 있음.
43 狀: 新朝本에는 '牀'으로 되어 있음.
44 到: 新朝本에는 이 뒤에 '例'가 있음.

貢物·稅布·軍錢·軍布之等, 及期封進曰 '上納' 也. 匠手·番軍·囚徒·員役之等, 奉令解遣曰 '起送' 也. 朝廷詔諭, 卽時頒布曰 '知會' 也. 上司飛檄【東俗云關子】, 某日領受曰 '到付' 也. 凡此報狀, 一付吏手, 亦無害也. ○唯上納, 有上司點退之慮者, 仍於本狀之末, 敍述奸弊, 冀其照燭, 可矣. 余在西邑, 每蜂蜜封進, 輒系之曰: "白蜜·黃蜜, 品各不同, 每自該所, 唯意點退, 以白代黃. 民受其弊, 故今此封進, 卑職皆躬自照檢, 一遵關詞, 乞飭該所, 毋[45]得麾斥." 監司覽之稱歎, 申飭順收.

說弊之狀, 請求之狀, 防塞之狀, 辨訟之狀, 必其文詞條鬯, 誠意惻怛, 方可以動人.

邑有苦瘼, 要其釐革者, 必畫出情景, 森然在目, 乃可濟也. 或請得移粟, 或請得財力, 或請蠲減, 或請停免, 亦須綜明條達, 事理昭然, 乃可濟也. ○上司有令, 自我防之, 必恭遜其辭, 乃免觸怒; 上司有嘖, 自我辨之, 必剴切其文, 乃可解惑.

紫霞山人云: "凡爲民求惠, 爲民除瘼者, 須至誠達於辭表, 方可動人. ○天下之至賤無告者, 小民也. 天下之隆重如山者, 亦小民也. 自堯舜以來, 聖聖相戒, 要保小民, 載在方冊, 塗人耳目. 故上司雖尊, 戴民以爭, 鮮不屈焉. 鄭宅慶, 海徼之武人也, 爲彦陽縣監, 戴民以爭, 監司屈焉【災結事也, 見「稅法」】; 安鳴鶴, 義州之土民也, 爲康津縣監, 戴民以爭, 監司屈焉, 名聲以廣, 宦路以通. 本欲利民, 乃爲牧利. 昔一承旨, 出宰西邑, 畏其論罷, 宜爭而不爭. 監司鄙之, 貶而遣之. 若是者, 余見多矣. 凡爲民論報, 宜敷陳利害, 要使至誠孚感在上之人. 至再至三, 遂決去就, 雖以此罷黜, 前路復通矣. 其與坐視民困, 終陷罪戾者, 相去遠矣."

人命之狀, 宜慮其擦改; 盜獄之狀, 宜秘其封緘.

---

45 毋: 新朝本에는 '母'로 되어 있음.

殺獄回題, 題于書目, 吏若受賄, 把要緊字句, 擦改翻弄, 牧無由覺之矣. 方其封發之日, 召刑史諭之曰: "日後吾到營門, 宜索原狀, 詳細再閱, 若有隻字片言, 訛誤脫失, 汝其有罪." ○余謫長鬐, 見一吏殺人, 諸吏朋姦, 取檢狀全改之. 及營題之回, 縣監愕然疑怪莫測, 而終不能發其奸, 殺人者白放. 蓋以縣監所見者, 書目而已. 凡營題與我報相反者, 每到營下, 宜急索原狀見之, 不可但懷疑而止也. ○盜之大者, 黨援廣布, 卽軍校·刑史, 安知非耳目乎? 詗[46]捕跟尋之狀, 宜秘密重封, 勿令宣暢.

農形之狀, 雨澤之狀, 有緩有急, 要皆及期, 乃無事也.

大旱得雨, 則其文報必爭時刻. 若五日十[47]日例報農形者, 或近於文具, 凡邊邑之遠於上司, 順付隣便, 抑無害也. 距營數百里, 則脚價不貲, 其欲轉付以省費者, 亦常情也, 何必禁之? 若是者, 前一日成帖, 乃可及也.

吾東吏文, 大豆曰太【太者菽也】, 蜀黍曰唐【其米曰唐米】, 蕎麥曰木麥【白花穀】, 燕麥曰耳牟【鈴鐺麥】, 胡麻曰眞荏【卽苣藤】, 靑蘇曰水荏【水謂之野荏】, 以稻爲租, 以稗爲稷, 若此類甚多. 牧於報狀, 以時釐正, 庶爲去俚趨雅之一助也.

磨勘之狀, 宜正謬例; 年分之狀, 宜察奸竇.

還穀磨勘之狀, 其用下餘在之數, 舊留新耗之數, 開列會計者, 錯互不明, 宜正其式, 使覽者無惑.【詳見穀簿條】○年分大槪之狀, 其要緊者, 不過總算八九行而已. 察其田畓之等, 計其米豆之稅, 通同打算, 折長補短, 每一結收米幾斗. 牧所明目, 亶在於此, 無或朦朧焉可矣.【詳見稅法條】

數目多者, 開列于成冊; 條段少者, 疏理于後錄.

成冊·後錄之等, 吏自循例, 不足致意. 唯其事端與數目交互相錯者, 須作

---

46 詗: 新朝本에는 '詞'으로 되어 있음.
47 十: 新朝本에는 '五'로 되어 있음.

經緯表, 乃可瞭然. 若穀簿胡亂, 致有營讀, 宜作此以明之.

月終之狀, 其可刪者, 議於上司, 圖所以去之.

月終之報【稱云朔末狀】, 都是文具. 然其中有可以存羊者, 存之可矣. 若所云黃震起跟捕之狀, 斯豈務實之義乎? 宣傳官黃震起, 以英宗戊申亡命, 今已九十. 年[48]骨之霜久矣, 尙足跟捕乎? 若是者多, 議於上司, 悉去之可矣.

校生之講, 初不擧行, 每月之末, 僞飾名字, 曰通曰粗, 以報上司, 太不誠實. 宜於農隙選一日, 竝考十二月之講, 豫修文書, 月月分報, 猶之爲實狀矣.

諸營之狀, 亞營之狀, 京司之狀, 史館之狀, 竝皆循例, 不足致意.

諸營者, 兵馬營·水軍營·討捕營【卽鎭營】之等也. 亞營者, 都事也, 京司者, 各衙門有上納者也, 史館者, 道內守令, 有兼春秋館記注官者, 每以陰晴日記報于此官. 總皆文具不足述也.

隣邑移文, 宜善其辭令, 無俾生釁.

善隣者, 古人之戒也. 地醜德齊, 莫之相下, 每有事端, 輒以爭氣先之, 由是失睦, 一路傳笑非禮也. 恭而有禮, 自然孚感. 又如驛丞·牧官·邊堡之將, 雖其地望卑微, 均爲官長, 理合相敬, 修辭致意, 一於恭遜, 不亦可乎?

文牒稽滯, 必遭上司督責, 非所以奉公之道也.

吏掌文牒者, 先食脚價之米, 夏秋以來, 匱乏旣甚, 必聚合文報, 一時齎付, 或轉託隣邑, 以圖順付. 此所以稽滯不及期也. 生事之後, 奸言飾詐, 或稱持者遘疾【傳牒之人, 謂之持者】, 或稱邸吏遺忘, 皆未可信也. ○其關係不重者, 聽吏所爲, 以寬其力, 其報聞時急者, 封發之日, 宜飭首吏, 生事之日, 竝罪首吏, 庶無滯矣. ○每見上司考課之目, 或云: "報辭有錯," 或云: "報何濡滯?" 而書

下書中者多矣, 可不愼哉!

李永輝爲安峽縣監, 縣距監司四五百里, 文移往來, 勞費不少. 故民出布, 一年戶不下數十匹, 生業日蹙. 公令民各以春秋, 出數布收儲, 簿其出入, 凡進奉必皆豫具其物, 則無儋踊之患. 文書非時急多順附. 行之一年, 布有贏餘, 而民費十減其九.

凡上下文牒, 宜錄之爲冊, 以備考檢. 其設期限者, 別爲小冊.

其論報上司者, 爲一冊; 其傳令下民者, 爲一冊, 字畫要精, 常置案上. ○其月例及閑漫文字, 不必收錄. ○上司行關, 使本邑擧行者, 各有期限. 吏則慢之, 宜別爲一冊, 及期過限, 一一[49]考察, 驗其勤慢, 如有違者, 行罪勿赦. 不然則吏胥窺覘, 幸其遺忘, 百事頹墮, 而上營之嗔言必至矣.

若邊門掌鑰, 直達狀啓者, 尤宜明習格例, 兢然致愼.

狀啓起辭, 禁用體面話頭【如云: "臣才性拙劣, 莅任以來, 夙夜祇畏." 有若上疏體段】, 直敍本事, 委曲論理. 大抵狀啓之體, 常讀陸宣公奏議, 效其剴切; 兼取王陽明疏議, 效其條鬯【二文皆雙對, 如駢儷文】, 而本之以惻怛忠實之心, 庶乎其孚格矣.

第五條[50] 貢納

財出於民, 受而納之者, 牧也. 察吏奸, 則雖寬無害, 不察吏奸, 則雖急無益.

此古之所謂催科也. 陽城催科政拙, 此牧民者之所宜法也. 然出粟米絲麻,

---

49 一: 新朝本에는 '二'로 되어 있음.
50 第五條: 新朝本에는 '條五第'로 되어 있음.

以事其上, 小民認之爲本分, 無故拒納, 無是理也. 每見昏暗之官, 其欲撫字者, 必上納愆期; 其欲奉公者, 必剝割到骨. 官苟明矣, 寬而及期, 上下無怨, 此其理易曉也.

「政箴」曰: "催科不擾, 是催科中撫字; 刑罰無差, 是刑罰中敎化. 春賑若子, 秋斂若讎, 興一利不若除一害, 生一事不若減一事. 威生於廉, 政成於勤. '視民如傷', 程明道書諸座隅; '節用愛民', 李文靖誦之終身."

陽城爲道州刺史, 賦稅不時, 監司數請. 城當上考功第, 自書曰: "撫字心勞, 催科政拙, 考下下." 觀察使遣判官督賦. 至州怪城不迎, 以問吏, 吏曰: "刺史以有罪, 自囚於獄." 判官驚馳, 入謁曰: "使君何罪?" 城闔門寢館外待命, 判官遽辭去.

田租 · 田布, 國用之所急須也. 先執饒戶, 無爲吏攘, 斯可以及期矣.

今國用日蹙, 百官班祿, 貢人受價, 常患新舊之不相續. 而饒戶腴田, 悉歸吏橐, 漕船裝發, 歲歲愆期, 拿問罷遞者, 項背相望, 而猶未之覺悟, 惜哉!

胡大初曰: "鄕胥與富强之家, 素相表裏, 至有每年不曾輸官, 止將善良下戶, 先期催數, 逼令輸納." ○中國亦然, 斯蓋天下之通患也.

『寒巖瑣話』云: "稅米一事, 該納戶曹者四千石, 則本邑之徵於民者, 遠過萬石.【出於民者四, 則輸於公者一.】其沃田饒戶, 稻米流脂, 朝令而夕輸之者, 吏皆作姦. 或以隱結收之, 或以宮結除之, 或以邸價收之, 或以僞災除之, 或以錢受之, 或以米受之. 已自初秋, 雲委川輸以了, 偸取之額, 悉歸私橐. 於是, 聚其殘米, 以充四千石. 王稅之額, 凡充於王稅者, 皆闔家沒死, 流亡絶戶, 鰥寡孤獨, 疲癃殘疾, 陳田廢刢, 蒿萊磽确, 剝膚槌髓, 無可奈何之類耳. 吏以其米載之峨舸, 南賈耽羅, 北賈咸興. 畫鼓鼕鼕, 汎彼雲水之上, 而縣令方執鰥寡殘疾之民, 笞撻滿庭, 枷杻溢獄. 於是, 差發四散, 號曰檢督, 搜族侵隣, 城焚池殃, 曳犢携豚, 攘錡摘釜, 號呼顚連, 哭聲干霄. 而葛伯食之, 又不以祭, 則聖主停退之詔, 於是乎到縣矣. 嘉慶己巳 · 甲戌之年, 南方大饑, 余在民間, 門臨海口, 目睹此事. 由是觀之, 所貴乎民牧者, 明一字而已. 列邑皆然, 唯海南縣監李馥秀, 秋成之日, 先執饒戶, 以充王稅之額, 令曰: '吾所執者, 吏不得防結【私執民稅也】, 民不得防納【私納也】.' 厥明年春, 開倉收稅, 不踰旬月, 打鼓發船. 吏用含怨, 共謀陰害, 遂爲御史所黜. 嗚呼, 惜哉!"

兒寬爲左內史輸租稅時, 裁闊狹與民相假貸, 故租多不入. 以負租課殿當免, 民恐失之, 大家牛車, 小家擔負, 輸租相屬不絶, 課更以最. ○牧能愛民, 則不催而科自了, 如此矣.

唐何易于督賦役, 不忍迫下戶, 以官俸代輸民租. ○高承簡遷邢州刺史, 觀察使責賦尤急, 承簡代下戶數百輸租.

唐盧坦爲壽安令, 河內賦限已窮, 縣人訴云: "機杼未就." 坦詣府請寬十日, 不聽. 坦諭縣人: "第輸勿顧限. 不過罰令俸耳."

趙槩知靑州, 飭縣不得輒催科, 是夏稅先一月辦矣. 此與兒寬課最事相類.

蘇頌知杭州, 出遇百餘人, 遮道泣訴曰: "某等以轉運使, 責所逋市易緡錢, 盡繫公庭, 夜禁廂院, 雖死無可償者." 公曰: "吾今釋汝, 使汝得營生事, 衣食之餘, 悉以償官, 可乎?" 皆曰: "不敢負." 於是縱之, 轉運使大怒, 欲奏頌, 而民償債者, 皆先期而至, 遂不復言.

趙克善在郡邑, 其收賦稅, 斗斛之量, 必令民自操, 民樂於廉平, 不罰而來輸如期.

唐韋澳爲京尹, 帝舅鄭光莊主吏豪肆, 積年不輸官賦. 澳係之, 且奏曰: "陛拏下擢臣尹京, 安可使畫一法, 獨行於貧下乎?" 上入白太后曰: "是[51]不可犯." 后爲輸租乃免.

高麗王諶出按嶺南, 一道畏服. 崔怡子僧萬宗·萬全, 蓄米五十餘萬石, 取息於民, 分遣門徒, 催徵甚酷, 民盡輸所有, 租稅屢闕. 諶令曰: "民不納稅, 先督私債者罪之." 於是, 二僧之徒, 不敢肆, 租稅得以時輸.

李相國元翼爲安州牧使, 州稅例納于邊邑, 吏胥倍徵, 剩數沿爲重瘼. 公明立稅額, 減定剩數, 躬自領納, 以防姦濫. 邊邑險遠, 見公自來, 大驚爭設酒伎

迎勞, 公一切不受.

丁監司公彥璜爲淮陽府使, 本府田稅, 作棉布上納. 公悶峽民之貧, 喩吏民使[52]捕虎, 乃以虎豹之皮, 輸諸地部, 盡除一府一年稅布.

軍錢·軍布, 京營之所恒督也. 察其疊徵, 禁其斥退, 斯可以無怨矣.

『寒巖瑣話』云軍布一事: "簽丁之法, 荒亂無倫, 軍保一根簽者五六. 於是, 其饒戶有財者, 吏皆私之, 唯執流亡丐乞之類, 以充上納之額, 上納愆期, 職此由也." 詳在下篇.【「兵典」簽丁條】○凡上納之物, 錢最無弊, 米亦易察, 惟棉布·麻布, 麤細多等, 廣狹殊價, 雖其長短本有尺數, 京尺·官尺·吏尺·民尺, 有萬不同, 故吏奸易售, 民隱莫察. 昔谷山之吏, 濫於收布, 砲保布一疋, 收錢至九百【九兩也】, 民怨大起, 幾乎作變. 余到是邑, 令曰: "凡納布者, 納于官庭." 旣數月, 氓抱布至, 吏進厥尺, 視其兩端, 明有烙印. 余問曰: "此尺何出?" 吏曰: "布政司之所頒也." 余曰: "噫噫! 何其長也?" 促召校奴【卽所云守僕】, 索『五禮儀』. 『五禮儀』有布帛尺圖, 乃以此尺校之烙尺, 烙尺加長二寸. 於是, 使吏伏庭, 詰之曰: "三軍門鑰尺, 卽『五禮儀』此尺也. 汝之烙尺, 出於何處?" 吏叩頭自服曰: "本邑之所造也." 於是, 準『五禮儀』作尺, 諭之曰: "侍奴執尺, 其不精, 宜於官庭畫地爲二十尺, 兩頭立表, 中屈其布, 齊其兩端, 則四十尺也.【軍門之法如此】舊例, 貢布以三十七尺爲一疋, 市布以四十尺爲一疋, 今受布四十尺, 所賸猶三尺也." 於是, 令氓獻布, 齊其兩端, 餘者七尺, 斷而還之, 乃以四十尺, 出付軍吏. 吏亦無辭, 上納如期. 大抵牧者, 親民之官也. 君上至尊, 不能躬莅下民, 使我牧之, 理當躬親庶務, 以察民隱. 今之守令, 妄[53]自尊重, 務持大體, 凡上納之物, 一委吏手, 侵虐萬端, 褒如充耳. 牧之爲職, 豈宜然乎?

李完平元翼爲安州牧使, 本州防邊軍額多闕, 虐及隣族. 公乃出官穀, 春夏

---

52 使: 新朝本에는 빠져 있음.
53 妄: 新朝本에는 '忘'으로 되어 있음.

穀貴, 減價貿布, 以充各鎭, 秋稅於常賦添數, 以當布直, 民不重費, 而積弊遂寢.

「軍布說」云:"姦民之害, 甚於姦吏.『詩』云:'士之耽兮, 猶可說也; 女之耽兮, 不可說也.' 余續之曰:'吏之奸兮, 猶可說也; 民之奸兮, 不可說也.' 余久在民間, 見風憲·約正·別有司·坊主人之等, 其舞弄作奸, 甚於吏胥. 凡上納之物, 一入其手, 太半消融, 下石上石, 推移翻傳【以夏納之物, 移爲春納, 如築牆者, 拔下石以爲上石.】, 畢竟厥逋數萬【數百兩】, 又復攤徵, 以擾全坊, 此巨蠹也. 凡村民敦朴者, 力逃任事, 惟浮浪奸詐者, 締結吏鄕, 恒都任窠【都居也】, 買魚販雞, 諂事權吏. 及其事發之日, 吏鄕在近列者, 多方周旋, 或云:'此坊, 本多闕額, 非所偸竊.' 或云:'此氓, 本是赤貧, 無以還徵.' 縣令深信其言, 犯罪者, 不下一杖; 無罪者, 不免再納, 良可歎也." ○坊主人者, 門卒之窠也, 門卒者, 小民之虎也. 雖上納時急, 惟宣嚴飭風約, 使之及期, 終不可縱虎於民間也.

貢物土物, 上司之所配定也. 恪修其故, 捍其新求, 斯可以無弊矣.

鄭瑄曰:"爲吏忌作俑. 古有以土物獻貢, 貽地方無窮之害者, 交趾荔枝之類是也."

陽城爲道州刺史, 州産侏儒, 歲貢諸朝. 城哀其生離, 奏曰:"州民盡短, 若以貢不知何者可供." 自是罷, 州人感之, 以陽名子. 上虞人郭南知常熟縣, 虞山出軟粟, 民有獻者. 南亟命去其種云:"異日恐爲常熟害." 其爲民遠慮如此.

孫伯純【舜孝字】知海州, 朝廷調發軍器, 有弩樁·箭幹之類. 海州素無此物, 民請以鰾膠充折, 孫曰:"弩樁·箭幹, 共知非海州所産, 若以土産代之, 恐歲歲被科無已時." 知者以爲至言.

張觳判通州, 出兵備邊, 州徵箭十萬根, 以鵰鶚羽爲之. 價翔踊不可得, 觳曰:"矢去物也, 何羽不可?" 節度使曰:"當須省報." 觳曰:"州距京師二千里, 如民急何? 萬一有責, 下官任其咎." 一日之間, 價減數倍, 尙書省竟如所請.

陳麟知閩縣, 使者索翠羽, 他邑惟命, 獨麟不應. 使者怒曰:"汝何恃敢爾?" 曰:"惟潔己自守耳."

宋澤知掖縣時, 戶部著提舉司, 科買牛黃, 急如星火. 百姓競屠牛取黃, 澤獨以狀申提舉司言: "牛遇歲疫, 則多病有黃, 今太平日久, 和氣充塞, 縣境牛皆充腯, 無黃可取." 使者不能詰, 一縣獲免.

孔葵爲華州刺史, 明州歲貢, 海蟲·淡[54]菜·蛤蚶可食之屬, 自海抵京, 遞夫歲爲四十三萬六千人. 公奏疏罷之.

『茶山錄』云: "濟州有鰒大如甔. 置之灰中, 出而曬之, 無竹串之孔, 名之曰無穴鰒. 數年以來, 監司求之, 漸爲民弊. 又康津·海南等地, 有所謂生達子, 其樹冬靑葉如山茶, 取油可療瘡癘. 數年以來, 監司求之, 漸爲民弊." 若此類, 守土者不可承也.

趙啓遠爲水原府使, 府之蜜麪【俗名藥果】, 名於國中. 仁祖違豫時, 御廚無可口[55]者. 中官使人求之, 公答曰: "州府私獻, 非人臣事君之體, 非有朝命不可." 仁祖聞之, 笑曰: "雖曰君臣, 獨無戚聯之情乎?"【方言藥者, 蜜也. 故蜜飯曰藥飯, 蜜酒曰藥酒, 蜜果曰藥果.】

柳正源爲慈仁縣監, 巡使遞歸. 新舊行, 當納黍皮三百張, 公復言於巡使曰: "黍皮三百, 當刑馬三百匹, 非殘邑所可堪也." 巡使減其數, 以四十張爲定額.

朱光霽爲重慶府通判, 自奉淸約, 遇事有執持. 一日, 監司發銀買簪, 光霽遂持銀入白曰: "通判自幼, 但知讀書, 未學造簪." 監司怒且慚而寢.

雜稅雜物, 下民之所甚苦也, 輸其易獲, 辭其難辦, 斯可以无咎矣.

李師中知洛州, 民負茶稅, 追繫者甚衆. 師中寬之, 令鄕置一櫃, 籍其名, 許日輸一錢, 歲終逋者盡足.

趙世煥爲東萊府使[56], 洗手奉公, 商賈稅銀輸戶部者, 九朔之間, 多至一萬四千餘兩, 古未有也. 以私奉盡蠲民稅, 觀察使以聞, 上賜馬褒之.

---

54 淡: 新朝本에는 '淶'으로 되어 있음.
55 口: 新朝本에는 '尸'로 되어 있음.
56 使: 新朝本에는 '熟'으로 되어 있음.

杜祈公衍知永興府時, 夏人叛命, 而陝西尤苦兵, 吏緣侵漁, 調發督迫, 民至破産, 有自經投水以死者. 公乃量物貴賤, 道里遠近, 寬其期會, 使以次輸送. 由是, 物不踊貴, 而吏束手無所施.

李簹爲楊口縣監, 縣有廚院白土之役, 爲一巨弊. 始下車見役夫壓死, 不勝惻怛, 一面赴籲京司, 一面條報營門, 竟獲停罷. 後因廚院啓請將還, 仍會公以差員, 承命入對, 請半減土數, 幷除水陸運勞, 且毋送京官, 別以道內守令一人管其事, 竝蒙許施.

李相國敬輿【號白江】, 光海朝爲忠原縣監, 一日方夏, 令州民採葛, 民莫測其所需. 至春有營建都監, 果徵葛數千束, 價與麻枲相若, 州人獨以豫故晏然, 以其餘羨, 資旁郡之急, 略收其直, 以給他賦. 都監又徵長木數萬个, 而公曾見縣北有山, 素饒材木, 特封禁之, 至是遂馳至江上, 召諸商而語之曰: "汝能斫[57]彼輸納於都監者, 當以一半與之." 諸商皆踊躍聽命. 旁峽之民, 採督紛然, 而州人獨不知有邪許之役矣.

李時顯爲星州牧使時, 山陵都監, 責定鐵物, 數多而期促. 吏懼不辦得罪, 公獨寂然若無意者. 期益迫, 吏益竭蹙, 公遂致獄囚憂死者二人于庭, 曰: "汝輸鐵若干, 吾當貰汝." 囚懽應曰: "幸甚." 時二囚子姓族黨, 林立于門外, 爭致其鋤鎒斧銍之屬, 須臾而事集. ○案 此斂民之農器, 以應上司之求, 未見其爲方便也.

『象山錄』云: "嘉慶己未春, 勅使張承勛至黃州, 語觀察使云: '俺之妻父, 曾以勅使到黃州, 其時觀察使贈以土物朱槃五合【方言云函支】, 歸遺其女. 歲久壞損, 適俺又作此行, 室人有求, 敢以相溷.' 察使恐其爲後弊, 辭拒之. 上聞之曰: '豈有勅使求此小物而拒之者?' 令罔夜磨造, 趁其歸路. 於是, 監司猝令谷山, 星火磨造, 而勅使之歸, 只隔三日, 站上距府産木之處三百餘里. 監吏哀號, 將欲自縊. 余密遣人至京, 買朱槃來, 納之, 伴送使【金思穆】·觀察使【曹允大】, 愕然稱神, 不悟其京貿也."【朱槃絶大, 容[58]水十餘盆.】

---

57 斫: 新朝本에는 '研'으로 되어 있음.

强配之令【吏文謂之卜定】, 多係難從, 或徵不均之徭, 或求難得之物, 或斥物變賣, 而以賤爲貴; 或發民赴役, 而舍近取遠, 種種非理, 不可奉行, 枚報事理, 猶不聽從, 雖由此遭貶, 不可屈也.

蔣瑤守楊州, 江彬傳旨【卽嬖臣】要楊州報大戶. 蔣曰: "只有四個大戶, 其一是兩淮鹽運司, 其二是楊州府, 其三是楊州鈔關, 其四是江都縣. 楊州百姓窮, 別無大戶." ○江又傳旨曰: "朝廷要選綉女." 蔣曰: "楊州止有三個綉女." 江問: "在何處?" 蔣曰: "民間竝無, 知府止有親女三人, 朝廷必欲選時, 可以備數." 江語塞, 其事遂寢.

唐侃守武定州, 會淸軍籍, 應發遣者, 至萬二千人. 侃曰: "武定戶口三萬, 是空半州也." 力爭之, 事得已. 時諸閹牌校奴, 鞭撻州縣, 宣言: "供帳不辦者死." 侃昇一空棺, 納旁舍中. 諸閹恐嚇取錢, 同事者竝逃去, 侃獨不去. 急乃謂之曰: "吾與若詣錢所受錢." 乃引之旁舍中, 指棺示之, 曰: "吾已辦死來矣. 錢[59]不可得也." 諸閹相視莫能難. 諸逃者皆被罪, 而侃乃受旌. 所居官率空橐以歸.

呂公著爲郡, 轉運司輂乳香萬斤, 配賣郡中【分排民戶, 使之賣納.】, 公停之郡庫, 雖符檄督迫, 竟不爲强配.

『象山錄』云: "嘉慶戊午冬, 收糧已半, 上司飛關, 小米七千石, 督令作錢. 本係京司稟旨行關者, 余執不可, 仍收糧封庫. 京司請罪, 先大王覽道臣狀啓曰: '曲在京司, 丁某無罪.' 治任將歸, 會得邸報乃已."

在昔內司諸宮莊土, 徧于諸路, 奄人·稤宮【稤音肅, 俗字也.】, 桀黠四出, 其爲

民毒痛極矣. 英宗以來, 軫念矯革. 其無土免稅, 付之該縣, 作錢以納于戶曹, 其有土之稅, 止遣導掌, 不得差發宮奴, 其弊始少息矣.

李延平貴授安山郡守, 郡有內需司奴婢, 皆冒法復戶. 公執不許, 奴就訴內需司, 持小印文稱內旨, 令依前給復. 公曰: "苟有上命, 當自政院出. 小印內旨, 外臣何敢發視?" 遂拒而不納.

李世華按嶺南, 內司折受章下本道者相續, 跨連數州, 官稅大縮. 差人作孥呴哮, 所經如兵火. 公數罪杖之, 馳啓極論. 上敎之嚴有不敢聞, 朝廷爲之懦慄, 南公九萬救之, 得無事.

許相國積爲全羅監司, 後宮趙氏家差奴, 到營白事, 公責以事理不當, 却不施. 差奴曰: "巡使不從吾言, 其能更遷他職乎?" 公命羅卒反捶[60], 以大杖殺之. 後宮聞之, 飭家人曰: "主上若聞差奴藉吾勢致死, 則譴責必及於吾." 終不敢出口.【鄭載崙『公私聞見』】

第六條 往役

上司差遣, 竝宜承順. 託故稱病, 以圖自便, 非君子之義也.

上司差遣, 令我往役, 我若辭免, 移差他人, 卽其橫擔之人, 得無怨乎? 己所不欲, 勿施於人. 若無實故, 有順無違焉, 可也. ○凡有差遣, 宜亦盡心職事, 以塞一日之責, 不可苟也.

上司封箋, 差員赴京, 不可辭也.

若邑有大政, 如徵逋穀量陳田, 及他要緊事情, 不可暫離者, 宜陳實狀, 丐其寬免. ○貢蔘貢材, 亦差員赴京.

---

60 捶: 新朝本에는 '接'으로 되어 있음.

宮廟之祭, 差爲享[61]官, 宜齊宿以行事也.

今之享官, 或於壇廟之側, 挾妓爲娛, 載酒行樂, 非禮也. 齋沐虔淸, 不可忽也; 升降跪俯, 不可慢也; 籩豆污缺, 不可因也; 牲酒瘠酸, 不可掩也. 君子用心, 安所往而弗用其情哉?

孔戣爲廣州刺史, 先是南海神廟祀時, 海常多大風, 故刺史常以疾爲解, 委於其副來已久. 公曰: "冊有皇帝名, 其文曰: '嗣天子某, 謹遣官某敬祭.' 其恭且嚴如是, 敢有不承? 明日吾將宿廟下, 以供晨事." 明日, 吏以風雨白不聽, 明年其時, 公又固往.

試院同考差官赴場, 宜一心秉公, 若京官行私, 宜執不可.

守令爲考官者, 必與邑子交通關節, 以圖行私, 數夫誦恩, 一路懷怨, 智者所不爲也. 又凡守令爲考官者, 拱手緘口, 坐如木偶, 亦非義也. 奏榜之日, 我署其尾, 若京官行私, 則是行私之罪, 我宜分受. 旣在其位, 胡可尸也? 京官取拙文則爭之, 黜宏詞則爭之, 有納賂之跡則爭之, 有循私之跡則爭之, 必使全榜無一不出於公道, 然後一道之人, 咸作誦聲. 凡爲牧者, 小器譽止一邑, 大器聲滿一道, 人品於是乎可定矣.

人命之獄, 謀避檢官, 國有恒律, 不可犯也.

『無冤錄』註曰: "檢屍有定期, 不容少緩. 或値隣近官司有故, 而他官守宰【同道遠邑守宰】, 過去境內, 則本官牒請覆檢."【道內四隣官有故, 他道官接隣者同.】卽國朝故事, 今廢而不擧, 理宜飭行. ○案 法例雖如此, 他道接隣者, 不聞牒請, 雖或牒請, 佩符越境, 又有法禁, 不可往也. ○每見考課, 以避檢宜警, 置之中考者, 項背相望, 何苦而爲是哉?

凡爲查官·檢官, 其以疑獄稱者, 宜於子弟親賓之中, 擇一端潔解事之人, 使之微行彼邑, 探其情實, 我到彼邑, 乘夜相見, 或以書札相通, 然後發奸摘

---

61 享: 新朝本에는 '亨'으로 되어 있음.

伏, 乃無誤決之咎. 每見査官·檢官, 不遣微行, 唯以陪吏, 認爲心腹, 密問輿論, 陪吏受賂聽囑, 從中作奸, 或初査·初檢未有誤決, 而覆査·覆檢無故翻案, 以致獄情疑晦, 冤者不脫. 或主邑生事, 或客官遭咎, 良可歎也. ○若居官日久, 明知吏校之中, 有能不欺我者, 使之微行, 無所不可. 大抵我苟剛明, 本雖奸雄, 今爲能臣, 吏屬亦可使也.

推官取便, 僞飾文書, 以報上司, 非古也.

古者斷獄行刑, 不敢踰年. 故月三同推, 期速得情. 今百度解弛, 殺人, 無死經年閱歲, 老於獄中, 故同推之法, 因亦廢置. 一次會推之後, 一月三旬, 但修文書, 以報上司, 上司亦知而恕之, 雖至數年, 不復擧行. 此豈制法之本意乎? 『易』曰: "明愼用刑, 而不留獄." 生之殺之, 當卽決折. 豈可淹延如是乎? 牧爲推官, 雖不能月三如法, 一月一往, 究竅情節, 期於亟決, 可也.

漕運督發, 差員赴倉, 能戢其雜費, 禁其橫侵, 頌聲其載路矣.

漕倉所在, 嶺南則昌原有馬山倉, 晉州有駕山倉, 密陽有三浪倉, 湖南則羅州有榮山倉, 靈光有法聖倉, 咸悅有德城倉, 湖西則牙山有貢稅倉. 內地輸租之民, 擔負輦載, 踰山越嶺, 以至于倉, 則豪奴猾吏, 締交艄工, 斛量旣濫, 邸侵益毒, 鞭背蹴脰, 號呼滿巷, 乃此差員挾娼聞歌, 褻如充耳, 其可曰能盡其職乎? 宜於將往之日, 先遣慧客, 潛行倉底, 探聽民言, 有可以抑制奸豪振起癃罷者, 宜卽行之. ○江漕則忠州有嘉興倉, 原州有興元倉. 每見漕船將發, 其倉卒津長, 枉捉商船, 使之護漕, 奪舵攘棹, 句留彌日, 一船之賂, 動至數百. 差官於此, 宜密察而嚴禁之.

漕船臭載, 在於吾境, 其拯米·曬米, 宜如救焚.

船敗之地, 其拯劣米分給, 大爲民害. 大抵拯米·劣米【見『大典』】, 不可以飯, 不可以粥, 不可以酒, 不可以醬, 天下之强硬不惠, 未有甚於是者也. 水浸之賸六斗七升五合【一石之所漲】, 蒸乾之劣五斗八升八合【一石之所燥】, 以劣報賸,卽是每石賸者猶多, 此民之所嗟怨也. 況船敗恒在濤險, 受敗之地, 年年受敗, 此地之民, 終古困於此米, 豈不憫哉? 牧之遭此厄者, 宜以恤民爲心, 其不可爲粥飯者, 悉計爲腐爛【『大典』云: "腐者, 勿爲分給."】, 唯其可食者, 略略分給, 牧又自捐其俸, 從便拮据, 助其半費, 使民無怨, 可也. ○又凡敗船, 其故敗者, 常多也. 然罪疑惟輕, 古之道也. 其不十分明白者, 牧不宜鍛鍊成獄定爲故敗. 萬一有冤, 其獨無天殃乎?

朴泰尙爲洪州牧使時, 漕船覆敗, 官不以時擧, 米入水累日, 敗腐不可食, 民不勝冤苦. 公到州之明年, 盆山稅船敗于州界, 公得報, 卽疾馳百餘里, 到海岸日已暮. 乘月擧帆, 涉海又二十餘里至船處, 命水手分艫負索, 曳出沈舟, 舟起而米斛悉完. 移載就岸曬乾, 米不甚傷. 屬歲飢民爭取去唯恐後, 因此濟活亦甚衆.

敕使迎送, 差員護行, 宜亦恪恭, 毋[62]俾生事.

迎慰使·問安使, 或以守令權差, 餘如護行差使·擡杠差使, 其名極夥, 要之此任, 唯柔順不生事, 則無怨矣. 每見迎勅諸員, 於此大紛之中, 又自生事, 相與排軋, 誠可悶也. 在路, 其列邑吏校之憑藉道路炬燎, 侵虐小民者, 我雖一時過去, 要須嚴禁痛懲. ○擡杠搬運者, 最是渡涉可虞. 雖有橋梁, 人馬相磨, 驛卒必由溪水, 以致沈漬衣襨, 生事遭譴者多矣. 最須嚴察.【津船登降之時, 亦有落水者.】

漂船問情, 機急而行艱, 勿庸遲滯, 爭時刻以赴.

漂船問情, 其所自勉, 凡有五條. ○一, 異國之人, 禮當相敬, 吾人每見彼人剃髮夾袖, 心懷慢侮, 接待問答, 動失體貌, 將使佻薄之名, 達于天下, 此一戒也. 恪恭忠信, 如見大賓, 可也. ○一, 國法, 凡漂船中所有文字, 毋論印本·寫本, 盡行鈔報. 往年有一漂船, 滿載書籍幾千萬卷, 泊於茂長外洋, 問情諸官

議曰:"將欲鈔報, 如精衛塡海, 如有刪拔, 必城火及池." 遂掘沙場, 以累萬卷書, 埋之沙中, 漂人大痛, 亦復奈何? 李友儒修, 後爲茂長宰, 得沙中出書數帙, 若『三禮義疏』·『十大家文鈔』, 猶有浸漬之痕. 余到康津, 得『淵鑑類函』一卷, 朽敗已甚, 問曰:"此從茂長來耶?" 其人大驚. 大凡天下之事, 力所不能, 本無罪罰. 挾山超海, 臣曰弗能, 而朝廷罪之, 有是理乎? 則宜臚陳書籍, 但錄書名, 詳其卷數, 辭曰:"充棟汗牛, 猝無鈔寫之望, 故但錄書名." 不亦可乎? 此而遭譴, 唯宜含笑就理, 乃行椎埋之習, 暴珍球璧之寶, 彼將謂我何哉? 每遇一事, 唯以循理爲心, 勿以失職發怯, 則無此事矣. ○一, 問情必在海島. 島民本皆無告, 吏隷從行者, 憑藉接待, 恣行剽劫, 錡釜銒罌, 悉無殘餘. 一經漂船, 數島必亡, 故漂船到泊, 島民必拔劍關弓, 示以殺害之色, 使之遁去. 又或風急石惡, 禍迫呼吸者, 哀號乞救, 而島民窺而不出, 任其覆沒. 旣沒旣死, 四隣密議, 焚船燒貨, 以滅其跡. 十餘年前, 羅州諸島, 屢有此事, 羔皮焚者數萬領, 甘草焚者數萬觔, 其或逸出於火中者, 余親見之矣. 若是者, 何也? 本由昏官不戢吏隷, 使之縱惡, 故民亦垂泣而爲是也. 海外諸國, 若聞此事, 不以我爲脯人噉人之國乎? 故問情官, 宜明目嚴察, 禁其侵虐. 謂宜別借一大室, 列置錡釜, 使一行吏隷, 咸處一室, 其所食米鹽, 官以錢貿入, 排日支放. 出來之日, 別自區處, 一粒之米, 一撮之鹽, 毋貽民害, 則庶乎一日之責, 得以小塞也.【畢竟區處陸民·島民, 宜略略攤徵】○一, 見善而遷, 小事皆然, 今海外諸國, 其船制奇妙, 利於行水. 我邦三面環海, 而船制朴陋. 每遇一漂船, 其船制圖說, 各宜詳述, 材用何木, 舷用幾版, 長廣高庳之度, 低仰軒輊之勢, 帆檣篷絟之式, 櫂櫓桅柂之狀, 油灰艙縫之法, 翼板排濤之術, 種種妙理, 宜詳問而詳錄之, 以謀倣傚. 顧乃漂人下陸, 遂將巨斧劈之析之, 卽時焚滅, 此又何法也? 有志之士, 旣差是役, 宜以此爲心. ○一, 與彼人言語, 宜示仁惻之色, 其飮食所需, 務要鮮潔. 至誠厚意, 發於顔色, 庶彼感悅, 歸有好言.

修隍築城, 差員往督, 悅以勞民, 務得衆心, 事功其集矣.

古者, 濬河渠築臺隍, 皆役縣之民, 吾東浚湖築城, 亦令列邑, 領民以助工.

良牧於此, 亦可以得民歡, 而播民頌矣. 歸其老羸, 察其飢飽, 均其程課, 助其煙酒, 勸之以歌謠, 戒之以勤惰, 民未有不興起以樂成者也.

程伯子爲縣令, 嘗董役, 雖祈寒烈日, 不擁裘不御蓋. 時所巡行, 衆莫測其至. 故人人自致力, 常先期畢事. 先生氣像淸越, 洒然如在塵外, 宜不能勞苦, 及遇事, 則每與賤者, 同起居飮食, 人不堪其難, 而先生處之裕如也. 異時夫伍中夜多譁, 一夫或怖, 萬夫競起, 奸人乘虛爲盜者, 不可勝數. 先生以師律處之, 遂訖去無譁者. 及役罷夫散, 部伍猶肅整如常.

愛民六條

養老·慈幼·振窮·哀喪·寬疾·救災

序

守令之職, 豈唯七事而已! 今也, 上以是詔之, 下以是承之, 壹若七事之外, 再無可勉. 雖仁愛樂善之人, 茫然不知所以著手, 豈不嗟哉?『周禮·大司徒』保息六政, 誠牧民之首務, 今櫽栝其意, 爲愛民六條.

第一條 養老

養老之禮廢, 而民不興孝, 爲民牧者, 不可以不擧也.

古禮, 大夫耆老[63], 謂之國老; 庶人耆老, 謂之庶老. 有虞氏養庶老於下庠, 夏后氏養庶老於左學, 周人養庶老於郊庠.【見「王制」】 今之守令, 惟庶老宜養也.『禮記』曰: "春饗孤子, 秋食耆老." 「月令」曰: "春養幼少, 秋養衰老." 宜於秋成之後, 天寒之前, 行此禮也.【霜降日無妨】

星湖先生曰: "有孝而不悌者, 未有悌而不孝者. 故先王之制, 悌達於鄉黨, 悌達於道路, 悌達於軍旅, 其化根於國家之養老. 自有虞以來, 未之或廢. 人患有費, 然禮七八九十, 各有豆數, 不可加也. 或嫌人多, 則取其最尊, 或逐鄉迭取【謂春取東村, 夏取南村.】, 無所不可. 略定儀式, 如饗州之禮, 兼使下情上通,

---

63 老: 新朝本에는 '考'로 되어 있음.

豈小補哉? 司馬公曰: '會數而禮勤, 物薄而情厚.' 宜立爲定限, 經時一會, 可也." ○又曰: "養三老五更, 卽聖王遺制, 漢明之後, 魏高貴鄉公舉之, 其後魏孝文, 周武帝行之, 自是之後, 更無聞焉. 君道太尊, 下情不通, 至于守令, 亦皆妄自尊大, 此禮遂廢矣."

選男子八十以上與宴, 八十以上, 其饌四豆【餅羹之外, 其楪四.】; 九十以上, 其饌六豆也. 『禮』曰: "六十者三豆, 七十者四豆, 八十者五豆, 九十者六豆."【鄉飲酒之法】今檃括如是也. ○衰病不能來者, 歸饌于其家. ○如有百歲者, 是日牧以八豆之饌, 遣首鄕躬獻于其家.

董越『朝鮮賦』云: "國有八十之老, 則男女皆錫燕, 以覃其恩." 自註曰: "每歲季秋, 王宴八十老人於殿, 妃燕八十婦人於宮." ○國初, 歲以爲常, 故董『賦』如此.

張橫渠爲雲巖縣令, 每月吉, 具酒食, 召鄉人高年, 會于縣庭, 親爲勸酬, 使人知養老事長之義. 因問民間疾苦, 及所以訓戒子弟之義. ○案 橫渠所行者, 卽古養老乞言之義也.

張旅軒顯光爲報恩縣監, 與父老約月朔月半之會, 令各言民瘼闕失, 補益糾正, 敦孝弟勸廉恥, 尊德行黜敗俗. ○案 此亦橫渠法也.

『大學』曰: "上長長而民興悌." 卽太學養老之謂也. 守令欲行此禮, 亦當行之於學宮. 古者鄉飲亦有琴瑟, 而今所謂三絃者, 軍樂也, 不可用之於學宮. 必有琴瑟鐘鼓, 乃可行也. ○又凡吉凶諸禮, 只有一賓一主, 宜於諸老之中以最尊者, 立之爲賓, 乃可以行禮也. 凡拜揖, 唯賓一人, 答拜答揖, 衆賓不俱動也, 宜先明此禮.

養老之禮, 前期一日, 禮吏設幕次于鄉校, 在明倫之庭, 鋪於地上, 厚其薦藉【苫草等】 ○厥明鋪陳.【用素席靑純】 牧之坐西向, 耆老之坐, 北列南面東上【牧在東】, 南列北面東上.【中下層之人】 ○辰時, 牧以朝衣朝冠出卽位. ○東齋掌議, 引尊老就門外之位, 西面北上立【在門東】, 序齒. ○西齋掌議, 引諸老【中下[64]層】就門外之位, 東面北上立, 序齒.【在門西】 ○乃以東班之第一人, 立之爲賓. ○禮吏出請賓辭曰: "縣令有旨酒嘉肴, 請以樂賓." ○賓答曰: "令侯有命, 某實不德敢辭." ○禮吏反命, 再出請曰: "式遵古禮, 敢固以請." ○賓[65]曰: "固辭." ○禮吏三請曰: "敢固以請." ○賓曰: "某辭不得命, 敢不敬從!" ○樂作. ○禮吏引牧, 出立于門內之東. ○賓由闑西入, 東向立. ○牧西向揖, 賓答揖. ○牧入就位, 不登席西向立. ○掌議引賓入, 東班諸老從. ○賓入就位【北列也】, 不登席南向立. ○掌議引西班諸老入就位【南列也】, 不登席北向立. ○牧鞠躬拜, 賓答拜.【東西諸老, 皆不動.】 ○牧就坐, 賓及諸老, 各回身就坐. ○進饌先耆老. ○進饌訖, 牧起巡饌, 先視北列, 次視南列.【皆先東而後西】 ○牧反位, 進饌于牧. ○樂止. ○司尊酌酒獻牧. ○牧受爵以授奉爵.【司尊, 奉爵, 儒生爲之, 西班則校生爲之.】 ○奉爵受爵獻于賓, 以次及諸耆老. ○耆老受爵, 各置其盤上. ○奉爵獻爵于牧. ○樂作. ○牧受爵飮, 諸耆老皆飮. ○饗畢, 樂止. ○牧起視饗, 先視北列, 次視南列. ○乃撤[66]饌, 先耆後牧. ○乃乞言. ○禮吏以筆札獻于賓. ○賓以格言書于紙, 以勉治理. ○禮吏以次受諸耆老言, 如初. ○受訖以其紙獻牧. ○牧起立, 諸耆老皆興. ○牧拜, 賓答拜.【諸老不答拜】 ○贊者告禮畢. ○樂作. ○牧起立, 諸耆老皆立. ○賓出至門內之西, 東向立. ○牧出至門內之東, 西向立. ○牧揖, 賓答揖. ○諸耆老前, 奏樂以出. ○其必設宴于庭者, 坐牧於堂, 養老於庭, 非禮也, 養尊老於堂, 養卑老於庭, 非禮也. 故庭而後, 可也. ○飮食享畢, 取油紙一張, 以授諸老, 使其子弟, 懷之以歸. ○每一老許子弟二人, 扶掖在後, 其無子弟者, 族人可也.

---

64 下: 新朝本에는 '卜'으로 되어 있음.
65 賓: 新朝本에는 빠져 있음.
66 撤: 新朝本에는 '徹'로 되어 있음.

張戩知金堂縣, 誠心愛人, 養老恤窮. 間召父老, 使督子弟, 民有小善, 皆籍記之, 以俸[67]錢爲酒食, 月吉召老者飮勞, 使其子孫侍, 勸以孝弟. 民化其德, 所至獄訟日少.

鄭一蠹先生宰安陰, 莅事之暇, 選邑中聰明子弟, 作齋居之, 親加敎誘, 日課講讀, 學者聞之, 自遠方來. 春秋行養老禮, 設內外廳, 內則以夫人待之, 外則公冠帶接之, 耆婆莫不醉飽歌舞以嬉. 政淸民悅, 境內相戒, 莫以欺詐負公.

朴煥爲丹陽郡守, 郡山僻無事. 公爲政, 又喜安靜不撓. 父老年耋艾延致, 而豐其酒食, 以娛樂之.

八松尹公煌爲靈光郡守, 郡素號煩劇, 公始至, 早衙夜退, 一年之後, 卽淸淨無事. 佳辰令節大會耆艾, 行養老禮, 奉大夫人臨宴, 伯氏自綾城來會, 奉觴上壽, 上下同樂. 郡人相傳, 至今以爲美談.

趙克善爲淳昌郡守, 修鄕約之法, 行養老之禮, 訪有孝友節行者, 饗于公廨, 勸酬而嘉奬之. 不可致者, 存問于其家, 已死者, 恤其子孫.

李性恒爲[68], 延豐縣監, 遍迎老人於庭, 執主人禮以延之. 女子之過時不嫁者, 助其資裝, 子弟之稍秀者, 廩食勸其業, 時未幾, 闔境皆皷舞焉.

『象山錄』云: "選八十以上壽男二十一人·壽婦十有五人, 買氈帽三十六, 男紫女黑, 立冬之日, 自官頒之. 其費不過一貫【錢十兩】, 而民心悅服矣." ○桂薑之餳, 製之如法, 作三十六斤, 包之以油紙, 冬至之日, 自官頒之. 其費不滿一貫, 而民心悅服矣. 其方, 先作黑餳三十餘斤, 乃以桂皮·乾薑·陳皮·半夏·瓜蔞仁·川椒·烏梅·漆葉【或用皮】各二兩, 胡椒·南星各一兩, 拌勻候冷, 用炒

---

67 俸: 新朝本에는 '奉'으로 되어 있음.
68 爲: 新朝本에는 빠져 있음.

荍末⁶⁹爲衣. 此餳寬痰止嗽, 安蟲下氣, 老人冬月甚相宜也.

歲除前二日, 以食物歸耆老.

取男子八十以上, 各歸米一斗·肉二斤, 其禮單存問【女子則減等無妨】, 九十
以上, 加珍羞二豆.【繭餅·蜜餌·乾雉之類】○ 請試思之. 雖大邑, 八十以上, 不過
數十; 九十以上, 不過數人, 米不過二苫【三十斗】, 肉不過六十斤, 此豈難捨之
財乎? 狎妓呼倡, 以作一夜之歡, 而輕捐⁷⁰萬錢者, 滔滔是也. 士譏民詛, 嫉其荒
樂, 未有甚於是者. 是所謂捐⁷⁰財以買怨也. 監司聞之, 不以爲治績; 子孫見
之, 不以載行狀, 天下之浪費虛抛, 非此事乎? 曷若移其半數, 以行養老之禮
乎? 昔在英宗之時, 守令養老者, 視爲年例, 邇來四十餘年, 絶不聞此事, 修而
行之, 不可已也.

沈泛齋大孚爲星山縣監, 存孤弱問高年, 每以歲時, 饋米肉一如古事.

第二條 慈幼

慈幼者, 先王之大政也, 歷代修之, 以爲令典.

『周禮·大司徒』: "以保息六政⁷¹, 養萬民." 一曰慈幼【鄭注云: "産子三人與之
母⁷², 二人與之餼"】⁷³, 二曰養老, 三曰振窮. ○案 慈幼者, 恤孤也. 鄭注, 忽以越
句踐之法爲慈幼, 其義非也.

『汲冢⁷⁴周書』云: "立勤人以職孤, 立正長以順幼." ○『管子』云: "國都皆有

---

69 末: 新朝本에는 '末'로 되어 있음.
70 捐: 新朝本에는 '損'으로 되어 있음.
71 政: 新朝本에는 빠져 있으나 『周禮·大司徒』에 의거하여 보충함.
72 母: 新朝本에는 빠져 있음.
73 鄭注云…二人與之餼: 新朝本에는 다음 구절인 '二曰養老'에 대한 주석으로 되어 있으나
　 내용상 바로잡음.
74 冢: 新朝本에는 '冡'으로 되어 있으나 書名이므로 바로잡음.

掌孤之職, 養一孤者, 一子無征." ○『韓詩外傳』云: "民有能敬長憐孤者, 告于其君, 得乘飾車騈馬." ○鏞案 此皆慈幼之政也. 傷天地之和氣, 極人心之哀惻者, 未有甚於幼而失養者也. 慈幼之政而敢忽乎?

魏儒「四孤論」曰: "遇兵飢饉, 有賣子者, 有棄溝瀆者, 有生而父母亡, 無緦麻親, 其死必也者, 有俗人以五月生子妨忌之不擧者.【凡四種】有家無兒, 收養教訓成人, 或語: '汝非此家兒, 禮異姓不爲後.' 於是, 便欲還本姓爲可, 然否?" ○宋庾蔚之曰: "四孤之父母, 不得存養其子, 豈不欲子之活? 推父母之情, 豈不欲與人爲後, 而苟使其子不存耶? 如此則與父命後人, 亦何異? 旣爲人後, 何不戴其姓?"【出『通典』】○鏞案 收養四孤, 欲以爲後者, 必氓隷之賤流也, 禮之當否, 徐議之, 未晩.

宋制, 於郡縣立慈幼局, 凡貧家子棄不育者, 許抱至局, 書生年月日. 局置乳媼鞠視, 他人家或無子女, 却來局取養之, 歲祲道無抛棄者. 德生社「收棄兒疏」云: "旱踵水災, 翳餓與流莩相望; 疫因饑發, 夫妻偕父子俱離. 所最慘者, 道上嬰孩, 氣奄奄而猶泣, 路旁仁德, 心惻惻以徒嗟. 甚至死婦抱生雛, 豈是盧家之鬼子? 乃有餓夫抱餒豎, 寧同郭氏之埋兒? 有口不能言, 眞稱無告; 有足不能擧, 洵是窮民. 雖上天不能齊物之情, 在仁人豈忍立視其死? 玆於袁酒巷民房, 特開收棄廠公所, 量招老媼, 廣集群兒, 施薦席於兩傍, 作粥糜於數鑊, 病售方藥, 診療屬之良醫; 幼必啼號, 撫鞠責之衆嫗. 思近日寇氛劫掠, 何曾爲守虜留財? 攷古來善事吉祥, 端不外德門流慶. 仰乞軫念溝中羸瘠, 曲爲恤其疾苦, 或能特省廚下盤湌, 施之此種流離, 將見多男兆應, 祚必衍於螽斯, 盛德世昌, 門定高於駙馬矣." ○案 此非郡縣之令也. 鄕社有德之人, 自設慈幼之局, 募財如是也.

民旣困窮, 生子不擧, 誘之育之, 保我男女.

後漢宗慶爲長沙太守, 禁民殺子, 民養子者三千餘人, 皆以宗爲名. ○鄭渾禁民殺子, 贍養有法, 男女皆以鄭爲字.【『三國志』】

任昉爲義興太守, 歲荒産子者不擧, 昉嚴其制, 罪同殺人, 孕者供其貨費,濟者千室.

賈彪爲新息長, 小民困貧, 多不養子, 彪嚴爲其制, 與殺人同罪. 城南有盜劫害人者, 北有婦人殺子者, 彪出按驗, 掾吏欲引南, 彪怒曰: "寇賊害人, 此則常理, 母子相殘, 逆天違道." 遂驅車北行, 按治其罪, 賊亦面縛自首. 數年間, 人養子者千數, 曰: "此賈父所生也." 皆名之爲賈.

宋兪偉仲寬宰劍之順昌, 先是, 民人生子多至三四者, 率皆不擧, 爲其貲産不足也. 往往臨蓐, 以器貯水, 纔産卽溺之, 謂之洗兒. 仲寬作「戒殺子文」以諭之, 全活者以千計, 生子多以兪爲小字. 仲寬罷去, 後過邑, 有小兒數百迎於郊.

蘇軾與朱鄂州書云: "岳·鄂間田野小人, 例養二男一女, 過此輒殺之. 初生輒以冷水浸殺, 其父母亦不忍, 率常閉目背面, 以手按之水盆中, 咿嚶良久乃死. 鄂人有秦光亨者, 今已及第, 方其在母也, 其舅陳遵夢一小兒, 援[75]其衣, 若有所訴, 比兩夕輒見之, 其狀甚急. 獨念其姊有娠將産, 馳往省之, 則已在水盆中矣, 救之得免. 準律故殺子孫, 徒二年, 此長吏所得按擧. 願公告以法律, 諭以禍福, 依律行遣, 此風便革."

虞允文知太平州, 州民歲輸身丁錢絹, 貧不能納者, 生子皆棄之, 稍長卽殺之. 允文惻然, 訪知江渚有荻場, 其利甚博, 而爲勢家及浮屠所私, 公令籍其數, 以代輸丁錢絹, 以緡計者, 一十三萬七千有奇; 以疋計者, 一十六萬三千有奇. 免符下日, 一州之民, 歡呼鼓舞, 始知有父子[76]生聚之樂.

張淳知永康縣, 永人貧者, 生女多不擧. 淳勸戒備至, 貧無力者, 捐俸量給, 全活無數.

『國朝寶鑑』, 肅宗七年, 明川民丐乞者, 産子欲殺, 監司尹堦以聞, 該曹覆奏言律文杖六十徒一年. 上斷以一罪, 領議政金壽恒曰: "北路賦役重, 父子不相保, 可哀而不可惡. 且與已殺者不同, 請用次[77]律." 上允之.

---

75 援: 新朝本에는 '授'로 되어 있음.
76 子: 新朝本에는 '母'로 되어 있음.
77 次: 新朝本에는 '欠'으로 되어 있음.

歲値荒儉, 棄兒如遺, 收之養之, 作民父母.

後漢龐參爲漢陽守, 郡人任棠者, 隱居教授. 參先候之, 棠不與言, 但以薤一本·水一盂置屛前, 自抱兒伏戶外. 參思其微意曰: "水者欲吾淸也. 薤者欲吾擊强宗也, 抱兒當戶, 欲吾開門恤孤也." 率而行之, 漢陽大治.

劉彝知虔州, 會江西饑歉, 民多棄子於道上. 彝揭榜通衢, 召人收養, 日給廣惠倉米二升, 每日一次, 抱至官中看視. 細民利二升之給, 皆爲字養, 一境之間, 子女無夭關者.

葉石林夢得在許昌, 歲値大水, 賑十餘萬人全活, 惟遺棄小兒, 無[78]由得之. 一日, 詢左右曰: "人之無子, 何不收而自蓄乎?" 曰: "人固願之, 但患旣長, 或來識認耳." 公爲閱法, 則凡傷災遺棄小兒, 父母不得復取. 乃知爲此法者亦仁人也, "彼旣棄之, 父母之恩已絶矣. 若人不收, 其誰與活?" 遂作空券數千, 具載本法, 印給內外廂界, 凡得兒多者賞, 且分常平餘粟, 貧者量授以爲資. 事定按籍給券, 凡三千八百人, 皆奪之溝壑, 而置之襁褓. ○宋孝宗淳熙八年, 臣僚言: "饑饉之時, 遺棄小兒, 爲人收養者, 於法不在取認之限, 聽養子之家申官附籍, 依親子孫法. 昨葉夢得守穎昌, 歲大饑, 仍爲空名券, 坐上件法, 印板付里胥, 凡有收養者, 給其券, 所全活甚衆. 乞下州縣鏤板, 諭民通知."【出『通考』】○案 此卽養之爲子也.

宋理宗淳祐九年, 置慈幼局于臨安, 收養道路遺棄初生嬰兒. ○許浩曰: "夫人之至愛, 莫若父子, 而至痛莫若離棄. 捐至愛而處至痛, 非甚不得已不爲矣, 是誠仁人之所愍也. 理宗置慈幼局收養, 獨不念此嬰兒之父母, 曷爲而捐至愛處至痛乎?"

眞西山知潭州, 別立慈幼舍, 立義阡, 以養遺孤.

王詔知定州, 收養遺棄兒, 政化大行. 有蜀生道過定, 遺橐百金來言, 詔曰: "第往, 有爲守者." 至則有守者一人, 生問: "何不携去?" 守者曰: "人有棄子者,

---

78 無: 新朝本에는 '爲'으로 되어 있음.

我王[79]公不忍, 爲流涕語之, 我忍携金去, 使公流轉於我公之境哉?" ○恤孤之政, 其感人如此.

我朝立法, 許其收養爲子爲奴, 條例詳密.

『國朝寶鑑』, 中宗六年, 命中外收養遺棄兒. ○明宗三年, 命飢民遺棄兒, 爲人收養者, 永給其人, 申明舊法. ○顯宗三年春正月, 諭令中外收養遺棄兒, 從大司諫閔鼎重之言也. ○顯宗十二年夏四月, 立收養遺棄兒法, 凡人取路傍遺棄兒者, 呈漢城府受公文, 任其爲子爲奴. ○肅宗甲申, 賑恤堂上閔鎭厚奏曰: "收養六十日, 年十三[80]歲以下, 竝子孫作奴婢."【詳見賑恤條】 ○案 此五條, 赫如日星, 而有司之臣, 不能申明, 唯壓良爲賤, 其律至嚴. 故力可收養者, 皆疑懼不敢收養, 良可哀也. 昔余爲京畿暗行御史, 先王引見于迎春軒, 以遺棄兒收養事, 聖意申申惻怛懇切, 而微察列邑, 無一人對揚聖旨者. 民牧之不欲盡職, 厥惟久矣.

『續大典』曰: "凶歲遺棄小兒, 許人收養救活爲子爲奴, 而小兒年歲限, 及收養月日限, 一從臨時事目. ○收養遺棄兒, 以三歲以前爲限, 若値連凶大無, 或限八九歲, 或限十五歲, 聽其兩邊情願. 或竝後所生, 永作奴婢, 或限己身使役, 或限年使役, 隨其凶荒淺深·收養久近, 一以臨時事目爲準. ○收養未滿六十日, 有始無終者, 竝勿施. ○其收養滿限者, 勿論良人·公私賤, 竝許收養人執持, 父母·官主, 無得推尋. ○其父母族親, 三朔前推尋者, 倍償收養穀物, 許令還推, 過限者勿聽. ○救活後厭避者, 以叛主論, 威勢還奪者, 以枉法論.【公私賤之官主】 ○公私賤交嫁者, 收養遺棄兒爲子, 兩邊不當者, 許其從良. ○凡收養者, 具小兒年歲容貌告官, 其小兒父母及里任切隣, 詳查捧招, 成給立案." ○案 此卽英宗朝所定也. 雖公賤私賤, 不許還本, 其至意在活幼也.

『大典通編』曰: "行乞遺棄小兒, 收養節目, 用『字恤典則』. ○行乞兒, 以十

---

79 王: 新朝本에는 '守'으로 되어 있음.
80 十三: 新朝本에는 '十'으로 되어 있으나 『承政院日記』에 의거하여 바로잡음.

歲爲限, 道傍遺棄兒, 以三歲爲限. ○行乞兒, 荒年限麥秋, 遺棄兒, 勿拘豐歉, 依節目施行. ○行乞兒, 照賑廳式例給糧. ○遺棄兒, 擇流丐女人中有乳者, 每一人分授兩兒, 乳母每日計口給米, 並給醬藿【海[81]帶也】雖非流丐, 如有自願取養之人, 只授一兒, 量給米醬. ○行乞兒遺棄兒, 自願收養者, 一依『續典』事目." ○案 此卽正宗癸卯所頒也. 雖非凶年, 其遺棄兒收養者, 在所勿拘, 但有收養者, 宜立案成給.

立案式. ○行縣令爲立案事: "某鄕某里, 保人李好仁呈狀內, '本里有流丐婦人, 抱兒來宿, 夜間身死, 兒今失乳, 命在呼吸. 竊念小人老而無子, 收此孤兒, 養之爲子, 實爲合理. 查此男子, 年可二朞, 面貌黃瘦, 別無疤痕. 謹與里任鄭得孫·切隣金有福等, 具由來訴.' 官庭取招, 一如所告, 許爾收養, 永遠爲子. 此兒設有其父或有本主, 日後來認, 三朔之內, 倍償所養, 三朔之外, 不許還本, 載在法典, 玆依法典立案成給, 永遠憑驗, 勿用紛爭." ○其欲養之爲奴者, 礜栝爲詞.【後所生, 並作奴婢, 或限己身役使, 宜明白言之】○其兒有父母者, 須具兩家與受文跡.

設賑之年, 宜自賑場助糧, 平年募民, 適有貧婦應募, 無以自養者, 牧宜自出糧助之, 月給米二斗, 夏月月給麥四斗, 以至二朞.

凶年遺棄之外, 京城溝瀆之間, 或有遺棄, 多係奸淫所生. 然天地生物之理, 不以其父母之罪流於其兒, 宜亦收養, 許民爲子爲奴.

第三條 振窮

鰥寡孤獨, 謂之四窮, 窮不自振, 待人以起, 振者擧也.

---

81 海: 新朝本에는 '每'로 되어 있음.

文王發政施仁, 必先此四者, 「大司徒」保息六政, 三曰振窮, 卽謂是也. 然『詩』云: "哿矣富人, 哀此煢獨." 則惟貧而無依者, 謂之四窮. 其有財産者, 雖無六親, 不以四窮論. 牧選四窮, 厥有三觀, 一曰齡, 二曰親, 三曰財. 年未滿六十, 能自食其力, 及已滿十歲, 能自行求食者, 不暇恤也. 雖無六親【父母[82]兄弟妻子爲六親】, 尙有總功之親, 家力稍贍, 可以收恤者, 官宜以善言誘之, 以危言怵之, 使之收恤, 以時察飭而已, 不暇恤也. 其有財産者, 不暇恤也. ○三觀皆極, 眞爲窮人之無所歸者, 於是乎官養之. ○鰥而獨者, 月給粟五斗; 寡而獨者, 月給粟三斗, 又全免其徭役, 選隣里有德者, 使之館接. ○窮而至此者, 天下蓋絶無矣. 訪求一邑, 必不過數人, 名大實小, 行之不難, 何憚而不爲哉? 一年所費, 不過數苫之穀, 而道接先聖, 名流後世, 而足惜乎?

朱子曰: "凡天下疲癃殘疾, 煢獨·鰥寡, 吾兄弟之顚連而無告者也. 君子之爲政, 要主張這等人."【五子『近思錄』】

梁孔奐爲晉陵太守, 淸白自將秩俸, 分贍孤寡, 號曰神君.

程伯子爲晉城令, 凡孤煢殘廢者, 責之親戚鄉黨, 使無失所, 行旅出於其道者, 疾病皆有所養.

『大明律』曰: "凡鰥寡孤獨及篤廢之人, 貧窮無親屬依倚, 不能自存, 所在官司應收養, 而不收養者杖六十. 若應給衣糧, 而官吏剋減者, 以監守自盜論." ○律令如此, 雖欲勿恤, 又可得乎?

過歲不婚娶者, 官宜成之.

越王句踐令曰: "女子十七不嫁, 丈夫二十不娶, 其父母有罪."【出「越語」】 ○漢惠帝六年, 令曰: "民女子三十不嫁, 罰五算."【一算之錢, 百二十.】 ○古者, 三十而有室, 二十而嫁, 斯蓋不得過之大限. 然男子宜以二十五爲大限, 不必拘也.

任延爲九眞守, 民無嫁娶之俗. 女無適對, 生不識姓. 延使男年二十至五十, 女年十五至四十, 皆年齒相配, 其貧無禮聘, 令長吏省俸助之, 同時相娶二千

家. 是歲風雨順節, 穀稼豐衍.【『後漢書』】

柳仲郢在官, 不貸贓吏, 境內, 有孤貧衣纓家女及笄者, 皆爲選壻, 出俸金爲資裝嫁之.

孔戣爲廣州刺史, 女子可嫁者, 與之錢財, 令無失時.

沈內翰文通治杭州, 有貧不能葬, 及女子孤無以嫁者, 以公使錢, 嫁數百人. ○趙淸獻公在官, 爲人嫁孤女二十餘人.

王質權知荊南, 府民有訟婚者, 訴曰: "貧無貲故後期." 問其用幾何, 以俸錢與之使婚.

咸寧雍公泰巡鹽兩淮, 見竈丁貧而鰥者, 幾二千人, 比及二年具與完室. 旣去, 淮人詠曰: "客邊檢槖渾無硯, 海上遺民盡有家." 又曰: "了却四千兒女願, 春風解纜去朝天."

楊繼宗知秀州, 富民有患壻貧告停婚者. 繼宗責富民, 輸二百金, 聽別擇壻. 旣語之曰: "我以此付爾壻立家, 爾女得所矣." 令卽日成婚.

東岡李昆撫甘肅, 地邊夷婚多論財. 軍貧未娶者, 公查各衛得千餘人, 量給銀布助之. 後公還, 送者携妻孥, 伏道而泣, 皆昔之獲配者.

李時顯爲鴻山縣監, 有貧不能嫁者, 官爲具資, 使毋失時.

勸婚之政, 是我列聖遺法, 令長之所宜恪遵也.

『經國大典』曰: "士族之女, 年近三十, 貧乏未嫁者, 本曹啓聞, 量給資財, 其家長重論."

正宗十五年辛亥春二月, 上閔士庶貧寠, 男女婚媾, 或不以時, 敕京兆五部, 勸成, 期遠者趣之, 官助資裝錢五百·布二端, 月輒以聞. 時惟西部申德彬之女, 年二十一, 金禧集年二十八, 二人愆期. 六月初二日, 上曰: "予念五部多鰥曠, 勸而昏者, 無慮百數十人, 惟西部二人, 禮未克成, 烏在其導天和而諧物性也? 事貴齊始, 政期勉終, 可勸德彬·禧集, 俾完好事." 言旣定, 上喜曰: "匹夫匹婦, 爰得其所, 未有如金·申夫婦機會巧湊, 非常可喜, 若此之奇也." 【出李德懋『雅亭集』】○爲民牧者, 能體聖意而行之, 斯可曰盡職也. 夫天地之間,其壹鬱不宣, 未有甚於男女之過時者. 讀「周南」·「召南」諸詩, 斯可以知其情矣. 爲民父母, 其可恝歟?

每歲孟春, 選過時未婚者, 竝於仲春成之.

選邑中男年二十五以上·女年二十以上, 其有父母親屬及財産有據者, 督成之, 慢者有罪. 其絶無親屬, 絶無財産者, 選隣里有德者, 使爲媒妁, 求匹以成之, 官出錢若布若干以助之, 袍帽·帶靴·燭籠·黑衣之屬, 自官借之. 或貧富交濟, 或兩窮相合, 而牧之一勸, 勝於凡民之百言, 何惜一言, 不樹此陰德哉?

合獨之政, 亦可行也.

管子曰: “凡國都皆有掌媒, 取鰥寡而和合之, 此之謂合獨.” ○合獨亦善政也. 每見鄕村寡婦, 或其身地不賤者, 雖有改嫁之志, 羞怯多端, 必有老猾牙婆, 陰謀秘計, 聚隣里惡少, 乘夜竊負, 紛爭鬪鬨, 傷風敗俗. 或以行露之情, 誣作强暴之辱, 旣玷其潔, 又敗乃事. 曷若牧以禮勸之, 使匹夫匹婦, 各得其所哉? 此事雖不必發令, 宜諷諭百姓, 使知古意.

第⁸³四條 哀喪

有喪蠲徭, 古之道也. 其可自擅者, 皆可蠲也.

「禮運」曰: “仕於公曰臣, 仕於家曰僕, 三年之喪期不使.”

「越語」云: “句踐誓于民曰: ‘當室者死, 三年釋其政, 支子死, 三月釋其政.’” ○劉向『說苑』曰: “古者有親喪者, 不呼其門, 有齊衰·大功之喪者, 五月不服力役之征, 有小功之喪者, 未葬不服力役之征.” ○鏞案 「雜記」·「王制」, 亦有

---

83 第: 新朝本에는 빠져 있음.

不從政諸文, 鄭注以爲罷徭, 殆不然也. ○今兵曹及三軍門保錢·保布, 不以喪罷, 唯均廳之選武軍官, 許其喪頉【本音頤, 俗音脫, 卽有故之意】, 西路除番軍官, 許其喪頉. ○今宜畫定其法, 凡有父母之喪者, 百日之內, 其一應煙戶雜役, 許其寬免, 庶乎得古意也. 然詐僞旣繁, 虛實難分, 斯不可不慮也.

民有至窮極貧, 死不能斂, 委之溝壑者, 官出錢葬之.

『詩』云: "行有死人, 尙或墐之." 行路猶然, 況於爲民父母者乎! ○平日宜傳令民間: "若有如是者, 隨卽報聞, 其有隣里親戚, 可以相恤者, 不必報聞, 相議斂埋, 旣不相恤, 又不報聞, 其有罪罰." ○報旣至, 官出錢數百, 俾斂其身, 又令隣里親戚, 各出力, 棺而埋之.

黃霸爲潁川太守, 鰥寡孤獨, 有死無葬者, 霸具爲區處, 某所大木, 可以爲棺, 某亭豬子, 可以祭. 吏往皆如言, 咸稱神明.

范忠宣知太原府, 河東土狹民衆, 惜地不葬其先. 公遣僚屬, 收無主燼骨, 別男女異穴以葬. 又檄一路諸郡, 皆倣此葬, 以萬數計, 刻石以記年月.

尹亨來爲懷仁縣監, 嘗坐於堂, 聞有哭過縣門者, 問: "何人哭?" 對曰: "民昨死, 今出葬耳." 又問: "能斂乎?" 曰: "貧不能." 卽出錢, 使買棺以葬.

其或饑饉癘疫, 死亡相續, 收瘞之政, 與賑恤偕作.

『周禮·秋官』: "蜡氏掌除骴【死人骨】, 若有死於道路者, 則令埋而置楬焉【楬櫫也】, 書其日月焉, 縣其衣服·任器于有地之官【今鄕[84]亭是也】, 以待其人."

『續大典』曰: "京外癘疫時, 全家合沒而未得收瘞者, 恤典擧行." ○嘉慶戊午冬, 寒疾忽熾. 余在西邑, 首擧收瘞之政, 吏曰: "無朝令, 行之無功." 余曰: "行有令矣." 五日[85]五日, 修死亡之簿, 其無親屬者, 官出錢斂埋. 如是月餘, 朝令始到, 監司督簿, 急如星火. 他邑皆倉卒修簿, 累被論責, 余以已修者上

84 鄕: 新朝本에는 '卿'으로 되어 있음.
85 日: 財團本에는 '月'로 되어 있음.

之, 帖然無事, 吏亦大悅.

或有觸目生悲, 不堪悽惻, 卽宜施恤, 勿復商度.

范文正公守邠州, 暇日帥僚屬, 登樓置酒. 未擧觴, 見衰絰數人營理喪具者. 公亟命詢之, 乃寓居士人卒於邠, 將出殯近郊, 賵斂棺椁, 皆所未具. 公憮然卽徹宴席, 厚賙給之, 使畢其事, 坐客感歎, 有泣下者.

鄭瑄曰: "有一等沮善者, 見助喪, 則曰生者食爲重; 見施濟, 則曰賑窮親爲重. 果爾則親親仁民, 必完一件而後, 做一件耶? 夫施因當厄, 事就易擧, 心隨偶觸, 逐處可行, 多方難人者, 必非實心周急可知也."

或有客宦遠方, 其旅襯過邑, 其助運助費, 務要忠厚.

范[86]文正公知越州時, 有屬官孫居中卒於官, 子幼家貧, 助以俸錢百緡, 且具舟遣牙校, 送之歸. 仍作詩曰: "十口相依泛巨川, 來時煖熱去凄然. 關津不用詢名氏, 此是孤兒寡婦船."

趙淸獻公得虔州, 虔當二廣之衝, 行者常自虔易舟而北. 公造舟百艘, 移二廣諸郡曰: "仕官之家, 有父兄沒而不能歸者, 皆移文以遣, 當具舟載之. 至者悉授以舟, 復量給賻物, 歸者相繼於道."

白江李敬輿, 以丁丑四月, 爲慶尙監司, 時淸兵新退, 遂損廚傳[87]屛聲妓, 不輓不蓋, 專以弔死問孤, 拊循勞來爲急. 時被兵者, 多饑餓顚連, 公飭諸邑, 務先存接, 繼出營穀數千斛以餉之. 其死而不能還葬者, 令縣次給夫或牛車傳送, 尤貧乏不能斂者, 至給棺衾. 乃大鐲當路州郡, 他調以償其綂絆之役. 由是, 生者賴以活, 死者賴而歸葬, 不可勝計矣.

趙丈榮慶牧黃州時, 余爲迎詔使同坐政堂, 聞喪轝過去, 問之, 曰: "邊守死於官, 今歸葬也." 趙公輒召吏, 致慰于護行者, 具粥飯以餉一行, 致賻錢三十

兩, 旣而不復出弔. 余問其故, 答曰: "旅櫬過邑, 致餼致賻, 古之道也. 然吾本不知死, 亦不知生, 弔則無名也."

鄕丞吏校, 有喪有死, 宜致賻問, 以存恩意.

古者, 朝臣有喪, 國君必躬弔之, 視其小斂, 視其大斂. 斂有贈襚, 葬有贈幣. 推其義也, 守令爲官吏, 宜亦有恩. 魏令曰: "官長卒, 吏屬齊衰." 蜀譙周曰: "權假斬衰, 代至而除."【見『通典』】以至後世, 亦皆齊衰. 將責下報, 可無上施. 凡吏校身死, 或遭其父母之喪者, 宜以紙燭致賻, 饘粥勸歆. 鄕官曾在左右者, 或死或喪, 宜亦如之. 至其葬也, 以一盞之酒·二豆之肴, 遣禮吏致奠, 未可已也. ○鄕校齋任, 其我來後行公者, 宜亦如之, 雖外村風憲, 其累月行公, 顔面親熟者, 亦宜一例. ○境內有朝官出身, 及孝行才諝曾經薦報, 及太學生或文藝超等者, 宜亦如之. ○侍奴門卒, 一應官屬, 皆宜有饘粥之慰.

第五條 寬疾

廢疾篤疾者, 免其征役, 此之謂寬疾也.

『周禮』保息之政, 五曰寬疾. 鄭玄云: "若今癃不可事不算卒."【漢法也】寬也者, 寬免其征役也. 啞者聾者, 不妨食力, 瞽者賣卜, 跛者結網[88], 亦或有自給者, 惟其篤廢者, 在所顧恤.

今之牧者, 强戾不仁. 村婦抱乳孩, 訴于庭曰: "此兒入于竈, 今已癱矣, 新差選武軍官, 乞蒙寬免." 牧曰: "不猶愈於田中之草偶乎?" 不聽. 嗚呼! 牧而如此, 尙可以爲牧乎? 凡瞽[89]者啞者兀者躄者, 不可簽也, 不可徭也.

---

88 網: 新朝本에는 '綱'으로 되어 있음.
89 瞽: 新朝本에는 '瞖'로 되어 있음.

罷癃殘疾, 力不能自食者, 有寄有養.

瘖者跛者瘂者癩者, 爲人所賤惡. 又無六親流離不安者, 戒其宗族, 自官保授, 使之安接. ○ 其絶無親屬, 無可依據者, 尋其鄕里, 擇有德者保授, 蠲其雜徭, 俾防其費. ○[90] 余崇龜守江州, 風雪大作, 公冒雪往江亭, 親加[91]存撫, 人與錢米. 丐者, 給楮衾, 病者, 增創安養院以處之.

軍卒羸病, 困[92]於凍餒者, 瞻其衣飯, 俾無死也.

晉劉弘爲荊州, 嘗夜起聞, 城上持更者歎甚苦. 呼問, 蓋一兵年老, 羸疾無襦, 遂給以韋袍複帽.

張綸爲江淮發運副使, 見漕卒凍餒道死者衆, 歎曰: "此有司之過, 非所以體上仁也." 推俸錢, 市絮襦千數, 衣其不能自存者.

瘟疫流行, 蚩俗多忌, 撫之療之, 俾無畏也.

辛公義【隋文帝時人】爲岷州刺史, 岷俗畏疫, 一人病, 闔家避之, 病者多死. 公義命皆輿置廳事, 暑月廳廊皆滿. 公義設榻, 晝夜處其間, 以秩祿供其醫藥, 身自省問. 病者旣愈, 乃召其親戚, 諭之曰: "死生有命. 若能相染, 吾死久矣." 皆慚謝而去. ○ 凡瘟疫傳染, 皆由鼻孔, 嗅其病氣. 凡避疫之法, 當以不嗅氣爲限界. 凡問疾, 宜於上風處停立.【見煙氣可知風勢】辛公義適氣實, 故不染耳.

陳堯叟爲廣南西路轉運使, 嶺南風俗, 病者必禱神, 不服藥. 堯叟有集驗方百本, 刻石貴州驛舍, 地方賴之. 又以地氣蒸暑, 爲植柳鑿井, 每三二十里, 必置亭舍什器, 人免渴死.

蘇軾知杭州, 歲値饑疫, 日遣吏督醫, 四出治病, 全活以萬計.

許相國積爲賑恤提調, 身至瘟廠, 察視病人, 監瘞死人. 柳將軍赫然, 亦不畏瘟. 西池上有全家疫死, 無人斂埋, 柳公親自斂之.

---

90 ○: 新朝本에는 빠져 있음.
91 加: 新朝本에는 '可'로 되어 있음.
92 困: 新朝本에는 '因'으로 되어 있음.

瘟疫·痲疹及諸民病, 死亡夭札, 天災流行, 宜自官救助.

『經國大典』曰: "病, 貧乏不能買藥者, 官給. 外則本邑給醫藥."

宋嘉祐中, 黃州民病疫瘴大行, 得聖散子痊活者, 不可勝記. 蘇東坡撰文勒石, 以廣其傳, 聖散子之功益著. 徽州鄭尙書在金陵, 用此方治傷寒, 活人甚衆. ○聖散子者, 蒼朮[93]【製】·防風·厚朴【薑炒】·豬苓·澤瀉【煨】各二兩, 白芷·川芎·赤芍藥·藿香·柴胡各半兩, 痲黃·升痲·羌活·獨活·枳殼·吳茱萸【泡】·細辛·藁本·茯苓[94]各七戔[95], 石菖蒲·草豆蔲·良薑各八戔[96], 甘草二兩半, 大附子一枚. 右爲粗末, 每服三戔, 水二鍾·棗一枚, 煎八分, 稍熱服. ○張介賓曰: "治一切山嵐瘴氣, 時行瘟疫·傷寒·風濕等, 疾有非常之功." 如李待詔所謂'內寒外熱[97]·上實下虛'者, 此藥尤效神通[98], 大能發散寒濕, 驅除瘴瘧, 實有超凡之效也. ○茯菴李基讓爲文義縣監, 値瘟疫大行. 製此藥以施下民, 旁及淸州·沃川, 所全活不可勝數. ○余在康津, 値嘉慶己巳·甲戌大饑, 厥明年春, 瘟疫大行. 余以此方傳之, 所全活亦不可勝數. 或用泡附子無靈, 必用生附子, 乃奇驗也.【本方無泡字】 ○爲牧者, 若値瘟疫, 宜用數萬錢, 大製此藥, 令醫吏輕價賣之, 可以廣濟也. 其價本輕【一貼不過錢七葉】, 雖貧民, 不難服也. ○或云: "北方不如南方之效." 理或然也. 大抵饑饉之餘, 民氣虛損, 輕者溫散, 甚者溫補【熟地·當歸·桂·附等】, 乃可全活. 其用寒涼者, 多敗事.

痲疹盛行, 人多夭札, 其方甚多. 昔孟介石特著一方, 募人廣施, 輕者三五服, 重者六七服, 亦多痊活. ○其方曰, 紅花三兩, 石膏【煨】二兩, 乾葛·當歸尾·桑白皮各一兩, 荊芥·地骨皮·桔梗各八戔[99], 枳殼六戔, 赤芍藥·牛旁子

93 朮: 新朝本에는 '木'으로 되어 있음.
94 苓: 新朝本에는 '芩'으로 되어 있음.
95 戔: 新朝本에는 '錢'으로 되어 있음.
96 戔: 新朝本에는 '錢'으로 되어 있음.
97 熱: 財團本에는 '濕'으로 되어 있음.
98 神通: 新朝本에는 '通神'으로 되어 있음.
99 戔: 新朝本에는 '錢'으로 되어 있음.

·陳皮各五戔, 貝母·甘草各四戔, 薄荷三戔. 右細末, 每用末三五戔, 水煎服. ○其有蟲格三焦, 以生變症者, 李獻吉製二皮三肉湯, 亦多奇驗. 其方曰, 苦楝根白皮三戔, 陳皮·山查肉各二戔, 木瓜五片, 烏梅五箇, 川椒【去目炒】二十粒, 使君子肉一戔. 水煎, 調雄黃·檳榔末各一戔服. ○此二方, 宜亦試之.

流行之病, 死亡過多. 救療埋葬者, 宜請賞典.

嘉慶戊午冬, 寒疾忽熾, 死者無算. 朝廷令富民, 救療斂埋, 許授三品二品之資. 余在谷山府, 以綸音曉喩, 應旨者五人. 旣而枚報于上司, 上司謂: "他邑無奉行者, 一邑之民, 不可獨奏." 遂格不聞. 余卽飛報政院曰: "從今以往, 綸音聖旨, 民將不信, 非小事也, 亟宜筵奏. 如其不然, 吾且入京上疏矣." 政院以奏, 上大驚, 監司越俸二等, 五民皆授品資.

近所行麻脚之瘟, 亦有新方, 自燕京來.

道光元年, 辛巳之秋【自白露·秋分】, 此病流行. 旬日之內, 平壤死者數萬人, 都城五部死者十三萬人.【霜降以後漸熄】其症, 或似攪腸痧, 或似轉筋霍亂, 未詳治法. 是年冬, 葉東卿寄琉璃廠刻本藥方, 玆錄于左.

治時行瘟疫方【硃砂症, 一名心經疔, 一名麻脚瘟】, 牙皁·北細辛【各三戔[100]五分】·硃砂·明雄黃【各二戔五分】·唐木香·陳皮·藿香·桔梗·薄荷·貫仲·白芷·防風·半夏·甘草【各二戔】·枯礬【一戔五分】. 共硏細末, 裝入磁瓶中, 隨身佩帶, 可以濟人. 如病至求藥, 恐不救急, 爲此刻布.【此症初起, 兩手胍散, 喉腫心疼, 頃刻牙腎[101]發慌, 手足麻木, 閉目不語. 急用藥三分, 吹入鼻孔. 再將藥稱足一錢, 薑湯冲服. ○服後, 用紅紙捻, 照心窩, 背心二處, 見有紅點發現, 卽用針挑破, 內有紅筋挑出】○又方, 藿香·土貝母【研】·金銀花【各二戔】·砂仁【研】·厚朴【各一戔】·降眞香【研細五分】·生甘草【八分】. 右用淸水三鍾, 煎至一鍾, 去渣服.【此症初起, 兩足麻令, 次及兩手[102], 頭目暈眩, 肚腹絞痛,

---

100 戔: 新朝本에는 '錢'으로 되어 있음. 아래의 원주도 모두 이와 같음.

101 腎: 新朝本에는 '緊'으로 되어 있음.

102 手: 新朝本에는 '乎'로 되어 있음.

嘔吐泄瀉[103], 甚至昏迷不醒人事. 急照方服之, 無不立效. ○凡發此[104]症, 爲時甚猝, 如製藥不及, 須看兩小腿後, 至腿灣, 現有紅筋, 急用針挑刺出血, 擠至血盡, 竝刺十指尖兩手內腕, 俱挑出紅血, 症尚可救. 再行服藥.】

第六條 救災

水火之災, 國有恤典, 行之惟謹, 宜於恒典之外, 牧自恤之.

『備局要覽』曰: "漂沒頽壓, 燒燼人家, 未滿百戶者, 考例顧恤, 大戶米七斗, 中戶米六斗, 小戶米五斗. 過百戶以上, 各別顧恤, 大戶米九斗, 中戶米八斗, 小戶米七斗. 溺死·嚘死·燒死, 恤典各皮雜穀一石."【嚘, 俗字也. 虎咥曰嚘. 十五斗爲一石.】 ○凡恤典, 例以還米出給, 還米皆粃糠而已. 凡給恤典, 牧宜目前春糶以頒之. 其耗損必多, 每一石, 牧出米三斗以補之, 其未滿十二斗者, 宜令倉吏當之. ○恤米之外, 牧身臨其地, 就附近私養山, 借伐材木, 論定其價, 許除山主徭役. 限年勿侵, 當價而止.【山主無罪, 不可以白徵】 若株數些少, 不必然也. ○又於附近倉廒, 出空苫優給之. ○被災人家, 其貲産饒富者, 但給空苫, 勿給材木.【空苫, 俗謂之空石.】

凡被災民戶, 宜蠲徭役, 一朞而止. ○溺死·燒死者, 一夫之厄也. 若旣破其家, 又殞其身者, 恤典不可疊施, 從其厚者. ○虎咬死者, 恤典之外, 不必加焉. 但當獵虎, 以報讐而已.【詳見除害條】

凡有災厄, 其救焚拯溺, 宜如自焚自溺, 不可緩也.

劉昆爲江陵令, 縣有火災, 昆向火叩頭, 風反而火尋滅. ○案 此誠偶然耳. 然昆於此時, 必涕泣焦燥, 其至誠惻怛, 有足以感動天心, 故江陵之人, 歸功

---

103 瀉: 新朝本에는 '潟'으로 되어 있음.
104 此: 新朝本에는 '比'로 되어 있음.

於縣令. 若冷淡叩頭而止, 則必無此言.

許份知鄉州, 本於誠信. 一日, 河漲幾沒城, 公焚香移文水神, 復故道, 終不爲害. 人奇之.

王尊爲東郡太守, 河溢, 浸瓠子金堤. 老弱奔走, 尊親執圭璧祀水神, 請以身塡金堤, 因止宿堤上. 吏民數萬, 爭叩頭止尊, 尊終不去. 及水盛堤壞, 吏民皆奔走, 惟一主簿, 泣在尊傍立不動, 而水波漸却. ○宋士陴知遂寧, 江有隄, 水齧其阯[105], 士陴索胡牀坐堤上. 左右請避去, 不許. 移時水落, 時人以比王尊. ○陳希亮守滑, 會河溢魚池, 堤且決. 公發禁兵捍之, 廬於所決, 吏民涕泣更諫, 公堅臥不起. 水亦漸去, 人比之王尊.

蘇軾自密徙[106]徐, 時河決, 匯於城下, 富民爭出避水. 軾曰: "吾在是不致壞城." 驅使復入, 而自杖策, 入武衛營, 呼其卒長, 告之曰: "雖禁卒, 且爲我盡力." 卒長應曰: "太守不避塗潦, 吾儕敢不效命?" 乃率其徒, 短衣徒跣, 持畚鍤以出, 築東南長堤, 首起戲馬臺, 尾屬於城, 民乃安.

知制誥韓綜通判天雄軍, 會河水漲金堤, 民依丘冢者, 凡數百家. 水大至, 綜出令曰: "能活人者, 予千錢." 民爭操舟楫, 盡救之, 已而丘冢潰.

晉陵張公治信州, 夏六月大水. 公徙囚於高獄, 夜半水破城, 滅府寺苫民廬, 公趨譙門, 坐其下, 飭吏士, 收民鰥孤老癃與所徙之囚, 咸得不死.【『王荊公集』】

黃進爲同福縣監, 適値大水, 人民漂沒, 公親自拯之. 有老嫗旣免, 而呼曰: "亦取我瓢子也."

思患而預防, 又愈於旣災而施恩.

焦頭爛額, 不如曲突徙薪. 峽中民家, 地卑水近者, 宜於平日戒其遷徙. 若已成大村, 不可移動者, 宜於夏月預備舟船. 又凡大村, 宜飭鑿沼貯水, 或置甕貯水. 又凡救火之法, 以草席·苫席【俗名曰網席】, 濡水以覆之.【濡物救火, 見『春

---

105 阯: 新朝本에는 '堤'로 되어 있음.
106 徙: 新朝本에는 '徒'로 되어 있음.

144

秋傳』】若仰屋潑水, 徒勞無益也. 通邑大都如平壤·全州者, 宜備水銃十餘具.

廉范爲蜀郡太守, 先是, 蜀郡有火災, 禁人夜作以防災. 范乃嚴儲水而已, 歌曰: “廉叔度來何暮? 不禁火民安作. 昔無襦今五袴.”

程文簡琳守益州, 正月放燈, 吏民聚游. 公先戒吏爲火備, 有失火者, 使隨救之, 勿白以動衆. 旣而大宴五門, 城中火, 吏救止, 卒宴民皆不知.

唐王仲舒爲蘇州, 堤松江爲路, 變瓦屋絶火災, 賦調常與民爲期, 民不爲擾.

洪處厚爲義州府尹, 民俗皆茅屋, 數有火患. 公用唐韋丹故事以導民, 自是民多瓦屋, 而邑無火憂.【韋丹事, 見「工典」.】

後漢任文公, 知有大水, 自貯大舟, 至期果大雨, 水湧十餘丈, 漂壞廬舍.

宋陳良器知洪州, 大水, 城之不滅者十五, 水得城竇以入, 擧城惶擾, 不知所爲. 公預具薪藁, 不終日以塞, 州人德之曰: “無陳公, 吾屬如何矣?”

李命俊爲西原縣監, 邑治近大溪, 素有水患. 一夕, 水鳥來集官庭, 公曰: “此水祥也.” 戒吏民爲水備. 未幾, 水大至入城, 漂廬舍, 民賴有備, 得以全活.

若夫築堤設堰, 以捍水災, 以興水利者, 兩利之術也.

其有前人美蹟, 竝詳川澤條, 玆不疊述. ○余家洌水之濱, 每夏秋大水, 必見漂屋流下, 有如春澌. 或鷄鳴屋上, 或衣掛楣間. 今年如此, 明年復然, 斯皆民牧不居民之過也. 古者, 司空以居民之法, 分授群牧, 見於『史記』,『古文·湯誥·咸有一德』, 可見一斑[107]. 凡縣邑在大水之濱者, 牧宜巡行水村, 其有漂沒之慮者, 宜飭高遷, 其在大山之根者, 宜於村塢之後, 別築長堤, 以捍其暴急, 不可忽也.

其害旣去, 撫綏安集, 是又民牧之仁政也.

程伯子爲鄠縣主簿, 府境水害, 倉卒興役, 諸邑率皆狼狽, 惟先生所部, 飮食芨舍, 無不安便. 時盛暑泄利大行, 死亡甚衆, 獨鄠人無死者, 所至治役, 人

---

107 斑: 新朝本에는 '班'으로 되어 있음.

不勞而事集. 常謂人曰: "吾之董役, 乃治軍法也."

昔金校理熙采[108]知長連縣, 時大水九月山崩, 覆沒者三十里, 人命殞者, 禾稼傷者, 至不可算. 公出視百姓迎哭, 公下馬執民手同哭, 百姓感悅, 謂: "死無恨!" 哭定詢民所願, 卽自山下, 馳往巡營【不入邑】, 凡民所願, 悉要狀聞, 爭之終日. 監司苦之, 謂: "公仁而昧事." 狀請與能者相換, 銓曹許以安峽縣監相換. 公將棄官歸, 百姓遮道執鞚, 圍之十匝, 公留村家十餘日. 民少懈弛備, 公得乘夜脫身逃歸, 百姓會哭于境上, 如孩失母. 由是觀之, 牧民在仁, 不在政也.

李判書書九爲平壤府尹【卽監司】時, 平壤失火, 公私廬舍, 延燒殆盡. 府尹措畫有方, 營葺有法, 官廨數十區, 民家萬餘戶, 一時頓新, 而民無蕩析者, 至今猶思其惠.

飛蝗蔽天, 禳之捕之, 以省民災, 亦可謂仁聞矣.

馬援爲武陵太守, 郡連有蝗, 援賑貧羸薄稅斂, 蝗飛入海, 化爲魚鰕. ○案『埤雅』: "蝗卽魚卵所化, 俗云'春魚', 遺子如粟, 埋于泥中, 明年水及故岸, 則皆化而爲魚, 如遇旱乾水縮, 不及故岸, 則其子久閣, 爲日所暴, 乃生飛蝗, 或以爲鰕子."

梁蕭修爲秦州刺史, 郡有蝗. 修詣田所, 深自咎責, 忽有飛鳥千群, 食蝗殆盡. ○案 元成宗時, 蝗蟲食苗, 成宗祭之, 忽有鶖鳥群至, 蝗在地者啄之, 飛者以翼格殺之, 蝗盡滅. 亦弔譎之言.

宋趙抃守靑州時, 山東旱有蝗, 自靑齊將及境, 偶遇大風, 乃退飛墮水而死. ○案 史稱魯恭爲中牟令, 蝗不入境, 宋均爲九江守, 山陽·楚沛多蝗, 至九江輒四散, 卓茂爲密令, 歐陽玄爲蕪湖令, 蝗皆不入境, 王況爲陳留太守, 蝗高飛去. 斯皆杳茫之言, 不可以取必也.

宋米元章爲雍丘令, 蝗大起, 百姓憂之. 隣縣尉司禁瘞, 後仍舊滋蔓, 責令

---

108 采: 新朝本에는 '釆'으로 되어 있음.

保正, 併力捕除. 或言: "盡緣雍丘驅逐過此." 尉司移文, 載保正之語, 牒雍丘縣, 請各行打撲, 收埋本處, 勿以隣國爲壑. 時元章方與客飲, 視牒大笑, 取筆書其後云: "蝗蟲原是飛空物, 天遣來爲百姓災. 本縣若能驅得去, 貴司何不打回來?" 傳者無不絶倒.

陳幼學知中牟縣, 秋成時, 飛蝗蔽天. 幼學捕蝗, 得千三百餘石, 乃不爲災. ○案 漢平帝時, 詔使者捕蝗, 人能捕蝗詣吏者, 以石斗受錢. 唐開元時, 姚崇奏遣捕蝗使, 分道殺蝗, 石晉天福間, 募民捕蝗, 易以粟. 捕蝗者, 救蝗之要法也.

新羅金巖爲浿江鎭頭上, 嘗有蝗, 自西入浿江之界蔽野, 百姓懼. 巖登山頂, 焚香祈天, 忽風雨大作, 蝗盡死. ○按 吾東本無蝗災. 余生六十年, 未見蝗蟲, 而新羅之時, 乃有此災[109].

吏典六條
束吏·馭衆·用人·擧賢·察物·考功

第一條 束吏

束吏之本, 在於律己. 其身正, 不令而行; 其身不正, 雖令不行.

民以土爲田, 吏以民爲田. 剝膚槌髓, 以爲耕耨; 頭會箕斂, 以爲刈穫, 習與性成, 認爲當然, 不束吏而能牧民者, 未之有也. 然無諸己而後非諸人者, 天下之達道也. 牧之所爲, 不足厭服, 而惟以束吏爲主, 令必不行, 禁必不止, 威必不振, 法必不立. 自荒自淫, 而常曰: "吏俗極惡者." 不通之論也. ○俗吏, 每以嚴刑猛棍, 爲束吏之本. 然不廉不慧, 以猛爲主, 其弊也亂.

忠簡公趙鼎在越, 唯以束吏恤民爲務, 每言: "不束吏, 雖善政, 不能行." 蓋除害然後, 可以興利.

高陽王雍爲湘州刺史, 曰: "爲牧之道, 亦難亦易. 其身正, 不令而行, 故曰是易; 其身不正, 雖令不從, 故曰是難."【出『唐書』】

李文節『燕居錄』云: "在公堂, 行一私·枉一法, 瞞不過吏胥; 在私宅, 行一法·受一物, 瞞不過僮僕."

高麗琴柔·玉沽【二人名】, 俱知大丘郡. 郡吏裵泄狡猾, 而機警舞文, 守令多倚以爲政. 泄晩年謂人曰: "前後守令, 我皆率居, 唯琴柔·玉沽, 侍居耳."

柳參判誼牧洪州, 洪州吏習之奸猾, 甲於湖右, 而公淸儉自持, 至誠愛民, 吏屬咸悅, 薄鞭不用, 而毫[1]髮不犯. 余以此知律己爲束吏之本.

---

1 毫: 新朝本에는 '豪'로 되어 있음.

齊之以禮, 接之有恩, 然後束之以法, 若陵轢虐使, 顚倒詭遇者, 不受束也.[2]

曹彬不名下吏, 每白事必冠而後見. ○朴娛菴知警云: "昔先君爲宰時, 戶長·吏房有罪, 則先遞其任, 然後罰之." 此爲勵廉恥之道也.【冶谷『三官記』】

朔望點考之外, 出其不意無時點考, 非禮也. 俗謂吏屬出村, 侵虐小民, 故[3]無時點考, 使不得任意出入. 然吏之行惡, 不必躬出, 遣其子弟, 亦足侵民, 何可防也? 中夜擧火, 呼張喚李, 政令顚倒, 反損威重. 凡時有職任者, 例不遠出, 唯無任閒居者, 時有此弊. 府中或有閑雜事務, 召而使之, 不卽入來者, 知其出村, 便可施罰. 不露形跡, 自就團束, 無時點考, 不可爲也. 若奴隸之屬, 別點亦可, 然抽籤呼名, 亦足以警, 不必按籍而悉呼也.

吏之曲腰, 不知所昉. 今京司諸吏, 俛首而已, 未嘗曲腰, 鄕吏何獨然矣? 余嘗疑之, 及處南土, 知曲腰之法, 本出古人深意, 不可變也. 吏之爲物, 驕逸放恣, 眼無官長, 頤指士民, 若無曲腰之法, 其所自處, 尤益尊大, 不可制也. 然項索掛石, 倒懸垂地, 皆是駭擧, 君子所不爲也. 其或慢蹇者, 徐數其罪【不曲腰之罪】, 使伏磚上, 移時命退無妨.

其有父母疾病及意外災厄, 官且撫存拯救, 有喪致賻, 有慶助具. 然後惟其上竊下攘之罪, 是防是懲, 則吏未有不軌者也. ○吏蠖屈蟻行, 應對如流. 官俯視如蟲豸, 時以小智淺術, 顚倒闔闢, 自以爲握之放之, 惟意所欲, 不知此輩如逆旅之主, 慣經行人, 誠僞虛實, 豁然在目. 比肩伏庭, 相與咥然竊笑, 及其出門, 譏嘲萬端, 將何益矣? 但當以至誠待之, 知之曰知之, 不知曰不知, 有罪則罰之, 無罪則恕之, 一循常理, 無用霸術, 斯可以服其心矣.

居上不寬, 聖人攸誡, 寬而不弛, 仁而不懦, 亦無所廢事矣.

---

2 齊之以禮…不受束也: 新朝本에는 目으로 되어 있음.
3 故: 新朝本에는 빠져 있음.

楊龜山云: "孔子曰: '御下以寬.' 然百事不管, 惟務寬大, 則胥吏舞文弄法, 不成官府. 須要權常在已, 操縱予奪, 總不由人, 儘寬不妨."[4]

朱子曰: "大抵做官, 須令自家常閒, 吏胥常忙方得, 若自家被文字叢了, 討頭不見, 胥吏[5]便來作弊."『五子[6]近思錄』○又曰: "做守令, 如胥吏沈滯公事, 邀求於人, 其弊百端, 須嚴立程限, 決要如期, 他限日到, 自然邀索不得."

陶桐林云: "居家爲婦女們愛憐, 朋友必多怒色, 做官爲衙前們歡喜, 百姓定有怨言."

『思齋撫言』云: "李世靖經學精熟, 訓誨不[7]倦, 一時宰相多出其門, 吾兄弟亦門人也. 顧無才幹, 出知靑陽縣, 崔淑生新除觀察使, 一時門人, 皆以靑陽付囑曰: '吾師學問淸操, 愼勿妄貶.' 崔公唯唯而去, 初考罷黜. 及歸, 諸宰往見曰: '湖西一道, 豈無猾吏, 而催科政拙者居下乎?' 崔曰: '他邑雖猾, 只是一賊, 民猶可堪. 靑陽雖淸, 六賊在下, 民所不堪.'【六賊謂六房之吏】由是觀之, 雖文學淹博, 不知束吏者, 不可以牧民也.

誘之掖之, 敎之誨之, 彼亦人性, 未有不格, 威不可先施矣.

韓延壽爲頴川太守, 待下吏, 恩惠甚厚而約誓明. 或欺負之者, 延壽痛自刻責, '豈其負之, 何以至此?' 吏聞者自傷悔. 在東郡三歲, 令行禁止, 斷獄大減, 爲天下最.

魏霸治郡, 吏有過先訓之, 不改乃罷之, 或稱他吏之長, 以激之, 吏皆懷慙息訟.[8]

鍾離意拜瑕丘令, 有吏行盜, 不忍行刑, 罷其職而放歸, 其父曰: "此以義刑人者也." 乃令子飮藥死.

---

4 楊龜山云…儘寬不妨: 新朝本에는 이 目이 綱에 이어져 있음.

5 吏: 新朝本에는 '史'로 되어 있음.

6 子: 新朝本에는 '字'로 되어 있음.

7 不: 新朝本에는 '下'로 되어 있음.

8 韓延壽…息訟: 新朝本에는 이 目이 綱에 이어져 있음.

唐洛陽令楊德幹, 杖殺人吏, 以立威名. 賈敦實謂之曰: "政在養人, 義須存撫, 傷生過多, 雖能不足貴也." 德幹亦爲之稍減.

唐許圉師爲襄州, 部有受贓者, 圉師以淸白箴賜之, 其人自愧, 更爲廉士.

陳希亮爲雩都守, 老吏曾腆, 侮法粥獄, 以公少年易之. 公視事之日, 首得其重罪, 腆叩頭出血, 願自新, 公戒而捨之.

高麗鄭云敬爲安東判官, 州吏權援, 嘗與云敬同游鄉學, 至是持酒肴求謁. 云敬召與飮謂曰: "今與若飮, 不忘舊也. 明日犯法, 恐判官不汝貸也."

誘之不牖, 敎之不悛, 怙終欺詐, 爲元惡大奸者, 刑以臨之.

『史記·酷吏傳』云: "甯成爲人上, 操下如束濕薪.【韋昭云急也】9

柳公綽節度山東過鄧縣, 有二吏, 一犯贓, 一舞文. 衆謂公綽必殺犯贓者, 公綽判曰: "犯法法在, 亂法法亡." 竟誅舞文者.

唐眞源縣, 有豪吏華南金恣肆, 邑中語曰: "南金口, 明府手." 及張巡爲令, 卽誅之.

宋鄭10戩知開封府, 府吏馮士元者, 通結權貴, 恣爲奸贓, 權柄多出於士元, 京師號爲'立地京兆'. 戩收士元案成, 流於海島, 都下肅然.

況鍾宣11德間, 爲蘇州知府, 郡號煩劇難治, 遂擢鍾授以璽書, 假便宜從事, 馳驛之任. 鍾初視事爲木訥, 胥持文書, 皆不問當否, 便判可, 弊蠹輒識之. 通判趙忱, 肆慢侮鍾, 亦唯唯不校. 旣期月一朝, 命左右具香燭案, 并呼禮生, 僚屬以下亦集. 鍾言: "某有朝廷勅, 未嘗宣, 今自宣勅." 旣宣, 中有僚屬不法, 徑自拿問之語, 於是諸吏皆驚. 禮畢, 坐堂上, 呼里老, 言: "吾聞郡人多狡, 每傾誣善人, 吾有彰癉之術. 雖不能如閻羅老子, 自爲部別, 今以屬若等, 速以善戶·惡戶報來. 善者吾優視之, 甚則賓致鄉飮, 惡者吾且爲百姓殺之. 吾列善惡二簿, 俟若曹矣." 又召府中胥悉前, 大聲言: "某日某事, 你某作如此, 擬應

---

9 史記…韋昭云急也: 新朝本에는 이 目이 綱에 이어져 있음.
10 鄭: 新朝本에는 '鄶'으로 되어 있으나 『宋史』에 의거하여 바로잡음.
11 宣: 新朝本에는 '宜'로 되어 있음.

竊賄若干[12], 然乎? 某日某如之." 群胥駭服, 不敢辨. 鍾命引出曰: "吾不能多耐煩!" 命裸之, 俾皁隷有膂力者四人, 輿一胥, 擲空中, 攧死之. 皁始少投去, 鍾大怒曰: "吾爲百姓殺賊, 狗鼠輩爲吾樹虐威耶? 高投之立死. 不死, 死若狗曹." 皁懼如命, 立斃六人. 命屠人鉤其髮, 拖出肆諸市, 復黜屬官, 貪暴者·庸懦者十餘人. 由是, 吏民震悚革心, 奉命惟謹, 蘇人稱之曰 '況靑天'.【『皇明通紀』】○案 懲惡誅猾, 自有常刑, 何必攧死之爲快? 酷吏之慘虐, 不足以服民心也.

高麗權㫜爲慶州留守, 司戶有盜民租者, 碎其腦于庭, 觀者股慄. 忠烈初徵, 拜典理摠郎.

高麗田元均知陜川郡, 淸廉不受苞苴. 其撫細民, 未嘗不俯循哀惻, 及繩猾吏, 鋤理甚威, 發姦摘伏如神, 一州敬憚. 決獄尤詳審, 雖受棒楚者, 皆曰: "田君決之."

李正英爲嘉山縣監, 邑有黠胥, 倚使府凌官, 吏奪民産, 至爲榜楚, 私脅窮弱. 公治其罪, 而還其所奪, 胥又計逞怨毒. 公知狀以言巡使, 請究其罪, 旣諾中改. 公竟杖殺此胥, 小民歌舞.

李永輝爲林川郡守, 吏屬强悍, 多姦猾侵暴. 公摘治其尤者, 嚴科條使相伺察, 諸村里寺店, 禁不得到, 以此民間晏然. 束下旣嚴, 吏皆知畏, 於是思有以風動之, 郡之二吏, 稍持廉矜, 而以孝友聞於鄕, 召賜酒食, 曰: "汝有此持行, 當求忠於孝. 必盡心職事, 勿欺官長, 毋取罪罰, 以危父母." 二人感激自誓. 凡所委必用誠, 諸吏亦自奮勵. 民有以常儀饋吏者, 吏不受, 饋者潛置其家, 吏覺竟還之, 蓋苞苴之俗幾絶焉.

閔晉亮爲坡州牧使, 邑有猾吏, 憚公剛明, 約其徒一時逃散, 要使公去. 公凝然不動, 召村民使令而曰: "逃者之田, 將自官收穫, 以充雇價." 未浹旬稍稍還集, 公亦不問以安之.

李判書魯益爲全羅監司, 府吏崔致鳳, 巨猾首惡也. 一路五十三邑, 每邑必

12 干: 新朝本에는 '于'로 되어 있음.

有二三奸吏, 皆締交致鳳, 恃爲盟主. 致鳳歲以錢數十萬兩, 分授諸奸吏, 使幻弄倉庫, 作錢立本, 萬民受毒. 每監司遣吏校, 廉問守令臧否, 必先受致鳳風旨, 及其歸也, 必以所錄先示致鳳. 守令廉謹執法者, 皆陰中之, 其貪[13]鄙不法者, 及奸鄕猾吏, 入於所錄者, 致鳳皆脫出之, 割其所錄, 送于本人, 以樹其威德, 一路側目久矣. 李判書下車十餘日, 忽拿入諭之曰: "汝罪當死!" 棍之杖之, 猶未死. 移囚三四邑, 至于高敞, 促納物故狀, 致鳳乞貸命, 以待明日午時, 縣監不聽, 遂死于高敞.【蓋致鳳締交宰相, 至是分遣三子, 以圖其生, 若至明日午時, 庶有生路故也.】時余在康津, 見奸吏數人, 恐禍及己, 悚息焦心, 爲之骨立, 數月而後, 乃能少安. 首惡之誅, 其風聲如此.

元惡大奸, 須於布政司外, 立碑鐫名, 永勿復屬.

盧奐累任大郡, 治有異績, 人畏之如神. 凡治奸惡, 旣斷其罪, 又以其所犯, 刻石立門, 再犯必致之死籍, 謂之紀惡碑. ○案 紀惡碑, 卽上古帝王之法也. 縉雲氏有不才子, 貪于飮食, 冒于貨賄, 天下之民, 謂之饕餮. 而殷彝周鼎, 皆刻饕餮之形, 有首無身, 以象刑戮, 以寓警戒. 此本紀惡之義. 而『山海經』又以饕餮·檮杌, 皆作惡獸之名, 故此義遂晦耳. 近見御史·察使, 或執元[14]惡鄕[15]吏, 刑之配之, 非[16]不嚴矣. 此吏權力素重, 轉眄之頃, 安然在家, 指顧之間, 遂已還職, 行惡如故, 莫之誰何. 余謂御史·察使, 旣發其罪, 遂於布政門外, 刻[17]石紀惡, 此石未泐, 不得復仕, 則必能懲其惡矣.

士大夫陷於贓汚, 或至終身不敍, 元惡鄕吏, 則欻忽而脫, 蔑法如此, 不亦疏乎?

---

13 貪: 新朝本에는 '貧'으로 되어 있음.
14 元: 新朝本에는 '原'로 되어 있음.
15 鄕: 新朝本에는 '卿'으로 되어 있음.
16 非: 新朝本에는 '昨'으로 되어 있음.
17 刻: 新朝本에는 '効'으로 되어 있음.

牧之所好, 吏無不迎合, 知我好財, 必誘之以利, 一爲所誘, 則與之同陷矣.

每見官長初到, 其發號施令, 多有可觀, 旣到數月, 爲吏所誘, 則反舌無聲, 而腐鼠其嚇矣.

呂氏『童蒙訓』曰: "後生少年, 乍到官守, 多爲猾吏所餌, 不自省察, 所得毫末而一任之間, 不復敢擧動. 大抵作官嗜利, 所得甚少, 而吏人所盜不貲矣. 以此被重[18]譴, 良可惜也." ○官偸災十結【災害蠲稅, 謂之災.】, 吏之千結, 不可禁也; 官防納一結【餘結, 徵米者.】, 吏之百結, 不可禁也; 官翻穀百石, 吏之萬石, 不可禁也. 百事皆然, 豈不哀哉?

性有偏辟, 吏則窺之, 因以激之, 以濟其奸, 於是乎墮陷矣.

包拯尹京, 號爲明察. 有民犯法, 當杖脊, 吏受賕, 約曰: "尹必付我脊杖[19], 汝第呼號自辨." 旣而引問, 囚如吏言, 吏訶之曰: "但受脊杖, 何容多言?" 包謂市[20]權杖吏, 特寬囚罪, 不知乃爲所賣. 小人爲奸, 固難防也. ○案 此所謂兵法之反間也. 欲奪則請予, 欲囚則請放, 欲西則擊東, 欲左則牽右, 以激其偏僻之性, 則雖以包閻羅之明斷, 亦未免陷於術中, 豈不嗟哉? 君子持心公平, 算有先定, 不爲物撓, 不以怒遷, 吏無所容其奸矣.[21]

不知以爲知, 酬應如流者, 牧之所以墮於[22]吏也.

吾東之人, 文臣少習詩賦, 武臣少習弓矢, 此外所學, 卽馬弔江牌, 挾娼轟飮而已. 上焉者, 窮九宮八門之理, 河圖洛書之數, 凡此數件, 於人間萬事, 絶無所當. 唯弓矢爲實務, 亦與吏事無涉. 一朝去家千里, 兀然獨坐於群吏萬民之上, 任之以平生不夢之事, 其逐事瞢昧, 於理當然. 乃牧以瞢昧爲恥, 以不

---

18 重: 新朝本에는 '童'으로 되어 있음.
19 脊杖: 新朝本에는 '責狀'으로 되어 있음.
20 市: 新朝本에는 '帀'으로 되어 있음.
21 包拯尹京…其奸矣: 新朝本에는 이 目이 綱에 이어져 있음.
22 於: 新朝本에는 '放'으로 되어 있음.

知爲知, 一應發號施令, 皆不問曲折, 隨手著押, 酬應如流, 自處以周通不滯, 此牧之所以自陷也. 凡出一令一牌, 宜向首吏·該吏, 採其根荄, 達其枝條, 直窮到底, 自心爽豁, 然後乃肯押之, 不過數旬, 明達事務, 靡不通矣. 余久居縣城, 每聞新官生澁探根者, 其老吏議之曰: "其兆可苦." 其酬應如流者, 相與笑之曰: "其兆可知." 束吏之要, 實在是矣.

吏之求乞, 民則病之, 禁之束之, 無俾縱惡.

卓茂爲密令, 視民如子, 口無惡言, 吏民不忍欺. 民有言部亭長受其米肉, 茂曰: "亭長爲從汝求乎? 爲汝有事囑之而受乎? 將平居自以恩義遺之乎?" 民曰: "往遺之耳." 茂曰: "遺之而受, 何故言耶?" 民曰: "竊聞賢明之君, 使民不畏吏, 吏不取民. 今我畏吏, 是以遺之, 吏旣卒受, 故來言耳." 茂曰: "汝爲弊民矣. 吏顧不當乘威力强求請耳. 亭長素善吏, 歲時遺之禮也." 民曰: "苟如此, 律何故禁之?" 茂笑曰: "律設大法, 禮順人情. 今我以律治汝, 汝何所措其手足乎? 且歸念之." ○卓茂者, 鄕愿之鄙夫也.【其行事本然】民之訴吏, 例[23]不盡言, 民擧其一, 牧反其三, 乃得其情. 今也, 不疑吏橫, 唯咎民險, 不亦昏乎? 民若樂遺, 必無此訴; 不樂而遺, 必有隱情, 豈可徑謂之敵民乎? 小民如小兒, 疾痛疴癢, 不能自言, 縱一言之, 不能明言. 嗟乎! 其可哀也已.

後漢吳祐爲膠東相, 政崇仁簡, 民不忍欺. 嗇夫孫性私賦民錢, 市[24]衣以進其父, 父怒曰: "有君如是, 何忍欺之?" 促歸伏罪, 性慚懼自首, 具談父言. 祐曰: "掾以親故, 受汚穢之名, 所謂觀過知仁矣." 使歸謝其父, 還以衣遺之.

『北史』宋欽道仕齊, 歷位中山太守, 好察細事. 其州府佐吏, 使人間者, 先酬錢然後敢食, 臨莅[25]處稱爲嚴整.

呂蒙正曰: "水至淸則無魚, 人至察則無徒. 曹參不擾獄市者, 以其能兼愛善惡也. 若窮之則奸慝無所容, 故告以愼勿擾耳." ○此亦有弊之言. 近世宰

---

23 例: 新朝本에는 '倒'로 되어 있음.

24 市: 新朝本에는 '布'가 빠져 있음.

25 莅: 新朝本에는 '艸泣'으로 되어 있음.

相, 習聞如此之言, 一切是非善惡, 皆欲混沌而不分, 民之受傷者多矣. 總有權衡, 不可膠也.

『茶山錄』云: "猾吏驕奢淫佚, 及其敗也, 巡行村里, 求乞錢穀, 或以本村還穀, 許其除留, 以納逋欠, 牧必知幾, 先戒曰: '汝犯此罪, 必罰無赦.' 旣而廉得之, 照法重繩, 不可原也."

員額少, 則閒居者寡, 而虐斂未甚矣.

『周禮』, 府史胥徒, 皆有定額. 若鄕黨州族, 卽京城五部之類也; 遂縣鄒鄙, 卽畿甸列邑之官也. 然其府史胥徒, 皆有定額, 則中外之吏, 無異制也. 然且府史之數, 其額極小, 太宰·大司徒衙門, 府不過六人, 史不過十二人, 胥不過十二人, 惟徒百二十人. 遂人府不過四人, 縣師府不過二人. 虞夏殷周之制, 吏額之絶少如此, 古聖人爲萬民慮, 若是其深且遠矣. 吾東之制, 全不師古, 京外吏額, 莫不澆亂. 京司猶有定額, 外邑全無限制, 多或至數百【安東·羅州等】, 少不下六十, 曹處群居, 黨比傾軋, 傷風敗俗, 所爲兇惡. 然且房任稱要者【房任, 職窠也.】, 大邑不過十窠, 小邑不過五六. 縛頭爭門, 僅獲一窠, 摑掌奮臂, 思得一產, 其行盜作奸, 割膚呭血, 容有旣乎? 鄕吏定額之議, 其來已久. 故將臣李漢豐, 屢有筵奏, 暗行御史李勉昇, 亦有書啓, 而大臣·藩臣, 視爲閑事, 任其潰裂, 良可歎也. ○今宜以田結多少, 畫定吏額, 每田千結, 置吏五人, 萬結之邑, 置吏五十, 蔑不足矣. ○吏之減額, 吏亦願之, 但云監司巡歷, 探候支待派差至廣, 非數十人所能爲也. 此事之外, 都無所拘. 大抵今之監司, 萬瘼之本, 衆弊之源. 凡外邑之事, 推究弊原, 皆抵監司, 此其一也. ○總之, 吏額汰定, 非牧所能. 然老者去之, 稗者去之, 每田千結, 置吏五人, 試[26]其文算, 可居職任, 亦可以粗成規模, 不可一任其雜亂也.【如東萊·義州, 人多地狹, 處宜視民戶之數, 以定吏額.】

韓魏公爲益州安撫使, 逐貪殘不職吏, 罷冗役七百六十人.

---

26 試: 新朝本에는 '誠'으로 되어 있음.

趙豫知松江府, 擇良家子謹厚者爲吏, 訓以禮法, 均徭節費, 減吏員十之五.

藥泉南相國九萬, 嘗在兵曹, 汰吏者近百人. 尤菴上疏曰: "府史胥徒, 實耗國之大蠹, 不可不省汰. 今兵曹所汰近百, 誣謗朋興, 然其利益已不貲矣. 伏願聖明, 亟令諸曹, 一例汰省焉." ○毋論中外, 汰吏者, 當今之急務也, 有額有利, 必不敢輕犯法矣.

胡大初曰: "臺郡之吏, 有名額有廩給, 故人人皆有愛惜己身之意.【臺郡, 如巡營.】縣吏則不然, 無額無廩, 而縣官日用, 則燈燭柴薪, 無不買辦; 縣官生辰, 則星香圖綵, 皆欲備供. 士夫經從, 輪次排辦, 臺郡文移, 哀金遣人, 財何自來? 不過欺取民財耳." ○案 此中國縣吏, 亦無額無廩, 若其供辦之勞, 又甚於吾東之縣吏也. ○吏之稍餼, 不可遽議. 唯大革田制, 始可經紀. 詳見余「田制考」, 今姑略之.【括出隱結之半, 以爲吏廩, 亦有餘矣.】

『通考』載史祿之法, 云: "宋英宗四年, 頒募役法於天下, 內外胥吏, 素不賦祿, 唯以受賕爲生, 至是用免役錢祿之, 有祿而贓者, 用倉法重其坐. 初時京師賦吏祿, 歲僅四千緡, 至八年, 計緡錢三十八萬有奇. 京師吏舊有祿及外路吏祿, 尙在數外. ○神宗熙寧四年詔三司, 凡民承買酒麴坊場, 率千錢輸稅五十, 儲之以祿吏." ○ "斯皆苟且彌縫之法, 今不可取則也."

『經國大典』曰: "鄕吏特立軍功者, 一子免役, 中雜科者, 竝免子孫役." ○又曰: "連二代立役, 則雖訴本非鄕孫, 勿聽." ○又曰: "厭本役而逃者, 同類人捕告, 十人以上免役, 二十人以上, 幷其子免役, 九人以下, 則每一人免三年役." ○案 國初法紀嚴肅, 史術剛廉, 郡縣小吏, 不足以贍其八口, 故視爲苦役, 逃者相續, 至以捕亡者爲功. 立法如此, 其民生之安樂, 可知也. 今也, 鄕吏入仕者, 爭門碎頭, 如赴科宦, 小縣之吏, 或近百人, 不可相容. 於是, 私自設法, 或父子不許同仕, 或兄弟不許三人, 利厚味濃, 於此可見, 而民生之憔悴, 亦可知也. 謀國者, 可不慮乎?

今之鄕吏, 締交宰相, 關通察司, 上莌官長, 下剝生民, 能不爲是所屈者, 賢牧也.

萬曆以前, 吏橫未甚, 倭寇以來, 士大夫祿薄家貧, 而國中之財, 盡入於五軍門養兵. 於是, 貪風漸長, 而吏習隨壞, 數十年來日甚一日, 今至極盡地頭. 余在民間, 探究弊源, 一朝貴受賂也, 一監司自封也, 一守令分利也. ○其締交宰相, 厥有三路, 一曰謫交, 二曰宮交, 三曰由交. 謫交者何也? 貴臣謫降, 其奸猾揣時者, 伸手擎之, 慷慨忠憤, 有若尙氣好義者然, 貴臣初逢流落, 窮愁沮喪, 忽遇此人, 感鐫骨髓. 防禁方嚴, 而此吏通其書信; 飮食方苦, 而此吏繼之酒肉, 他生冥報, 與之相約. 一朝世局翻變, 龍起洛波, 則此吏薰天勢焰, 與之同隆. 不惟是也, 貴臣流落, 猶有其黨, 尙秉朝權, 謫中所請, 其施必迅, 金鷄未唱, 而先享其利, 此吏之所以好義也. 旣交之後, 土紬·細布·珍鱐·大鰒, 委輸其門. 於是, 守令辭朝, 先託此吏, 監司飮餞, 已聞其名, 上官之朝, 進而賜顔, 行部之日, 召而賜饌. 於是, 退而行惡, 無天無地, 此其一也. 宮房田庄, 多在遠方, 宮房之孫, 又多權門, 照管庄事, 遂得締交, 得勢行惡, 亦如上法, 此其二也. 所謂由吏【吏房出舊官解由者, 謂之由吏】, 涼則絕之, 炎則締之. 受之者不知我炎, 但見彼忠, 以賂爲贈, 以囑爲乞, 盡力推薦, 以固其交, 得勢行惡, 皆如上法, 此其三也. ○上官之日, 召群吏, 令曰: "我來之日, 某宰託某吏, 係是令前, 始不深治. 自今日下令之後, 如有一尺之札, 復入官門, 則厥吏嚴刑一次, 永汰勿敍. 官不食言, 汝其觀之." 遂以此令大書刻板, 揭之吏廳, 如有犯者, 如約勿貸. ○余久在縣城之中, 見縣令黜陟, 專在吏手. 巡營邸吏, 與吏相應, 虛譽冤誣, 惟意所欲, 此由監司縱吏廉問, 信爲腹心故也. 曲在監司, 非牧之所能救也. 然是非之心, 得於天賦, 牧之所爲, 淸明無累, 則縣吏邸吏, 亦不爲是. 若其所爲不法, 而諂附奸猾, 欲免其害者, 一孔纔防, 一孔又潰, 終亦無益. 唯有自修二字, 猶爲遠害之良策也. ○『大典』有元[27]惡鄕吏條, 其律至嚴. 若是者, 殺之而後, 乃除民害, 然守令無殺人之權, 宜密議於監司, 以圖行法.

『經國大典』曰: "元惡鄕吏, 操弄守令, 專權作弊者; 陰受貨賂, 差役不均者;

---

27 元: 新朝本에는 '原'으로 되어 있음.

收稅之際, 橫斂濫用者; 冒占良民, 隱蔽役使者; 廣置田庄, 役民耕種者; 橫行里閭, 侵漁營私者; 趨附貴勢, 邀避本役者; 避役在逃, 隱接村落者; 假仗官威, 侵虐民人者; 良家女及官婢作妾者. 許人陳告, 亦許本官京在所【本邑人仕於京爲宰相者, 名曰京在所】, 告司憲府, 推劾科罪, 犯徒者, 永屬本道殘驛吏; 犯流者, 永屬他道殘驛吏. 守令知而不擧劾者, 以制書有違律論." ○案 法非不具, 患不行耳. 祖宗制法如此, 無故廢之不用, 抑[28]何故也? 京在所擧劾之法, 使上下中外, 血脈流通, 風聲振動, 小民之幽冤隱痛, 得以鬱達, 此法廢而郡縣小吏, 放恣無忌, 天地不怕矣. 噫! 將若之何?

首吏權重, 不可偏任, 不可數召, 有罪必罰, 使民無惑.

胡大初曰: "任事之人, 令或倚以爲用, 彼輒妄自誇說, 謂: '事無大小, 是非曲直, 率由於我. 汝乞我金若干【乞, 與也】, 我令汝事必勝.' 已而果然. 吏之溪壑未飽, 而令之惡聲, 已彰矣." ○每見昏官, 必以首吏認爲腹心, 中夜密召, 以議庶務. 吏之所以媚悅其牧者, 不過田稅作奸, 倉糧翻弄, 以取其贏羨, 賣訟鬻獄, 以吮其賄賂而已. 牧食其一, 吏竊其百, 而烹罪旣發, 唯牧當之, 不亦悲乎?

吏屬參謁, 宜禁白布衣帶.

凡受參謁, 牧著朝冠【烏紗帽】, 吏屬安得以白衣布帶入庭乎? 今京司參謁書吏, 皆著紅團領, 法本然也. 惟在喪起復者, 許其墨笠墨帶.【起復者, 許勿入庭參謁, 但令出入府中以稟事.】

吏屬游宴, 民所傷也, 嚴禁屢戒, 毋敢戲豫.

官史挾娼[29]會飲, 本有刑律. 近見爲牧者, 縱其游宴, 登山汎水, 歌舞迭作,

---

28 抑: 新朝本에는 '仰'으로 되어 있음.
29 娼: 新朝本에는 '猖'으로 되어 있음.

百姓見之, 疾之如仇讎. 吏行其樂, 牧受其怨, 不亦妄乎? 宜嚴禁之. ○或時和歲豐, 春暄秋晴, 而府中少事, 思欲一爵, 宜令白飯靑蔬, 登山臨水, 爲淡泊之會.

吏廳用笞罰者, 亦宜嚴禁.

小吏奴隷之私相戒飭者, 不必盡禁. 然決笞十度以上, 宜令稟而行之. ○凡下民之不隷官者, 毋論邑民村民, 一笞不可許也, 亦須先期約束, 俾勿犯也.

上官旣數月作, 下吏履歷表, 置之案上.

	甲子	乙丑	丙寅	丁卯	戊辰	己巳	庚午	辛未	壬申	癸酉
李壽聃	都倉色[30]	吏房	吏房	戶長	吏房	吏房	都書員	戶長	戶長	戶長
留宗永	工房		戶房			紙所色		公事色		兵房
盧景植	刑房	均役色	刑房	大同色	北倉色	戶籍色	刑房	都書員	吏房	吏房
李膺福	入仕		禮房			軍器色		戶房	兵房	
崔斗一		入仕	刑房	南倉色	官廳色	兵房	都書員	歲抄色	戶籍色	都倉色
尹啓萬			入仕		工房			客舍色		
金宗仁				入仕	刑房	御營色	西倉色	禮房		都書員
鄭有年					入仕	工房	公事色		禮房	
朴在臣						入仕	刑房	禁衛色		東倉色
安得春							入仕	工房		禮房

右但作十人十年之表而已. 若作正表, 宜作二十年之表, 如上法. ○覽表,

---

30 色: 新朝本에는 '邑'으로 되어 있음.

則某也屢經權要, 某也每居閒散, 某也多能, 必是奸猾, 某也無智, 不足任使, 皆瞭然可知. 居官旣久, 或其人才堪任使, 特以恬退之故, 不能差任者, 歲首差任之時, 量授要任, 可也.

吏之作奸, 史爲謀主, 欲防吏奸, 怵其史, 欲發吏奸, 鉤其史.

史者, 書客也. 倉穀反弄, 雲渝霧變, 知其事者, 史也; 田稅偸竊, 山藏藪伏, 知其數者, 史也. 吏本麤率, 領其大體, 史乃精密, 分其細條. 爲民牧者, 先以剛嚴之威, 怵其心膽, 復從別岐, 鉤問奸狀, 許赦其罪, 則不測之寶, 有時乎呈露矣.[31]

第[32]二條 馭衆

馭衆之道, 威信而已. 威生於廉, 信由於忠, 忠而能廉, 斯可服衆矣.

謝上蔡宰應城, 胡文定過謁入門, 見吏卒立庭下, 如土木人. 蓋其威信, 素服其心而然也.

薛敬軒曰: "心不可有一毫之偏向, 有則人必闚而知之. 余嘗使一走卒, 見其頗敏捷, 使之稍勤, 下人卽有趨重之意. 余遂逐去之. 此雖小事, 以此知當官者, 當正大明白, 不可有一毫之偏向."

『雲谷政要』云: "吏卒處官民之間, 如頑痰隔上下之焦, 痛祛此弊, 要使官民之間, 洞豁無蔽. 而所謂吏卒, 亦多貧弊偏苦者, 飢寒切迫, 甚可矜惻, 必須軫念, 常存彼亦人子之意, 可也."

軍校者, 武人麤豪之類. 其敢橫宜嚴.

---

31 史者…呈露矣: 新朝本에는 이 目이 綱에 이어져 있음.
32 第: 新朝本에는 '策'으로 되어 있음.

凡城中之人, 其不學無文, 驫悖不帥敎者, 必投軍校, 挾娼會飮, 以爲職分; 歐人劫貨, 以爲生理. 其職總有三路. 一曰將官, 卽千總把總之類也; 二曰軍官, 卽兵房掌務之類也; 三曰捕校, 卽討捕都將之類也. ○將官侵擾富民, 小不如意, 輒以哨官·旗牌官, 困之阨之, 或差其避者, 以求行賂; 或督令入番, 以奪農時, 皆牧之所宜察也. 軍官或爲差使, 如得好官, 打家劫舍, 索賂徵例. 凡將差所到, 瀝酒壓麪, 殺鷄擊豕, 牧宜知此弊, 除非追捕逆賊, 不宜輕出將差. 每見民牧之不曉事者, 凡徵稅收[33] 糧, 粵自發令之初, 先出將差, 名之曰檢督. 曳犢摘釜, 縛叟批媼, 凡檢督所過, 牕戶欹傾, 里閭蕭瑟. 寧以催科政拙, 終受下考, 斷不可放虎殺人, 以自積惡也. ○凡捕盜軍官, 毋論京外, 皆大盜也. 與盜締交, 分其贓物, 縱盜行賊, 授以方略, 官欲捕盜, 先泄秘機, 使之遠遁; 官欲殺盜, 陰唉獄卒, 使之故逸, 千罪萬惡, 不可殫述. 最是市場監察, 例委此人, 於是縱盜入市, 以竊貨賄. 商賈知此, 畏之如虎, 攪米攘絮, 莫敢誰何. 以致物貨不集, 貿遷路絕, 其嚴束之方, 不容小忽. 爲牧者, 宜知此弊, 別岐廉察, 執其犯者, 猛棍嚴懲, 俾褫其魄, 庶乎其害小熄也.

門卒者, 古之所謂皁隷也. 於官屬之中, 最不率敎.

門卒或稱日守, 或稱使令, 或稱羅將. 此輩本皆浮浪無根之物, 或以倡優投入, 或以窟儡翻變, 皆最賤難化之民也. 而手握之權, 總有五事, 一曰閽權, 二曰杖權, 三曰獄權, 四曰邸權, 五曰捕權. 執此五權故, 下民畏之如豺狼, 爲牧者, 縱其爲虐, 民斯困矣. ○閽權者, 民抱狀至門, 若其所訴關係吏屬, 閽則阻之. 歷日徊徨, 徒失傭雇, 民竟呼泣而歸. 牧須先期約束, 三令五申, 俾民入[34] 庭, 如入母家, 乃民牧也. 猶有犯者, 宜用上刑. ○杖權者, 官怒雖嚴, 下手猶輕者, 知有賂也; 官本無言, 下手忽猛者, 知有怨也. 賂而輕者, 哂而恕之, 猶云可也【民損財以行賂, 亦可以懲其罪, 不必以重傷爲心.】; 怨而猛者, 曹然視之, 大不

---

33 收: 新朝本에는 '牧'으로 되어 있음.
34 入: 新朝本에는 '八'로 되어 있음.

可也. 亟宜下令, 使之從輕, 微探隱情, 嚴治其罪. ○獄權者, 枷械之蒙脫也. 詳論在刑典條. ○邸權, 最爲民弊.『國典』, 官屯田, 大邑二十結, 中邑十六結, 小邑十二結, 此本門卒之餼廩也. 世道日降, 守令食之, 乃以門卒, 爲外村之邸人.【面主人】一飯之價, 或至半百, 一令之傳[35], 或討數百, 麥秋·禾秋·木棉之秋, 翁媼雜出, 徧[36]行求乞. 或稱動鈴, 或稱釣鯤, 或稱羅家稅, 攘之攫之, 以充谿壑. 而南方諸邑, 又有所謂勤受租【卽主人役價】, 混同還上之穀, 作爲惟正之供. 又與軍史·風約【卽面任】, 表裏朋奸, 簸弄軍丁. 赤子始呱, 已簽其名, 黃馘新寅, 遂籍其家, 牧旣深居, 何以聞矣? 徭錢·稅錢【徭錢者, 民庫錢之類.】·倉錢·軍錢【倉錢者, 還耗作錢】, 星火槌剝, 當下畢斂, 馬弔江牌, 放債殖利, 謂民拒納, 瞞出朱牒【書名於刑杖】, 負欠而逃, 再徵民間. 斯皆邸卒之作奸也. 大凡催科之法, 量力以寬之, 陳義以諭之, 民未有拒納者. 牧宜知此, 勿放邸卒, 但令風約督納, 靡不及矣. ○捕權者, 官之召民, 誰敢拒之? 或訟民誣訴, 或軍吏讒訐, 官則信之, 輒發差使. 紅帖到村【卽踏卽傳令】, 原有禮錢, 富者五百, 貧者二百, 怵以朱繩, 瀝酒烹豚, 一村騷然, 如逢亂離, 牧宜知此, 凡盜賊之外, 勿遣捕卒. ○西路有保率之軍【名之曰奉足】, 歲徵二百, 不異軍簽, 南方有契防之村, 歲徵萬錢, 以免公賦, 民之憔悴, 役之偏[37]苦, 皆此類之故也. 官欲罷之, 輒曰: "新迎服裝, 出於此; 巡歷供頓, 出於此. 若罷此法, 卽孔雀之尾, 不可以揷頭; 乾鵲之衣, 不可以掛背, 上營軍牢, 無以餉雞; 出境吹手, 無以騎馬." 官則信之, 弛然而臥, 不知此等弊法, 皆三十年以來新創之法. 然則三十年以前, 新官不得赴任, 監司不得巡察乎? 保率均播, 猶之可也, 契防多害, 不可不革罷也. ○沿海諸邑, 其海島之邸, 侵虐尤甚, 諸般作奸, 十倍於陸地. 在綏遠懷遠之政, 不宜越視, 其所察眉, 宜用加倍之力也.

門卒例有都頭.【都使令】凡本廳所入, 都頭所食, 多者十萬【一千兩】, 少者五萬. 凡所謂保率之錢·契防之錢, 皆入一吻, 第二坐以下, 一銖半錢, 未有分兒.

---

35 傳: 新朝本에는 '傅'로 되어 있음.

36 徧: 新朝本에는 '偏'으로 되어 있음.

37 偏: 新朝本에는 '徧'으로 되어 있음.

昔見西路, 今見南方, 皆一例也. 谷山有軍需庫, 歲入錢二千兩, 其半都頭獨食. 余改其法, 門卒三十名, 月給錢二兩. 歲下錢七百二十兩, 使之均分, 餘錢二百八十兩, 俾作都頭之饋, 而動鈴·釣鯤之習, 一切嚴禁, 歡聲如雷, 咸曰得當. 今康津都頭, 歲食千兩, 而門卒之數, 不滿二十. 若令一夫月食三兩, 其數與彼同也, 不亦善乎? 諸如此者, 宜用此法.

『茶山筆談』云: "門隸求乞, 名目甚多. 正歲則求湯餅之資, 秋夕則乞祭墓之需, 芒種則有牟麥之求, 霜降則有木棉之乞, 遠行回則追徵其路費, 罪罰行則遙討其杖慰, 種種猥瑣, 不可殫[38]述. 或奸婆代行, 或雇工分出, 破門打家, 攘奪唯意, 號呼煩冤, 慘不忍聞. 牧於上官之初, 宜問首吏, 其不合於事理者, 雖承訛已久, 飭令嚴禁, 若猶不悛, 罪此首吏, 蔑不懲矣. 此等求乞, 多係頭領獨吞【都使令】, 衆小嘍囉, 不與沾也. 或曰: '彼無恒饋, 又禁例乞, 何以活矣?' 不知當門衆隸, 都無恒饋. 奚獨一夫是肥哉? 若以襟次得差者, 歸時宜令仍差【平生所望, 值我而不利】, 其已累經者, 不足恤也."

官奴作奸, 惟在倉廐, 有吏存焉, 其害未甚, 撫之以恩, 時防其濫.

諸屬之中, 官奴最苦. 侍奴長立階上, 片刻不離【名之曰及唱】, 首奴任貿販, 工奴任匠作【卽工房庫直】, 廐奴養馬而執傘【卽驅從】, 房奴煖炕而視圃【卽房子】, 牧有所往, 諸奴皆從. 其勞苦如此, 而所以酬其勞者, 不過曰庖奴【卽肉直】·廚奴【卽官廳庫直】·諸倉之奴而已, 所食者卽落庭米幾苦, 豈不嗟哉? 然且倉奴必兼園丁【園頭漢】, 一年蔬瓜, 債高力盡而後, 乃得此窠. 故御奴之道, 惟在撫恤, 以厚恩眷, 其所防奸, 惟在倉廐之任而已. 邑例萬殊, 其或官奴强盛, 奸濫多弊者, 卽宜嚴察, 以戢其橫. ○侍奴奸濫者, 或於訟民在庭之時, 官所不言, 渠自咆喝; 官所柔言, 渠自高聲; 官所略言, 渠自敷羨; 官所未悟, 挑發要機; 官所不飭, 喝令猛打, 以召民譏, 以損官體. 若是者宜申嚴約束, 犯者罰之. ○首奴出市貿販, 憑藉官貿, 輕價勒奪, 其防奸之法, 已見前.【律己條】○工奴掌蔴繩

---

38 殫: 新朝本에는 '單'으로 되어 있음.

·草鞋·竹器·柳器·土器·鐵器, 用之無節, 必請加徵, 凋弊僧寺, 破落店村, 職此由也. 恒式之外, 切勿加徵, 其或加徵, 明降印帖【已見前】, 則其奸無所容矣. 諸色店村, 或有年例私給工奴者, 不可禁斷. ○庖奴·園奴之弊, 已見前. ○倉奴濫斛, 不得不嚴禁. 詳論在下【還上條】, 今略之.

祭祀燕飲, 宜以餕餘, 均惠官奴. 或凍餒已甚者, 官賜衣食, 如撫家奴, 斯良牧也. 伊雖一時呼我上典【東俗, 奴謂主曰上典.】, 恩不可不厚也. ○官家時有不屑之財, 用之則不廉, 棄之則無義. 若是者, 分給官奴官婢之勞而無祿者, 抑所宜也. 牛贖·酒稅【酒禁之時, 必有稅.】, 屬公之松, 馬弔之贖, 皮筋角之價, 盜贓之不記主者, 皆所謂不屑之財也.

官婢厥有二種. 曰妓生, 一名曰酒湯, 曰婢子, 一名水汲. 妓生雖貧, 皆有憐者, 不足恤也. 唯不以淫錢, 縺我衣服[39], 斯可矣.【疋縺飛事, 已見前.】最是哀矜之物, 卽汲婢之貌醜者也. 冬麻夏棉, 髮如飛蓬[40], 而夜汲晨炊, 奔走不暇. 牧能於此, 憐之撫之, 時賜衣資, 時賜粟米, 問其夫家, 成其所願【如免軍役之類】, 不亦善乎? 凡牧之善治者, 必有吏怨, 若三班皆怨, 不亦苦乎? 強處任怨, 弱處垂恩, 不可曰不仁也. ○每聞鄰邑歌舞行樂, 賜妓錢數千, 妓受彼錢, 認爲當然, 我以其半, 惠此汲婢, 刻骨之恩, 終身不忘. 而彼播淫聲, 我發仁聞, 其利害何如也? 遞歸之日, 城南門外, 妓笑衎衎, 婢泣漣漣, 斯可曰賢牧也. ○韓禮安丈光傳, 嘗知數縣, 於房奴汲婢, 恩愛偏篤, 遞歸之日, 哀泣失聲.

淫女屬公之法, 不見法典, 不見『大明律』. 古者淫婦行淫, 其本夫執之, 情願屬公者屬之. 近者守令蔑法, 凡村甿失妻來訴, 旣執情願復合者, 亦皆屬公, 甚則閭里潛奸者, 令婢妓告密, 勒屬爲婢, 虛實相蒙, 冤者亦多. 蓋由官妓姸好者, 守令一一携歸, 官籍日耗, 以此充之耳. 且考『大明律』, 凡買良爲娼者, 律例至嚴, 而官旣携歸, 其代口爲婢者, 若非買良爲娼, 無緣得之, 則贖婢代口之法【見『大典』】, 與彼律例, 兩相矛盾, 不可行也. ○凡屬公之婢, 一入官籍,

---

39 服: 新朝本에는 '眼'으로 되어 있음.
40 蓬: 新朝本에는 '蓬'으로 되어 있음.

竝其子女, 皆爲公賤, 仁人之政, 不宜輕施. 若非本夫情願及淫女自願投屬, 則不可屬公.

『大典』, 有‘强盜妻女屬公爲婢’之文, 而此法近所不用, 皆士大夫不讀律之故也. 按『周官』: "司厲掌治盜賊. 其奴男子入于罪隷, 女子入于春稾." 則此法本出聖經, 宜修而行之.

侍童幼弱, 牧宜撫育, 有罪宜從末減, 其骨骼已壯者, 束之如吏.

侍童者, 通引也, 或稱知印. 此曹作奸, 或以僞帖盜踏印信, 或於科講盜出空帖【照訖帖】, 或於試場換易房卷.【白日場】 大抵伺察動靜, 以宣外間; 巧飾流言, 以行讒訐, 不可以藐小而忽之也. 然幼稚之罪, 不過笞撻. 今人好用棍棓, 大不可也. ○其大者, 名之曰紙筒通引, 僧寺月納紙物, 必加退斥, 以立其威, 不可以不戢也. 山清縣首通引, 棍殺紙僧, 而檢案, 乃以決棍, 誤作折困, 獄久不決. 朴燕巖趾源, 查報云: "決折通音, 常漢之例習【吡隷曰常漢】, 棍困誤讀, 無識之所致." 獄情逡明. 由是觀之, 此輩不可忽也.

第三條 用人

爲邦在於用人, 郡縣雖小, 其用人無以異也.

子游爲武城宰, 孔子[41]問: "得人?" 對曰: "有澹臺滅明者, 行不由徑, 非公事, 未嘗至於偃之室." 今人以澹臺氏, 只作邑子看, 恐非也. 子游得澹臺爲佐貳, 如後世之主簿·尉, 吾東之鄉丞【今名曰鄉所】. 故孔子問得人, 而子游得以是對之. 若於邑子之中, 見一賢者, 則不當曰得人也. 乃其所以稱譽之言, 又不過曰絶私殉公而已. 行不由徑者, 不由夾門邪蹊, 出入官府也. 非公不入者, 唯國事民事, 乃入議也. 此非鄉丞而何? 欲辨人邪正, 以任鄉亭之職者, 宜熟讀

---

41 子: 新朝本에는 '于'로 되어 있음.

此經.

仲弓爲季氏宰, 問政, 孔子勉之以擧賢. 凡爲國家者, 必以擧賢爲急. 道無大小, 牛刀亦可以割雞也. 鄕丞·軍校·群吏諸胥, 以至風憲·約正, 一以得人爲務, 不可忽也.

宓子賤治單父, 有師事者, 有友交者, 有役使者. 彈琴身不下堂, 單父治. 巫馬期亦治單父, 以星出, 以星入, 日夜不處, 以身親之, 而單父亦治. 巫馬期問其故, 宓子曰: "我之謂任人, 子之謂任力. 任力者勞, 任人者佚."【『說苑』】

鄕丞者, 縣令之輔佐也. 必擇一鄕之善者, 俾居是職.

星湖先生曰: "今佐郡之任, 有座首·別監, 謂之鄕所. 其初設法亦好. 古有鄕所, 亦有京所, 擇郡人居于京, 凡一郡之事, 必爲之調護周旋. 京所之名, 見『眉菴[42]日記』.【『荷潭錄』】世宗大王, 以忠寧大君, 爲咸興京在所. 又『松窩雜錄』云: '東萊守將罪鄕所, 關于京所, 請遞其任. 時鄭文翼公光弼, 爲京所堂上也.' 當時鄕所, 雖有過尤, 守令不敢恣意遞易, 輕施罪罰. 今若修擧舊制, 試其才器, 因開拔擢之路, 必有補也." ○案 今唯安東府, 士[43]大夫猶爲鄕所.

先朝末年, 院長李某, 擬座首首望, 金承旨翰東旣經全羅監司, 而擬於副望, 蓋古法也. 古者八路皆然, 而後漸陵夷, 唯安東尙守古法, 非安東獨創別法也. 大抵守令爲職, 民命攸係, 一夫恣睢, 萬命顚連. 故監司以察之, 都事以督之, 擇名士以居鄕所, 命大臣以居京所, 關通維制, 使不得行惡. 忠寧大君其本鄕咸興也, 鄭文翼公其本貫東萊也. 今京所之法, 雖不能復, 鄕所之必用名士, 宜如安東之法, 須有朝令, 乃可然也.

金禹錫爲安東府使, 自古重鄕任之選, 中歲漸輕. 公莅府聞鶴峰金誠一孫煃, 素負鄕望, 署爲座首. 時年七十餘, 卽起上謁, 出語人曰: "我城主政治洒然, 實合吾意, 吾安得不趨命?" 此汝南·南陽, 所以能使范孟博·岑公孝樂爲

---

42 菴: 財團本에는 '巖'으로 되어 있음.
43 士: 新朝本에는 '土'로 되어 있음.

用於郡朝者, 公之治理, 於玆可見.

座首者, 賓席之首也. 苟不得人, 庶事不理.

上官旣踰月, 其座首可仍則仍之, 如不可仍, 令以鄕望改差. ○令曰: "曾經鄕任而未經首任者, 竝明日來待." 旣至, 召見于政堂, 語之曰: "官欲於曾經座首中, 新差座首. 爾等毋敢讙譁, 毋敢問議, 肅然緘口, 各自圈點, 可也." ○乃用一紙, 列書原任之名, 而以次圈點【一人圈一名】, 取其多算者, 差爲座首, 以其次算, 差爲副丞, 待窠差代. ○座首宜名曰鄕大丞, 別監宜名曰左右副丞. 皆授從仕郎之階, 每歲考功, 令監司·御史, 式年各薦九人, 拔其三人, 以授京官, 則淬礪名行者, 必稍出其間. 此廟堂之所宜講也. 西路五營將之中軍, 皆考課如守令, 鄕官何獨不然?【中國丞·尉·主簿, 皆考績.】

『北史』, 陸馛[44]爲湘州, 禮待賢德耆老者十人, 詢之政事, 號曰十善. 發奸摘伏, 無敢劫盜者.

李完平元翼爲安州牧使, 治行第一. 人問政要, 公曰: "我得一人爲座首, 凡事問而行之, 吾何爲哉? 畫諾而已."

左右別監, 首席之亞也. 亦宜得人, 評議庶政.

『政要』云: "座首掌吏兵房之務, 左別監掌戶禮房之務, 右別監掌刑工房之務." ○案 此卽諸路通行之邑例也. 西路大邑, 又或有禮房·兵房之名, 而倉監·庫監, 或至十員, 宜以六員, 分差六房. 座首爲吏房, 首倉監兼戶房, 左別監爲禮房【俗謂之官廳別監】, 軍倉監兼兵房, 右別監爲刑房【俗謂之監獄】, 庫監兼工房, 分授職掌, 使各照管. 六房文簿, 皆令受署[45], 凡有作奸, 使之分過, 則體貌森整, 不如今之亂雜矣. 小縣之俸, 不能養多員者, 不可爲此.

『治縣訣』云: "鄕丞·鄕監, 必當擇人. 令時仕在廳者, 各薦三人, 乃以薦記

---

44 馛: 新朝本에는 '馥'으로 되어 있음.
45 署: 新朝本에는 '罯'로 되어 있음.

168

出示鄉校, 使之圈點, 取其尤者." ○『象山錄』云: "一鄉有事【東俗鄉爲面】, 必有群訴【俗所云等狀】, 陰察其中, 可以得人. 觀[46] 其狀貌, 聽其言論, 別其愚慧, 辨其忠詐, 於是錄其鄉里, 記其姓名, 以問鄉員, 以問校儒, 參伍印證, 可得其實. 隨作一窠, 以此塡差, 月用數人, 未及半歲, 鄉廳·武廳·風憲·田監, 無一而非一縣之望者也."

高智周擧進士, 累補費縣, 念丞尉俸薄, 以己所入均分之, 政化大行.

韓滉久在兩浙, 所辟羣佐, 各隨其長, 無不得人. 嘗有故人子謁之, 滉考其能, 一無所長. 然與之宴, 竟席未嘗左右視. 因使監庫門, 其人終日危坐, 吏卒無敢妄出入者. ○取其所長, 則世無棄物, 此用人之法也.

苟不得人, 備位而已, 不可委之以庶政.

黃霸治潁川, 務在成就全安. 長吏許丞老病聾, 督郵白欲逐之. 霸曰: "許丞廉吏. 雖老尙能拜起送迎, 卽重聽何傷? 且善助之." 或問故, 霸曰: "數易長吏, 送故迎新之費, 及奸吏緣絶簿書盜財物, 公私費耗甚多. 所易新吏, 又未必賢, 或不如其故. 凡治道, 去太甚者耳."

『象山錄』云: "守令之權, 不過笞五十自斷. 今法綱解弛, 鄉廳·吏廳決笞無算, 軍官·將官用棍無度, 民何以堪矣? 牧宜私爲約束曰: '鄉[47]廳笞不過十度, 止於邑民【外村之民, 勿許之】; 吏廳笞不過十度, 止於官屬【凡民勿許之】. 軍官·將官, 棍不過三度, 止於卒徒【凡民勿許之】.' 犯者嚴治." ○守令不曉事, 不自勵者, 委政鄉廳, 凡軍訟·賦訴, 幷令查稟, 座首與吏朋奸, 或受賂而行私, 或匿奸而誣直. 座首之權, 重一邑, 凡以是也. 查稟二字, 切勿口呼. 如有不得不詢問者, 直於面前召而問之, 民伏於庭, 聽其所對, 如有可疑, 使民自辨, 則其事易查, 民不稱冤矣.

每見奸鄉, 凡有軍訟, 得査稟之題, 邃於訟民受賂數千【數十兩】, 除其簽名,

---

46 觀: 新朝本에는 '親'으로 되어 있음.
47 鄉: 新朝本에는 '卿'으로 되어 있음.

軍吏未飫, 實不代簽. 及其收布之月, 奸鄉自備米布, 以給軍吏, 二朞之後, 還徵其民, 則本食者數千, 還吐者四百而已.【軍布一疋, 其錢二百餘.】民愕而號, 則奸鄉猾吏, 互相推諉, 民欲訴官, 則虎豹守閽, 悵然而反. 若是者, 鄉里之恒事也. 牧如知此, 查稟[48]二字, 其可以出諸口乎?

凡善爲牧者, 座首不堪閑寂, 象棋以消日, 欠伸以就睡. 旬輒受由, 月輒乞遞, 斯賢牧也. 雖然未[49]滿二朞, 宜勿許遞. ○然此禮貌, 不宜太慢. 凡有罪過, 宜諷以退之, 如有大罪, 宜先遞其職, 乃命拿入. 刑必報營, 笞不輕施, 以尊其禮貌, 以礪其廉恥. 不宜雜施箠笞, 還復行公, 以淆其禮俗也.

善諛者不忠, 好諫者不偝. 察乎此, 則鮮有失矣.

『茶山筆談』云: "縣令雖卑, 有君道焉. 力排諂諛, 翕受諫爭, 不可不自勉. 然吏奴地卑, 諫固不敢, 諂亦不便, 唯鄉丞·首校之等, 擧顔察色, 可以盡言. 於是, 阿諛順旨, 導之爲惡, 謗毁如沸, 乃曰: '頌聲載路.' 黜罷有機, 猶云: '久任無慮.' 牧欣然以爲此人獨忠. 不知營檄旣到, 查獄忽起, 則昨日面諛之人, 自作證保, 以發微奸, 而其或隱忍而掩覆者, 乃前日爭執可苦之人也. 爲牧者必須猛省."

童恢瑯琊姑幕人, 少仕州郡爲吏, 司徒楊賜聞其執法廉平, 乃辟之. 及賜被劾當免, 掾屬悉投刺去, 恢詣闕獨爭之, 及得理. 掾屬悉歸府, 恢杖策而逝, 論者歸美.

長樂陳希穎爲果州戶曹, 有稅官不廉. 同僚雖切齒而不言, 獨戶曹數以大義責之, 冀其或悛, 已而有他隙. 後稅官秩滿將行, 廳吏持貪墨狀于郡, 曰: "行篋各有字號, 某號篋皆金也." 郡以其事付戶曹, 戶曹受命, 不樂曰: "居官之時, 不能懲艾, 使遂其姦, 今去也, 反以巧言害之, 可乎?" 因遣人密報稅官, 稅官乃易其字號, 亂其次序, 遂得無事. ○幕屬亦有臣道. 凡人臣能諫者, 能

---

48 稟: 新朝本에는 '稾'으로 되어 있음.
49 未: 新朝本에는 '末'로 되어 있음.

不背其主. 凡爲人上者, 宜知此理.

風憲·約正, 皆鄕丞薦之, 薦非其人者, 還收差帖.

凡鄕廳差任, 唯視賂物, 其納賂圖差者, 必是奸民. 廢農業酒, 出入城府, 多年作奸, 以爲民蠹者也. 每差風約, 申飭鄕丞: "盡心擇人, 苟非其人, 官當還收差帖." 申飭如此, 而猶非其人者, 便當如約. ○鄕曲賤流, 多以風憲視爲華職, 新差者, 雖逢汰出, 若其差帖不收, 則賂物不吐, 故官令雖嚴, 終不擇人. 故收帖, 爲擇人之妙法也. ○風憲或稱尊位. 邑例萬殊, 軍保簽丁, 或風憲爲之, 或約正爲之. 凡執簽丁之權者, 周行閭里, 討索無厭. 呱聲一發, 已錄其名, 痀者新寓, 先記其疤. 宜別岐廉探, 執其實跡, 重治如法. ○又凡此輩, 凡軍錢·賦錢, 皆充其嗛, 逋負旣重, 再徵民間, 歲不下數萬. 是皆奸鄕猾吏, 與之朋奸, 分食其贓者也. 風約差出之日, 召座首·軍吏, 約曰: "此人負欠, 則座首有誤薦之咎, 軍吏有掩匿之罪, 當令二人, 補充其欠. 余不食言, 決不再徵於民戶." 三令五申, 其事旣發, 便當如約.

南方又有所謂年分別有司, 以掌田結, 收單別有司, 以掌戶籍. 西路有鄕長·坊有司, 南方有執綱·契有司, 猥瑣名目, 不可彈述. 一有名目, 皆能侵虐小民, 貽害村里, 其可罷者罷之, 其可存者, 擇人以授之, 考其功罪. 大凡治道, 在於得人, 雖閭里小胥, 必以擧賢能爲心, 使四境之內, 淸肅整齊, 有唐虞三代之象, 斯良牧也. 推是以往, 可以爲天下國家也.

軍官·將官之立於武班者, 皆桓桓赳赳, 有禦侮之色, 斯可矣.

首校之受賂差任, 與首鄕同, 其申飭收帖, 皆如上法, 則可以得人也. 凡觀人, 本在威儀, 武人尤重身手. 短如侏儒, 陋如皁隷, 魚吻犬顙, 形容古怪者, 不可使立於班行, 與共臨民也. 設有警急, 事迫呼吸, 而部內之英豪俊傑, 素無相習, 將何以應變哉? 時雖太平, 邑雖殘小, 收拾人才, 不可不盡心也.

韓祉爲郡縣, 撫愛軍校, 未嘗妄加箠杖. 曰: "昇平日久, 吾年方壯, 異時或受命鎭邊, 未可知也. 不以誠惠結其心於平日, 而臨難得力難矣. 吾故推心置腹, 要使一境之人, 知緩急不可負耳."

其有幕裨者, 宜愼擇人材, 忠信爲先, 才諝次之.

義州·東萊·江界·濟州及諸兼防禦使者, 皆率幕裨, 如監司·節度使也. 士大夫廉防日壞, 棉廛[50]牙郞, 柴市沽人, 曾有假貸之惠者, 皆辟爲賓佐, 而武弁及卿大夫之倅子, 咸與爲伍, 狎妓朋吏, 欺主剝民, 以貽難洗之羞者, 多矣. 牧宜知此, 必於潔淸之地, 選取其忠信解事者【中人, 亦須取世祿之家】, 以居幕中.

蔡樊翁爲咸鏡監司, 辟丁公道吉爲裨將. 故例六鎭收[51]細布, 能於飯鉢中函一匹, 名曰鉢內布. 丁公到邊邑, 凡以鉢內布來者, 悉却之曰: "使爺有令, 令收次細布來." 再三差擇受布. 至府中女妓吏校, 咸愕未信, 曰: "生來不見此惡布." 內外讙然. 樊翁心善之, 謬謂曰: "君受惡布來, 貽笑府中, 何迂疏至此?" 丁公曰: "我雖迂, 獨不知鉢內布哉? 顧使爺遣裨將, 不宜收此布, 故宣德意耳. 苟府中交謫, 請辭去." 樊翁前執手慰之曰: "吾雖不及孟嘗君, 獨不能爲馮驩耶?" 待之加厚, 府中不敢復言.

李參判義駿爲黃海監司, 辟尹光于爲裨將. 時海州營庫之錢, 四萬兩虧欠, 管庫者, 例以錢四百兩, 賂戶房·裨將, 乞反庫日勿發. 房妓按例, 以賂票示之, 布衣却[52]之, 曰: "八月秋巡將發之日, 吾當告之, 趁此賠補, 塡其原額, 可矣. 賂錢亟宜入庫, 猶可以當百一也." 竟亦不言, 至期果充[53]之.

鄭判書大容爲全羅監司, 辟金東儉爲裨將. 康津書客, 有詳知穀簿舞弄之法者, 余嘗從容問之曰: "全州戶房裨將, 前後數十年, 孰稱神明, 能不受吏瞞也?" 書客答曰: "一升一龠, 終不能瞞過者, 唯金東儉一人, 其餘未之聞也."

---

50 廛: 新朝本에는 '墨'으로 되어 있음.
51 收: 新朝本에는 '牧'으로 되어 있음.
52 却: 新朝本에는 '刲'으로 되어 있음.
53 充: 新朝本은 '告'로 되어 있음.

第四條 舉賢

舉賢者, 守令之職. 雖古今殊制, 而舉賢不可忘也.

堯舜三王之法, 太學敎國子, 以爲世卿; 司徒敎萬民, 以資賓興, 得人用人, 由此二塗. 自漢以降, 二法俱壞, 唯使郡守縣令, 察擧賢能, 登之朝籍, 而漢代得人之盛, 亞於三代. 隋唐以降, 詞科取人, 世道日卑, 而猶令郡縣, 歲擧才學, 謂之鄕貢. 則擧賢者, 守令之本務也. ○國朝亦有郡縣薦人之法, 而有名無實. 然其爲職分之所當爲, 則不可不知也. 近世南藥[54]泉按藩而歸, 必薦本道人材, 屢見章奏. 大臣以人事君之義, 本當如是, 有志之士, 身爲民牧, 其可以忘此義乎?

漢高祖詔曰: "今天下賢者智能, 吾能尊顯之, 郡守其有意, 稱明德者, 必身勸爲之駕遣, 詣相國府." ○文帝詔郡守: "擧賢良能直言極諫者." ○武帝初令: "郡國擧孝廉各一人." 又詔: "補博士弟子, 郡國縣官, 有好文學, 敬長上, 肅政敎, 順鄕里, 出入不悖所聞, 令相長丞上二千石, 二千石謹察可者, 令與計偕, 詣太常." ○武帝又詔曰: "十室之邑, 必有忠信, 三人竝行, 必有我師. 今我閭郡, 不薦一人, 是化不下究, 而積行之君子, 壅於上聞也. 二千石官長, 紀綱人倫, 將何以佐朕, 燭幽隱·厲蒸庶, 崇鄕黨之訓哉? 且進賢受上賞, 蔽賢蒙顯戮, 古之道也. 其與中二千石, 禮官·博士, 議不擧者罪."

董仲舒『對策』曰: "臣愚以爲使列侯·郡守·二千石, 各擇其吏民[55]之賢者, 歲貢各二人, 以給宿衛, 且以觀大臣之能, 所貢賢者有賞, 不肖者有罰. 夫如是, 諸侯·吏·二千石, 皆盡心於求賢, 天下之士, 可得而官使也."

宋制, 丹陽·吳會·會稽·吳興四郡, 歲擧二人, 餘郡各一人. 凡州秀才郡孝廉至皆策試, 天子或親臨之. 及公卿所擧, 皆屬於吏部, 序才銓用. 凡擧得失, 各有賞罰, 失者其人加禁錮, 年月多少, 隨郡議制.

---

54 藥: 新朝本에는 '樂'으로 되어 있음.
55 民: 新朝本에는 '臣'으로 되어 있음.

唐制, 由學館者曰生徒, 由州縣者曰鄕貢, 皆升于有司而進退之. ○寶應二年, 禮部侍郎楊綰言: "投牒自擧, 非先王待賢之意. 請令縣薦之州, 州試其所通之學, 送于省, 自縣至省, 皆勿自投牒."

宋太宗七年, 詔諸州: "長吏解送擧人, 取版籍分明, 爲鄕里所推. 仍十人爲保, 保內有行止踰違者, 連坐不得赴擧." ○眞宗元年, 密州發解官, 坐薦送非當入金, 特詔停任, 因詔告諭諸路, 以警官吏.

經行·吏才之薦, 國有恒典, 一鄕之善, 不可蔽也.

國朝原倣古法, 每至式年, 令郡縣薦賢, 中世以降, 黨議漸痼, 非其黨者, 郡縣所薦, 不復選用. 故此法遂爲文具. 然蔽賢之罪, 歸於不祥, 寧適不用, 何得不薦? 今郡縣薦狀, 例以無乎應之【無乎, 猶言無是也.】, 不亦謬乎? 遐鄕冷族, 不沾仕宦, 一經薦報, 子孫稱述. 苟有其人, 豈曰無乎哉? 人不責備, 一鄕之善, 十室之忠, 理所必有, 薦擧不可已也.【今唯嶺南之薦, 銓家以時收用.】

『續大典』曰: "各道前銜【謂曾已仕者】及生進【經義曰生員, 詩賦曰進士.】·幼學【白徒也】之才行表著者, 每式年歲首【子午卯酉年】, 一鄕人保擧于守令【邑人薦于令, 謂之保擧.】, 報觀察使抄薦.【下三道, 無過三人, 上五道, 無過二人.】或所薦人名實不副, 年歲冒錄者【生進取三十以上, 幼學取四十以上.】, 論罪." ○凡薦狀之法, 書其姓名, 下注八字題目. 若曰: "李某窮經不懈, 睦親有規." 又有吏才之薦, 一縣各薦三人, 監司執諸邑之薦, 又拔三人, 以報于吏曹也. ○宜採一鄕之論, 使物情允協, 乃无咎也. 余見近日此事, 亦皆以賂物取舍, 富人之積失人心者, 多入孝行之薦, 尙亦何言?

科擧者, 科目之薦擧也. 今法雖闕, 弊極必變, 擧人之薦, 牧之當務也.

科者科目也. 漢代有賢良方正之科, 有直言極諫之科, 有孝弟力田之科, 有茂才異等之科. 武帝定四科之目, 一曰德行高妙, 志節淸白; 二曰學通行修, 經中博士; 三曰明習法令, 足以決疑; 四曰剛毅多略, 材任縣令. 有才堪將帥之科, 有文中御史之科, 有醫卜之科, 有天文算數之科. 隋[56]唐以來, 有詩賦科, 有明經科, 有宏辭博學科. 郡縣之長, 薦而舉之, 則被舉者, 應舉而起, 此之謂科舉也. 吾東科舉, 本無科目之分, 亦無薦舉之法, 冒名科舉, 而其實非科舉也. 吾東有冒名者二. 奏績而後[57]考績, 法也, 吾東不奏而考之; 舉賢而後[58]應舉, 法也, 吾東不舉而應之. 此二者, 天下之笑啚也. 今科弊無紀, 已到極盡地頭. 物極必變, 公議漸起, 意者, 郡縣薦舉之法, 終必東漸矣. 爲牧者, 宜知此意.

中國科舉之法, 至詳至密, 效而行之, 則薦舉者, 牧之職也.

明淸之制, 凡提督學政之官, 十七省各置一員, 三年則瓜滿. 吏部開列文學人姓名, 請旨簡用. 亦或以府丞兼理【奉天府】, 或以巡道兼理.【福建·臺灣等】竝令親臨考試, 今年設歲科, 明年設鄉試, 又明年設會試. 試以兩場, 初場四書文二篇, 經解二篇, 二場策一道, 論一篇, 五言八韻排律詩一首. 周而復始, 三年則遞任也. ○其諸縣敎官, 則吏部選授, 令赴本省, 撫臣考試, 考居一二三等者, 準其赴任, 四五等令歸學習, 待三年再考, 六等者革職. 其赴任者, 訓飭士子, 面加考試, 例用四書文一篇, 排律詩一首, 策論中一首. 衡定等次, 上于學政.【卽提學】○案 吾東無敎官, 無提學, 其生員選擧之事, 唯郡守縣令, 任其責而已.【其擧額分定之法, 竝詳科制考, 今姑略之】

禮部則例云: "奉天府[59]學額進六名, 承德縣學額進七名, 廩生十名, 增生十名, 二年一貢. ○順天府學額進二十五名, 大興縣額進二十五名, 宛平縣額進二十五名, 廩生八十名, 增生八十名, 一年兩貢. ○十七省諸府·諸縣, 其額進, 廩生·增生之額, 各有多小, 或三年一貢, 或五年一貢.【遐荒無文處】又有童生·靑社諸名, 不在貢進中." ○按 今日救弊之策, 唯有定擧額三字而已, 若定擧額, 其選擧之至公至明, 非牧之所宜務乎?

---

56 隋: 新朝本에는 '隨'로 되어 있음.
57 後: 新朝本에는 '后'로 되어 있음.
58 後: 新朝本에는 '后'로 되어 있음.
59 府: 新朝本에는 이 뒤에 '府'가 있음.

科擧鄕貢, 雖非國法, 宜以文學之士, 錄之于擧狀, 不可苟也.

我邦科擧之法, 始於高麗. 光宗之時, 柴周人雙冀, 隨詔使出來, 病不還國, 乃以科擧之法, 傳于我邦. 不知當時何不以鄕擧之規, 詳明傳授. 中國之法, 自古及今, 有擧而後應擧. 吾東之法, 本無擧者, 猥稱應擧, 名實不允, 皆此類也. 所謂科儒, 項羽沛公之題, 能作二十韻, 風塵八年之句, 便稱才士, 其餘習松板「筆陣圖」, 自稱陣體, 與彼換手, 謂之寫手, 此其上焉者也. 其餘皆揮拳突目, 負苫荷傘, 剡木爲柱, 削木爲槍, 名曰先接之軍, 或稱隨從, 或稱奴儒. 以此之故, 科場淆亂, 蹂躪相殺. 往往中試者, 出於此類. 富民之子, 一字不學, 買文買筆, 納賂占額者, 居其太半. 國家用人之路, 惟此而已, 豈不寒心? ○今式年之秋, 郡縣修赴擧狀, 報于京試官, 或者此法, 卽古鄕擧之遺意. 守令修狀, 唯以能作科文者, 錄于成冊, 其猥雜不文者, 嚴禁冒赴, 庶令士風小淸, 民産不破. 雖洪流巨浸, 非隻手所能障, 而不自我手推波助瀾, 亦無愧於心矣. ○科弊, 今到極盡地頭, 意者有渝, 如有令甲. 其貢士, 宜一心秉公.

嚴宗爲上高簿漕使, 以試官缺, 留宗校文, 寓蕭寺. 有富家子因寺僧致懇, 許以五十萬. 宗笑曰: "請其人面議之." 翌朝來謁, 叱之曰: "三歲大比, 公卿由此而出, 汝輩不潛心力學, 乃欲以賄進乎?" 其人慚退. ○中國亦有此弊.

部內有經行篤修之士, 宜躬駕以訪之, 時節存問, 以修禮意.

凡爲天下國家, 其大經有四, 一曰親親, 二曰長長, 三曰貴貴, 四曰賢賢. 畿甸文明之地, 不能盡然, 而遐遠之鄕, 其貴者賢者, 尤當致敬. 雖無雅契, 宜卽尋謁, 佳辰令節, 饋以酒肉, 不可已也. 雖草茅寒酸[60], 能以學行自礪, 名譟一鄕者, 宜屈駕相顧, 以爲蓽門之光, 此所以勸善于民也.

陳仲擧爲豫章太守, 至便問徐孺子所在, 欲先看之, 主簿白: "群情欲府君先入廨." 陳曰: "武王式商容之閭, 而席不暇煖, 吾之禮賢, 有何不可?"

---

60 酸: 新朝本에는 '畯'으로 되어 있음.

第五條 察物

牧子然孤立, 一榻之外, 皆欺我者也. 明四目, 達四聰, 不唯帝王然也.

綜明之人, 盡心求治, 取九綱五十四條【賑荒不在計】, 件件審察, 勉勉力行, 則四境之內, 治與不治, 不必問也. 吏姦自不能售, 民豪自不能逞, 塞耳蔽聰, 不察淵魚, 使萬物怡怡然安樂, 可也. 然史鄉軍校, 密覘動靜, 藉賣簸弄者, 不可以不慮也【揣知官意, 受以爲己功】; 皁隷邸卒【面主人】, 潛出民間, 誅求行惡者, 不可以不察也. 不孝不悌, 墟市橫奪者, 不可以不禁也; 武斷鄉曲, 恃强凌弱者, 不可以不制也, 則別岐廉問, 所不可無也.

黃霸爲穎川太守, 嘗遣廉吏, 遣行屬令周密, 吏出不敢舍郵亭, 食於道旁, 烏攫其肉. 民有詣府者, 霸與語道此. 後日吏還謁霸, 霸勞之曰: "甚苦! 食於道旁, 乃爲烏所盜肉." 吏大驚, 所問毫釐不敢有所隱. ○按 此烏攫之問, 其術淺短, 不可以常. 廉察之中, 不失其正焉, 可也.

趙廣漢爲穎川太守, 嘗記召湖都亭長. 湖都亭長西至界上, 界上亭長戲曰: "至府多謝問趙君." 亭長既至, 廣漢問事畢, 謂曰: "界上亭長, 寄聲謝我, 何以不爲致問?" 亭長叩頭服實有之.

北魏王逸爲廣州, 廣設耳目, 號千里眼. ○宋張登庸知洋州, 號爲水精燈籠. ○田元均治成都有聲, 人號爲照天蠟燭. ○喬智[61]明守隆慮, 民號爲神君.

北齊彭城王高湝爲滄州刺史, 爲政嚴察, 部內肅然. 守令參佐, 下及胥吏, 行游往來, 皆自齎糧食. 湝纖芥知人間事. 有濕沃縣主簿張達, 嘗詣州, 夜投人舍食雞羹, 湝察知之. 守令畢集, 湝對衆曰: "食雞羹, 何不還他價直也?" 達卽伏罪. 合境號爲神明.

高麗朴惟氏守安東, 自謂爲政不下於庾碩. 嘗獨坐郡齋, 見一小吏質愼者, 語曰: "咫尺之地, 障以藩籬, 耳目莫得見聞, 況處一堂, 欲察四境之內, 不亦

---

61 智: 新朝本에는 '知'로 되어 있음.

難哉? 今得無奸吏弄法, 窮民飮恨者乎?" 小吏曰: "自官之來, 民不見吏, 吏之
弄法, 有不及知, 民之飮恨, 未之聞也." 惟氏又語曰: "民以我何如庾碩使君?"
小吏曰: "民稱庾碩使君, 有間然後, 語亦及之." 惟氏懜服.【有間, 謂以餘暇, 語及
之】

鉻箭之法, 使民重足側目, 決不可行. 鉤鉅之問, 亦近譎詐, 君子所不爲
也.

趙廣漢潁川太守, 先是, 潁川豪傑大姓, 相與婚姻, 吏俗朋黨. 廣漢敎吏爲
鉻箭【鉻音項如甁】, 及得投書, 削其主名, 託以爲豪傑大姓子弟所言, 其後彊宗
大族, 結爲仇讎, 姦黨散落, 風俗大改. 吏民相告訐, 廣漢得以爲耳目[62]. 尤善
爲鉤鉅, 以得事情. 設欲知馬價, 先問狗, 已問羊, 又問牛, 然後及馬, 參伍其
價, 以類相準, 則知馬之貴賤.

『政要·鉻箭說』云: "居官政令, 未必盡善, 而外人旣不能規諫, 奸吏從中而
壅蔽, 民怨紛興, 漠然不聞, 廉察豈可已乎? 若遣私人, 疑謗又騰. 古人鉻箭之
法, 能察銖兩之姦, 誠良法也." ○鉻箭者, 或用瓷缾, 或用竹箭, 堅封其口, 只
通一穴, 僅容撚紙擩入, 不能還出.【如撲滿之形】小鄕一二枚, 大鄕三四枚, 令諸
里遞相傳授, 每一村經宿二三日, 乃令收入. ○官政或有所失, 則幡然改措;
民弊或有所告, 則斷然釐革, 其以私怨搆誣者, 亦須省察. ○若官吏被告, 其
有眞贓者, 卽日査處, 其無實證者, 更加探察. 如是, 則吏屬畏民如虎, 不敢橫
侵. ○若土豪被告, 則傳[63]令本鄕曰: "李某武斷, 張某無行, 有此告密. 今姑含
忍, 其宜惕念." ○若盜賊被告, 則傳[64]令本鄕曰: "某甲受此指目, 若不悛改,
其宜遠遁." ○上官之初, 頒箭二三次, 居官旣久, 只於四時之季, 各頒一次.

每孟月朔日, 下帖于鄕校, 以問疾苦, 使各指陳利害.

---

62 目: 新朝本에는 빠져 있음.
63 傳: 新朝本에는 '傅'로 되어 있음.
64 傳: 新朝本에는 '傅'로 되어 있음.

鄉校者, 議政之地.【鄭子産, 不毀鄉校, 見『春秋傳』.】太學有正錄廳, 古者懸密筩, 使諸生論時政得失, 鄉校詢瘼, 有所據也. ○先於諸鄉, 採問耆老有飭躬解事者, 鄉取四人, 以爲鄉老.【不宜有差帖·付標, 但錄其名, 置於案上.】○下帖曰: "前月某日, 放糧【卽還穀分給】, 次月某日, 開倉收稅, 次月某日, 新簽軍保, 其間奸弊, 如有爲民深害者, 其各指陳. 決訟有誤, 斷獄有冤, 凡政令有疵, 其各指陳. 吏隸出村, 私有徵斂, 風約懷奸, 私有翻弄, 其各指陳. 不孝不悌, 不睦不和【謂正妻薄待】, 以傷風敎, 墟市作拏, 凌辱尊長者, 其各指陳. 如或怵吏憚豪, 專事掩匿, 又或挾憾懷怨, 乘機誣陷, 其亦有咎. 其可顯言者, 直書姓名; 不欲顯言者, 勿書姓名, 幷以薄紙糊封, 外著圖書【卽私印】, 納于校宮, 校宮收之, 今初十日, 掌議親來納官."【右帖, 下鄉校諸生及諸坊鄉老.】○此策問儒士之法也. 覽書之日, 勿遽宣說, 默自商度, 其有可疑者, 別岐廉問.

北魏陸俟[65]爲相州刺史, 爲政淸平, 抑强扶弱. 州中有名望素重者, 以禮待之, 詢政事, 責以方略, 如此者十人, 號十善. 又簡諸縣强門百餘人爲假子, 誘接慇懃, 賜以衣服, 令各歸家爲耳目. 於是, 發奸摘伏, 事無不驗, 百姓以爲神明, 無敢劫盜者.

張詠知益州, 採訪民事, 無遠近悉得其實. 蓋不以耳目專委於人, 曰: "彼有好惡, 亂我聰明. 但各於其黨, 詢之再詢, 則事無不審. 詢君子得君子, 詢小人得小人, 雖事有隱匿者, 亦十得八九矣."

子弟親賓, 有立心端潔, 兼能識務者, 宜令微察民間.

宗族姻戚及門生故吏, 豈[66]無一箇端潔直心之人哉? 在京之日, 預約此人曰: "上官數月, 吾當有書, 君其下來, 微行閭里, 逐條廉察." 仍授閣帖一張.【俗云勿禁帖】○至是, 書報其人曰: "北倉收糧【卽還穀收入】, 吾未親受, 其斗斛之公平, 落米之還給, 果遵吾令乎? 張三李四, 有或稱冤者乎? 所收米粟, 有或外

---

65 俟: 新朝本에는 '馥'으로 되어 있음.
66 豈: 新朝本에는 빠져 있음.

執者乎? 入庫之後, 有或分石者乎?【以糠和米, 以一苫分爲二苫者, 名之曰分石.】 其時形狀, 要須畫出." ○ 又曰: "某坊[67] 今月書員看坪【巡稼也】, 張三李四, 有出錢買災者乎? 東畝西畇, 有被災見拔者乎? 某村某家, 有殺犢烹豚, 以饗書員者乎? 此時形狀, 其宜畫出." ○ 又曰: "某村某甲, 不孝不悌, 其實然乎? 抑鄉老誣之乎? 某日罵父, 某日鬪墻[68], 某死不斂, 某餓不救, 必如目覩, 乃可信也." ○ 又曰: "某村某甲, 殺人暗埋, 其根因情節, 亦宜細探." ○ 又曰: "某市之邊, 或有某甲, 酗酒拔劍, 攘米奪布, 其平生罪惡, 一一細探." ○ 諸條皆倣此. ○ 凡立心端潔, 善於此事者, 宜以廩餘, 厚酬其勞. 雖伯夷·於陵, 無無故致力之理.

首吏權重, 壅蔽弗達, 別岐廉問, 不可已也.

時任吏房, 必有不相悅者, 同在吏列, 居官稍久, 自能知之. 深聽吏房之奸惡, 莫如此人. 然牧之左右, 無非吏房之耳目, 納約自牖, 亦無由也. 宜因公事, 派差此人, 使之上京, 令兄弟子姪之中, 愼言解事者, 面諭此人曰: "首吏作奸, 凡有幾事? 汝其詳錄, 吾將報聞." 又凡當路之吏與首吏朋姦者, 竝令條列. 此人欲報前怨, 希奪其位, 知無不言, 可得其實. 凡倉庫翻弄, 村里行惡, 小事大事, 靡不聞矣. ○ 旣聞察之, 若非誣陷, 宜發其奸惡, 懲治如法. 但吏房遞易, 必多口舌, 杖之笞之, 懲而勿汰, 使之自新, 須至遞官之日, 方許差代. ○ 雖其所言, 或係誣陷, 勿罪其人, 以通言路. ○ 每見不慧之牧, 以吏房爲私人, 與吏房同其好惡, 偏聽其言, 不復置疑, 凡與吏房爲仇者, 傾之覆之, 使不得安居. 自塞聰明, 孑然孤立, 戶外之事, 一點莫聞, 吏畔民訕, 遂致狼狽者多矣.

凡細過小疵, 宜含垢藏疾, 察察非明也. 往往發奸, 其機如神, 民斯畏之矣.

官長聞吏民一二隱匿[69], 如得奇貨, 發奸摘伏, 暴揚宣露, 以自衒其察察之

---

67 坊: 新朝本에는 '防'으로 되어 있음.
68 墻: 新朝本에는 '場'으로 되어 있음.
69 匿: 新朝本에는 '慝'으로 되어 있음.

明者, 天下之薄德也. 其大事發之, 其小者, 或略之焉, 或含之焉, 或密招其人, 溫言以戒之, 使之自新, 寬而不縱, 嚴而不苛, 溫厚有德, 使之感悅, 此御下之道也. 細察淵魚, 輕施酷刑, 豈良牧之所爲乎?

徐九思爲句容知縣, 始視事恂恂若不能. 俄有吏袖空牒竊印者, 九思摘其奸, 論如法, 郡吏爲叩頭[70]請, 不許. 於是, 人人慌恐.

昇平君金塗爲全州判官, 上官日, 有一奸民, 潛隱投狀, 以試公. 後數月, 道遇一人, 曰: "此前日投狀者也." 其人果伏, 吏民驚服, 莫知其何以也.

左右近習之言, 不可信聽. 雖若閑話, 皆有私意.

胡大初曰: "縣令精剛, 不肯任吏, 則廣說道理, 曲爲游揚. 令又不從, 則必於令啓處之間, 自與儕伍, 私相評議, 使其語陰入令耳. 令不之察, 謂其無心之言, 從而信之, 而不知已墮其計中矣." ○案 侍妓·侍童·侍奴之等, 私相問答, 佯若呵止, 實令流入者多矣. 奸詭萬狀, 胡不慮矣?

微行不足以察物, 徒以損其體貌, 不可爲也.

牧之一動, 不宜自輕, 設有隱奸, 微可得之, 猶不可爲. 況中夜一出, 朝已滿城哄矣, 私語密議, 可得而復聞乎? 徒使閭閻婦女, 滅其績燈而已. 近來官長, 好爲微行, 其意在躬察妓家, 要執挾邪少年, 以自爲明而已. 縣令微行者, 邑人目之爲魍魎. ○微行者, 一曰倉摘奸, 二曰獄摘奸. 然倉糧偸弄, 本在筆頭, 非負苫而夜出也. 獄囚苟非脫枷, 無以暫活, 非仁人之所宜察也. 微行何爲?

牛奇章帥維揚[71], 杜牧之在幕中, 夜多微服逸游. 公聞之, 以街子數輩, 潛隨牧之, 以防不虞. ○幕客尚然, 況於民牧乎! 不虞之辱, 亦可念也.

周新按察浙江, 嘗巡屬縣, 微服觸縣官, 收繫獄中, 與囚語, 遂知一縣疾苦. 明日往迓, 乃自獄出, 縣官恐懼伏謝. ○按 此損體貌不小, 或使親裨爲之可

---

70 頭: 新朝本에는 '題'로 되어 있음.
71 揚: 新朝本에는 '楊'으로 되어 있음.

矣.

監司廉問, 不可使營吏營胥.

『茶山筆談』云: "監司廉問, 宜用親賓死士, 潛行村野, 乃得民隱, 乃得官疵. 今也, 營下吏胥, 視爲腹心, 一應廉問, 皆遣此輩, 不知此輩本與列邑巨猾, 關通締交, 表裏糾結. 每至冬夏褒貶·春秋巡歷之時, 所謂廉客, 先期飛報, 本縣當事之吏, 先期張設粉壁花筵, 敦匜几案, 整齊芳潔, 倭魿燕錫, 蔚山之鰒, 耽羅之蛤, 肥牛之腱, 幺貓之脊, 炰鼈膾鯉, 種種珍異, 熒煌之燭, 以待廉客. 至夕, 銀鞍駿驄, 橫馳大道, 下馬入門, 厥氣如虹. 於是, 邸吏·縣吏, 倭銚蓺肉, 鼎坐[72]一席, 以議縣令之生殺[73], 臣見多矣. 縣令之見忤於邸吏, 課殿落職, 狼狽以歸者, 項背相望, 縣令安得不惴?"

『寒巖瑣話』云: "五月余坐寒巖之下, 縣吏時爲首吏者, 來言曰: '前夜, 巡營廉客, 來索廉記. 顧今官家, 疵政雖多, 在吏無害, 不可告也. 善政則無可稱道, 惟校儒爭鬪, 近頗寧靜, 海倉斛量, 新有官飭, 故錄此兩事, 以授廉客, 另錄一紙, 納于官家, 未知究竟如何也.' 六月旣望, 全州褒貶題目下來, 其文曰: '鄕旣息鬪, 斛又稱平.' 嗚呼! 書此考者, 非首吏乎? 立之爲神師, 言必聽, 計必用, 不亦可乎? 監司廉問之, 信用營吏, 不可也."

『雲谷日鈔』云: "御史廉問之法, 潛行村里, 則無以按贓; 躬入邑城, 則無以藏蹤. 宜遣慧客, 但探曾經首吏失志負屈, 與今首吏相爲敵讎者, 卽以其吏移囚於二百里之外. 旣囚數日, 乃遣慧客, 詐稱親屬, 訪於獄門, 示以馬牌, 令於獄中, 疏錄官疵吏奸. 且曰: '汝罪當死, 今姑舍[74]之. 汝若實心疏錄, 一毫無隱, 一毫無誣, 則全赦汝罪. 如或有隱, 兼有誣罔, 則致汝于戮.' 此吏死中求生, 兼可報怨, 卽其所錄纖悉無差, 乃可按事. 乃執此吏, 數其前罪, 輕刑以放之, 則泯然無跡, 而廉問得其實矣."【監司廉問, 亦宜用此法.】

---

72 坐: 新朝本에는 '在'로 되어 있음.
73 殺: 新朝本에는 '活'로 되어 있음.
74 舍: 新朝本에는 '含'으로 되어 있음.

凡行臺察物, 唯漢刺史六條之問, 最爲牧民之良法.

漢武帝元封五年, 初置刺史部十三州. 秋分, 周行郡國, 省察治狀, 黜陟能否, 斷治冤獄, 以六條問事. 一條, 强宗豪右, 田宅踰制, 以强陵弱, 以衆暴寡. 二條, 二千石不奉詔書, 倍公向私, 旁詔[75]牟利, 侵漁百姓, 聚斂爲奸. 三條, 二千石不恤疑獄, 風厲殺人, 怒則任刑, 喜則任賞, 煩擾刻暴, 剝削黎元, 爲百姓所疾, 山崩石裂, 妖祥訛言. 四條, 二千石選署不平, 苟阿所愛, 蔽賢寵頑. 五條, 二千石子弟怙倚榮勢, 請託所監. 六條, 二千石違公下比, 阿附豪强, 通行貨賂, 割損政令. 又令歲終, 得乘傳奏事. ○劉元城云: "秩六百石, 而得按二千石不法, 其權最重. 秩卑則其人激昂, 權重則能行志." ○顧亭林云: "秩卑而命之尊, 官小而權之重, 此小大相制, 內外相維之意也. 本自秦時, 遣御史出監諸郡, 罷侯[76]置守之初, 已設此制矣. 成帝末, 翟方進·何武乃言: '春秋之義, 用貴治賤, 不以卑臨尊, 刺史位下大夫, 而臨二千石, 輕重不相準. 請罷刺史.' 更[77]置州牧, 秩二千石. 後因朱博言, 罷州牧, 復置刺史. 劉昭之論, 以爲刺史監糾非法, 不過六條, 傳車周流, 匪有定鎭, 秩裁六百, 未生陵犯之釁, 成帝改牧, 其萌始大. 合二者之言觀之, 則州牧之設, 中材僅循資自全, 强者至專權裂土, 然後知刺史六條, 爲百代不易之良法." ○案 我邦監司之制, 本如漢之刺史, 居無定鎭, 周流巡察【今之營吏, 皆自郡縣番上, 蓋以古者, 監司巡行列邑, 而以所到邑吏爲營吏故也.】中世以來, 乃以使臣兼爲州牧【如平壤府尹·公州牧使類】, 奉母挈妻, 同於守令, 以時巡歷, 二碁而遞. 定居則無以周察, 久任則漸生顔私, 列邑無所懲畏, 治理日以貪濁, 必復古制, 乃有良牧. 且漢刺史六條之問, 攬其宏綱, 無所下侵, 爲守令者, 可以任行其志. 今之監司, 以文法拘守令, 動輒掣肘, 無以搖手, 制之不善, 未[78]有甚於是者也.

---

75 詔: 新朝本에는 '詔'로 되어 있음.
76 侯: 新朝本에는 '候'로 되어 있음.
77 更: 新朝本에는 '夏'로 되어 있음.
78 未: 新朝本에는 '朱'로 되어 있음.

第六條 考功

吏事必考其功. 不考其功, 則民不勸.

『周禮』曰: "吏以治得民." 鄭玄謂: "小吏在鄉邑者." 然則三歲大計, 群吏之治而誅賞之者, 府史·諸胥, 咸在其中, 不獨百官有考功也. 宋制, 諸州掾曹及縣之簿尉, 皆令州郡長吏, 書其績用懲過, 秩滿有司詳視, 差其殿最.【見『通考』】則州縣小吏, 有考功矣. ○高麗之制, 庶人在官者, 有主事[79]·令史·書藝·記官·書手·直省·電吏·門僕·照磨·譯史·通事·知印·計史·算士[80]·別駕[81]·通引·杖首·錄事·知班·記事·所由·孔目·監史·監作·注衣·幕士等名號. 每六月·十二月[82], 九品以上, 與府史·胥徒, 第其年月, 分其勞逸, 標其功過, 論其才否, 具載于書, 謂之政案. 中書擬陞黜而奏之, 門下承制勅而行之, 謂之都目. 則高麗有小吏考功矣.

夫御人之法, 惟有勸懲二字. 有功無賞, 則民不勸; 有罪無罰, 則民不懲. 不勸不懲, 萬民解體, 百事頹墮, 百官群吏, 無以異也. 今也, 罪則有罰, 功則無賞. 此吏習之所以日趨於奸惡也.

唐盧奐爲陝川, 仁威竝著. 陝俗尙神, 民語曰: "不須賽神明, 不必求巫祝. 爾莫犯盧公. 立便有禍福."

國法所無, 不可獨行, 然書其功過, 歲終考功, 以議施賞, 猶賢乎已也.

置一冊子, 每於一張, 書一員之名, 諸鄉諸校【鄉丞及軍官】, 群史群隷, 咸書功過. 過則隨犯隨治, 功則歲終考校, 分爲九等. 其上三等, 新年差任, 必授要窠. 中三等, 論賞有差. 下三等, 停閑一年, 無得差任, 庶亦爲勸善之一助也. ○鄉

---

79 事: 新朝本에는 '史'로 되어 있음.
80 士: 新朝本에는 '史'로 되어 있음.
81 駕: 新朝本에는 '加'로 되어 있음.
82 月: 新朝本에는 '日'로 되어 있음.

丞·軍校, 其額不多, 上等下等, 毋過一人【隨其功過[83], 或爲上上, 或爲上中, 或爲上下. ○下等亦然】, 群吏乃備九等. ○吏額三十人, 則上上·下下各一人, 上中·下中各二人, 上下·下上各二人, 中上·中下各三人, 其餘十四人, 咸[84]置中中. ○上上者授第一窠, 上中者授次窠, 上下者授次窠, 中上者又次之. 中中者, 付之吏房, 授以薄窠. 中下者, 停閑半年, 免於差役. 下三等停閑一年, 而下下者必差苦役. ○鄕丞·軍校, 任窠不多, 其無可移者, 以弓矢筆墨之類, 施賞有差, 皆具帖文, 俾各傳後.

門卒·官奴, 亦皆照依上法. ○風憲·約正·邸卒之等, 亦皆照依上法, 而風憲之盡心民事, 得居上上者, 陞爲鄕丞. ○近例, 吏奴之新官陪來及內行陪來者, 明年必得好窠, 是以私事授公賞也. 一番京行, 本非大勞, 與他因公上京者, 其勞宜同, 不可以此輒授第一也.

六期爲斷. 官先久任而後, 可議考功. 如其不然, 唯信賞必罰, 使民信令而已.

二十年來, 守令數遞, 久者二朞, 餘或一朞. 此法未改, 則吏民皆無久計, 考功之法, 貽笑而已. ○孔子答門人之問: "去兵去食, 而終不欲去信." 信令者, 臨民之首務也. 令曰: "犯某罪者, 受某罰." 已而不然; 令曰: "建某功者, 受某賞." 已而不然, 則凡發號施令, 民莫之信. 平時猶無大害, 若國有外憂, 當此之時, 信不素孚, 將若之何? 信令者, 人牧之急先務也. ○語曰: "將不還令." 牧之爲將也大矣, 令有不信, 何以帥民? 此大義也.

【附見】監司考功之法.

監司考功之法, 因可議也. 疏略旣然, 無以責實. 奏改其式, 抑所宜也.

---

83 過: 新朝本에는 '課'로 되어 있음.
84 咸: 新朝本에는 '或'으로 되어 있음.

「考績議」云: "國家安危, 係乎人心之向背; 人心向背, 係乎生民之休戚; 生民休戚, 係乎守令之臧否; 守令臧否, 係乎監司之褒貶, 則監司考課之法, 乃天命人心向背之機, 而國家安危之攸判也. 其所關係, 若是其重, 而其法之疎漏不覈, 莫今時若, 臣竊憂之. 漢法, 刺史以六條察二千石, 歲終奏事, 以擧殿最, 奏行賞罰. 其法未嘗不嚴然, 至元帝之時, 京房又奏考功課吏法, 欲以新天下之耳目, 必其舊法, 不無疎漏之失, 故京房之言, 如是也. 晉武帝時, 杜預以爲京房遺法細密難通, 請申唐堯之舊典, 去密就簡. 是杜預不知唐堯之典嚴於後世, 謬謂之簡易也. 臣歷考前代之制, 凡考課之法, 皆分九等, 歲終一考而已. 唯後魏文帝之言曰: '上下二等, 可爲三品, 中等但爲一品.' 所以然者, 上下是黜陟之科, 故旌絲髮之美惡, 中等守本事大通而已, 其意亦善. 國朝考課之法, 唯分三等, 其率略如此, 而一年再考, 又何其數數也? 唐虞之人, 其賢能才智, 非如今時之人, 然且三載而後, 責其績庸, 以今之人而課功於半年之內, 無乃不可乎? 臣謂守令考課, 宜分之爲九等, 只歲終一考, 可矣."

「考績議」云: "考功題目之文, 止用八字, 疏脫甚矣. 昔盧承慶特書其考曰: '監運損糧, 非力所及.' 陽城自書其考曰: '撫字心勞, 催科政拙.' 皆用四言二句. 蓋自唐時, 其法已然, 然周之時, 冢宰受其會計, 會計之文, 必不得止用八字也; 漢之時, 郡國皆上計簿, 計簿之文, 必不得止用八字也. 今御史書啓, 論守令臧否, 多者至數百言, 不拘字數, 監司考課, 何獨不然? 臣又思之, 上古上下相勉, 奮庸熙載, 後世此義不明. 儱侗無能之人, 務持大體, 因循故常, 名之曰'不擾而治', 百度解弛, 衆蠹交穿, 民受其毒, 膏血漸渴, 而按察之臣, 方且書之, 曰: '簡約爲治, 坐鎮有裕.' 曰: '順俗而治, 不求赫譽.' 甚則曰: '山水之鄉, 消搖翰墨.' 此皆全不事事, 尸祿癏位者之題目也."

「考績議」云: "考績條例, 凡有九綱. 一曰律己, 二曰奉公, 三曰愛民, 其次曰六典. 九綱各攝六條, 通共五十四條. 朝廷以五十四條, 頒于列邑, 使之欽遵, 守令奉行, 唯謹其有成效者, 具二十七條, 奏績于監司.【三九二十七】監司考績, 就其中選取九條, 以定九等之目, 獻于朝廷, 其九事皆臧者, 第上上; 其九事皆否者, 第下下. 偶有一'否'者, 爲上中; 偶有一'臧'者, 爲下中, 以次挨排, 每以臧[85]否多少, 第其高下." 今擬考績狀啓, 皆如御史書啓之式, 試著于左.

全羅道考績啓本之式.

玉果縣監李某. ○其律己, 則昧爽坐衙, 出治嚴肅, 令吏民知敬.【臧】○其奉公, 則登樓頒教, 俾萬民咸知朝廷德意【臧】○其愛民, 則遺棄兒七口, 授乳母字養, 老鰥四口, 養之於倉舍.【臧】○其吏典, 則奸吏李某金某, 蠹國害民, 發其奸照律, 諸吏斂手.【臧】○其戶典, 則東二坊, 漏田十二結査出, 又得新起田十結二十負.【臧】○其禮典, 則勸民行冠婚喪祭之禮, 皆令一遵法制.【臧】○其兵典, 則自備熟銅三百斤, 藏之武庫, 以備不虞.【臧】○其刑典, 則縣民朴某殺人行賂, 掩匿踰年, 去七月發其奸成獄, 民稱其明.【臧】○其工典, 則官造田車二十輛, 頒于二十村, 民皆樂之.【臧】○已上九事皆臧, 第上上.

淳昌郡守金某. ○其律己, 則不絜家眷, 凡子弟親友, 皆處于內屋, 不令到政堂.【臧】○其奉公, 則文報不踰期限, 其先期者, 自官施賞.【臧】○其愛民, 則養老宴人口, 抄之太甚, 民或有言.【否】○其吏典, 則貢士七人, 皆叶公論, 省試發解者, 獨多於諸邑.【臧】○其戶典, 則常平穀決價, 勒減五分, 民或有言.【否】○其禮典, 則學宮出入者, 鬪毆[86]於明倫之堂, 循私不治, 士習以壞.【否】○其兵典, 則武士教鍊, 一遵程式, 其武藝精熟.【臧】○其刑典, 則聽訟令民兩造, 旣決治其落訟者, 數十年未決之訟, 多所剖判.【臧】○其工典, 則廢堤七處, 竝皆淤塞, 不思浚治.【否】○已上五臧四否, 第中中.

羅州牧使朴某. ○其律己, 則房嬖用事, 觸政太濫.【否】○其奉公, 則朔望賀禮, 闕而不行, 檢官謀避, 其事不誠.【否】○其愛民, 則老鰥老寡無依者, 勒授里民, 至有納賂圖免者【否】○其吏典, 則信任奸鄕, 一委文政, 坊任里任, 皆授奸猾之人.【否】○其戶典, 則棉田災傷, 全不親檢, 一委吏手, 其濫災至三十一結.【否】○其禮典, 則十三經貿來之後, 竊其佳本, 陰以劣本易之, 多士有謗.【否】○其兵典, 則御營軍簽丁十一名, 爲奸吏所賣, 侵及三十餘名, 民怨

---

85 臧: 新朝本에는 '贓'으로 되어 있음.
86 毆: 新朝本에는 '歐'로 되어 있음.

不息.【否】○其刑典, 則醉後濫杖, 多非其罪, 小罪就囚, 或至數月.【否】○其工典, 則門樓毀破, 前官留錢三百兩, 幷歸私用, 不思重建.【否】○已上九事皆否, 第下下.

諸路諸邑考績分等, 皆倣此.

「考績議」云: "九等之考, 宜於諸路, 各有定額." ○假如京畿三十七官, 則上上·下下各一員, 上中·下中各一員, 上下·下上各二員, 中上·中下各四員, 中中二十一員, 可也.【右分等之法, 每十取其二, 以其一爲上等, 以其一爲下等, 以其餘爲中等也.】○又如湖南五十三官, 則上上·下下各一員, 上中·下中各二員, 上下·下上各二員, 中上·中下各五員, 中中三十三員.【亦十取其一爲上等, 十取其一爲下等.】○又如關東二十六官, 則上三等各一員, 下三等各一員, 中上·中下各二員, 中中十六員. ○諸路分九等之額, 皆倣此. ○論曰: "人之善惡, 本無定額. 一省三十邑, 不必上等者爲三邑, 下等者爲三邑. 今也, 椿定其額, 令無加減, 若良吏偶稀, 則必有苟充之褒, 若貪吏偶多, 不免有倖逭之罰. 議者必紛然以興, 共言其不便矣. 然臣竊思之, 文試甲科, 每取三人, 何必中甲者爲三人乎? 其定乙科, 每取五人, 何必中乙者爲五人乎? 又凡科試考卷, 或以二上者爲狀元, 或以三下者爲狀元. 又其爲狀元也, 例必升之於六品, 直授禮曹佐郎·成均館典籍, 未嘗以試卷之在下等, 而不[87]施狀元之賞典. 今臣所定考功之法, 何以異是? 試以湖南省言之, 五十守令, 明知此歲之末, 下等者有五人, 則未有不惴惴栗栗, 或慮其落于此坎; 明知此歲之末, 上等者有五人, 則未有不盼盼孶孶, 或冀其登于彼岸. 其無所怵而無所希, 豈如今日哉? 況五十四條者, 朝廷之降命也, 二十七條者, 守令之獻功也. 明知此歲之末, 將以二十七條, 自列而報于上, 則未有不以五十四條, 朝夕常目, 思免其罪, 而圖立厥功者. 其伈伈泄泄, 豈如今日哉?"

『茶山筆談』云: "物之不齊, 物之理也. 一隊皆善, 必無是理. 雖非大惡, 一隊之最下者有之矣; 雖非至善, 一隊之最上者有之矣. 善乎! 馬周之言曰: '比年

等第, 不過中上, 豈容皇朝之士, 遂無上下之考者?' 其意蓋欲於見在之內, 拔
其尤者, 以爲上第也. 且雖下下之等, 其所列貶目, 皆疲軟疎暗之失, 而無貪
虐冒犯之罪, 則解官而已, 宜無後災. 豈宜以故屈爲嫌哉?"

「考績議」云: "監司考績之啓, 守令奏績之狀, 竝上于朝廷, 幷下于吏曹. ○
守令奏績之狀, 不可自監營而減之. 雖九等之考, 不循奏狀, 而奏狀則宜上于
朝廷也. 法本如此, 則監司必不敢蔽其實績, 而私貶其人矣."

「考績議」云: "三年大比, 其三考守令, 勿論已遞未遞, 竝皆上京, 以待召接,
親奏其狀. ○三年奏績之狀及三年考功之啓, 守令皆親抱其卷, 登筵跪讀, 或
上有問, 卽於筵中敷奏以言. 此堯舜日覲群牧之法也, 此法嚴酷栗烈, 不如後
世之法, 疎豁解緩, 百回靜究, 始可以犁然悟也."

「考績議」云: "召接旣畢, 乃遣暗行御史十二人, 分往八路【兩南·西·北[88], 則
各二人】, 察其功罪虛實. ○子午卯酉之年, 自立春之日, 引見三考守令, 日見
五六人, 立夏前十日, 畢見之. 畢受其奏績【北道守令, 須遞歸乃見之】, 於是立夏
之日, 發遣御史, 令立冬前復命. ○御史, 持守令奏績之狀及監[89]司考績之啓,
潛行列邑, 察其虛實, 其有奏罔功, 而監司敷同者, 擧而劾之; 其有奏實績, 而
監司抑壓者, 擧而劾之. ○臣竊伏見 朝廷遣御史, 大約三四年一遣之, 然或
五六年不遣, 七八年乃遣. 故守令鄕史, 皆僥倖行險, 而冀其久則不發. 臣謂
一定其法, 必三年一遣. 子丑寅三年之事, 令卯年來發之; 卯辰巳三年之事,
令午年來發之, 著爲恒式, 無有進退, 則雖貪官猾吏, 皆存後慮, 莫敢放心. 雖
非考績, 當有實效. 況朝廷所頒五十四條, 在御史手中; 守令所奏二十七條,
在御史手中; 監司所考臧否九條, 在御史手中, 執此行部, 覈其虛實, 誰有不
栗栗危懼者乎? 雖勢家大族, 三年之後, 御史來者, 親疎柔剛, 旣難逆覩, 將何
所憑恃乎? 監司與之同時, 可撓之以勢力, 可緩之以顔情, 御史與之相違, 二
者無所施矣. 監司考績者, 亦知有御史之議其後, 則其考績不得不公. 其視今

---

88 北: 新朝本에는 빠져 있음.
89 監: 新朝本에는 '祭'로 되어 있음.

日之法, 其疏密何如也? 守令若報僞績, 監司若奏罔功, 本罪之外, 其欺君之罪, 又將罔赦, 其有不栗栗危懼者乎? 臣愚以爲此法若行, 太平之治, 可朝暮俟也. 堯舜之所以爲堯舜之治, 不外乎考績一事. 臣不敢爲妄言也." ○其九等三考, 賞罰黜陟之法, 車服流放之典, 幷詳「考績議」, 今姑略之.

戶典六條

田政·稅法·穀簿·戶籍·平賦·勸農

第一條 田政【「考績議」, 敎民爲戶典之第一條, 今所不行, 故以田政爲第一.】

牧之職五十四條, 田政最難, 以吾東田法, 本自未善也.

中國以頃畝解田, 吾東以結負解田. 夫長短闊狹, 其體有形, 肥瘠膏涸, 其性無形. 然且有形之體, 今古不變; 無形之性, 時月以殊【土之肥瘠, 在人功.】, 結負經田, 非善法也. 原夫田結之名, 起於『管子』「禁藏」篇, 而新羅之時, 已有結負. 故崔致遠「山寺碑銘」, 有賜田十結之語, 『高麗史·食貨志』, 有山田一結·平田二結諸語. 然其所謂一結一負, 仍是一頃一畝, 非以土之肥瘠, 遞加其地如今法也.【詳見「田制考」】高麗之末, 始制三等之尺, 以之量田, 國初, 制五等之尺, 其差等益多, 而肥瘠五等, 載於田案而已, 五等之田, 其實積皆同. 世宗末年, 改制六等之尺, 置田制詳定所, 大改田法, 然其算積之法, 與今不同.【詳見「田制考」】至孝宗朝, 改量諸路之田, 始頒遵守之冊, 於是一等百負, 二等八五, 三等七十, 四等五五, 五等單四, 六等二五之差, 遂爲金石之典矣. 此法在古無徵. 黃帝畫野, 禹稷濬畎, 以至井地衍沃之制, 商君阡陌之法, 李悝水利之田, 幷以實積打算, 其肥瘠之差, 別自分等而已. 今此遞加之法, 雖隷首握算, 離朱察尺, 實無以昭其度數, 今之牧者, 將何以發其奸矣?

時行田算之法, 乃有方田·直田·句田·梯田·圭田·梭田·腰鼓田諸名, 其推算打量之式, 仍是死法, 不可通用於他田.[90]

田算法云: "算書以長五尺·闊五尺, 爲一步." 以卽今量田之法言之, 當爲一

尺也. 十尺爲一束, 十束爲一負【俗作卜】, 百負爲一結, 八結爲一夫.【未滿束者, 當作尺而俗作把】

方田

長九十九尺
廣九十九尺

問: "今有方田, 長九十九尺, 廣九十九尺, 該田幾何?" ○答曰: "九十八負."【此乃解一等法也. 若欲解二等, 則置二等八五作影, 以九十八負乘之, 三等四等, 皆倣此】

法曰: "置長九十九尺, 廣九十九尺, 自相乘之, 得九千八百○ 一尺, 卽爲九十八負○ 一把."

直田

長七十四尺
廣四十四尺

問: "今有直田, 長七十四尺, 廣四十四尺, 該田幾何?" ○答曰: "三十二負五束."

法曰: "置長七十四尺, 以廣四十四尺乘之, 得三千二百五十六尺, 卽爲三十二負五束."

句股田[91]

股長六十四尺
句闊三十三尺

問: "今有句股田, 闊三十三尺, 股長六十四尺, 該田幾何?" ○答曰: "十[92] ○ 負五束."

法曰: "置句闊三十三尺, 以股長六十四尺乘之, 得二千一百十二尺, 折半得一千○ 五十六尺, 卽爲十○ 負五束."

---

90 打量之式…他田: 新朝本에는 아래 目에 이어져 있음.

91 新朝本에는 '股長六十四尺'이 왼쪽 사면에 있으나 바로잡음.

92 十: 新朝本에는 '四十'으로 되어 있고, 財團本에는 '十零'으로 되어 있음.

梯田

問: "今有梯田, 大頭闊一百二十三尺, 小頭闊八十七尺, 長一百四十三尺, 該田幾何?" ○ 答曰: "一結五十 ○ 負一束."

法曰: "置大頭闊一百二十三尺, 加小頭闊八十七尺, 得二百十尺, 折半得一百 ○ 五尺, 以長一百四十三尺乘之, 得一萬五千 ○ 十五尺, 卽爲一結五十負一束."

圭田

問: "今有圭田, 長一百五十五尺, 闊八十八尺, 該田幾何?" ○ 答曰: "六十八負二束."

法曰: "置長一百五十五尺, 以闊八十八尺乘之, 得一萬三千六百四十尺, 折半得六千八百二十尺, 卽爲六十八負二束."

梭田[93]

問: "今有梭田, 長五十二尺, 中廣二十二尺, 該田幾何?" ○ 答曰: "五負七束二把."

法曰: "置中闊折半, 得一十一尺, 以長五十二尺乘之, 得五百七十二尺, 卽爲五負七束二把."

---

93 新朝本에는 '中廣十二尺'이라 되어 있으나 내용상 바로잡음.

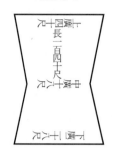

腰鼓田

問: "今有腰鼓田, 長一百四十尺, 上廣四十尺, 中廣十八尺, 下廣二十八尺, 該田幾何?" ○答曰: "三十六負四束."

法曰: "置中闊一十八尺加一倍, 得三十六尺, 又倂南闊北闊, 共一百○四尺, 以四歸, 得二十六尺. 以長一百四十尺乘之, 得三千六百四十尺, 卽爲三十六負四束."

他餘四不等田·眉田·牛角田·圓田·環田·覆月田·弧矢田·五角田·六角田·蛇形田·大鼓田, 皆推移裁作打量.[94]

右所列七樣田打量之式, 都係死法, 尺童之所能知也. 執其易曉者, 作圖作說, 以示愚俗, 至其難通之處, 技窮語塞, 無術可施, 乃云: "皆以此法, 推移打量." 非自欺欺人語乎? 『幾何』首篇, 直角·斜方·三角·五角·鈍銳之角, 皆有算實之法, 至所謂無法四邊之形, 本無推算之定例. 何者? 其本體旣自無法, 將何以立算術而計所函乎? 今國中之田, 小自一稜, 大至一成, 無一而非無法四邊之形也. 正方而爲方田者, 平行而爲直田者, 句三而股四者, 裁幅如深衣者【謂梯田】, 均尖爲銳角者【謂圭田】, 斜方之有法者【謂梭田】, 緩中如棺衭者【腰鼓田】, 巡行八路, 畢世而不一遇矣. 乃所謂蛇形牛角之田, 圓環覆月之田, 彎弧敗鼓之田, 漫山被野, 都是此物. 當此之時, 將以九而乘九乎? 將以四而乘七乎? 將折其半而執之乎? 將歸以四而得之乎? 七樣妙法, 於是乎推不去矣. 將見罔妄掉頭, 虞何咋舌. 乃以愚牧, 立于田塍之上, 欲以昭其例而發其奸, 而可得乎? 以之平算實積, 猶懼不通, 矧于此加之, 以二等八五, 四等五五之差, 以之察肥瘠而議增減, 其有能精硏比例者乎? 爲此圖者, 其知道乎? 著其易知, 隱其難通, 有若先立其本, 推之萬殊者, 然豈不罔哉? 所謂田算之法, 無憑可據, 本如是矣.

---

94 他餘…裁作打量: 新朝本에는 이 구절이 '答曰三十六負四束' 뒤에 있음.

改量者, 田政之大擧也. 査陳覈隱, 以圖苟安. 如不獲已, 黽勉改量, 其無
大害者, 悉因其舊, 釐其太甚, 以充原額.

我邦田制, 自古未善. 聖主賢臣, 議於廟堂之上, 大正田制, 破壞[95]結負, 以
爲頃畝, 一倣華制, 參用井法, 則牧之掌是事者, 奮發精神, 殫竭智慮, 務歸至
當, 期無一毫遺憾, 可也. 今此結負之法, 分爲六等, 崎嶇眩惑, 莫此爲甚, 雖
使禹稷當之, 無以盡善. 況土地肥瘠, 時月以變, 村盛糞多, 則瘠者以肥; 村衰
力屈, 則肥者以瘠, 又或昔之多泉者, 松茂而泉渴; 昔之乏水者, 渠成而水足,
一等二等, 又何可椿定膠固, 歷世而莫之變乎? 今云改量, 似乎新鮮, 然改量
者, 改結負又以爲結負也. 法本未善, 何以善變? 故曰: "黽勉改量, 釐其太甚."
○牧將汎繩【積尺爲束, 積束爲負, 以繩絜之, 名之曰汎繩】, 民訴于前曰: "此畓之稅,
至於三負, 乞減一負." 詢于從者, 對曰: "誠然. 此畓之冤, 衆所共知." 嗟呼! 金
神按節, 世無公言, 其冤其詐, 有誰知之? 有一言以決者, 稅若至冤, 畓胡不
陳, 旣已不陳, 其冤未甚矣. 牧將汎繩, 從者密告于前曰: "此畓之稅, 不過三
負, 宜增二負, 以平民賦." 嗟呼! 金神按節, 世無公言, 其輕其平, 有誰知之?
召田主而問之, 甘受其增, 無是理也. 議減而得減者有賂, 議增而不增者有賂,
此物豈可微搖之乎? 故曰: "其無大害者, 悉因其舊." ○今南方之田, 皆肅宗
庚子之所量也. 距明年己卯[96], 恰爲百年, 田額日蹙, 改量亦急務也.

改量條例, 每有朝廷所頒, 其中要理, 須申明約束.

將改量, 前期三十日, 榜諭下民, 與之約束. ○一, 凡時起不荒之田, 悉依舊
額, 不許減增, 稅率雖重, 毋敢自訴; 稅率雖輕, 無敢告訐. 多言紛紜, 以害大
事者有罪. ○一, 某村某畓, 自古相傳, 張三之田, 誤入李界; 李四之田, 誤入
張界, 傳疑指點[97], 思一汎繩者, 別件成冊, 條列開錄, 先期來納. ○一, 某村某

---

95 壞: 新朝本에는 '懷'로 되어 있음.
96 卯: 新朝本에는 '卯'으로 되어 있음.
97 點: 新朝本에는 '黜'로 되어 있음.

戶, 陳廢之田, 量前量後, 別爲二冊, 其量後陳者, 乙亥之陳, 甲寅之陳, 己巳之陳, 甲戌之陳, 各於田額之下, 詳明標記. ○一, 續田·還起·新起之田, 其有未入田案者, 入與不入, 民所不知. 然量後還起及量後新起者, 各其村里, 查實條列, 別件成冊, 先期來納. ○一, 惑[98]於風水, 廣占塋域, 或多植松楸, 名之曰墓陳者, 依舊出稅, 不可刪沒, 亦須別件成冊, 以便考檢. ○一, 同字之內, 稅額踰越, 第十之田, 或蒙第卄之稅; 七十之田, 或混八十之稅者, 并勿來訴, 直自本村, 開列成冊.

成子高寢疾, 曰: "吾縱生無益於人, 豈可以死害於人乎哉? 我死則擇不食之地而葬我焉."【出「檀弓」】君子之用心如是也. 今人惑[99]於風水, 山無空穴, 乃於平地, 別格裁穴, 良田沃土, 廢爲封域, 王土日蹙, 實非細故. 每當改量之日, 士大夫墓域, 皆以陳免, 非賢牧之所宜許也. 惟山頂之田, 今爲墓域者, 許之可也.

將改量, 召首吏·都吏, 諭之曰: "改量者, 何也? 不過乎查陳覈隱, 以隱充陳而已. 充陳有術, 何必覈隱? 汝其惕念. 凡丈量有誤者, 查其實積, 凡新起未報者, 定其實數, 以完此事. 隱結之數, 余已有聞, 都吏幾結, 東鄕幾結, 西鄕幾結, 其各首實, 以聽裁處."

量田之法, 下不害民, 上不損國, 唯其均也. 唯先得人, 乃可議也.

程伯子調上元縣主簿, 田稅不均. 美田爲貴家富室以厚價, 薄其稅而買之, 小民苟一時之利, 久則不勝其弊. 先生爲令畫法, 民不知擾而一邑大均. 其始, 富者不便, 多爲浮論, 欲撓止其事, 旣而無一人敢不服也. 後諸路行均稅法, 邑官不足, 益以佗官, 經歲歷時, 文案山積, 而尙有訴不均者. 計其力, 比上元不啻千百矣. ○顯宗癸卯, 畿甸量田, 上司勒令宮家田土, 陞於高等, 曰: "宮家無稅, 置之一等無妨." 楊州有金姓監官, 爭之曰: "宮家免稅, 不過數十年.

---

98 惑: 新朝本에는 '感'으로 되어 있음.
99 惑: 新朝本에는 '乎'로 되어 있음.

此田之歸於民間, 須臾間耳, 必爲無窮之弊."上司不聽, 至于今日, 民多棄而不耕.『公私聞見錄』○按 上元之田, 以薄稅貽害; 楊州之田, 以高稅貽害. 誠以田無常主, 轉眄翻變, 不可恃勢而降等, 不可倚勢而高等. 唯其均而已.

白江李敬輿爲慶尙監司, 以左道瘠田偏重, 請減萬結, 以均諸邑.

成穧【牛溪孫】爲奉化縣監, 甲戌量田之役, 公爲之親行畎畝, 盡檢山僻. 而簿旣上, 均田使猶却之不受, 公徐語曰: "瘠土下下, 何可增也? 苟增之而已, 非所謂均也. 民其何罪?"使悟而從之. 其民至今賴焉.

沈東龜【號晴峯】爲淸河縣監時, 量田使任怨苛暴. 公面折其殃民, 量使雖恚恨, 無奈何, 而民得賴焉.

閔汝儉爲蔚山府使, 蔚久抛田政, 小民稱冤. 公私行打量, 只令平均, 而使原數不加於舊, 民甚便之.

金將軍應河微時, 爲鐵原量田監官. 均田使欲高其田品, 以厚其稅, 固執不從. 鐵民至今感德. ○十室之忠, 一鄕之善, 理所必有, 得之顧甚難耳. 慧者必詐, 朴者必迂, 不爲人欺者, 易於欺我; 其不欺我者, 易被人欺, 此得人之所以難也. 然亦在駕馭之如何耳.

畿田雖瘠, 本旣從輕; 南田雖沃, 本旣從重. 凡其負束, 悉因其舊.

孝宗四年【癸巳年】八月, 行量田于京畿, 左議政金堉上箚言: "京畿根本之地, 田結太半欠縮. 令各邑守令, 只與會計吏, 出入田間, 按字作結, 以除藪田擾民之弊. 嶺西流民, 垈山爲業, 田野不闢, 名山日赭, 擇定別將, 設置屯田, 分領流民, 勸野墾禁山耕, 限三年毋徵其稅."上竝從之, 敎曰: "畿田土瘠賦煩, 打量之時, 降其等第, 務從寬歇."仍頒遵守冊, 次第施行於諸道.

遵守冊略曰: "下三道, 水田膏腴之地多, 而瘠薄之地少, 京畿·黃海道, 水田膏瘠相半, 而江原·咸鏡·平安道, 水田瘠薄之地多. 前日下三道上·中田, 皆水旱無災, 禾穀茂盛, 今以九等年分及災傷多少, 分揀收租, 不可泥於舊例. ○昔之第一等·第二等, 其分等不中者, 或升或降, 務要得中. 其下等田, 或水根易涸, 或水沈爲患, 但其地品膏腴者, 并作一二三等. ○雖地勢居高, 沙土相半, 若引水灌漑, 禾穀茂盛者, 亦當分揀, 二三四等施行. ○其中瘠薄沙石, 與江原·兩界等處, 最下之水田無異者, 五六等施行. 若川防灌漑處, 不在五六等例."【已上, 見『國朝寶鑑』.】○余有薄田, 在畿內楊根郡. 水田七十斗落, 旱田二十日耕, 都只一結. 及謫南徼, 見水田差沃者, 率二十斗落已爲一結. 由是觀之, 南方之田, 多係一二等, 其瘠薄者爲三四等, 京畿之田, 其腴者或入五等, 餘皆六等, 可知也. 然年分大槪, 南方之田, 亦只有下中·下下之等, 故不知者, 或以年分認作田等, 誤矣. 年分者, 無故建立之虛名. 以年分之故, 國家歲失米數十萬石, 亟宜革破者, 年分之名也. ○當時分等, 大較中理, 雖不中不遠. 今之改量者, 不必率爾升降, 以亂田籍也.

唯陳田之遂陳者, 明其稅額過重, 不可不降等也.

陳田之所以陳, 或由村敗, 或由年饑, 不必皆咎於稅重也. 然其稅苟輕, 時起時陳, 猶之可也, 一直陳廢, 有是理乎? 凡量前量後之陳, 悉宜降等, 村近土肥者, 降之爲五等; 村遠土瘠者, 降之爲六等. 改定結負, 募民勸耕, 斯不可緩也. ○京畿陳田, 本係六等, 無可復降者, 論報上司, 乞依朱子法五年免稅, 立旨勸民, 可也.

『均役事目』云: "帳付, 陳田及十年以上錄陳者, 守令逐畝踏驗, 如有可耕者, 量宜降等, 帳付三四五等, 則降爲四五六等, 帳付六等, 降爲續田六等. 續田則減負, 其初年之稅, 依『續典』減半. 結米二斗, 限三年勿徵."○案 此英宗辛未之下敎也. 以此布告, 猶無願者, 卽授紅劵, 許三年之前, 勿錄于稅案.

陳田降等, 字號遷變, 民將多訟, 凡其變者, 悉給牌面.

『續大典』曰: "毋論陳起, 滿五結, 則以一字號標之[100]."【天地玄黃字】○又曰: "凡田四標及主名懸錄, 陳田亦皆懸主, 無主處以無主懸錄."【吏文懸, 猶註也.】○凡陳田本以三等七十負, 降之爲五等, 則不過爲四十負, 降之爲六等, 則不過

---

100 之: 新朝本에는 이 뒤에 'ㅇ'가 있음.

爲二十五負. 若然引取次田, 以成一結, 次次遷變, 字號等次, 悉皆翻易. 若是者, 宜給田牌一面, 使於買賣之日, 以次傳授.

牌式. ○己卯改量. 某縣某村某坪, 玄字第三田二十五負, 其在庚子舊量, 本係黃字第二田七十負. 原以第三等, 因其陳廢, 降之爲第六等. 挨排遷變, 字號第次, 翻易如此. 日後有訟, 憑此考驗者. 年月日, 行縣令押. 打印. ○其式如唐板小冊葉, 雕刻板本, 空字塡書, 如照訖帖樣. 餘詳「田制考」, 今竝略之.

總之, 量田之法, 莫善於魚鱗爲圖, 以作方田, 須有朝令, 乃可行也.

方田之說, 本起於橫渠, 而朱子作魚鱗圖, 亦方田法也. 大明洪武之初, 勅用此法, 至今益備, 除了此法, 再無善法. 然一縣之令, 獨行此法, 勞多而費鉅, 無益於矯弊, 必通國大行, 乃爲良法.

朱子在漳州, 曉示經界, 差甲頭榜, 云: "及至打量田土, 攅造圖帳, 一都不過二十餘人, 遠者不過數月之久, 卽便結局. 應役之戶, 雖不免有勞費, 然結局之後, 田土狹闊, 産錢重輕, 條理粲然, 各有歸著. 在民無業去産存之弊, 在官無逃亡倚閣之欠, 豪家大姓不容僥倖, 貧民下戶不至偏苦. 宜分方造帳, 畫魚鱗圖·砧基簿.【砧基簿者, 如吾東之家坐冊, 錄其田産者也.】

宋張洽爲松滋尉, 湖右[101]經界不正, 弊日甚. 洽請行推排法, 令以委洽. 洽於是, 令民自實其土地彊界産業之數, 投于匱, 乃籌覈而次第之, 吏奸無所匿. 其後十餘年, 訟者猶援以爲證云. ○案 推排法者, 今之魚鱗圖也, 本是朱子之法. 必用此法然後, 量田乃可議也.【張洽, 卽朱門人.】

洪武二十年, 遣國子監生等往各處, 履田畝而量度之, 圖其田之方圓, 次其事實, 悉書主名及田之四至, 謂之'魚鱗圖冊'. 百弊始絶. ○星湖先生曰: "魚鱗圖, 蓋徧[102]圖田形, 如今邦域地圖也. 諸野諸谷, 細統於大, 大爲全圖, 細爲

---

101 右: 新朝本에는 '石'으로 되어 있음.
102 徧: 新朝本에는 '偏'으로 되어 있음.

分圖. 丘陵·墳衍·川澤, 不食之地及陳荒不墾者, 悉皆無漏. 依算法, 書其闊狹長短, 又於總圖上, 書從某至某爲幾尺, 又其四至, 必書第幾田, 若山若溪, 以待考驗, 豈復有隱漏之患哉?" ○按『周禮·小司徒』: "凡民訟以地比正之【地比者, 比[103]等差率之籍.】, 地訟以圖正之."【鄭云: "邦[104]國本圖."】 ○賈云: "量地之初, 卽有地圖, 在於[105]官府. 後民有訟, 以本圖正之."[106] 洪武魚鱗圖, 卽此遺法. 秦人去古未遠, 猶有此圖, 故沛公入秦, 先收丞相府圖籍, 周知山川道里·戶口多少, 以是也.

『文獻備考』: "肅宗三十五年己丑, 改量江原道田, 平川君申琬上疏, 極言量法之未善, 末迺言之曰: '昨歲筵中, 兵曹判書金構, 請以兪集一方田之法, 使之先行於海西四邑, 而臣姑不知利害之果如何, 只自隨衆仰對於下詢之時矣. 四邑畢量之後, 小民則稱其均平, 豪右則言其不便, 中間毀譽, 各自不同. 及見其上送地部丘井量法, 啓本圖帳, 節目詳密, 分負極均, 設墩定方, 各自打量, 畢役於旬朔之間, 比前量法, 事半功倍, 而因其丘井, 推步道里, 一邑之中, 東西南北之遠近, 山川田野之形勢, 有若列眉指掌, 一展圖帳, 則不待親自經歷, 而固已瞭然於目中, 始信此法之簡便, 可行於八路矣. 又見繡衣書啓, 則曰方田設施之法, 出於井田之餘緒, 而規模纖密, 毫髮不遺. 舊日量法, 則只以五等田形, 隨其長短廣狹, 而尺量之法, 隨處變改, 旣量之後, 善與不善, 未易尋考. 故尺量分等之際, 盈縮高下, 只委於監色之手, 所以賂物易行, 奸謀難防也. 今番量法, 則設墩立標, 井井不紊, 山林川澤, 皆在範圍, 一墩之內, 人各有土【句】, 等之高下, 負之多少, 各自辨正, 終歸平均, 而低仰輕重, 自決於衆人之口. 以此論之, 方田實爲防奸之妙法, 均役之美制.' 又曰: '今此量制, 實出新創, 易致人怨, 而猶能數月之內, 設施於三邑者, 誠以制法嚴密, 奸僞

---

103 比: 新朝本에는 '此'로 되어 있음.
104 邦: 新朝本에는 '那'로 되어 있음.
105 於: 新朝本에는 '在'로 되어 있음.
106 賈云 … 以本圖正之: 新朝本에는 이 부분이 원주로 되어 있으나 문맥을 고려하여 원문으로 처리함.

難容故也. 量田之制, 則依海西方伯之法, 災實等第, 則遵戶典同議之規, 最爲簡要, 而當今議論紛嘵之時, 苟非聖上斷自淵衷, 決意行之, 則雖有良法美制, 臣固知其終無可行之日也.'"○案 兪集一以肅宗二十六年庚辰, 爲黃海觀察使, 厥明年辛巳, 改量三邑之田.【『文獻備考』云: "改量康翎·瓮津·殷栗三邑之田."】其後八年己丑, 平川君有此疏也. 兪集一號貞軒, 其量田狀啓, 條例具存. 竝詳「田制考」, 今姑略之.

『文獻備考』: "英宗十一年乙卯, 黃海監司兪拓基狀啓, 命三四邑, 先爲改量. 左議政徐命均曰: '海西旱田多, 水田少, 地是山峽海澤, 如安岳等若干邑, 有舊量, 其外諸邑, 皆無田案, 故每年踏驗, 不過斟酌磨勘. 昔年故判書兪集一, 以藁索結網, 始量三四邑, 伊時毀謗甚多, 未免中止, 而已量之邑, 民情至今稱便矣.'"○案 藁索結網者, 謂先設方圍之繩, 又於方圍之內, 設經緯之線, 五五開方, 或九九開方也. 創行之時, 毀謗甚多, 旣量之後, 民情稱便. 其爲良法美制, 於此乎可知矣.

「田制考」云: "肅宗戊子, 兪集一以量田事遭彈, 上疏自明曰: '臣之奉命量田, 只是三邑, 而臺臣以爲一道之民, 罵不絶口, 如在水火. 網罟[107]量法, 載在流來事目中, 臣於其時, 知其難便, 拔去於新事目中, 故三邑, 亦無以此行用之事. 而今以自作一網, 遍量原野爲辭, 强名之曰網田, 至以徹家立標, 數畞之田, 片片分裂, 結卜亦分, 賦役多岐爲辭, 豈不駭怪乎? 所謂方田, 非臣所創, 亦非新奇之法. 此實宋儒張載·朱熹遺制, 而不過吾東量法, 加方圍一著, 使田夫各自繩量, 毋容監色弄奸而已. 設墩立標之處, 相距以三百六十步爲准, 卽方一里, 爲井之聖法, 墩之高廣, 例爲二尺, 不過一方席之地, 爲此而毀民之家, 其果近理乎?'"【已下今略之】

查陳者, 田政之大目也. 陳稅多冤者, 不可不查陳也.[108]

---

107 罟: 新朝本에는 '置'로 되어 있음.
108 查陳者…不可不查陳也: 新朝本에는 이 綱이 위의 目에 이어져 있음.

『續大典』曰: "每年陳田起墾處, 一一開錄, 報本曹減半稅.【『通編』云: "減三年之稅."】旣墾還陳者勿稅." ○ 凡査陳有兩樣, 一曰僞査, 二曰眞査. 僞査者, 陳田未[109]必長陳, 凶年偶一陳荒, 來年依然開墾, 其奈報陳? 有濫報起, 則嗇民不來告, 吏欲私蓄, 孑然之牧, 何以知之? 還起不錄, 則爲隱結, 隱結之滋, 國之害也, 斯不可不査也. 眞査者, 村敗土瘠, 稅重穀少, 則一陳而不復起者多矣. 或始陳之年, 不能免稅, 而因循納稅, 則終古不免; 或實起之田, 吏以自私, 而誣陳爲起, 則終古納稅. 故家遺族之敗殘無餘, 悉由此故, 斯不可不査也. 査彼僞陳, 充此眞陳, 不亦善乎? ○ 將欲査陳, 先査眞陳. 每一鄉, 選取兩人【鄉面也】忠愼解事者, 令査陳田, 至精至實, 成冊報來. ○ 諸鄉成冊, 到齊之日, 召首吏·老吏, 諭之曰: "唯玆成冊, 未可深信. 陳結旣多, 隱結將毁【謂將以隱結, 充此眞陳】, 汝之害也. 惑於風水, 廣占塋域者, 雖陳勿恤【俗稱墓入陳】, 樹之松竹棗栗梨柿, 雖陳勿恤. 唯民散土瘠, 是以陳荒者, 汝其錄來." ○ 吏錄旣到, 其與村錄相違者, 召問兩人, 可知是非. 或從村錄, 或從吏錄, 於是乎眞陳之査[110]畢矣.【得其實】 ○ 乃召首吏·老吏, 諭之曰: "眞陳如此, 法當補充. 甲戌以來, 還起之田, 想亦不少. 汝執眞籍【大槪狀所載, 今陳·舊陳之小名】, 其往巡野, 其有還起, 悉錄無漏, 甲戌·乙亥·丙子·戊寅, 村之田監【別有司】, 其庶知之, 汝坐邑中, 召致此人, 受其首實. 如不肯首, 汝其出巡, 若還起者少, 則隱結將毁, 汝之害也." ○ 吏巡野而還, 計其所得, 不能充彼, 則召吏告之曰: "天下之事, 公平而已. 民獨何罪, 陳田之稅, 年年白納; 吏獨何福, 隱結之稅, 去去益增乎? 充而未足者, 幾結幾負, 汝其納之. 如欲勿納, 須求別策, 如無別策, 亟宜納之." ○ 於是, 以其所納, 別修還起之簿. ○ 於是, 報于上司曰: "本縣流來舊陳之田, 未及蠲稅, 而村敗民散, 徵於四隣, 徵於一鄉, 爲下民切骨之弊者, 二百三十結零【假令也】, 縣令躬自看審, 以得其實. 第伏念, 國用日蹙, 朝令日嚴, 陳田之忽此査報, 極涉未安, 亦無題準之理. 斯於一境之內, 査出己巳·甲

---

109 未: 新朝本에는 '末'로 되어 있음.
110 査: 新朝本에는 빠져 있음.

戌以來, 陳還起之田, 其數適爲二百二十結零. 唯十結零, 無以充代, 故更査
諸坊[111]諸里之中, 其或新起之田, 新築之畓, 未及出稅者, 又爲十結零, 故舊
陳幾結, 還起幾結, 新起幾結, 修成冊牒報. 乞以此起, 充彼舊陳, 釐于田籍,
載于槪狀, 使下民無白稅之苦, 使上納無日蹙之弊, 誠爲合理."【隱結之說, 不可
顯言, 宜[112]以書札報告之, 俾知實狀.】

『大典』曰: "此邊浦落旣懸頉【謂錄災】, 則彼邊泥生處, 査出加錄. 覆沙處, 當
年給災, 翌年掘沙後, 收[113]稅." ○案 此邊土落者, 沃壤[114]之平衍者也; 彼邊
泥生者, 沙石之亂堆者也. 桑田碧海, 非一年之所能變, 此法非天理之公也.
別於他處, 求得新起則可也, 彼邊泥生, 未可錄也. ○每見川上之田, 其斷岸
千尺者, 年年侵蝕, 無有限極. 愚夫少智, 不知防患, 甚可哀也. 水勢之變, 必
由衝激, 溯其上流數百步之內, 水勢[115]之彎曲處, 築一坐捍臺, 其根皆用巨石
【用起重之法】, 令受衝擊, 則今年之潦水, 到此臺, 必激而橫走, 不復衝破此斷岸
矣. 牧巡行田野, 凡見斷岸, 宜察地勢, 令築捍臺, 官爲調丁, 俾保其田.

宋孝宗時, 近習梁俊彦, 請稅淮民沙田, 以助軍餉. 葉子昂奏曰: "沙田, 乃
江水出沒之地, 水激東則沙漲於西, 水激西則沙漲於東, 百姓於沙漲之東西
而田焉, 未可爲常也."

都御史高明, 會黃河南徙, 民耕於地, 畝收稅數斛. 議者欲履畝坐稅, 明不
可曰: "河徙無常, 稅額不改. 平陸忽復巨浸, 常稅猶按舊籍, 民何以堪?"

陳田起墾, 不可恃民, 牧宜至誠勸耕, 又從而助其力.

古之賢牧, 必借牛助糧, 勸民起耕, 況玆愚民不知法意, 唯恐一擧其趾, 遂
荷重稅, 故民不輕墾. 牧宜躬行村里, 諭以法意, 三年免稅, 官自題準, 使爲信

---

111 坊: 新朝本에는 '防'으로 되어 있음.
112 宜: 新朝本에는 '宣'으로 되어 있음.
113 收: 新朝本에는 '牧'으로 되어 있음.
114 壤: 新朝本에는 '壞'로 되어 있음.
115 勢: 新朝本에는 빠져 있음.

據, 從而助之, 如古賢牧, 則庶乎耕者日增矣.

『大典』曰: "陳田起耕者, 許民告官耕種, 三年後始令納稅. 或田主來爭, 則以所耕三分一給田主, 三分二給起墾者, 耕食十年, 方許均分." ○案 此亦誘民使耕之意也. 牧宜以此意曉喩民間, 其欲耕人之陳田者, 許立旨以絶後慮.

朱子「勸種麥榜」云: "玆幸得雨, 可種二麥. 其有無地可耕之人, 及有力多而地少者, 仰自踏逐空閒官地, 具出字號·四至畝角, 陳請布種, 當與判狀, 執照免料, 權給一年. 其有情願永遠請佃之人, 亦仰分明聲說, 卽與給據管業, 特免五年稅料." ○鏞案 余行村野, 每見陳田一望無際, 詢之則曰賦稅可畏也. 法典雖具, 愚民未聞, 必其守令以時申明, 勸之誘之. 又給紅券, 許令依法典免稅, 則陳荒之田, 必稍稍起墾矣. ○法典, 陳田起墾者, 許三年免稅, 其期短矣. 宜據此文, 五年免稅.

陳幼學知中牟縣, 縣南荒地多, 茂草根深難墾. 令民投牒者, 必入草十斤, 未幾草盡, 得沃田數百頃, 悉以畀[116]民.

隱結·餘結, 歲增月衍; 宮結·屯結, 歲增月衍, 而原田之稅于公者, 歲減月縮, 將若之何?

京國仕宦者, 皆聞隱結之名, 然心之知之, 以爲深山窮谷片片開荒者, 爲隱結, 不知原總之外, 其溢出之數是爲隱結, 則蒿萊荒廢之田, 水潦崩汰之田, 流離棄捐之田, 以充原總之額, 而其膏腴完實糞沃之田, 皆隱結也. 及其收稅也, 先執一邑之田, 拔其美者, 以充隱結之數, 然後以其荒雜, 歸之王稅, 習而爲常, 以爲當然者, 今數百年. 此非一縣之令所能釐革, 雖使龔·黃當之, 亦閤眼袖手以觀之而已. 一言脫口, 怨將不測. 故曰: "田政無可爲也." ○成川浦落者, 減之于原結; 新起·還起者, 增之于隱結【起墾也】, 其勢必盡呑一國之田, 都入吏嗉然後, 乃有究竟. 故曰: "田政無可爲也."

柳正源爲慈仁縣監, 聰記絶人. 嘗受一邑田結之簿, 置硯室中, 未及照會,

---

116 畀: 新朝本에는 '卑'로 되어 있음.

一日忽失之. 公知其爲吏輩所竊, 招各面書員, 出給中草籠, 使計吏六七輩, 唱聲布籌, 闔戶而坐, 用兩籌縱橫案上. 諸吏計畢, 進白田結總數, 公曰: "總數當爲幾何, 縮了八十餘結, 何也?" 令更籌, 果如公所言. 諸吏既退, 公曰: "視中草籠, 向所失文書, 必在是矣." 索之果然, 蓋諸吏知其不可欺, 還投籠中而去也. 自是, 吏皆畏服, 不敢復欺.

宮結·屯結, 蠶食原田, 不惟國入日蹙. 凡百賦役, 皆出田結, 而一入宮屯, 無不蠲除, 萬結之邑, 其應徭賦者, 不過三千. 民役偏苦, 流亡相續, 此非一縣之令所能釐革. 故曰: "田政無可爲也."

「屯田議」云: "古之屯田, 以給軍糧, 國之利也; 今之屯田, 以肥私人, 國之蠹也. 漢武以上林棄地爲屯田, 曹操以許下內地爲屯田, 本所以餽餉宿衞, 省轉輸之勞. 今也, 諸營將臣, 反於退外之地, 廣買饒沃, 冒名屯田, 乃以貴家倅子·富家游閒, 差爲監官, 頭會箕斂, 以充一嗉, 少者千兩, 多者數千. 使王土日蹙, 歲入日衰, 國之巨蠹, 無踰於是者也. 二百年來, 名臣碩輔, 深憂刻慮, 著于章疏, 格言良謨, 積于公車【竝見「田制考」】, 而屯田之數, 歲增月衍, 今視百年之前, 業已加十倍矣. 一縣之令, 無如之何, 唯謹其疆界, 無令侵越而已."

第二條 稅法 上

田制既然, 稅法隨紊. 失之於年分, 失之於黃豆, 而國之歲入無幾矣.

原初量田之時, 既以肥瘠分之爲六等, 一等一結, 二等八五, 三等單七, 既皆遞減, 以至六等[117]【見『大典』】, 則一等一結, 六等一結, 其出相等, 其稅應同. 乃於此事, 忽又被之以年分九等之法, 下下四斗, 下中六斗, 下上八斗, 溯而上之, 上上二十斗, 以立收稅之法【見『大典』】, 彼此矛盾, 前後掣搐, 棼然淆亂, 莫知端緒. 雖李悝復生, 無以知田事矣. 『周禮』·漢法, 皆年分三等【見余「田制

---

117 等: 新朝本에는 이 뒤에 '大'가 있음.

考】, 年分九等, 在古無徵. 然旣立此法, 宜其分等, 年年不同, 乃所謂年分之
法, 下下田幾千結, 長爲下下; 下中田幾千結, 長爲下中【諸邑大槪狀, 其式如此】,
此非年分, 仍是土分. 旣於六等之時, 分以土品; 又於九等之日, 分以土品, 豈
不鄭重? 雖然, 法旣如此, 理合遵行, 乃其收稅于下民也, 九等之田, 通徵六
斗. 國受則有差, 民納則不殊, 斯又何義也? ○假如羅州, 下下田二萬結, 下
中田一萬結, 通收六斗, 則其米十八萬斗也. 吏收如此, 而其報于戶曹, 則曰:
"下下田各收四斗, 下中田乃收六斗, 其米十四萬斗而已." 如玉之米四萬斗,
中間消落, 斯何法也? 又此三萬結, 水田二萬結, 旱田一萬結, 而旱田之稅, 例
收黃豆. 黃豆折米, 例準其半【準折法, 黃豆二斗, 當白米一斗】, 則又米二萬三千餘
斗, 中間消落, 此何法也? 一邑所失, 六千餘斛, 通計三南, 其中間消落, 幾萬
斛也. 廟堂遠而不聞, 監司樂而不察, 竝此守令, 蒙然不覺, 習以爲常, 今數百
年. 此非一縣之令所宜釐革. 雖使龔·黃當之, 亦闒眼袖手以[118]觀之而已. 一
言脫口, 怨將不測. 故曰: "田政無可爲也."

旱田之稅, 國法本徵黃豆. 厥名有二, 一曰位太, 二曰稅太.【太者, 大豆也. 以下
一點當豆字, 此吾東吏文也.】位太者, 黍稷棉麻之田, 以大豆代徵也.【舊法, 或徵香油
·棉布, 其後竝以大豆折之.】稅太者, 種豆之田, 仍徵大豆也. 舊法, 位太納于戶曹,
稅太管于司僕寺, 寺吏下來, 作錢以去. 今法, 位太·稅太, 竝皆折米, 每太二
石徵米一石, 以納于京司. 法例雖然, 旱田一結, 徵稅米六斗, 與水田之稅, 無
以異也.

執災·俵災者, 田政之末務也. 大本旣荒, 條理皆亂, 雖盡心力而爲之, 無
以快於心也.

守令以軍田糴三事, 謂之三政. 所謂田政者, 俵災而已. 此於田政爲總小功
之察, 然且難知, 惟律己束吏, 威望素著, 則吏之作奸, 不至太甚而已. 一毫無
錯, 無其道也. ○所謂僞災者, 秋成, 書員出坪【巡野也】, 村里富民, 指其黃熟之

---

118 以: 新朝本에는 '而'로 되어 있음.

田, 曰: "彼吾田也. 與子防納何如?" 遂給錢八兩【或七或九, 從時直】, 遂以一結之
田, 執之爲全災. 又顧之他, 皆用此法. 其貧民之田, 或苗而不秀, 或秀而不實,
民指田而泣曰: "乞以吾田, 錄于災冊." 書員曰: "爾稼雖荒, 揮杖有聲【謂禾莖
苗長, 雖無結實, 亦能觸杖】, 不可執也." 一佃之田, 許錄十負, 名之曰內災.【一結全
錄, 謂之全[119]災, 一佃之內, 擇執幾負, 謂之內災.】又顧之他, 皆用此法. 旣復于官, 官
曰: "汝坊稍實【災年獨豐者, 謂之稍實】, 災何多也?" 使之減削, 再削三削, 貧戶荒
田, 咸削無存, 富戶黃熟之田, 一髮不動, 斯之謂僞災也. ○大鄕多田, 又多富
民, 而吏號信實者, 僞災益多.【民信之故, 與者多.】小鄕少田, 又多貧民, 而吏號
虛浪者, 僞災稍寡.【民不信之故】又或不與民約, 而吏自濫錄, 以待磨勘後賣食
者, 謂之虛執. ○官欲防此弊, 令看坪之吏, 凡被災之田, 逐畓植標【畓, 水田之
區也. 方言謂之裹昧】, 書字號·負數【俗謂之卜數】及時作之名【時作者, 今年佃夫之名.】.
於是, 縣令親出看坪, 以書員執災之冊, 逐畓考標, 以觀其虛實, 或以稔爲災,
或以災見漏者, 謂可以一一摘發. 然此天下之愚術也. 所謂作名, 無非烏有先
生, 私婢卜丹·私奴尙得, 本皆虛名, 旣非田帳之舊名, 又非農夫之實名. 或東
鄕之籍, 移於西鄕【鄕或謂之坊, 俗謂之面】; 或南鄕之田, 名在北鄕, 歘忽往來, 雲
渝霧變. 本非土著之物, 考其作名, 不猶刻舟而求劍乎? 又其所謂幾負幾束,
本不可以尺寸步仞, 求其實積【猶言實函也】, 其實其濫, 何以辨矣? 問之田夫,
無非給羽之言; 問之田監, 都是指鹿之說.【田監, 謂之別有司.】朋奸者, 所言無錯,
不朋者, 雖知不言; 牧者天下之獨夫也. 但使執災之標, 立於被災之畓, 則無
可執言也, 將安用之? 方牧之巡坪也, 衆擁群趨, 簇立於田頭; 酸儒老農, 竊笑
於籬下, 損威失望, 莫此爲甚. 然且親巡之後, 官欲削災, 則吏又訴之曰: "畓
畓考標, 無一差錯, 將何削矣?" 官亦難乎其答, 是矣.【又詳「田制考」】

丁公彦璜爲仁川府使, 公於年分時, 不出書員, 使民各自首所墾田, 時自出
按, 行以驗之. 民無供饋之費, 吏絶弄奸之弊, 而田結不減於前, 民甚便之.

凡巡坪之法, 牧以一馬二僮, 巡行四境, 觀其大體, 知某鄕某村, 被災尤酷,

---

119 全: 新朝本에는 '金'으로 되어 있음.

某鄕某村, 登稔如常而已. 時坐楡柳之陰, 召其父老, 詢問歲事, 以及閒話, 溫和慈愛, 如家人父子, 則本鄕之內, 何村尤酷; 本村之內, 何谷稍實, 自然可得於言談之間. 歸而錄之, 以攬大綱, 則史之僞災, 自不能太濫而已. ○又凡執災之法, 宜自芒種前十日, 傳[120]令于風約, 每五日一報: "本鄕之內, 某村移秧[121]殆半, 某村移秧垂畢, 某民移者未半, 某民移者全無." 大暑之日, 總執諸鄕之報, 撮其要語, 條列成冊. 彼於閒漫之日, 蓋多眞率之語, 及至秋成, 以此考驗, 其晩移而不實者, 終旱而未移者, 可察眞僞. 又如蟲損·水破·風霜·雨雹之類, 亦於五日之報, 飭其詳密, 則考驗有賴矣.

朱子「相視田段帖」云: "或有田大槪黃熟, 而其中有未出者【未發穗】, 有出而靑空者【未成實】, 有出而白死者【出卽稿】, 竝係荒損. 然其根査, 却與熟田無異, 切恐將來收刈之後, 誤被抄入熟[122]田數內, 不得檢攷[123], 尤爲不便. 卽仰人戶, 量留穗稿, 候檢[124]旱官到, 別行陳訴." ○鏞按 靑空·白死四字, 別是奇文. 牧於檢災之報, 引用此文, 不亦善乎? 又凡靑空·白死之禾, 與原未揷秧者, 其情本無差等. 今人每遇靑空·白死, 乃云: "藁稈猶可飼牛." 不許錄災. 實心愛民, 若如朱子, 豈忍爲此言乎?

書員出野之日, 召至面前, 溫言以誘之, 威言以怵之, 至誠惻怛, 有足感動, 則不無益矣.

溫言誘之曰: "一路之吏皆竊, 而一邑獨忠, 不足以補國家也; 一邑之吏皆竊, 而一夫獨忠, 不足以佐經費也. 吾所以必欲從實者, 秉彝之心, 人所同得. 爾亦國家之臣子, 明知爲賊而身親犯之, 天地鬼神, 昭布森列, 其終無陰禍乎? 爾有隱結, 旣養十口, 書廳雜費, 非出一手, 若復濫竊災結, 是汝自陷重

---

120 傳: 新朝本에는 '傅'로 되어 있음.
121 秧: 新朝本에는 '秧'로 되어 있음.
122 熟: 新朝本에는 '熱'로 되어 있음.
123 攷: 新朝本에는 '放'로 되어 있음.
124 候檢: 新朝本에는 '侯撿'으로 되어 있음.

律. 筆墨之資, 容或恕之, 缶庾[125]之濫, 余必發之, 其各改心革慮, 無蹈前習. 其有被災孔酷者, 胥矣富人, 哀此煢獨, 貧戶殘結, 尤宜致愼, 無或遺漏, 以召民怨." ○災冊畢到, 官召首吏·都吏【都書員】, 諭之曰: "汝到書廳, 密諭諸吏, 公議互査, 刪其濫僞. 如云無僞, 勿用强刪. 我有至誠, 汝等所知. 再諭三諭, 猶曰無之, 若我別岐廉察, 或當執得眞贓[126], 且我俵災之日, 自有摘發之術.【法見下俵災】悉以其法, 預告爾等, 爾等其終匿之乎? 當此之時, 十負以上, 當受嚴刑, 仍於來年, 停閑不任, 其以此意, 明諭諸吏. 爾爲首吏·都吏, 爲我耳目, 朋姦罔上, 專事掩匿, 我若執得眞贓[127], 此時汝其先黜. 汝宜知之." 又曰: "汝將自語曰: '我之朋姦, 誰其發之?' 雖然, 首任衆所忌也, 汝之不忠, 我則易知." ○旣數日, 首吏入告, 其所刪減, 果[128]中吾意, 或其自明出於惻怛, 姑且信之, 勿逆其詐. 若其所言, 專事巧飾, 唯用抵賴, 卽別岐廉問, 未可已也. ○吏廳必有異趣者, 密令此人, 徐探災事, 某鄕某甲之田, 受錢幾兩; 某村某乙之田, 錄災幾負, 某吏僞災幾結, 某吏先受幾兩, 使之條列以來. "如有誣陷, 汝則有罪." ○旣受其告, 又從別岐, 探于本村, 某甲之田, 果係黃熟[129]而錄災幾負; 某乙之錢, 實無他端, 而明用幾兩, 則其告非誣, 於是發之. ○於是, 召首吏·都吏, 厲聲而責之曰: "諸吏濫災, 我於其間, 明執眞贓[130]. 汝之不忠, 胡至於此? 姑緩汝死, 給暇三日, 汝其私査, 又或私探, 發其濫僞, 以實入告. 與我所執, 如果符合, 吾赦汝命. 若又抵賴, 終欲罔上, '怙終賊刑', 舍汝其誰?" 如是, 則未有不以實告者, 或其所告, 多於異趣者之所告矣[131]. 若又朋[132]姦, 終不吐實者, 發而懲之, 一二旣懲, 次及諸吏, 使之首實, 則亦或乘勢以取勝矣. ○其

---

125 庾: 新朝本에는 '廋'로 되어 있음.
126 贓: 新朝本에는 '贜'으로 되어 있음.
127 贓: 新朝本에는 '贜'으로 되어 있음.
128 果: 新朝本에는 이 뒤에 '汝在'가 있음.
129 熟: 新朝本에는 '熱'로 되어 있음.
130 贓: 新朝本에는 '贜'으로 되어 있음.
131 矣: 新朝本에는 빠져 있음.
132 朋: 新朝本에는 '用'으로 되어 있음.

或鼠竊狗偸, 以防筆[133]墨之費者, 闔眼可也. 法本未善, 吏緣爲奸, 我獨已甚, 不足以補國家, 去其太甚, 略其瑣小, 可也.

凡削災之法, 吏受官責, 自削幾結, 則其被削者, 本係眞災, 勿以被削遂去其籍. 令吏再削, 其被削者, 又係眞災, 官乃詢之曰: "此係僞災乎?" 吏曰: "僞也." 於是, 別遣信士, 觀其所削, 果係黃熟, 卽僞災被削也; 若係荒損, 卽眞災被削也. 吏之忠詐, 於斯可知矣.

災結將勘, 下帖于諸鄕望士之家【一鄕之善士】曰: "今將報災, 本鄕中全災之處, 及一夫二夫被災孔酷, 而漏於書員之執者, 採聽輿論, 略略枚擧. 若拘於顔私, 所列稍濫, 將無用矣. 唯至冤有名者, 略略報來." ○報旣到, 與災冊考驗, 其有新入者, 別遣忠實可信之人, 審視以來, 略略補遺. ○此時官長, 每遣老吏【名之曰別色吏】, 一通再看, 朋姦依舊, 有害無益, 必不可也.

朱子「施行民訴狀」云: "舊來踏旱之弊, 名色非一. 凡押旱狀, 官中所收, 謂之醋息錢, 直日司乞覓, 謂之接狀錢, 案吏乞覓, 謂之買紙錢, 及投旱狀[134], 謂之投狀[135]錢, 官員下鄕檢踏, 供帳社司乞覓, 謂之著字錢, 隨從人吏, 於保正名下乞覓, 謂之俵付錢, 官司行下, 蠲放米斛, 社司隨斗乞覓, 謂之苗頭錢. 凡此之類, 皆蠹民之尤者. 嚴行約束, 出榜縣門, '如合依前乞覓, 從本縣拘囚, 犯人依條施行.'" ○鏞案 吾東田吏, 其踏驗之日, 有所謂苗錢【苗者, 行也. 每書一行, 收錢一文】, 雖一束二束, 凡各立字號者, 皆收苗錢. 大旱之年, 未移秧踏驗, 亦收苗錢, 若此類, 不必禁也.

大旱之年, 其未移秧踏驗者, 宜擇人任之.

嘉慶己巳·甲戌之歲, 旱乾太甚, 秧之未移者, 殆三之一. 及秋, 官遣人摘奸, 余在民間, 目覩之矣. 其始也, 田吏·田監, 巡行一次, 其後又遣別吏·別監, 巡行一次. 所謂別吏·別監者, 首吏·首鄕之有名稱者也, 凡此諸人, 或竊十結,

133 筆: 新朝本에는 '算'으로 되어 있음.
134 狀: 新朝本에는 '帳'으로 되어 있음.
135 狀: 新朝本에는 '帳'으로 되어 있음.

或竊什結, 多者五六十結. 唯別吏二人, 不偸一束, 亦偶然耳. ○此事決不可委之吏鄕, 宜別自擇人. ○下帖于諸坊鄕老·士民之等曰: "行縣令爲懇望事. 哀玆亢旱, 歲事大無, 哀玆萬命, 將若之何? 夙夜憂泣, 未知攸措. 水田之未移者, 今將踏驗, 竊念國用已竭, 歲入無幾, 上司頒災, 無以從優. 若使虛實相蒙, 眞贋雜陳, 雖遭上司刪削, 其何以爭之乎? 本鄕中毋論上下, 其具衣冠識文字, 淸愼解事, 不貪貨賂, 能副此至意者, 凡有幾人? 鄕老聚士民十餘人, 收公議薦二人, 俾掌此事. 如或薦非其人, 踏驗旣了, 終有後言, 則薦進之人, 亦將何顔? 其各惕念, 亟進薦單." ○薦狀旣到, 官召二人, 面喩至意, 使之至誠貞潔, 俾完此事.【每一鄕各二人】 ○未移之簿, 其式曰: "某鄕某里某山之側, 水田七畓【襄味也】五斗落內, 五畓三斗落, 未移. 田主李得春, 佃大金尙東, 戶名福丹. 本玄字十二番十七負內, 未移十負. ○第一, 小畓正方. 第二, 中畓斜方. 第三, 小畓橫長. 第四, 大畓正方. 第五, 小畓上尖."

諸鄕踏簿齊到, 牧抽栍躬審【數十之中, 抽見其一二者, 謂之抽栍】牧之族戚, 其有生長田野, 習知田事者, 此行宜帶去. ○每到一村, 先尋幽僻處討看, 視簿視田, 其斗落之數, 結負之數, 髣髴相合, 斯可以準信也.

凡災田執災, 亦用此二人, 使之看驗【每鄕各二人】, 書員巡野之行, 雖廢之, 可也. ○諸鄕薦人之中, 其有能廉核誠勤, 了此大事者, 擢而用之, 勿拘常格, 可也.

其報上司, 宜一遵實數. 如或見削, 引咎再報.

俗吏報司, 必存羨數, 如牙儈賣貨, 先設預備【方言魚嬰尼】, 以待上司之削減, 此商賈之術, 必不可蹈也. 如或我設其詐, 彼待以忠, 俵災如數, 我將奈何? 還納則有罪, 唯有一呑字而已. 其終无咎乎? 若彼削減出於未信, 我當再報三報, 以決去留, 若其廟堂所頒, 原自些少, 無以均敷, 不得不通刪列邑者, 不必引咎, 但當以此分排而已.

劉絢爲壽安主簿, 歲大旱, 府遣視傷, 所鐲財什二. 絢力爭不得, 封還其揭, 請易之, 富弼歎曰: "眞縣令也."

鄭宅慶, 康津之武也, 爲彦陽縣監, 報災見退使自削減. 鄭還以初本上之, 監司題之曰: "雖玉堂出補者, 尙不敢如此, 況本縣乎?" 鄭大怒報曰: "文臣武臣, 雖有霄壤之別; 此民彼民, 同是食土之氓. 所重在民, 何論官人之貴賤?" 報辭嚴厲, 監司謝之, 依數勘下. 至歲終, 書考曰: "確直不撓, 始終如一."【監司洪判書橒】上御春塘臺, 發諸道考功之奏, 至彦陽, 下詢曰: "鄭宅慶誰也?" 承旨對[136]曰: "康津之武也." 上曰: "觀其題目, 必與上司爭不屈也. 遐方冷武, 能得此題, 必其人可用." 命銓曹擢用, 後數日, 遂除安東討捕使.

俵災亦難矣. 若其所得, 少於所執, 平均比例, 各減幾何.

得災如數者, 俵之不難, 若被削減, 乃有均分. 假如本執者五百結, 而所降者四百結, 則每減五分之一, 以爲比例. 五十負減之爲四十負, 四十負減之爲三十二負, 三十二負減之爲二十四負十六束, 比例均減. ○若我所執, 原有層級, 其酷災·輕災, 本自不同【輕災者, 有損而已, 不至赤地】, 則全減輕災, 但給酷災, 可也. 俗以酷災謂之全災, 以輕災謂之內災. 然全災者, 本衿一結之田, 一結都傷者也. 內災者, 本衿一苫之落, 其十斗落黃熟, 其十斗落無實者也. 與酷災·輕災, 其情不同, 所謂內災, 亦有酷災, 此宜有區別也.

縣令俵災之法, 修簿三件, 皆令楷書, 勿用本體.【吏胥田結之文, 如蔓艸如細沙, 奇形怪狀, 不可分別.】一件官覽, 一件吏覽【將以此收稅】, 一件民頒, 竝字字校準, 令無訛舛. 其民頒之本, 別用薄紙楷書, 每一鄕各爲一卷【卷者, 席卷也. 俗名曰周紙】, 勿用編冊.【冊子易爲奸】其打印, 必用紅泥精揚[137], 連幅處打朱印, 點改處著牙印.【圖書也. 東音訛作套署.】用薄薄紙如蟬翼者, 糊封之, 上下打印. 於是具酒肴, 召一鄕之望【善士也】, 合席親授, 使歸本鄕【本面也】, 集大小民, 示糊封印跡, 乃發其書. 別用一冊, 謄書一通, 留置鄕中, 乃於衆中查出僞災, 條條打點. 其官頒之卷, 還以薄紙糊封, 外著私印, 還納于縣令. ○大鄕則以一鄕分

---

136 對: 新朝本에는 빠져 있음.
137 揚: 新朝本에는 '楊'으로 되어 있음.

爲四五, 各爲一卷, 各召其望以授之. ○如是則其僞災, 雖一負一束, 無以隱矣. 然其中有富民給價買災者, 仍無打點之理【雖望士, 亦有隣里之顔情.】, 唯不買而虛執者, 庶或打點也. 然書員偸災, 本皆秘密, 至於是日, 昭布萬目, 宣露無餘, 衆口難防, 終有徹官之理, 斯良法也. 是日, 田吏之兄若弟, 必隨出鄉會之席, 乞勿打點. ○望士召接之日, 語之曰: "江流石存, 吏本可怕, 鄰居屋接, 民亦宜顧, 使我當之, 打點難矣. 然萬目旣覩, 衆口難防, 我雖深居, 終有得聞之日. 若衆所共知, 尊不打點, 畢竟我聞, 其有顔乎? 以此告吏, 吏亦何怨; 以此告民, 民亦何慍? 且雖打點, 吾當善處, 不欲重治, 尊宜知此, 從實打點." ○打點之卷旣到, 摠執諸卷, 打算考校, 若其所竊, 不過筆墨之費者, 掩而勿問, 若其所竊太濫, 卽宜奪之, 以給冤漏之民【被災而見漏者】, 亦須比例均奪. 假如東鄉原田五百結, 西鄉原田三百結, 則其筆墨之費, 宜亦有差, 東鄉二結五十負, 則西鄉一結五十負【百分之一, 又折其半.】, 使其所用, 彼此比例, 餘皆奪之【其小小出入, 不必苛察.】○是日, 不必用刑, 唯召首吏·都吏【都書員】, 數之曰: "汝終欺我, 吾不赦汝." 於是, 書其罪過, 歲末考功, 汰黜兩吏如初約, 其或信令畏罪, 無一犯手者, 書功於冊, 待新年調用, 差以要窠.

又凡俵災之法, 其未滿一束者, 不必分俵. 蓋以一把二把, 一氂二氂, 徒費公下之數, 不爲民受之惠. 凡俵災之簿, 悉去束字把字, 積其錙銖, 或爲一結, 或爲二結者, 姑留不俵, 以俟稱冤之民. 若遂無冤, 授之都吏, 以俟流亡, 若遂無用, 我則勿問.

俵災旣了, 乃令作夫, 其移來移去者, 一切嚴禁, 其徵米之簿, 許令從便.

作夫者, 百負爲一結, 八結爲一夫, 聚合零瑣, 立一戶首, 以之徵稅者也. ○作夫之簿旣頒, 徵米之簿繼頒【名曰米都錄】, 其頒於民者, 有二也. ○凡移來移去者, 衆奸之淵藪也. 東里之民, 賣田於西里, 則田在東里, 而結移於西里, 此所謂里移也; 東鄉之民, 賣田於西鄉, 則田在東鄉, 而結移於西鄉, 此所謂面移也【面者鄉也】. 蓋云: "佃夫多貧, 田主多實, 官欲徵稅, 宜逐實者, 故以田主所居, 錄于稅案也." 雖然, 田者, 土著不動之物; 民者, 流徙無定之物, 國之徵稅,

豈可捨田而執民乎? 田在於此, 則佃在於此【耕作者, 遠過不三里】, 穀在於此, 豈
有捨此適彼之理乎? 吏之作奸, 或於近家處徵米, 輸于其家; 或於近海處徵
米, 遂以商販, 此移來移去之所以起也. 牧宜一切嚴禁, 作夫之日, 一從田案
大帳, 使本里之田, 咸統於本里. ○若於徵米之簿, 竝禁移錄, 則民之納稅者,
咸云不便. 蓋以一民之田散處數鄉, 衆佃耕之, 一負二負, 分載於衆佃之名,
則納倉之日, 浮費極多. 故數鄉散田, 必束之以一主之名, 都自收納, 然後其
費大省. 然則徵米之簿, 宜許令從便, 東里之米, 許錄於西里; 東鄉之米, 許錄
於西鄉. ○移來移去, 又有丫徵之法.【方言, 葛吾蕪哩.】丫徵者, 假如李四以八負
之田, 賣於張三, 則原額八負, 例移張三, 而李四之處八負, 依然猶存, 茌苒不
覈, 卽成鐵案, 賣者買者, 一田兩輸, 掌記旣出, 掉脫不得. 又有甲鄉之田, 逐
其佃夫, 移於乙鄉, 丙里之田, 隨其田主, 移於丁里, 移錄不明, 遂爲兩徵, 亦
如上法. 此之謂丫徵也.

胡大初曰: "蓋産去稅存, 不可不察. 民有以出業報者, 便當關會, 受業之家,
割稅歸戶. 然後庶幾無推攤抵睚之弊." ○案 中國亦有此弊.

奸吏猾吏, 潛取民結, 移錄於除役之村者, 明査嚴禁.

『續大典』曰: "劫奪民結, 勒徵役價者, 俗稱養戶, 計贓輕重, 論以徒流." ○
此今之所謂養戶也.【古以豪戶, 蔭庇殘戶, 私自役使, 不應公役者, 謂之養戶.】防結者,
吏屬以其復戶·隱結·僞災·賸米之等【下下條及黃豆條, 爲賸米】, 算爲幾結【或至數
千結】, 使民防納. 每田一結, 或徵錢十二三兩【中年也】, 或徵米四十五斗【其少者,
或止三十斗.】, 一文一粒, 不輸諸公, 都自吞下. 又令防納之民, 一切田役, 都不
見侵, 此之謂防納也. ○養戶者, 奸吏猾吏, 於作夫之日, 白取民結, 移錄於除
役之村, 乃使其民, 輸米如防納之例. 於是, 自納兩稅【田稅及大同】, 食其贏餘,
此之謂養戶也. 假如一結收民米四十五斗, 則以二十餘斗, 自納兩稅, 其餘
二十五斗, 渠自食之也.

○除役村者, 邑內其一也, 契房村其二也【吏屬之所私】, 店村其三也【鍮店·鐵
店·瓷器店·瓦器店】, 學宮村其四也, 書院村其五也, 驛村其六也, 院村其七也【卽

野站], 寺村其八也【洞口村】, 倉村其九也【外倉之所在】, 宮田村其十也【宮[138]結之所在】, 屯田村其十一也【京司·京營之所庇】, 浦村其十二也【浦保錢入于監營故】, 島村其十三也【屬于鎭堡】, 嶺村其十四也.【肩輿故】 又如兵營·水營所在, 其營下四里, 皆除役之村也. ○除役之村, 若是其多, 其所移錄者, 不可盡察. 作夫之日, 召首吏·都史, 告之曰: "本縣原田之總九千五百結, 雜頉除役三千二百結, 今年災減三百結, 則實結應役者六千結也. 此六千結, 不復見失, 然後民徭乃平, 汝於作夫之簿, 每村之末, 書其總數; 每鄕之末, 書其總數. 通計一邑, 其應役實結, 共爲六千結, 然後乃知無奸, 乃信汝等不養戶也. 自今以往, 凡分排田役, 我當以六千結爲率, 汝其知之." ○除役有二種, 一曰國除, 二曰邑除. 國除者, 如宮結·屯結·學田·驛田之類是也. 斯則大槪狀明著, 其數不難知也. 邑除者, 如契房村·店村之類是也. 若是者, 須取田案大帳, 得其原數, 乃於其中, 又除今年災減之數, 斯可以得其實數也.【乃使移錄無所容】

又有一法甚於養戶者, 名之曰束無亡. ○束無亡者, 負欠破家之吏, 謀於吏史, 勒取民結, 虛作戶名, 移錄於除役之村, 乃使其村之民, 報于縣令曰: "本村某戶, 今年闔[139]家死亡, 該戶稅米指徵無處." 縣令惻然, 不忍刻期. 於是, 所收米三十五斗, 一嗦都呑, 竝其兩稅, 遷延不納, 或以秋大同退限【凶年, 或有朝令, 大同待秋成】, 或以儲置米虛錄, 轉成漏瘡, 遂爲逋欠. 此强盜也, 嚴禁勿饒. ○束無亡者, 或稱托戶, 或稱抽結, 其名不同. 作夫之日, 召首吏·都吏, 問之曰: "汝縣亦有抽結之法乎? 如有犯者, 本人姑捨, 竝汝兩人, 當照律嚴繩. 須以此意, 言于諸吏." 三令五申, 毋敢或犯. ○年前有浦上一村, 其稅額五結, 忽然不出, 不知去處. 民訴于官, 官曰: "王稅無闕, 汝田無徵, 汝之利也. 何苦索焉?" 其疏闇如是, 一邑傳笑. ○南中郡縣, 其邑人相傳: "昔有李某, 居官神明, 吏不敢欺. 及其歸也, 擧鞭指書廳, 曰: '他事可知, 彼家之事不可知.'" 諸邑皆有此說. 蓋吏屬樂其法之本晦, 無以昭奸也, 田政不亦難乎?

---

138 宮: 新朝本에는 '官'으로 되어 있음.
139 闔: 新朝本에는 '閤'으로 되어 있음.

南俗, 俵災之日, 書員出村作結, 改佃者改之, 分佃者分之, 陳者蠲之【其蒙頉者蠲之, 其未蒙頉者冒稅, 書員有頉冊.】, 起者稅之【皆所以作結】, 名之曰考結. 其出村之日, 養戶·防結之禁, 三令五申, 俾勿犯.

將欲作夫, 先取實戶, 別爲一冊, 以充王稅之額.

立秋之日, 榜諭下民, 以禁防結. 立秋則書廳排設【書員廳】, 而村民防結之錢, 漸次流入, 官欲防之, 宜自是日. ○榜曰: "行縣令爲榜諭事. 今年穡事失稔, 明春稅額宜念. 乃富戶腴田, 實歸防納, 王稅不充, 國法不行, 天下其有是乎? 本縣王稅·大同, 竝其船價·雜費, 總米四千八百石, 雖有災減, 不過八百, 大約四千石, 是明春漕運之實數也. 每田一結, 徵米二石, 則大約二千結, 可得米四千石. 本縣田總六千餘結, 除宮屯·雜頉【俗字也, 音頉】, 實結四千餘結. 於此四千結中, 擇其富戶腴田二千餘結, 以充王稅米四千石之額, 不亦可乎? 以此分排, 則爾等本鄕【本面也】, 該執二百餘結, 玆下先甲之令, 其各知悉. 秋分之日, 諸里士民, 會于本里, 以實戶腴田, 先充本里之額, 列書田主·佃夫之名及稅案, 虛作之名, 字號負束之數, 別爲成冊. 以厥明日, 各差本里公員之謹愼畏法者, 納于官庭, 以充王稅之額. 如或知有吏胥, 不知有國家, 私與吏約, 如舊防結, 則官當到底爬櫛, 查之又查, 期於摘發, 再徵稅米, 以充王稅, 遂照法典, 依律施行. 法曰: '土豪防納者, 杖一百, 流三千里也.' 若一邑從令, 唯一二民犯法, 則當依律處斷, 若犯者極多, 不可勝誅, 則貧殘流亡之戶, 無以收稅者, 當移錄於犯法之民, 平均分排, 以充王稅之額, 以贖杖流之罪. 國有常刑, 我不食言, 須知此意, 凡富戶腴田, 毋敢以防納一事, 萌於其心." ○諸邑稅米之數, 邑各不同. 試論南徼數邑, 羅州每田一結, 納米四十五斗; 康津每田一結, 納米三十斗【防納則三十五斗】; 海南每田一結, 納米二十五斗【防納則三十斗】; 靈巖每田一結, 納米二十四斗; 長興每田一結, 納米二十八斗. 蓋以徭役多少, 上下其數, 而京司上納之數, 諸邑皆同, 二十餘斗而已.【田稅六斗, 大同十二斗, 船價·雜費, 又爲二三斗.】故雖萬結之邑, 不必萬結之米盡歸王稅也. 故就其中, 擇富戶腴田幾千結, 以充王稅之額, 又其次幾百結, 以充官需【卽縣令月廩】, 又其次幾百結, 以充營主人進上價米, 又其次幾百結, 以充京主人·營主人役價米, 又其次幾百結, 歸之於餘結·隱結, 及下下田加徵米【說見上】·旱田黃豆條加徵米【說見上】, 使邸吏·首吏·田吏·大同吏之等, 任其偸竊, 不亦可乎? ○若一結, 只納二十四斗者, 稅額四千石, 須執四千結, 乃可充也. 然餘結·隱結, 本自不少, 不患其不擇取也. ○吏必對之曰: "俵災未及磨勘, 難得實數." 我曰: "俵災大約以八百石爲準, 以此八百石, 分俵諸鄕, 然後權定諸鄕王稅之額. 若災減益多, 則餘屬官需; 若災減差少, 則益選富戶, 皆不難矣. 總之, 富戶腴田, 汝等一或犯手, 如前防結, 則竝其餘結, 我當查出, 以防陳田之稅, 汝等愼之." ○若歲事大登, 徵稅無慮, 不必爲此.

「均役綸音」云: "國無法則已, 雖無均廳, 隱結決當査實."【英宗辛未敎】 ○案隱結不發, 其律至嚴, 詳見「戶典」收稅條. 一心守法者, 發之而已. 旣無朝廷別飭, 姑且因循, 而幽藪鬼蜮, 不可以不掀也.

一法, 立秋日, 只以防納嚴禁之意, 榜諭[140]下民, 其王稅幾石, 不必明說. 至秋分之日, 令田吏看坪者, 擇富戶腴田之今年黃熟者, 束之爲王稅之額, 別件成冊, 歸日納官. ○田吏出坪之日, 戒之曰: "富戶腴田, 雖一把一束, 漏於此冊, 汝則依律. 其餘貧戶薄田, 卽歸餘結, 我所不知." ○田吏於是, 量除災減之數, 就其不災之中, 擇富戶腴田, 以充王稅之額, 其貧戶薄田, 歸之餘結. ○大凡王稅·大同, 期限甚急, 先取富腴, 於理宜然. 官需以下, 寬促唯意, 雖取貧薄, 於事無妨. 不獨秉彝之天, 忠於王國而已.

至是作夫, 乃召首吏·都吏, 取前成冊, 仍修正本, 條列富戶腴田, 以充田稅·大同四千石之額, 以置案上. ○及其收米之日, 或於此中, 有或[141]愆期者, 查其虛實. 若係貧薄, 則原初選擇, 不能公正可知也, 宜追理其罪.

作夫之簿, 厥有虛額, 參錯其中, 不可不査驗.

---

140 諭: 新朝本에는 '踰'로 되어 있음.
141 或: 新朝本에는 '惑'으로 되어 있음.

『續大典』曰: "監官·書員輩, 假作虛負, 分徵民結者, 杖一百, 流三千里. 守令不能發覺者, 論罪." ○虛額之名, 厥有數種, 一曰乞卜, 二曰助卜, 三曰添卜. 卜者, 負也.【東法, 百負爲一結. 東言, 以負爲任, 以任爲卜, 於是以負爲卜.】乞卜者, 諸里作夫之末, 忽增十負, 或增卄負, 使本里之佃【作者也】, 平均加納, 以防書員之筆債. 此之謂乞卜, 乞者求乞也. 京畿謂之乞卜, 南方謂之助卜, 其實一也. ○添卜者, 隱結之所以生也. 假如柳川之里, 李四之田, 稅額本只七負, 今年作夫, 忽爲九負; 松谷之里, 張三之田, 稅額本只六束, 今年作夫, 忽爲八束, 此之謂添卜. 凡添卜之出, 約有數端. 一, 本里之中, 原有奸豪, 締交田監【別有司】, 以其二負, 移錄李四者也. 一, 李四之田, 本是十有二負, 就此原額, 折[142]其五負, 賣于他人, 新買者, 締交田吏【面書員】, 以其二負, 還錄李四者也. 一, 田吏懷奸, 凌其愚弱, 一負二負, 無故加出者也. 一, 李四族人, 原居此里, 今闔[143]家死亡, 或遠地流離, 其家岱萊田【岱者, 俗字也, 墟也, 基也.】, 稅額將缺, 田監戶首【本里中主管收稅者, 名[144]曰戶首.】, 與吏相議, 移錄於李四也. 始以移錄爲名, 及其收稅, 又以流亡之稅, 徵於鄰里, 則其實加錄也. ○凡遭添卜之厄者, 入訴于縣令, 縣令判曰: "查稟付之田吏." 田吏視之, 諉諸田監, 使之同來, 田監視之, 諉諸舊記【上年之衿記】, 舊記有奸, 氓何發之? 再訴于縣, 牧乃召吏, 吏曰: "彼氓本自奸詐, 今考舊記, 明亦九負, 忽生巧計, 要減二負." 牧曰: "噫嘻, 民習巧惡." 拏而黜之, 令無敢言. 此氓, 往來出入, 虛損五日之傭; 酒食煙鞋, 已費一串之錢, 設若成功, 得不補失, 況玆敗事, 害將何如? 鄰里之同所遭者, 視此爲鑑, 初不入訴, 恭順加納, 以爲良策. 徵塵之積, 終成泰山, 細流之聚, 遂爲大河, 此隱結之所以歲歲增多也.

乞卜·助卜[145], 須先[146]期嚴飭, 無得襲謬. 其或都吏·田吏, 用命帥敎, 實不

---

142 折: 新朝本에는 '析'으로 되어 있음.

143 闔: 新朝本에는 '閤'으로 되어 있음.

144 名: 新朝本에는 '各'으로 되어 있음.

145 卜: 新朝本에는 빠져 있음.

146 先: 新朝本에는 '光'으로 되어 있음.

作僞災一結者, 乞卜·助卜, 雖闔眼, 可也. ○添卜之訴, 最宜留神. 大槪狀旣
上之日, 牧令都吏, 盡取田案大帳及九年以來衿記【各佃名下之所錄】·馬上草【書
員看坪之所錄】等物, 輸于政堂, 納于大櫃, 封鎖安置. 及氓來訴, 卽召田丞【卽田
結都監】·田史【面書員】, 使於面前考驗文簿, 如係今年之所加錄, 以訊田吏, 若
誘田監, 卽於面前, 取氓訴, 抄其要語, 錄于一冊. ○乃題民訴曰: "今考舊案,
加錄明矣. 從當査決, 汝姑退待." ○每一氓訴, 輒抄錄如是, 合成一冊. ○乃
召田監【別有司】, 諭之曰: "添卜之根, 唯汝知之. 汝若首實, 我且寬之, 汝若呑
吐, 以法從事." 乃取其冊, 一一査櫛, 虛加者削之, 移加者還之. 乃召厥氓, 諭
以事根, 令更呈狀, 立旨成給【證文曰立旨】, 以資後考. 乃決田監, 隨犯輕重, 或
笞或杖.【俗謂之刑問】

第二條 稅法 下

作夫旣畢, 乃作計版, 計版之實, 密察嚴覈.

計版者, 都吏·諸吏, 議出今年稅額之率者也. 其別有三, 一曰國納, 二曰船給, 三曰邑徵. 三者之中, 其例有三, 一曰[1]結斂, 二曰[2]碎斂, 三曰[3]石斂, 今開列如左.

國納之計. ○每一結, 田稅米六斗, 大同米十二斗, 三手米一斗二升, 結米三斗.【今作結錢, 五錢耳錢一文. ○已上皆結斂】○海西, 又有別收米三斗.【亦結斂】○又倉作紙米二石, 戶曹作紙米五石, 貢人役價米五石.【已上皆碎斂】○又每一石, 加升米三升, 斛上米三升, 京倉役價米六升, 下船入倉價米七合五勺.【已上皆石斂】○結斂者, 每一結, 斂之如是者也. 碎斂者, 以此二石, 分播於數千餘結; 以此五石, 分播於數千餘結, 其數破碎者也. 石斂者, 執上納原石之數, 每一石, 斂之如是者也. ○結斂有奸, 何也? 國法, 下下之田, 稅米四斗, 而今徵六斗.【已見上】國法, 旱田之稅, 例收黃豆, 黃豆二斗準米一斗, 而今徵米二斗.【已見上】是結斂有奸也. 然一縣之威, 無以猝革, 任之而已. ○碎斂有奸, 何也? 碎斂之米十二石也, 十二石者, 一百八十斗也, 一百八十斗者, 一千八百升也. 於是, 束此碎斂, 播爲結斂, 折而分之, 則其爲五合者, 三千六百也. 假

---

1 曰: 新朝本에는 '日'로 되어 있음.
2 曰: 新朝本에는 '日'로 되어 있음.
3 曰: 新朝本에는 '日'로 되어 있음.

如本縣田總, 三千六百結, 每一結, 其米不過五合. 乃一結之稅, 三分五裂, 曰負曰束者, 數十餘行, 以此五合, 播爲數十, 碎碎屑屑, 孰能分之? 於是, 毫[4]釐之纖, 皆收一合, 一合之收, 皆受半升, 此戶首之利也. 戶首之利, 吏則知之, 故乞卜·助卜以分其利, 吏胥之利也. 法收者十二石, 而民之所納, 數百餘石. 惜乎! 其製法之疎也. 然且田總, 本非實結. 大槪狀應頉之外, 隱餘之結, 防納之結, 多者數千結, 少者千餘結, 此皆無故超脫於碎斂之中, 斯何理也? 國之失田, 旣所憤痛, 竝與民賦之碎斂者, 而超然脫出, 斯何理也? 宜飭首吏·都吏, 凡餘結防結, 咸敷碎斂, 名之曰羨結, 則碎斂之數, 又不能爲一結五合矣. ○石斂有奸, 何也? 每一石云者, 京倉入庫之一石也.【實上納之數】欲知京倉入庫之實數, 則年分大槪狀之末, 厥有四行, 曰: "下之下田, 黃豆平幾石, 下之中田, 黃豆平幾石, 此該折之爲米, 執其半數者也. 下之下畓, 糙米平幾石, 下之中畓, 糙米平幾石, 此用其全數者也." 四行合計, 總得田稅米一千二百三十四石【假令也】. 於是, 配之以石斂, 曰每稅米一石, 加斂米一斗二升七合五勺, 可也. 今也不然, 京倉入庫之數, 縣令原不詳諦, 下下之膆·黃豆之膆, 船價·雜役, 曁所謂船給·邑徵之米, 混淪合計, 曰三千五百六十七石. 於是, 配之以石斂之數, 嗚呼! 豈不冤哉?

	一千	二百	三十	四石	
	一	二	○ 三	○ 四	一斗
一千	二	四	○ 六	○ 八	二升
五百	七	一 四	二 一	二 八	七合
七十	五	一 ○	一 五	二	五勺
	三斗	三升	五合	○	

---

4 毫: 新朝本에는 '豪'로 되어 있음.

○今宜束此石斂, 播爲結斂, 打以斜算一千二百三十四石, 每一石, 收一斗二升七合五勺, 則合得米一千五百七十三斗三升五合. ○於是, 以此米一千五百七十三斗三升五合, 播之於本邑之田結. ○假如本邑田結, 爲九千八百七十六結, 每一結, 收米一升五合九勺三撮零, 則其米爲一千五百七十三斗二升四合六勺八撮零, 所未播者, 一升零而已. 此事雖小, 三變乃成, 先查實納之數【大槪狀所斷】, 以定石數, 一變也. 再查實稅之數, 以定結數【以作夫都錄定結數, 則隱結及防納之結, 皆不入計中. ○宜飭首吏, 別定結數, 使隱結·防結, 包入其中】, 二變也. 於是, 束此石斂, 播爲結斂, 三變也. ○凡此奸蠹, 牧宜一一查察, 不可但作藍田之丞, 署尾唯謹而已.【凡應事如行雲流水者, 民必被害.】

船給之計. ○每一石, 船價米三斗五升, 浮價米一斗, 加給米八升, 人情米二升.【邑例各不同】 ○案 船價米三斗五升, 非通例也. 『大典』云: "漕船本無船價, 而若載大同米, 則船價全給, 若載位米【卽田稅】, 則給船價三分之一." 此有漕船漕軍之地也. 『大典』云: "若非漕船, 竝給船價." 此無漕船漕軍之地也. 南徼沿海之邑, 所用皆非漕船, 故無論田稅·大同, 竝給船價, 每一石, 給船價三斗五升.【田稅別收船價, 大同原數中除減】 ○然且石斂, 宜先查實納之數【如上法】, 乃以石斂播作結斂, 如上法也. ○每米一石, 船價三斗五升, 則每米一斗五升, 船價三升五合也. 田稅六斗, 則每一結之稅, 其納船價者, 一斗四升也【十五斗船價, 三斗五升, 則六斗船價, 一斗四升.】, 小費船價, 亦爲幾合. 然此有未然者. 作夫都錄之外, 明有隱結·防納之結, 此結之米, 融於本土, 原不載船, 胡爲而徵船價乎?【計版與原結同, 則船價在其中.】 將曰: "民賦宜均, 不許獨免乎?" 民賦宜均, 不許獨免, 則曷若以船價本數, 播之於諸結乎?【宜飭首吏, 別定羨結, 使隱結防結, 包入其中.】 ○假如本邑田稅, 其京倉實納之數, 竝其小費爲一千二百石, 則其船價米四千二百斗也. 竝計隱結·防結, 若爲四千二百結內外, 則每一結該納船價, 不過一斗. 曩以一結之稅, 則該納一斗四升, 今通計一邑之結, 則該納一斗, 其在下民, 利害不小, 不可以不覈也. ○又凡計版, 其三稅及小費諸條, 宜各各開列, 今略之爲數條, 大不可也. ○浮價米·加給米, 又何名也?『大典』所載加升米三升, 斛上米三升, 旣是科外之物. 又於法外, 濫收三倍之數,而谿壑之慾, 猶未盡充, 或設橋木【斛上更橫一木, 乃槪之】, 或高鐪鐵【斛面四圍之餙】, 歲增月加, 靡有止歇. 蓋自舟橋司隷船之後, 船人之淫邪驕濫, 愈往愈甚, 以至此耳. 此非一縣之令所能釐革, 須有上敎, 乃或小熄. 昔眞西山知潭州, 除斛面之米, 蓋亦浮米之類也. 每見縣令, 稍欲循理者, 小有裁抑, 則船人發惡懷毒, 要載鄕丞·都吏, 與之偕漕, 丞吏臥於船上, 偸竊行於船底, 神奸鬼怪, 混然無跡. 至京倉上納之日, 必欠四五百石, 還以此欠, 攤徵民結, 本欲利民, 乃反貽害者多矣. 凡船人皆黠[5]虜也. 人理都滅, 盜性已熟, 牧以一時旅宦, 惡能正之? 唯有循例二字而已. ○凡船給之例, 邑各不同. 右所論者, 康津之例也. 康津吏屬, 必陰嗾船人, 歲增船給之例, 故其率最高.

邑徵之計. ○每一結, 本縣雉雞柴炭價米四斗【所謂雜役米】, 不足米幾升【雉雞之不足】, 雉雞色落米一升六合.【此結斂】○每一石, 看色米一升, 落庭米四升, 打石米一升.【已上皆石斂】○田稅騎船監吏糧米二十石, 大同騎船監吏糧米二十石, 京主人役價米六十石, 營主人役價米九十石, 進上添價米九十石【又添價米二百石】, 兵營主人役價米十四石, 戶房廳傳關米一百三十石.【已上皆碎斂】○案 四斗米者, 國家於田稅·大同之外, 許令縣官, 每田一結, 收米四斗, 以資其雉雞柴炭. 畿湖兩南, 其率皆同, 毋論豐凶, 一結四斗, 無加無減.【英宗辛未, 定均役法, 乃令道臣酌定如此】故災減之年, 其米差少, 其米雖少, 其價四倍, 有利而無害也. 乃自十餘年來, 別刱新法, 每遇災年, 執本縣最高之總【豐年所收之都數】, 加攤於不災之結. 假如田總四千結, 結收四斗, 則一萬六千斗也. 於是, 執此高總, 定爲恒廩, 災減千結之年, 乃於三千結內, 攤徵一萬六千斗, 則每田一結, 各收米五斗三升三合三勺零也. 本例四斗之外, 其加徵之米一斗三升三合三勺零. 凶年米價, 斗米百錢, 則是縣令, 以一百三十四錢, 白徵於一結, 非烹罪乎? 田稅六斗, 大同十二斗, 雉雞柴炭米四斗, 其爲一結之本例, 無以異也. 田稅·大同, 則如故常, 雉雞之米, 獨自加攤, 知上有君, 其敢然乎? 不足米加攤者, 雖烹之, 可也. ○又凡色落米·打石米, 皆石斂者也. 凡石斂之

---

5 黠: 新朝本에는 '點'으로 되어 있음.

米, 不可條列於計版. 唯於倉庭受米之日, 有此加斂, 則民自知之, 其齎米有賸也. 國納之物, 雖然石斂, 可載計版【實載於船上者, 宜聚升成斗.】, 邑徵之物, 不可然也, 列之計版, 則石數有增, 將其斂無限矣. ○凡碎斂之物, 竝照前法, 隱結·防納之結, 咸令均攤【宜飭首吏, 別定羨結, 使隱結·防結, 包入其中.】, 庶乎一結之役, 不至過重也.

○京主人·營主人, 此國中之巨弊也. 京主人役價之米, 歲增月衍, 厥有二緣, 一, 朝貴買邸窠也, 一, 縣令受陰賂也.【竝詳「田制考」】朝貴買邸窠, 則備局飛關, 恒庇邸人, 使之肥厚, 此役價之所以增也. 縣令下來之後, 邸人陰以錢五六百兩, 納于令家, 又以珍異之物, 携至本縣, 納于內舍, 納于鄉丞, 納于首吏, 圖增役價. 於是, 設爲鄉會, 召邑中不肖子弟, 爲吏胥狎客者數十人, 擊豕具酒, 會于客館, 收其公議, 僉曰: “可增.” 於是乎增之【詳見「田制考」】舊令旣還, 新令又繼, 恒增不已, 咸歸田役, 此役價之所以增也. ○營主人役價米·進上價米, 歲增月衍, 厥有二緣, 一, 監司備貢物也, 一, 縣令畏廉問也.【竝詳「田制考」】國制監司之職, 本無恒居, 不挈家眷, 巡行列邑, 以觀以察, 與今之慰諭御史, 無以異焉.

肅廟中年, 始立監司挈家之法, 自是以來, 百弊紛興, 而湖南尤甚. 其日用百物, 山珍海錯, 或獻之於戚里, 或饋之於權門者, 咸徵於諸邑之邸史, 酬以輕價. 假如大鰒一貼【百簡也】, 本費千錢, 而酬米四斗, 僅直百錢; 柚子一貼, 本費五百, 而酬米二斗, 僅直半百. 諸物皆然, 徵求無節. 其制如國家之有貢物, 而監司無宣惠之廳, 無以庇貢人. 於是, 唯以增役價一事, 媚玆邸吏, 縣令承望, 以媚監司, 此役價之所以增也. 又凡監司廉察, 悉以營屬引爲腹心, 營屬豪者, 皆邸吏也. 縣令稍欲裁抑, 未全恭順, 卽邸吏會議, 力除此令. 盟詛旣堅, 訕讒乃騰, 或貶之爲下考, 或辱之以黜逐. 康津縣監李某, 以不督南塘之錢, 見忤邸吏, 竟置下考; 海南縣監張某, 以不督鬼錄之債, 見忤邸吏, 橫遭黜逐. 懲一礪百, 列邑震悚, 其畏邸吏, 甚於監司. 凡有所言, 承奉如律令, 此役價之所以增也.【詳見「田制考」】進上價米, 本以還米會減, 而桀黠者, 或以稅米受之, 代減還米. 夫稅米精鑿也, 還米粗糲也, 價之相懸, 每爲三倍, 而邸奪王漕, 民塡其欠. 卽此一事, 餘可推類. 坤殿新陞, 則膳價有增【增進上價米】, 大妃旣薨, 則膳價無減. 暗行御史李勉昇[6], 嘗奏此事, 朝令雖降, 邸則不動. 東宮冊封, 已近十年, 忽於今年, 圖增膳價, 或增米七八十石, 收之民結; 或增錢五六百兩, 收之民戶, 或創出保人, 歲收錢數百兩.【兵營之所爲】 大小惴惴, 咸懼非辜, 唯以諂事邸吏, 爲保官安身之策. 嗚呼! 國而至此, 尙何言哉?

康津老吏孫某之言曰: "我之少時, 康津邸[7]窠, 價不過三百兩, 營屬之孱者爲之. 今不過三十年之間, 邸窠之價, 恰爲萬兩, 營屬之豪者爲之." 卽此而民役之日高, 可知也. 凡爲增米之論者, 咸曰: "十匙一飯, 不足病民." 而積累旣久, 三百兩爲萬兩, 此三十有三倍也. 民役之增三十有三倍, 故窠價之增三十有三倍. 此所謂不見其形, 願察其影也. 嶺南之邸, 無此豪橫, 而監司猶免凍餒, 何必湖南之邸, 必宜厚斂乎? 此弊不革, 湖南一路, 竟爲邸吏之湯沐矣. ○弊雖如此, 縣令奈何? 循例而已, 唯不可自我手復增也.

計版旣成, 條列成冊, 頒于諸鄕, 俾資後考.

牧之用心, 不宜粉飾要譽, 以塞目前之責而已. 思有永遠之惠, 每立堅牢之法, 雖明日還崩, 我之用心宜然也. 稅米之幾斗幾升[8], 民皆漠不省識, 唯令是從. 不唯民然, 牧亦皆然. 計版之名, 民雖聞之, 實未嘗一番目見, 成冊頒示, 其可已乎? 國納幾斗, 船給幾斗, 邑徵幾斗, 而何者結斂, 何者石斂, 何者碎斂, 又原結幾何, 免結幾何【雜頉者】, 羨結幾何【卽隱結·防結】, 使民洞然咸知條理, 不亦可乎? 數罪而後笞之, 則民知其罪; 數用而後徵之, 則民知其用. 使斯民漠然不知所用之處, 而唯米是索, 豈道理哉?

今南徼諸邑, 其計版所出, 不過卄四五斗[9]者, 其稅外雜徭, 均攤羨結故也【海南·靈巖[10]等】; 其計版所出, 多至三四十斗者, 其稅外雜徭, 咸堆原結故也【羅

---

6 昇: 新朝本에는 '升'으로 되어 있음.

7 邸: 新朝本에는 '時'로 되어 있음.

8 升: 新朝本에는 '斗'로 되어 있음.

9 斗: 新朝本에는 '年'로 되어 있음.

州·康津等】. 咫尺之地, 賦率頓殊, 尙可曰國有法乎?

計版之外, 凡田役尙多.

營納, 則奎章閣冊紙價錢三分.【此結斂】 ○官納, 則新官刷馬價三百餘兩【多者四百兩】, 舊官刷馬價六百餘兩【舊官無公賜, 故倍徵之】, 新官衙修理雜費錢一百餘兩.【已上皆碎斂】 ○吏徵, 則每一結, 書員考給租四斗【稻不舂者, 謂之租】, 坊主人勤受租二斗.【已上皆結斂】 ○或以田斂, 或以戶斂者, 曰民庫錢·漂船錢, 若以田則民庫, 每一結, 歲收錢一兩二三錢, 歲收租三四十斗.【二十年前, 極不過三四斗.】 ○漂船雜費, 每一結, 或收錢三四十, 或收錢五六十. ○還上, 或以田結分給[11]者, 歲輸租二三石, 一粒之粟, 未嘗受也.【詳見還上條】 ○請試思之, 民其堪乎? 一結之田, 其得穀, 多者八百斗也, 少[12]者六百斗也, 下者四百斗而已. 農夫無田, 皆耕人田, 終歲勤苦, 八口食糧, 四鄰酬傭, 及秋之成, 田主割其半矣, 六百斗者, 其所自領三百斗而已. 除其種子, 除其假貸, 除其歲前之糧, 其所贏餘, 不滿百斗, 而稅賦之剝割攘奪, 至於此極, 哀此下民何以活矣? 爲民牧者, 要免猾吏之訕怨, 任吏之爲而無所裁抑者, 必流殃於苗裔矣.

故羨結之數, 不可不定, 結總旣羨, 田賦稍[13]寬矣.

田結之總, 厥立三名, 一曰原結, 二曰免結, 三曰羨結. ○原結者, 本邑之原總, 凡大帳所載是也. ○免結者, 大槪狀所列雜頉免稅之田【頉音奪】, 如宮房田·屯田·驛田·衙祿田·吏復田·學田·院田·公署之垡田·佛宇之垡田·津夫田·站夫田, 一應免稅之田, 及舊陳田·今陳田·成川覆沙·未移秧災減之田, 凡免今年之稅者, 皆所謂免結也. ○羨結者, 新立之名也. 隱結·餘結, 本無土[14]地.

---

10 巖: 新朝本에는 '嚴'으로 되어 있음.
11 給: 新朝本에는 '結'로 되어 있음.
12 少: 新朝本에는 '小'로 되어 있음.
13 稍: 新朝本에는 '程'으로 되어 있음.
14 土: 新朝本에는 '士'로 되어 있음.

唯於結總之中, 旣充王稅, 其餘結之溢出者, 謂之隱結. 然此隱結, 不可曰餘結. 以余觀之, 此是鐵結, 王稅是餘結也. 何者? 所謂隱結, 雖積水稽天, 而不墊沒; 雖大旱焦石, 而不乾枯, 蟲不能蝕, 霜不能殺. 本總千結, 則雖大荒之年, 千結皆熟, 安如泰山, 此非鐵結而何? 於是, 備局頒災, 監司俵災, 吏胥偸災, 減之削之, 體無完膚而後, 乃以其殘畦賸耡, 屬之王稅, 此非餘結而何? 吏但食其鐵結, 不食此殘結, 不亦善乎? 及其徵稅之日, 其富戶腴田, 金穰玉粒, 朝令而夕已輸者, 咸歸吏門, 一應國納之物, 船給之物, 邑徵之物, 結斂·石斂·碎斂之物, 以米納者, 以租納者, 以錢納者, 毫髮不復見侵. 其殘畦賸耡, 流亡窮丐, 膚剝而血不出者, 咸屬王稅, 一應國納之物, 船給之物, 邑徵之物, 結斂·石斂·碎斂之物, 以米納者, 以租納者, 以錢納者, 毫髮不得寬免. 乃以其千結之孑遺者, 而竝荷數千結隱匿者之諸徭, 民役偏苦, 日就凋喪. 嗟乎! 豈不冤哉? 羨結不可以不查也.

將立羨結, 召首吏·都吏, 諭之曰: "今年田總, 不過幾千結而已, 以此徵賦, 民將何賴? 隱結非汝私物, 食其租稅, 已爲素封, 竝蠲徭賦, 豈不靦面? 況汝防納之結, 是本稅額之內也, 因汝偸竊, 免其徭賦, 抑何義也? 自今, 石斂之物·碎斂之物, 竝於餘結·防納之結, 一體攤徵, 汝宜知悉. 餘結共爲幾結, 僞災共爲幾結, 斯則汝告; 防結共爲幾結, 移錄共爲幾結, 斯則我知. 凡大槪狀應頒之外, 其不入徭賦之中者, 從實自首. 汝若從令, 其租稅許汝襲謬, 其徭賦使民均敷. 汝若不順, 我則依法, 報于上司, 永拔其根, 汝其深思." ○受此所首, 名之曰羨結, 每敷田役, 以此攤徵.

若餘結本少, 而我令又嚴, 防結亦少, 則不必查結. 唯防納之結, 其數雖少, 不可不查括使之均攤.

正月開倉, 其輸米之日, 牧宜親受.

凡受稅米, 其槪量不可太精, 唯當循舊例而已. 然牧若不出, 濫雜無節, 民心解緩, 輸者亦怠. 宜以十日爲牧出之期, 及至二月七日一出, 及至三月五日一出, 以督其納. ○牧之出倉, 宜以一馬二僮到倉. 以都吏·稅吏爲刑房, 以倉奴·庫奴爲侍奴, 猶可以發號施令也. 蓋牧之出倉, 其一行人馬, 倉奴飼之, 所費旣多, 厥斂必橫, 斯不可以不慮也. ○色落米·打石米, 旣有定例. 例外之物, 雖一粒之米, 不宜濫受. 其囊有餘米者, 令民告本村未納之戶, 以其名納之, 令給尺文.【受米之手標】○開倉之日, 牧以溫言諭民曰: "稅穀異於還穀. 還穀其收放在我, 廉受无害, 稅米其輸納在京, 耗縮宜念. 船人谿[15]墍本闊, 若大拂其心, 必思貽害於本邑, 本欲利民, 反以厲民者多矣. 故斗斛從平, 不能太精, 汝其知之."

眞德秀知泉州, 每[16]輸租, 令民自槪. ○**按** 槪者, 平斛之木也. 民自爲之, 則其量不濫矣.

趙克善在郡邑, 其收賦稅, 斗斛之量, 必令民自操, 民樂於廉平, 不罰而來輸如期.

『霞山筆談』云: "靈巖郡昔有鄕丞, 淸愼有執, 受稅而平斛. 艄工大怨, 請丞同載, 丞曰: '諾. 汝所云者, 斛平而不隆也, 平則平乎?' 艄工曰: '然.' 丞曰: '汝船所載, 悉出沙場, 改量之, 其平如本受之時, 則我行矣.' 艄工低頭. 丞乃鉤出船中米一苫, 改量之, 欠者二斗. 曰: '旣竊二斗, 又何求焉?' 艄工不敢復言." ○蓋艄工受米, 其納苫上船之時, 例竊二斗, 丞知其狀也. 牧宜知此, 其或稱冤者, 改量船米.

將開倉, 榜諭倉村, 嚴禁雜流.

倉村該禁者, 一優婆【方言曰舍堂】, 二娼妓【老妓退者, 亦禁之】, 三酒婆【燒酒·藥酒坐賣者】, 四花郞【卽巫夫, 方言曰廣大】, 五樂工【琴笛歌客等】, 六櫨子【方言, 焦蘭伊】, 七馬弔【卽頭錢】, 八屠肆【殺牛殺豬等】. 凡此雜種, 以聲色酒肉, 誘惑萬端, 倉吏溺焉, 船人溺焉. 厥費旣濫, 貪慾轉深, 虐斂橫收, 以塡其欠, 此必宜嚴禁者也. ○榜曰: "八般雜流人, 一夜住接者, 笞三十, 罰徵米三斗, 防流亡之稅, 一

---

15 人谿: 新朝本에는 '入豁'로 되어 있음.
16 每: 新朝本에는 '毒'으로 되어 있음.

飯供饑者, 笞一十, 罰徵米一斗. 官吏犯令, 與之游狎者, 笞五十, 罰徵米一石. 船人犯令, 與之游狎者, 笞三十, 都艄工笞二十.【艄之華音, 與沙之東音相近, 故俗稱沙工】其八般雜人, 竝解送入縣, 決罰如律." ○ 如牙山·可興·聖堂浦·法聖浦·群山浦·濚山浦·馬山倉·駕山倉·三浪倉等, 漕倉都會之地, 其禁宜如雷如霜. 又沿海諸灣, 例有停留數日, 候風改纜之處, 此等處, 亦須嚴禁.

雖民輸愆期, 縱吏催科, 是猶縱虎於羊欄, 必不可爲也.

徵稅之末, 縱吏與校, 搜括民家, 名之曰檢督. 檢督者, 下民之豺虎也. 身爲民牧, 忍爲是乎? 隱結·防納, 不失饒戶, 則稅額自充, 設有見失者, 牧以溫言慈語, 曉喩下民, 民無不及期輸米者也. 檢督一出, 其牧可知, 無所復言也.【東坡以催科吏卒, 比之虎狼.】

胡大初曰: "遣差攔頭·弓手, 又復將帶游手惡少, 遍走鄉村, 以促稅爲名, 打斃人家鷄犬, 搶奪行旅籠仗, 谿壑無厭, 得厚賂, 則私與解放, 不予以賂, 則被擒到官, 倍稅之外, 費用如故." ○ 檢督之弊, 中國亦如是矣. 民旣無力, 不能輸稅, 從而困之, 又增科外之費, 十室九空, 咸以是也.【凶年檢督, 無一不買田置宅.】

其裝發漕轉, 竝須詳檢法條, 恪守毋犯.

『大典』漕轉條【見「戶典」】, 其條例詳悉, 可按而知, 今不贅. ○ 漕船添載之禁, 條例至嚴, 而犯者相續, 以此罷拿者, 無歲無之. 豈不惑歟? 每當漕發之日, 竹竿·木臼·鐵鍋·莞簟之屬, 索纏藁苞, 輦[17]出浦口, 百姓嗤點, 目之爲貪物, 船夫怒擲, 名之曰罪塊, 千金不足貴也. 流俗之人, 凡得沿邊守令, 室家相慶曰: "火斗皆輸."【火斗, 方言云夫登葛.】嗟呼! 此言非可愧之醜話乎? 設若輸之, 豈無私船? 而若犯此危懍之令, 所得者船僦之微, 而竝失其爵祿乎? 其不智甚矣.

沿海之邑, 無論漕船·賃船, 其輸米不難, 而內地之輸於漕倉者, 民負之擔

---

17 輦: 新朝本에는 '輩'로 되어 있음.

之, 轉輸於數百里之外, 其艱苦甚矣. 監司宜飭諸邑, 治道如砥, 以抵于漕倉, 乃作游衡車, 一邑各置四五十輛【先朝華城之役, 造此車, 其制見「城華籌略」.】, 一輛可載米四五石, 二夫運之, 其大者一牛曳之, 唯至嶺底, 暫且輦[18]運, 省力甚大, 漕家之所宜講也. 此非一縣所能獨行[19]【鄰縣不治道】, 今姑略之.

宮田·屯田, 其剝割太甚者, 察而寬之.

諸宮房免稅田及京司屯田, 其導掌下來者, 或以差人[20]收, 而納[21]之於本處, 或自買本窠, 收而食之. 要之剝割者多, 惠恤者少. 然且宮田·屯田之民, 率皆除役, 不應本縣之徭賦. 故其肥瘦苦樂, 官不置意. 均吾民也, 何示不廣? 牧宜別岐廉察[22], 其非理剝民者, 或招而誘之, 或執而罪之, 俾勿橫也. ○宮田·屯田之村, 或敗亡不支, 或充實無役, 其充實者, 逋逃之藪也. 宮屯除役, 雖有完文, 不宜無限節. 大抵一結之田, 二家治之, 未有不給, 計其結數, 除此農戶, 其餘新託之戶, 查而取之, 以均徭役, 可也.

『均役事目』云: "諸衙門·諸宮房之有土免稅及永作宮屯者, 雖與民結免稅不同, 其隨地饒瘠, 上下其稅, 與私田無異." 豈法意乎? 『續大典』曰: "永作宮屯者, 每田一負, 收租二斗【稻不舂者, 謂之租】, 船馬價·雜費, 皆在其中." 今宜申明, 所斂過於此數者, 一切減去, 俾無民怨. ○案 此卽英宗辛未下敎也. 爲民牧者, 其敢不祗承乎?

諸宮房, 有所謂無土免稅.【卽民結免稅】每民田百結, 收稅錢七百兩, 直納于戶曹, 自戶曹出給本宮. 是每一結, 本收錢七兩也, 貪官猾吏, 憑此爲奸. 大饑之年, 養戶·防結, 每田一結, 收白米四十斗, 每米一斗, 直錢一兩, 其錢四十兩. 若田百結, 則其錢四千兩也. 除七百兩, 納于戶曹三千三百兩, 官與吏分

---

18 輦: 新朝本에는 '輩'로 되어 있음.
19 行: 新朝本에는 이 뒤 '道'가 있음.
20 人: 新朝本에는 '入'으로 되어 있음.
21 納: 新朝本에는 '收'로 되어 있음.
22 察: 新朝本에는 '寬'으로 되어 있음.

吞, 豈不橫哉? ○若遇大饑之年, 宜以此錢, 移充結錢【均役廳所納】, 結錢勿復徵民, 亦大惠也. ○結錢, 每田一結, 收錢五十, 則每田千結, 五百兩也, 六千結, 則三千兩也. 如有不足, 唯其不足之數, 略略攤徵, 如有溢出, 以其餘錢, 移充碎斂之物, 如倉作紙【米二石】·戶曹作紙【米五石】·貢人役價【米五石】之等, 勿復碎斂, 可也.【若然, 宮結米十二石, 本勿作錢】○凡下吏防納, 必憑依幽藪, 宮房無土之稅百結, 則吏之千結, 咸以此爲藪. 京畿別無他藪, 故宮結爲大藪. 凡遇此物, 宜別修百結之簿【或五十結, 三十結, 隨其本數】, 某里張三, 幾結幾負; 某里李四, 幾結幾負, 條列成冊, 每防納發奸, 考檢此簿. 若無[23] 名字, 卽係下吏私防, 不可以一石鮑[24]魚亂其臭也.

南北異俗, 凡種稅, 或田主納之, 或佃夫納之. 牧唯順俗而治, 俾民無怨.

　畿內·湖西刈稻之日, 遂卽打稻, 當場平分, 故田主別無所失. 南方刈稻了, 布之田間, 風曬二日, 納禾于佃家, 積爲高廩, 及至深冬, 佃家聚男婦, 竹管·鐵股夾而軋之, 乃分其稼. 故田主無以察奸, 斯其情有不同也. 其種子·稅米, 北方皆田主出之, 南方皆佃夫出之, 所以然者, 打稻之法旣殊. 又其禾稈, 北方主客均分, 南方佃客全吞, 故種稅如是也. 然凶年饑歲, 佃客盡食其禾, 不出種稅, 則田主替受官督, 自納其稅. 田主居遠, 則一斗之稻, 未見分送, 而唯稅米是納. 故凶年富民多破家, 咸以是也. ○論以天地公理, 農夫耕此王土, 九一之稅, 納于王倉, 食其餘八, 無復侵者, 是古法也. 游閒之士, 廣置田地, 使民耕作, 收其什五者, 竝與王稅而責於佃客, 可乎? 余始至南方, 聞此大驚, 久而相習, 亦有辭也. 北方土瘠, 或種一而穫十, 或種[25]一而穫卄, 勞多而利少. 其可憐者佃客也. 南方反是, 不唯打稻分稈之法, 南北不同也. 且國家作法, 以立一王之制, 則斬釘截鐵, 以壹南北之俗, 可也. 縣令以一時之官, 猝破其俗, 以拂群情, 非計也. 故曰順俗而治, 俾無民怨.

---

23 無: 新朝本에는 이 뒤에 '結'이 있음.
24 鮑: 新朝本에는 '鮑'로 되어 있음.
25 種: 新朝本에는 빠져 있음.

歲事旣判, 若値歉荒, 秋分之日, 牧榜諭下民, 豫飭稅事. ○"行縣令爲榜諭事. 歲事如此, 王稅宜念. 明春稅米, 官當責出於田主, 及此收穫之日, 豫知此意. 其佃客饒實可信者, 相議善處, 其破落難信者, 竝於打稻之日[26], 先除稅額, 輸之田主之家, 然後乃與均分. 若其所穫, 僅充稅額, 無復可分者, 如或盡奪, 農夫可悼. 於其所穫之中, 半給農夫, 半歸田主, 亦天理人情之所不得不然也. 田主補稅, 雖亦可憫, 佃客掃場, 豈不增悲? 須各相憐, 毋相怨怒, 以傷天地之和氣. 若夫田有肥瘠, 産有饒虛, 主客情理, 有萬不同, 不可以一槪之法, 馭此衆情. 或田主全當, 或佃客全當, 各循情理, 勿拘官令也. 官所言者, 惟稅米之過期不納者, 責於田主而已. 其悉此意."

南北之俗, 又有不同者. 北方, 今年之稅, 出於今年之禾, 南方則不然. 甲子之佃張三, 盡食甲子之禾, 退而不耕, 則乙丑之佃李四, 預於甲子冬作夫之日, 以李四之名載於稅案, 歲初開倉, 自納稅米, 乃耕乙丑之田. 此又違理之甚者也. 試問其故, 曰: "初年始入之時, 旣納不食之稅, 故末年退出之時, 不納旣食之稅." 其言雖若有據, 亦弊俗也. 初年始入之時, 穀價至賤, 斗米不過卄錢, 末年退出之時, 穀價至貴, 斗米或直百錢, 當此之年, 盡食其禾, 不稅而退, 可乎? ○雖然, 俗旣成矣, 不可猝革. 唯當順俗而治, 凡聽訟之日, 順俗而決之.

西北及關東·畿北, 本無田政. 惟當按籍以循例, 無所用心也.

京畿之北, 黃海之北, 凡田稅本無災減之法. 坊無書員, 秋不踏驗, 村民老鍊者, 照其本總, 分排佃夫, 以充稅額. 唯大饑之年, 訴官乞減, 此亦天下之良法也. 余以御史, 北至朔寧, 其法如此, 及至谷山, 又見此俗. 意者, 江原及西北二道, 皆此法也. 流落南方, 十有八年, 凡吏奸民隱, 始乃洞然. 監司歲得災累萬結, 其實惠未嘗及於小民也. 假令萬結, 吏食者八千, 官食者一千, 其或微及於民間者, 不過一千結耳. 徒損國用, 何與民事? 半國旣用良法, 上可以裕國用, 下可以伸民冤, 何爲而不用斯法哉? 宰相不曉事者, 每云田稅變法,

---

26 日: 新朝本에는 '曰'로 되어 있음.

吏胥失業, 殊不知牛國田稅, 原用別規, 而吏胥未嘗亡也. 或曰: "山田可用此法, 水田不可同." 然殊不知湖南·嶺南, 諸凡驛田·牧田, 其照總收稅之法, 多如北方, 行之無弊, 曷謂水田不可然乎? 稅法不變, 則國瘠民貧, 唯吏是肥. 然且南方之吏, 驕奢淫佚, 鮮克傳世, 反不如北方之能久, 於吏亦未爲福也. ○總之, 田政復井地九一之法, 則大善.【詳見「田制[27]考」】不然, 議行西北之法, 抑其次也.

火粟之稅, 按例比總, 唯大饑之年, 量宜裁減, 大敗之村, 量宜裁減.

『法典』曰: "火田竝置六等." 又曰: "火田二十五日耕, 爲一結." 或每結收田米一百斗, 以牛稅, 則田米·太各二十五斗.【太者, 大豆也.】或收十五斗, 或稅布十匹, 或稅太八斗, 或稅太四斗.【見『法典』】蓋其所謂一結者, 或綿亘於太山, 或打量如平田, 其綿亘者, 自古徵百斗; 其打量者, 自古徵八斗. 其或聚散無常者, 自古徵四斗. 故順俗爲法, 道各不同, 邑各不同也. 昔山邑觀所謂火田之處, 縣崖峻阪, 片片爬起, 誠不可以頃畝計之也, 不可以結負束之也, 不可以幾斗落度之也, 不可以幾日耕限之也. 詢之山氓, 曰: "稅有原總, 平均分排, 以充其額." 官籍所載, 雖曰幾結幾負, 里中私錄, 但有幾石幾斗, 及其輸官也, 皆折之以錢, 未嘗納粟. 幾步幾尺之爲一結, 天荒以來, 未有知者. 其法如是, 則唯按例比總而已.【其解作百畝之法, 詳見「田制考」.】○凶年, 宜有災減, 然旱田無災, 況於火田乎? 火田, 有納于戶曹者, 有納于宮房者, 有縣官自食者, 其自食者, 量宜蠲惠, 可也. ○又凡火粟之豐歉, 係乎民戶之盛衰. 地非不足, 而耕者無人, 則其粟少也. 敗亡之村, 溯考三十年戶籍, 昔之百戶, 今爲三十, 則其衰散可知. 蠲其火粟, 使之招集, 未可已也. ○凡永蠲之惠, 深於暫蠲, 而爲牧者憚於永蠲者, 爲後來者怨之也. 嗟呼! 非待人太薄乎? 我以凡庸, 猶欲蠲惠, 後來之人, 何必不賢? 且百夫所樂, 足抵一夫之怨, 何憚而不爲也?

---

27 田制: 新朝本에는 '制田'으로 되어 있음.

第三條 穀簿上

還上者, 社倉之一變, 非糶非糴, 爲生民切骨之病, 民劉國亡, 呼吸之事也.

『周官·旅師』, 凡用粟春頒而秋斂之, 則三代之時, 還上未嘗無也. 漢魏之制, 倉廒之積, 多係糶糴, 或用常平, 或用均輸, 皆無還上之跡.【糶糴者, 賣米販米之名, 今人或以還上爲糶糴, 非也.】隋度支尙書長孫平, 始創義倉之法, 朱子修而行之, 名曰社倉. 今人多以還上爲社倉之遺法, 然社倉, 則儲穀·頒穀, 皆在鄕社【在外村】, 官吏不與知焉. 玆是爲民之實心, 與今還上之法, 天壤不侔. 唯王安石靑苗之法, 名曰振貸, 强取利殖, 與還上之法, 大同小異. 彼錢此穀, 其實一也. 百濟有糶糴之名, 仍是漢魏之制. 高句麗故國川王, 始立賑[28]貸之法, 春貸而冬還之. 高麗之初, 始置里倉, 成宗之時, 改稱義倉, 至我國初, 因循不改. 其法始倣社倉, 漸作官庫, 於今遂以爲還上也. 原初設法之本意, 半爲民食, 半爲國用, 豈必爲虐民廈民而設之哉? 今也, 弊上生弊, 亂上添亂, 雲渝霧[29]洩, 沙滾波瀾, 爲天下不可究詰之物. 上之所用以補經費者, 十之一, 諸衙門所管以自爲廩者, 十之二, 郡縣小吏, 飜弄販賣, 以自作其商賈之利者, 十之七. 一粒之穀, 民未嘗微見其末, 而白輸米若粟, 歲以千萬. 此是賦斂, 豈可曰賑[30]貸乎? 此是勒奪, 豈可曰賦斂乎? 牧於少日, 或習詩賦, 或習弓矢, 項羽沛公之句, 擊扇以自豪; 馬弔江牌之戲, 賭錢以自娛. 上焉者, 太極元會之理, 河圖洛書之數, 理氣之訟, 性情之辨, 以爲極天下之高妙, 而田制·賦法·倉廩之數, 卽一字半句, 未嘗講習, 一朝擧而坐之於神姦鬼猾之上, 曰: "汝察其姦." 天下其有是乎? 今縉紳大夫, 論還上之弊者, 不過曰: "秋納精而濫, 春頒粗而陷, 於民甚冤也." 其論吏逋者, 認之爲吏夜開庫門, 負苫而輸之家而已. 故守

---

28 賑: 新朝本에는 '振'으로 되어 있음.

29 霧: 新朝本에는 '靈'으로 되어 있음.

30 賑: 新朝本에는 '振'으로 되어 있음.

令微行覘倉者多. 嗟呼! 不亦遠矣? 八路之中, 南吏尤詐, 歷世以來, 今日極甚, 孰知其若是之兇惡乎? 一粒之粟, 本無頒法, 而年年白納一戶十苦. 嗟呼! 民雖欲小須臾無死, 其可得乎? 若夫古今法制之得失, 竝詳倉廩之制, 今竝略之.

還上之所以弊, 其法本亂也. 本之旣亂, 何以末治?

本亂者, 何也? 一曰穀名亂也, 二曰衙門亂也, 三曰石數亂也, 四曰耗法亂也, 五曰巡法亂也, 六曰分留亂也, 七曰移貿亂也, 八曰停退亂也. 八亂爲生弊之巨幹, 而千條萬葉, 於是乎傅焉, 今不能悉指而聲論. 大抵歷數千古, 必未有理財如此而自以爲爲國者也. 民在水火之中, 呼號宛轉, 而宰相坐廟堂之上者, 方且以政由舊三字, 佩之爲至訣. 噫! 且奈何? ○弊雖如此, 凡非一縣之令所能釐革者, 非此書之所急, 竝詳倉廩之制, 今竝略之.

趙南星「社倉議」云: "放之以六而還之以十, 是謂加四矣, 豈惟加四? 良弱之民, 吏胥收其穀而冊籍去其名, 升合且不得領矣. 其他奸弊, 更僕難數. 佛家所謂阿鼻地獄, 言地獄之中, 又有無數地獄, 則今之社倉, 無乃類是耶? 入十而得七, 入穀而得糠, 甚則糠亦不可得, 是使之盡爲窮民也. 且句攝有酒食之費, 往返有道路之勞, 是又不若窮民之無累也. 嗟呼! 誰爲此法者? 奸耶? 愚耶? 必居一于此矣." ○案 趙「議」全篇, 皆切中社倉之弊. 竝詳倉廩之制, 今姑略之.

上司貿遷, 大開商販之門, 守臣犯法, 不足言也.

監司令諸邑, 月報市直, 詳知穀價貴賤, 乃行商販之法. 如稻一石【十五斗】, 甲縣時直七錢【七十錢】, 乙縣時直一兩四錢【山邑沿邑, 其豐凶不同.】, 則取乙縣之稻二千石, 糶之作錢, 得錢二千八百兩, 竊其半而私之【一千四百兩】, 投其半于甲縣【一千四百兩】, 糴之爲穀, 還作稻二千石. 此所謂移貿也, 此所謂立本也, 此所謂步粟也. 監司俸廩, 本自不薄, 忍行商賈之事, 以剝民膏, 以傷國脈, 他尙何說? 歲得錢十百萬貫, 以自封殖而不知, 糶出之邑, 增價以斂錢; 糴入之邑,減價以頒錢, 則民之受害, 豈有旣乎? 守令報市直者, 承望風旨, 迎合密意, 當糶之邑, 必報以高價【視時直益高】; 當糴之邑, 必報以下價【視時直益下】, 一縣旣承, 四鄰遭責【市直狀見退】, 悉繩之以最如意之邑, 民之受害, 豈有旣乎? 余昔爲暗行御史, 見鄰比五六邑, 其報市直, 各各不同, 及其終也, 悉從高者, 斯可以知其情矣.

守臣翻弄, 竊其贏羨之利, 胥吏作奸, 不足言也.

守令翻弄, 其竇亦多, 大約犯科, 其名有六. 一曰反作【反音翻, 作讀作咋】, 二曰加分, 三曰虛留, 四曰立本, 五曰增估, 六曰[31]加執. ○反作者, 何也? 冬而收糧【吏文云還捧】, 本限歲末, 乃以未收詐稱畢收, 假飾文書以報上司. 及至新春, 原不頒糧, 詐稱還分, 假飾文書以報上司, 此之謂反作, 此之謂臥還.【舊年·新年, 若臥而不起.】西路之法, 臥米一石, 討錢一兩【小米也】, 名之曰臥還債, 或小吏食之, 或縣令食之. 黃州則牧使與節度使, 咸食此錢, 以爲當然.【南方無此法】○加分者, 何也? 利其耗穀, 頒其應留也. 法曰: "傾庫分給者, 勿限年定配, 折半留庫中半分者, 徒三年, 石數少者, 奪告身."【見「戶典」】法非不具, 而犯之者相續, 有小利也. 或民飢穀少, 接濟沒策, 報司得題而加分者, 在所原恕, 而御史發之, 猶未免罪, 畏法者所不爲也. 近世上司之穀, 無不盡分, 則上濁下汚, 不可禁也. ○虛留者, 何也? 前官掩置吏逋, 傳授都是虛錄, 而我又拘牽, 不卽發之, 或昏暗迂疏, 不知穀簿爲何物, 逋欠爲何事, 四季月報營之冊, 明有留庫爲幾石, 而視其庫中, 空無一物. 或備邊郞摘奸, 營裨·營吏摘奸, 貨賂旣行, 釁咎不發, 因循掩匿, 遂成漏瘡. 今列邑穀簿, 皆擁虛錄, 如法爬櫛, 十欠七八, 言念國計, 誠足哀痛. 法曰: "虛錄者, 徒三年定配, 又五年禁錮.【唯十石以下勿論】後官之掩置者, 兼官之磨勘者, 亦徒配, 竝遇赦勿有."【見「戶典」】法非不具, 而犯之者相續, 法未嘗必行也. 近世守令, 嚇發吏逋, 受其賂物, 因而匿之者, 亦多矣, 將若之何? ○立本者, 何也? 或秋而執錢, 先竊其膡; 或春而頒

---

31 曰: 新朝本에는 '日'로 되어 있음.

錢, 後收其利. 牟麥亦然, 此所謂守令之料販也. 秋而執錢者, 假令甲年歲儉, 還租一石, 時直二兩【稻不舂者, 十五斗.】, 則以錢代收【收二兩】, 民亦樂之. 乙年之春, 民方飢困, 官乃令之曰: "今秋豐登, 一石之租, 不過一兩, 汝今食錢, 待秋納租, 不亦善乎?" 民又樂之. 於斯之間, 羨者一兩, 若執千石, 其錢千兩, 此所謂立本也. 官之所得, 雖止一兩, 民之所失, 乃爲二兩. 何也? 甲年之秋, 時直二兩, 則乙年之春, 必至三兩.【春則市直高】三兩之時, 只受一兩, 非失二兩乎? 明失二兩之錢, 而秋旣樂輸, 春又樂受, 民之爲物, 良足哀矣. ○春而頒錢者, 春價至賤, 而倉穀麤惡, 則民不樂受. 官知其然, 以其半價, 分給民戶【時直一兩, 給五錢】, 待秋執錢, 收其全價【春給五錢, 而秋收一兩】, 則羨者其半.【每石羨五錢】而本惡之穀, 又陳於倉中【春不頒, 秋不改色.】, 遂爲塵土, 厥明年春, 乃以塵土頒之矣. ○麥之還分, 宜在深秋以助種子, 宜在初春以贍匱乏. 吏告厥官, 封而勿出以觀麥事, 及至芒種前八九日, 麥事已判, 若麥不登, 遂以封之, 如其大稔, 始乃頒之. 民已食靑, 誰肯受之? 於是, 官爲貿麥, 每麥一石, 決價三錢【三十文[32]】, 以錢頒之. 秋穀失稔, 麥價或刁, 則開庫出麥, 汎于畿湖, 其利數倍. ○若麥不登, 舊麥旣封, 新麥又入, 略以舊麥, 頒之以種子, 留下新麥, 以圖商販. 而春所例頒, 乃以錢頒, 每石之價, 不過五錢. 及夏收麥, 以立其本, 斯皆近日守令, 按例應行之事也.

增估者, 何也? 上司行關, 某衙門穀二千石, 以詳定例作錢, 詳定之例, 米一石其例三兩, 租一石其例一兩[33]二錢[34]【稻不舂者】, 而本縣時直, 米一石其估五兩, 租一石其估二兩, 則乃以時直徵於下民, 以詳定例, 輸于上司, 竊其零羨, 以歸私橐【米二千石, 每竊二兩, 則四千兩也.】, 此之謂增估也. 然監司之以詳定例作錢者, 亦自難得, 監司每以時直作錢, 自竊其零羨, 守令未能與也. 或時直本輕, 乃從詳定例也. ○加執者, 何也? 上所論某衙之穀, 監司只許二千石作錢, 縣令又加執二千石, 通共四千石, 以錢代徵. 旣竊詳定之零羨, 又取加執之本

---

32 文: 新朝本에는 '錢'으로 되어 있음.

33 兩: 新朝本에는 '例'로 되어 있음.

34 錢: 新朝本에는 '戔'으로 되어 있음.

錢, 厥明年春, 還以三兩分給民戶, 待秋收米, 以之立本, 則每石二兩, 又爲零羨. 加執二千石, 則厥羨四千兩也. ○監司行關, 營耗米一千石, 使之作錢. 縣令於此, 又加執二千石, 通共三千石, 以錢代徵, 一從時直, 厥明年春, 以五之三分給下民, 待秋立本, 竊其零羨如上法. 此又近日守令, 按例應行之事也.

嘉慶戊午, 先大王策士湖南, 其問還上之弊曰: "利國者病國, 養人者害人. 沿郡京坻無脛, 而歸巖邑之積; 往歲穧秕不舂, 而責今年之粲. 族徵有禁, 而不唯族也, 至及其鄰; 抑配爲罪, 而不唯配也, 或行其斂. 一有耗穀之散賣, 而憑公料販者出; 一有賑政之經紀, 而挾詐反弄者多. 甚至立本之租, 營邑不知, 停退之穀, 虛實相蒙. 民役·邑用之先犯倉簿, 而倍徵於秋後; 漕米·結錢之假託市直, 而虛留於冬間. 穀名換而衙門互錄, 則吏奸得以潛售; 庫欠綻而閭里被剝, 則民勢日就難支. 船米則分留不明, 城餉則運置無常, 羅里鋪之頻移, 銷刻太煩, 濟民倉之旋廢, 得失何居? 營穀繁而三司之穀漸少, 則盡分之弊痼矣; 官需蓄而還米之需漸廣, 則仍捧之害切矣. 將何策而損益之?"【仍捧者, 仍收[35]也.】○臣謹案 沿邑京坻無脛, 而歸於巖邑者, 監司執錢立本之謂也. 耗穀散賣, 而憑公料販者, 守令加執增估之謂也.

上流旣濁, 下流難淸. 胥吏作奸, 無法不具, 神姦鬼猾, 無以昭察.

胥吏作奸, 千方百計, 孔穴無數, 其名大約有十二. 一曰反作, 二曰立本, 三曰加執, 四曰暗留, 五曰半白, 六曰分石, 七曰執新, 八曰呑停, 九曰稅轉, 十曰徭合, 十一曰私混, 十二曰債勒. 斯皆筆頭之所推移, 算子之所轉運, 雲渝霧變, 波滾沙堆, 龔遂·黃霸之所不能察, 楊炎·劉晏之所不能度. 牧之未經事者, 將何以昭其奸矣? ○反作者, 冬月收糧, 其未畢收者, 吏有逋欠. 小民之家, 瓶罌悉罄, 而必無一龠之未收者, 畢竟反作, 誰之故也? 十月開倉, 吏逋猶隱, 及至歲末, 首吏乃告曰: "某吏米五百石, 今無出處. 今若發之, 不免居末【居末者, 謂一道之中, 封庫最後也. 法曰:'居末者, 營門決杖'】, 先飾文書, 上于巡營, 徐議

收入, 乃無事也." 官以爲忠, 俯首聽命, 此反作之所以年年相仍也. 吏苟忠矣,
八月秋成之初, 吏逋之隱伏者, 豈不先告乎? 開倉之初, 宜別作吏逋之簿, 每
日所收記之爲曆, 專心專力, 以董此事, 則豈必爲反作乎? ○若夫西路之反
作者, 或民居遠於倉廠, 或穀價貴於平歲, 其納有濫斛之害, 其受有和糠之患,
民與吏議, 臥之不納, 每小米一石, 輸錢一兩, 名之曰臥還債【粟一石五錢】, 斯又
反作之有利者也. 余在西邑, 秋成而令曰: "凡給臥還之債者, 官當另査, 歲末
還徵, 而吏則不治, 唯治與者." 三令五申, 遂無犯者. ○立本者, 吏將立本, 先
誘其官, 伏於牕下, 甘言密白, 官乃傾聽, 覺爲妙策, 遂以此吏信爲純忠, 卒如
其言. 吏旣得志, 退爲倉吏, 官旣屈矣, 我獨賢乎? 官立本千石, 我立本千石,
官之所染, 作爲鮑魚, 以亂吾臭, 其誰辨之? 某村之加執幾石, 鮑魚之臭也; 某
日之加頒幾兩, 鮑魚之臭也. 官雖不愚, 何以覺矣? ○加執者, 何也? 吏誘厥
官, 使之加執者, 名之曰官加【見上條】; 吏瞞厥官, 自下加執者, 名之曰吏加也.
營作錢二千石, 官加執一千石, 則吏於其間, 又加執八百石, 分排諸里. 某戶
幾斗, 某戶幾斗, 條條打算, 恰爲十石, 而簿尾總數, 不過八石, 官雖明察, 但
算厥尾, 何以昭矣? 凡營作錢關到, 牧宜以本數分配民戶.【假如二千石配於四千
戶, 則一戶作錢, 各爲半石.】乃視諸里戶總, 某村該作八石, 某村該作十石, 但以總
數知會, 唯云每戶幾斗, 而小名條列之簿, 初勿頒示, 則民於本村之內, 自能
撕裂, 無差舛矣. ○暗留者, 該頒而不頒也. 穀價[36]將貴, 則吏與官議, 留而不
頒, 及時直旣貴, 乃行商販. 穀價方賤, 則吏與民議, 留而不頒, 裸以輕價[37], 徐
圖後利, 但以分給文書, 報于上司, 此之謂暗留也. 頒糧旣畢, 官躬察庫中, 尙
有多穀, 疑而問之, 吏曰: "小人恐有欠缺, 所收色落之米, 咸貯庫中, 有此餘
苦." 官信其言, 謂吏忠實, 失之遠矣. 昔西路一郡守, 得見此物, 疑[38]而問之,
吏對如前. 官曰: "詐也. 可疑之物也." 遂以屬公. 貪則貪矣, 不可曰昏也. ○所
謂暗留之穀, 至冬必徵耗縮, 每穀一石, 耗條一斗五升, 色落一斗五升【色三升,

36 穀價: 新朝本에는 '價穀'으로 되어 있음.
37 輕價: 新朝本에는 '價輕'으로 되어 있음.
38 疑: 新朝本에는 이 뒤에 '一'이 있음.

落五升, 雖曰法例, 而色五升, 落一斗, 遂成謬習.】, 打苫之費, 不下二升, 倉中之縮, 不下五斗.【分石故】合而計之, 則所稱耗縮, 每爲七八斗, 又以徵之於本民矣.【民本願留故】

半白者, 天下之冤也. 謂半苫之穀, 白地吏竊; 半苫之穀, 白地民納也. 每當頒糧之期, 權吏·富吏, 召村豪誘之曰: "汝村該受之糧四十石也, 倉中衰縮, 雜以穅粃, 受而簸之, 不能爲二十石【折其半】, 而往來受納, 兩日損傭, 色落·耗打【打苫也】, 數斗增費, 將何益矣? 我有一策, 於子何如?" 豪曰: "何居? 唯令是從." 吏曰: "我方窮春, 焉避小害? 其四十石, 悉以與我, 吾將食之, 及至今秋, 子輸其半【二十石】, 我納其半【二十石】, 不亦善乎? 色落·耗打, 我其當之, 則我所納, 踰其半也."【謂所納者多於民】豪曰: "大幸, 敢不敬從?" 券契旣成【俗謂之手記】, 豪則歸矣. 又召他豪, 約之如此, 竝約十村, 總得穀四百石. 於是, 直開倉門, 另擇精實不陷之苫, 自取出二百石, 遂以呑之【呑其半】, 仍留下二百石, 遂以陳之.【留其半】及秋開倉, 但備穀十餘苫, 和以穅粃爲四十石, 名之曰耗條【四百石之耗】, 納于倉中【色落·打苫, 吏所不納】, 則十村之氓, 曾不能夢見穀皮, 而自備穀二百石, 納于倉中.【納其半】吏以四百四十石尺文【受穀之手標】, 分授諸氓. 氓欣然稱謝曰: "老爺忠信, 一毫無錯. 乞於來年, 再授嘉惠." 此之謂半白也. 吏之爲此者五六人, 人取四五百石, 多者六七百石. 其有一粒之穀, 波及民戶者乎? 此法之出, 今不過十餘年, 始唯數邑行之, 今徧一省矣. 嗚呼! 弊而至此, 宰相察使, 唯拱手熟視而不救, 將若之何? ○分石者, 流來之舊法也. 余始寅縣城, 館於酒家, 見酒媼別聚穅粃白死之穀, 出於風簸之場者, 積于一處. 余問何用, 媼曰: "倉吏預以錢分授民家, 收聚此物. 若其所用, 今何必言?" 遂呵呵大笑. 及居茶山, 聞倉吏之弟徧行浦村, 貿豬料穅數百苫, 亦所以分石也. 吏方收糧之日, 簸之揚之, 斛面隆起, 庫之旣封, 乃夜執燭入庫中, 取栗和穅, 遂以一苫分爲二石, 甚者分爲三石四石, 以充原數, 竊其完苫, 歸于其家, 此之謂分石也. 然大奸巨猾, 直以完苫, 商販立本, 不必分石, 却以分石者, 哂之爲小盜也.

執新者, 何也? 反作·立本·加執·暗留, 則舊穀不頒, 陳陳相因, 旣腐旣蠹

【『春秋傳』云: "穀之飛爲蠱."】, 乃以頒民, 吏所執用, 皆新穀也. 以其舊穀換此新穀,
民雖怨之, 官何聞矣? ○ 凡頒糧之日, 須令該吏, 預草報司之狀, 知今日所頒,
原係舊穀幾石·新穀幾石, 乃令倉吏, 先出舊穀, 乃令侍奴【卽及唱】, 左執科子,
右執兌管【兌者, 銳也. 竹管一枚, 削之使銳, 以衝穀苫, 則粟米一撮, 入于管中.】, 立于庫門
之側. 每民負苫而出, 卽衝取米, 瀉于科中, 如有新粒混入舊中, 卽令還納庫
中. 瀉其科粟, 從新受管, 舊穀出庭, 旣準本數, 積于一處. 乃令倉吏, 又出新
穀, 乃令侍奴衝管如法, 如有舊粒混入新中, 卽令還納庫中, 如上法. 新穀出
庭, 旣準本數, 積于一處, 乃令侍奴, 納其科子, 如有舊粒混入新中, 卽罪侍奴.
查拔于庭中換取新者, 如是, 則吏之腐穀, 無以頒於民矣. 余在西邑, 每用此
法, 豪吏李甲彭, 於北倉貯舊菽五百石, 每欲出頒, 輒遭還入, 三年不頒, 遂成
塵土, 以之糞田云. ○ 呑停者, 天下之冤也. 每大饑之年, 及到歲末, 朝廷始下
停退之令. 老吏解事, 先已逆揣, 民間收糧, 一倍火急, 面謾縣官, 雜施笞棍,
陰囑鄉甲【風約等】, 酷行搜括. 已於至月之末, 收納已畢, 唯權吏料販之物, 浪
吏逋欠之數, 虛額以待之. 營關旣到, 吏乃告之曰: "外村旣盡收入, 唯邑中未
收, 尙此夥然. 居末之厄, 在所不免, 天幸有此停退之令, 邑自此無事矣." 官亦
欣然以爲宦福. 聽吏所爲, 遂以吏販·吏逋, 充此停退之額, 一粒之停, 不及於
民戶. 嗚呼, 其冤矣! 吾君者, 父母也; 吾民者, 子女也. 父母哀其子女, 有此停
退之令, 於其兩間, 有物橫梗, 阻此乳哺之恩, 豈不哀哉? ○ 停退之法, 必分數
等, 一等無停【稍實邑】, 二等小停【之次邑, 停四分一.】, 三等加停【尤甚邑, 停三分一.】,
四等半停.【最尤甚者, 停其半.】老吏打算, 預知本縣之停, 當入何等, 吏販·吏逋,
配此以待之也. ○ 又有一等奸究, 或停退之令, 業已早下, 吏告于油牕之下
曰: "目今民力, 不至大窘, 若此令早頒, 不寠之民, 亦將拒納, 明春賑事, 將何
以措手?" 官欣然稱善, 遂匿朝令, 益施鞭扑, 大發檢督, 急如星火. 民收旣畢,
乃頒朝令, 於是以其所收, 屬之停退, 高價糶賣, 與吏分食. 厥明年春, 頒錢若
干, 以立官食之本【每租一石, 不過頒一兩.】, 吏之所食, 留俟蕩減之恩. ○ 停退之
穀, 謂之舊還, 國有大慶, 必命蕩減. 聖意以爲舊還之在民戶者, 皆白骨之所
負, 黔首之所攤, 及此歡慶之日, 特施惠恤之澤. 其至意如此, 而一粒之澤, 曾

不及於民戶, 豈不哀哉? ○停退原數之外, 吏誘其官, 詐稱未收者, 或至數千石【吏文曰未捧】, 以飾磨勘之簿, 而興販取利, 及至麥秋解困, 始以輕價立本. 此又近年之恒習也. ○稅轉者, 何也? 或以還穀轉而爲稅米, 或以稅米轉而爲還穀也. 吏抱倉欠, 三翻四轉, 冬月則爲倉逋, 春月則爲稅逋. 如病暑之人, 夏月則爲病暑, 冬月則爲癖冷, 循環無端, 其本一祟也. 還逋旣督, 無路辦出, 吏乃出村, 以求防結, 以求抽結【束無亡也. 見稅法.】, 或錢或穀, 醫得眼瘡, 及春事發, 又求還米, 春而精之, 以納稅米. 一轉則百石爲二百, 再轉則二百爲三百, 遂爲漏痔, 終古不完. 官明則九旅蕩産, 官昏則國穀虛留, 此一弊也. ○又或縣吏, 要媚營邸【營主人】, 其進上價米之應以還米會減者, 乃以稅米除給, 則一石之縮, 又爲一石. 何也? 還米極粗, 稅米極精; 還米斛小, 稅米斛大, 其耗縮如是也. 及冬開倉, 乃此縮米攤徵民戶, 此一弊也. 又或兵營·水營, 其進上價米, 原以還米會減, 營以其威, 取用稅米, 令以還米充此稅額, 則所欠一石, 攤徵民戶. 所用者六百石, 則三百石民又白納矣.【此康津之弊】若於倉中, 本無還米, 卽以還租充此稅米, 則還租一石, 僅得米二斗【和穢故】, 須得租七八石, 乃納稅一石. 若於倉中, 又無還租, 卽以還麥充此稅米, 則須斥麥十二石, 乃納稅一石【麥價輕】, 乃以還麥, 飜作還租, 其縮益多. 畢竟稅米一石, 轉而爲還米二十石者, 滔滔是矣. 凡此所轉, 皆攤徵於民戶, 民其堪之乎? ○又凡民庫之米, 多與稅米同徵, 若於流亡絶戶之村, 或有未收, 卽此民庫之米, 必轉而爲還米, 三翻四轉, 則民庫米一石, 畢竟爲還米二十餘石. 可哀者民, 何以堪之?【此海南之弊】稅轉之弊, 有如是矣. ○徭合者, 何也? 民庫雜徭, 咸以粟徵. 結還之邑, 每結幾斗【以田結頒者, 謂之結還, 每結四五斗, 多者七八斗.】; 統還之邑, 每戶幾斗【以戶總頒者, 謂之統還】, 或隨用而隨徵, 或混出於還上. 其與還上混出者, 卽有色落【色者, 看色也. 落者, 落庭也.】, 亦有打苫【斗量之餘者】, 斯已濫矣, 乃其所以爲生民之巨瘼者. 倉庫之內, 只有公穀, 則其出納·收放, 皆關由營門, 不與官議, 難以翻弄. 若徭租·吏租, 混入其中, 則憑依爲藪. 抽擢惟意, 隨時貴賤, 變幻販賣, 一石鮑魚, 以亂其臭. 如田稅之中, 或宮結混入【卽無土免稅】, 或徭米混入, 則養戶·防納者, 憑依爲藪, 侵蝕無厭也. 或稱民庫用急, 請貸公穀, 幸而庫門一開, 糶出唯意. 或値逋欠現露, 不給農糧, 每云: "民庫有貸, 充報不難."
遂以公倉認爲私庫. 徭合者, 吏奸之大藪也. 故曰: "凡民庫收斂, 悉宜以錢,
不宜以穀也."

私混者, 何也? 南方有所謂考給租, 或稱里考租, 或稱回貸租, 或稱回頭租,
或以粟斂, 或以錢斂, 或以結斂, 或以戶斂, 或貴賤通徵, 或豪戶免徵【俗謂之班
戶】, 或多或少, 或有或無【亦有一二邑, 無此例者】, 或以求乞爲名, 或與還上混出.
此蓋四十年來剙有之事, 或云三南通行, 或云湖南獨甚. 其始也, 書員出鄕【面
書員出面】, 潛行小民之聚, 求乞無名之物, 小民牽於顏情, 又恐此吏旣執田權,
且知鄕事【詳知面內事】, 其慾不充, 必有陰害. 於是, 或給斗粟, 或給些錢. 秦求
無厭, 歲增其率, 如登高者, 旣攀而不捨, 必其勢有進而無退. 數年以來, 粟已
至四斗, 錢已至五錢, 不知前頭更高幾層. 本縣田總六千結, 結收租四斗, 則
一千六百石也. 一千六百石, 其數雖少, 混入還上之中, 卽爲逋逃之藪. 一石
鮑魚, 以亂其臭, 則數萬石公家之穀, 盡爲此物所濁. 或先期而預下, 或稱貸
而不報, 或執錢過實【收糧以錢曰執錢】, 以此物而充之【補其欠】; 或開庫無名, 以
此物而憑之. 其本則諸鄕書員之物, 而去來與授, 互相推移, 七藤八葛, 東振
西觸, 首吏·都吏·倉吏·庫吏, 閑散之吏, 無一人不相牽摯. 或變而爲還麥, 或
變而爲稅米, 筆雲墨雨, 朝渝暮洩, 而咸以考給租爲大藪. 縣監李某, 還上開
倉之日, 欲於掌記査拔此物, 勿與混徵, 乃群吏八十餘人, 合謀興騷, 百般沮
遏, 事竟不行. 余甚怪之, 問其委折, 乃曰: "此物, 若與還上分而二之, 卽一城
之內, 無一人免於逋欠[39], 如魍魎失林, 如傀儡去帷, 故其騷如是也." 民之所
言者, 惟色落·打苫之加入而已, 不料其關係, 如是也. 大抵公穀·私穀, 不可
相混, 其多少利病, 不必問也.【數十年前, 有御史, 論考給租非法, 奏請嚴禁, 僅停一年, 又
復如前.】○西路亦有私混之弊. 或自學宮私備還穀, 或自武廳私備餉米, 混於
還上, 取其耗穀. 其弊未甚, 今姑略之. ○債勒者, 何也? 牧愚旣甚, 吏橫至極,
還上一事, 遂爲亂雜無法之物. 邸債【京主人】·藥債【官藥局】·吏債·奴債, 一有

---

39 欠: 新朝本에는 '穴'로 되어 있음.

所負, 竝與還上混出, 其名則曰: '邸吏·藥翁·彼吏·此奴, 皆負倉逋, 斯以還上出秩也.' 其實不然. 凡有私債之可收者, 先與吏議, 開庫出穀, 逐利興販, 食其贏羨. 及至十月, 又於私債, 計其月利【一兩錢, 每月其利十錢】, 以其時直折之爲糴, 混出於還上也. 旣盜國穀, 先食其利, 又計子錢, 疊受其息, 不已貪乎? 凡負債而未報者, 無論邑民·村民, 皆貧者也. 一粒之粟, 未嘗受之於公倉, 而冬之所納, 皆出意慮之外, 剝膚椎髓, 憑於國穀, 國之爲國, 不亦難乎?

右所列十有二條, 皆年年應行之例, 其有一粒之粟, 分給民間者乎? 或以立本之錢三五十葉, 號曰分給, 而本村之結錢·軍錢·徭錢·稅錢【魚鹽稅】, 以此除留, 其實一葉之錢, 亦未嘗分給也. 余家茶山, 俯臨倉路, 于今十年, 未嘗見有一箇村氓負苦而過者也. 一粒之粟, 未嘗受來, 而及至冬月, 戶出穀五六七石, 輸之官倉, 猶復名之曰還上, 不亦羞乎? 夫還也者, 回也報也. 不往則無回, 不施則無報. 何謂還乎? 今有白上, 無還上也.

弊至如此, 非牧之所能救也. 惟其出納之數, 分留之實, 牧能認明, 則吏橫未甚矣.

穀簿規式, 散亂破碎, 千枝萬葉, 雖老於吏者, 未易分曉, 須有團束簡便之法, 乃可以領其大綱. 穀名雖多, 一縣所儲, 不過五六也; 衙門雖多, 句管所屬, 不過四五也. 耗法雖亂, 區別苟明, 其數可知也; 分留雖亂, 條列苟詳, 其實可執也. 比之田總, 猶是光顯之物, 硏精會神, 自可瞭然, 不宜自暴自棄, 遂以漫不省爲心也.

時行磨勘成冊規式.

戶曹句管【唯取己巳冬, 康津縣常賑租一條, 著其式.】

常賑租, 四千九百五十八石九斗四升三合.

移轉, 五百七十石, 曾已濟州入送.

甲寅舊還, 一千三百二十六石十三斗六升內,

四百二十八石四斗六升九合, 因朝令蕩減.

在八百九十八石八斗九升一合.

戊辰停退, 七百四十四石十一斗五升.

頉下, 四石十二斗五升, 失火人·申哲億等, 恤典.

還分, 一千一百五十八石七斗二升.

停退, 三百五十石.

未捧, 二百五十八石七斗二升.

捧上, 五百五十石.

四耗, 四十四石.

仍留, 一千一百五十三石九斗六升三合.

合, 四千五百七十四石四斗七升四合.

【移轉, 五百七十石.

時時甲寅舊還, 八百九十八石八斗九升一合.

戊辰停退, 七百四十四石十一斗五升.

頉下, 四石十二斗五升.

停退, 三百五十石.

未捧, 二百五十八石七斗二升.】

留庫, 一千七百四十七石九斗六升三合內,

一千四百十九石【二斗五升九合九⁴⁰勺】元會付加下及已上下.

實留庫, 三百二十八石七斗三合一勺.

觀此規式, 豈不散亂破碎, 未易分曉乎? 若於第十行之末, 先記其雜下總數, 然後今秋實入, 及今春仍留之數, 記于其下, 則文不重複, 豈不易知乎? 議於監司, 改定規式則大善, 不然別修一冊, 以便吾覽, 如左.

今改定磨勘成冊規式.

常賑租, 四千九百五十八石九斗四升三合.

甲寅舊還, 一千三百二十六石十三斗六升內,

四百二十八石四斗六升九合, 因朝令蕩減.【永減】

---

40 九: 新朝本에는 '五'로 되어 있음.

在八百九十八石八斗九升一合.

戊辰停退, 七百四十四石十一斗五升.

濟州移轉, 五百七十石.【今春, 輸送.】

失火人恤典, 四石十二斗五升.【永減】

　已上永減, 四百三十三石二斗一升九合.

　　雜頉, 二千二百十三石五斗四升一合.

今年還分, 一千一百五十八石七斗二升內,

　停退, 三百五十石,

　未收, 二百五十八石七斗二升.

　合頉, 六百八石七斗二升.

今年收入, 五百五十石.

　新耗, 四十四石.【五分四會錄】

今春仍留, 一千一百五十三石九斗六升三合.【留庫中, 失火 人恤典減下, 故其數止此, 不能爲半留.】

　合留庫, 一千七百四十七石九斗六升三合內,

　一千四百十九石.【二斗五升九合九勺】元會付加下, 及已上下.

實留庫, 三百二十八石七斗三合一勺.

觀此規式, 豈不明皦而易知乎? 所謂頉下之中, 有永減者, 有姑虛者, 無所分別, 可乎? 舊還之未蕩減者, 姑虛也; 上年之停退者, 姑虛也, 未收者, 姑虛也. 移轉之穀, 亦有還移之時, 則姑虛也. 宜於諸條之下, 或注永減, 或注姑虛, 乃易辨也. ○其云元會付加下者, 亦須於磨勘冊中, 先著實數, 乃書還報, 今無文, 可知姑闕之. ○凡諸衙門諸色穀, 其修磨勘之簿, 皆當如此, 今不具論.

每四季磨勘之還, 其回草成帖者, 詳認事理, 不可委之於吏手.

凡上司磨勘者, 是本縣該守之實數. 已頒者幾石, 仍留者幾石, 將收者幾石, 知此實數, 嚴嚴典守, 則吏奸自不得恣肆矣. ○營吏作奸, 其竇益廣. 每見牟

還開倉, 及秋還開倉之日[41], 列邑小吏, 齎錢數百兩赴營, 以至廉之價, 買取還穀而回, 遂執外村該納之穀, 貯在村家, 待時糶賣, 或至四五百石. 年年爲例, 此乃監司之所宜察, 非牧之罪也. 隱結歲增者, 營吏賣之也【陳田還起者, 營吏受賂於縣吏, 許頉於槪狀】; 穀簿日紊者, 營吏賣之也. 按道之臣, 方且以持大體三字, 爲居官之要訣, 噫! 且柰何? ○金東儉屢爲戶房裨將, 能知穀簿奸僞, 營吏·縣吏, 不敢爲欺罔之謀. 吏屬爲之諺曰: "寧逢大歉, 毋遇東儉." 凡爲監司[42]者[43], 宜求如此之人, 以置幕中也.

吏屬厥有秘訣, 若相盟詛者, 曰'困而得之'四字. 困而得之者, 何也? 結役煩重, 而歲增其率, 以困應稅之民, 則民不堪困, 乃以高價防結, 此一擧而兩得也.【既食於徭賦, 又食於防納】還穀粗惡, 而又竊其實【和穅而分石】, 以困受還之民, 則民不堪困, 乃以白給輸糧【半白法見上】, 此一擧而兩得也.【既食於分石, 又食於半白】民者, 國之本也; 吏者, 民之蝕也. 焦灼此下民, 剝割此下民, 使斯民如蚓在灰, 如鰌在沙. 既困既阨, 使自來乞, 乃言曰: "民皆樂從." 即所謂困而得之也. 爲民牧者, 盍亦深念?

凶年停退之澤, 宜均布萬民, 不可使逋吏專受也.

歲事大饑, 本縣又入下等【尤甚最尤甚】, 明知今冬必有停退之令, 牧宜先期默運, 以圖惠民. ○諸鄕諸里之中, 其被災尤甚者, 牧所知也. 秋分之日, 牧廣諭諸鄕, 令抄出一鄕之中, 貧窮迫死, 無以納糧者, 別爲成冊. ○假如本縣應入四分一停退, 而其春頒之穀, 恰爲萬石, 則二千五百石, 必在停退中矣. 於是, 諸鄕貧窮之戶, 該納之穀, 抄取二千五百石, 條列成冊, 以待朝令. ○十月開倉之初, 以此成冊, 頒于諸里, 諭之曰: "本里貧窮戶, 該納還穀二十石【假令也】, 其中十石, 僥倖或入於停退之中, 以此冀望, 其中十石, 斯速辦備, 留之里中, 以待官令." 朝令既到, 即日俵停, 如俵災之法, 官吏所逋, 雖一石不可停

---

41 日: 新朝本에는 '月'로 되어 있음.
42 監司: 新朝本에는 '司監'으로 되어 있음.
43 者: 新朝本에는 이 뒤에 '者'가 있음.

也. ○俵停成冊, 宜作三件, 一備官覽, 一備吏考, 其一頒于本村, 日後或有蕩減之令, 以妓憑考.

厥明年, 歲事稍登, 停退之穀, 竝行追徵, 則民之苦毒, 甚於凶年, 所謂生不如死, 豐不如凶也. 牧遇此年, 宜柔婉爲政, 如大病之餘, 調護元氣, 方可曰良牧也.

張居正請蠲積逋疏曰: "所謂帶徵者, 將累年拕欠搭配分數, 與見年錢糧, 一倂催徵也. 夫百姓一年所入, 僅足供當年之數, 不幸遇荒, 父母凍餓, 妻子流離. 見年錢糧, 尙不能辦, 豈復有餘力, 完累歲之積逋哉?"

梅摯通判蘇州, 初二浙饑, 官貸種食而已. 督償之甚急, 摯上言: "賑民所以爲惠也, 反撓民不便." 因下其奏, 諸州悉得緩期償之.

第三條 穀簿 下[44]

若夫團束簡便之規, 惟有經緯表一法. 眉列掌示, 瞭然可察.

句管各殊, 分留之法各殊, 新耗會錄之法各殊, 斯不可不臚也. 諸色之穀, 分隷諸衙, 畢竟米總之爲幾石, 粟總之爲幾石, 無文可知, 不亦疏乎? 今作經緯表, 橫看則可得諸色穀之總數【米幾石, 租幾石.】, 竪看則可定諸衙穀之分留. 雖其間出入萬變, 增減屢改, 而按此爲式, 稍增其格, 皆作經緯表比觀, 則於倉庫收發之日, 其分留實數, 瞭然可見, 斯良法也. 今試爲表如左.

總數表	米	租	大豆	皮牟	句管	分留	耗錄
軍資倉	一石 五斗				戶曹	留而不分	十分九會錄

---

44 下: 新朝本에는 빠져 있음.

船儲置	四百六石十斗				戶曹	三分一留庫	十分九會錄
常賑穀	五百九十八石三斗	四千九百五十八石九斗	三十六石二斗	二千五百八十石七斗	戶曹	半留半分	五分四會錄
守城倉	四百三十六石三斗	五百八石七斗			備局	半留半分	全錄
別檢穀	五石八斗	三百七十三石三斗		二百五十八石九斗	備局	三分二留庫	全錄
華城穀	五百七十石十四斗				備局	盡分	全錄
軍作米	五十二石六斗				備局	半留半分	全錄
僧番代	二百九十三石五斗				備局	盡分	當年僧番給代
休番軍	二石十二斗	六百九十七石六斗	一石十斗九升		備局	半留半分	全錄
私備穀	一石八斗	二千四百二十七石七斗	六十五石三斗	一千三百六十二石十二斗	備局	半留半分	全錄
京賑廳	八斗				備局	半留半分	全錄
軍移作	一千七百六十一石四斗				備局	半留半分	全錄
會錄穀	八百十五石十四斗	四十石		二十五石	均廳	盡分	全錄
補還穀	一百九十四石四斗				均廳	盡分	全錄
巡檢穀	二百七十三石十三斗	一千五十六石十一斗	三石一斗	五百六十石八斗	巡營	盡分	全錄
補民庫		三千二百九十石九斗			巡營	盡分	全錄
羅里舖		五百三十七石一斗			巡營	盡分	全錄

	米	租	菽	麥			
軍需庫		十九石四斗			巡營	盡分	全錄
補軍庫	三石	九石八斗	二石十一斗		巡營	盡分	全錄
均役庫	八十五石六斗	一百八十八石十斗	九石九斗	九十五石十一斗	巡營	盡分	全錄
營庫米	三石三斗				巡營	盡分	全錄
營賑穀	一百十六石九斗	五百五十四石二斗	五石十斗	二百五十八石六斗	巡營	盡分	全錄
統會付	一百九十一石四斗	三十四石三斗			統營	半留半分	全錄
統會外	十一石十二斗	一百十三石七斗	六斗		統營	盡分	全錄
已上	已上五千七百六十石十斗	已上一萬四千八百八石一二斗	已上一百二十四石十一斗	已上五千一百三十九石八斗			

右表, 唯擧米租菽麥四穀, 以見其例. 若本縣諸穀, 或至七八九種者, 宜增緯格, 備錄其名.

『備局要覽』云: "京衙門穀, 謂[45]之元會, 半留半分, 諸道營門穀, 謂之[46]別會, 盡分." ○分留之法, 本雖如此, 表中所列, 已多出入. 近年法壞, 諸衙諸色之穀, 無不盡分, 亦有說也. 假如常賑租本總, 四千九百五十八石【見上篇】, 而法本半留, 則該留庫二千四百七十九石也. 然而舊還也, 停退也, 移轉也, 恤典也, 加下也, 其諸般減下者, 厥數夥然, 實留庫不過三百二十八石【見上篇】以其本總執其半留, 則厥數不足, 所謂無麪之飥飥. 乃此實留庫, 三百二十八石, 長留庫中, 分給無期, 將成塵土, 豈有是乎? 舊例就實留之中, 半留半分, 近例實留之穀, 僅爲本總之半, 或未滿本總之半, 則上司使之盡分, 勢所然也. 但於備荒備兵之義, 疏虛甚矣. 一縣之令, 將若之何?

---

45 謂: 新朝本에는 '爲'로 되어 있음.
46 之: 新朝本에는 이 뒤에 '爲'가 있음.

『續大典』曰: "秋成而斂, 取耗什一. 戶曹穀, 每石耗一斗五升內, 戶曹會錄一升五合, 而元會付三千石以上邑, 每石耗常平會錄三升五合, 六千石以上, 六升, 萬石以上, 八升五合, 餘給本官. 未滿三千石以下, 只錄本曹. 兩西則全數管餉會錄. ○常平賑恤廳會付穀, 會錄十五分之十二, 平安道全數會錄. ○備荒穀, 全耗會錄." ○『備局要覽』曰: "仁祖丙子兵退之後, 令常平耗, 三分二會錄." ○案 法雖如此, 近例唯常賑穀, 五分四會錄, 其餘戶曹之穀, 十分九會錄, 除此以外, 皆全耗會錄, 無異例也.

『國朝寶鑑』: "明宗九年, 戶曹啓曰: '耗穀, 守令不得擅用, 而會錄別倉, 其充十一之數者, 以次論賞.' 尹漑奏言: '守令用度, 只在耗穀, 而使不得用, 則其勢必至於巧作名目, 重其科斂也.' 上命寢前議." ○案 此時, 還上之法新立, 其耗穀, 守令皆用之. 其後十分一, 戶曹會錄, 漸次增加, 今則五分四會錄. ○又凡停退之法, 京司句管, 則凶年有停退, 巡營句管, 統營句管, 雖大凶之年, 本無停退. 蓋以監司·統使, 乃一時之官, 遞去之後, 卽停退者難追, 故及此在官之日, 椎剝收之, 以用其耗穀也. 若然, 唯其耗條, 急先收用, 而其本穀與京司之穀, 一體停退, 不亦可乎? 斯皆不公之法, 未可曉也. ○巡營句管, 唯羅里鋪之穀有停退.

軍資穀者, 國初, 年分九等, 以收田稅, 其稅多者, 停留本邑, 名曰軍資. 端宗二年, 以此賑饑, 其後轉而爲還上. ○船儲置者, 壬辰倭寇之後, 多置戰船兵船, 遂設此米, 以爲改船之資. ○常賑穀者, 世祖四年, 賑恤使韓明澮, 奏設常平倉, 其後轉而爲還上. 賑恤廳自國初有之, 至英宗庚寅, 宣惠提調鄭弘淳, 奏而合之, 名之曰常賑穀. ○別檢穀者, 英宗丙寅, 以完營別備錢貿穀, 而全羅監司曾爲檢察使, 故名曰別檢穀. ○軍作米者, 正宗初年, 以戶兵曹應納麻·棉布, 販米於三南, 以備饑荒, 名之曰軍作米. ○僧番代者, 正宗乙巳, 以常賑租二萬石, 限五年加分取耗, 以代義僧番錢之半.【十八兩減其半】○休番穀者, 正宗甲辰, 以左右水營休番錢, 移劃販米, 以補將士之支放者也. ○私備穀者, 英宗乙卯, 令閫帥守令, 每年自備穀, 會錄報司, 以備賑資者也. ○會錄穀者, 英宗壬申, 設均役廳, 令八道各以穀布會錄, 以備凶年之用, 全羅道租五百石, 慶尙道租四千石, 忠淸道租七百石, 逐年會錄, 遂爲還上. ○補還穀者, 正宗甲辰, 以均役廳結錢, 海稅之等, 販穀補賑, 以其餘爲還上. ○羅里鋪者, 肅宗庚子, 設倉於公州·燕岐之界, 置船販穀, 景宗壬寅, 移設於羅州, 英宗初年, 移設於臨陂, 所以救濟州也. 駿帽·網巾·竹帽簷·海帶·香蕈·全鰒之等, 自濟州來, 亦自本鋪發賣. ○營賑穀者, 仁祖丙寅, 以賑廳穀, 移付常平廳, 取其贏餘, 販穀補賑, 名之曰營賑. ○其餘瑣小, 竝詳倉廩之制, 今姑略之.

其不入於表列者, 略擧一二. ○交濟穀者, 其在北道者曰元山倉, 其在嶺南者曰浦項倉. 肅宗朝, 以北道內奴貢布販穀, 儲置諸邑, 每年收放, 英宗丁巳, 移置元山, 命監司徐宗玉經紀, 英宗壬子, 慶尙監司趙顯命奏, 設浦項倉, 以備北道之移轉. 交濟者, 南北交濟也. ○濟民穀者, 英宗癸未, 左議政洪鳳漢奏設之, 嶺南置一倉【在泗川】, 湖南置二倉【在順天·羅州】, 湖西置一倉.【在庇仁】各儲穀三萬石【泗川則六萬石】, 所以備荒也. ○蒜山倉者, 英宗甲子, 領議政金在魯奏設之, 每年冬, 貸米於鹽戶, 明年徵鹽.【米一石徵鹽二石】○湖西元山倉者, 顯宗壬子, 水使朴璜設倉, 肅宗丙申, 水使元彭祖, 以安眠島穀劃付, 英宗辛酉, 水使鄭壽松請, 京賑米加付. ○右所錄, 皆備荒之穀也. 又如軍餉·勑需, 所在堆疊, 不可勝數, 其設置源委, 竝詳倉廩之制, 非此書之所急, 今姑略之.

柳公雲龍【號謙菴】爲仁同縣監, 其爲治, 先立科條, 自土田·民戶·稅貢·徭役, 以及耀糶出入, 皆畫紙爲式, 爬櫛經緯, 秋毫不遺, 務在均一. 頒布行之, 其初或疑其擾, 數年後, 一境稱便. 觀察使欲推行其法於他邑, 使公任其事, 幾就緒, 會觀察使遞去, 諸邑守多不便者, 事遂寢, 識者恨之. ○案 此卽經緯表也.

頒糧之日, 其應分應留, 査驗宜精, 須作經緯表, 瞭然可察.

牧苟綜明, 其分留實數, 不敢欺也. 邑有月報, 營有回草, 分留成冊, 自有公案, 不可欺也. 然我之頒糧, 宜用簡便之法【見下文】, 其巡分而報營者, 不可準

也. 須作分留表, 以查其一年總數, 乃可以沛然行之. 今試爲表如左.[47]

分留表	甲寅舊還蕩減之餘	己巳舊還	上年仍留	上年用下	上年還收	上年新耗	合留庫	今春應分	今年應留
常賑米	一百六十石七斗		十六石六斗	曳木糧用盡	十六石六斗	一石四斗九升二合○五分四	十七石十斗九升二合	八石十二斗九升六合	半留
常賑租	八百九十八石八斗	三百五十石	一千三百三十五石二斗	三百石移轉于濟州	一千五百三十五石二斗	一百二十二石十二斗二升四合	二千八百九十三石一斗二升四合	一千四百四十六石八斗一升二合	半留
船儲米		一百五十石	七十石十二斗		一百四十一石九斗	十二石十一斗一升六合○十分九	二百二十五石二斗一升六合	一百五十石一斗四升四合	七十五石七升二合
守城米		二百石	一石二斗		一石二斗	一斗七升	二石五斗七升	一石二斗八升五合	半留
守城租			二百四石十一斗		二百四石十一斗	二十石七斗一升	四百二十九石十四斗一升	四百十四石十四斗五升五合	半留
別檢租		五十八石九斗	四百五十石十四斗		二百二十五石七斗	二十二石八斗二	六百九十八石十四斗二升	二百三十二石十四斗七升三合	
休番租		一百石	二百四十五石二斗		二百四十五石二斗	二十四石七斗七升	五百十四石十一斗七升	二百五十七石五斗八升五	半留
大豆			二石六斗		二石六斗	三斗六升	五石六升	二石七斗八升	半留
私備租		一千石	九十三石十一斗		九十三石十一斗	九石五斗六升	一百九十六石十二斗六升	九十八石六斗三十	半留

47 牧苟綜明…如左: 新朝本에는 이 目이 綱과 이어져 있음.

私備大豆		二十八石四斗	三十二石七斗		三十二石七斗	三石三斗七升	六十八石二斗七升	三十四石一斗三升五合	半留
軍移米	五十七石二斗	六百十五石二斗	三百石四斗	二百三十石移爲儲置	三百石四斗	三十石四升	四百石八斗四升	二百石四斗二升	半留
補還米		六十石			二石	三斗	二石三斗	盡分	
羅舖租	三百十七石五斗				二十石	二石	二十二石	盡分	
營賑米	凡巡營穀無停退		春夏流分	一石飢民粥米	四十八石十三斗	四石十三斗三升	五十三石十一斗三升	盡分	
統會米	凡統穀無停退		八十石九斗	二十石濟州奴婢身貢代	八十石九斗	八石九升	一百四十九石三斗九升	七十四石九斗四升五合	半留

　右表第四格, 卽上年所留之實數也. 上年者, 丁丑也, 丁丑之秋九月晦日, 牧出坐于倉, 盡出庫中之穀, 按表點閱, 須用兌管看色【法見前】, 菽麥乃辨, 鹿馬無罔也. 諸色之穀, 各爲一堆, 數閱旣畢, 其有破損者, 咸令補完. ○乃召倉吏, 淨掃穢雜, 無有一物更留庫中, 乃召首鄕·首吏, 使入庫中, 看審隅曲, 果無一物.【守令位[48]卑者, 雖親入庫, 可也.】 ○若其苫數, 或有欠闕, 卽係逋欠, 查其根脈, 不日補完. ○若其苫數, 或有濫溢, 卽係倉吏料理興販之物. 召倉吏, 諭之曰: "公倉至嚴, 非汝私庫, 汝敢以私穀蓄之乎? 濫溢之罪, 甚於逋欠, 吾姑宥之, 亟宜搬運, 出諸倉門之外." ○於是, 乃以舊穀, 別貯一庫【其數不多故】, 勿

與新穀相混, 嚴其扃鐍, 以待分給.

十月之初, 指日開倉, 乃將右表, 查得今年應收之數, 流來停退條幾石, 去年未收條幾石【吏文云未捧】, 今春分給條幾石, 今年耗條幾石, 乃又通計合算, 但以穀名彙分, 查得今年應入之數, 米幾石, 租幾石, 大豆幾石, 小豆幾石, 小米[49]幾石, 蜀黍幾石【吏文云皮唐】, 書于版上, 以之收入. ○收糧旣畢, 乃封庫.

今年之春, 將頒糧, 乃將右表, 查得應分之數, 亦以穀名彙分, 曰米幾石, 租幾石, 大豆幾石, 小豆幾石, 小米幾石, 稗子幾石【吏文, 誤以稗子爲稷. 稷者, 小米之粟也. 方言謂之穄】, 乃執戶籍總數, 以諸穀配之, 某鄉米幾石, 某鄉租幾石. 須有經緯表, 其率瞭然. 試爲表如左.

頒糧表	米	租	大豆	小豆	小米	蜀黍
應分	一千六百四十二石十斗	五千四百五十石	二千八百二十石	六百四十六石	四百八十石	六十四石
邑內防 七百二十戶	二百六十八石十二斗	八百九十石十三斗二升	四百六十一石四斗二升	一百五十九石九斗	七十八石十斗八升	十九石十斗二升
東始鄉 四百二十戶	一百五十六石十二斗	五百十九石十斗二升	二百六十九石一斗二升	六十一石九斗	四十五石十三斗八升	十一石七斗二升
東終鄉 四百五十四戶	一百六十九石七斗四升	五百六十一石十一斗二升四合	二百九十七石十二斗九升四合	六十六石八斗八升	四十九石九斗五升六合	
西始鄉 四百六十戶	一百七十一石十一斗	五百六十九石二斗六升	二百九十四石十斗六升	六十七石七斗	五十一石四斗四升	十二石八斗六升
西鄉終 三百八十二戶	一百四十二石九斗二升	四百[50]七十二石九斗九升二合	二百四十四石十一斗二合	五十六石四升	四十一石十一斗四升八合	
南始鄉 四百二十一戶	一百五十七石二斗六升	五百二十六石十三斗七升六合	二百六十九石十八斗一升一合	六十一石十一斗二升	四十六石四斗四合	十一石七斗六升一合
南終鄉 四百二十戶	一百五十石一斗二升	四百九十七石六斗一升二合	二百五十七石八斗二升二合	五十八石十四斗四升	四十三石十四斗二升八合	

---

49 米: 新朝本에는 '豆'로 되어 있음.

北始鄉 三百十八戶	一百一十八石 十斗八升	三百九十三石 七斗八合	二百三石十斗 九升八合	四十六石九 斗六升	三十四石 十一斗 五升二合	八石十斗 三升八合
北終鄉[51] 二百十一戶	七十八石十一 斗六升	二百六十一石 一一升一合	一百三十五石 二斗七升一合	三十石十四 斗二升	二十三石一 斗四合	
雲水鄉 二百二十四戶	八十三石九斗 四升	二百七十七石 二斗四升四合	一百四十三石 七斗六升四合	三十二石 十二斗八升	二十四石七 斗三升六合	
柳川鄉 二百十二戶	七十九石二斗 二升	二百六十二石 四斗七升二合	一百三十五石 十二斗 三升二合	三十一石一 斗四升	二十三石二 斗六升八合	
松山鄉 一百八十戶	六十七石三斗	二百二十二石 十斗八升	一百一十五石 四斗八升	二十六石 六斗	十九石十斗 二升	
四千四百四 戶○內五鄉 二千三百三十九 戶○外七鄉 二千六十五戶	每戶受米五斗 六升○餘四戶 不能受	每戶受租一石 三斗五升六合 ○餘十一斗七 升六合不能分	每戶受大豆九 斗六升一合○ 餘二戶不能受 ○零大豆三斗 二升二合不能 分	每戶受小豆 二斗二升○ 餘一斗二升 不能分	每戶受小米 一斗六升四合 ○餘十三 戶不能受○ 零小米一斗 四升四合不 能分	內五鄉每戶 受蜀黍四升 一合○餘一 斗一合不能 分

　右, 凡以穀配戶, 其有鉏鋙不合者. 若有餘戶, 不能受糧, 則屬之邑內, 以官吏戶除之, 或有餘穀, 不能剖分, 則屬之倉吏, 令自食而秋納之. ○蜀黍些小, 不足均覃, 只頒於近村, 爲遠者慮也. 凡穀總些小, 非民所願者, 宜用此例.

　凡還上, 善收而後, 方能善頒. 其收未善者, 又亂一年, 無救術也.

　秋分之日, 牧聚諸倉斗斛及色升·落升, 擇其大小之居中者, 以爲楷本. 其或大或小者, 竝於官庭打破, 從新改造, 使邑倉·外倉及諸公庫·官廚所用斗斛, 皆無毫髮之差.【唯稅米之斛, 不可改造.】刻押·烙印, 竝刻諸倉款識【東倉·南倉·社倉等】, 分授諸倉. ○開倉之日, 召外倉監吏, 悉聚邑倉, 以觀模楷, 一曰穀品, 二曰斛量, 三曰色落, 四曰打苫, 五曰零尺. 壹以是日所定, 爲之準則. ○凡穀

---

50 百: 新朝本에는 '白'으로 되어 있음.
51 鄕: 新朝本에는 빠져 있음.

品不必太精, 不可太粗. 若有穄秕雜物, 略略風揚而已. 凡斛量其槪至平【丁字木或有中撓者, 宜平之.】, 不宜已甚. 凡色米無過三升, 落米無過五升【或其邑例, 自古以來, 色五升, 落一斗者, 亦因之而已.】, 打苫無過一升, 倉卒之所食也.【或云不正之物, 不可定其升數, 然凡無定制者, 亂之本也.】○ 槪之所碾溢而落庭者, 勿給本民, 旣令斗量, 或爲數升, 或爲一斗, 令倉吏問其鄰戶該納之名, 交付尺文, 此之謂零尺也.【零米給本民, 則纔出倉門, 倉奴使人奪之.】○ 牧於是夕, 召諸倉監吏, 諭之曰: "今日之事, 汝等所見, 汝赴汝倉, 以此爲楷. 若穀太精, 致有民怨, 及於吾聽, 汝則有罪. 若穀太粗, 來春頒糧, 疑汝有奸, 汝則有罪.【戒和穄分石】色落·打苫, 一毫有濫, 汝則有罪. 零尺不出, 竝歸奴橐, 汝則有罪." ○ 牧將還府, 取諸穀各一苫【米一石, 租一石, 豆一石, 粟一石.】, 輸于政堂, 預於樓上庫【府中必有之】, 多作油灰, 密防鼠穴, 藏此穀苫. 乃召倉吏·倉監, 諭之曰: "我藏此穀, 欲知耗縮. 明春頒糧之日, 先量此穀, 若縮五升, 諸倉之穀, 亦恕五升, 若縮一斗, 諸倉之穀, 亦恕一斗, 若縮二斗, 亦恕二斗, 汝其知之. 諸倉之穀, 其縮獨多, 吾不恕之, 雖升龠有差, 必當追徵, 汝其愼之. 仍以民苞, 謹藏庫中." ○ 又諭之曰: "倉中之粟, 其有鼠破, 不過數苫, 均分諸村, 俾均其害.【若鼠破者, 十二苫, 則十二鄕各分一苫.】餘有缺欠, 汝則補之." ○ 今郡縣庫中, 或得古甓, 古人務實, 倉中多鋪甓以防鼠. 今人之所宜法也.

其無外倉者, 牧宜五日一出, 親受之. 如有外倉, 唯開倉之日, 親定厥式.

牧民之道, 均一字而已. 每見縣令, 偏察邑倉, 不問外倉, 見牛而忘羊, 捉雞而放鴨, 其不均甚矣. 苟未均惠, 寧使均苦, 何獨邑倉是察乎? ○ 其無外倉者, 牧每於城中, 開市之日, 一出倉廳, 五日五日【市本然】躬自受之【其間四日, 令座首受之】及夫至月旬後, 封庫日急, 則三日一出, 以督其納. ○ 其有外倉者, 內倉·外倉, 竝勿親受, 唯別蹊廉訪, 如以目覩, 某倉穀品太精, 斛量太濫; 某倉色落太高, 零尺不行, 某日民訕, 受笞於倉監; 某日民出, 受批於倉奴, 畫出光景, 責罰剛明, 則雖不親受, 而民頌載路矣.

凡還上者, 雖不親受, 必當親頒, 一升半侖, 不宜使鄉丞代頒. 巡分之法, 不必拘也.

其有外倉者, 雖欲親受, 不可得也. 且我所察, 在於終竟, 則吏奸莫售; 止於始初, 則前功可惜, 頒不可不親也. 雖外倉五六, 散在四境, 頒不可不親也. ○十月開倉之日, 預以必親頒三字, 申諭倉吏, 俾勿犯分石和穈之罪.

巡分者, 天下之弊法也. 說者曰: "愚民計短, 一飽便罄, 農不計糧, 官爲之節用." 噫嘻! 此何說也? 父母析其子女, 令各治産, 而復爲之說曰: "吾兒迂於産, 吾婦闊於用." 朝給朝糧, 夕給夕糧, 子婦其安之乎? 父母之所不能施之於子女者, 而官欲施之於民, 可謂失之太厚矣. 且唯還上之法, 將以繼民糧乎? 抑將取耗而用之乎? 民之不以爲繼民糧[52]也, 久矣. 雖爲之節用, 民其加悅乎? 民之所惜者, 日也. 方春夏力作, 寸陰片刻, 貴如珠玉, 二石之穀, 分爲八巡, 則失八日矣, 利民乎? 害民乎? 飢而買餅餌, 渴而買酒瓜矣, 囊本無錢, 損其糧矣, 斗斗而量[53]之, 零落多矣; 巡巡而乞之, 費用頻矣. 故巡分則吏奴之肥, 酒家之幸, 而民益削矣. 民之受之, 而濫而絕糧者, 嗇而繼糧者, 聽之而已. ○趙南星「社倉議」云: "里父有五子焉, 皆壯有室, 分之田而別居矣. 父慮其子之奢而貧也, 每歲取其粟少許而藏之, 匱則予之. 其鄰之君子曰: '過矣! 慮其奢, 何不示之儉, 而爲子之宰?' 其鄰之小人曰: '拙矣! 藏穀者升則升耳, 斗則斗耳, 何不令五子者, 自貨于人而取其息乎?' 夫父之愛子, 若此其甚也, 而君子小人, 皆謂必不行, 而長民者行之, 是愛民甚于愛子者也. 愛民如子亦足矣, 而又甚焉, 此所謂事之不近人情者也."

今年應分之數旣定, 莫如一擧而盡分. 穀少之邑, 每戶應受不過二石, 二石者, 三十斗也. 一戶之穀, 大約三四家分而食之【三四家合爲一戶】, 家出一夫, 可運此穀. 留其老弱婦女, 以看其家, 餘皆竭作, 何患其難運乎?

凡頒糧之法, 受者盈庭, 如聚大市, 雜塵塕埲, 衆囂喧動, 而數千苞穀物,

---

52 糧: 新朝本에는 빠져 있으나 문맥상 보충함.
53 量: 新朝本에는 '糧'으로 되어 있음.

散出一庭, 則雖劉穆坐臨, 無以察奸. 吏乘此時, 恣其所爲, 此穀簿之所以潰裂胡亂, 而終得無事者也. 大約一日所放, 不過八百石, 斯可矣. 每戶二石則四百戶也, 每鄕二百戶則一日二鄕, 抑所宜也. ○三月上旬, 牧將頒糧, 先以諸鄕計戶排日, 一日二日, 邑內坊來受, 三日四日, 東始·東終來受; 五日六日, 西始·西終來受; 七日八日, 南始·南終來受; 九日十日, 北始·北終來受. 十一日, 牧出雲水倉頒之, 二日, 赴柳川倉頒之, 三日, 赴松山倉頒之, 先期出令, 使民團束.

前期數日, 牧執頒糧表, 知諸鄕應受之數, 米爲幾石, 租爲幾石, 乃執分留表【表見上】, 又查今年應分之中, 舊米幾石, 新米幾石, 舊租幾石, 新租幾石, 別爲成冊, 執之而出. ○倉中例有額外陳腐之穀, 此係群吏年年作奸, 無暇[54]頒民, 以至是者也. 去年冬開倉之前, 果能淸掃庫中, 唯留公穀則已【今已四五朔, 其間變化, 亦不可知.】, 旣不能然, 則新舊之辨, 此日宜嚴. 苟不明辨, 奸吏以其塵土, 換收新穀, 而民之怨聲, 嗸嗸然載路矣. ○舊穀之數, 考上年歲末磨勘成冊, 其所云仍留幾石者, 卽舊穀之實數, 此外更安有舊穀乎? 此數之外, 雖一升半龠, 名曰舊穀者, 宜黜諸倉門之外, 不可混頒. ○舊穀出庫之時, 用兌管【法見上】, 新穀出庫之時, 亦用兌管. 及其出庭, 各爲一堆. ○凡庭中堆穀之法, 宜作橫列【坐於堂上者, 可以計苫.】, 不可作豎列.【坐於堂上者, 不可計苫.】旣堆, 令侍奴計苫, 每十苫, 揷一小旗.【如串肉紙旗】牧坐堂計旗, 可知苫數. ○計苫旣訖, 令村民應受者, 揀破苫【有穴者】·餲苫【不飽滿之苫】, 改量之, 其明屬鼠破者, 諭民領受【大約二百石, 鼠破者, 容有一苫, 不可多也.】; 其無故餲陷者, 飭吏補給.【曲在吏】○乃取完苫, 抽椎[55]斛量, 其縮與樓庫所藏者相等【說見上】, 或減五升, 或減一斗者, 諭民領受【理所應縮故】, 其縮過多者, 飭吏補給, 期與樓庫所藏者相等. ○苫苫不完, 明係倉吏分石, 或其穀品太粗, 明係倉吏和穆者, 盡取數百苫, 瀉于庭中, 簸而揚之, 斛而完之, 乃頒于民. 要其穀品斗數, 皆與樓庫物相等, 加

---

54 暇: 新朝本에는 '假'로 되어 있음.
55 椎: 新朝本에는 '牲'으로 되어 있음.

一分不可【吏有冤】, 減一分不可.【民有冤】 其有缺欠, 卽爲吏逋. ○該吏, 於萬民面前, 嚴刑一次. ○凡此親頒條例, 預於去冬開倉之日, 申申戒諭, 毋或妄犯. 若不先戒, 至是用刑, 則爲罔民矣.

頒糧旣訖, 乃召軍官五六人, 飭自倉門以至五里亭之外, 辟除雜人, 使道路虛曠無人. 乃令民負苫驅牛, 以出倉門. ○臨出, 戒之曰: "汝等負苫, 直至十里之外, 方可休歇. 若自倉門, 潛往邸家【面主人】, 討酒喫飯, 解苫出穀, 以酬前債【風約等出入邑中者, 皆有宿債.】, 以給前列【受糧之日, 以米數斗, 禮于邸家, 名曰前例.】, 以給煙價者【今日之所食】, 民決笞二十, 軍官決棍." ○仍飭軍官, 令押領此民, 出至十里之外, 乃還告之. ○密遣侍童之純直者, 出往邸家【某鄕之主人】, 其有一民討酒喫飯者, 飛奔來告, 卽發校卒拿致之, 邸人村民及領去軍官, 竝行決罰. ○凡此條例, 先期五六日, 布告邸家, 毋令空費酒飯, 損財犯罪.

凡欲一擧而盡頒者, 宜以此意, 先報上司.

凡便民之政, 不必拘於法例. 然俗論多拘, 不可戶說. 牧欲不遵巡分之法, 則須先至監營, 面議此事, 議若相合, 卽須論報. 若爲法例所拘, 不欲許題, 則告曰: "此事但當自下便宜擧行, 上司文報, 但當循例." 監司於此, 必許之矣. ○中國諸州判官, 亦能馳奏天子, 所以民情不阻, 王澤下究. 吾東守令, 不能專達, 其爲治益難矣.

王欽若爲亳州判官, 監會亭倉, 天久雨, 倉司以米濕, 不爲受納, 民自遠方來輸租者, 食米且盡, 不能得輸. 欽若悉命輸之倉, 請不拘年次, 先支濕米, 不至朽敗. 奏至, 太宗大喜, 手詔許之. ○案 宋時諸州判官, 亦得專達于上, 故王欽若得以奏請也. 大抵守令者, 古之諸侯, 凡有事宜, 理合奏請, 民隱無礙, 血脈流通, 此良法也. 吾東以監司爲喉院, 而壅格阻搪, 一事不許上聞, 唯三司侍從之臣, 出爲守令者, 許上疏論事, 列邑之中, 其爲武臣南行之窠者, 雖有大事, 無以自達, 良可歎也.

收糧過半, 忽有糶錢之令, 宜論理防報, 不可奉行.

凡還穀作錢, 無論利民害民, 宜令萬民分受其利害. 若收糧過半, 忽有作錢之令, 則餘戶貧窮者, 偏受其害. 又或餘戶之穀, 不足以充作錢之數, 則還給入庫之穀, 又討糶作之錢. 如是之際, 吏緣爲奸, 民實疊輸, 豈得還頒[56]? 上司苟欲作錢, 胡不早諭? 牧宜論理防報, 遂至決歸, 不可承也.

災年之代收他穀者, 別修其簿, 隨卽還本, 不可久也.

諸穀相代之法, 詳見『大典』.【倉庫條】相代者, 亂之本也, 如非萬不得已, 不得輕許. 厥明年春, 將欲頒糧, 宜查實數, 別爲一曆, 出庫之時, 另用兌管, 庶免以鹿而爲馬矣.

其有山城之穀, 爲民痼瘼者, 蠲其他徭, 以均民役.

凡山城所在, 其軍餉之穀, 皆令環山諸邑, 遣民受頒, 遠者二百里, 近者百餘里.【如谷山至大峴, 殆二百里.】民另差一夫, 到彼受穀, 仍於山下近村, 糶之作錢, 及秋又差一夫, 馱錢赴山下, 販穀以納. 負苫下山, 負苫上山, 須有民夫, 其單身遠赴者, 雇人亦難. 遂與倉吏相議【本城之主吏】, 輕價許糶, 厚價防納, 倉吏受之, 半賂城將, 半歸私橐. 倉穀陳因, 都成塵土, 在民爲病, 在國無用, 斯皆必當革之弊也. 蓋昔兵禍之餘, 深見山城之穀, 大爲陰雨之備【壬辰·丙子, 南北有兵】, 遂創是法, 歲久年深, 兵禍已遠, 此法猶存, 皆因循而爲病也. 夫大兵之作, 總有先聲, 非一朝一夕猝然夜襲也. 壬辰·丙子之難, 或前期五六年, 或前期數十年, 哃喝侵擾, 大作先聲, 然後師入我境, 未有寂寂寥寥而猷然來攻者也. 凡山城之內, 但留米二百石, 使山下諸村, 歲換新穀, 其軍餉米栗, 仍以其名, 留之於環山諸邑, 以時頒收. 若都哨有警, 寇盜有虞, 乃以其穀, 輸于山城, 寇難旣平, 又復如前, 則公私俱有賴矣. 雖南漢山城爲國晉陽, 亦當如此. 宮村置一倉【宮村卽百濟故都】, 慶安驛置一倉, 樂生村置一倉, 平時輸于此處, 有警輸于山城, 必無不及之歎. 四境無虞, 而使百姓負苫荷甀, 登降于萬仞高

---

56 頒: 新朝本에는 '領'으로 되어 있음.

峯, 非便宜之法也.

柳正源爲慈仁縣監, 邑民受大丘南倉·漆谷山城倉米, 路遠運輸甚苦. 公欲報免, 巡使以久例難變, 持不許. 公以去就固爭, 巡使遂啓聞除之.

其有一二士民, 私乞倉米, 謂之別還, 不可許也.

豪戶絶糧者, 或假託遇災, 或假稱興役.【如鑿渠築隄等】私乞倉粟, 別受數十石, 歲久不納, 轉益加受, 遂成逋欠, 名之曰儒逋. 或歲値大饑, 或國有大慶, 舊還蕩減, 守令循私, 蕩此豪戶. 畿湖之間, 此弊多矣. 牧宜堅守管鑰, 非萬民同受, 則不可開庫.

李緯國爲江華經歷, 時京城士大夫, 多借名受糧, 踰年不償, 米十四萬石, 負逋居半. 公欲上疏陳論, 豪勢家咸懼. 於是, 臺官以濫刑彈公. 大司憲洪命夏, 初亦列名彈章, 後覺其詐, 乃自劾失實. 由是, 特命仍任.

李節度源, 提督之孫也, 嘗爲郡守, 有戚里豪戶, 負倉逋四百石, 累督不納. 公出朱牌, 豪戶毆牌卒垂死. 李公佯驚曰:"戶主, 誰也?"吏告曰:"某." 李公曰:"吾過矣. 早知爲此家, 豈敢如此?"卽遣禮吏·鄕丞謝罪, 豪戶大喜. 後十餘日, 會天寒雪下, 公召幕校, 令臂鷹行獵, 自著夾袖戰服, 軍官從者, 皆軍服佩弓矢佩劍, 令廚吏辦酒肉從之. 至豪戶村前, 下馬設幕, 燒炭安銚, 佯問左右曰:"彼山下瓦屋, 誰之家也?"曰:"某戶也." 公卽遣首校, 致辭曰:"今日適此行獵, 乃在仙莊門外, 禮當進謁, 適著軍服, 不敢伸誠, 伏望暫屈威尊, 好此陪歡." 豪戶大悅, 卽往相見. 旣數語, 李公拔劍嗔目大呼, 聲振山嶽[57], 麾左右曰:"束縛此虜! 我今日行獵, 爲獲此禽." 遂縛之, 馱于馬背, 前驅之, 令軍卒擊軍樂, 奏勝戰曲, 身騎大馬, 乘醉領俘, 還入府, 府中大驚. 取大枷, 枷囚之五六日, 而逋糧畢輸矣. 於是釋囚, 賜衣冠, 令上堂, 杯酒謝過曰:"公事無私, 幸相恕也." 自此, 豪戶慴伏, 不敢犯令.

肅宗三年十二月, 別諭諸道曰:"蠲除之令雖下, 而守令掩其關文, 或不無

---

57 嶽: 新朝本에는 '獄'으로 되어 있음.

勒收者, 除減之際, 監色弄奸, 豪戶混被蕩除, 殘民未蒙其惠. 至若課農恤窮
之事, 亦皆無實, 使愚民歸怨於國家, 此豈獨守令之罪也? 亦由監司不能按
察之致." ○臣謹案 豪戶[58]混被蕩減者, 畿湖之事也. 若遠方, 則蕩減之恩, 悉
歸於吏逋矣.

歲時頒糧, 唯年荒穀貴, 乃可爲也.

除夕前頒糧, 謂之歲饋; 上元前頒糧, 謂之望饋, 皆煩瑣勞民, 非政體也. 唯
穀貴之年, 宜給歲饋而已.

其或民戶不多而穀簿太溢者, 請而減之; 穀簿太少而接濟無策者, 請而
增之.

數十年前, 黃州穀多, 一戶至受三四十石, 斯蓋大路之衝, 兵營所在, 朝廷
多置軍餉, 以至是也. 以此之故, 田野荒蕪, 民戶旣縮, 穀分益多, 兵使·牧使,
利其零羨【臥還債】, 不求移送. 嗟乎! 關防守禦之策, 在於保民乎? 在於儲粟
乎? 若是者, 亟宜論報, 減其穀簿, 移送他邑. ○谷山府萬家之邑, 穀簿不過萬
餘石, 其中小米七千石, 乃庚戌年, 關西移來者也, 則庚戌以前, 粟不過三千
石. 若遇荒年, 賑濟無術, 若是者, 若自上司移授他邑之穀, 則民雖不願, 牧宜
受之. 體國之義, 不可辭也.

外倉儲穀, 宜計民戶, 使與邑倉, 其率相等, 不可委之下吏, 任其流轉.

通計戶總, 通計穀總, 以穀配戶, 知每戶應受幾石. 於是, 以此爲率, 均分諸
倉. ○假如戶總三千戶, 而穀總應分者九千石, 則每戶應受三石也. 東終鄕屬
於東倉, 而其民三百戶, 則東倉宜置應分穀九百石, 不可少也, 不可過也.【應
分者九百石, 則穀總恰過千石.】○吏以公倉認爲私庫, 久矣. 其翻弄興販之法, 或
出之於邑倉, 而納之於外倉; 或出之於外倉, 而納之於邑倉, 東西流轉, 不可

58 戶: 新朝本에는 '右'로 되어 있음.

執捉. 或交代之際, 差官翻庫, 或備局之郎, 忽來摘奸, 其有逋欠者, 竝指外倉, 因又納賂, 以得無事. 或外倉直臨江口, 利於興販, 則盡出留穀, 恣意糶賣, 及其立本之日, 乃令他鄕之民, 遠途移輸. 或其外倉, 在數百里之外, 牧者占便, 設倉以來未嘗一往, 吏之翻弄, 唯意所欲, 民之訕怨, 無路得聞. 種種奸弊, 不可枚擧, 牧之致察, 宜在於此, 歲歲親頒, 不可已也.

吏逋不可不發, 徵逋不可太酷, 執法宜嚴峻, 慮囚宜哀矜.

凡徵逋之法, 先查犯人財産, 其田宅·牛馬·衣服·器用之等, 悉行籍收然後, 乃議其他. ○犯人之爲倉吏也, 其首吏爲誰, 誤薦之罪, 不可逃也. 乃召厥吏, 諭之曰: "汝旣誤薦, 其風債百兩【首吏差任, 例受古風債】, 理應還納. 汝欲勿納, 彼犯人財産之隱匿在他者, 汝其探告." ○其探告者多, 則風債略宜減徵, 其不然者, 全徵之. ○犯人入廳, 例有廳禮, 三十兩乎, 五十兩乎, 全徵之. ○倉監與犯人, 同年行公者, 徵什一. ○翌年倉監, 匿不以告者, 徵三十之一. ○犯人遞任之年, 其交代之吏, 隱匿不告, 受其傳掌, 不可無罪. 其家貧者, 徵什一, 其家不貧者, 徵四分之一. ○又厥明年, 受其虛錄之傳者, 亦如之. ○犯人負逋以來, 李某金某, 身爲吏房, 不以實告, 官早發其奸, 明係朋比, 其家貧者, 徵什一, 不貧者, 徵五分之一. ○犯人典倉之年, 其書客同事者, 明係朋奸, 隨犯輕重, 或徵什二. ○猶有不足者, 又行廳徵之法. 吏廳諸員七八十人, 隨其貧富, 出錢有差. ○犯人以官妓作妾, 淫邪放蕩, 致此逋欠者, 其田宅·器皿, 竝行籍收, 與正妻同. ○犯人平日, 爲馬弔戲, 出頭錢, 張三獲此錢八十兩, 李四獲此錢六十兩, 其房主設饌騙貨, 受局價五十兩, 竝全徵之. ○乃召犯人首族, 令抄錄諸族之在邑內者, 其貧者拔之, 其不貧者, 量其勢力, 攤徵有差. ○發於秋冬者, 以穀受之; 發於春夏者, 以錢受之. ○其以錢受之者, 查得犯人嫡婭族戚之居在外村者, 一從秋直, 平均分給, 令待秋納穀. ○又召犯人, 問之曰: "汝於典倉之年, 外村豪民之出入邑中者, 與汝相議, 養戶防結, 臥還執錢者, 凡有幾人, 其悉告之." 乃以餘錢, 一從秋直分給, 此人令待秋納穀【須有去來文字, 乃可信也. 不然, 或係誣引.】, 以懲其朋奸之罪. ○案 此徵逋之法, 先責僚

264

吏, 乃徵其族. 然且邑族則徵錢, 村族則頒錢, 有若偏厚於村民者, 非惡吏而私於民也. 其在公理, 有必宜然者二端, 一是罪通, 一是財復. 罪通者, 何也? 官吏作奸, 其僚吏無不知者, 朋奸濟惡, 互相庇蔭, 七藤八葛, 互相纏結, 揆以公理, 宜與通罪. 彼疏族之居在外村者, 奚罪焉? 財復者, 何也? 官吏蕩産, 雖以陶猗之富, 一朝變爲寒乞, 不足恤也. 筆雲墨雨, 龍騰虎變, 不出數年, 依舊作一條豪吏. 村民以意外之厄, 賣一兒犢, 遂成大病, 終身不蘇. 牧爲民父母, 當一視吏民, 皆如己子. 我有兩兒, 其一有材幹, 能三致千金, 其一素屛拙, 將一敗不興, 則凡有責斂, 先彼乎, 先此乎? 此係一視之仁, 非有私也. ○近年吏逋, 皆以半價之錢, 勒配民戶, 使之待秋納穀, 大非理也. 宜以此錢, 分授疏族之居村者, 使之作穀, 猶有名也. 凡村居者, 若非至親, 雖有富名, 不可白徵也.

　　凡徵逋之法, 厥有二忌. 一忌, 外村疏族之誣引. 凡非族而誣引者, 宜於本罪之外, 先治此罪, 首族亦宜決罰. 凡居在外村者, 非期功之親及妻父·妻兄·姉妹之夫·女壻·甥姪之等, 切不可侵. ○一忌, 差任以收逋. 吏任雖賤, 此係賞罰之大權. 罪犯至重, 反蒙差任, 是勸人以爲惡也, 切不可許. 或其近族, 有奉職恪勤者, 差以腴窠, 令以數百兩錢, 補此逋欠, 抑所宜也. ○吏逋至數千石者, 大贓也. 了逋之後, 宜卽行遣【流三千里】, 仍以勿復收用, 嚴受諸吏之招, 揭板于吏廳.

或捐官財, 以償逋穀; 或議上司, 以蕩逋簿, 乃前人之德政. 刻迫收入, 非仁人之所樂也.

　　李聾嚴賢輔爲榮川郡守, 郡舊多逋欠. 公至善措置且節費, 逾年已盈本數, 乃取其積久難徵者, 悉焚其券. ○黃俊良牧星州, 前政逋負, 公能節縮補塡, 數充則焚其券. ○權正郞穆爲咸興判官, 有官糶積逋累千斛. 君積儲逋租充滿, 悉燒其券.

　　尹亨來爲懷仁縣監, 倉粟·身布, 貧不能辦者, 皆方便塡減, 其有父母老而窮無以養者, 亦皆周恤, 一縣之人, 相告語: "有官如此, 何忍負之?" 償還逋穀, 猶恐或後. 庭無一笞, 獄無一囚, 而收粟之多, 前所無也.

趙昌遠爲稷山縣監, 洗手奉職, 綜理微密, 不數歲, 公明之聲, 達于旁邑. 質成者皆歸, 金矢山積, 因以施民, 宿逋悉滌, 朝廷賜帛增秩. ○案 古人論治行, 每有金矢之說, 蓋古者決訟, 必有立案, 以納作紙, 所謂金矢者此也. 今此法亦廢, 而奸僞日滋矣.

李積爲新溪縣令, 邑有管餉穀, 積逋甚多, 戶絶而無可責. 前政率掩匿其實, 苟逭罪罰, 以故朝廷雖有蕩逋之令, 民未蒙澤. 公至報管餉使, 乞稟[59]旨蠲免, 泥不行, 己酉春, 竟坐此奪官. 閔公維重繼爲管餉使, 得公前日文報, 卽日馳啓, 所蕩除千餘石. 新溪人至今頌德.

丁監司公彦璜爲安東府使, 州有積年逋負, 上司每歲催督, 而無處可徵, 爲一道巨弊. 公卽論報監司, 得以轉啓, 上特許蕩滌. 其他官穀之貧殘難納, 侵及其族者, 又數百石, 公節費措辦以充數, 焚券. ○又爲淮陽府使, 盡將前政逋負, 節縮塡補, 充其數而焚其券, 吏民歡悅. ○案 此皆民逋也. 吏逋焚券, 無文可考.

李修撰行源爲靈巖郡守, 逋租虛簿至七千, 公力申當省, 悉蠲之. ○金判書世濂爲嶺南觀察使, 北邊逋欠, 積久流來. 公多收郡縣粟不入會計者, 又出營儲萬一千六百石, 以償之, 其餘馳[60]聞, 悉除之.

59 稟: 新朝本에는 '廩'으로 되어 있음.
60 馳: 新朝本에는 '驛'으로 되어 있음.

第四條 戶籍

戶籍者, 諸賦之源, 衆徭之本, 戶籍均而後, 賦役均.

戶籍有二法, 一是覈法, 一是寬法. 覈法者, 一口無漏於口簿, 一戶無落於戶鮮, 使無籍者, 被殺而無檢, 被劫而無訟, 務得實數, 束以嚴法者也. 寬法者, 口不必盡錄, 戶不必盡括, 里中自有私曆, 以攤徭賦, 府中執其大綱, 以知都總, 務從均平, 馭以柔道者也. 『周禮』, 司民之職, 生齒以上, 書於其版, 獻于天子, 告于皇天, 一毫無敢隱漏, 此用覈法者也. 趙簡子使尹鐸, 治晉陽, 尹鐸請損其戶數, 以厚保障【見「晉語」】, 百姓得以休蔭, 此用寬法者也. 今若井地如制, 而稅斂不濫; 九賦如法, 而徭役不繁, 則括戶查口, 下民不驚, 其爲覈法不難也. 擧國不然, 而一縣之令, 獨行覈法, 則賦役日增, 騷怨日興, 吏緣爲奸, 民出其賂, 此爲無故作亂於昇平之世也. 故今之爲牧者, 戶籍唯從寬法.

所謂寬法者, 何也? 戶不必盡括, 口不必盡錄, 視其原總, 計其砧基【砧基者, 家坐也. 作家者, 必砧杵其基地】原總三千而計家九千, 則每於三家, 責立一戶; 原總二千而計家八千, 則每於四家, 責立一戶. 比總而止, 不復求增, 斯之謂寬法也. 余於邦典之議, 議用覈法【詳見「戶籍考」】, 此爲邦之大道也; 今於牧民之譜, 議用寬法, 此順俗之小規也.

戶籍貿亂, 罔有綱紀, 非大力量, 無以均平.

數十年來, 爲牧者, 全不事事, 吏之橫濫, 罔有紀極, 戶籍其尤甚者也. 百家之村, 草屋黃鮮, 煙火青新, 此所謂富村也. 每當改籍之年【寅申巳亥之夏秋】, 籍吏飛帖, 嚇增十戶. 乃玆富村, 厥有酋豪, 聚厥鄰比, 議於楡陰曰: "唯玆十戶, 理所難免. 民庫·社倉【卽還上】, 徭役繁興, 十戶一年, 其費百兩, 三年之費, 三百兩也. 取其三一, 以防玆事, 不亦善乎?" 僉曰: "唯唯. 吾村之事, 唯子是恃, 我聚其錢, 子行其成." 遂差里正, 負錢百兩. 豪私其卄, 歸之密囊, 以錢八十, 賂于籍吏, 得寢其事. 豪謂厥吏: "我與子善, 適遭玆會, 奚徒不增? 將亦有減, 特減五戶, 以惠吾村." 吏曰: "今年玆事實難, 子之所言, 余何以辭?" 豪歸其村, 謂厥耆艾: "五戶之減, 我旣受諾, 亟毁社錢, 須五十兩." 僉曰: "大慶! 微子之權, 何以得此?" 遂減五戶, 播之五村, 村各一戶. 五村大驚, 咸曰: "村亡. 自古吾村, 三家相依, 一戶之役, 猶竭其血, 矧增一戶, 其誰堪之?" 賣[1]犢販錡, 厥錢七兩, 奔告籍廳: "伏惟盛德, 鑒此哀衷. 自古吾村, 三家相依, 一戶之役, 猶竭其血, 矧增一戶, 其誰堪之? 薄物不腆, 聊表微忱." 籍吏仰天, 啞然大笑曰: "一戶之防, 例輸十兩, 哀汝殘疲, 特允爾請." 又玆一戶, 擲于他村, 厥村奔告, 又如前法. 於是, 富村之錢輸一二百, 其次輸錢七八十兩, 以次遞降, 雖三家之村, 七八九兩, 無有不入. 於是, 其富村所減之額【富村非徒不增, 抑又減戶.】, 沙堆而蓬轉, 雲渝而霧變, 驅而納之於無徭之處. 一曰邑城, 二曰校村, 三曰鎭村, 四曰驛村, 五曰站村, 六曰寺村.【僧寺之洞口】父子七人, 則立七戶, 兄弟五人, 厥立五戶, 猶然不足, 飾爲虛名, 張三李四, 編爲幾統, 以充原總之額. 及其徭役之敷分也, 百家之村, 不滿十戶; 三家之村, 或至九戶, 而邑村·鎭村之類, 例不應徭, 則原總五六千戶之邑, 其應徭受糧之戶, 不過一千. 六戶之役, 堆于一戶; 五戶之糧【謂還上】, 束于一戶, 民庫攤錢, 則一戶之納, 歲過數百; 社倉頒穀, 則一戶之受, 歲過十苫. 嗚呼! 民雖欲小須臾無死, 思見德化之盛, 而可得乎? ○國中諸縣, 皆以吏房爲第一窠, 及至式年, 則以籍色爲第一窠, 大邑優食萬兩, 小邑皆踰三千. 其利如是, 故已自辰戌丑未之冬, 點吏營辦, 細布·敦紬·珍鱐·大鰒, 委輸京城, 圖鑽蹊徑, 以得叮囑. 上風旣猛, 下

---

1 賣: 新朝本에는 '買'로 되어 있음.

火又炎. 古風錢七八百兩, 納于內舍, 納于冊房, 納于中房【卽傔人】, 納于婢妓, 預於其冬, 先受差帖, 爭頭碎首, 弱肉强呑. 不幸官遞, 卽先差者, 力盡而自退, 後出者, 賂入而新差. 傷風敗俗, 駭心慘目, 四境喧騰, 醜聲雷轟, 牧且撫錢而臥, 愛之爲奇珍. 嗟乎, 惜哉! 牧也差出之初, 旣受其賂, 行公之日, 豈禁其奸? 縱其爲虐, 漫不致詰, 籍之紊亂, 至於是矣.

將整戶籍, 先察家坐. 周知虛實, 乃行增減, 家坐之簿, 不可忽也.

牧上官旣十日, 召老吏能文者數人, 令作本縣地圖. 以周尺一尺之長爲十里, 假如本縣, 南北百里, 東西八十里, 則畫本紙面, 長十尺廣八尺, 斯可用也. 先畫邑城, 乃摸山林·丘陵·川澤·溪渠之勢, 乃畫村里. 百家之村, 畫△百箇【三角形, 以象屋頭】; 十家之村, 畫△十箇, 三家則畫△三箇, 雖山下孤村, 只有一家, 亦畫一△. 道路委曲, 各依本形, 施以淡彩, 瓦屋施靑, 草屋施黃, 綠山碧水, 道路以朱. 揭之政堂之壁, 常目觀之, 四境民居, 如在眼中, 公移差發, 其遠近往回, 皆如指掌, 斯不可不爲也. 紙面廣闊而後, 記載詳悉, 斯以周尺一尺爲十里也. ○將作此圖, 飭曰: "吾爲此圖, 兼欲知民戶盛衰, 瓦屋幾家, 草屋幾家, 汝其詳探, 無有一家, 或致差爽, 汝乃無罪. 其大村之難知者, 詢于邸卒【面主人】, 詢于村人, 詢于知者, 期得其實, 毋敢放忽." ○此圖旣成, 乃籍家坐.

家坐冊者, 宋人所謂砧基簿也. 砧基之簿, 本籍田産, 無微不錄, 今亦依之戶籍. 雖用寬法, 家坐必用覈法, 錙銖毫²釐, 不可有差爽也. ○上官旣月, 我之政令, 旣或見乎, 慈惠綜明, 民曰'我侯'而後, 家坐乃可籍也. 將籍家坐, 先察諸吏, 其有敏惠老鍊者, 選三四人, 召之至前, 授之以家坐冊條例, 曰: "汝往某鄕, 籍此家坐, 一字半句, 有或差爽, 汝其有罪." 又曰: "吾爲此籍, 非欲括戶, 非欲括丁, 非欲增賦, 非欲擾民. 旣爲民牧, 職當牧民. 民之肥瘠, 與其虛實, 其不當詳悉乎? 以玆布告, 毋使驚惑." ○又曰: "汝謂官家深居府中, 窮山

---

2 毫: 新朝本에는 '豪'로 되어 있음.

僻村, 鳥聚鶉居, 其屋其田, 其産其業, 與其生齒, 設有差爽, 官何知矣? 然天下之事, 一誠字也. 官若無誠, 此門之外, 卽成胡越, 誠之旣篤, 千里在目, 理則然也. 我遣汝等, 爲此簿曆, 是信是憑, 以決民事, 若一差爽, 誤決橫斷, 當此之時, 官將何顔? 所以此籍, 至精至密, 必中其實, 乃可用也. 偶一山氓, 入而有訴, 我執汝籍, 以次考問, 我旣略知, 彼將忠告, 一有差爽, 於斯必綻, 汝則有罪. 偶一殺獄, 出於窮村, 我檢到彼, 躬算屋架, 一有差爽, 於斯必綻, 汝則有罪. 偶一牛犢, 與人有訟, 我考汝籍, 乃本無牛, 偶一軍保, 與人有爭, 我考汝籍, 不言軍保, 於斯必綻, 汝則有罪. 我遣心腹, 抽枺摘奸, 別蹊廉訪, 一或有瞞, 汝則有罪. 申申如此, 汝猶不惕, 汝罪極重, 理難輕恕."○又曰: "汝本安逸, 不任勞力, 不躬踏實, 又差浮客, 或信村民, 聽其所言, 遂錄爲冊, 不踰旬月, 東破西綻, 汝則有罪. 籍之旣成, 久久憑驗, 終無一誤, 汝則有功, 其有差除."○又曰: "賜汝紙筆與錢幾兩, 汝到民村, 毋殺鷄犬, 毋徵雜費. 汝有親知, 携酒來慰, 汝曰: '此酒, 在我爲酖.' 汝所經過, 一錢無徵, 汝乃無罪. 毋曰: '深居.' 我將廉之."【如是, 則吏之解事者, 未有不盡心覈實, 必其所錄無錯誤也. 余在西邑, 戒之如此, 其簿果精. 按行數年, 查驗多方, 無一錯誤, 其循實可知也.】○諸鄕所錄齊到, 卽以其錄, 約之爲經緯表, 如左.

梨峒里	品	世	客	業	役	宅	田	錢	丁	女	老	弱	恤	奴	婢	種	畜	船	鏵
李世昌	鄕		成川二年	農		五	十日		三	二	男一	男一		雇二			牛一		
金以得	良	三		農	布二	三	五日		二	二		女一					小一		
崔東伊	良	二		估	布一	六		百	一	二	男一女一	男一					馬一		

	品	世	客	業	役	宅	畓	錢	丁	女	老	弱	恤	奴	婢	種	畜	船	鍤
安尙文	士	七		科		七	十日		三	二			男一 女二	一	一	梨卄	牛一		
鄭一得	良		伊川 一年	冶	錢一	三			一	一			女一						二
朴起同	良	三			布一	二							男一 男一 鰥						一
趙正七	良	四		估	錢一	八	七日	百	三	一			女一	一			中一		
林汝三	私	二		倡		三	二日		二	二			女一						
黃世云	驛		遂安 三年	吏		五	七日		一	一									
南塘里																		
尹世文	士	七		科	束一	瓦卄	十石	千	五	三			男一 女一	四	四	竹大	牛二 馬一		
尹世武	士	七		武		瓦十	四石	百	一	一			男一	一	一		牛一		
尹鏻	士	五		科	束一	十	十斗		二	二			女一 女一	一	一	柿十	牛一		
李億同	良	三		漁	米一	二							男一 女一 鰥						
河召史	良	二				二							女一 寡						一

吳以才	良	二			二		一	一		盲		一
孫喜云	良	五		佔	布一米一	五	十斗	三百	二	二	男一	大一
高昌得	中	南平五年	校		十	二石	百	二	二	女一	男一 雇一	牛一
白老味	私	光州一年[3]	冶	米一	三	二斗		一	一			二

右表二首, 卽砧基簿之遺意也. 梨峒里者, 西邑之村名; 南塘里者, 南徼之
村名. ○品者, 族之級也. 鄕者, 鄕丞之族也. 良者, 卑而不賤者也. 士者, 仕宦
之族也. 私者, 私家之奴屬也. 驛者, 驛屬也. 中者, 良人之游學者也. ○世者,
主戶也. 客者, 客戶也. 三者, 三世也. 七者, 七世也. 成川二年者, 自成川移來,
纔二年也.【餘倣此】 ○業者, 『周禮』所謂九職也. 農者, 農夫也. 佔者, 商賈也.
科者, 科儒也. 冶者, 攻金之工也. 倡者, 俳優也. 武者, 習武技者也. 漁者, 捕
魚者也. 校者, 校生也. ○役者, 軍布之役也. 布二者, 應納布之役者二人也.
錢一者, 應納錢之役者一人也. 束一者, 束伍軍一人也. 米一者, 應保米之役
者一人也. ○宅者, 其屋宅之間架也. 五者, 草屋五間也. 瓦十者, 瓦屋十間也.
○田者, 旱田也. 畓者, 水田也. 十日者, 十日耕也. 十石者, 二百斗落也.【餘倣[4]
此】 ○錢者, 游貨也. 曰百曰千者, 公議然也, 不可以適中也. ○丁三者, 男子
十七歲以上三人也. 女二者, 女子十七歲以上二人也. 老者, 男女六十以上也.
弱者, 男女十六歲以下也. ○恤者, 鰥寡孤獨·廢疾之人也. ○奴婢者, 指使之
人也. 雇二者, 雇奴二人也. ○種者, 食物之可貨者也. 畜者, 牛馬羊豕可貨者
也. 梨廿者, 梨樹二十餘株也. 竹大者, 其竹田廣大也. 牛一者, 大牛一頭也.

---

3 一年: 新朝本에는 '二年'으로 되어 있으나 본문의 내용을 참조하여 바로 잡음.
4 餘倣: 新朝本에는 '倣放'으로 되어 있음.

小一者, 黃犢一頭也. ○船者, 江海之通貨者也. 中一者, 中船一隻也. 大一者, 大船一隻也. ○銼者, 鐵鍋也. 至貧者錄之, 有他物者, 勿錄也.

家坐冊子, 例皆列錄, 一戶諸條數十行也, 積書連屋, 無以考檢. 此所以括戶之官, 皆作家坐之冊, 而卒無所用. 若作經緯表, 則一戶不過一行, 左右比觀, 貧富相形, 强弱互著, 其抽閱極便, 斯良法也. ○此表旣成, 戶之貧富, 里之虛實, 族之强弱, 勢之主客, 眉列掌示, 眼明手快, 一開卷而瞭然矣. 每書一張, 列錄二十家, 百張則二千家也, 雖二萬家之邑, 其書不過爲十卷.【百張爲一卷】置之案上, 常常閱覽, 則戶籍可均也, 徭賦可平也, 獄訟可衡也, 差發可明也. 每訟民到庭, 牧先披此表, 可以參伍. 假如朴起同, 入於軍簽, 牧逆折風約曰: "朴起同, 老鰥也. 只有一雛, 相依爲命, 渠之身布, 今當老除, 以傳其子, 又何以入於軍簽乎?" 風約忽[5] 聞此言, 未有不服其神明者. 假如白老味, 爲尹鏶所訴, 牧迎謂尹鏶曰: "白老味本自光州流寓此土, 今纔一年, 尹氏族盛, 理宜庇蔭, 乃農器[6] 屢鍛[7], 不酬其雇, 白也以此訕怨, 汝何來訴?" 未有不服其神明者. 諸如此類, 不可勝數, 砧基表者, 牧民之要櫝也. ○或曰: "家坐旣籍, 官有此言, 不足奇也. 咸服神明, 有是理乎?" 余曰: "不然. 家坐之籍, 非我創行, 前尹舊令, 莫不爲之. 特以卷帙粗重, 故前人但以塗壁, 民間物情, 仍然蒙昧. 今我循例作簿, 其知獨詳, 民豈得不服其神明乎? 雖左右僕御之人, 旣不知經緯表爲何物, 則相與歎服而已, 不得云家坐是憑也."

戶籍期至, 乃據此簿, 增減推移, 使諸里戶額, 大均至實, 無有虛僞.

寅巳申[8]亥之年七月初吉, 鄕丞告曰: "戶籍期至, 將差都監【首監也】, 諸鄕風約, 例亦改差." 牧曰: "不急. 姑俟我言." 首校告曰: "戶籍期至, 將差監官與諸監考." 牧曰: "不急. 姑俟我言." 籍吏告曰: "戶籍期至, 今將設廳." 牧曰: "不急.

---

5 忽: 新朝本에는 '忽'으로 되어 있음.

6 器: 新朝本에는 '哭'으로 되어 있음.

7 鍛: 新朝本에는 '鍜'으로 되어 있음.

8 巳申: 新朝本에는 '申己'로 되어 있으나 문맥상 바로잡음.

姑俟我言." ○乃取去式年, 諸鄉諸里戶總大數【某里二十五戶, 某村十二戶】, 別爲冊子, 以便考覽【不過五六張】, 乃與前所作砧基表, 校讎比觀, 其漏其虛, 其奸其冤, 皆瞭然可見. ○於是, 執砧基表, 查得本縣大戶總爲二千戶【假令也】, 中戶總爲四千戶【假令也】, 小戶總爲八千戶【假令也】, 而本縣京司磨勘, 戶籍之總【去式年】, 原不過四千戶, 則以砧基之實總, 分排磨勘之原額. ○於是, 每以大戶一個·小戶二個爲一戶, 又以中戶二個·小戶二個爲一戶, 則京司磨勘, 又適爲四千戶矣. ○於是, 以此算率, 立爲比例, 再將砧基表, 定諸里今年之戶總, 每以小戶二個, 當中戶一個; 中戶二個, 當大戶一個. 總之, 小戶以六個爲一戶, 中戶以三個爲一戶, 大戶以一個有半爲一戶. ○假如柳川里, 但有中戶三十, 卽定爲十戶, 石川里有中戶二十七個, 小戶六十六個, 卽定爲二十戶. 餘皆倣此.

於是, 諸里戶額旣定, 再把前總, 與之比較, 則敧者以整, 虛者以實, 大公至正, 四亭八當, 豈不美哉? 但天道變化, 漸而不遽, 政之矯革, 宜亦然也. 一遵比例, 毫髮不差, 則前之十戶者, 有增爲三十戶者; 前之百戶者, 有減爲十餘戶者. 減則可矣, 增無害乎? 雖豪富之村, 猝增戶數十, 其傷損必多矣. ○於是, 執舊總·新總, 參伍事情, 其減之者, 雖於比例, 微有不及, 姑勿盈坎; 其增之者, 雖於比例, 猶有所過, 姑勿高壘. 豪戶之庇蔭者, 不可十分打發; 校院之役屬者, 不可一齊淘汰. 大抵一縣之令, 其名位素輕, 做事不可太峻, 與王者立法·御史按[9]法者, 不同. 須到九分地位, 猶有一分餘憾, 可也. 若我威惠旣立, 下民旣順, 雖到十分, 可也.

新簿旣成, 直以官令, 頒總于諸里, 嚴肅立禁令, 無敢煩訴.

柳川里今責戶二十.【前總十五戶, 今增五戶.】 石川里今責戶十五.【前總十四戶, 今增一戶.】 金塘里今責戶十二.【前總三十戶, 今減十八戶.】 玉山里今責戶十八.【前總二十戶, 今減二戶.】 餘皆倣此. ○其人口之數, 亦照前總. 假如去式年四千戶, 其

---

9 按: 新朝本에는 '接'으로 되어 있음.

男口七千八百, 女口八千二百, 則每四十[10]戶, 其男口七十八, 女口八十二. 以此立率, 二十戶, 則男口三十九, 女口四十一, 竝於諸里戶總之末, 又列口數. ○柳川里二十戶, 則今責男口三十九, 女口四十一. 玉山里十八戶, 則今責男口三十五, 女口三十七. 餘皆倣此. ○令曰: "行縣令爲知委事. 本縣戶籍, 積久紊亂, 吏緣爲奸, 民役不均. 饒實之村, 歲減數戶; 殘敗之村, 歲增數戶, 驅而束之, 納于無徭之村. 虛戶堆疊, 實役虧缺, 言念民情, 殊極未便. 當職今執一縣家坐之數, 推移會通, 每以四五六家合之爲一戶, 則本里應立二十戶【柳川里】, 竝其男女人口, 後錄開示. 仰本里父老士人, 齊會一處, 風約等人, 勿令參會, 乃議立二十戶, 今七月十五日內收單子, 直納于官家, 仍許打印成帖, 無復草單・正單之說, 以此知悉. 比之前總, 雖增五戶, 大均之政, 不可怨也. 如有一民紛紜來訴者, 卽當懲一, 毋敢妄動. 又或私與吏議, 行賂圖免者, 事旣不成, 律又至嚴, 竝須惕慮." ○其必以草單, 仍受爲正單者, 戶籍監考, 私自收單, 則一戶之單, 禮錢一百【少者四五十】, 其病民大矣. 仍以草單, 許爲正單, 不亦宜乎?

諸里籍單畢到, 遂卽打印成帖, 出付籍吏. ○乃召鄕丞, 令差都監; 乃召首校, 令差諸監; 乃召籍吏, 令設籍廳, 其風約之等, 勿令改差. ○如是, 則籍吏失其利, 籍監失其權. 一杯之酒, 一碗之麪, 將無以浸潤籍廳, 其愁歎之聲, 如可聞矣. 然此是一縣之大政, 諸賦之本, 衆徭之源. 此事一誤, 卽千頭萬緒, 悉皆錯亂, 無一可整. 專顧一夫之愁歎, 不念萬家之煩冤, 豈足爲仁乎? 他事雖嚴, 吏猶索例, 至於戶籍, 苟行此法, 吏手其空矣. 增者旣增, 必然無贈, 減者本貧, 將何有贈? 情雖可歎, 理無兩便. 若微開一路, 卽大防遂潰, 故戶籍之法, 塞則全塞, 潰則全潰, 於其兩間, 無半白半黑之術. 牧於此事, 宜堅心確志, 勿恤一夫之小怨. ○籍吏終若無利, 及至歲末, 令移差好窠, 俾解其怨. 余在西邑, 亦嘗如是. ○是日召首吏, 諭之曰: "汝到差廳, 其諭汝僚. 衣之旣弊, 須著新服; 棋之旣敗, 須賭新局. 汝等積年, 作奸戶籍, 今到極處, 受賂增減, 亦

---

10 十: 新朝本에는 '千'으로 되어 있음.

將路塞. 今者掃盪, 作一新局. 我去之後, 汝等作奸, 地面恢闊, 其在汝等, 非有失也. 唯今年之吏, 逢時不幸. 宜差好窠, 使之無怨."

若煙戶衰敗, 無以充額者, 論報上司, 大饑之餘, 十室九空, 無以充額者, 論報上司, 請減其額.

本縣磨勘之總高, 而砧基之數少, 則或以小戶四個爲一戶, 中戶二個爲一戶, 大戶獨自爲戶. ○如或磨勘之總太高, 砧基之數太少, 不可以如此分配, 則我之計總, 勿以一縣通計, 但執諸鄕中最敗之村, 查其虛戶, 論理報營, 以冀減總, 再報三報, 期決去留. ○報曰: "本縣戶總, 三千六百戶, 而家坐煙戶之數, 未滿三千. 如松山里·支石里·長楊里·大谷里·裴谷里等三十二村家坐, 都不過百餘, 而去式年戶總, 多至六百餘戶, 其餘諸村, 亦皆殘敗, 雖欲衰多而益寡, 破東以補西, 亦無由矣. 戶口之有增無減, 雖載法例, 職事之詐不以實, 亦有律令. 縣監於此, 豈不憂憫? 昔尹鐸以損其戶數, 爲保障之本; 文侯以增其戶賦, 設反裘之喩, 古人於此, 其欲去僞而取實, 如是矣. 戶籍今將磨勘, 必於前總, 減下五百戶然後, 始可以汰其虛僞. 伏望, 勻慈曲察民情, 許令從實減總以副民望." ○鄭判官述仁倅海州, 州多虛戶. 鄭減二千餘戶, 旣得監司之題, 又以黏連, 報于京司, 得依願磨勘, 州民頌之.

饑荒之餘, 十室九空者, 招來安集, 爲目下之急務. 若戶總依舊, 徭役繁興, 民豈有來集者乎? 若是者, 須馳進營下, 面議監司, 減其戶總, 多者數千戶, 少者千餘戶, 不可拘也. ○雖然, 戶口徒減, 而徭役無減, 一縣之徭, 攤於一縣, 則此里雖幸, 彼里逢憂. 楚人失之, 楚人得之, 將何益矣? 必議於監司, 凡煙戶之役, 民庫之賦, 若所謂進上價米·巡營卜定之類, 大行蠲除, 乃有減戶之實效. 不然, 名雖減戶, 實則增賦. 此魏[11]文侯之所戒也, 而可蹈乎?

若夫人口之米, 正書之租, 循其舊例, 聽民輸納, 其餘侵虐, 竝宜嚴禁.

---

11 魏: 新朝本에는 '衛'로 되어 있음.

南方之例, 人口米每口一升, 人情錢每戶二分, 正書租每戶一¹²斗【稻不舂者, 謂之租, 西北以粟代之】, 每視今年戶口, 收於諸里, 米是吏食, 錢是京司磨勘之所用, 租是大帳謄書之所費.【紙筆墨及書手工價】假如四千戶, 則其租四千斗【二百六十石零】, 其錢八十兩, 一萬六千口, 則其米一千六百斗, 蔑不足矣. ○戶籍收單之時, 本廳, 例於諸里, 各討錢五六兩, 籍吏·籍監·籍奴·籍隷, 伸手張眼, 擧父提祖, 其不滿意者, 罵之以不敬父名. 浦村·店村, 若非十兩, 必不能納. 或戶收一兩, 雖士族·鄕族, 五六七錢, 不可少也. 及其成籍之後, 籍廳別用佳紙, 淨書一本, 以此成帖【打印而受押】, 謂之正單. 城中浮浪悖子, 自稱監考, 分行村里, 又討出一二兩錢, 如不滿意, 擧父提祖, 罵不絶口, 瀝酒烹鮮, 頑不動身, 谿壑旣充, 又顧之他. 此天下之苦毒也. ○自官受單, 自官頒單, 則此二患, 不期禁而自絶矣. 籍吏庭訴, 若云磨勘之債, 猶爲不足, 則宜令鄕丞, 私致書于諸鄕, 每戶收數葉之錢, 都納于鄕廳【勿納于籍廳】, 以給籍吏.

大帳謄書之役, 不可使窮交貧族, 苟充書手, 以食其租. ○柳參判誼牧洪州, 客有貧者, 閒居冊房. 首吏憐之, 以二鄕之籍, 納于此客, 使之謄書, 俾食其租. 書旣畢, 柳公覺之, 乃以其租, 納本州貧士之不能還上者【還上者, 倉穀也.】, 別以他粟贍客. 余所睹也.【南徼之例, 大帳書雇, 每一張只給錢三分. 又有中草之雇.】

增年者, 減年者, 冒稱幼學者, 僞戴官爵者, 假稱鰥夫者, 詐爲科籍者, 竝行查禁.

圖老職者增年, 憂改簽者減年.【年滿六十, 則改簽其子. 納布則同, 而改簽¹³有費, 故自減其年.】科無鄕擧之法, 故猥雜者, 皆入科場, 由此而冒稱幼學, 雖公賤私賤, 皆得冒之. 將使通國之民, 都作幼學, 蔑分亂名, 莫此爲甚. 管子曰: "貴人多則其國貧." 我邦之謂矣. ○軍簽旣苦, 擧國喪性, 換父易祖, 僞冒官爵, 假稱忠孝, 以圖免役. 數十年之後, 遂成古籍, 而造僞之人, 不以僞冒告于其子,

---

12 戶一: 新朝本에는 '一戶'로 되어 있음.
13 簽: 新朝本에는 빠져 있음.

其子其孫, 遂以僞冒, 認爲眞封. 官或發之, 哀號稱冤, 亦難乎其解惑矣. ○人口多則納米多, 故戶籍稱鰥夫者居多, 民之哀痛, 斯爲甚矣. 然人口亦比前總, 使民不得任意增減【法見上】, 則豈必有鰥夫之戶哉? 鰥寡者, 窮苦之名, 非職非役, 豈可以自稱乎? 籍內無妻, 則自明爲鰥, 又何必首戴之乎? 寡婦亦然, 自稱良女而籍內無夫, 則自明爲寡婦. 寡婦非所以立戶也.

左道之人, 籍於右道; 京城之人, 籍於外道, 以廣關節之路, 一間之屋, 不在境內, 而猥列於編戶, 大不可也. 若其來已久者, 雖不可猝刪, 煙戶雜役, 不可饒也.

七月初吉, 取十式年戶籍大帳·中草, 竝置政堂, 鎖之大櫃【中草者, 草本也. 其循實勝於大帳】, 以防追改之奸. ○戶總發令之日, 別下一帖, 嚴禁上所列諸奸, 諭之曰: "籍單齊到, 官當親執, 三十年舊籍, 另行查櫛, 新作之奸, 豈有隱乎? 其有犯者, 必有罰徵, 其各惕慮." ○籍單齊到, 召鄕丞五六人·校儒五六人, 會于政堂, 取最久之籍, 與新單校對, 其有奸僞者, 令句而勒之, 乃自籍廳, 改書其單. ○罰徵宜有差等. 僞冒幼學者, 僞戴官爵者, 罰徵米五斗, 其餘罰徵米一斗, 竝給籍吏, 以補磨勘之債. ○余謂冒稱幼學, 在所嚴禁, 然我去之後, 還冒幼學者, 必納賂於籍吏, 依舊冒稱. 無補頹綱, 徒使吏肥, 究何益矣? 余自西邑歸, 百姓送之曰: "他事皆善, 惟冒稱幼學, 查之太酷." 大抵綱紀之頹敗, 久矣. 非一縣之令, 所能振整, 艱築沙隄, 水到還崩, 權且闔眼, 未爲不可.

齊高帝詔曰: "黃籍, 人之大紀, 國之理端. 自頃, 民僞已久, 乃至竊注爵位, 盜易年月." ○北齊之制, 未娶者輸半租, 陽翟一郡, 戶至數萬, 而籍多無妻, 有司劾之【今之鰥夫戶】○案 俗弊法亂, 民奸乃興, 古今一轍, 華東一率, 非有異也.

凡戶籍事目之自巡營例關者, 不可布告民間.

戶籍事目, 備載於法典【戶典第二條】, 某罪杖一百, 某罪徒三年, 皆是不行之法. 不行之法, 布告民間, 徒使百姓, 不信朝令, 不畏國法而已. 格而不頒, 不亦可乎? ○余見鄕村愚俗, 槪無聰記, 數年前事, 無不忘之, 應文之帖, 亦皆瞠然. 每戶籍事目新頒, 村里騒動曰: "今年別用嚴法." 於是, 出入籍廳, 以探時議, 吏知其愚, 嚇喝唯意, 杖一百徒三年, 謂法可畏. 於是, 干犯事目者, 略遺籍吏, 冀免摘發, 犯者既多, 略遂爲例, 不犯之民, 亦復有贍. 此所以戶籍受單之時, 例討錢五六兩也. 事目之頒, 其可循例頒布乎? 民情如是, 故冒稱幼學者, 亦難查禁也.

戶籍者, 國之大政, 至嚴至精, 乃正民賦, 今玆所論, 以順俗也.

若邦典大備, 則戶籍宜用巖法, 一灶一口, 不可遺漏.『周禮·司民』之文及歷代法制, 竝詳「戶籍考」, 今不具論.

葉春爲惠安令, 作政書, 禮耆老, 毀淫祠, 建社學, 立保副長, 統各鋪丁男, 使司防禦之事. 以爲知縣者, 一縣民物, 無不周知, 乃稱其名. 故丁無官私, 老幼咸登于籍, 蓋無事可以行敎化, 有事可以備什伍. 始疑後畏, 更信之. 巨室或有小過, 必繩以法, 故令行禁止.【明史】

五家作統, 十家作牌, 因其舊法, 申以新約, 則奸宄無所容矣.

王陽明十家牌式. ○某縣某坊. ○某人某籍【一】, 某人某籍【二】, 某人某籍【三】, 某人某籍【四】, 某人某籍.【五, 右甲尾某人.】○某人某籍【六】, 某人某籍【七】, 某人某籍【八】, 某人某籍【九】, 某人某籍.【十, 右甲頭某人.】○同牌十家, 輪日收掌, 每日酉牌時分, 持牌到各家, 照分牌查審. 某[14]家今夜少某人, 往某處幹某事, 某日當回, 某家今夜多某人, 是某姓名, 從某處來幹某事, 務要審問的確, 仍通報各家知會. 若事有可疑, 卽報官, 如或隱蔽事發, 十家同罪.

各家牌式. ○某縣某坊, 民戶某人. ○某坊, 都里長某下. ○甲首軍戶, 則云某所總旗小旗某下. ○匠戶, 則云某里甲下, 某色匠. ○客戶, 則云原籍某處, 某里甲下, 某色人, 見作何生理, 當何處差役, 有寄庄田, 在本縣某都, 原置某人田, 親徵保住人某某. ○若官戶, 則云某衙門, 某官下舍人. ○若客戶, 不報

---

14 某: 新朝本에는 '其'로 되어 있음.

寫庄田在牌者, 日後告有庄田, 皆不準. 不報寫原籍里甲, 卽係來歷不明, 卽須查究.

男丁幾丁. ○某【某項官, 見任致仕, 在京聽選, 或在家.】, 某【某處生員·吏典】, 某【治何生業, 成丁未成丁, 或往何處經營.】, 某【見當某差役】, 某【有何技能】, 某某某. ○若人丁多者牌, 許增闊量添行格, 塡寫. 一, 婦女幾口, 一, 門面屋幾間【係自己屋, 或典賃某人屋.】, 一, 寄歇客人.【某人係某處人, 到此作何生理, 一名一名開寫, 浮票寫帖, 客去則揭票, 無則云無.】

"照得本院巡撫地方, 盜賊充斥. 因念禦外之策, 必以治內爲先. 顧茲事未久, 尙昧土俗, 永惟撫緝之宜, 懵然未有所措. 訪得所屬軍民之家, 多有規圖小利, 寄住來歷不明之人, 同爲狡獪欺竊之事, 甚者, 私通峯賊而與之傳遞消息, 窩藏奸宄而爲之盤據夤緣, 盜賊不靖, 職此其由. 合就行令, 所屬府縣在城居民, 每家各置一牌, 備寫門戶籍貫, 及人丁多寡之數, 有無寄住暫宿之人, 揭於各家門首, 以憑官府查考. 仍十家爲一牌, 列開各戶姓名, 背寫本院宣諭, 日輪一家, 沿門案牌, 審察動靜. 但有面目生疏之人, 蹤跡可疑之事, 卽行報官究理, 或有隱匿, 十家連罪. 如此, 庶居民不敢從惡, 而奸僞無所潛形. 各掌印官, 依式沿街逐巷, 挨次編排, 務在一月之內了事, 該道亦要嚴加督察, 期於著實施行, 無使虛應故事. 仍令各將編置過人戶姓名, 造冊繳院, 以憑查考. 非但仍事以別勤惰, 亦將施罰, 以示勸懲." ○又申諭曰: "十家之內, 但有爭訟等事, 同甲卽時, 勸解和釋. 如有不聽勸解, 恃强凌弱及誣告他人者, 同甲相率稟官. 官府當時, 量加責治省發, 不必收監淹滯. 凡遇問理詞狀, 但涉誣告者, 仍要查究同甲, 不行勸稟之罪. 又每日, 各家照牌, 互相勸諭, 務令講信修睦, 息訟罷爭, 日漸開導. 如此, 則小民益知爭鬪之非, 而詞訟亦可簡矣. ○凡十家牌式, 其法甚約, 其治甚廣. 有司果能著實舉行, 不但盜賊可息, 詞訟可簡, 因而修之, 賦役可均, 外侮可禦, 風俗可淳, 禮樂可興. 其於民情土俗, 或有未滿, 但循此而潤色修舉."

又申諭曰: "不立牌頭者, 所以防脅制侵擾之弊. 然在鄉村, 遇有盜賊之警[15] 不可以無統, 合立保長督令, 庶衆志齊一爲. 此仰抄案回司, 卽行, 各道守巡兵備等官, 備行所屬各府州縣, 於各鄉村, 推選才行爲衆信[16]服者一人, 爲保長, 專一防禦盜賊. 平時各甲, 詞訟悉照牌論, 不計保長干與, 因而武斷鄉曲. 但遇盜驚, 卽仰保長, 統率各甲, 設謀截捕. ○ 其城郭坊[17]巷鄉村, 各於要地, 置鼓一面. 若鄉村相去稍遠者, 仍起高樓, 置鼓其上. 遇警卽登樓擊鼓, 一巷擊鼓, 各巷應之. 但聞鼓聲, 各甲各執器械, 齊出應援, 俱聽保長調度, 或設伏把隘, 或幷爲夾擊. 但有後期不出者, 保長共同各甲, 擧告官司, 重加罰治. ○ 若鄉村各家, 皆置鼓一面, 一家有警擧鼓, 各家應之, 尤爲快便. 此則各隨才力爲之, 不在牌[18]例之內." ○ 星湖先生曰: "陽明十家牌, 雖倣鄉約餘意, 而必將有弊. 凡政苛煩則犯衆, 犯衆則不可治. 如是, 愚氓橫罹而多怨, 不可爲也. 然其爭訟也, 必使十家同聚, 先訴父老, 仔細評議某是某非, 略擧爭鬪之所以起, 其爲文狀, 然後決于官長, 則似亦有補, 不知畢竟效害如何也." ○ 鏞案 此必王公巡按贛南時所行, 平時不必如此苛密.

第五條 平賦 上[19]

賦役均者, 七事之要務也. 凡不均之賦, 不可徵, 錙銖不均, 非政也.

古者田收九一, 賦在戶産. 一是土出, 一是人出, 兩頭雙立, 不相混雜. 漢魏立法, 乃以田戶合徵其賦, 梅賾[20]習見此法, 誤註「禹貢」, 以賦爲田, 兩混爲一. 於是, 賦爲何物, 未有知者. 『周禮』九賦之法, 視民貧富, 六畜車輦, 咸算不遺, 魯之末失, 用田而賦, 孔子非之.【『春秋』內外傳】今人眼慣, 不復置疑. 我朝田稅本輕, 中世以來, 用田而賦, 遂爲故常. 大同田賦也, 均役田賦也【結米收

---

15 警: 新朝本에는 '驚'으로 되어 있음.
16 衆信: 新朝本에는 '信衆'으로 되어 있음.
17 坊: 新朝本에는 '防'으로 되어 있음.
18 牌: 新朝本에는 '各'으로 되어 있음.
19 上: 新朝本에는 빠져 있음.
20 賾: 新朝本에는 '頤'로 되어 있음.

三斗, 今爲結錢】, 三手米田賦也, 毛糧米田賦也【黃海道別收米三斗, 本毛文龍軍糧】, 雉鷄米田賦也【守令所用雜役米】, 此朝廷之所知也. 京邸之米, 用田賦; 營邸之米, 用田賦. 朔膳貢價之米, 用田賦【本以還米會減, 今以稅米取用】; 公移脚價之米, 用田賦【傳關米】. 新官刷馬之錢, 用田賦; 舊官刷馬之錢, 用田賦. 官旣不淸, 吏亦隨動, 書員考給之租, 用田賦; 邸卒勤受之租, 用田賦. 還上之弊, 旣窮旣極, 民不見穀, 歲納數苫, 數苫之穀, 用田賦; 漂船到泊, 收錢累萬, 累萬之錢, 用田賦. 田者日困, 顚連溝壑, 斯皆賦也, 非田也. 旣用田賦, 斯在田政中論.【見前篇】然賦役之政, 無所取也, 取諸均也. 今夫十人釀飮, 其斂錢欲均; 十旅同爨, 其斂粻欲均. 況於萬夫同邑, 其出粟米·麻絲, 以事其上者, 其情欲均乎? 抑欲不均乎? 『詩』云: "秉國之均, 四方是維." 『詩』云: "昊天不傭, 降此鞠訩." 刺不均也. 今也, 賦役不均, 萬家之邑, 九千逃役, 唯鰥寡罷癃, 乃應徭賦. 爲民牧者, 其可以立視之乎? ○守令七事, 未知何人所定, 然農桑戶口, 不可容力, 學校軍政, 猶非急務, 詞訟奸猾, 亦沒摸捉. 唯是賦役均一事, 逐日到手, 在所盡心. 此事以薄爲貴, 察公用之虛實, 則其斂斯薄矣; 此事以均爲貴, 覈民數之脫漏, 則其斂斯均矣.

田賦之外, 其最大者, 民庫也. 或以田賦, 或以戶賦, 費用日廣, 民不聊生.

民庫之弊, 厥源有二, 而吏不與焉. 一, 監司逞威也. 一, 縣令縱貪也. 無此二源, 本無民庫, 吏無所容其奸矣. 自監司挈眷以來, 忽於諸路, 各起大都, 宮室供帳, 左右侍御, 饔膳輿服, 威儀之盛, 擬於王者; 體貌之尊, 踰於大臣. 空疎寡識之人, 一居是職, 妄自尊大, 若固有之. 列邑之所以趨承餽養, 小遜於無恥諂媚之流, 則勃然大怒, 施之以貶黜. 列邑震悚, 不敢惜費, 事過而吝, 歸害小民. 此民庫之所以作也. 監司卜定, 無非强配.【凡物責納於列邑者, 謂之卜定】配數本少, 而受物太濫; 繫價本輕, 而揀物太精, 牧以一身, 無以獨當. 此民庫之所以作也. 山邑徵蜜, 則方其卜定也, 白淸不過五斗, 黃淸不過一石【東俗以蜜爲淸】, 及其受之也, 白淸五斗, 非白淸十斗, 萬不能納【斗量濫】; 黃淸一石, 非白淸二石, 萬不能納.【揀物精, 而斗量濫.】及其酬價也, 一斗之白, 米止六斗; 一斗之黃, 米止三斗, 必以還耗會減.【還穀之耗條】還耗者, 粗米也, 則是白淸四十斗, 酬粗米七十五斗而已. 本縣貿蜜之日, 縱吏四散, 越嶺穿峽, 往來糜[21]費, 動踰千百. 及至營下, 營吏營監, 伸手索賂, 人情·看色, 厥費繁瑣, 大約本錢, 非五六百兩, 不能辦此. 乃其受價, 不過粗米五石, 以之作錢, 不滿二貫, 春秋再納, 厥費千兩. 牧雖慈廉, 將若之何? 此民庫之所以作也. 海邑徵鰒, 則方其卜定也, 大鰒中鰒, 咸求土産, 及其受之也, 非耽羅之無穴鰒【無竹串之孔】, 不能中大鰒; 非蔚山之照字鰒【明瑩透文字】, 不能中中鰒. 竝其雜費, 本錢非四五百兩, 不能辦此. 乃其受價, 亦不過粗米數石而已, 春秋再納, 厥費九萬. 牧雖慈廉, 將若之何? 此民庫之所以作也. 擧此二事, 餘可知也.

○守令之所以豊其餼廩者, 以守令開府, 自有求者, 食而有餘, 令可以應求也. 人顧不慧, 凡月廩日俸, 認爲私物, 不忍歸之於公費. 凡公費之物, 取於下民, 豈不嗟哉? 凡京司求請, 賀使求請, 責之下民, 斯已過矣. 乃昔日僚員, 求一會飮, 先輩書院, 求其修葺, 此非公費, 又何取之於下民乎? 斯已過矣. 乃奉母迎妻, 修房治轎, 一應閨門之事, 猶或責之於下民, 斯何義也? 月廩日俸, 但可以買田置宅, 趨權附勢而止乎? 惑之甚矣. ○源頭旣濁, 下流難淸. 小吏之貪, 十倍縣官, 民庫之率, 歲增月羨. 若此不已, 民必盡劉. 余在茶山草堂, 有科儒數人, 要發策問, 余以民庫爲題, 玆錄在左.

問: "今之諸路郡縣, 有所謂民庫之名. 以其補民之用, 而謂之民庫歟? 抑以蓄民之財, 而謂之民庫歟? 剏設之初, 其有朝廷之詔令歟? 徧行之後, 亦無朝廷之禁令歟? 土貢之弊雖大, 其法本載於國典; 良役之弊雖極, 其事本由於朝令. 而民庫者, 鄕吏自發其例, 守令自作其法也. 自有天地以來, 其有是歟? 八道皆有民庫, 而其法, 道各不同; 列邑皆有民庫, 而其規, 邑各不同. 法之得失姑舍是, 一王之國, 宜有一王之制, 而其散亂如此, 自有天地以來, 其有是歟? 京司求請, 若係公用, 度支應有區畫; 若係私用, 憲府宜有糾禁, 何皆責之

---

21 糜: 新朝本에는 '糜'로 되어 있음.

於民庫歟? 進上添價, 若係實用, 本價宜準時直; 若係虛文, 名目在所釐正, 何皆責之於民庫歟? 內閣印書, 應有會減, 而紙價猶徵於民庫; 賀使治裝, 本出經費, 而皮物皆攤於民庫, 其在事體, 得無未安歟? 監司迎送, 本有廚傳, 則民庫之進排者, 何物? 邑宰交遞, 許用儲米, 則民庫之疊下者, 何事? 春秋巡歷, 其文宜簡, 而流連之費, 盡出於民庫; 夏臘腊肉, 其用不多, 而貢獻之價, 每徵於民庫, 天下其有是歟? 板輿奉母, 官宜自備, 公幹作行, 國有會減, 而其費其資, 又必索之於民庫, 得無覤歟? 山邑之蜜蠟, 海邑之鰒蛤, 美則美矣; 西土之查梨, 南土之橘柚, 嘉則嘉矣. 監司之俸廩旣厚, 又何以廉價取之, 而流其毒於民庫歟? 貢蔘之價, 其厚十倍, 則何所虧欠; 貢竹之價, 其高三倍, 則誰其攘竊, 又皆布之於民庫歟? 玉堂契屛, 禁府筆債, 何所當於小民; 政院朝報, 武廳罰禮, 何所當於下民, 又皆出之於民庫歟? 軍器寺之牛角, 宜徵於泮庖; 長生殿之羔鬚, 宜屬於貢物, 雀舌宜貿於藥鋪, 雉羽宜購於獵戶, 又皆責之於民庫, 豈不謬歟? 或以雇馬爲名, 雇馬豈法典之所在歟? 或以養馬增費, 養馬豈倉廐之所任歟? 勅使支待, 旣斂於富民, 則民庫之扶助無名; 漂船接應, 本削於島民, 則民庫之疊下無義. 吏曹堂參之價, 非民所[22]知; 吏鄕推論之債, 彼民何罪? 此皆不可以矯革歟? 族譜開刊, 乃一家之私務, 書院重修, 亦諸生之私慕, 而一有求乞, 必徵於民庫者, 何歟? 京主人·營主人役價, 今增於百倍; 春釋奠秋釋奠牲幣, 以及於三壇, 不增之時, 命令何以流通; 會減之物, 究竟何處消融? 所謂民庫之用, 皆是此類歟? 或與稅米混徵, 或與還穀通簿, 或春秋分徵, 而歲末又徵其加下; 或隨事薄斂, 而歲計不免於加入. 法之胡亂, 一何至此歟? 或貴族同斂, 或下戶偏苦, 或官給本錢, 而責羨於虛簿; 或里有契錢, 而消折於豪門. 皆可任其所爲, 而不必照管歟? 大抵民庫者, 賦役之最大者也. 自古以來, 雖在衰亂之世, 諸凡賦斂於下民者, 必大臣議之於廟堂, 人主謀之於廈[23]氈, 成命旣下, 條例是具而後, 宰相頒其法于諸路, 藩臣布其政

---

22 民所: 新朝本에는 '所民'으로 되어 있음.
23 廈: 新朝本에는 '夏'로 되어 있음.

于列邑, 民斯納之, 官斯受之, 此天下之通義也. 口率出泉, 固非良法, 而其行之也如是; 戶率出絹, 近於虐斂, 而其行之也如是. 榷茶·榷鹽, 商賈之事也; 靑苗·免役, 聚斂之臣也. 然其行之也, 莫不如是. 獨所謂民庫之法, 不稟於人主, 不報于宰相, 監司漫不知何事, 御史曾未有題決. 而一二奸胥, 自下而橫斂, 一二昏官, 私撰其節目, 銖累寸積, 歲增月加, 而其弊至於是矣. 粤惟我先大王, 深察民庫之弊, 思革民庫之法, 前後絲綸, 嚴厲惻怛, 有足以怵伏感動, 而啓不知畏, 恬不知改. 挽近以來, 如水益深, 昔之升斗, 今增爲缶簸; 昔之銖兩, 今增爲勻石, 昔不過三四條, 今也密如牛毛; 昔不過一再斂, 今也貪如虎口, 剝膚槌髓, 民不聊生. 頭會箕斂, 惟意所欲, 田野由是而荒蕪, 戶口由是而耗損, 國之巨瘼, 未有大於是者也. 欲革則牽掣多端, 欲改則因循如舊. 今欲一朝廓淸如淸風之掃雲翳, 則其道何由? 子諸生, 卽吾民之秀者也. 民之毒痛, 何獨恝然? 凡有所蘊, 其各悉著于篇."

鄭晚錫爲延日縣監, 應旨上疏曰: "各邑民庫所斂, 有所謂柴炭價·氷丁價·果實價·綿紬價·傳關脚價·朝報價·各項價米添價·各營門卜定雜物添價·各營門情債·京上納情債·各主人役價·各司求請價·戰船改造添價·火稅不足添價, 此外又有瑣瑣零零之許多名目, 而七十一邑, 各自不同, 或結而或戶, 或穀而或錢, 或多而或少, 或無而或有, 本無一定之規. 故貪婪者, 夤緣加斂, 姑息者, 因循襲謬, 其柔懦者, 不無奸吏輩侵欺滲漏之弊. 此所以掊克轉甚, 生靈漸窮也. 今若總錄各邑之民庫節目, 計其所斂, 量其所用, 可存者存之, 可減者減之, 可革者革之, 分其結戶, 定其數爻, 以錢以穀, 從便磨鍊, 又著各項放下之式例, 作爲刊冊, 分置各邑, 如『良役實摠』之例. 使之遵守, 毋敢違越, 則其橫斂巧取之弊, 似或可祛矣."【戊午八月卄八日】

李宗燮爲綾州牧使, 應旨陳疏, 批答曰: "湖南民庫事, 結收之不足, 戶斂而後已. 其弊言之, 痛哭云'者, 爾言切實. 朝廷之所不知, 大農之所不管, 而中間營私之弊, 民將盡瘁. 不聞則已, 登於疏章者屢矣. 若無眞個刮目之效, 則何以慰南民乎? 昔者故相李宗城於關西, 嚴立民庫節目, 而列邑之託公染指, 不思遵行者, 其首鄕先斬後啓爲式. 關西猶然, 況南中乎! 姑以不屑之意, 前年先使廟堂, 嚴飭道臣, 俾各釐正. 未知其間已爲釐正, 而綾州一邑, 獨未被救焚之惠乎, 抑兩南伯, 看作例飭, 初不留意下手, 邑宰亦無股栗竦息, 一任其襲謬乎? 關西一方伯, 所能立威守法之事, 廟堂何難禁戢? 廟堂雖忧愓, 朝廷有紀綱[24], 則不率敎之道伯守令, 若不拿致王府, 勘以當律, 而立視民瘼, 徒使剝割之守令, 直以贓汚律嚴囚南間, 月三嚴刑, 期於得情, 則朝廷其可曰朝廷乎? 其間何以擧行與否, 居廟堂之人, 豈無查知之道乎? 關西亦以故相節目, 更加修明, 無或干科之意, 宜使該道伯知之." ○案 聖論若是嚴峻, 而諸路民庫之弊, 一髮不動, 依然如舊, 余謂天下大膽, 卽列邑之守令也.

民庫之例, 邑各不同, 其無節制, 隨用隨斂者, 其厲民尤烈.

孟子論先王之法, 曰: "取於民有制." 凡取之無節者, 其道不可久也. 所謂節目, 皆一時苟行之法, 奸竇未塞, 弊蔓相縈, 混沌不鑿, 破綻極多. 撰定之初, 弊已俱生, 況歲久年深, 物換情移, 昔人所撰, 豈可以行於今日乎? 雖其遵行已久, 不可不修潤, 況本無定制, 以隨用隨斂爲法者, 將誰能承其弊乎? 節目修正, 未可已也.

修其法例, 明其條理, 與民偕遵守之如國法, 乃有制也.

節目撰定之法, 見上守法篇. ○每年應下之物, 明其式例, 去其下記; 隨時別下之物, 明其式例, 存其下記.【已見前】西北土薄, 故民庫多以戶斂; 南方土沃, 故民庫多以結斂. 然今南方田賦, 增高十倍, 不可使田家偏苦, 宜以戶斂, 用分其力. 然結斂, 則吏之防結多利, 必胥動浮言, 沮其戶斂, 此牧之所宜知也. 且戶籍不淸, 虛實相推, 則不可以戶斂也; 契房不罷, 脫漏依舊, 則不可以戶斂也.

契房者, 衆弊之源, 群奸之竇. 契房不罷, 百事無可爲也.

契房有二, 一曰里契, 二曰戶契. 里契者, 全一里而契之, 歲收錢數百兩也. 戶契者, 執一戶而契之, 歲收錢百餘兩也.【羅州·長城多戶契】鄕廳·吏廳·軍官廳·將官廳·官奴廳·皁隷廳【卽使令】·通引廳【卽侍童】, 各有契房, 而唯吏廳獨多, 執大村十餘處, 咸與爲契, 其餘或二或三, 無定數也. 凡爲契房之村者, 卽還穀免受, 軍簽免侵, 而民庫所出, 一應徭役皆所不攤, 旣輸錢數百兩, 卽終歲安居. 此民之所以樂與之爲契也. 然必其村力本贍, 民豪有權, 乃成此事. 敗里殘村, 小民愚氓, 鰥寡罷癃之聚, 曷嘗有契之者乎? 契戶亦然, 必一鄕之雄, 田疇十結, 戶庇百家者, 乃以一戶得與爲契耳. 然則凡富村富戶其徭賦, 皆吏之所食, 唯零丁孤苦之民, 乃應公賦, 乃酬官徭. 然且萬戶之役, 堆于千戶; 千戶之役, 堆于百戶, 昔也一戶之役, 歲不過百錢, 今數千猶不給矣. 呼號顚連, 魚爛河決, 及今不救, 哀玆小民, 將無噍類. 契房之罷革, 非今日之急務乎?

官召吏, 令首契房之村, 共有九村, 官曰: "契在三十年以前者, 姑且置之; 其在三十年以內者, 臚而首之. 吾將罷之." 俄而縣門如沸, 吏八九十人, 鴈鷟趨以入于庭, 訴之曰: "契者九村, 其八皆三十年以內也. 雖然, 柳川村者, 春秋巡歷之日, 中廳支供之所出也【營吏曰中廳】, 今猝破之, 卽巡歷奈何? 支石村者, 春秋巡歷之日, 一行人情雜費之所出也, 今猝破之, 卽巡歷奈何? 松隅村者, 春秋巡歷之日, 驛人·驛馬接待之所出也, 今猝破之, 卽巡歷奈何? 上谷村者, 春秋巡歷之日, 鋪陳·紗燭籠·房帳·虎子之等, 添價之所出也, 今猝破之, 卽巡歷奈何? 某村卽營吏廳歲饌禮物之所出也. 某村卽還上磨勘之日, 營吏例贈之所出也. 某村卽兵營吏校廳例贈之所出也. 某村卽水營吏校廳例贈之所出也." 納其完文, 示其訴牒, 皆理順辭直, 無言可答. 牧雖剛明, 未有不心懵口呿, 弛然而趴者矣. 軍官之訴如此, 奴隷之訴如此, 牧將奈何?

大抵監司巡歷之法, 絶無意味. 師行而糧食, 飢者不食, 勞者不息, 飮食若流, 流連荒亡, 爲諸邑憂, 爲生民大痛. 今日之巨弊深瘼, 無以踰於是者也. 監司騎驛馬, 其在法典, 二三品奉命使臣, 皆大馬一匹·馱馬一二匹而已. 顧乃以點馬爲名, 盡發諸驛之馬, 鞍者驛者, 先者隨者, 連騘接尾, 羅絡數百里. 大較一站所經, 馬數百匹, 上中下主客, 閑雜人員, 千有餘人. 每入郡縣, 受大饗進大饋, 遂憊以臥, 則營吏在外, 受民訴狀, 題判唯意, 墓地之訟, 曰: "查實決給." 民瘼之訴, 曰: "查實措處." 竝付本官. 夜押一妓, 日午而起. 行必燃炬, 鞭背蹴脽, 呼號顚連. 僧寺訪花, 江亭汎月, 招呼守令, 以自爲樂. 一切田租·賦役·獄訟·軍務·奸鄕·猾吏·悖子·頑弟, 都無所問, 所過唯見塵埃滾騰, 鐃吹嘲轟而已. 此果何事, 何義何名, 何利何益, 動四域之衆, 竭萬夫之力, 以奔走竭蹶也? 吏額之不能汰, 巡歷故也; 契房之不能破, 巡歷故也. 田賦日增, 巡歷故也; 煙役月羨, 巡歷故也. 店村之敗, 巡歷故也; 僧寺之空, 巡歷故也. 巡歷之法不改, 凡牧民之政, 無可議也. ○雖然, 契房猶可罷也. 吏旣訴, 官訊之曰: "首吏進飯, 庖奴炙牛心臛牛腌, 擎倭爐洗倭銚, 以立乎南榮之末, 斯何出也? 春之季·夏之中, 編蒮甕鮓; 秋之夕·歲之終, 擊鮮割牲, 以饋乎先進之室, 斯何出也? 花朝月夕, 召妓呼娼, 彈絲吹竹, 汎于湖堤, 游于山寺, 名之曰尊廳之會, 斯何出也? 婚則有助, 喪則有賻, 生辰則有宴, 受杖則有慰【公兄受杖, 則自本廳進大饗, 名之曰杖慰禮.】, 斯何出也? 汝自造罪, 以遭上司推治, 其賂其費, 咸自汝廳辦, 斯何出也? 某村者, 國家之版籍也; 某戶者, 國家之編氓也. 汝私執爲契, 竊其租賦, 以自防其驕奢淫佚之用, 唯留下殘癃·破扉·疴叟·癱童, 使應公賦, 使答官徭, 百姓其堪乎? 契房之設, 三十年也. 卽三十年以前, 監司無巡歷, 兵營無軍簽, 水營無松禁乎? 三十年以前, 吏不得爲吏, 官奴皁隷, 皆行乞於道路乎? 細言不要聽, 一言以蔽之, 曰契房罷."

契房所斂之錢, 本支吏廳雜用. 其以巡歷爲諉者, 未可盡信. 雖其中不無實然者, 而首吏·都吏·倉吏·軍吏, 其食皆數千兩, 自相釀斂, 亦可以防其費. 何必契房是設乎? 溫言諭之曰: "民者, 本也. 本之旣蹶, 吏將疇依? 保民而後, 吏亦有賴. 若精髓都竭, 萬命遂盡, 邑將革矣, 汝等其有依乎? 爾祖爾父, 世居此邑, 與民偕生, 此邑之亡, 汝豈恝視? 亟罷契房, 以保生民. 汝等會議, 別自釀斂, 以防其要用, 其奢濫雜例, 悉皆停罷, 以養汝福, 以均民賦. 余志大定, 其勿再言."

酒査宮田, 酒査屯田, 酒査校村, 酒査院村, 凡厥庇隱, 蹖其所佃, 悉發悉
敷, 以均公賦.

大凡一結之田, 得實戶二家, 使之佃作, 靡不治矣. 宮結十結, 則除留二十
家, 使之佃作, 其餘括之, 俾應徭役, 靡不可也. 屯結六結, 則除留十二家, 使
之佃作, 其餘括之, 俾應徭役, 靡不可也. 校奴·校婢, 密近學宮, 蠲徭可也, 豪
戶投託, 虛戶堆疊者, 括之汰之, 以究其實, 不亦可乎?

賜額書院, 其免稅之田, 不過三結, 其保率之名, 不載法典, 則守祠·掌庫,
不過十家足矣, 私祠·影堂, 不過五六家足矣. 今也, 廣取客戶, 庇爲率屬, 使
不得視爲齊民, 不亦武乎? 宜以溫言, 徐喩公理, 毋恃客氣, 毋蔑國法, 使縣官
均徭之志, 無所沮撓焉, 可也.

乃査驛村, 乃査站村, 乃査店村, 乃査倉村, 凡厥庇隱, 匪中法理, 悉發
悉[25]敷, 以均公賦.

驛奴·驛婢·驛吏·驛女, 不應縣徭, 法也. 客戶投託, 作爲逋藪, 如之何其不
發也? 驛奴·驛吏, 娶良妻與居者, 以驛戶論, 良民娶驛婢·驛女與居者, 以客
戶論, 不亦可乎? 野院荒村, 寥落孤寒者, 蠲之可矣, 業酒養豬, 櫛然成聚者,
如之何其盡蠲? 站戶唯除數家【院直等】, 餘竝錄之, 不亦可乎? ○店村之庇, 官
之貪也. 鍮器·鐵器·磁器·瓦器·竹器·柳器之等, 取用無節, 以竭其力, 輕許
蠲徭, 以塞其孔, 非竊民賦乎? 其取器不濫, 以紓其力, 其攤賦不饒, 以均民
役, 不亦可乎? 倉村之庇, 吏之私也. 落米遺粒, 旣沾其滲漉, 瀝酒烹豚, 又取
其贏羨, 其視窮村, 有餘力也. 其或凋殘, 無以守倉者, 蠲以募之, 漸益繁盛,
多所資利者, 從而征之, 不亦可乎? 餘皆如此, 不可一槪論也.

龐嵩爲應天通判, 留都民苦役重, 力爲調劑, 凡優免戶及寄居客戶·詭稱官
戶·寄莊戶·女戶·神帛堂匠戶, 俾悉出以供役, 民困大蘇.

---

25 悉: 新朝本에는 빠져 있음.

結斂不如戶斂. 結斂則本削, 戶斂則工商苦焉, 游食者苦焉, 厚本之道也.

人有無田, 無無家也. 賦之以戶, 不亦可乎? 然戶籍之雜亂久矣, 欲行戶斂, 先正戶籍. 不可於方亂之籍, 冒之以戶斂也. ○吏於戶斂, 必盡力而沮之者, 厥有三顧, 一曰防顧, 二曰籍顧, 三曰契顧. 防顧者, 何也? 結役重則防價高, 結役減則防價削, 此吏之所以顧戀也. 籍顧者, 何也? 戶斂行則虛戶彰, 籍政明則村賂絕, 此吏之所以顧戀也. 契顧者, 何也? 戶斂行則契房毀, 契房毀則抽結難, 此吏之所以顧戀也. 牧不曉事, 則吏胥動浮言, 以惑愚民, 民則實愚, 何知利害? 吏之所顧, 民乃曰苦. 言出於民, 認爲民情, 此民之所以恒墮, 而牧與之俱陷也. ○吏之煽惑, 厥有數端. 一曰戶産不均也, 一曰田主在他也. 戶之貧富, 雖曰不齊, 十家之村, 不過二戶. 二戶之役, 十家均攤, 大中小殘, 亦自分等, 非以一家當一戶之賦也. 産之不均, 又何論乎? 京畿之法, 田主辦稅; 南方之法, 佃客辦稅. 田主辦之者, 雖在他方, 非逃役也, 佃客辦之者, 主雖在此, 不輸徭也, 以此以彼, 田有稅矣. 用田而賦, 孔子戒之, 主之在他, 又何論乎?

米斂不如錢斂. 其本米斂者, 宜改之爲錢斂.

粟出於民稼, 錢出於官鑄. 故古人多云, 賦粟便, 而賦錢不便.【陸宣公·蘇長公, 皆有此言.】然錢數難詑, 厥貫旣盈, 其索瘢無術也; 米品多等, 厥角旣濫, 其求美無限也. 落米滿庭, 無由拾也; 精繫如玉, 無由訴也, 顧不以納錢爲便乎? ○凡米斂之邑, 改定其法, 每米四斗, 輸錢一兩, 庶無議矣.【國法則每米三斗, 折錢一兩.】豐年時估, 或至六斗; 凶年大無, 或至一斗. 夫豐年則民力旣紓, 賦之差重無害; 凶年則民情旣急, 賦之差輕有利, 斂之以錢, 不亦可乎? 斂之以米, 則豐年無害, 其無害者吏也; 凶年有利, 其有利者吏也. 抑吏以扶民, 損上以益下, 天之經也, 賦之以錢, 不亦可乎? 賦之以錢, 則防結之價不騰; 賦之以錢, 則搬輸之力亦輕. 旣鍊之銅, 不可曰粗; 旣盈之貫, 不可曰欠. 雖辦錢難於辦粟, 而民之利害, 已相懸矣.

其巧設名目, 以歸官橐者, 悉行鐲減. 乃就諸條, 刪其濫僞, 以輕民賦.

偶得數邑節目觀之, 其濫僞之目, 不可勝數. 鋪陳價三百兩, 不必盡用, 雙[26]轎價二百兩, 不必盡用, 分養馬價一百五十兩, 不必盡用, 傳關價一千二百兩, 不必盡用. 若此類何以悉指? 古有貪官, 一番橫斂, 其後來者, 諉之以舊例, 不復鐲除, 以至此耳. 其歸之於吏橐者, 吏遇貪官, 陰以賂物, 誘增役價, 以爲萬世之利, 若傳關錢一千二百兩之類, 是也. 巡營文報, 雖極頻數, 一月送人, 不過五六次而已, 何必月費百兩? 原初增高之時, 其行賂明矣.

丁積知新會縣, 先是, 民出錢輸官供役, 名均平錢, 其後吏貪, 復令甲首, 出錢供用, 曰當月錢. 貧者至粥子女, 積一切杜絶.【『明史』】○案 此卽吾東之民庫也.

金弘振爲新溪縣令, 邑在窮峽, 素多無名之賦, 前後相承, 恬爲故常. 公下車, 一掃去之, 民始知官取於民有制.

李靑蓮後白按節嶺北, 盡去宿弊, 郡縣賦入, 鐲除殆盡, 雄富之邑, 遂爲凋殘. 其後守宰, 或鑿空他[27]稅, 民始苦之.

林悌以詩傷之, 曰: "蕙折霜風玉委塵, 一時淸德動簪紳. 可憐貊道終難繼, 相國醫民是病民." ○案 靑蓮之事, 出於天理之公, 林白湖作詩嘲之, 本是迂儒之見, 擧世傳誦, 以爲名言, 斯皆俗論, 不足述也. 夫府之雄殘, 不繫乎民賦之厚薄. 有府焉, 層城曲池, 朱樓翠閣, 翼然相望, 非雄府乎? 創建之初, 雖用民力, 府之旣成, 民賦所入, 悉歸私橐, 以潤其家, 於府何益? 余見多矣, 旗鼓弊缺, 官未嘗修之也; 輿榻破壞, 官未嘗補之也, 譙樓崩毀, 牌殿敧傾, 官未嘗葺之也; 官奴憔悴, 門隷襤褸, 官未嘗恤之也. 民賦之厚薄, 何與乎官府之雄殘乎? 諸凡公用之物, 削減殆盡, 則府之害也. 若夫官廩之所入, 非所言也. 廉者居之, 雖約不匱; 貪者居之, 雖侈必增. 地稅之增, 官之貪也, 豈靑蓮之咎

---

26 雙: 新朝本에는 '雛'로 되어 있음.
27 他: 新朝本에는 '地'로 되어 있으나 車天輅의 『五山說林』에 의거하여 바로잡음.

哉? 每見廉白之人, 居官有所蠲減, 其後人訕之謫之曰:"某也蠲某物, 自此以後, 府不成樣, 民受其害." 皆鄙腸陋腹, 以官爲賈之說, 不足徵也.

又凡民庫之法, 雖皆量出而爲入, 然其節目之規, 必當先入而後出. 米之結斂, 錢之戶斂, 宜條列諸色, 錄其都數, 然後應下·別下開列諸名, 以定其用下之數. 今見數邑節目, 其入其出, 混雜相亂, 歲入既無定率, 日用又無恒式, 雖使隸首執算, 無以察其奸矣. 今作節目草, 爲式如左.

琴山縣民庫節目.

　一年應入錢米之數.

米二百石.【卽三千斗】本縣田總六千結所入. ○每結, 各收米五升, 凶年災減, 不能爲六千結, 則查其隱結, 加徵幾石, 使二百石歲入之數, 年年無減.【或宮房無土之稅, 有所贏羨者, 不必查隱結.】

錢一千二百兩. 本縣六千結所入. ○每結, 各收錢二戔[28]也, 凶年加徵, 如上法.

錢一千兩. 本縣戶總四千戶所入. ○每戶, 各收錢二戔[29]五分也. 然戶有贏縮, 不可恒也. 先正戶籍, 均其虛實, 使諸里幾戶, 皆爲實戶, 然後計其戶數, 配爲里錢. 雖使日後戶有加減, 此錢之額, 無加無減.【假如柳川里今十戶, 則其里錢椿定爲二兩五錢, 日後或減爲九戶, 或增爲十二戶, 而二兩五錢, 則無加無減.】○已上歲入, 每年無減.【米則皆三月內上下, 錢則結之所斂, 春收之, 三月內上下, 里之所納, 秋收之, 九月內上下.】

　　每年應下秩.

米八十石. 巡營主人役價米.

米二十石. 兵營主人役價米.

米四石. 春秋釋奠大祭, 羊腥·豕腥添價條【春秋各二石】

米六十石. 縣司柴炭價添給.

---

28 戔: 新朝本에는 '錢'으로 되어 있음.
29 戔: 新朝本에는 '錢'으로 되어 있음.

米三十石. 進上節扇物種價.

米二石. 本庫監官一年料米.

米四石. 本庫色吏庫子一年料米.【庫吏取錢, 料理多方, 自爲大賈, 餼料所以本薄也.】

  已上米二百石所用.

錢一百兩. 京主人役價.

錢四百兩. 巡營主人進上添價.

錢二百四十兩. 傳[30]關色脚價.【每月二十兩】

錢三十兩, 傳關色夏三朔農形狀, 脚價添給.【每月加十兩】

錢二百四十兩. 官用雉鷄柴炭價.【每月二十兩】

錢六兩六戔. 進上紫河車價.【此條宜上疏, 蠲之.】

錢六十兩. 進上節扇價添給.

錢七十五兩. 分養馬, 去來浮費及喂養價.【此條宜自上司奏, 改其法.】

錢七十兩. 統營箭竹價.

錢六十兩. 兵營箭竹價.

錢六十兩. 水營弓巢竹價.

錢六十兩. 水營旗桿竹價.

錢四十兩. 京司納竹物·木物人情.

錢五十兩. 奎章閣冊紙壁紙價.【此條宜上疏, 蠲之.】

錢四十五兩四戔. 冬至使求請皮物鐵物價.

錢十二兩. 本庫所用紙筆墨價.【每月各一兩】

錢一兩. 本庫燈油價.

  都已上, 每年應下錢一千五百五十兩, 依節目都下, 無下記.

錢一百五十兩. 進上靑大竹價.【當次之年, 乃上下. 此法宜改之.】

錢五十兩. 濟州人餼料, 蘇安島庫子給.【唯都會官當次, 乃上下 ○下二條同.】

錢八兩. 濟州越海軍官路費.

---

30 傳: 新朝本에는 '傅'로 되어 있음.

錢八兩. 濟州進上物種領去軍官上京路費.

錢五十兩, 漂船到泊時支供器皿價.

錢二十兩. 巡歷時南禮院修理價.【唯巡歷入院, 乃上下, 春秋皆入, 則秋給十兩, 凡未滿一朞, 而再入者, 皆半下之.】

錢四十兩. 巡歷時院站支待價添給.

錢一百二十兩. 巡歷時, 鋪陳帳幄價【春秋皆入, 則秋給六十兩.】

錢三十兩. 別使求請, 皮物等價.

錢五十兩, 吏曹堂參價.【唯官家遞歸時上下 ○此條, 官宜自當.】

錢六十兩. 衙舍修理價.【唯新官到任時上下】

錢二十兩. 閏月雉雞柴炭價.

錢六十兩. 先生致賻條.

錢二十兩. 巡營別卜定香蕈二十斗價.

錢一兩. 閏月本庫紙筆墨價.

右所列諸條, 隨用隨記, 有會計. ○一年進排, 其有餘錢, 擇境內最富民授之, 待加下之年, 取用之. 或值災減之年, 民結縮少, 錢米竝勿加徵, 取用此錢. ○其利條, 則每百兩, 一年錄利二十兩, 五年則收百兩【今年之利, 明年勿作本錢, 只於初年本錢上, 年年錄利】, 分授別人.【凡授民以錢, 一人無過百兩.】

朝官之戶, 蠲其徭役, 不載於法典, 文明之地, 勿蠲之; 遐遠之地, 權蠲之.

京畿無朝官戶蠲徭之法, 及至南徼, 乃見此例, 亦美風也. 畿湖多朝官戶, 不可盡蠲, 遐外寂寞, 偶有一二朝官者, 按例蠲徭, 抑所宜也.

唐開元戶令云: "諸戶主皆以家長爲之, 戶內有課口者爲課戶, 無課口[31]者爲不課戶. 諸視流內九品以上官及男年六十以上, 皆爲不課戶." ○案 唐法, 流內九品官, 免其戶役. 此法似善, 然漢初踐更之法, 雖丞相之子, 亦在戍邊

---

31 口: 新朝本에는 '戶'로 되어 있음.

之調, 下逮晉宋, 其法皆然.【詳見「戶籍考」】唐制自是一法, 非歷代之所同然也.

唐韋澳[32]爲京尹, 國舅鄭光庄不納租, 澳縶其主者, 期以五日不足, 必抵法. 上問澳, 澳曰: "今日納租則當放, 來日限外則不得矣." 上入告太后曰: "韋澳不可犯." 頃刻而租足. ○唐李翱爲廬州時, 州旱, 權豪擅市田屋, 以牟利, 而竄戶仍輸賦. 翺乃計田收租, 而收豪室稅萬二千緡, 貧弱以安.

劉敞治長安, 大姓范偉, 冒武功家不徭役者五十年. 公發之, 治偉伏罪, 人懼呼稱神明. ○王居正知婺州, 大將張俊家, 有田在郡地, 丐免徭役. 公曰: "兵興以來, 士大夫與編戶, 等其科役, 蓋欲上下同力, 共濟我國. 況將相之家乎?" 遂不免其賦.

大抵民庫之弊, 不可不革. 宜於本邑, 思一長策, 建一公田, 以防斯役.

范成大知處州, 松陽民爭役. 公曉之曰: "吾聞東陽縣, 有率錢助役者, 爾與之鄰, 獨無愧乎?" 推廣其制, 諭鄉人, 視貧富, 出金買田, 擇忠義之家, 掌其事. 儲歲入助當役者, 命曰義役. 仍許自第名次, 有司勿預. 數月間, 民皆樂從, 一縣二十五都, 悉以辦告, 二十年, 諸邑爭效之.

周忱巡撫南直, 凡官府織造供應軍需, 及馬草·夏稅·鹽草·驛馬·鋪陳, 歲辦該徵者, 盡出於所積餘米. 蓋民賦歲輸石五斗之外, 漠然不見他役之及己. 其後撫臣, 守其法則治, 紊其法則亂.

高麗李寶林知南原府事, 新置濟用財, 以支供費, 無橫斂. 李穡爲之記曰: "每使者索賦急, 縣不及辦, 稱貸而益之, 民或破産. 寶林憂之, 會徵逋稅, 得布若干, 又決奴婢訟, 得布若干, 摠得布六百五十疋. 舊有屯田, 恣吏爲奸, 寶林躬親其勞, 吏[33]不敢罔, 總得米二百石, 豆百五十石. 新墾之田, 可收七十二石者, 以供委積, 至於什用理具, 既備既完, 合而名之曰濟用財. 於是, 編甿無橫斂之苦." ○案 此卽今之民庫也.

---

32 澳: 新朝本에는 '澳'으로 되어 있으나 『新唐書』本傳에 의거하여 바로잡음. 이 단락의 '澳'는 모두 이와 같음.

33 吏: 新朝本에는 '民'으로 되어 있음.

高麗韓康爲金[34]州防禦使爲守, 前此田賦常不滿額, 守多坐罷. 康始至理屯田之廢者, 得穀二千餘石, 吏戢民安, 以最徵爲禮部郞中.

高麗李慕之爲淸州牧使, 施惠政撙節財用, 得白米二十石, 糙米七十石, 小米八十石, 蕎麥三十石, 布一千疋, 立本取息, 爲本州義財. 有李穡記.

崔有海爲吉州牧使, 時吉州饑疫, 凡死者一千七百. 公發廩劑藥以救之, 廣開屯田, 得穀三百斛, 又別備兵器, 有錫馬恩. 先是, 州民出布, 戶不下十疋, 公以土産懋遷, 以除其太半.

李積爲盈德縣令, 縣背山面海, 土瘠民貧. 公擧魚鹽·火田之租, 以補民役, 如田稅·大同·歲幣及其他, 皆自官備, 數年之間, 民得休息.

南方諸邑, 凡築堰穿渠, 可以爲公田者甚多, 沿海之邑, 收其島利, 亦可以支民庫一年之用. 牧苟盡心, 何患乎無其道也? ○羅州有十二島, 竝其屬島餘數十也, 歲收禾麥六千餘石, 一小校呑之, 以應府中木物之供, 斯何法也? 若此之類, 屬之民庫, 以除民瘼, 使流民復集, 陳田復闢, 不亦善乎? 夫招巧工販奇材, 鋸之削之, 作爲箱篋·几案·奩盒之屬, 以悅婦人, 以媚權貴, 監司聞之, 不以爲治績; 子孫見之, 不以載行狀, 轉眄之頃, 聲迹俱泯. 何苦捨彼而爲此? 嗟乎, 惜哉!

民庫下記之招鄕儒査檢, 非禮也.

每至歲末, 民庫加下錢, 或近千兩. 乃招鄕儒, 使爲鄕會, 取下記査櫛, 以察其濫僞, 擊豕烹鮮, 以禮會者. 打算移時, 僉曰: “無僞.” 於是論定, 攤徵民結. 君子曰: “非禮也.” 民庫下記者, 官所署也. 旣署旣印, 官所勘也. 官謂其民, 我盜我淸, 汝其決之; 我簿在此, 汝其監之, 天下其有是乎? 損體壞貌, 莫此爲甚. 況鄕儒何物? 其上焉者, 哦詩詠賦, 項羽沛公之句, 以至白紛; 其下焉者, 揷秧·打麥, 田稅·倉糧之曆, 尙皆玄眼, 況於民庫之簿, 神姦鬼怪變化不測者, 渠安能摘發其僞哉? 設有煙霧起於胸中, 而豺虎對頭, 膽已破矣; 豚魚入口,

34 金: 新朝本에는 '全'으로 되어 있음.

肝已融矣. 尙復有出一言卓白之者乎? 凡鄕會皆然, 牧如愛民, 鄕會不可令也.

第五條 平賦 下

雇馬之法, 『國典』所無, 其賦無名. 無弊者因之, 有弊者罷之.

牧之來也, 刷馬價三百兩, 旣受公賜; 牧之行也, 儲置米四五石, 皆有會減, 雇馬又何名也? 牧之在京也, 家無三日之糧, 猶養一馬, 以供奔走, 今也菽麥積於官廚, 芻藁充于縣司. 又有一二奴僕, 鎖居內屋, 淸晝閒眠, 牧何不自買二馬, 使之餵養, 而必民之膏血, 是浚是瀝, 乃快於心乎? 牧之在家, 匹馬單僮, 周行湖嶺, 今暫出鄰邑, 必於轎馬之外, 又立鞍馬, 衣衾·簟席·飮食·敦匜, 又立三馬, 不已泰乎? ○牧行, 宜立轎馬一匹【牧所乘】·輜馬一匹【衣衾·簟席·敦匜合載之】, 以內養馬用之, 陪吏馬一匹【刑房之所騎】·陪童馬一匹【通引之所騎】, 或自本廳防雇, 或自民庫給雇, 皆按舊例而行之. ○其自民庫給雇者, 每十里給一錢五分, 百里以上, 每百里給錢二兩.【三百里則六兩, 八百里則十六兩】 ○其自本廳給之者, 廳有私財也. 或吏帶腴窠, 或村有保率者, 宜循舊例, 或有契房村, 以防其雇者, 則革罷契房, 自民庫給之. ○公行有儲置米會減者, 旣受其米, 半屬官廚, 以補內養之餼【內養者二匹】; 半屬民庫, 以補外給之費.【外給者二匹】 ○官行不可無鞍馬, 則官鞍輜於外馬, 令陪童騎之, 欲乘鞍馬, 則移其鞍.

馬如是足矣. 乃設雇馬之庫, 歲賦民千有餘兩, 立馬八九匹, 每一匹給本錢五六十兩, 募人以授之. 馬死則徵其半, 馬病則改立, 改立則添其價. 近出則無雇, 遠出則給半雇. ○或有邑例, 官不立馬, 但募邑中厮人, 使自立馬, 每有官行, 厚酬其雇, 自雇馬庫給之. ○凡有雇馬庫者, 遂以馬匹, 謂自地湧, 用馬無節. 官每一出, 其轎馬二匹, 其鞍馬一匹, 其輜馬二匹, 其陪三匹.【通引率兩箇】 子弟上京, 婦女還家, 親戚往來, 皆用雇馬, 名之曰雄府, 誇之曰器具. 所過塵埃滾騰, 鑣鈴亂鳴, 自以爲太守之行頗不草草, 而不知雇馬錢攤徵之日,豺虎晝橫, 雞犬夜驚, 破囷摘錡, 斷機絕桁, 鰥翁寡婦, 哭聲干天. 嗚呼! 何其昏也? ○雇馬庫者, 必破無疑之物. 唯陪馬二匹, 不可不慮.【如上法】

殺人之獄, 一月三推, 其推官在百里者, 不能每赴, 但飾文書, 瞞報上司. 實未嘗出門外一步, 而儲置米會減.

公賜如例, 則官受此公賜, 以付馬庫, 乃於馬庫, 別討錢六十餘兩【每一行, 討錢二十兩】, 歸之官橐. 通計一年, 厥錢七百二十兩也, 謂之加下, 攤徵於下民. 余見若是者多矣. 是可忍也, 孰不可忍也?

范希正知曹縣, 有善政, 升縣爲州. 時州民負官馬不能償, 多逃竄. 希正節公費, 代償九十餘匹, 逃者皆復業. ○案 欠者九十, 則存者數百. 小州小縣, 猶有馬數百匹, 而吾東雇馬之價, 責於民庫, 馬不滿十匹, 而四境凋瘵. 噫! 將若之何?

均役以來, 魚鹽船稅, 皆有定率, 法久而弊, 吏緣爲奸.

魚鹽船稅, 理所宜有.『周禮』, 川澤皆有厲禁, 車輦總入算計, 齊有舟鮫之守, 漢置鹽鐵之官, 設法征稅, 毫無可愧. 而當時議事之臣, 力量不弘, 言論不協, 其所立制, 皆取諸路諸邑本有之私例, 苟且編列, 無所會通. 遂使諸稅之率, 道各不同, 邑各有殊, 上下升降, 本無畫一之法. 推移變遷, 未有馭衆之術, 歲久年深, 不復查括, 虛實相冒, 奸僞日滋. 凡沿海出宰者, 乃於三政之外, 別一大政, 在於此事, 不可不致意也.【詳見「貢賦考」】

船有多等, 道各不同. 點船唯循舊例, 收稅但察疊徵.

船之載物, 在乎其力. 高闊旣殊, 函受不同, 今但以長短出度, 以定稅率, 本是踈法. 使若當時, 但以載米幾石, 定其差等, 則其稅率, 可中物情.【詳見『均役追議』】惜乎! 今無及矣. 然牧於點船之日, 宜執此義. ○京畿·海西, 船分四等, 則須知四等之船, 各載幾石, 必其所載相等, 乃入同等. 無徒以長短幾把, 勒定其等, 斯可矣. ○湖西船分十等, 湖南船分九等, 嶺南只分三種, 關東·關北, 大同小異.【亦三種】雖其立法, 本不齊整, 一縣之責, 唯謹遵前例而已. 大約

以所載多寡, 參酌其情, 上附下附, 使物議公平, 斯可矣.【竝詳『均役議』, 今不贅.】

唯其疊稅之弊, 余所覩也. 茅島有黃姓者, 舊買一隻幺船【小小船】, 往來行商, 旣而無利, 賣于張三. 張三使船一年而死, 其妻賣船于李四, 李四莞島之民也. 於是, 均役之吏, 竝以三氓載之於船案, 年年徵稅. 黃也以牒訴, 官題曰: "查實頉給." 付之該吏, 吏乃伸手, 索賂一貫【十兩錢】黃也歸來, 圖縮鄕丞, 以鰒五十·海菜一擔, 執之爲幣. 丞曰: "汝冤, 我當直之." 旣及數日, 吏督日急, 丞曰: "嗟哉! 今年之稅, 汝其納之. 明年之稅, 我其圖之." 旣及明年, 吏督又急, 黃來覲之, 丞已遞矣. 黃又訴之, 官曰: "查實." 付之該吏, 吏曰: "汝氓大是不直. 納賂鄕丞, 不顧本廳, 須錢二貫【二十兩】, 迺除爾名." 黃自念之曰: "幺船之稅, 不過三兩, 我爲此事, 前後出陸, 往來銷折, 已近一貫. 又納二貫, 是十年之稅, 一朝輸之也. 人生實如朝露, 十年安能遠期?" 遂納三兩而出. 歸路至茶山, 爲余言如此. 余所見者黃也, 張三李四, 莫不皆然. 由是觀之, 幺船一隻, 其納稅者數人. 小船一隻, 其納稅者數人, 大船·中船, 稅率旣高, 或者無此弊也? ○凡徵船稅, 宜考船案, 知其實額, 乃令均吏, 每船一隻, 各出一牌, 考其時主, 明非疊出而後, 乃可著押. ○若但以船數·牌數之相合, 而謂之無奸, 則吏於時主, 私以白牌徵之【不踏印】, 乃於舊主, 特以朱牌徵之【官踏印】, 彼旣無冤, 雖白亦納, 此旣見朱, 雖冤亦納. 此弊又宜知也.

眞西山知泉州, 蕃舶畏苛征, 至者歲不三四. 德秀悉寬之, 至者驟增, 至三十六艘.

魚稅之地, 皆在海中, 無以細察. 唯期比總, 時察橫徵.

漁地有四, 一曰漁場, 廣洋之中, 網船湊集曰場也. 二曰漁隧, 魚來有路, 要路立船曰隧也.【均役事目, 本謂之漁條.】三曰漁䑸, 宗船左右, 衆船爲翼曰䑸也.【本謂之漁基】四曰漁篊, 竹欄對夾, 盡頭設陷曰篊也.【本謂之漁箭】○湖西之稅, 篊分十等, 場與隧·䑸, 四等而已. 湖南之稅, 篊分九等, 隧分三等, 其場其䑸, 稅率最高.【法聖·群山·蝟島等[35]】嶺南之稅, 五分稅一, 諸路之中, 立法最誤, 其餘諸路, 稅法不明. 雖其條例, 互有優劣, 今唯每年比總, 以充原額. 或其贏欠不齊, 利害相乘, 牧不必一一考檢, 所謂淵魚不必盡察也. 然豪甲猾監, 憑藉公稅, 橫施攘奪者, 不可不別岐廉訪, 時一嚴懲, 使漁船湊集, 無失其利也. ○漁簇在浦灣者, 其恒稅之外, 吏校奴隷之等, 常有憑藉. 監司巡到則憑之, 萱堂獻酌則憑之, 開場試士則憑之, 汎湖娛賓則憑之. 潮之所漁, 汐之所漁, 盡物取之, 曾不以一葉之錢酬其本直. 牧何嘗膾其一鱗, 而得此怨詛乎? 余在海上, 常見此事. 牧宜知之【見上律己條】

鄭晩錫爲延日縣[36]監, 應旨上疏曰: "均役以來, 魚産漸縮, 而簇之旣廢, 稅額猶存; 船之旣破, 隣族猶侵. 以本縣之至小, 而廢簇之稅其地者, 三四處也; 破船之侵其族者, 十九隻也. 往日百人之所納, 前年責于十人; 前年十人之所納, 今年責于一人, 民其堪乎? 夫廢簇破船之不得免稅者, 一由均廳之徵代, 一由營屬之索例. 臣伏念, 物有盛衰, 器有成毁, 豈可以責代補闕, 唯意所欲乎? 『均廳節目』云: '苟無章標, 不得往來, 自無倖漏之患.' 此明核之言也. 旣知其然, 猶疑不破, 不可也; 旣知其破, 猶靳許免, 不可也. 況間年改案, 營屬之不有法禁, 濫索情債, 罔有紀極.【『均役節目』: "凡破者造者, 勿令磨勘. 只令付標, 以防其討索情債."】至於朔膳魚物封進之時, 其營邑情債, 至八九百兩【營下人情, 全鰒一貼, 文魚一尾, 各錢五兩, 廣魚一尾, 粉藿一斤, 各錢一兩, 餘皆倣此. ○本邑人情, 其數差少.】, 攤徵於海戶, 延及於田結. 東沿諸邑, 其例皆同, 民安得不困乎?"

凡沿江諸邑, 淥水【鴨淥江】‧薩水【淸川江】‧浿水【大同江】‧瀦水【禮成江】‧帶水【臨津江】‧洌水【京江也】‧泗[37]泚水【白馬江】‧灉水【良定浦】‧濼水【榮山江】‧潺水【豆耻江】‧蘫水【菁川江】‧潢水【洛東江】之側, 其郡縣江魚之稅, 其法萬殊. 或收簇稅, 不以魚徵者, 其弊未甚. 或別給本錢, 使豪民興利, 月討魚數十尾, 以充官廚者, 其弊滋巨. 官討魚一尾, 吏討魚十尾. 諸如是者, 宜革其法, 令廚奴, 買魚以供之.

藿稅‧苔稅【藿者, 海帶也】, 其率本輕, 唯當按例以充額. 其有訟辨, 宜扶孤弱. 蓋此藿田‧苔田, 皆爲土豪所占, 其來久矣.

35 等: 新朝本에는 빠져 있음.
36 縣: 新朝本에는 '郡'으로 되어 있음.
37 泗: 新朝本에는 '泗'로 되어 있음.

鹽稅本輕, 不爲民病. 唯期比總, 時察橫斂.

京畿鹽盆之稅, 其率最輕, 上者四兩, 下者一兩, 四等而已. 海西之鹽, 雖分四等, 其率差高.【上者十六兩】湖西之鹽, 分爲八等, 湖南之鹽, 分爲九等, 嶺南之鹽, 其利最廣. 而其稅疎薄, 毋問大小, 稅錢六兩, 關東亦然. 北道之鹽, 土盆通徵十兩, 鐵盆通徵六兩. 西關之鹽, 分爲五等.【上者稅十兩, 下者二三兩.】雖其條例, 互有詳略, 鹽場不無盛衰, 今唯每年比總, 以充原額而已. 其有贏欠不齊, 利害相乘, 牧不必一一考檢, 所謂淵魚不盡察也. 然鹽者, 日用之恒糧也. 鹽吏·鹽監, 私自誅求, 取用無節, 不酬其估, 或約之以稅米, 終背其約; 或託之以官醬, 輕減厥價, 鹽戶之因此消折者, 多矣. 別岐廉訪, 豈得已乎?

尹魯東爲梁山郡守, 應旨陳疏, 批答曰: "嗚旨煮鹽, 亦倣文靖建安置倉之式, 近反官擅其收, 民奪其業. 半百餘釜, 所縮幾半, 島氓之失哺, 姑無論, 道內左右沿民, 亦將食無鹽, 而肌生毛, 年來補估添直, 徒歸有名無實. 予於朝夕對盤, 雖不敢求餼鹽之供, 此豈一分有助於民生日用乎? 爾所謂私船路阻, 則竊恐餘釜漸空云者, 道得如畫, 透破眞境."【『正宗御製』】

中國之法, 鹽皆官煮, 禁民私鹽, 律同私錢. 而劉晏之常平鹽, 當時稱其美法, 今嶺南監司, 自設鹽倉, 以收其利. 鹽者, 官販之物也. 大抵天災流行, 智者豫慮, 物之貴賤, 皆有兆驗. 凡久旱鹽賤, 有如糞土, 鹽戶盡力, 勞多利少. 牧於此時, 販鹽數千石, 以授富民, 約之曰: "鹽貴則減價以糶之, 汝當有沾, 其善守之." 及時而糶, 其利不尠. 若値凶年, 宜補賑濟, 如其連登, 卽以此錢, 修城繕廨, 改旗治兵, 無適而非擧職也. 一文之錢, 若歸私橐, 商賈之名, 不可辭也.

張綸爲江淮發運副使, 時鹽課大虧. 乃奏除通泰楚三州鹽戶宿負, 官助其器用, 鹽入優與之直. 由是, 歲增課數十萬石, 復置鹽場于杭秀海三州, 歲入課, 又百五十萬.

丁監司公彦璜爲仁川府使, 本府鹽稅素重. 公知鹽戶日漸凋殘, 遂減其稅三之二, 且戢官吏, 絕其侵漁. 他方鹽戶聞之, 爭來集. 鹽戶旣多, 而稅入自倍.

土船·官船·魚商·鹽商·苔藿之商, 厥有深寃, 無處告訴, 邸稅是也.

邸稅, 何也? 鄭玄所謂氐店之稅也. 邸店, 何也? 今之所謂船主人, 是也. 浦
口船泊之處, 擁有豪民, 立爲氐店, 凡商船到泊, 主其貨物, 勿敢移動, 自作牙
儈, 操縱翕張, 上下其價, 或陰助商人, 自以爲德, 而句其宿債【除脫之】, 或陰
助陸商, 勒定輕估, 而與之分利, 僞設酒肉, 以禮商人, 而增高其邸稅. 船去之
日, 打算勘簿, 則商人之利, 半歸邸店, 以其餘半, 三分五裂. 重以吏校奴隷之
等, 一聞船到, 蝟集蜂聚, 劫奪其貨, 或酬半價, 或留後期. 小有攔拒, 亂加批
捽, 流血沾[38]裙, 哭聲干天, 而浦村惡少, 助其聲勢, 拳踢惟意. 以此之故, 商船
不集, 物貨刁蹬, 而浦村亦日以衰矣. 雖在平時, 猶當裁抑, 況値凶年, 無以措
畫? 朱子救荒之政, 首禁此弊, 三令五申【詳見荒政條】, 先哲[39]知其要也. 凡沿
邑守令, 宜於上官之初, 榜諭浦村, 嚴嚴設禁, 其所食煙價之外, 一毫不得橫
侵【煙價, 卽飯價.】, 別蹊廉訪, 治其犯者, 庶乎商旅皆悅, 而願出於其境矣. ○昌
原[40]馬山浦, 晉州駕山浦等處, 其邸店之利, 算至千萬. 浦豪爭據, 互相朋比,
與之傾軋. 載略上京, 締交宰相, 關通監司, 以圖差帖, 恃勢恣橫, 守令不能制,
其剝割商旅, 庸有旣乎? 沿海諸浦, 亦皆納略縣官, 以圖差帖, 官旣食略, 何以
禁暴? 遂以邸者引爲私人, 珍鱗大鰒, 時吮其瀝, 而邸者之行惡日甚矣, 將若
之何?

柳公綽爲杆城郡守, 郡多海錯. 前守率務巧作名色, 侵剝漁戶, 苛取齊民,
客船之至, 又重責下碇稅, 以致民流亡而客船不至. 公至, 惟存正供之數, 餘
悉罷之, 曰: "毒民以悅人, 吾實恥之." 於是, 民皆復業.

場稅·關稅·津稅·店稅·僧鞋·巫女布, 其有濫徵者察之.

場稅者, 市稅也. 『周禮』, 關市之賦, 爲九賦之一, 以供王之膳服. 漢法市稅,

---

38 沾: 新朝本에는 '沽'로 되어 있음.

39 哲: 新朝本에는 '喆'로 되어 있음.

40 原: 新朝本에는 '源'으로 되어 있음.

爲天子之私奉, 關稅·津稅, 漸具條例, 以至後世. 下逮宋明, 其法益密, 則市場之稅, 亦合理者也. 但市場監稅, 必令軍校之悖戾者爲之, 劫貨攫米, 縱盜行賊, 邑中豪商, 與之庇護, 村外貧氓, 喪其錢糧. 牧宜三令五申, 嚴斷舊習, 別蹊廉訪, 治其犯者, 則貧戶之尺布斗粟, 得以自售於市門矣. ○又有一種奸宄, 赤手入市, 自作牙儈, 專擅市權. 粟米執升斗之權, 布帛執尺度之權, 綿絮執衡秤之權, 以至鱐鮝醓醢之肆, 棗栗梨柹之廬, 甕甖碗碟之列, 牛馬雉鷄之場[41], 皆待此人, 以定其估, 左右交瞬, 操縱惟意. 牧宜廉察, 執其尤無良者一二人, 嚴治勿饒, 庶乎百人知所戢矣.

『周禮·司市』云: "凶札則市無征." 今雖不能盡然, 唯粟米之肆, 凶年免其征稅, 雖一撮之粟, 無歸虛費, 則糶者糴者, 咸被其澤. 唯一二牙郞, 失其利耳. 夫政莫善於一怨而萬頌, 何憚而不爲也?

關者, 嶺隘之設門也, 如洞[42]仙嶺·靑石洞·鐵嶺·大關嶺·鳥嶺·秋風嶺之類, 是商賈通行之地也. 津者, 江海之渡涉處也. 中國關津之稅, 今古皆有, 而吾東本無關稅, 津雖有稅, 津夫食之, 今所不論.

店稅者, 逆旅之稅也. 西關大路及兩南大路, 距王城五百里, 旅店皆大, 斯有稅錢, 或補官用. 宜察其橫, 勿使怨聲載路. 凡關市·邸店者, 行人之所經, 一有惠政, 聲聞遠播; 一有疵政, 聲聞遠播, 牧所愼在此也.

僧寺草屨之稅, 本自無名. 古者, 願施者多, 而僧皆游食, 身無徭役, 故草鞋·麻繩, 逐月有輸. 近日, 願施者絶, 寺皆凋弊, 空者什八, 諸寺之役, 堆于一寺, 而縣官昏闇, 吏奴橫濫. 使客一過, 憑藉誅求, 實供五兩, 而橫徵數十, 或鄰官相會[43], 携妓挈樂, 吏奴從行者, 雖至百人, 人索一鞋, 牧宜知此. 使客則查其實供, 游覽則除其騶率, 庶其害不甚矣. 佛法非道, 一切禁止, 則三代之治也, 旣不能然, 亦當庇覆. 昔人以僧寺, 比之於悲田·養濟之院, 謂: "鰥寡孤獨, 貧乞之人, 咸以是爲歸也." 此言有理. ○西山大師休靜, 作祝願文, 令僧徒朝夕

---

41 場: 新朝本에는 '傷'로 되어 있음.

42 洞: 新朝本에는 '銅'으로 되어 있음.

43 會: 新朝本에는 빠져 있음.

持誦. 萬德寺僧謹恩, 羸病者也, 其言曰: "西山作願文, 如三殿祝願及諸宮百僚之祝, 皆是矣. 道內方伯位益高, 非山僧之所宜知也; 城主閤下行善政, 非祝願之所能致也. 小僧改之曰: '道內方伯勿入寺, 城主閤下減草鞋.'" 聞者皆笑. 此言雖俳, 民情可見.

巫女布者, 刑曹神祀之禁也, 他徭皆蠲, 此徭宜增. 何也? 三家之村, 皆有一巫, 興妖煽惑, 妄占禍福, 空人之篋笥, 罄人之瓶甖, 衣必紬綾, 食有魚鮓, 此必當抑者也. 宜於原額之外, 加增其額, 大邑或限二百, 中邑或限一百, 祛其虛名【舊存今亡者, 猶於本里徵布.】, 簽其實犯【見行賽禱者, 宜執贓而簽之.】, 歲徵其布, 以罰其惡, 庶幾巫風小戢也. ○但此不潔之物, 自我增額, 歸之官橐, 大不可也. 宜四分之, 一分給刑房, 二分給門隷【使令也】, 一分賜汲婢, 以防其陪行馬雇路費等用, 汲婢俾資衣服, 抑所宜也. 京司巫女贖錢, 亦刑吏·皁隷之等食之.【巫女收布之法, 詳見『大典』雜稅條. 當事者, 宜考焉.】

力役之征[44], 在所愼惜, 非所以爲民興利者, 不可爲也.

力役之征, 一曰築堰【捍海潮】, 二曰鑿渠【俗謂之防洑】, 三曰浚湖【陂池游塞者】, 四曰擔輿【客宦運喪者】, 五曰曳船【江船運喪者】, 六曰曳木【黃腸及官材船材】, 七曰輸貢【濟州之土物】, 八曰驅馬【濟州之貢馬】, 九曰藏氷【官所饋】, 十曰助葬【墓上閣·三物幕等】, 十一曰肩輿【踰嶺處】, 十二曰路任.【方言曰吉朕】 瑣瑣苦毒, 不可枚擧, 而修城繕廨之類, 不在其中耳.

築堰之役, 民所怨也. 若有可堰之處, 官調發民丁, 築成大堰, 歲得穀六七百石, 以爲公田, 屬之民庫, 以防民役. 雖使編戶之氓, 三日赴役, 民豈有怨之者哉? 今也不然, 奸民土豪, 出入京輦, 締交諸宮與諸權門, 派差家臣, 掌此堰事. 或五軍門·司僕寺·內需司諸衙門, 派差導掌, 俾掌堰事, 堰司行會, 察司飛關, 調發四鄰, 戶遣一丁. 若在一舍之外者, 一日赴役, 三日棄傭, 往來酒食之費, 其害不貲. 於是遠者, 以錢防雇, 一丁之雇, 二十五錢. 戶多蠲役,

---

44 征: 新朝本에는 '政'으로 되어 있음.

敷役不均, 九戶之役, 堆於三戶, 則一戶之雇, 七十五錢. 捽髮批頰, 斷機摘鐺, 白收錢七八百兩, 以輸堰所, 四鄰咸湊, 厥緡數千. 用之無節, 築之無法, 數年而潰, 又重補之, 勤民之力, 連年不息. 堰之旣成, 招募奸民, 以成聚落, 蠲其徭役, 使之佃作, 徭戶日蹙, 民賦日重. 所出穀粟, 皆免王稅, 收其什一, 上之京司, 以其什九, 肥此導掌, 上而無補於國家, 下而生弊於邑民. 事之不便, 莫此爲甚, 民知其然, 胥怨胥詈, 不但以雇價之椎剝, 爲目前之憂而已. 牧宜知此, 凡有此等行會, 堅持不奉, 擧理論報, 雖鄰邑皆順, 我獨勿靡. 本心旣出於愛民, 上司無辭於督過. 目下雖有嚴飭, 日後或能孚感, 假使因此遭貶, 不保其職, 而民之去思, 足爲我數世之榮矣. 何憚而不爲也? 築堰之役, 不可承也.

鑿渠·浚湖, 其情亦然. 勞一時之力, 開萬民之利者, 牧當盡心. 若夫勢家腴司, 聽奸細之言, 利无妄之財, 爲此剝割之政者【濫收防雇錢】, 上不補國, 下不澤民, 決不可承也. ○陂塘開鑿已久, 載於隄堰司舊籍者, 雖是一家之物, 其在事體, 不敢防報. 宜以本庄之民, 十日始事, 乃令環池三里之民, 一日助役. 其有未盡, 許以來年續功. 及至來年, 又如上法, 其有未盡, 又待來年, 終不可動一邑之民, 括千戶之財, 以助此有害無益之物也.

徐盈爲嘉興守, 時常熟濬白茅港, 當事者, 檄發軍丁數萬. 盈曰: "白茅水患, 於吾郡差緩, 驅吾民遠役, 何忍耶?" 移文助費, 不就徵發.

石子重知常州武進縣事, 郡守欲爲寓客治第, 而屬役於縣, 其費且數十萬. 石君不可曰: "吾爲天子牧民, 豈爲若人治第者耶? 且瀝吾民之膏血以媚人, 吾不忍也."

朱光霽知綿州, 州多勢家, 私役州民, 光霽悉禁之. 一日, 有稱尙書府家人, 徵州夫栽田者, 光霽曰: "公田乎, 私田乎?" 其人曰: "雖私田, 舊規也." 乃揭律令, 示之. ○余在西邑, 一日監司飛關, 督發煙軍二百名【煙軍者, 銀穴鑿卝之人】, 以赴載寧郡, 助壯勇營築堰. 余上狀防之, 再關益嚴, 且書曰: "近日之事, 不可膠守己見. 本營異於他衙門, 何敢如是?" 余答曰: "近日者, 聖世也. 何謂不可? 他衙門之事, 猶可承也, 本營之事, 若動民取怨, 貽累聖德, 非細也." 又報如前. 監司恐生事, 遂寢之, 但役他邑.

『續大典』曰: "凡洑堰新築, 許民來訴, 守令親審, 果是衆民蒙利處, 論報隄堰司後, 該邑守令, 出力助役." ○『通編』曰: "諸宮房各衙門, 稱以築堰修筒, 請調發烟軍者, 一切嚴防, 犯者重勘."

築堰·鑿渠·浚湖之役, 謂夫諸宮諸司, 違法役民之類也. 無益於民, 義當沮格, 其或利民者, 牧當修擧. 竝詳川澤篇, 今略之. ○擔輿之役, 通街大路之邑, 總有民契, 團束有法, 逐月運遞, 擧行閑熟, 本無奸弊, 牧唯當以匍匐之義, 申飭該吏而已. 若夫遐徼僻邑, 十年一遭偶, 有此役者, 民旣不閑, 吏緣爲奸, 濫調游丁, 受賂操縱, 鞭背蹴脄, 如逢亂離. 若是者, 某村幾名, 至於某店; 某村幾名, 至於某驛, 祛其老弱, 選其丁壯, 先修成冊, 以待其日. 吏校之奸, 察之宜明.

方克勤知濟寧府, 朱亮祖嘗率舟師赴北平, 水涸役夫五千濬河. 克勤不能止, 泣禱於天, 忽大雨, 水深數尺, 舟遂達, 民以爲神.

李信圭知淸河縣, 上疏言: "本邑地廣人稀, 地當衝要, 使節絡繹, 日發民挽舟, 丁壯旣盡, 役及老稚, 妨廢農桑. 前年兵部有令, 公事亟者, 舟予五人, 緩者則否, 今此令不行, 役夫無限, 有一舟至四五十人者, 凶威所加, 誰敢詰問? 或遇快風, 步追不及, 則官舫人役, 沒其衣糧, 乞申明前令." 帝從之.

曳木者, 巨弊也. 引重起重, 本有便利之法, 雖不能盡如古法, 先治道路, 乃作游衡車數輛【先朝之所造】, 使之搬運, 雖有連抱之木, 不過數人之力. 余在西邑, 已試之矣. 每車一輛, 不過費數十文錢, 惜此小費, 動彼巨衆, 愚民何責? 所愧者牧也. 每見黃腸曳木之日, 一路困於鞭撻, 數吏肥於貨賂. 此雖小事, 不可忽也. ○又凡曳木, 宜於寒月, 權在我者, 無違其時. ○又凡曳木, 其宮室之材, 宜令梓人, 審其尺度, 直於山下段段截斷, 其運極易. 吏屬利其頭尾, 必以全體運之, 民力倍癉, 不可不察.

輸貢, 巨弊也. 唐宋之制, 以差役免役, 爲天下之大議者, 皆輸貢爲首也. 司馬光·王安石, 互有得失, 而其察民之苦則同. 我邦輸貢, 皆用驛遞, 不爲民瘼. 唯濟州之貢, 令民擔負, 沿路諸村, 以次傳遞, 穿山入谷, 左右梭織, 或出錢以防雇, 或攤篚以相誘, 旣爲民病, 又損國體, 甚不便也. 凡貢物到境, 牧宜先計幾擔, 執其擔數, 次計道里, 定其里數【自我南界至北界】, 乃算其雇, 定爲幾兩. 一擔十里, 其雇十錢, 使民均攤, 以立擔軍, 必省力矣. ○假如貢物, 本爲三十擔, 而吾境首尾, 不過百里, 則其雇不過三十兩也. 三十兩錢, 均攤於沿路百里, 則每戶出錢, 不過數葉【沿路左右, 各以二里爲限】其立爲擔軍者, 亦先出其名下之錢, 又還受其脚價之錢, 則貢物旣不停滯, 閭里又無騷擾, 旅庭之實, 不委地以傷敬, 服田之氓, 不投鋤而就途矣. 宜以此意, 撰成節目, 淨寫數十件, 分置於沿路諸村, 使之遵行, 則民必便之矣. 貴戶氓戶, 理宜均敷, 不可但使小民偏苦也. ○案 此貢物之中, 或有濟州牧使私橐, 攙入其中, 爲此動民, 我旣無義, 隱然僭稱, 彼亦有罪, 斯又不可不覈實也. ○兩村相距之間, 闊則其勞舊多; 兩村相距之間, 促則其勞舊輕, 今若均攤, 促者必厭. 然闊居之民, 本自無罪; 促居之民, 本自無功, 何必重賦於彼而薄賦於此乎? 同是沿路之民, 則其賦宜均, 不可殊也. ○若夫大路雄店, 惟當按其舊例, 令店人輸之, 不必雇人.

程伯子爲晉城令, 先是民憚差役, 役及則互相糾訴, 鄉鄰遂爲仇讎. 先生盡知民心厚薄, 第其先後, 按籍而命之, 無有辭者.

驅馬租者, 濟州貢馬, 古例貢馬下船, 濟人卽還, 陸民不知驅馬, 多散逸折傷. 於是, 聚錢與粟, 以給濟人, 使濟人驅至京師. 諸邑收錢, 隨其道里長短, 各有多少, 唯當考其實數, 無或濫徵而已. ○錢不滿意, 濟人噭馬而散之, 踐禾蹂麥, 歷日不進. 沈佐郞逴, 宰珍山, 貢馬至, 具冠服自驅, 濟人不敢噭散, 遂至界上, 驅之出境. 民至今頌之.

藏氷之費, 大邑或費錢三四百兩, 歲爲民瘼. 伐材輸藁, 鑿氷運凌, 吏緣爲奸, 民甚苦之. 余在西邑, 飭勿藏氷, 吏告曰: "若不幸交代, 新官索氷, 將若之何?" 余曰: "勿憂." 乃就陰地, 鑿坎爲窌如大屋數間, 用三和土【灰沙土】, 塗如壙室. 至大寒之日, 厚饋汲婢, 汲井水以潑之, 天氣栗烈, 隨潑隨凍. 厥坎旣盈, 渾成大氷, 堅如鐵石, 隨覆草苫. 厥明年夏, 發而視之, 堅不可破, 僅以斧劈. 此天下之良法也. 他氷片片堆積, 風入厥罅, 未夏而融, 此氷旣無罅隙, 無緣消鑠, 雖經三伏, 其堅如初. 唯南方冬暄, 未易爲也. ○京城內氷庫·外氷庫,歲費錢數十萬兩, 若用此法, 大補經費. 余欲奏行而未果者也. ○若井稍遠, 連筒作筧, 引水以灌之. 水深一二分, 暫且斷流, 俟其凍而灌之, 可成[45]大氷.

丁監司公彦璜, 嘗知仁川府, 府有三鄉, 稍遠於官門, 每歲伐氷, 除其氷役, 徵以價米, 民甚苦之. 公令通一境輪之, 使十年一周, 且減其米數, 民以爲便.

助葬, 厚俗也. 墓上閣·三物幕, 不能不酬應. 然遐鄉鮮有此法, 官或出令, 有喪之家, 濫收民錢, 亂伐民材者有[46]之, 宜飭去吏, 俾無弊也.

肩輿之村, 無他徭役. 然官若胖大, 擔輿者汗流脅息, 必有後言, 所不安也, 宜賜酒債, 以慰其心. ○其或嶺勢不峻, 足以馬行者, 愛馬賤人, 必用肩輿, 不仁甚矣. 若是者, 宜革其例. ○婦女去來, 其不得不肩轎者, 必賜酒債. 子弟去來, 嚴飭步行, 無得肩輿. ○路任者, 過客之橫, 非牧之所能禁也. 時揭榜諭, 禁其太橫而已.

其無名之物, 出於一時之謬例者, 亟宜革罷, 不可因也.

五代趙在禮令宋州, 貪暴踰制, 百姓苦之. 後移鎭永興, 百姓忻賀曰: "眼中拔釘矣." 在禮聞之, 仍求復任宋州, 每歲戶口, 不論主客, 俱徵錢一千, 號曰拔釘錢. ○南唐張崇帥廬州, 所爲不法. 嘗入覲, 廬人曰: "渠伊想不復來矣." 崇歸乃計口, 索渠伊錢. 明年又入覲, 道路相見, 皆捋鬚相慶. 崇歸, 又徵捋鬚錢. ○吾東一守宰貪虐, 民夜登山叱罵. 厥明, 官召鄉丞, 語之曰: "山有聲神怒也. 宜祭以禳之." 戶收十錢, 買一豚祭之, 餘皆私之. 民又呼於山, 官曰: "薄祭故也." 戶收百錢祭之, 民不復罵, 亦此類也.

李允則知潭州, 初馬氏暴斂, 州人歲出絹, 謂之地稅, 計屋每間, 輸絹一丈三尺, 謂之屋稅, 營田戶給牛, 歲輸米四斛, 牛死猶輸, 謂之枯骨稅. 允則皆除之.

---

45 成: 新朝本에는 '盛'으로 되어 있음.
46 有: 新朝本에는 빠져 있음.

或有助徭之穀·補役之錢, 布在民間者, 每爲豪戶所吞. 其可査拔者徵之,
其不可追者, 蠲而補之.

昔人居官, 皆有補役錢, 播在民間者, 又或監司, 以錢數萬, 買牛借民者. 其
始也, 民皆設契殖錢【合錢取利者, 名之曰契】, 歲月旣久, 豪戶奸民, 食其本錢, 遂
爲虛錄. 若是者, 宜査拔其根, 改正約條, 使之遵守. 其或大荒之年, 民戶散亡,
以致缺欠者, 宜勿追徵, 竝行蠲減, 取其存者, 補以新財, 以助民役.

蘇軾「論積欠狀」云: "自祖宗已來, 每有赦令, 凡欠官物, 竝與除放. 祖宗非
不知官物失陷姦民幸免之弊, 特以民旣乏竭, 無以爲生, 雖加鞭撻, 終無所得,
緩之則爲奸吏之所蠶食, 急之則爲盜賊之所憑藉. 故擧而放之, 則天下悅服,
雖有水旱盜賊, 民不思亂. 此爲捐虛名而收實利也. 大率縣有監催千百家, 則
縣中胥徒, 擧欣欣然日有所得, 若一旦除放, 則此等皆寂寥無獲矣. 蔓延追擾,
自甲及乙, 自乙及丙, 無有窮已. 每限皆空身到官, 或三五限得一二百錢, 謂
之破限. 官之所得至微[47], 而胥徒之所取, 蓋無虛日, 俗謂此等爲縣胥食邑戶.
嗟乎! 聖人在上, 使民不得爲陛下赤子, 而皆爲奸吏食邑戶, 此何道也? 臣自
潁移揚, 舟過濠壽楚泗等州, 所至麻麥如雲. 臣屛去吏卒, 親入村落, 訪問父
老, 皆有憂色, 云: '豐年不如凶年. 天災流行, 民雖乏食, 縮衣節口, 猶可以生.
若豐年, 擧催積欠, 胥徒在門, 枷捧在身, 則人戶求死不得.' 言訖淚下, 臣亦不
覺流涕. 臣聞之, 孔子曰: '苛政猛於虎.' 臣竊度之, 每州催欠吏卒, 不下五百
人, 以天下言之, 是常有二十餘萬虎狼, 散在民間也."

欲賦役之大均, 必講行戶布·口錢之法, 民生乃安.

『均役事實』云: "變通之論有四種, 曰戶布, 曰結布, 曰口錢, 曰游布.【非文非
武, 游手游食者, 徵布】各主己見, 莫可歸一." ○『禹貢』平賦之法, 今不可詳, 唯
知其分爲九等而已.『周禮』九賦之法, 出之於九職, 名之曰九貢, 別之曰九賦,
分之以九等. 其法詳悉, 猶可按行. 漢魏唐宋, 賦法雖亂, 亦皆視民財産以爲

---

47 微: 新朝本에는 '徵'으로 되어 있음.

差等. 此非一縣之令所能創行, 今姑略之.

第六條 勸農

農者, 民之利也. 民所自力, 莫愚者民, 先王勸焉.

『周禮·大司徒』: "辨十有二壤之物, 而知其種, 以教稼穡樹藝." ○遂人, 以土宜教甿稼穡, 以興鋤利甿【起民人, 令相佐助.】, 以時器勸甿【鑄作耒耝錢鎛之屬】, 以彊予任甿【謂民有餘力, 復予之田.】, 以土均平政.【均其稅】 ○遂師, 巡其稼穡, 而移用其民, 以救其時事.【鄭曰: "使轉相助, 救時急事也. 四時耕耨斂艾芟地之宜晚早不同, 而有天期地澤風雨之急."】 ○遂大夫, 田野辨其可任者【可出稅】, 與其施舍者【可免稅】, 以教稼穡, 以計功事. 正歲, 簡稼器修稼政, 三歲大比, 則帥其吏而興甿, 明其有功者, 屬其地治者. ○縣正, 趨其稼事而賞罰之. ○鄶長, 趨其耕耨, 計其女功. ○里宰, 以歲時合耦于鋤, 以治稼穡, 趨其耕耨, 行其秩敍. ○司稼, 巡野稼而辨穜稑之種, 周知其名與其所宜地, 以爲法而縣于邑閭. ○**鏞案** 先王之勸農也, 不唯勸之, 而有賞罰. 大抵勸必以賞, 非賞不勸; 懲必以罰, 非罰不懲. 漢有力田之薦, 亦古意也. 今以項羽沛公之詠, 曰工曰拙, 以升以沈, 無補於國, 無益於民. 若以農之勤惰, 考其功罪, 拔其尤者, 以授官祿, 罰其惰者, 不齒鄉里, 則庶乎民俗日淳, 國力日富矣.

『周禮』: "草人, 以物地相其宜而爲之種, 凡糞種, 騂剛用牛, 赤緹用羊.【糞種, 謂煮取牛羊骨, 汁漬其種】 ○稻人, 掌稼下地, 以瀦畜水, 以防止水, 以溝蕩水, 以遂均水, 以列舍水, 以澮寫水, 以涉揚其芟, 作田."【列田之畦埒】 ○**鏞案** 至愚者下民, 至精者農理. 必有明理達物之君子, 爲之農師, 教之訓之, 辨其土宜, 利其器用, 以輔其不逮而後, 民乃循軌, 作事有法. 吾東之民, 自古至今, 民自爲農, 不聞君子之敎誨. 故其擇種不精, 貯種不謹, 播種無法, 或先播而後耕, 或不耕而埋種, 奇奇怪怪, 所在成俗, 非細憂也. 中國種藝之法, 與我絶殊. 意者, 我法皆燧人之本敎, 傳流至今者也. 爲民牧者, 苟能誠心訓誨, 去其麤俗, 喩以精義, 一縣食效, 數郡傳習, 則用力少而出穀多, 民財旣阜, 國力以裕, 豈少補哉?

高允「勸農議」云: "方十里, 田三萬七千頃, 若勸之則畝益三升, 不勸則畝損三升. 乃百里損益之率, 爲粟三百二十萬斛, 況其廣者乎!"【方一里九百畝, 則方十里九萬畝也. 九萬畝, 以今法爲三萬七千頃】○鏞案 勸農, 宜勸其擇種, 勸其均播. 東俗下種一斗, 立苗者不過七升, 立苗七升, 鋤拔者恰爲三升, 糜穀多而得穀少. 方十里三萬七千頃, 均播則畝得三升, 亂播則畝失三升, 乃百里損益之率, 爲粟亦三百二十萬斛. 勸農之官, 不可以不慮也.

胡大初曰: "朝廷以勸農著令, 非不勤至, 歲二月望爲文數行, 率同僚[1]出近郊, 集父老讀之. 飮食鮮少, 甚至折錢, 携酒看妓女, 宴賞竟夕, 實意安在哉? 到官之時, 不必姑俟來春, 便當以農桑衣食之本, 諄諄然喩之, 而所以防害病擾者, 必懲必戒, 則民斯安其業矣."

古之賢牧, 勤於勸農, 以爲聲績. 勸農者, 民牧之首務也.

邵信臣爲河南太守, 躬勸農桑, 出入阡陌, 止舍離鄕亭, 開通溝瀆, 歲增三萬頃. 吏人親愛, 號曰邵父.【邵一作召】

後漢劉虞爲幽州牧, 敝衣繩履, 食無兼肉, 務存寬政, 勤督農桑. 民悅年登, 穀石三十, 靑徐士庶, 避難歸虞者百萬, 皆忘其遷徙焉.

秦彭爲山陽太守, 興起稻田數十頃, 每於農月, 親度頃畝, 分別肥瘠, 差爲三品, 各立文簿, 藏之鄕縣. 於是, 姦吏跼蹐, 無所容詐. 乃上言宜令天下齊同其制, 詔書以其所立條式, 班令三府, 竝下州縣.

---

1 僚: 新朝本에는 '寮'로 되어 있음.

任延爲九眞太守, 始敎耕犂, 俗化交土, 風行象林, 知耕以來六百餘年, 火耨耕藝, 法與華同. 名白田, 種白穀, 七月[2]作, 十月登熟. 名赤田, 種赤穀, 十二月作, 四月登熟, 所謂兩熟之稻也.

陶侃爲荊州刺史, 見人持一把未熟稻, 侃問何爲, 人云: "行道所見, 聊取之耳." 侃怒曰: "汝旣不田, 復戲賊人稻." 執而[3]鞭之. 是以, 百姓勤於農作, 家給人足.

隋公孫景茂, 開皇間爲道州刺史, 悉以秩俸, 買牛犢雞豬, 散惠孤弱不自存者. 好單騎巡, 人家至入, 閱視百姓産業, 有修理者, 於都會時, 乃褒揚稱述, 如有過惡, 隨卽訓導. 由是, 男子相助耕耘, 婦女相助紡績, 大村或數百戶, 皆如一家之務.

朱子在南康, 「勸農文」曰: "本軍田地磽埆, 土肉厚處, 不及三五寸. 設使人戶及時用力, 以治農事, 猶恐所收不及他處, 而土風習俗, 大率懶惰, 耕犂種蒔, 旣不及時, 耘耨培糞, 又不盡力, 所以營生足食之計, 大抵疎略." ○又朱子「勸[4]農榜」云: "雨水調勻, 田苗茂盛, 仰人戶及時芸苗, 拔去草根, 多用土糞, 如法培加. 已帖知佐, 月半以後, 不測下鄕點檢, 將田中有草無糞之人, 量宜決罰, 的無輕恕.【六月六日】"

宋劉敞知揚[5]州, 有雷塘, 舊民耕種, 往歲官家蓄水, 以備漕運, 田土失業. 公力爭於府, 上奏於朝, 復歸之民. 杜衍聞之, 喜曰: "眞良太守."

李允則再守長沙, 湖湘之地, 下田藝稻, 高田蓻蕉, 允則敎民種粟.【黍稷也】至今, 湖南無荒田.

曾泉以御史, 謫任水縣典史, 蒞事勤能, 勸學興禮, 督農事稽女工. 時歷鄕村, 察其勤惰, 又率民墾荒田, 以收穀麥, 樹材木以備營造, 通商賈以納逋稅, 官有儲積, 民無科擾. 又以其羨餘, 造船以備償運, 置棺椁以助死喪. 歷任三

---

2 月: 新朝本에는 이 뒤에 '火'가 있음.

3 而: 新朝本에는 '面'으로 되어 있음.

4 勸: 新朝本에는 '勤'으로 되어 있음.

5 揚: 新朝本에는 '楊'으로 되어 있음.

年, 家給人足. 然考其所以治民者, 不過用民力因地利, 以阜財厚生而已.

勸農之要, 又在乎鐲稅薄征, 以培其根地. 於是, 墾闢矣.

宋陳靖爲勸農使【宋太宗時】, 先是, 靖上言曰: "臣常奉使四方, 深見田民之利害, 汚萊極目, 膏腴坐廢, 皆詔書累下, 許民復業, 鐲其租調, 寬以歲時. 然鄉縣之間, 擾之尤甚. 每一戶歸業, 則刺報所由, 朝耕尺寸之田, 暮入差徭之籍, 追胥責問繼踵而來, 雖蒙鐲其常租, 實無補於損益. 況民之流徙, 始由貧困, 或被私債, 或逃公穀. 亦旣亡逃, 鄉里檢其資財, 至於室廬·什器·桑棗·材木, 咸計其直, 或鄉官用以輸稅, 或債主取以償逋, 生計蕩然, 還無所詣. 以玆浮蕩, 絶意歸耕. 如授臣斯任, 則望以閑曠之田, 廣募游惰之輩, 諭之耕墾. 未計賦稅, 許令別置版圖, 便宜從事. 耕桑之外, 更課種雜木蔬果, 孳畜羊犬雞豚. 給授桑土, 潛擬井田, 營造室居, 使立保伍. 逮於養生送死之具, 慶弔問饋之資, 咸俾經營. 竝令條目, 俟至三五年間, 生計成立, 戀家懷土, 卽計戶定征, 量田輸稅, 以司農新附之名籍, 合計府舊收之簿書. 斯實敦本化人之宏量也. 若民有不足, 官借緡錢, 或以市餱糧, 或以營耕具. 凡此給受, 委於司農, 比及秋成, 乃令償直, 納之於倉, 以成數開白戶部." 遂以靖爲勸農使. ○陳田勸耕之法, 在乎鐲稅. 竝詳田政之末, 宜參考焉.

耿橘知常熟縣, 請設法開荒, 申云: "本縣錢糧太重, 徵輸大急. 民一冒荒名, 幸脫徵輸, 視其田爲身外之物, 頻年莽莽而弗之恤. 卽草澤之利, 竊取私收, 猶畏乎人知, 而稼穡之事, 東作西成, 遂絶于南畝. 年復一年, 人效其人, 將安所窮耶? 卑縣查勘水利, 遍詣各鄉, 遂設爲方略, 招民開墾, 一如左列. 一, 招撫流移入戶. 二, 盡豁積逋. 三, 酌給牛種. 四, 矜免雜差. 五, 禁絶豪强兼幷. 六, 禁占蘆葦茭草微利. 七, 明定稅期. 八, 分任各區公正. 九, 驅打行惡少歸農. 十, 驅賭博[6]游手歸農. 十一, 驅販鹽無藉歸農. 十二, 驅訟師扛棍歸農."

高承簡蔡平爲刺史, 治堰城開屯田, 綿地二百里, 爲腴田, 將吏立碑頌功.

---

6 博: 新朝本에는 '博'으로 되어 있음.

崔東式爲寧邊府使, 舊俗鬻魚鹽, 饒黍稷不務種稻. 公至築堰穿渠, 興灌漑之利.

李東巖詠道爲連原察訪, 時忠州牧缺, 使公兼任, 州民大悅借公爲牧使. 時方師旅饑饉, 旣殫財力以賑饑, 募人耕數千頃田, 秋大熟得穀萬斛. 板蕩之後, 州有積儲, 始此.

『周禮·閭師』:"凡庶民, 不畜者祭無牲, 不耕者祭無盛, 不樹者無槨, 不蠶者不帛, 不績者不衰."

黃霸爲潁[7]川太守, 使郵亭鄕官, 皆畜雞豚, 以贍鰥寡貧窮者. 然後置父老師長, 勸以爲善, 及務耕桑, 節用殖財, 種樹畜養, 去其穀馬.

龔遂爲渤海太守, 盜賊旣平, 乃勸民務農桑, 口種一樹楡·百本薤·五十本蔥·一畦韭, 家二母彘·五母雞. 民有帶持刀劍者, 使賣劍買牛, 賣刀買犢, 曰: "何爲帶牛佩犢?" 春夏不得不趨田畝, 秋冬課收斂, 益畜果實菱[8]芡, 勞來循行, 郡中皆有蓄積, 吏民皆富實, 獄訟止息.

仇覽爲蒲亭長, 勸人生業, 爲制科令, 至於果菜爲限, 雞豚有數. 農事旣畢, 乃令子弟群居就學. 其剽輕游恣者, 皆役以田桑, 嚴設科罰, 躬助喪事, 賑恤窮寡, 期年稱[9]大化.

童恢爲不其令, 率民養一豬雌雞四頭, 以供祭祀買棺木.

張需守霸州, 見其民游食者多, 每里置一簿, 列其戶, 各報男女大小口數, 派其合種粟麥桑棗, 紡績之具, 雞豚之數, 徧曉示之. 暇則下鄕, 至其戶簿驗之, 缺者罰之. 於是, 民皆勤力, 無游惰者.

魏鄭渾爲山陽魏郡太守, 百姓苦乏材木, 乃課樹楡爲籬, 並益樹五果. ○魏杜畿爲河東太守, 課民畜牸牛草馬, 下逮雞豚犬豕, 皆有章程. ○案 後魏均

---

7 潁: 新朝本에는 '穎'으로 되어 있음.

8 菱: 新朝本에는 '蔆'으로 되어 있음.

9 稱: 新朝本에는 '補'로 되어 있음.

田之制, 初授田者, 男夫給田二十畝課蒔, 餘種桑五十株·棗五株·楡三根. 非桑之土, 夫給一畝, 依法課蒔餘果. 及多種桑楡者不禁, 諸應還之田, 不得種桑楡棗栗種者, 以違令論.【見『魏書』】故守令勸課如是也.

張全義治東都, 白骨蔽地, 荊榛彌望, 居民不滿百戶. 全義遣麾下十八人, 人給一旗一榜, 使詣十八縣, 墟落中植旗張榜, 召回流散, 勸之樹藝, 諸縣戶口率皆歸復, 桑麻蔚然, 野無曠土. 出見田疇美者, 輒下馬, 與僚佐共觀之, 召田主, 勞以酒食. 有蠶麥善收者, 或親至其家, 悉呼老幼, 賜以茶綵衣物. 張公不喜聲色, 見之未嘗笑, 每見佳麥良蠶則笑, 有田荒穢者, 集衆杖之. ○案 勞以酒食, 賜以茶綵, 此所謂惠而不知爲政也. 近世守令, 或於移秧之日, 親至田間, 賜以煙茶, 皆要譽之淺術也. 田之荒蕪, 或由疾病力詘, 亦豈得輒杖之?

張乖崖爲崧陽令, 嘗坐城門外, 見有負菜歸者, 問: "安得此?" 曰: "買之市." 公怒曰: "汝居田里, 不自種而食, 何惰耶?" 笞而遣之.

陳幼學爲確山知縣, 政務惠民, 積粟萬二千石以備荒. 墾菜田八百餘頃, 給貧民牛五百餘頭. 籔黃河退地百三十餘頃以賦民, 里婦不能紡者, 授紡車八百餘輛. 置屋千二百餘間, 分處貧民, 建公廨八十間, 以居六曹吏, 俾食宿其中. 節公費六百餘兩, 代正賦之無徵者, 栽桑楡諸樹三萬八千餘株, 開河渠百九十八道. ○按 守令治績, 當如是矣. 吾東考功之目, 其最好者曰'恬雅之治, 一境晏如', 國何以爲國哉?

『宋·食貨志』云: "安肅·廣信·順安軍·保州, 令民卽其地植桑楡, 活不及數者, 罰責之補種." ○又詔江東西·湖南北·淮東西路帥漕爲佾種, 及諭大姓, 假貸農民廣種, 依賑濟格例推賞.

『元·食貨志』云: "田無水者鑿井, 井深不能得水者, 聽種區田. 仍以區田之法, 散諸農民, 每丁歲種桑棗二十株, 土性不宜, 聽種楡柳, 種雜果者, 每丁十株."

農者食之本, 桑者衣之本. 故課民種桑, 爲守令之要務.

張堪爲漁陽太守, 勸耕稼以致殷富, 百姓歌曰: "桑無附枝, 麥秀兩岐. 張君爲政, 樂不可支."○案 朱子勸種桑, 每令削去細枝, 桑無附枝, 亦此意也.

范克爲桂陽令【一本克作充】, 俗不種桑, 無蠶績絲麻之利, 類皆以麻枲頭貯衣. 民惰窳少織履, 足多剖裂血出, 盛冬皆然火燎炙. 克教民益種桑柘, 養蠶織履, 復令種苧麻. 數年之間, 大賴其利, 衣履溫煖. 今江南知桑蠶織履, 皆克之教也.

『北史』, 元孚爲冀州刺史, 勸課農桑, 人稱慈父. ○元淑守河東, 俗多商賈, 罕事農桑. 淑躬自勸課, 敎示二年間, 家給人足.

張詠知崇陽縣, 民以茶爲業. 詠曰: "茶利厚, 官將榷之." 命民拔茶植桑. 民始以爲苦, 其後榷茶, 他縣皆失業, 而崇陽之桑, 歲至爲絹百萬匹.

范忠宣知襄城縣, 襄城之民, 不事蠶織, 鮮有植桑者. 公患之, 因民之有罪而情輕者, 使植桑於家, 多寡隨其罪之輕重, 後按其所植榮茂, 與除罪. 自此人得其利, 公去, 民懷之, 至今號爲著作林.【著作, 公宰縣時官也.】

朱子在漳州, 「勸農文」曰: "本州從來不宜桑柘, 蓋緣民間種不得法. 今仰人戶, 常於冬月, 多往外路, 買置桑栽, 相地之宜, 逐根相去一二丈間, 深開窠窟[10], 多用糞壤, 試行栽種. 待其稍長, 卽與削去細碎拳曲枝條, 數年之後, 必見其利. 如未能然, 更加多種吉貝麻苧, 亦可供備衣著, 免被寒凍." ○案 此時吉貝, 但以著絮, 不以織也.

朱子「申諭耕桑方」曰: "星子知縣王文林種桑法文, 發下三縣, 依此方法, 急施耕種." ○朱子在南康, 「勸農文」曰: "桑麻之利, 衣服所資, 切須多種桑柘麻苧. 婦女勤力養蠶織紡, 造成布帛. 其桑木, 每遇秋冬, 卽將旁生拳曲小枝, 盡行斬削, 務令大枝氣脈全盛, 自然生葉厚大, 餧蠶有力." ○余昔在明禮坊, 有桑二十餘株. 公退, 或親斫小枝, 數年之間, 苗然高大, 雖在京裏, 家人歲能織帛.

元姜彧知濱州, 課民種桑, 歲餘新桑遍野, 人名爲太守桑. ○汪應軫出守泗州, 民惰不知農桑. 軫首勸耕, 出帑金買桑敎之藝, 募桑婦敎之蠶. ○沈珛爲

---

10 窟: 新朝本에는 빠져 있음.

建德令, 敎民每一丁, 種桑十五株·柹四株及梨栗, 女丁半之.

李相國元翼爲安州牧使, 關西盛蠶事, 而安州獨無桑, 相傳以爲土不宜. 公敎飭各坊, 課戶播葚, 不數歲, 綿亘成林. 至今, 稱爲李公桑.

『經國大典』, 蠶室都會處, 種桑培養, 民戶竝令種桑, 大戶三百株, 中戶二百株, 小戶一百株. 守令檢察培養, 無主野桑, 禁斬伐.【餘見山林篇】

『茶山錄』云: "桑苧之田, 宜別置官地, 屬之民庫, 以補民徭." ○陳田未墾一望無際者, 牧宜以輕價買之, 種地桑·地苧. 旣成, 屬之民庫, 歲收其稅, 以補徭賦, 抑所宜也. ○地桑者, 取桑葚數石, 淘去肉曬乾, 熟耕二三翻, 加以灰糞, 乃下種. 及二周苗長, 春葉初敷, 悉刈以飼蠶. 夏月新條又苗, 厥明年春, 又悉刈之, 葉以飼蠶, 皮以造紙【又可爲繩屨】, 骨以爲箔, 無可棄也. 刈之則一根繞生三四條, 漸益蕃密. ○凡宜桑之地, 不必爲地桑. 唯桑生未久而蛀槁者, 乃可爲此法. ○地桑旣成, 每用繩索, 打量一畝, 收稅錢幾文, 乃許民刈取, 可矣. 余見桑貴之年, 大桑一樹, 或收錢三百文, 宜探物情, 使稅極輕. ○苧麻本皆地種, 歲刈而焚, 如地桑也

作爲農器·織器, 以利民用, 以厚民生, 亦民牧之攸務也.

趙過敎民耕殖, 其法三犂共一牛, 一人將之, 下種挽耬, 皆取備焉, 日種一頃. 耬者, 耬車也, 狀如三足犂, 中取耬斗藏種, 以牛駕之, 一人執耬, 且行且搖, 種乃隨下. ○徐光啓云: "今遼東耕犂, 轅長四尺, 迴轉相妨. 旣用兩牛, 兩人牽之, 一人將耕, 一人下種, 二人撓耬, 凡用兩牛六人, 一日纔耕二十五畝." 其懸絶如此.

皇甫隆爲燉煌令, 俗不曉作耬犂, 及種, 人牛功力旣費, 而收穀更少. 隆乃敎作耬犂, 所省傭力過半, 得穀加五.【謂加十之五】

趙過爲搜粟都尉, 置功巧奴與從事, 爲作田器, 二千石遣令長·三老·力田及里父老善田者, 受田器, 學耕稼養苗狀. 民或苦少牛, 亡以趨澤【水田也】, 故平都令光, 敎過以人輓犂. 過奏光以爲丞, 敎民相與庸輓犂, 率多人者田日三十畝, 少者十三畝, 以故田多墾闢. ○案 今之代耕法, 卽此遺也. 「代耕圖說」云:

318

"先爲兩轆轤, 架兩轆轤, 繫兩長索, 貫犂其中, 兩人遞轉轆轤之索, 一人扶犂往來, 自可耕也."牛疫之歲, 宜講行此法.

崔寔爲五原太守, 五原土宜麻枲, 而不知織績, 積細草臥其中, 見吏則衣草而出. 寔至官, 斥賣儲峙, 爲作紡績·織紝·練縕之具, 以敎之, 民得以免寒苦.

安順菴云: "欲興水利, 莫善於水車[11]之制, 莫善於泰西水法. 其法簡而易行, 當令有巧識者, 講求而行之. 若水道低而田野高, 則置車于水口, 量定民戶, 使之運激."

『西山筆談』云: "徐玄扈「農器圖譜」所列農器, 皆質朴易造, 別無機牙刻鏤之巧, 而吾東之人, 猶不講行. 如人字耙·磟碡·礰礋·瓠種·耬車·砘車·秧馬·長鑱·劘刀·颺扇之類, 制皆至易, 用則至要. 牧宜按圖作器, 以授民用. 又如枚銚鋤鎌之等, 其形狀多與我絶殊, 宜亦試其便否, 去俗以就華也. ○其「織器圖譜」, 如攪車·紡車·撥車·軒牀·線架·蟠車·紝車·繩車·紃車之等制, 皆淺近易知, 而吾東之人, 終莫之慕效. 牧宜創造以分授, 以利民用." ○「農器·織器圖說」, 竝載『農政全書』, 今不具論.

農以牛作, 或自官給牛, 或勸民借牛, 亦勸農之恒務也.

魏顏斐在京兆, 屬縣民多無車牛. 斐課民以閑月取車材, 使轉相敎匠作車, 又課民無牛者, 令畜猪狗, 賣以買牛. 始者民以爲煩, 一二年間, 家家有一車大牛.【『魏略』】

唐張全義治東都, 或訴以乏牛, 乃召其鄉里, 責使助之. ○曾泉爲水縣典史, 尤恤貧窶, 無牛具者, 貸與耕種; 無木棉者, 借與紡績.

唐徐巾爲韶州, 按公田之廢者, 假牛耕種, 以所收之米酬之, 歲入甚饒. 民立生祠.

柳正源爲慈仁縣監, 時境內牛皆疫死. 公出官錢, 頒給民戶, 使十家買一牛, 以備耕墾.

---

11 水車: 新朝本에는 빠져 있음.

徐氏『農書』, 有牧牛諸方, 備載治病之法. 遇有牛疫, 宜頒示民間.

治牛瘴疫, 用眞茶末二兩, 和水五升, 灌之. 又云: "牛卒疫而動頭打脅, 急用巴豆七箇, 去殼細硏, 出油和灌之, 卽愈."【又燒蒼朮, 令牛鼻吸其香止.】○治牛病疫, 用牛膽一箇, 灌牛口中, 瘥. 又方, 眞安息香, 于牛欄中燒, 如燒香法. 如初覺有一頭至兩頭, 是疫, 卽牽出以鼻吸之, 立愈.【又方, 十二月兔頭燒作灰, 和水五升, 灌口中, 良.】○治牛氣脹, 淨水洗汗韀, 取汁一升, 好醋半升許灌之, 愈. ○治牛腹脹欲死, 硏麻子取汁, 溫令微熱, 擘口灌之五六升許, 愈. 此治生豆腹脹垂死者, 大良.【又方, 用燕子屎, 一合調灌之.】○治牛氣噎, 以皁角末吹鼻中, 更以鞋底, 拍尾停骨下, 效[12]. ○治牛尾焦, 不食水草, 大黃·黃連·白芷各五戔[13] 爲末, 雞子·淸酒調灌之. ○治牛尿血, 當歸·紅花爲細末, 以酒二升半煎取二升, 冷灌之【又法, 豉汁調鹽灌之.】治牛鼻脹, 以醋灌口中, 立差. ○治牛沙疥, 蕎麥不拘多少, 燒灰淋汁, 入綠礬一合和塗, 愈.【又治牛疥, 賣烏頭汁, 熱洗五度, 差.】○治牛肚反及嗽, 取楡白皮, 水煮極熱令甚滑, 以五升灌之, 卽瘥也. ○此外, 又有治肩爛·蹄漏·膜遮眼·角觸人·中熱·多虱, 及治水牛氣脹·水瀉·中熱等方, 皆非急, 須今姑略之.

『酉山日鈔』云: "芭蕉能治牛疫, 取莖葉, 搗汁灌之, 立效." 又云: "牛欄之側, 種芭蕉三四根, 令牛常在綠天菴中, 雖牛疫四熾, 而此牛無恙." 農家所宜務也.

農以牛作, 誠欲勸農, 宜戒屠殺而勸畜牧.

朴齊家『北學議』云: "中國之俗, 牛不穿鼻, 惟南方水牛性猛, 故穿鼻. 或有我牛自西北開市而來者, 東牛鼻梁低, 易辨. 初來, 角雖臃腫不均, 能揉之. 使瑩有全蒼者, 曾所未見也. 牛常浴刷, 不似我牛之終身之不洗, 糞穢乾垺. 唐

---

12 效: 新朝本에는 '効'으로 되어 있음.
13 戔: 新朝本에는 '錢'으로 되어 있음.

詩'油碧車輕金犢肥', 言毛色之澤也. 禁殺牛. 皇城之內, 豬鋪七十二所, 羊鋪七十所, 凡一鋪日賣豬三百頭, 羊亦然. 食肉如此, 而牛肉鋪, 惟二所. 路遇肉鋪人, 詳問. ○計我國日殺牛, 半千. 國之祀享·犒賞及泮中五部內二十四鋪, 與三百餘州, 官必開鋪. 或小邑不必日殺, 而以大邑疊殺相當. 又京外, 婚宴葬射及私屠犯法, 略數之已如此. 凡牛十月而生, 三歲而字, 以數年一之生, 不能當日殺之半千也, 明矣. 宜乎牛之日貴也. 故農夫之自備一牛者絶少, 恒借牛於鄰, 以日計備, 故耕必後時. 宜一切不殺牛, 數年之內, 農無後時之歎. 或曰: '我國無他畜, 禁牛則遂無肉矣.' 是不然. 禁牛而後, 民始用力於他畜, 而豬羊繁矣. 今買豬者, 背負二豬, 互而壓之, 屠而賣之, 猶有經宿之肉焉, 人非不嗜豬也, 特牛肉之多耳. 或曰: '豬羊不習於人, 恐生疾.' 此亦不然. 飲食由習而成, 華人豈盡病哉? 栗谷平生不食牛, 曰: '旣食其力, 又食其肉, 可乎?' 此理甚當."

『茶山筆談』云: "古稱朝鮮無羊, 非風土爾殊, 習俗然也. 今牲署所畜栗洲所牧, 亦皆蕃息. 憶余少時, 郡縣牧羊, 皆不下五六十頭【郡縣所養, 皆殺也. 殺者夏羊, 俗名羖牛. 又誤稱羔, 非也. 羔者羊子.】今皆絶種, 蓋以芻牧所須, 官無所給, 勒以倉奴差爲牧夫, 使之字養, 歲耗月損, 固其勢也. 余考牧羊之方, 其禁戒多條. 頻飲則傷水而鼻膿, 疾驅則吸塵而生病.【停息亦所戒】日中冒暑, 必致癩疥, 秋食霜草, 必致腹脹. 性不耐寒, 宜早爲廠, 亦忌壅鬱, 不可爲屋. 停水則挾蹏, 眠濕則腹脹.【圈中必有臺】積茭必更圍柵【茭在柵中, 令羊繞柵拈食.】, 種豆以供食其. 寒月生羔, 夜必然火, 暑月褪毛, 先期淨鉸.【不鉸則羊瘦】露草綠蟲【小蜘蛛】, 食之必死, 醋浸[14]黎蘆, 拭之愈疥. 其說甚長, 不可殫述. 總之, 芻茭不豐, 瘯蠡相染, 則滅群斷種之禍, 項背相望, 不獨朝鮮之羊, 災厄獨多也. 縣境之內, 或有宜牧之地, 官宜別置牧田, 授民牧羊, 使之漸染以成俗也."【其治病諸方, 見於『農書』, 今不錄.】

---

14 浸: 新朝本에는 '侵'으로 되어 있음.

總之, 勸農之政, 宜先授職. 不分其職, 雜勸諸業, 非先王之法也.

漢魏以來, 所謂賢牧勸農之政, 史不絶書, 而政令雜亂, 皆與先王之法, 絶不相同. 先王之法, 農不治圃, 圃不治農, 虞衡嬪牧, 各出其物. 漢魏之法, 仍使農者出九穀, 種百菜·蒔百果, 畜六獸·化八材, 治絲枲·織布帛. 令其行乎? 法其立乎? 余久在民間, 見農家都不種菜, 卽一蔥一韭, 非買不得. 始以爲村俗鹵莽, 不知種菜, 久而驗之, 大抵農家無種菜之地, 無種菜之暇, 所不能兼治也. 場圃相因, 地無閒隙, 發作同時, 人無閒日. 卽農桑二字, 自古竝稱, 夷考其實, 農者不蠶, 蠶者不農. 誠若爲牧者, 課桑於農, 民必苦之, 亦無實效. 何況吉貝旣盛, 繒帛不急, 種桑豈農民之所願乎? 鷄豚爲物, 害稼害圃, 羊豕豢養, 須糟須糠. 農家, 力盡於耕耨, 奚暇藩圃; 氣竭於飼牛, 奚暇豢豕? 爲民牧者, 若按漢魏之古方, 課民種畜, 民未有不煩惱愁苦, 恨牧之迂闊者也. 然則百菜百果, 六畜[15]八材, 凡所以輔農之物, 皆不可爲意乎? 嗟呼! 漢魏以降, 政令矗疎; 周殷以上, 法制精密, 不考先王之典, 而輕出一令者, 行之有跲[16]動之有礙. 若於先王之法, 稽之不遠, 則可以行于今矣.

柳子厚「種樹郭橐駝傳」曰: "吾居鄕, 見長人好煩其令, 若甚憐焉, 而卒以禍. 朝暮, 吏來而呼曰: '官命促爾耕, 勗爾植, 督爾穫, 蚤繰而緒, 蚤織而縷, 字而幼孩, 遂而鷄豚.' 鳴鼓而聚之, 擊木而召之. 吾小人輟飧饔, 以勞吏者且不得暇, 又何以蕃吾生而安吾性耶?" ○案 子厚所論, 亦切中迂者之病.

『周禮·天官冢宰』, 以九職任萬民. 一曰三農, 生九穀. 二曰園圃, 毓草木. 三曰虞衡, 作山澤之材. 四曰藪牧, 養蕃鳥獸. 五曰百工, 飭化八材. 六曰商賈, 阜通貨賄. 七曰嬪婦, 化治絲枲. 八曰臣妾, 聚斂疏材. 九曰閒民, 無常職, 轉移執事. ○大司徒, 頒職事十有二于邦國都鄙, 使以登萬民. 一曰稼穡, 二曰樹藝, 三曰作材, 四曰阜蕃, 五曰飭材, 六曰通財, 七曰化材, 八曰斂材, 九曰生材, 十曰學藝, 十有一曰世事, 十有二曰服事. ○閭師, 任農以耕事貢九

---

15 畜: 新朝本에는 '蓄'으로 되어 있음.
16 跲: 新朝本에는 '跆'로 되어 있음.

穀, 任圃以樹事貢草木, 任工以材事貢器物, 任商以市事貢貨賄, 任牧以畜事貢鳥獸, 任嬪以女事貢布帛, 任衡以山事貢其物, 任虞以澤事貢其物. ○鏞案此諸文, 農圃·畜牧·蠶績·虞衡, 各爲一職, 不可相兼. 卽載師任地, 場圃·郊田, 其地各別. 樊遲請學, 老農老圃, 其人確殊. 責農爲圃, 責圃爲農, 皆後世之法. 龔遂渤海之政, 後魏均田之制, 皆以園圃之事, 責於農戶, 當時雖或暫行, 他日必然復毁, 無久行之理也.

凡勸農之政, 宜分六科, 各授其職, 各考其功, 登其上第, 以勸民業.

此非要今之守令, 便當施措也. 若田政大正, 百度咸貞, 職貢如法, 萬民受業, 如余「田制考」所論, 斯可以議到也. 聊此附著, 以補田制之缺, 非謂今之守令, 按而行之也. ○田農爲一科【治九穀】, 園廛爲一科【種百果】, 圃畦爲一科【種百菜】, 嬪功爲一科【出布帛】, 虞衡爲一科【種百材】, 畜牧爲一科【養六畜】, 竝計工·商·臣妾, 當爲九職. ○其考課之法, 田農有九考. 一曰翻耕【秋冬之用力】, 二曰出糞【勤者多出也】, 三曰播種【勤者早播也】, 四曰耙治【春用力】, 五曰移秧【勤者早】, 六曰芸除【勤者早】, 七曰收穫【勤者乃有秋】, 八曰隄防【修其缺】, 九曰灌漑【導其流】. 以此九事觀其功, 旱田之功, 以附種當移秧, 以溝洫當隄防, 以起陳當灌漑也. ○園廛有九考, 棗·栗·梨·柿·梅·杏·桃·李·胡桃, 以爲九果, 以考其功. 其餘諸果, 各以土産, 或相出入. 林禽·頻婆【方言曰沙果】·櫻桃·石榴·橘柚·梔子·木瓜, 唯所宜也. ○圃師有九考, 葱·韭·蒜·薑·瓜·瓠·菘·芥·蘿菖, 以爲九蔬, 以考其功. 其餘諸蔬, 或以類附【甘瓜·西瓜, 附於瓜; 南瓜·冬瓜, 附於瓠】, 或以土宜, 得相出入.【葵藭諸芋之等】○婦功有九考, 桑·柘·麻【卽牡麻】·枲【有子麻】·苧·棉【卽吉貝】, 靑藍【卽大靑】·紅藍·紫荊【卽紫草】, 以此九種觀其功, 兼治楮漆, 以贍民用. ○虞衡有九考, 松【柏與油松, 附焉.】·檜·楡·槐·桐·柳·橡·楓·銀杏, 以此九種考其功. 南方之竹·箭·奇木【如梜子·加斜木】, 各以土宜. ○畜牧有九考, 馬·牛·羊·豕·驢·鷄·鵝·鴨, 又養池魚, 以此九種考其功. ○諸鄕諸里, 各選上農家, 大約一井八家之中, 選取三四家, 不拘上中下族, 唯力農而全受百畝者, 乃與其選. ○每田百井, 置一農正考其功, 能報于縣令, 縣令受之, 以第九等, 如考課之法. ○『周禮』, 載師任土之法, 最內曰國中, 次內曰園廛, 所謂場圃, 任園地也. 凡蔬果之屬, 必通邑大都負郭之地, 乃宜蒔種, 糞壤易得, 販買易售. 窮村孤僻之處, 種此何爲? 都邑之人, 能食嘉蔬珍果, 野人無以爲也. 牧欲勸園圃, 必募得園師·圃師, 使居邑中, 授以負郭之田, 令種蔬菜, 又求隙地, 令種九果. 小邑募得九人, 中邑募十八人, 大邑募二十七人, 各授以地, 助其勞費, 別以軍官二人, 差爲園監·圃監, 考功如法. ○婦功亦然, 募得九人, 或得三九, 授以官田, 相其土宜, 令專治九材, 考功如法. ○松檜楓橡, 山木也, 楡槐梧柳榧子銀杏之屬, 皆野樹也. 募民有願爲虞衡者, 授以山場·野場·澤地, 令種諸木, 巷口及道路之邊, 亦令虞衡種之, 各授本村之人, 使之培養. 有或夭閼, 責其補種, 竝立虞衡之監, 考功如法. ○畜牧亦然, 牧牛者授山, 牧羊者授島, 牧豬者令於附城之地, 授地設柵, 或授小島. 養鷄者授以閑地, 令作窨坎設欄設羃, 令無害稼. 養鵝鴨者, 授以溝渠之地, 養魚者授以池沼之地. 唯養馬之地, 特授海島, 募富人, 牧馬至千匹者, 許自賣以自贍, 猶錄其功, 直自兵曹授以武職, 使得遷轉如武科出身, 則應募者多矣. 其牛羊以下, 考功如他法, 牧驢之功, 次於養馬.【唯犬家畜之】○凡考功而居最者, 自本縣施以珍異之賞, 授以本土之職.【如鄕丞·倉監】監司取諸郡縣考課之狀, 校其優劣, 選取三人【兩南宜各取六人】, 薦于銓曹. 銓曹取諸路薦狀, 校其優劣, 視其職業, 每取三分之二【假如三十人, 則取二十人】, 補以初仕, 農嬪虞衡, 自吏曹補經田員外郞【見官制】; 園圃畜牧, 自兵曹補武院員外郞.【今訓鍊奉事】仕滿二周, 東班出而爲察訪·監牧, 西班出而爲堡將·城將【今僉使·萬戶】, 則六科之職, 爲民恒業, 不踰十年, 五穀百果百菜不可勝食, 材木不可勝用, 布帛不可勝衣, 采色不可勝染, 六畜魚鼈, 將充牣於國中矣. 裕國富民之政, 有大於是者乎? 或曰: "官祿者, 命德之器. 今取農圃小人, 畜牧賤業, 皆登仕籍, 豈有國勸民之道哉?" 答曰: "不然. 夫所謂科詩者, 何物? 項羽沛公之句, 風塵宇宙之詠, 狂言妄說, 設科取人, 以登仕籍, 是所謂命德之器乎? 后稷·夏禹盡力於溝洫, 不害其薦爲王侯, 秦非子以養馬, 列爲諸侯. 周公設官, 其農師·場師·牧人·校人之等, 皆躬親畎畝, 以興民業; 躬親牧養, 以阜物種, 非如後世之官虛糜其名而已. 漢初, 力田與孝[17]廉竝列, 田千秋以力農爲通侯, 卜式以畜牧爲列卿. 今玆六科之人, 苟有秉心塞淵, 能盡其職者, 雖以之薦爲公相, 猶爲古法, 區區察訪·監牧·堡將·城將之職, 奚足復言哉? 以次登用, 授以字牧之官, 未可已也."○但此六科之業, 非至十年, 難責成效. 今之守令, 二周而代, 如逆旅之過客, 無用紛紛然經始也.

『經國大典』曰: "農桑·種植·畜牧之類, 力業特異者, 每歲抄本曹錄啓獎勸."○案 國初設法如此, 則其條例, 必有可觀, 今不可考. 然凡獎勸之方, 小則施賞, 大則授官, 匪有他也.

每春分之日, 下帖于諸鄕, 約以農事早晩, 考校賞罰.

帖曰: "詩賦有校藝, 稼穡無賭勝乎? 移秧貴早, 其欲早移者, 宜亦早種; 其欲早種者, 宜亦早耕. 今與民約, 今年芒種後十日, 官親巡諸鄕, 或遣耳目, 凡移秧先畢者, 本鄕所納民庫錢, 每戶各減二文. 其風憲·約正·田監【別有司】及諸里年七十以上老人, 各施賞物.【扇梳等】其居末者, 本鄕所納民庫錢, 每戶各加一文.【賞重而罰輕】其風憲·約正及田監, 各受罰飮.【宜就早移鄕中於鄕甲面前, 飮罰水一椀】民庫錢原額有欠, 官則補給.【只加一文故】以此知悉, 其各早圖."○如是, 則農民興起聳動, 趨事恐後, 必有可觀者矣. ○至秋種麥, 宜亦爲此, 宜於秋分日下帖. ○凡農事莫如早種, 而惰農不昏, 每患愆期, 貧戶無牛, 亦致失時. 若行此令, 則必晝夜力作, 借牛助力, 以賭一勝之快, 不亦善乎?

---

17 孝: 新朝本에는 '考'로 되어 있음.

禮典六條
祭祀·賓客·敎民·興學·辨等·課藝

第一條 祭祀

郡縣之祀, 三壇一廟. 知其所祭, 心乃有嚮, 心有所嚮, 乃齊乃敬.

『春秋傳』, 蔡墨對魏獻子曰: "共工氏有子曰句龍, 爲后土【官名也. 后稷亦官名.】, 后土爲社【配食於社神】. 稷, 田正也【卽掌田之官】, 有烈山氏之子柱爲稷【烈山, 卽神農】, 自夏以上祀之【『古尙書』有「夏社」篇】. 周棄亦爲稷, 自商以來祀之." ○「祭法」曰: "共工氏之霸九州也, 其子曰后土, 能平九州, 故祀以爲社. 厲山氏之有天下也, 其子曰農, 能殖百穀, 夏之衰也, 周棄繼之, 故祀以爲稷." ○『春秋正義』云: "配者, 與之同食, 取彼神名, 以爲配者名. 社本土神之名, 稷本穀神之名, 配者亦得稱社稷也." ○鏞案『周禮』, 司日司月, 爲天神; 司土司稷, 爲地示. 然天神·地示, 同是天神. 故薅收本係地示, 而史囂謂之天之刑神, 義可知也. 天生萬物, 司以百靈, 司土司穀, 其大者也. 吾東之法, 亦祭國社·國稷, 以句龍·姬棄配之, 與古合也. 但社稷是外神, 故祀以血祭, 血祭者, 瘞薶之類也. 今社稷之祭, 其籩豆簠簋, 與宗廟人鬼之祭同, 此與古異也. 句龍·姬棄, 足跡不及於朝鮮. 然疆理之制·播種之法, 流自中國, 所以祀也.【唯郡縣之社, 不祭句龍·姬棄, 但祭社神·稷神.】

「祭法」云: "王爲群姓立社曰'太社', 諸侯爲百姓立社曰'國社', 大夫以下成群立社曰'置社'." ○孔疏曰: "大夫士庶群聚而居, 滿百家以上, 得立社." ○鏞案 今之郡縣, 如古之侯國, 法當立社. 子羔爲費宰, 子路曰: "有民人焉, 有社稷焉." 則古者家邑, 亦有社稷【費, 季氏之家邑.】, 郡邑之有社稷, 其來遠矣. 古有里社, 故陳平得分社肉. 今所無也.

「祭法」曰: "王爲群姓立七祀." 五曰'泰厲'. "諸侯爲國立五祀." 五曰'公厲'. "大夫立三祀." 一曰'族厲'." ○『正義』云: "泰厲, 古帝王之無後者; 公厲, 古諸侯之無後者; 族厲, 古大夫之無後者." 『左傳』云: "鬼有所歸, 乃不爲厲. 以其無所歸, 或爲人害, 故祀之." ○鏞案 厲者, 列也. 古之無後者, 列而享之, 無昭穆也. 古唯無後者爲厲, 而後世之厲, 凡溺死者·燒死者·壓死者·刑死者, 是享是祀. 諸如此類, 未必無後, 則今之厲, 非古之厲也. 其法, 與佛家水陸·普請之名相似. 意或佛法流染之後, 其禮如是也.

『春秋傳』【昭七年】: "鄭子産聘于晉, 韓宣子曰: '寡君寢疾, 今夢黃熊入于寢門, 其何厲鬼也?' 對曰: '昔堯殛[18]鯀于羽山, 其神化爲黃熊, 入于羽淵. 實爲夏郊, 三代祀之. 晉爲盟主, 其或者未之祀也乎?'"【『正義』云: "鬼神非其族類, 則紹其同位."】○ "鄭人相驚曰: '伯有至矣.' 子産曰: '鬼有所歸, 乃不爲厲.' 且曰: '匹夫匹婦强死, 其魂魄, 猶能憑依於人, 以爲淫厲, 況良霄, 我先君穆公之冑, 三世執政, 其用物也弘, 其取精也多矣, 而强死能爲鬼, 不亦宜乎?'" ○後世如張巡, 化而爲厲, 皆祖子産之說.【今法, 無祀鬼神十五位, 與城隍神, 合祭于厲壇.】

陸務觀「寧德縣重修城隍記」云: "古人祭先嗇, 祭先牧, 祭門, 祭竈. 城者, 以保民禁姦, 通節內外, 其有功於人最大. 顧以非古黜其祭, 豈人心所安哉? 故自唐以來, 郡縣皆祭城隍, 至今世猶謹. 守令謁見, 其儀在他神祠上. 社稷雖尊, 特以令式從事, 至祈禳報賽, 獨城隍而已. 則其禮顧不重歟? 寧德有氛霧之毒, 擁蝱蛇蠶守宮之毒. 是以城隍祀, 比他邑尤盛. 祠故在西山之麓, 紹興元年, 知縣事趙君說之, 始遷于此. 二十八年五月, 權縣事陳君攄, 復增築之, 高明壯大, 稱邑人尊祀之意." ○又陸務觀「鎭江府城隍祠記」云: "漢將軍紀信, 死於滎陽. 宋乾道元年, 知鎭江府方滋言: '府自古時, 祀紀侯爲城隍神. 莫知其所以始, 然居處不驚, 疾癘以息, 則神實陰相之.'" ○案 城隍之祀, 不列於八蜡, 非古制也. 郡縣多無城者, 無城而祭城, 又何禮乎? 其祭紀信, 尤無義

---

18 殛: 新朝本에는 '磩'으로 되어 있음.

也.

高麗文宗九年, 宣德鎮新城, 置城隍神祠, 賜號崇威, 春秋致祭. ○『五禮儀』: "城隍神座, 居風雲雷雨之右, 竝南向, 厲祭時, 先行發告祭于城隍壇." 又: "於厲祭日, 奉城隍位版, 行祀于厲壇." ○ 其發告祭祝[19]文云: "將以某月某日, 設壇北郊, 祭闔境無祀鬼神, 庶資神力, 召集赴壇." ○**按** 此蓋使城隍之神, 召集厲鬼也.

『五禮儀』: "厲祭, 城隍神座, 壇上南向, 無祀鬼神, 在壇下, 左右相向. ○遭兵刃死者, 遇水火盜賊死者, 被人取財物逼死者, 被人强奪妻妾死者, 遭刑禍負屈死者, 因天災疾疫死者, 在左. ○爲猛獸毒蟲所害死者, 凍餒死者, 戰鬪死者, 因危急自縊者, 被牆屋壓死者, 産難死者, 震死者, 墜死者, 歿而無後者, 在右."

文廟之祭, 牧宜躬行, 虔誠齊沐, 爲多士倡.

他祭, 與祭者不多, 其亂未甚, 鄕校釋奠, 其獻官·諸執事之外, 閑散與祭者, 或過百人. 夏畦市門, 椎鹵鄙賤之類, 參錯其中, 葷臭酒臭, 醜惡難狀. 叫呶雜亂, 不率軌度, 祭罷之後, 捽髮揮拳, 鬪鬨滿堂, 斯不可不禁也. 校任受賂, 派差執事, 傭奴下賤, 咸齒班序, 斯不可不禁也. 又凡執事, 原有定額, 校任禮吏, 相與作奸, 定額之外, 私出差帖, 以受印押, 斯不可不察也.

釋菜前十日, 下帖于鄕校, 獻官·諸執事, 皆以本土上族之端方雅, 飭威儀不愆者, 拔例擇差, 毋得直書差帖, 須要列名先呈, 牧數日詢訪, 知其實狀, 然後乃受差帖, 許令踏印. ○執事之外, 閑散與祭者, 亦選二十人, 使之參班, 凡在選外者, 勿許攔入紅門之內, 犯者施罰. 前二日, 牧或遣小吏, 或遣侍童, 往察會中, 其有飮酒茹葷, 脫衣解帶, 不致虔潔者, 竝錄其名, 論罰有差. 其有不在會中, 出入城府者, 直行斥黜, 無得與祭.

前一日, 牧早出, 省牲省器. 趨入殿內審視, 以及兩廡, 視其牀桌, 視其籩豆,

---

19 祝: 新朝本에는 '祀'로 되어 있음.

視其饌列, 視其汎掃. 潔淨齊正, 無有不善, 周旋出入, 愼其威儀, 以爲民望. ○夕而沐浴, 時至將事, 齊遬淸嚴, 毋愆威儀. ○朔望焚香, 雖不能躬行, 四孟之朔, 躬行可也.

『經國大典』云: "凡祭祀, 守令或不躬行, 器皿或用陋汚, 奠物或用殘餘者, 鄉校不修葺者, 有罪."

廟宇有頹, 壇壝有毁, 祭服不美, 祭器不潔, 並宜修葺, 無爲神羞.

李繁守虔州, 新作孔子廟, 又令工改爲顔子至子夏十人像. 其餘六十子及後大儒公羊高·左丘明·孟軻·荀況·伏生·毛公·韓生·董生·高堂生·揚[20]雄·鄭玄等數十人, 皆圖之壁, 躬率吏及博士弟子, 入學行釋菜禮. 耆老嘆嗟, 其子弟皆興於學.【夏希道爲繁昌縣令, 修子夏·子路等十人像.】

林䴉知蘇州府時, 蘇學廟像, 多剝落者. 或欲因其舊而加以修飾, 䴉奮然曰: "此土泥耳. 豈聖賢耶? 孔子生於佛敎未入中國之前, 烏識所謂泥像哉! 彼未壞者, 猶當毁之, 幸遇其壞. 易以木主, 有何不可?" 於是幷易從祀諸賢, 皆爲木主.

曾鞏「宜黃縣學記」曰: "宋興慶曆三年, 天下之學得立, 而撫州之宜黃, 猶不能有學. 學者皆相率而寓於州, 以羣聚講習. 其明年, 天下之學復廢. 皇祐元年, 李詳至, 始立學, 積屋之區若干, 而門序正位, 講藝之堂·捿士之舍皆足, 積器之數若干, 而祀飮寢食之用皆具. 其像孔氏而下從祭之士皆備." ○董儀守筠州, 先是, 州無學. 公乃得亢爽之地, 築宮於其上, 齋祭之室, 誦講之堂, 休息之廬, 至於庖湢庫廐, 各以序爲.

朱子在漳州「約束文」云: "本州所管, 上丁釋奠及祭祀社稷, 三獻官祭服, 緣製造年深, 不如法式. 今欲別行製造, 初獻六旒冕, 亞獻四旒冕, 終獻無旒冕, 及本等衣裳·大帶·中單·綬佩·蔽膝·革帶·履韈各一副, 竊恐只依印本製造, 未必盡合. 禮制申行, 在太常寺觀, 借上祭服, 每事一件, 付進奏官楊思恭, 同

本州差去客司楊暹, 就臨安府製造, 回[21] 州行用." ○鏞案 今鄉校所用祭服, 歲久皴汚, 不成模樣. 所謂祭冠, 雜塗黃汁, 緌纓不具. 所謂後綬, 亂塗靑赤, 珩琚不設. 曲領方心, 敹斜墮落. 改服登班, 皆成鬼形, 燈燭熒煌, 視瞻悗惚. 君子所愼, 威儀而已, 儀之旣惄, 何所望矣! 牧之所著, 宜用京官時祭服, 獻官所著, 牧宜先期修造, 使皆鮮整, 咸中規度, 乃可以行禮也.

狄栗爲穀城令, 修孔子廟, 作禮器, 與其邑人, 春秋釋奠, 而興于學, 政化大洽.

洪處靖爲茂朱縣監, 下車存問耆老, 致酒肉, 改造文廟籩豆罍爵之毀窳不稱者, 集生徒勸講, 大小悅服.

境內有書院, 公賜其祭者, 亦須虔潔, 無失士望.

賜額書院, 其祭物官給, 竝以公穀會減. 每見廚史不謹, 珍果代之以賤果, 嘉肴代之以野菜, 竝宜嚴飭, 一遵本式, 務要豐碩, 無有不善. ○其私祠之未賜額者, 或有守令自以顔私, 供其祭饌, 一番開路, 遂成恒典. 然私祠之弊, 日新月盛, 百里之邑, 私祠或至數十. 一門之內, 父子兄弟, 謙菴·訥軒·松齋·竹亭, 或稱孝行, 或稱戰亡. 以齒爲序, 列享一院者, 或至十二三人. 又或國初名臣, 其子孫不昌者, 退士賤族, 戴之爲祖, 僞造文籍, 以欺御史, 御史一時過客, 不能詳覈, 過加襃奬. 歲久年深, 遂爲滯鬱, 輕率上徹, 或得襃贈. 歸而誇耀, 又建私祠, 鄕鄰知而不發, 官長聞之不聰, 以莒紹繒, 恬不知恥大. 凡私祠者, 國典之所禁, 爲守令者, 將禁抑之不暇, 而况助之祭以勸之乎? 然流來舊例, 自我廢之, 取怨之道也. 宜以香燭二物, 聊表厚意, 其餘物種, 雖誇訕溢境, 斷不可違道以求媚也.

『續大典』云: "外方祠院, 冒禁刱設, 觀察使拿處, 守令奪告身三等, 首倡儒生遠配. 賜額書院, 不稟朝家, 擅自配享者, 地方官罷職."

朱子在南康軍, 「修白鹿洞書院牒」云: "盧山白鹿洞書院, 元係唐朝李賓客

21 回: 新朝本에는 '同'으로 되어 있음.

渤隱居, 南唐昇元中, 因建學館, 買田以給諸生, 學者大集, 乃以國子監李善道爲洞主, 掌其敎授. 當職到任之初, 卽嘗詢訪, 合行修立." ○鏞案 書院之制, 創於南唐, 至宋漸廣, 若嶽麓書院·石鼓書院·嵩陽書院·睢陽書院, 或御賜書籍, 竝賜額號. 要皆爲學者藏修之所, 非爲祠祀古人, 以表崇報之誠也. 自朱子修白鹿書院, 以祠濂溪, 而中國書院, 皆宗是法. 周愼齋【名世鵬】建白雲書院, 以祠安文成【裕】, 而東方書院, 皆宗是法. 今也書院爲祠廟, 非復學宮之舊觀也.

朱子在南康軍, 帖諭士民: "陶侃遺廟, 訪其遺跡, 謝大傅·陶徵士·周濂溪, 問其祀宇有無." ○鏞案 意有所感, 訪古尋跡, 以闡發其幽隱, 亦賢牧之所務也.

如平壤之箕子廟, 慶州之崇德廟, 順天之忠愍祠, 康津之誕報廟, 所在有之. 其屋宇之修葺, 籩豆之庇治, 皆牧之責也. 神罔時恫, 斯賢牧也.

南海神廟, 在廣州海中, 海道八十里. 刺史常以疾不往, 明宮齋廬, 上雨旁風, 牲酒瘠酸, 取具臨時薦裸, 興俯不中儀式. 孔戣爲刺史, 歲歲躬往, 治其庭壇, 改作兩序, 齋庖之房, 百用具修.

郡縣皆有公羊, 雖皆殺㸙【方言曰黳昭】, 其種猶蕃. 昔余兒時, 隨家君宦游一縣, 皆畜數十頭. 今皆耗損, 存者絶稀. 蓋牧羊應有牧田, 牧人宜有稍饍. 今使倉奴牧之, 倉奴一年所食, 不過數十石之穀. 旣供瓜蔬, 又令養馬【分養馬】, 又何餘力, 可牧犧羊? 恒飢久凍, 有死而已. 穿渠築堰, 可置公田, 以補民役. 又以數頃, 除爲牧田, 乃可以責牧羊, 乃可以責豢豕. 博碩肥腯, 神罔時恫, 牧之職也. 沽酒市脯, 不可以祭, 今也買羊賒豚, 以充犧牲, 非禮也. ○郡縣必有學田. 宜以學田數畛, 除爲祭田, 收其稻粱, 以爲粢盛, 別貯淨罌, 以時供之, 官廚之米, 以給其代, 抑所宜也.

其或邑有淫祀, 謬例相傳者, 宜曉諭士民, 以圖撤毀.

栗谷辭醮靑之詞, 藥圃拒巫禱之香. 君子之行, 不可苟也. 若有祠廟, 明係淫祠者, 雖有舊例, 不可踏也.

顧劭爲豫章太守, 禁淫祀, 毀諸廟, 至廬山廟, 一郡悉諫不從. 夜有人經前, 狀若方相, 云是廬山君. 劭要之入座, 與談『春秋』, 燈盡燒, 『左傳』以續之. 鬼欲凌劭, 劭神氣湛然. 鬼反和遜, 求復廟, 劭笑而不答.

唐狄仁傑爲江南巡撫使, 吳楚多淫祠. 仁傑毀千七百房, 止留夏禹·吳太伯·季札·伍員四祠.

柳子厚「毀鼻州象祠記」: "鼻亭祀象神. 河東薛公至, 考民風披地圖, 得是祠[22], 駭曰: '象以爲子則傲, 以爲弟則賊, 以惡德而專世祀, 殆非化吾民之意.' 命亟撤之, 沈其主於江. 州民歌曰: '孰羨淫昏, 俾我斯瘠? 千載之冥, 公闢其戶.'"

王質知蔡州, 蔡俗舊祠吳元濟. 公曰: "豈有逆醜而廟食耶! 狄梁公·李太尉, 德加蔡人, 胡不爲祠?" 命撤元濟祠, 建二公祠.

程珦知襄州時, 宜獠區希範旣誅, 鄕人忽傳其神降言: "當爲我南海立祠." 於是迎其神以往, 至襄. 珦使詰之曰: "比過潯, 潯守以爲妖, 投祠具江中, 逆流而上, 守懼乃更致禮." 珦使復投之, 順流去, 其妄乃息.

陳希亮爲雩都守, 巫覡歲斂民財祭鬼, 謂之'春齋'. 否則有火災, 民訛言有緋[23]衣三老人行火. 公禁之, 民不敢犯, 火亦不作. 毀淫祠數百區, 勒巫爲農者, 七十餘家.

劉龜年知武陵, 楚俗右鬼. 其淫祠曰'潘仙翁'者, 歲時集會, 摐金鼓, 執戈矛, 迎而祭之. 公命尉杜師顔, 撤屋毀像, 收其兵刃, 罪其倡之者.

吳履爲南康丞, 邑有淫祠, 每祀輒有蛇出, 戶民指爲神. 履縛巫責之, 沈神

---

22 祠: 新朝本에는 '書'로 되어 있음.
23 緋: 新朝本에는 '絆'로 되어 있음.

像於江, 淫祠邃絶.

高麗禹倬爲寧海府司錄, 民惑八鈴神, 奉祀甚瀆. 倬至卽碎, 而沈于海, 淫祀邃絶.

高麗金延壽知淸風郡, 政尙淸簡. 初郡人得木偶人, 以爲神, 每歲五六月間, 奉置客軒, 大張祀事, 一境坌集, 流弊已久. 延壽赴官, 卽收捕巫覡及首事者, 杖之, 邃火其木偶, 妖祀乃絶.

黃瑀知永春【節】丞有女病, 若有物憑之者. 巫曰: "故邏卒某也, 死而役於城隍之神, 實爲崇." 瑀怒曰: "是安敢然?" 杖其土偶, 而投之溪流, 女病卽愈.

洪允成牧羅州, 城隍祠有神惑民, 允成焚其祠.

丁公彦璜爲安東府使, 本府自前朝, 有新羅公主烏金簪神, 多靈怪, 人敬信之. 金省菴孝元爲守時, 焚毁其廟. 厥後吏民, 更復尊崇, 每年五月五日, 巫覡才人, 奉其神, 數十爲群, 官吏陪之, 周行境內, 謂之'端午使'. 閭民奔走恐後, 破産失業, 猶不知悔, 前後太守, 莫能禁. 公大會儒士, 焚其怪服, 其妖邃息.

李衡祥爲濟州牧使, 州有廣壤堂, 土民祈禱成風. 公命焚之, 聞者稱快. 昔金緻觀察嶺南, 毁太白山神祠, 可以匹美云.

李挺岳爲延安府使, 府素多宿弊. 至則一革去之, 不日洗焉. 舊有淫祠, 祈眈坌集, 日事糜費. 公立毁之曰: "彼能爲崇, 宜加我身." 邑民大覺, 相語曰: "始迷不知也."

『象山錄』: "嘉慶已未春, 延勑在平山府, 暇日與豊川守李民秀·長淵守具絳, 同游太白山城. 城中有三太師祠堂, 約共瞻謁, 三太師者, 申太師崇謙·卜太師智謙·庾太師黔弼也. 旣啓戶見, 有鐵像三軀, 皆朴而失眞, 間有女塑二軀, 黃襦紅裙, 粉面朱脣, 妖怪不典. 李曰: '何如? 不可拜也.' 邃闔戶而出."

祈雨之祭, 祈于天也. 今之祈雨, 戲慢褻瀆, 大非禮也.

暴尫暴巫, 見於傳記. 土龍·致雨之說, 出『淮南子』; 石牛·夐泥之說, 出『廣州記』. 或蛇醫囚甕, 或蝎虎沈水, 檄召五星妖術, 起於管輅; 鼓舞五龍邪說, 託於神農. 自古以來, 凡祈雨之法, 多戲慢如此. 今之守令, 遇旱令作芻龍, 塗以朱土, 群童曳之, 鞭笞示辱, 或翻渠以出臭, 或埋骨以誦呪, 奇奇怪怪, 無復倫理, 誠可歎也. ○遇旱, 牧宜虔心齊沐, 默禱神祇, 一應俚俗竝行, 嚴禁.

齊景公時, 大旱欲祠靈山, 晏子曰: "靈山固以石爲身, 草爲髮. 天久不雨, 髮將焦, 身將熱, 彼獨不用[24]雨乎? 祠之無益." 公欲祠河伯, 晏子曰: "夫河伯以水爲國, 以魚鼈爲民. 天久不雨, 百川將竭, 彼獨不用雨乎? 祠之無益." 公曰: "奈何?" 曰: "避宮殿暴露, 與山靈·河伯, 共其憂, 其幸而雨乎!" 景公乃出野, 暴露三日, 天果大雨. ○案 此時景公, 又蠲賦斂. 大抵祈雨之實, 莫善於蠲賦決獄. 楚王英之獄, 繫者千人. 袁安爲楚相, 決而放之, 天乃大雨. 五原之獄, 積久不決, 顏眞卿爲御史, 伸而直之, 天乃大雨. 凡遇旱之日, 牧宜以蠲徭理獄爲急務.

祝良爲洛陽令, 時旱, 暴身階前, 甘雨滂注. ○唐田仁會爲平州守, 歲旱, 自暴以祈雨, 雨大至, 民作歌.

戴封遷西華令, 其年大旱. 禱請無獲, 乃積薪坐其上以自焚. 火起而大雨, 遠邇歎服. ○案 戴封之事, 非禮也. 適天雨耳, 若天不雨, 將遂焚乎? 焚而逃之, 是欺天也; 焚而遂死, 是要天也. 欺天不誠, 要天不敬, 何以爲禮?

唐段文昌帥荊南, 或旱, 禬解必雨; 或久雨, 出游必霽. 民爲語曰: "旱不苦, 禱而雨. 雨不愁, 公出游."

張士遜爲射洪令, 禱雨於白崖神, 卽致雨, 人皆異之. 及移治鄰, 民遮道, 馬不得去. 乃請還留.

黃幹知安慶府, 是歲大旱, 幹祈輒雨. 或未出, 晨興登郡閣, 望灊山再拜, 雨卽至.

余崇龜守九江, 自夏涉秋不雨. 公到郡, 擧家蔬食, 爲民禱祈. 旣而雨霆, 遂有秋, 田里旣安. 民皆擧手加額, 呼爲余佛.

王叔英知漢陽縣, 有惠政, 嘗遇旱, 虔禱不效, 嘆曰: "民將無食. 吾爲民父母, 敢自飽耶?" 遂絶食, 以承天變. 不三日大雨. 雨不止, 復祈晴, 一如雩禱,

---

24 用: 新朝本에는 '欲'으로 되어 있음.

雨遂霽. ○案 絶食亦非禮也. 天遂不雨, 將遂不食乎?

孫舜孝爲江原監司, 適大旱, 禱雨無效, 公曰: "無他, 守令不盡誠也." 遂齋戒, 親出祈雨. 半夜聞雨聲, 喜而歸曰: "我當謝天." 被朝服, 立庭中. 雨勢漸急, 吏持傘倚後. 公命去之, 衣服盡濕.

李泰淵爲全羅監司, 以爲水旱之災, 亦由神道, 爲請香祝於朝, 設祭山川, 徧及無文. 先是, 操卒數千, 淹死於南洋, 將祀[25]之夕, 哭聲殷海, 大雨滂沱. 人謂誠感所致.

星湖先生曰: "雩者, 所以祈膏雨也, 其及旱而禱者, 亦稱雩. 古之禱者, 桑林六事, 爲感應之實. 如後世象龍燒猵之類, 何益於格天耶? 蕭梁之時, 祈雨必行七事. 一, 理寃獄及失職者, 二, 賑鰥寡孤獨, 三, 省徭輕賦, 四, 擧賢進良, 五, 黜退貪邪, 六, 命合男女卹怨曠, 七, 撤膳羞樂懸而不作. 今之所擧, 只撤膳審獄, 其餘皆不施行, 不及遠矣."

祈雨祭文, 宜自新製. 或用舊錄, 大非禮也.

凡祭文, 宜用四言, 讀聲調叶. 其支蔓錯落者, 讀之不能成聲. 鄉村祝史, 口棘喉澀, 非四言, 不可讀也. ○其非四言者, 亦皆叶韻. 東坡「祭歐陽公文」, 龜師爲知, 疑夷時貍, 無不叶韻, 斯可法也.

朱子「祈雨文」略云: "惟神受職帝庭, 降食玆土, 以福其人, 今人之急如此, 神若弗聞, 亦何神哉!" ○案 此篇, 渴一室忽, 約略叶韻, 當事者, 宜考焉.

張谿谷維在郡, 其「祈雨祭文」云: "唯玆之旱其誰尤? 自春徂夏絶膏油. 黍稷且稿麥不秋, 民將病饑曷其瘳? 蜿蜿神物宅靈湫, 噓雲洩雨威德流, 閟宅不施欲何求, 忍我赤子絶其喉! 邑宰不職干神誅, 罪丁厥躬民何辜? 肥牲淸酼脩醢俱, 以薦以侑冀神娛, 神其飮食回玄樞, 驅雷鞭電騰天衢, 需然甘澍溥八區, 沾枯潤焦萬品蘇, 永世報祀不敢渝." 右祭龍神.

"巍巍名山, 唯邑之望. 不見運動, 澤利難量. 愆陽爲虐, 五種皆枯. 更閱數

---

25 祀: 新朝本에는 '死'로 되어 있음.

日, 焦灼無餘. 淵龍耽睡, 有訴無聞. 非神之仁, 孰恤斯民? 歆我芬苾, 惠我神靈, 一霈甘霖, 以澤群生." 右祭山神.

吳西坡道一爲星州牧使, 其「太子嚴祈雨祭文」云: "明神之宅, 地靈攸鍾, 上撐磅礴, 傍擁寵嵸. 鎭玆疆土, 著在「輿乘」. 呼噓造化, 雨泄雲興[26]. 登我稼穡, 福我黎烝. 寔效陰功, 星人是靠. 屬當南訛, 亢陽扇虐. 其雨其雨, 出日杲杲. 間或震霈, 車薪杯水, 四野洪爐, 川枯溝涸. 秋苗愆期, 西成望絶. 比屋懸磬, 田畯啜泣. 哀民不天, 大侵彌年. 今又卒瘁, 擧將顚連. 仰惟明神, 胡寧忍此? 藐玆無似, 猥忝[27]邑宰. 夙宵憂焦, 方寸焚灼. 微神顧諟, 疇庇疇隮? 肆薦牲幣, 虔薦洞酌, 神其明聽, 克賜歆格. 式斡玄樞, 速需甘膏. 俾民酒粒, 無貽神羞."

李靜觀端相守淸風, 其「錦繡山祈雨祭文」云: "至晦者神, 至顯者人. 顯晦雖間, 其理則均. 故神於人, 有感必應. 玆輸淺誠, 以冀神聽. 錦嶽崇崇, 龍淵湯湯. 常興雲雨, 澤物洋洋. 利遍一府, 活此黎元. 實維神惠, 疇不神尊? 如何近歲, 神嗇其施? 四境無秋, 民屢阻飢. 及至今春, 播種旣畢. 禾纔生苗, 麥已吐實. 西成有望, 庶幾粒食. 旱魃肆威, 連月爲虐. 苗者漸枯[28], 實者盡萎. 崇朝一霎, 曷云其滋? 恒陰欲雨, 風輒散之. 仰視杲杲, 胡寧忍斯? 寡君在上, 焦勞乙丙. 守土小臣, 罪合譴屛. 神於此際, 久閟靈澤. 萬口喁喁, 勢迫塡壑. 倘神有怒, 降罰此身. 軫我孑遺, 亟垂神仁. 鼓發神用, 沛然千里. 蘇枯起萎, 俾荷神賜. 苟愆厥時, 惠亦無及. 神豈有慳, 遽棄斯邑? 肆將薄具, 躬奠神宅, 神其歆格, 需此一域."

蔡希菴彭胤「龍湫祈雨祭文」云: "有湛者淵, 有赫其靈. 欱雲吐雷, 厥施滿盈. 我民之蘇, 靈享其報. 胡玆者陽, 彌月斯虐? 氛霧朝屯, 凄飇夕簌. 大地立赤, 涓澤不下. 川溝絶灌, 民束其手. 土毛旣焦, 夫其曷後? 夏至云徂, 霓望逾渴. 身叨民寄, 憂甚焚炳. 生類且盡, 神亦何賴? 無爲神羞, 惠我滂沛." ○「三次祈雨文」云: "維夏之旱, 汔至初伏. 滲滲震霈, 浹浹信宿. 屯雲寢離, 烈陽旋

26 興: 新朝本에는 '興'로 되어 있음.
27 忝: 新朝本에는 '忝'로 되어 있음.
28 枯: 新朝本에는 '苦'로 되어 있음.

曝, 將興之苗, 索然就厭. 如孩獲乳, 未咽而奪. 哀民何辜, 而毒降罰? 加[29]以
邑長, 已避賢路. 再叩于湫, 莫我肯顧? 憂心譙譙, 誰因誰訴? 惟山之靈, 實主
玆土[30]. 司厥陰陽, 阜我稑黍. 生類斬伐, 胡不降監? 若濟焚溺, 無暑刻淹. 馨
發澤應, 以洽以霑."

蔡希菴「雪岳山再次祈雨文」云: "鬱律維山, 開闢則有. 上通呼吸, 下絕翔
走. 氛埃是截, 清淑攸蓄[31]. 助宣二氣, 揮霍翕歘. 有所不祈, 祈無不答. 惠我邦
人, 以庥以福. 胡今之旱, 彌月愈酷? 其雲其霓, 杲杲而烘. 凄其以散, 每夕輒
風. 民望且絕, 農節詎幾? 憂心遑遑, 有甚調飢. 痌瘝弗蠲, 代走群望. 誠非敢
慢, 質其在傍. 寧莫我顧, 視天眇眇. 秧區向坼, 玆月迫朓. 失今不雨, 闔境其
莩. 後雖翻瓢, 旣枯則那? 奚異魚肆, 始決江河? 維嶽之靈, 一邦所詹. 人方盡
劉, 神其獨恬? 王事有程, 又不克躬. 惟勤遣幣, 矢言有衷. 丕惟降監, 無愆民
時. 立賜甘澍, 用流鴻慈."

蔡希菴「茂朱玉淵祈雨文」云: "有湛者淵, 神所憑依. 斂舒膏澤, 時用無違.
如谷於響, 輒應民祈. 驚[32]我三農, 以無饉饑. 云胡戾魃, 載煬厥威? 無地不
赤[33], 無苗不腓. 泉源卒涸, 埃土[34]或飛. 溝塍旣坼, 高燥曷希? 控于社壇, 零零
其微. 杯水車薪, 乃滴乃唏. 昕莫之交, 薄言陰霏. 顒顒其霆, 歘歘其暉. 萬分
一望, 逐日而非. 民環其畝, 涕泗齊揮. 耳之目之, 疊息纍唏[35]. 微神之惠, 我民
何歸? 生類其盡, 誕無神譏? 呼風召霆, 亟宣陰機. 頃刻滂沛, 轉災爲禨. 群槁
以勃, 無瘠而肥. 神之聽我, 歆格庶幾."

姜菊圃樸「輿霖山祈雨祭文」云: "彼穹者山, 主邑之治. 下人之依, 明神攸
尸. 蛾嫛于巓, 顧是祈祈. 宿驗匪錯, 我徵於耆. 寔維神故, 叩名則宜. 欲望于

---

29 加: 新朝本에는 '如'로 되어 있음.
30 土: 新朝本에는 '士'로 되어 있음.
31 蓄: 新朝本에는 '畜'으로 되어 있음.
32 驚: 新朝本에는 '驇'으로 되어 있음.
33 赤: 新朝本에는 '亦'으로 되어 있음.
34 土: 新朝本에는 '士'로 되어 있음.
35 唏: 新朝本에는 '唏'로 되어 있음.

睰, 舍神誰歸? 曾是邑魯, 祭秩之遺. 我大速亂, 神詎我私? 亦今之災, 神怒[36]
蘇之. 當雨而否, 旣月于玆. 我稼之殃, 我民之噫, 我民之噫, 我心之悲. 牢幣
嗟吁, 及于天池, 霎然若應, 已嬾其曦. 我起視野, 尤是焦糜. 我憂益急, 邑人
與諮. 諮之維何? 侯擧闕隤. 侯倡侯率, 赴神而祈. 爾其罰我, 毋罰伊慈. 豈不
我惻, 棄前之爲? 庶顧名言, 與霈如期. 少遲則蔑, 貴在今時. 苟允衷叩, 斡沸
以滋, 我與邑人, 敢忘厥綏? 且除且封, 亦飭其壇. 稻黍馨好, 永有報祠. 爾聽
無忽, 我言非欺."

日食月食, 其救食之禮, 亦宜莊嚴, 無敢戲慢.[37]

日月交食, 本有躔度, 預知時刻, 本非災變. 堯舜之時, 曆法已明, 非不知也,
特以兩曜薄蝕, 景色愁慘, 伐鼓用牲, 以示變耳. 今郡縣救食之法, 捕捉僧徒,
撞鉦擊板, '日光菩薩, 月光菩薩.' 叫號踴躍. 此非畏災, 乃是慢天, 大非禮也.
○宜用京司之例, 牧以淺淡服·烏角帶, 出坐庭中, 令礜人奏鼓三·九聲. 牧齊
邀端坐, 左右無得喧譁, 以待復圓, 可也. 若行之於社壇, 尤與古合. 『春秋傳』
曰: "日有食之, 鼓用牲于社."

第二條 賓客

賓者, 五禮之一. 其饌牢諸品, 已厚則傷財, 已薄則失歡. 先王爲之節中
制禮, 使厚者不得踰, 薄者不得減, 其制禮之本, 不可以不溯也.

聘禮·公食禮, 皆古饗賓之禮. 其籩豆簠鉶之數, 視秩高下, 各有恒式. 主賓
恪守, 罔或踰越, 古之義也. 當時卿大夫之聘於隣國者, 其受饗食之禮, 一爵
一籩, 或有差濫, 則恐懼逡巡, 不敢寧受. 趙文[38]子之亨于鄭, 厥有五獻之籩

---

36 怒: 新朝本에는 '恕'로 되어 있음.
37 日食月食……無敢戲慢: 新朝本에는 目으로 되어 있음.
38 文: 新朝本에는 '武'로 되어 있음.

338

豆, 趙孟固辭, 竟受一獻.【昭元年】季孫宿之享于晉, 厥有加籩之饗, 季孫固辭, 至曰: "下臣不堪."【昭五年】周公閱之享于晉, 力辭昌歜之薦,【僖三十年】管夷吾之享于周, 必受下卿之禮.【僖十二年】豈不以名義一定, 不可以復瀆歟? 今監司行部, 其郡縣所供, 漫無節制, 務在豐侈, 其籩豆鉶組之數, 什倍大牢. 蓋以『五禮儀』所定, 太薄大儉, 不近人情, 故汎濫橫潰, 以至此耳. 不攷三代之典章, 輕立一時之法制, 未有不壞裂如是者也.

古者, 燕饗之饌, 原有五等, 上自天子, 下至三士, 其吉凶所用, 無以外是也.

大牢有二等. 上焉者九鼎, 其爵九獻【或七獻·五獻】, 其食八簋·七鉶·九組·八豆·八籩.【此天子·諸侯之禮】○下焉者七鼎, 其爵三獻, 其食六簋·五鉶·七組·六豆·六籩.【此公食大夫之禮】○少牢五鼎, 其爵三獻, 其食四[39]簋·三鉶·五組·六豆·六籩.【此大夫之禮】○特牲三鼎, 其爵三獻, 其食二簋·三鉶·三組·四豆·四籩.【此士之禮】○特豚一鼎, 其爵一獻, 其食二簋·一鉶·一組·二豆·二籩. ○**案** 此五等之數, 余嘗編『祭禮考』,「聘禮」·「公食禮」·「少牢禮」·「特牲禮」及「禮器」·「玉藻」·「士喪禮」·「士虞禮」諸篇, 採掇查驗, 以知其數者也. 飲食之有五等, 如冕服之有六等. 天子裘冕, 上公袞冕, 侯伯鷩冕, 子男毳冕, 孤卿希冕, 大夫玄冕, 章采旣別, 無敢踰越. 太牢·小牢·特牲·特豚之各有品級, 何以異? 是古禮, 王人到諸侯之國, 其物用太牢. 我邦儀文, 皆降天子一等, 則觀察使巡到列邑, 法當少牢, 無以加矣. ○少牢諸物, 已見節用條【私祭節】, 可按而知也. 牧能據禮守法, 少牢之饌, 以饗監司則大善. 如其不然, 取本縣膽錄, 用其最薄之例, 抑其次也, 如又不能用, 其居中之例, 又其次也. 過此以往, 鄙夫諂人, 事人以食者, 吾不知之矣. ○饗禮用少牢【俗謂之茶啖】, 則食禮宜用特牲【俗謂之進支】.

若我爲監司, 則少牢之饌, 何敢受焉?『五禮儀』明有品數, 不可踰也.

---

39 四: 新朝本에는 '二'로 되어 있음.

今監司巡歷, 天下之巨弊也. 此弊不革, 則賦役煩重, 民盡劉矣.

『山居放言』曰: "監司之巡歷也, 樹大旗, 擁大蓋, 擊大鼓, 吹大角, 乘雙馬之轎, 戴玉鷺之帽, 其從者, 府二人, 史二人, 胥如府史之數, 而加其二焉, 徒數十人, 輿皁隷儓, 若卒僕之屬, 數十百人. 諸縣郵探候延接之史若徒, 數十百人, 馬騎者百匹, 其載者百匹. 婦人姣服靚裝者數十人, 裨將負韔矢, 前驅者二人, 其殿者三人, 驛官從者一人, 鄕亭之官, 騎而從者三人, 佩符囊, 韠印綬, 屛氣脅息, 騎而從者四五人, 載桁楊棓杖, 或朱或白, 以慴人者四人, 負炬燭, 手執絳翠紗籠, 以待用者數百人, 手執箠禁, 民毋得號訴者八人. 道傍觀咨嗟歆羨者, 數千百人. 所至發火礮以驚衆, 進供具如太牢者什之, 厥有一飮一食, 或失其醬違其溫者, 杖. 杖者凡十餘人, 數之曰'道有石蹶余馬', 曰'囂者不禁', 曰'婦人迎者少', 曰'屛帳簟席朴', 曰'炬不明炕不溫', 如斯而已矣. 坐旣定, 召胥與史, 文移諸郡縣, 命市納糶粟一石, 直錢百五十, 怒罵之, 增至二百, 民有負粟者至, 則覆其斛, 責二百. 厥明年春, 析二百而三之, 以予民而告之曰: '此一斛粟也.' 海濱多富商大賈, 粟米刁踊, 則傾其窖而錢之, 山縣粟米紅腐, 則爲廩爲積, 於是粟生脛日走百里, 遇海而止. 旣而計其贏錢, 至數千萬. 訟墓地者流之, 訴令長有虐政者流之, 其罰四千, 屠病牛者流之, 其罰三千, 計其贏錢至數百萬. 有士豪·奸史, 刻章僞書, 舞文弄法者, 曰: '是淵魚不足察.' 則掩匿之, 有不孝不弟, 薄其妻, 淫黷亂倫者, 曰: '是傳之者過也.' 褒然爲不知也者而過之, 厥有長吏販穀糴, 竊賦稅, 如己所爲, 則恕而存之, 課居最, 以欺人主, 如斯而已矣. 何其儀之壯, 而所爲之若是也? 百姓惑焉."【節】○案 田賦日增, 問其由則巡歷也; 民庫厚斂, 問其由則巡歷也; 吏額不汰, 問其由則巡歷也; 契房難罷, 問其由則巡歷也. 陶戶日散, 罏戶日破, 店村日衰, 僧寺日廢, 問其由則巡歷也. 漁者失魚, 塒者喪鷄, 海賈亡其鰒蛤, 山民損其麻絲, 問其由則巡歷也. 巡歷之法不改, 則生民塗炭之禍, 無以拯救矣.

內饌非所以禮賓, 有其實而無其名, 抑所宜也.

340

今監司到縣, 其饗[40]食大饌之外, 別具珍羞大饌, 名之曰'內饌', 監司所食, 惟此而已. 婦女在內, 何與公事? 公賓之餉, 而內婦執醬, 非禮也. 然監司一行, 久飫膏粱, 其殽胾諸物, 少不芳酷, 不能下咽, 亦主人之憂也. 宜作內饌, 用于公盤, 使無內饌之名, 亦無內饌之跡, 惟期賓飽, 不色我德, 庶乎其無愧也. ○其從行裨將之餉, 嚴飭廚史, 使之芳潔而已, 苟欲盡得歡心, 不免先取譏笑, 有靦面目, 不可爲也.

成宗朝有一人, 自監司入爲承宣, 上問曰: "監司以食飲豐薄爲殿最, 然乎?" 對曰: "有之." 上不悅曰: "豈以口腹之供, 責諸官人也?" 對曰: "食飲之具, 尚不能適口, 況於他事乎?" ○案 此說鄙陋莫甚. 陰肥小體, 外飾公務, 病國痛民, 甚於洪水猛獸, 審如是也. 伊尹奚辨乎負鼎, 易牙可託乎凭几, 豈有是哉?

『茶山筆談』云: "南方縣邑, 每當巡使之行, 預備肥牛一頭, 繫之內屋, 飼以胡麻粥月餘. 其牛酥軟異常, 巡使大加稱讚, 考課爲最." 嗟呼! 俗習至此, 亦難乎爲吏矣.『晉書·王濟傳』【王武子】: "帝嘗幸其宅, 蒸豚甚美. 帝問其故, 答曰: '以人乳飲豚【一云以人乳蒸之】.'" 胡麻飼牛, 何異是?

監司廚傳之式, 厥有祖訓, 載在國乘. 義當恪遵, 不可毀也.

肅宗九年癸亥, 下諭八道曰: "巡歷之際, 廚傳支供, 反貽騷擾之弊, 須以單騎, 只率一二人, 勿率軍官, 則可無弊端矣. 予近閱古今荒政諸書, 朱子爲浙[41]東荒使也, 其門人所記有云: '公鉤訪民隱, 晝夜不倦, 至廢寢食, 窮山長谷, 靡所不到. 每出必乘輕車, 屛徒御, 一身所需, 皆自賚以行, 秋毫不及於州縣. 故所歷雖廣, 部內不知. 以此官吏夙夜戒飭, 常如使者壓境, 至有自引去者. 以故所活, 不知幾萬. 其後朱子見孝宗, 孝宗迎慰曰, 浙東之勤勞, 朕所知之.' 豈非今日所當法者乎?" ○臣謹案 聖祖飭諭如此, 而今人張大, 十倍於聖祖之時, 大抵民弊姑舍, 其儀文擬於王者, 不可不裁損也. 我邦動駕, 唯五營行陣

---

40 饗: 新朝本에는 '饗'으로 되어 있음.
41 浙: 新朝本에는 '淅'으로 되어 있음.

之外, 其輿衛騶率, 本不能連亘[42]五里, 巡歷所過, 不甚相遠, 斯何禮也? 中黃·植炬, 皆是王章【路之中央, 布黃土】, 而犯之者亦多矣, 豈不駭哉?

魏孟康爲弘農太守, 有所按行, 皆預勅督郵, 不遣送迎探侯. 又不欲煩吏人, 所在自刈馬草, 不宿傳舍, 露宿樹下. ○今之監司行部, 卽晏子所謂流連荒亡', 盍以孟康爲法?

鄭瑄曰: "做上官時, 只是要尊重, 迎送欲遠, 稱號欲尊, 拜跪欲恭, 供具欲麗, 酒食欲豐, 騶從欲都, 伺候欲謹, 行部所至, 萬人負累, 千家愁苦, 卽使於地方, 大有裨益, 蒼生所損已多, 及問其職業, 擧是虛文濫套, 縱虎狼之吏胥, 騷擾傳郵, 重瑣尾之文移, 督繩郡縣, 至民生疾苦, 若聾瞀然, 此之謂妖孽'. 顯負君恩, 陰觸天怒, 是生民之苦果, 而子孫之禍因也. 吾黨戒之."

星湖先生曰: "國法, 凡使星之過郡縣, 饌品不豐, 例皆啓罷, 故守宰唯以侈靡爲能. 此物皆出於民力, 轉成厲民之一端. 由是鬪觧[43]成風, 虐吏藉名, 甚可惡也. 朝廷宜商量度數, 其器皿之大小, 饌羞之多寡, 隨官位高下, 毋得濫供, 必將有多少裕民矣."

一應賓客之饗, 宜遵古禮, 嚴定厥式. 法雖不立, 禮宜常講.

體察使·賀正使·遠接使·館伴使, 凡大臣·正卿一品之臣, 宜饗用太牢【七鼎者】, 食用少牢; 觀察使·巡撫使·慰諭使·節度使, 凡中下大夫·堂上之臣, 宜饗用少牢, 食用特牲; 御史·京試官·接慰官·書狀官, 雖非崇[44]秩, 宜亦如之; 禁府郎·頒赦官·備邊郎·宣傳官, 凡位卑之臣, 宜饗用特牲, 食用特豚. 此須大臣敷奏, 法制頒行, 乃可遵也. 今雖不然, 牧於心內, 明知先王制禮, 本自如此, 則其鉶俎籩豆之數, 默自商度, 以依周公·孔子之禮, 不亦善乎? ○古者, 太牢, 三牲而九鼎; 少牢, 二牲而五鼎. 牲牢之外, 雞·魚·鮮腊【野獸肉】·倫膚·腸胃, 以充諸鼎. 我邦無羊, 非牛不饗. 凡所謂七鼎·五鼎者, 牛·豕·鮮腊·雞

---

42 亘: 新朝本에는 '宜'로 되어 있음.
43 觧: 新朝本에는 '釘'으로 되어 있음.
44 崇: 新朝本에는 '崈'로 되어 있음.

·雉·腸胃·魚鰒之等, 以充其數, 無不可也. ○簋者, 飯器也. 然[45]今俗饗禮不用飯【卽茶啖】, 宜用餠糕六品及一麪一饅, 以充八簋, 食禮不用餠, 則雖太牢之饌, 但具紅白二飯, 不可加也. ○鉶者, 羹器也. 菜芼曰'羹', 純肉曰'腌'. 七鉶者, 宜用七種菜蔬, 和以肉汁, 以爲鉶羹. ○俎者, 熟肉之器也. 古用牲鼎, 升之爲俎, 今不必拘, 或烹或蒸, 或燒或膾, 或魚或鰒, 或雞或雉, 凡薦肉七器, 以當七俎. ○豆者, 濡物之器也. 或菹或醢, 或炒或煎【如今俗正果之類】, 凡濡物小碟, 以充八豆. ○籩者, 乾物之器也. 或脯或腒【乾雉也】, 或鰒或鱐[46]【乾魚也】, 或果或榛【乾果也】, 或粉或糗【如今俗藥[47]果繭飣[48]之類】, 以充八籩. ○『禮』曰: "鼎俎奇而籩豆偶, 陰陽之義也." 又詳古[49]禮, 酒用奇數, 飯用偶數. 故一獻三獻, 至于九獻; 二簋四簋, 至于八簋, 鉶俎三五, 籩豆六八, 皆此義也.『朱子家禮』亦六豆·六籩, 今人不知此義, 已自家祭之時, 籩豆幷用奇數, 非禮也. ○簋, 今爲盌【俗名曰'周鉢'】; 鉶, 今爲盌【俗名曰'湯器'】; 俎, 今[50]爲大碟【接匙之大者】; 豆, 今爲甌【俗名曰'甫兒'】; 籩, 今爲碟【小接匙】. 斯又古今之變也. 但其名數謹嚴, 不踰古制, 則斬斬[51]乎禮法. 其形色之渝變, 又何嫌矣? ○已上所論, 皆太牢也. 少牢以下, 量宜減損, 六簋者, 餠用四品; 四簋者, 餠用二品, 餘皆類推, 不必拘牽. 唯陰陽奇偶之數, 不可亂也.

古之賢牧, 其接待上官, 不敢踰禮. 咸有芳徽, 布在方冊.

唐何易于爲益昌令, 刺史崔樸, 汎舟春游, 出益昌, 索百姓挽縴. 易于自爲引舟, 樸驚問狀. 易于曰: "方春, 百姓不耕卽桑. 惟易于無事, 可以代勞." 刺史不安, 乃以騎去.

---

45 然: 新朝本에는 빠져 있음.
46 鱐: 新朝本에는 '繡'로 되어 있음.
47 藥: 新朝本에는 '樂'으로 되어 있음.
48 飣: 新朝本에는 '釘'으로 되어 있음.
49 古: 新朝本에는 '吉'로 되어 있음.
50 今: 新朝本에는 '令'으로 되어 있음.
51 斬: 新朝本에는 '軒'으로 되어 있음.

五代蕭結令祈陽, 不畏强禦. 方暮春時, 有州符下, 取競渡船, 刺史將臨觀. 結怒批其符曰: "秧開五葉, 蠶長三眠, 人皆忙迫, 划甚閒船?" 守慚而止.

鄢懋卿以總理鹽法, 巡行郡邑, 勢甚張. 其妻從行, 裝五綵輿, 以十二女昇之. 令長膝行蒲伏, 至以文錦飾廁, 白金飾溺器. 淳安知縣海瑞, 供帳疏簡, 抗言貧邑不能容軒車. 懋卿怒甚, 然素聞其强項, 亦斂威去.

劉南垣公請老家居, 有直指使者, 飲食苛求, 屬吏郡縣患之. 公曰: "吾門生, 當開諭之." 及至, 自朝過午, 飯尙未出. 直指飢甚, 比食至, 惟脫粟飯, 豆腐一器而已. 各食三碗, 直指覺過飽. 少頃, 佳肴美醞, 羅列盈前, 不能下箸. 公强之, 對曰: "已飽甚不能也." 公笑曰: "可見飮饌, 原無精粗, 飢時易爲食, 飽時難爲味, 時使然耳." 直指喩其訓, 後不敢以盤飧責人.

劉天和總制三邊, 取其孤孫曁一孤姪, 撫于任. 過華州, 僕夫偶筮門役. 役者膚愬, 守怒不爲禮, 封局其門. 卽薪米不爲供, 二孤至饑渴甚, 踰垣乞食遞去. 守隨投牒公所, 備陳縱僕虐[52]門役狀. 二孤抵任, 則環公夫人泣訴. 夫人心甚憐之. 未幾, 守以事謁, 公家衆跂足側窺, 計必督過. 公乃禮遇有加, 後復特薦其賢能于朝.

鄭瑄曰: "昔有縣令, 其人極廉介. 一日迎監司於城門, 吏報酉時, 守亟令閉關. 已而使者至, 不得入. 語於門隙曰: '法當閉鑰, 請以詰朝奉迎.'" ○孫甫知晉州, 近臣過謁, 叩城欲入. 公曰: "城有法, 吾不得獨私." 終不爲開門.

唐嚴昇期巡察江南, 性嗜牛肉, 所至烹宰極多. 事無大小, 入金則弛. 凡到處, 金銀爲之踊貴. 江南人呼爲金牛刺史.

雖非上官, 凡使星之時過者, 法當致敬. 其橫者勿受, 餘宜恪恭.

後周王罷鎭江東. 嘗有臺使至, 爲設食, 使裂去薄餅緣. 罷怒曰: "耕種收穫, 其功已深, 春爨造成, 用力不少, 爾之選擇, 當是未饑." 命左右撤之, 使者大慚.

---

52 虐: 新朝本에는 '虛'로 되어 있음.

唐蔣沈歷四縣令, 美政流行. 郭子儀軍出其縣, 敕麾下曰: "蔣沈令縣, 供億當清素. 去得蔬飯足矣. 毋撓其清也."

柳仲郢在官, 館傳必增飾, 宴賓犒軍, 必華盛.

孫甫知陝府, 陝當東西衝, 吏苦廚傳. 而前爲守者, 顧毀譽不能有所損, 公痛裁節之. 過客畏其淸, 初無所望, 而亦莫之毀也. 陝人賴以舒, 後遂以爲法.

朴文富爲寧海府使, 乘馹之人, 雖微者必至所館, 慰接之. 或曰: "公尊彼卑, 何至若此?" 侯曰: "彼賓我主, 賓主寧計資品耶? 彼或憑公肆威, 呵嘖吏民, 吾何忍視之? 我厚於彼, 彼必不怒." 由是來者感悅, 吏不見呵.

完川君李純信爲義州判官, 有奉使者過州, 其需索多無厭. 公心不可, 所辦給路資而已, 餘外皆不聽而去. 及使還, 故以他事, 必欲釋憾乃已, 公卽解印綬歸.

張谿谷維以吏曹判書, 兼大提學獲罪, 特補羅州牧使. 公在朝, 頗以簡傲得名. 及至莅州, 武人金吾郞爲拿罪人, 過入客舍. 公具冠帶乘馬以進曰: "王人入府, 不可乘轎." 及其相見, 禮貌甚恭. 金吾郞俯伏流汗曰: "老爺何自損如是?" 公笑曰: "都事在京, 則踵吾門納刺亦難, 而今則外官之待王人, 不得不如是." ○金淸陰兄弟爲邑, 雖栗木敬差, 必親檢溺器.

高麗河允潾知肅川郡, 僞王夕帖木兒入寇, 諸道軍將往來皆于肅川, 允潾待之無闕[53], 爲政以仁恕爲本, 抽斂絶而刑罰省, 吏民德之. 陞堂上官.

雞林君李守一爲星州牧使, 體察使李公元翼薦也. 兼金烏城大將, 時天朝二十四將, 駐兵于星, 事務叢積. 公外應求責, 內撫軍民, 動皆合宜. 天將來者, 例以幣交, 公一以充軍實, 不入私槖, 李相益加敬重.

古人於內侍所過, 猶或抗義, 甚者車駕所經, 猶不敢虐民以求媚.

韓絳知成都, 內侍奉使到蜀者, 有貿易, 州郡輒附益之, 以悅其意. 公奏請禁納, 英宗嘉之.

李及知杭州時, 內侍江德元權傾天下. 其弟德明, 奉使過杭州, 及待之無所加, 僚佐皆曰: "明公雖不求福, 獨不畏其禍乎?" 及曰: "及待江使者, 不敢慢, 亦不敢過. 如是足矣, 又何加焉?" 旣而德明, 亦不能傷.

程顥知扶溝縣, 內侍王中正按閱保甲, 權焰震灼. 鄰邑競侈供帳悅之, 主吏以請, 顥曰: "吾邑貧, 安能效他邑? 取於民, 法所禁也. 獨有故靑帳, 可用耳." 中正亦知顥廉正, 數往來境上, 終不入.

薛瑄爲南京大理寺卿, 太監金英奉使道南京, 公卿俱餞於江上, 瑄獨不往. 英賢之, 至京言於衆曰: "南京好官, 惟薛卿耳."

楊璉授丹徒知縣, 會中使如浙, 所至縛守令, 置舟中, 得賂始釋. 將至丹徒, 璉選善泅水者二人, 令著耆老衣冠, 先馳以迎. 中使怒曰: "令安在, 汝敢來謁耶?" 令左右執之. 二人卽躍入江中, 潛遁去. 璉徐至, 紿曰: "聞公驅二人溺死江中. 方今聖明之世, 法令森嚴, 如人命何?" 中使懼, 禮謝而去.

楊繼宗爲浙江按察使, 初藩臬諸司所用, 咸辦於下鎭守, 中官供給, 日費萬錢, 繼宗一切革去.

汪應軫出守泗州, 武宗南巡, 駕且至, 列邑旁皇, 軫獨凝然不動曰: "今駕來未有期, 而科派四出, 縱吏[54]胥爲奸耳." 他邑用執炬夫役以千計, 伺候彌月, 有凍餓死者. 軫命縛炬楡柳間, 以一夫掌十炬. 比駕夜歷境, 炬伍整飭, 反過他所. ○汪公於天子之駕, 猶惜民如此, 今人每迎監司, 驅民如犬雞, 知所愧矣.

蔣瑤守楊州, 武宗南巡, 淮守薛瓚, 析去沿河民房【卽民屋】, 以便挽夫, 挽繩皆索民間, 絹帛爲之, 兩淮大擾. 過楊州, 蔣瑤獨不析房曰: "沿河, 非聖駕臨幸之地, 且自有河岸可行, 何必毀壞民居? 有罪, 守自當之." ○凡夷人塚, 破人屋, 以廣監司之路者, 知所愧矣.

勅使接待, 謂之支勅. 支勅者, 西路之大政也.

---

54 吏: 新朝本에는 '史'로 되어 있음.

勅使先聲, 謂之'勅奇'. 勅奇一到, 列邑騷擾. 一應百物, 皆以富民, 派差四出. 一曰'鋪⁵⁵陳【卽筵席】', 二曰'屛障', 三曰'帷帳', 四曰'牀榻', 五曰⁵⁶'館舍', 六曰'丹靑', 七曰'器皿', 八曰'錡釜⁵⁷', 九曰'虎皮', 十曰'鹿肉', 十一曰'牲肉', 十二曰'鮮魚', 十三曰'脯胳', 十四曰'鱐鰒', 十五曰'米麪', 十六曰'油蜜', 十七曰'鹽醬', 十八曰'醞醢', 十九曰'紙物', 二十曰'燈燭', 以至荧藁·柴薪·道路·橋梁, 種種名目, 不可殫述. 咸以富民, 差爲監官, 使出私財, 先期貿販. 一事之監, 必差數人, 數人之差, 侵及十家. 先者納賂而圖免, 後者得帖而辦賂. 魚駭獸驚, 厥目瞿瞿. 官受賂一二, 吏受賂十百, 號呼奔竄, 如逢亂離. 破家蕩産, 百無一全, 此生民之巨瘼也. ○勅奇始到, 文武吏校, 排門上堂, 厥目瞠瞠, 外若憂迫, 內實踴躍. 牧莊色不答, 召刑吏, 榜諭諸鄕諸里, 以折奸萌. ○榜曰: "行縣令爲榜諭事. 今玆勅使有聲, 想亦聞悉. 舊例諸物監官, 皆以外村富民派差, 分遣遠路, 俾受其害. 今年不用舊例, 擇邑吏·邑校, 派差是任. 其有缺欠, 自官補給, 官力不及, 寧均敷民戶, 不忍使數十戶, 獨受其害? 須知此意, 各自安心, 其有奸譎之人, 專據舊例, 恐喝愚民, 須勿信聽, 枉費財物. 玆用先期, 布告鄕甲里長, 一一知會, 無有不聞, 以遵約束." ○召諸鄕邸卒, 戒之曰: "今此榜諭, 星火往傳. 仍査道里, 嚴定期限, 無敢踰越. 受鄕甲到付之狀, 上于官家."

乃進文武吏校, 諭之曰: "勅使者, 十數年一出者也. 乘此適會, 侵掠民財, 豈美風乎? 旣非恒祿, 捨之何害? 勅需都監·諸物監官, 竝以邑人差遣. 余志大定, 無得有怨. 同心合志, 以治王事, 精白無僞, 以惜財費, 其有缺欠, 自官補之, 不貽汝害." ○於是擇於退吏·老校, 取第一人物, 差爲都監. ○乃召都監, 諭之曰: "今年之事, 期不擾民. 須知此意, 精白一心, 以治王事. 其有利害, 責在汝躬, 善簡僚佐, 乃無害也. 諸物監官, 不必多員, 但差五六人, 兼治數事, 不亦善乎? 須以邑人, 極擇分差." ○於是議定監官員額, 成帖受謁, 以議治

---

55 鋪: 新朝本에는 '鏞'으로 되어 있음.
56 曰: 新朝本에는 빠져 있음.
57 釜: 新朝本에는 '金'으로 되어 있음.

事.

試論一事. 余在西邑, 勅奇始到, 鄉校守僕, 持下帖數十道, 來告曰: "舊例, 勅書奉安于閣中, 例有校生二員, 侍坐其前, 終夜不眠. 實差預差, 恒遣四員, 前期逢點【受點曰閱】, 恒至數月, 巡營兵營, 恒有例贈. 故本府校生, 一百六十名, 每名收錢一兩, 以付四員. 今玆下帖, 乞蒙踏印." 余曰: "不緊, 無用煩告." 既數月, 勅使渡江, 監吏告之曰: "事已急矣. 校生奈何?" 余曰: "不急." 既及其期, 監吏告之曰: "事已迫[58]矣. 校生奈何?" 余預作皁巾二簡, 藏于篋中, 出而授之曰: "小吏二人, 須著此巾, 儼一校生, 往陪勅書, 其誰疑之? 他人之事, 不可徒勞." 賜錢二兩, 以補煙價. 小吏大悅, 受巾而往, 遂得無事. 凡所謂支勅之費, 曰千曰百, 都是此類. 舉此一事, 餘可知也. ○又論一事. 一日勅監告曰: "舊例, 橋梁債六十兩, 移送于平山府【谷山出站于平山】, 今亦如之." 余視其地, 川流頗廣, 每當勅行, 三邑合力, 以作一橋也. 其上流不過數十步, 川流極狹, 數夫之力, 可以成橋, 余令修道, 以從上流. 平山之吏大驚, 乞勿改道, 永不索錢. 蓋本迂回出路, 以作大橋, 以斂數鄉之錢, 又索二鄰之錢也. 所謂支勅之費, 本多此類.

朴元度爲黃州判官, 州居孔道, 數易官, 吏乘間蠹竊. 及西使往者, 其餼廩之物, 多濫張名數, 貸諸商而分利. 公下車, 盡得其情, 於是鉤出吏所偸稅布二千餘疋, 又拘賈人之與吏奸者, 將殺之. 賈自見當死, 冀有以免, 卽款[59]服, 因具列迎送之物. 其費本當幾何, 以較常數, 減者過半. 公釋賈, 盡錄其所言藏之, 後使之來, 則據以辦應, 餼饋贈遺, 一無贏縮. 自是定爲恒制, 而公私始蘇.

李公昌庭爲殷栗縣監, 上官未幾, 詔使至. 旁邑佃氓, 竭蹶於儐館, 公僦界上居民, 以代民役, 事集而不擾.

李公景稷【號石門】拜水原府使, 詔使之供, 有甲乾雉, 爲列邑弊. 公啓: "以漢

58　迫: 財團本에는 '急'으로 되어 있음.
59　款: 新朝本에는 '隸'로 되어 있음.

人不貴此味, 而製造倍費, 宜勿用, 又司饔瓷器過大, 亦非漢制." 館伴月沙相公, 亟是其言, 皆從讜罷.

姜裕後爲定州牧使, 北使至, 衆皆媚承, 公獨不副其所須. 擯宰以下, 皆懼生事, 公曰: "吾自當之." 遂一言折之. 北使亦笑而止.

閔晉亮爲成川府使, 清使鄭命壽【本我人投彼[60]者】恚怒公, 令軍卒拘致之. 時遭此者, 例必跳走, 朝廷爲罷其職, 以彌縫焉. 公曰: "跳走非勇也." 卽叱退軍卒, 直入平立, 瞋目以視. 命壽愕曰: "是誰也?" 對者曰: "故尙書某之子也." 命壽曰: "是嘗幾殺我者, 其子復如是." 終不敢加以僇辱. 聞者皆驚. ○世傳許相國積爲灣尹, 拿入鄭命壽【時以通官來】, 伏之于机上曰: "肉肥於彼, 骨生於我. 宜還其肉, 而留其骨." 命臠之, 命壽哀乞乃已. ○此說, 未可信也. 當時恐難如此.

吳相國允謙爲安州牧使, 適値宣廟奉諱, 遼東差官致祭出來, 一路守宰, 皆脫衰待之. 公獨曰: "差官異詔使, 衰不可脫." 差官發怒徑去. 後朝廷行文列邑, 使以安州爲式. 脫衰者皆慙, 差官之歸, 亦摧謝而去.

趙世煥爲東萊府使, 故事必以華盛之服, 接[61]待倭人, 公曰: "豈有爲奢麗而服敵人之心?" 遂以時服見.

李東岳安訥爲東萊府使, 舊例接待商倭, 公費甚夥. 公更其條約, 減定商舶之數, 歲省賜賚千萬以上.

嘉慶己未夏, 余自西邑還, 先大王引見于重熙堂, 問支勅之弊. 略擧數十條奏之, 退爲「支勅定例補說」上之. 上命往議于遠接使李時秀. 李公之言曰: "支勅之式, 苟欲定例, 必自弘濟院, 西至義州龍灣館, 其館舍·院舍·站舍, 一竝毁撤, 一新改建. 館舍爲一等, 站院爲一等, 館舍柱高幾尺, 棟闊幾尺, 牕戶長廣幾尺, 承塵距地幾尺【方言曰擎子】, 各有定制, 無得一毫踰越. 站舍亦如之, 各減幾尺, 以爲二級. 然後其所用鋪陳·屛障·帷帳·床榻之等, 及所入錦繡·

---

60 彼: 新朝本에는 '被'로 되어 있음.
61 接: 新朝本에는 '按'으로 되어 있음.

布帛·簞席·材木·丹靑·紙地, 方可出式. 如不能然, 無以定例." 方議釐正, 會有人言, 其事遂寢. 然支勅諸事, 頗可考詳. 玆錄于左, 以俟後人.

「海西支勅定例補說[62]」

支勅, 國之大事也. 勅奇, 常多急迫; 勅需, 每患苟艱. 必有金石之典, 移易不得, 使列邑按而行之. 然後庶可以安心措辦. 今也不然, 有戊申定例, 有乙卯定例, 有遠接使關文, 有巡兵營關文, 有平安道前例, 有京畿前例, 莫適所從, 眩於擧行. 七站諸邑, 初以乙卯定例, 一一措備, 上司又以戊申定例, 別關申飭. 於是諸站變紅爲靑, 削圓爲方. 及至望間, 探問關西消息, 則皆用乙卯定例, 又有非戊非乙, 而別剏新規者. 關西旣然, 海西宜同. 於是又有參用戊乙之論, 兼倣關西之制. 如斯之間, 狼狽糜費, 當復如何? 由是觀之, 雖謂無法之國, 未爲不可. 今宜參酌戊乙, 別定金石之典, 自義州至弘濟院, 秋毫毋[63]敢違越, 過定例一分者, 不及定例一分者, 使之同罪. 嚴定律文, 有犯者, 照律嚴勘. 斷不可已也. 定例之合行釐正者, 抄錄開後. ○定例冊子, 剩語甚多. 今宜刪繁就略, 著爲成書, 三道合力, 刊布列邑, 使之永久遵行. 每當支勅, 儻使道臣, 拱手持重, 毋作細察, 遣裨飛關之法, 一切除減, 則列邑擧行, 必沛然矣.

一. 勅書奉安閣, 舊例, 左右壁, 設龍虎屛二坐, 今年主壁, 又設龍虎屛一座. ○臣以爲左右壁丹靑之時, 本畫龍虎, 雖不設屛, 亦恐無妨. 主壁則有書狀·香狀, 宜設龍虎屛一坐, 左右二屛, 除之恐好.

一. 闕牌, 率多臨急麤造. 長廣尺寸, 邑各不同, 全不削磨, 草率刻文, 字面或有塗金者, 或有塗黃者, 或覆黃袱, 或露木體. ○臣以爲此甚未安. 自今闕牌長廣, 勿違分寸, 精造精刻, 皆令塗金, 且用黃袱, 恐好.

一. 茶啖庭排【宴饗之饌於庭者】, 今年雖除之, 庭排假家【草舍也】, 距勅使坐處, 殆近百步, 勅使初不留眼. 雖有可食之物, 實無下箸之望. ○臣以爲旣曰飮食, 斯何禮也? 況庭排假家, 糜費極多. 數百里外出站之邑, 材[64]木·藁艸·蘆

---

62 說: 新朝本에는 '記'로 되어 있음.
63 毋: 新朝本에는 '母'로 되어 있음.
64 材: 新朝本에는 '村'으로 되어 있음.

簹等物, 差人輸運, 其勞尤甚. 此後勅行之時, 令遠接使, 先於境上, 請以庭排移作堂排, 庭排之法, 永遠革罷, 恐好.

一. 勅使及通官, 房排之中, 所謂蠅拂·圓扇·香坐兒等物, 彼人不悅, 亟令拽出. ○臣以爲賓旣不悅, 主則多費, 玆所謂主人無醬, 客子厭羹也. 自今此等物, 一切除去, 香童子則安于書案之上, 甚好.

一. 煙茶灰盒, 木造而施采, 甚不淸雅. 且以火落木, 於理不叶, 彼人不悅[65], 亟令拽出. ○臣以爲灰盒, 自今一竝銅造, 一造之後, 永久留用, 歲計必有餘矣.

一. 通官餼牢之數, 與勅使毫無差級, 非禮也. 勅使常懷未便, 通官亦自不安, 咸曰: "裁減爲好." ○房內虎皮墩, 無用之物也. 彼人入房, 皆踞坐牀上, 安用此矣. 勅使之房稍寬, 故任之不顧, 通官之房狹窄, 故亟令拽出. 自今通官, 只於堂排用虎墩, 房排則除之, 似好. ○遞馬所牀下, 設三重席, 又設虎皮墩, 彼人皆踞坐牀上, 則牀下重席, 將安用之? 自今牀上鋪袷席【方言曰'登每'】, 袷席之上設虎墩, 床下則地衣之上, 設席一重, 似好. 且遞馬所通官廬次, 宜令稍低, 則布帳所費, 亦必有減.

一. 錚盤饌【方言曰'只伊'】, 舊例, 諸肴各載一錚盤, 今年諸肴, 合載一錚盤, 交加汨董, 不成模樣. 彼人頗有未安之色. ○其中豬肉等物, 烹飪異俗, 彼人初不下箸, 蜜餌【方言曰'藥果'】亦非多食之物, 今者所索[66], 只是米飮而已. 自今大錚盤一箇之內, 用甕[67]甌二箇, 其一米飮【果松粥·胡麻粥, 俱可】, 其一爽漿【方言曰'水正果', 乾枾·梨·栗, 俱可】, 碟子三箇, 有一蜜餌, 其一蒸餠【棗餠·栗餠, 俱可】, 其一佳肴【乾雉·藥脯·鰈鰒類】. 二甌三碟, 合載于一錚盤, 唯酒別獻, 似好. 然勅使通官, 宜有差級.

一. 房排靑錦帳, 紅領·紅衽及牀上紅褥, 勅使通官, 俱無差級. ○自今通官則靑錦帳, 紫領·紫衽, 其紅褥, 改以靑褥, 似好.

---

65 不悅: 財團本에 의거하여 보충함.
66 索: 新朝本에는 '素'로 되어 있음.
67 甕: 財團本에는 '瓷'로 되어 있음.

一. 廳排燭籠, 懸于檐端, 其數太多. ○自今毋論勅使通官, 量宜裁減, 恐好.

一. 諸館諸站, 其承塵距地【俗名曰'攀子'】, 高低不同. 高者或至數丈, 低者或止一丈. 高低不同, 則塗褙紙地, 多少懸殊. 而一間會減, 彼此皆同, 此所謂巨屨·小屨同價. 至於靑錦帳, 必自承塵, 垂至地衣, 屋高者其錦倍入, 而其價亦同. ○自今承塵, 毋論館舍站舍, 皆定其高度, 令於牀上, 立一長人, 斯可用也. 其高旣減, 則壁紙帳錦, 必皆隨減, 特有廣狹之不同耳. 承塵移設, 其勞甚少, 糜費省減, 其益甚遠. 若當寒節, 房室溫密, 彼必便之, 斯則不可不變通者也.

一. 壁紙之品, 戊申定例用靑菱花, 乙卯補例用白綿紙. ○其意蓋欲省費. 然所謂靑菱花, 卽白紙之搗靑者也, 比之白綿紙, 其價甚[68]歇. 自今宜以靑菱花定式.

一. 迎慰使, 以道內守令差出, 則自食行廚, 此說僅見於謄錄一句, 而定例本無提說. 問安使·各務差使員, 雖以道內守令差出, 皆令站官支供. 同是道內守令, 而其例不同. ○大抵多員支供, 誠一大弊. 假令谷山爲問安使, 豐川爲都差員, 則到黃州站, 豐川送乾價於谷山【乾價者, 賓饌之價錢】, 到平山站, 谷山送乾價於豐川. 甲邑送於乙邑, 乙邑送於甲邑, 日多日少, 紛紛然與之交易, 事之無義, 莫此爲甚. 自今道內守令之爲各務差員者, 支供一節, 永勿擧論, 至於迎慰使·問安使, 雖曰假銜, 係是奉命使臣, 支供恐難除減.

一. 護行大將及陪勅差員, 名色不緊. ○觀察使旣已隨後, 此是護行大將, 又何宂乎? 大抵守令之支站者, 又差他役, 則事情窘束. 自今護行大將, 以觀察使例兼, 陪勅差員, 以已經過之主站官例差, 陪至前站, 次次遞傳, 則事理極便.

一. 監營裨將之一齊發動, 誠一苦弊. 列邑之供饋裨將, 無異監司. 小不如意, 憑公生事, 故列邑輿人之諺曰: "一等饌饋裨將, 二等饌饋巡相, 三等饌勅使饗." 此是流來古言也. ○自今監營裨將二員之外, 毋[69]得從行, 設若從行,

---

68 甚: 新朝本에는 빠져 있음.
69 毋: 新朝本에는 '母'로 되어 있음.

切勿支供, 使自持糧, 亦勿乘馹, 則除弊大矣.

一. 觀察使支供, 舊例, 入於分瓣, 戊[70]中定例, 使之臨時分定於站上諸邑. ○大抵支勅, 大事也. 一事半事, 皆有金石之典, 然後列邑可以預備措辦. 今使之臨時分定, 狼狽慌忙, 一口難說. 或請囑以圖免, 或主客以推諉. 且客站之邑, 雖任支供, 地方之官, 不得不別具珍羞, 飮食紛紜, 煩弊莫甚. 旗幟·六角·鋪陳·屛帳·器皿等物, 使數百里外出站者搬輸去來, 極爲未便. 自今觀察使一行, 令主站官支供, 載之定例, 以元勅需會減, 恐好.

一. 驛卒自來悖惡, 渠飢渠喫, 猶責賂物. 列邑下屬, 畏之如虎. 喧譁[71]生事, 皆由驛屬. ○自今驛屬供饋, 皆以乾價, 從厚折定, 自各邑, 前期輸送于該驛察訪, 使之計數分給, 則都無事矣.

一. 定例某邑支勅錢, 幾千幾百幾十幾兩幾戔[72]幾分, 無加無減, 永爲恒式, 亦甚無義. ○支勅所入多寡, 旣不可預定, 則幾戔[72]幾分, 何必定式? 自今列邑勅錢, 量其大總, 某州幾千幾百兩, 某縣幾千幾百兩, 只以大數分授, 恐於事體爲得.

一. 列邑勅錢, 封椿不動, 以備不虞, 自是法意, 而列邑謬例, 形形色色, 至有以勅錢生殖之物, 入於守令月俸之中者. 擧一可以反三. ○支勅定例, 雖曰從厚, 臨急措辦, 物價倍高, 支勅後落本之簿, 或近數千, 或近千兩, 此是事勢之自然者. 富民都監, 雖曰嚴禁, 畢竟隱害歸於民而已. 且使守令, 自補其欠, 其在國體, 亦涉未便. 自今列邑支勅錢, 折半或三分一留庫, 以備不虞, 其餘民間放債, 二分生殖, 殖至幾年, 利條滿幾兩, 則封椿不動, 更勿放債, 於事便也. 酌量各該邑本錢多寡, 以定其落本多寡, 則利條之限幾兩, 自可以隨邑分定也. 或云: "民債爲弊." 然海西有所謂償債米, 本係營屬之逋欠, 而焚券蕩債之後, 變爲民債, 每年四月, 放錢二兩四戔[73], 不過七月, 勒收近於四兩. 此等

---

70 戊: 新朝本에는 '戌'로 되어 있음.
71 譁: 新朝本에는 '謹'으로 되어 있음.
72 戔: 新朝本에는 '錢'으로 되어 있음.
73 戔: 新朝本에는 '錢'으로 되어 있음.

之債, 何足云也! ○勅錢利條, 則定例磨鍊之外, 別給該邑, 不問出入, 使之從便, 補用可矣. 富監始可嚴禁, 而守令無所逃罪.

一. 諸邑支勅事例, 邑各不同, 形形色色, 不可名狀. 或派遣差人, 使之貿易; 或私設勅庫, 使之補用, 至於禁亂將校·奉旗武學·陪勅校生·雞卵·生雉·募馬·酪牛·道路·橋梁·炬煒·燭籠軍·走行軍·各項謬例, 不一其規. 橫斂虐民者, 名色甚多. 宜令列邑, 細細查櫛, 各各自首, 或舊例所存, 而今年不用者; 或舊例所無, 而今年創聞者, 使之一一開錄, 以議釐革. 雖有罪犯, 竝勿追究, 三令五申, 使之首實, 則守令亦安敢欺隱乎? 至於列邑之有私庫補用者, 守令必不肯言. 然有私庫補用者, 勅錢殖利, 宜減其數也. 各樣謬例, 受其首實, 列錄于定例之末, 一切禁斷, 嚴其令甲, 每於支勅之後, 監司按此廉問, 則民弊必不如前矣.

一. 定例中物價定式, 山邑海邑, 宜各不同. 山邑之蔘, 海邑之魚, 豈可同價乎? 遠邑近邑, 其輸運馱價, 宜各不同, 而定例初無所言. ○今宜商度磨鍊.

一. 諸邑差備人物, 迫於營飭, 前期出站, 動費時月, 一名負債, 多至數十兩. ○今宜著爲令甲, 每路文上來之後, 計其日子, 只到站前三日, 使之出待, 而裨將摘奸, 先期點考之法, 永爲革罷, 則人力紓而公事擧矣.

一. 訃勅迎接諸節, 不但定例, 初無提說, 『五禮儀』亦無可考. ○今宜撮其梗要, 載之定例.[74]

一. 修理丹靑之價, 不定年限, 無以勘簿. ○假令支勅後三年, 而給六十兩, 則六年而給九十兩. 量宜定式, 使之會減可矣. 丙辰年, 許給其本價, 爲不可以還刮也, 今年亦自營門申飭修理, 煥新丹靑, 若不會減, 事體極爲未安.

一. 定例釐正之後, 其不可留以待用者, 一幷發賣, 趁卽立本, 勿令留置爲好. ○如承塵高下, 及此[75]閒暇, 卽令移設, 似好.

一. 兩站之間, 必設一遞馬所. 或兩間疏闊, 而一行耐飢; 或兩間促近, 而遞

---

74 一……載之定例: 新朝本에는 이 단락이 앞에 이어져 있음.
75 此: 新朝本에는 '東'으로 되어 있음.

騎爲弊. 聞譯官之言, 安州·肅川之間, 因橋梁迤路處, 一站殆近八十里, 而中間只設一遞馬所, 勅使以下, 莫不呼飢. 葱秀之於平山, 平山之於金川, 其間三十里, 數數遞馬, 徒爲弊端. ○自今兩站相距, 毋過五十里, 中設一遞馬所, 至於三十里一站, 不復遞馬, 未滿三十里者, 尤宜除減. 自義州至弘濟院, 竝行釐正, 恐好.

一. 勅行或至無藥之邑, 適有疾病, 索藥餌不能進. ○浮文甚多, 而實用皆忽. 自今諸種藥物, 自內局賚授譯官, 至義州以待需索, 餘者還納內局, 恐好.

第三條 敎民【古者, 大司徒敎萬民, 大司樂敎國子. 敎民者, 地官之職也. 嘗草『邦禮』, 敎規屬于地官. 今井地未均, 法制未成, 所謂敎民, 不過勸行禮俗, 謹守鄕約而已. 權且錄之於「禮典」.】

民牧之職, 敎民而已. 均其田産, 將以敎也; 平其賦役, 將以敎也; 設官置牧, 將以敎也; 明罰飭法, 將以敎也. 諸政不修, 未遑興敎, 此百世之所以無善治也.

『周禮』, 族師【百家爲族, 五族[76]爲黨.】每月之朔[77], 屬民而讀邦法, 書其孝弟睦婣有行者; 黨正以四時之孟月吉日, 屬民而讀邦法, 書其德行·道藝, 州長正月之吉, 讀法以考其德行道藝, 糾其過惡, 鄕大夫正月之吉, 受敎法于司徒, 退而頒之于其鄕. ○鏞案 周世敎民, 月課而時督之, 第其德行如考功, 糾其過惡如催科. 此所謂鄕三物敎萬民, 鄕八刑糾萬民, 夫然後王者之治也. 今之守令, 久者三年, 短者一朞, 此過客也. 世而後仁, 百年而後禮樂興, 敎民非過客之所能爲也. 然旣爲民牧, 立視其陷溺於夷狄·禽獸之域, 而莫之思救, 亦非所謂一日之責也. 勸行禮俗, 勉修鄕約, 又烏可已哉? ○古者, 天子之國, 邦

---

76 族: 新朝本에는 '家'로 되어 있음.
77 朔: 新朝本에는 '吉'로 되어 있음.

畿千里, 惟王城之內, 有此教法. 所謂鄉大夫·州長·黨正·族師, 皆六鄉之官,
六鄉者, 如我邦之京城五部. 凡在六鄉之外者, 其教無文. 六遂在近郊之內,
而其法惟以土宜教稼, 與耡利甿而已, 德行·道藝, 不復稱述. 誠以農夫力田,
不可月課而時習之也. 惟『尚書大傳』稱: "樔钜已藏, 歲事已畢, 塾有教戒, 距
冬至四十五日, 始出學傳農事." 未知當時眞有此法. 今之郡縣, 卽古之侯國.
侯國之教, 亦必在都城之內. 蓋以古者, 居民之法, 學道者居內, 以學治民, 業
農者在野, 以務力田. 此『管子』所謂士與士處, 農與農處也. 後世王者, 無居
民之法, 民自散居, 不異鳥獸. 農或在邑, 士多在野. 今之教民, 不可以中外別
士民. 其所以教戒之者, 宜在學道之士. 其畎畝小民, 自其鄉里, 冬月訓誨, 申
之以孝悌之義, 如孟子之法, 敎之以耡耰之隙, 如伏生之說而已.

束民爲伍, 以行鄉約, 亦古鄉黨州族之遺意. 威惠旣洽, 勉而行之可也.
　韓延壽爲東都太守, 置正,[78] 伍長相率以孝悌, 不得舍奸人. 閭里有非常事,
輒聞知. 始若煩, 後吏無追捕之苦. ○後世鄉約, 蓋本於此.
　程明道令晉城, 民以事至邑者, 必告之以孝悌忠信, 度鄉村遠近爲保伍, 使
力役相助, 患難相恤, 而奸僞無所容. 凡孤煢·殘疾者, 責之親黨, 使無失所,
行旅出其塗者疾病, 皆有所養.
　藍田呂氏鄉約曰: "凡同約者, 德業相勸, 過失相規, 禮俗相交, 患難相恤,
有善則書于籍, 有過若違約者亦書之. 三犯而行罰, 不悛者絶之." ○本註曰:
"德業相勸, 謂見善必行, 聞過必改【節】過失相規, 犯義之過六, 一曰'酗博鬪
訟', 二曰'行止踰違', 三曰'行不恭遜', 四曰'言不忠信', 五曰'造言誣毁', 六曰
'營私太甚'. 不脩之過五, 一曰'交非其人', 二曰'遊戲怠惰', 三曰'動作無儀', 四
曰'臨事不恪', 五曰'用道不節'. 禮俗相交, 謂婚姻·喪葬·祭祀往還, 書問慶弔
之類. 患難相恤, 一曰'水火', 二曰'盜賊', 三曰'疾病', 四曰'死喪', 五曰'孤弱',
六曰'誣枉', 七曰'貧乏'." ○按 德業相勸之註, 詳見『小學集解』, 當事者宜考

---

78 正: 新朝本에는 '五'로 되어 있으나 『古今事文類聚·外集·率以孝悌』에 의거하여 바로잡음.

焉.【呂氏名大防·大臨】○守令之志高才疏者, 必行鄕約, 鄕約之害, 甚於寇盜. 土豪鄕族, 差爲執綱, 自稱約長, 或稱憲長, 其下有公員·直月等名目, 專擅鄕權, 威喝小民, 討酒徵粟. 其求無厭, 發其隱匿, 受賕責報, 所至酒肉淋漓, 在家詗訟紛紜. 役屬愚氓, 借助耕耘. 官又以訟牒, 委之鄕約, 使之査報, 其恃勢作奸, 罔有紀極. 寶城郡有校派·約派, 校派者, 出入學宮者也; 約派者, 主管鄕約者也. 鬪爭不息, 構陷互加, 風俗之惡, 遂甲一道. 由是言之, 鄕約不可輕議, 熟講精思, 乃可行也.

陳襄爲仙居令【『小學』稱古靈先生】. 縣僻陋, 不知敎. 公作「勸學」一篇, 使門人讀之, 敎諭其民曰: "爲吾民者, 父義【能正其家】, 兄友, 弟敬, 子孝, 夫婦有恩【貧窮相守爲恩, 若棄妻不養, 夫喪改嫁, 皆是無恩也.】, 男女有別【男有婦, 女有夫, 分別不亂】, 子弟有學【能知禮義廉恥】, 鄕閭有禮【歲時寒暄, 皆以恩意往來, 燕飮序老少, 坐立拜起】, 貧窮患難, 親戚相救【借貸財穀】, 婚姻死喪, 鄰保相助, 無惰農桑, 無作盜賊, 無學賭博, 無好爭訟, 無以惡凌善, 無以富呑貧, 行者遜路【少[79]避長, 賤避貴, 輕避重, 去避來.】, 畊者遜畔【地有畔, 不相爭奪.】, 斑白者, 不負戴於道路【子弟負重執役, 不令老者擔擎】, 則爲禮義之俗矣." 於是耆老相與感泣, 歡嗟從之. ○朱子在漳州, 以陳公此文揭示州民曰: "同保之人, 今仰互相勸戒, 孝順父母, 恭敬長上, 和睦宗姻, 周卹鄰里, 各依本分, 修本業, 莫作奸盜, 莫縱飮博, 莫相鬪打, 莫相論訴, 莫相侵奪, 莫相瞞昧, 愛身忍事, 畏懼王法. 保內如有孝子·順孫·義夫·節婦, 事跡顯著, 卽仰具申, 當依條旌賞. 其不率敎者, 亦仰申擧, 依法究治. 自餘禁約事件, 仍已別作施行, 各宜遵守, 毋至違犯." ○案 鄕約條例, 如是足矣. 然不念流弊, 徑議施行, 必有悔也. 今擬『呂氏鄕約』·『陳氏鄕約』及朱子「榜諭文」及『五倫行實』之中, 抄取其美行數十條, 別爲一冊, 楷書土書【謂諺文】, 膽寫數十本, 頒于諸鄕. 乃於諸鄕, 各選子弟百餘人【大鄕百二十人, 小鄕八十人.】, 別爲名錄, 使之肄習. 立冬以後, 驚蟄以前, 共一百二十日, 每十日一講, 令數鄕子弟, 入而應講, 出而勸諭. 其有以鄕約中, 禁戒之條, 紛爭辨訟者, 官自記

---

79 少: 新朝本에는 '小'로 되어 있음.

之于簿曆, 犯條者多, 則罰責其子弟; 犯條者寡, 則獎諭論賞, 使各興起. 官又別蹊廉訪, 其孝子順孫, 敦睦有行者, 別加褒賞; 其不孝不悌, 頑嚚稔惡者, 亟行鋤治, 庶乎有補於民俗. 斷不可使土豪·奸民, 濫執鄕約之權也.

『石潭日記』: "李珥奏曰: '近日群臣, 急請行鄕約, 故自上命行之. 臣意以爲行鄕約太早也. 養民爲先, 敎民爲後. 民生憔悴, 莫甚於今日, 汲汲救弊, 先解倒懸, 然後可行鄕約. 德敎是粱肉也. 若脾胃極傷, 糜粥不下, 則粱肉雖好, 其能食乎?' 柳希春曰: '李珥之言, 是也.'" ○ "許曄見李珥曰: '何以勸停鄕約?' 珥曰: '衣食足然後知禮義. 使此[80]飢寒之民, 不可强之行禮也.' 曄嘆曰: '世道升降, 有命存焉, 奈何?' 珥曰: '公意以爲生民雖極困瘁, 若行鄕約, 則能化民成俗, 治升大猷耶? 自古民隮塗炭, 而有能成禮俗者乎? 今者, 父子雖至親, 若不念飢寒, 日撻而勸學, 必至相離, 況百姓乎?' 曄曰: '今世之人, 善者多, 不善者少, 故可行鄕約.' 珥笑曰: '公心善, 故但見人之善, 若珥則見不善人多, 必是余心不善而然也. 但傳曰, 以身敎者從, 以言敎者訟. 今之鄕約, 無乃訟也?'" ○ 栗谷云: "『呂氏鄕約』, 綱正目備, 是同志士子, 相約而講禮者, 不可泛施于小民. 朱子欲率同志講學, 竟未果焉. 況今民陷塗炭, 失其恒心, 父子不相保, 兄弟妻子離散. 遽欲束[81]縛, 馳驟以儒者之行, 眞所謂結[82]繩之政, 可以代亂秦之緖, 干戚之舞, 可以解平城之圍者. 況約正·直月, 難得其人, 閭里豪强, 旁緣鄕約, 必貽小民之患, 誰得以檢制? 若行鄕約, 則民必益困. 如曄迂妄之士, 徒知慕古, 不度時宜, 不知治道有本末緩急. 乃欲以鄕約, 挽回末俗, 以升大猷, 不亦謬哉?"

張旅軒爲報恩縣監, 與父老約月朔·月半之會. 令各言民瘼闕失, 補益紏正, 敦孝悌·勵廉恥·尊德行·黜敗俗, 皆移風善俗之大法也.

前言往行, 勸諭下民, 使之習慣於耳目, 亦或有助於化導.

---

80 使此: 新朝本에는 빠져 있음.
81 束: 新朝本에는 '東'으로 되어 있음.
82 結: 新朝本에는 '決'로 되어 있음.

『經國大典』曰: "『三綱行實』翻以諺文, 令京外士族·家長·父老, 或其敎授訓導等, 敎誨婦女·小子. 使之曉解, 若能通大義, 有操行卓異者, 觀察使啓聞行賞." 正宗丁巳增修『五倫行實』, 頒于郡縣, 令敎諭下民. ○臣謹案『五倫行實』旣以土書翻譯, 又有圖畵. 此古昔唐·虞·三代, 象刑·象敎之遺意也, 愚民於此, 深有感發. 但以一件之書, 遍示萬家, 不踰旬月, 皆殘毁不可復讀. 宜視戶總, 每百戶頒書一件, 千戶之邑, 頒十件; 萬戶之邑, 頒百件, 乃可遍也.【選校生, 使之應講亦可.】

朱子在漳州勸諭榜云: "一. 勸諭士民. 當知此身兄弟同出於父母[83]. 是以父母兄弟, 天性之恩, 至深至重. 人之所以愛親敬長, 皆生於本心之自然, 不是強爲. 今乃有人不孝不悌於父母, 則輒違敎命, 敢闕供承, 於兄弟則輕肆忿爭. 忍相拒絶, 逆天悖理, 良可歎傷. 宜亟自新, 毋速大戾. ○一. 勸諭士民. 當知夫婦婚姻, 人倫之首. 媒妁聘問, 禮律甚嚴. 而此邦之俗, 有所謂管顧者, 則本非妻妾, 而公然同室; 有所謂逃叛者, 則不待媒聘, 而潛相奔誘. 犯禮違法, 莫甚於斯. 宜亟自新, 毋陷刑辟. ○一. 勸諭士民. 鄕黨族姻, 所宜親睦. 或有小忿, 宜各深思, 更且委曲調和, 未可容易論訴. 蓋得理, 亦須傷財廢業, 況無理, 不免坐罪遭刑, 終必有凶, 切當痛戒. ○一. 勸諭宦戶. 旣稱仕宦之家, 卽與凡民有異. 尤當安分循理, 務在克己利人. 又況鄕鄰無非親舊, 豈可恃強凌弱以富呑貧? 盛衰循環, 所宜深念. ○一. 勸諭遭喪之家. 及時安葬, 不得停喪在家. 及殯[84]寄寺院, 不須齋僧供佛, 廣設威儀. 但只隨家豐儉, 早令亡人入土. 如違依條, 科杖一百, 官員不得注官, 士人不得應擧. 鄕里親知, 來相弔送, 但可協力資助, 不當責其供備飮食."

馮元爲醴泉令, 民俗多猾, 爲著「諭蒙」十四篇, 以忠孝·仁義·勸學·務農爲意, 鄕給一卷. ○戚綸知太和縣, 爲「諭民」五十篇, 言近而有曉.

廖剛之守潭州, 民俗素以侈靡相尙, 公首立條約, 親爲文訓告之, 風俗爲變.

---

83 母: 新朝本에는 '毋'로 되어 있음.
84 殯: 新朝本에는 '攢'으로 되어 있음.

金判書世濂爲玄風縣監, 至縣立學規, 修鄕約, 條制密詳, 踰年邑大治. ○又爲嶺南觀察使, 增損鄕約, 頒行郡縣. 聚士府學, 親勸學藝, 選於列邑, 得優於學者, 以敎郡縣士.

不敎而刑, 謂之罔民. 雖大憝不孝, 姑唯敎之, 不悛乃殺.

仇覽爲陽遂亭長, 好行敎化. 有陳元不孝. 其母詣覽言, 覽呼元責以子道, 與一卷『孝經』, 使讀之. 元深自感悟, 到母牀前, 謝罪曰: "元少[85]孤, 爲母所驕. 諺云: '孤犢觸乳, 驕子詈母.' 乞今自改." 母子相向而泣. 於是元遂修行孝道, 便成佳士.

後漢仇香爲蒲亭長, 民陳元母告元不孝. 香驚曰: "我近過舍廬整頓, 此非惡人. 當時敎化未至. 母守寡養孤, 何肆意一時, 欲致此子於不孝?" 母聞感悔, 涕泣而去. 香乃親到元家, 與母子飮, 因爲陳人倫·孝行, 譬以禍福之言, 卒成孝子.【邑令王渙曰: "不罪陳元, 少鷹鸇之志." 香曰: "鷹鸇不如鸞鳳."】諺曰: "父母何在? 在我庭. 化我鳴梟, 哺所生." ○案 仇覽一名香. 蒲亭卽陽遂亭, 非二事也. 特所記互有詳略.

梁彦光爲相州刺史, 有滏陽人焦通, 性酗酒, 事親禮闕, 爲從弟所訟. 彦光弗之罪, 將至州學, 令觀孔子廟中, 韓伯愈[86]母杖不痛, 哀母力衰, 對母悲泣之像. 通遂感悟, 悲愧若無容者. 彦光訓喩而遣之. 後改過爲善士.

房景伯爲淸河太守, 有民母訟子不孝. 景伯母崔曰: "山民未知禮義, 何足深責?" 召其母, 與之對榻共食, 使其子侍立堂下, 觀景伯供食. 未旬日悔過求還. 崔曰: "此雖面慙, 其心未也." 且置之凡二旬餘. 其子叩頭出血, 母涕泣乞還. 然後聽之, 卒以孝聞.

韋景駿爲貴鄕令, 有母子相訟者. 景駿曰: "令少不天, 嘗自痛, 爾幸有親而忘孝耶?" 因嗚[87]咽流涕, 授『孝經』, 使習大義. 母子感悟, 請自新, 遂相慈孝.

---

85 少: 新朝本에는 '小'로 되어 있음.
86 愈: 新朝本에는 '瑜'로 되어 있음.
87 嗚: 新朝本에는 '鄕'으로 되어 있음.

薛[88]簡肅奎爲蜀守, 民有老嫗, 告其子不孝者, 子訴貧不能養. 公取俸錢與之曰: "用此以養母." 母子遂相慈孝.

金必振爲厚[89]城縣監, 縣人李仁, 爲人告不孝, 配遠地, 父尙冀數走官訟子冤. 官以仁罪首五刑, 率不爲理, 至是更覈. 同里之證仁不孝者, 幾二十人, 彼多朝士及仁宗黨. 乃閱實論報, 引仇香事曰: "夫母告不孝, 而不卽致法者, 蓋其平恕先於法律, 敎誨急於敲扑. 令人父子之恩, 不欲遽壞, 飭倫敦俗之意, 自在其中也." 觀察使讀狀歎曰: "此眞有古循吏風." 聞於朝有之.

朴世樑爲新昌縣監, 民有悍獷, 不母其母, 被其母赴愬, 收繫縣獄. 傍近之人, 臚列其罪, 請無赦. 公愀然曰: "彼亦人, 不敎而殺, 不祥." 擧母子之恩, 善惡之分, 譬曉之. 民感悟, 請自新. 公釋其罪, 厚遺而遣之, 令歸以餽母. 民遂折節爲善, 以孝見稱.

姜裕後爲定州牧使, 有一吏人, 其母爲父所去, 母子不相知者十五年. 公泣諭以朱壽昌故事, 因曰: "否者, 且戮汝." 其人感悟, 遂求得焉.

胡霆桂爲鉛山主簿, 時私醋之禁甚嚴. 有婦訴姑私釀者. 霆桂詰曰: "汝事姑孝乎?" 曰: "孝." 曰: "旣孝, 可代汝姑受責." 以私醋律笞之, 政化大行.

兄弟不友, 囂訟無恥者, 亦姑敎之, 勿庸殺之.

韓延壽守左馮翊, 行縣至高陵. 民有昆弟相訟田. 自言[90]. 延壽自傷之曰: "爲郡表率, 不能宣明敎化, 至令民有骨肉爭訟, 咎在馮翊. 當先退." 是日稱[91]病不聽事, 因入臥傳舍, 閉閤思過. 一縣莫知所爲, 令·丞·嗇夫·三老, 亦皆自繫待罪. 於是訟者宗族, 傳相責讓. 此兩昆弟, 深自悔, 皆自髡肉袒謝, 願以田相移, 終身不敢復爭. 延壽大喜, 開閤延見, 納酒肉相對飮食, 厲民以意.

蘇瓊除南淸河太守, 有百姓乙普明兄弟爭田, 積年不斷, 各自援據, 乃至百

---

88 薛: 新朝本에는 '辥'로 되어 있음.
89 厚: 新朝本에는 '原'으로 되어 있음.
90 自言: 연문으로 추정됨.
91 稱: 新朝本에는 '移'로 되어 있음.

人. 瓊召普明兄弟諭之曰: "天下難得者兄弟, 易求者田地. 假令得田地, 失兄弟, 心何如?" 因而下淚. 諸證人莫不灑泣. 普明兄弟叩頭, 乞外更思. 分異十年, 遂還同住.【齊文襄之時】

張蓂年爲汝南太守, 劉崇之兄弟, 分析家貲, 惟一牛爭不能決, 訟于郡庭. 蓂年愴然見之, 謂曰: "汝曹當以一牛, 故致此競. 脫有二牛必無爭." 乃以己牛一頭賜之. 於是境中, 各相戒約, 咸敦敬讓. ○案 當罰而賞, 非所以示民也.

西蜀有兄弟訟財者, 畢構[92]侍郞爲廉察, 呼其兄弟三人, 以人乳食之. 訟者感泣而止. ○己巳·甲戌[93]之饑, 余在民間見之, 不孝者猶少, 不友者比屋可罪, 有不忍聞. 其兄新買田土, 而其弟接屋者, 荷荷呼食, 身兼妻子, 不日溘歿, 一粒之米, 不得於其兄者多矣. 官欲執此人, 不患不得, 一鄕每執數人, 行罪不赦, 如「康誥」所戒, 則民俗歸厚, 賢於鄕約遠矣.

馬恭敏公作守, 有兄弟老而爭産不休. 公取庫中一大鏡, 令兄弟同照之. 見面龐相似, 鬚髮各皓然, 悟泣, 交相讓而出.

許荊爲桂陽太守, 行春到耒陽縣, 有蔣均者, 兄弟爭財互訟. 荊歎曰: "吾荷國重任, 而敎化不行, 咎在太守." 乃顧使史上書陳狀, 乞詣廷尉. 均兄弟, 感悔各求受罪. 時彬人謝弘等, 不養父母, 兄弟分所, 因此皆還供養者, 千餘人.

朱子在南康軍, 曉喩兄弟爭財文云: "『禮』: '凡爲人子者, 不蓄私財.' 而律文亦有別籍異財之禁. 蓋父母在上, 人子一身, 尙非自己所能專有, 豈敢私蓄財貨, 擅居田園, 以爲己物? 此乃先王制禮, 不敢違也. 比閱詞訴, 有建昌縣劉琉兄弟, 都昌縣陳由仁兄弟, 並係母親在堂, 擅將家産, 私下指撥, 互相推托, 不納賦稅, 爭論到官, 殊駭聽聞. 已諭依舊, 同居共財, 上奉母親, 下率弟姪, 協力家務, 公共出納. 竊慮管屬, 更有似此棄違禮法, 傷害風敎之人, 而長吏不能以時敎訓糾禁, 上負承流宣化之責. 內自循省, 不勝恐懼."

張洽爲袁州司理參軍, 有盜黠甚, 辭不能折. 會獄有兄弟爭財者, 洽諭之

---

92 構: 新朝本에는 '搆'로 되어 있음.
93 戌: 新朝本에는 '戊'로 되어 있음.

曰: "訟于官, 秖爲胥吏之地. 且冒法以求勝, 孰與各守分, 以全手足之愛?" 辭氣懇切, 訟者惑悟, 盜聞之自伏.

宋陳漢卿權知渭南縣, 民有兄弟爭田者, 吏常直其兄, 而弟訟不已. 君爲往視其田, 辨其劵書, 而以田與兄. 其兄謝曰: "我悔欲歸弟以田者數矣. 直懼笞而不敢耳." 弟曰: "我田故多. 然恥以不直訟兄. 今我直矣, 願以田與兄." 兄弟相持慟哭去. 由是縣民有事, 得公一言, 以決曲直.【陳以直歸弟, 以田歸兄.】

元呂思誠嘗行田社, 民李某訴其弟匿羊, 思誠叱之退. 有王靑者, 兄弟友愛. 思誠造其家, 取酒勸酬, 歡如骨肉. 李之兄弟各悔過, 析居二十年, 復還同爨.

何文淵守溫州, 有兄弟以婦言而爭訟者. 何判云: "秖緣花底鴬聲巧, 致使天邊鴈影分." 兄弟悔服.

咸禹治【成宗朝人】嘗爲全羅監司, 有閥閱兄弟爭釜大小, 訴於官者. 公怒命吏, 亟取大小二釜來曰: "當擊碎, 均其斤兩而分之." 二人服, 訴遂止.

朴元度爲淸安縣監, 民有從兄弟爭鷹而訟於官者. 公縱其鷹, 責以義, 乃皆慚悔, 垂泣而去.

尹弼善烇守益山郡, 有兄弟訟者. 公詰其弟曰: "汝何訟兄?" 曰: "不分我父財." 問其兄曰: "何爲不分?" 曰: "父命也, 不敢違也." 公乃責之曰: "汝弟信有罪矣, 汝父之不子, 亦過矣. 古人有不從亂命者. 雖爾之財, 亦可分也. 爾等當服八刑, 不敎而刑, 吾亦恥之." 爲陳人倫而遣之, 明日乃來請分.

尹天賚爲永興府使, 民有五妻各生一子而死者. 其妻與子日相鬩不已. 公招賜酒食, 諭之以母子·兄弟之懿, 皆涕泣謝去. 同居一室, 以孝順稱於鄕.

胡大初曰: "博詢鄕曲, 其有孝友著聞, 行義卓異者, 必屈己求見, 必置酒登延, 造其門閭, 寬其力稅, 使邑人靡然知傚. 或有兄弟訟財, 親戚互訴者, 必曲加諷諭, 以啓其愧恥之心, 以弭其乖爭之習. 聽其和允, 勿事硏窮, 則民俗歸厚矣."

呂陶調銅梁令, 民龐氏姊妹三人, 冒隱幼弟田. 壯愬官不得直, 貧至傭奴于人. 陶一問, 三人服罪. 弟泣拜願以田牛, 作佛事以報. 陶曉之曰: "三姊皆汝同氣. 汝幼時適爲汝主之耳. 不然, 亦爲他人所欺. 與其捐牛供佛, 曷若遺姊,復爲兄弟, 顧不美乎?" 弟泣而聽命.

山陰人孔平, 詣竟陵王子良, 訟嫂市米負錢. 子良歎曰: "昔高文通與嫂訟田, 義異于此." 乃賜米錢以償平.

洪處厚爲慶尙監司, 民有骨肉訟者, 必先治其罪, 然後聽其曲直, 俗爲一變.

柳正源爲慈仁縣監, 民有叔姪相訟者, 公愀然曰: "爾亦人耳, 豈無倫彝之性, 而爲物欲所蔽, 以至於此?" 命置庭隅, 各自深思. 久之, 兩人憋懼扣頭, 以所爭相讓而退. 後有從父兄弟, 爭水而鬨. 旣而悔曰: "得無我侯聞之乎?"

遏取絕徼, 遠於王化, 勸行禮俗, 亦民牧之先務也.

成人有其兄死而不爲衰者, 聞子皐將爲成宰, 遂爲衰. 成人曰: "蠶則績而蟹有匡, 范則冠而蟬有緌. 兄則死而子皐爲之衰."【出「檀弓」】

陳著爲樂安太守, 時有趙宣者, 親旣葬而不閉埏隧, 因居其中, 行服二十餘年. 鄕邑稱孝, 州郡皆以禮敦請. 著就而訪之, 見其五子, 皆自服中産. 因大怒曰: "聖人制禮, 賢者俯就, 不肖者企及, 故祭不欲數, 以其易黷故也. 況乃寢宿冢藏, 孕育其中乎? 誑時惑衆, 莫此爲甚." 遂致之罪.

朱子在漳州, 「曉諭居喪文」云: "進士呂渭夫狀, 有稱見居母喪, 而身著襴幞·皁紗巾', 旣已開陳禮法, 當聽[94]告戒. 當職竊聞, 先聖有言'孝子之喪親, 服美不安, 聞樂不樂, 食旨不甘'. 此哀戚之情也. 又曰: '子生三年, 然後免於父母之懷, 故三年之喪, 天下之通喪也. 予也有三年之愛於其父母乎?' 是以昔者先王制爲喪禮, 因人之情而節文之, 其居處·衣服·飮食之間, 皆有定制. 降及中世, 乃有墨衰之文, 則已不能無失於先王之意. 然準律文, 諸喪制未終, 釋服從吉, 若忘哀作樂, 徒三年, 雜戲, 徒一年, 卽遇樂而聽, 及參預吉席者, 各杖一百. 則是世無古今, 俗無厚薄, 而有國者, 所以防範品節之意, 尙未泯也. 自今以來, 有居父母之喪, 須服麤布黲衫, 麤布黲巾, 繫麻絰, 著布鞋, 不飮酒, 不食肉, 不入房室. 如是三年, 庶幾少報[95]劬勞. 勉遵禮律, 仰承聖化."

---

94 聽: 新朝本에는 '廳'으로 되어 있음.

許稠爲寧越郡守, 郡俗, 爲父母只行百日喪. 稠諭民以禮, 勸行三年喪, 喪祭之需, 率[96]多助之, 遂成厚俗.

奇判樞虔爲濟州牧使, 舊俗不葬, 其親死, 輒委之溝壑. 公未上任, 先敕州吏, 備棺槨, 敎以斂葬. 州之葬其親, 自公始, 敎化大行. 一日公夢見三百餘人, 拜於庭下, 叩謝曰: "賴公之惠, 得免暴骸, 無以報恩. 公應於今年, 生育賢孫." 果驗.【先是, 公之三子, 皆無子. 是歲掌令軸生子禶, 官至應敎】

趙克善爲淳昌郡守, 鄕吏之短喪服役者, 許給三年暇. 仁聞達于四境, 蚩氓, 至有追服其父母喪於數十年之後者.

韓延壽爲淮陽太守, 召郡中長老, 因與議定嫁娶・喪祭・儀品, 略依古禮, 不得過法. 於是令文學・諸生, 皮弁執豆, 爲吏民行喪祭・嫁娶禮, 百姓遵用其敎.

後漢李忠遷丹陽太守, 以丹陽越俗不好學, 嫁娶禮義, 衰於中國. 乃爲起學校, 習儀容.

任延爲九眞太守, 其地不識父子之性[97]・夫婦之道. 延乃各使男女, 皆以年齒相配. 民曰: "使我有是子, 任君也." 以任爲名.

『北史』: "辥愼爲湖州刺史, 蠻俗, 婚娶之後, 父母雖在, 卽與別居. 愼謂守令曰: '豈有其子娶妻, 使與父母離析? 非惟蠻俗之失, 亦是牧守之罪.' 乃親自誘導, 示以孝慈, 並遣守令, 各諭所部. 於是風化大行, 有同華俗."

楊志堅好學而貧. 妻索書求離. 志堅以詩送之, 妻因持詩詣官請牒. 時顔魯公爲內史, 以其敗壞風俗, 決二十, 任改嫁. 因憐志堅淸貧, 贈絹及布米, 署爲軍官. 令遠近知悉, 於是江左十數年, 莫有敢棄其夫者.

尹承吉爲龜城府使, 地接邊塞, 民鮮知禮, 婚娶多瀆亂. 公爲設條禁, 民頗從革.

高士廉爲益州長史, 蜀人畏鬼而惡疾, 雖父母病, 皆去望舍, 投餌哺之, 昆

95 報: 新朝本에는 '補'로 되어 있음.
96 率: 新朝本에는 '卒'로 되어 있음.
97 性: 新朝本에는 '牲'으로 되어 있음.

弟不相假財. 士廉爲設條敎, 告辨督厲, 民俗翕然爲變[98].

孝子·烈女·忠臣·節士, 闡發幽光, 以圖旌表, 亦民牧之職也.

晉鄭袤爲濟陰太守, 下車, 旌表孝弟, 敬禮賢能. ○案『梅氏古文·畢命』云: "旌別淑慝, 表厥宅里, 彰善癉惡, 樹之風聲." 蓋當時守土之臣, 以旌別孝義爲職事, 故其文如此【古以旌門, 謂之綽楔. 綽楔者, 廣其門楣也. 今俗誤作棹楔, 無所據也.】

『南史[99]』: "始興王憺爲江陵州將, 州有甄恬世居敦行. 憺表其行誼, 詔旌表門閭, 加以爵位." ○唐丁公著父喪, 負土成塚, 貌力癯撥, 見者憂其死孝. 觀察上至行, 詔刺史賜粟, 旌表門閭.

朱子始到南康榜文云: "按『圖經』, 前代有太中大夫司馬暠·司徒從事中郎司馬延義·宜春縣令熊仁瞻, 皆以孝行顯名, 及至國初, 又有義門洪氏, 亦以累世義居, 嫠婦陳氏, 守節不嫁, 遂蒙太宗皇帝賜以宸翰, 寵以官資, 旌表門閭, 蠲除傜役, 此足見其風俗之美." ○又牒云: "司馬暠·司馬延義·熊仁瞻, 未委其墳墓, 及旌表門閭, 有無損壞. 義門洪氏未委其家, 目今有無子孫, 依舊義居, 所藏御書見作如何, 崇奉所表門閭, 曾與不曾修葺, 又劉西澗先生[100]菴堂·墓碣, 曾與不曾損壞." ○案 此皆爲民牧者樹風聲·敦敎化之本也.

姜裕後爲江界府使, 聞宣廟西幸時, 府使李鳴河死事, 而仍葬界中, 卽立石識其墓, 而復其守者, 西民感悅.【『尤菴集』】

權禰[101]爲江華留守, 李奎報墓在鎭江山, 公刻碑立之, 禁其樵牧.

李壽頤爲衿川縣監, 成三問等六臣墓, 在露梁之西, 公立碑, 置守塚二戶.

趙世煥爲東萊府使, 上聞公貧甚, 命賜金三十. 至則大修忠臣宋公象賢祠, 買奴婢以守之. 有官奴石邁亦殉節, 而其子孫尙在賤籍, 公爲贖之無遺.

---

98 變: 新朝本에는 '嫠'으로 되어 있음.
99 史: 新朝本에는 '吏'로 되어 있으나 書名이므로 바로잡음.
100 生: 新朝本에는 '山'으로 되어 있음.
101 禰: 新朝本에는 '襧'으로 되어 있음.

若夫矯激之行, 褊狹之義, 不宜崇獎, 以啓流弊, 其義精也.

孝者, 人倫之至也. 然其平日婉容·柔色, 先意承志, 以養其父母之心者, 不足以表見一鄉, 而斷指刲股, 能辦慘怛之節者多. 雖其卓絶之行, 非人所及, 大抵斷指刲股, 非大舜·曾參之所行, 非周公·仲尼之所言, 九經遺文, 無所考焉. 君子於此, 誠兢兢然難言也. 若雀投鯉躍之祥, 箏挺柏枯之異, 此是至誠格天, 千載一有之奇, 而今家修一狀, 鄉修一牒, 皆有此說, 吾恐天之降祥, 不若是其爛漫也. 如有一毫虛僞, 藏於其中, 圖占至善, 反歸大惡. 斯又爲人子孫者, 所宜愼者也. 野人鹵莽, 任其至性, 或並有父母之喪者, 左手執苴杖, 右手執桐杖, 頭帶二絰, 腰纏四帶, 以終三年者有之. 又或以三年之喪, 謂服三朞展服, 至三十六月者有之【見『禮考』】 若是者, 牧宜引經據禮, 以駁其非, 使從先王之制, 可也. ○退士野人, 或於君喪, 自制斬衰之服, 朝夕望哭, 以終三年, 鄉里保擧. 薦其忠義, 亦非禮也. 庶人之於國君, 國中齊衰三月, 邦內縞素三年【國中謂王城之中】. 大夫·朝士之外, 夫豈有斬衰乎? ○烈女旌表, 亦合商量. 或遇盜賊·夷蠻劫迫, 其身將至玷汚者, 死固當矣. 若夫靑年喪夫, 不堪羞恨, 或自縊自酖, 以遂其褊狹之性者, 斷不可褒獎, 細探其實. 或緣舅姑咎其薄福, 或因伯叔疑其病祟, 一言磯觸, 決意自戕, 或情性深厚者, 哀恨益急, 不能久視, 皆不必延譽. 惟含悲忍痛, 善養舅姑, 撫育幼穉, 以扶大家之門戶者, 方是至行. 雖無驚人之節, 牧宜發其幽光, 以樹風聲. ○若夫倡義赴戰, 不立寸功, 死於鋒刃, 其風節卓異者, 當時大臣及按道之臣, 皆以表聞. 今於數百年之後, 追作事實, 飾爲文蹟, 以圖上徹者, 多不可憑信. 此等處, 雖不必露我本意, 宜十分持難, 踰時越月, 毋陷欺君之罪, 可矣. 萬曆壬辰從戎之人, 自稱貞陵參奉, 此時其有貞陵乎【貞陵復位, 在肅廟中年.】? 又或追作誌石, 埋之墓隧, 因事而發, 謂之古蹟, 種種奸僞, 不可盡察, 而牧臣·使臣, 輕以奏聞, 隱然爲欺君之臣者, 多矣. 可不懼哉?

「禮部則例」一. 孝子割股傷生, 及烈婦夫亡, 無逼迫等情, 遽行殉節者, 例不準旌. ○一. 孝女以父母未有子孫, 終身奉親不嫁者, 照孝子例旌表. ○一. 婦女因强姦, 不從致死, 及因人調戲, 羞忿自盡, 該督撫聲明, 並非夫亡再醮者, 具準旌表. ○一. 童養之妻, 尙未成婚, 拒夫調姦致死者, 準其旌表, 建坊於烈女父母之門. ○一. 僕婦·婢女及尼僧·道姑, 有拒姦自守, 不爲强暴所汚, 因而致死者, 俱準旌表. ○一. 屢世同居, 和睦無間者, 經該督撫, 題請旌表. ○案 中國旌表之法, 其條例甚備, 此其槪也. 凡遇孝烈, 宜知此意【中國之法, 給銀·建坊·題額·竪碑, 皆足以聳觀瞻, 吾東惟有旌門一法.】, 矯激之行, 非所勸也.

末俗雖薄, 敎以導之, 亦有歸化者矣.

後漢魯恭爲中牟令, 有亭長借牛不還, 主訟之, 恭勑令還牛, 亭長仍不還. 恭歎曰: "化不行也." 欲解印綬去, 掾吏共留. 亭長慚還牛, 自詣獄. 時河南尹袁安, 使掾肥親往廉之, 有雉傍有兒童. 問曰: "何不捕雉?" 童曰: "以其方雛故也." 親曰: "今蝗不犯境, 化及禽獸, 童子有仁, 此三異也." 還白安. 安上書, 帝歎之.

程伯子調上元主簿, 始至邑, 見人持竿以黏飛鳥. 取其竿折之, 敎之使勿爲. 及罷官, 艤舟郊外, 有數人共語: "自主簿折黏竿, 鄕民子弟, 不敢畜其禽鳥." 不嚴而令行, 大率如此.

李信圭知淸河縣, 俗好發塚縱火. 信圭設敎戒十三條, 令里民書於牌, 月朔望徹戒之. 且令書其民勤惰·善惡以聞, 俗爲之變.

第四條 興學

古之所謂學校者, 習禮焉, 習樂焉. 今禮壞[102]樂崩, 學校之敎, 讀書而已.
古者諸侯之國, 皆有學宮. 其敎法, 與王城之太學, 無以異也, 三德三行【師氏文】, 六藝六儀【保氏文】, 其德中庸·孝友, 其敎諷誦·言語【司樂文】, 春秋敎以禮樂, 冬夏敎以詩書【「文王世子」文】. 若其恒業之所肄習, 樂舞弦歌以爲之主, 故

---

102 壞: 新朝本에는 '壤'으로 되어 있음.

堯舜之世, 典樂主其教; 周官之制, 司樂主其教. 今郡縣之學, 卽古諸侯之學.
然樂舞已亡, 弦歌已絶, 後世之所謂興學校者, 皆虛名而已. 弦者琴瑟也, 歌
者風雅也. 孔門教人, 猶主弦歌. 故子路鼓瑟, 有升堂·入室之語. 升堂者, 堂
上之樂; 入室者, 房中之樂也.【子路能爲風雅, 不能爲「二南」.】伯魚學詩, 有「周
南」·「召南」之語, 謂以「周南」·「召南」, 唱之爲歌, 被之爲弦, 非謂讀詩而知
其義. 弦歌旣絶, 學校當廢, 然講中庸之德, 勉孝友之行, 誦詩讀書, 以時習
射, 以時行鄕飮之禮, 亦可曰興學也. ○古者, 太學行養老之禮, 以之興孝; 行
齒學之禮, 以之興弟; 行饗孤之禮, 使民不背, 此孝弟慈之所以爲太學之宗旨
也. 牧宜存此意, 學宮行養老之禮【見上第六篇】, 行鄕飮之禮, 以興孝弟. 其或新
經寇難, 民有死於王事者, 饗其孤子【如今之定州】, 以存恤孤之意, 亦足以備文
也. 若經亂已久者, 訪求倡義家子孫, 春饗于學宮, 是亦勸忠之要務也.

子游爲武城宰, 子之武城, 聞絃歌之聲, 莞爾而笑曰: "割鷄, 焉用牛刀?"子
游對曰: "昔者, 偃也聞諸夫子曰: '君子學道則愛人, 小人學道則易使也.'"子
曰: "二三子! 偃之言是也. 前言戲之耳."

文學者, 小學之敎也. 然則後世之所謂興學者, 其猶爲小學乎?

文翁爲蜀郡太守, 仁愛好敎化. 見蜀地僻陋, 有蠻夷風, 文翁欲誘進之, 乃
選郡縣小吏, 開敏有才者, 張叔[103]等十餘人, 親自飭厲, 遣詣京師, 受業博士,
或學律令. 減省少府用度, 買刀布蜀物, 齎計吏以遺博士. 數歲蜀生, 皆成就
還歸, 文翁以爲右職. 又修起學官於成都市中, 招下縣子弟, 以爲學官弟子.
每出行縣, 益從學官諸生, 明經飭行者與俱, 使傳敎令, 出入閨閣, 縣邑吏民,
見而榮之, 爭欲爲學官子弟, 富人至出錢以求之. 繇是大化, 至今巴蜀好文雅,
文翁之化也. ○『北史』, 辛昂爲成都令, 與諸生祭文翁於學堂, 敎以忠信孝友.
○案 文翁興學, 不過乎文學. 文學者, 古者小學之敎也. 小學之敎, 六書爲主,
象形·會意·轉注·假借·諧[104]聲·指事, 是謂'六書'. 欲興文學者, 六書之學, 其

---

103 叔: 新朝本에는 '椒'로 되어 있음.

首務也. 況於吾東六書之學, 尙今昧昧者乎!

張霸守會稽, 擧賢興學, 四野皆書聲. 民語曰: "城上烏鳴哺父母, 府中諸吏皆孝友." ○案 張霸僞造『尙書』百兩篇, 其好學猶能如此.

後漢伏恭爲常山太守, 敦修學校, 敎授不輟. 由是北州多伏氏之學.

後漢杜畿爲河東太守, 課民畜牸牛草馬, 百姓勤農, 家家豐實. 畿乃曰: "民富矣, 不可不敎也." 於是冬月修戎講武, 又開學宮, 親自執經敎授, 郡中化之.

魏顔斐在京兆, 敎匠作車, 賣猪買牛, 家家殷富. 乃起文學聽, 吏民欲讀書者, 復其小徭. 又於府下起菜園, 使民役間鉏治, 又課民當輸租時, 車牛各因便, 致薪二束, 爲冬寒氷炙筆硯. 於是風化大行, 吏不煩民, 民不求利.

隋梁彦光爲相州刺史, 州人技巧商販, 人情險詖, 妄起風謠, 訴訟萬端. 彦光欲革其弊, 乃用俸物, 招致山東大儒, 每鄕立學, 非聖之書, 不得敎授. 常以季月招集之, 親臨策試, 有勤學異等, 聰明有聞者, 升堂設饌, 其餘並坐廊下. 有好論惰業者, 坐之中庭, 設以草具. 及大比, 當擧行賓貢之禮, 助以財物. 於是人皆剋厲, 風化大改.

隋何妥爲龍州刺史, 有負笈游學者, 妥皆爲講說敎授之, 又作「刺史箴」, 勒于門.

程明道令晉城, 暇時親至鄕校, 召父老而與之語, 兒童所讀書, 爲正其句讀, 敎者不善, 則爲易置. 俗始甚野, 不知爲學, 先生擇子弟之秀者, 聚而敎之, 在縣三歲, 民愛之如父母. 去邑纔十餘年, 而服儒服者數百人.

胡宿知湖州, 大興學校. 學者盛於東南, 自湖學始. 學者爲公立生祠于學中, 祠之.

陳襄【字述古】知常州, 郡庠窄, 不足以容師生. 公勤於經始, 成以不日. 公晨入其中, 坐授諸生經義, 旁決郡事. 由是毗陵學者, 盛於二浙. 公以育英才爲己任. 出其門者, 知仁民爲固國之本, 治己爲臨下之範, 學古爲修身之資, 事親爲行道之始. 官于四方, 而民受其賜者, 皆公之所敎也.【『自警篇』】

---

104 譜: 新朝本에는 '階'로 되어 있음.

唐鎰爲濠州, 政教清簡. 延經術士教生徒, 比去州, 明經者四十人.

段堅爲福山知縣, 刊布『小學』俾士民講誦. 俗素陋, 至是一變, 村落皆有絃誦聲. 後知南陽府, 召州縣學官, 具告以古人爲學之指, 使轉相勸誘. 創志學書院, 聚秀民, 講說五經要義, 及濂洛諸儒遺書.【堅卽薛文淸, 瑄之後學也.】

丁積爲新會知縣, 申『洪武禮制』, 參以『朱子家禮』, 擇耆老, 誨導百姓. 良家子墮業聚廡下, 使日誦『小學』書, 親爲解說, 風俗大變.

黃俊良爲新寧縣監, 留意學校, 增新文廟, 力加勸導. 又就古縣, 創學舍一區, 扁爲白鶴書院, 藏書置田, 士心興慕.【『退溪集』】

趙克善爲溫陽郡守, 時朝廷方興學校, 令州郡敎童蒙, 三朔不通者, 汰定武學, 人心疑懼, 無入籍者. 公請于監司曰: "三代造士, 皆限以三年大比, 三朔非責效之期. 盍且緩之, 以期成就?" 監司許之. 乃召境內父老, 諭以立敎本意, 皆喜而聽命. 命自八歲以上, 皆敎『小學』, 一月再聚公廡, 親自講課, 頗有興起之效.

學者, 學於師也. 有師而後有學, 招延宿德, 使爲師長, 然後學規, 乃可議也.

中國州學, 皆有敎授. 吾東郡縣之學, 亦有訓導, 中世以來, 此官亦廢. 今欲聚徒勸學, 必有宿德鴻儒, 爲之師表, 乃可行也, 難矣哉! ○『經國大典』曰: "鄉校敎官供饌, 不用心者, 觀察使檢覈, 以憑殿最."

齊蘇瓊爲淸河太守, 每年春, 總集大儒衛覬隆[105]·田元鳳等, 講於郡學. 朝吏文案之暇, 悉令受書.

韓文公爲潮州刺史, 始潮人未知學, 公命進士趙德爲之師. 自是潮之士, 皆篤於文行, 延及齊民, 號稱易治.

張詠守益州, 學校頹替. 公察郡人張及·李畋·張逵者, 皆有學行, 遂延獎加禮, 敦勉就學. 後三人悉登科, 歷美官. 於是益[106]州學者知勸, 文風日振.

105 隆: 新朝本에는 '融'으로 되어 있으나 『北史·列傳·循吏』에 의거하여 바로잡음.

呂公著通判潁州, 時歐陽公適知州, 焦千之從焉【字伯强】. 呂公招延之, 使教諸子. 諸生小有過差, 焦先生端坐, 召與相對, 終日竟夕, 不與之語. 諸生恐懼畏伏, 先生方略降辭色.

胡瑗爲蘇湖二[106]州敎授, 雖大暑, 必公服終日, 以見諸生, 嚴師·弟子之禮. 解經至有要義, 懇懇爲諸生言, 言其所以治己而後治乎人者. 學徒千數, 日月刮劘, 爲文章, 皆傅經義. ○其在湖學, 治經義齋·治事齋, 經義齋者, 擇疏通有器局者, 治事齋者, 人各治一事, 又兼一事, 如治民·治兵·水利·算數之類. 其弟子散在四方, 隨其人賢愚, 皆循循雅飭. 其言談擧止遇之, 不問可知爲先生弟子.

蔡襄知泉州, 往時閩人多好學, 而專用賦以應科擧. 公得先生周希孟, 以經術傅[107]授, 學者常至數百人. 公爲親至學舍, 執經講問. 延見處士陳烈, 尊以師禮, 而陳襄·鄭穆, 方以德行著稱鄉里, 公皆折節下之, 爲諸生率.

王荊公爲鄞令, 請杜醇先生入縣學, 書曰: "某得縣, 於此踰年矣. 方因孔子廟爲學, 以敎養縣子弟. 願先生留請而賜臨之, 以爲之師. 某與有聞焉."

林肇爲慈溪縣令, 修孔子廟, 治其四旁爲學舍·講堂. 帥縣之子弟, 起先生杜君醇, 爲之師而興於學.

石子重調劍州尤溪縣, 縣故窮僻, 學校久廢, 士寡見聞, 不知所以爲學. 石君至, 卽令其友古田林用中, 來掌敎事, 而選邑子願學者, 充弟子員. 始敎之日, 親率佐史·宿賓客, 往臨之, 因爲陳說聖賢敎學. 自是五日一往, 伐鼓升堂, 問諸生進業次第, 相與反復, 以求義理至當之歸. 異邦之人, 皆裹糧來就學, 石君視故學宮爲不稱, 乃廣其規模, 新其棟宇, 市書萬卷, 買田數百畝, 以充入之. 旣成, 爲考古制, 擧鄉飮酒禮以落之. 於是士始知學, 而民俗亦變.

朱子在漳州, 「延郡士入學牒」云: "契勘州縣兩學, 講說課程, 近日以來, 漸有倫緒, 但以州郡不能尊賢, 致使諸生, 無所薰陶. 今視新汀州知錄黃從事,

---

106 益: 新朝本에는 '兩'으로 되어 있음.
107 傅: 新朝本에는 '傅'로 되어 있음.

器資渾厚, 操履端方, 杜門讀書, 不交權利, 鄉閭有識, 莫不推高. 若以禮請, 屈居州學正錄之任, 兼同主管縣學教導, 必能使諸生, 觀感而化, 有所興起. 施學正允修·石學正洪慶, 皆以耆艾之年, 進學不倦, 强毅方正, 衆所嚴憚. 林貢士易簡·李進士唐咨, 或究索精微, 或持循雅飭, 察其志行, 久益可觀. 貢士陳淳·太學生楊士訓, 齒雖尚少, 學已知方. 永嘉學生徐寓, 務學求師, 志尚堅確. 凡此數士, 當職所知, 若悉招延, 異其禮際, 則凡學之子弟, 藏修游息, 無適而不得良師畏友之益, 庶幾理義開明, 德業成就, 仰副聖朝教養作成之意. 其在外士人, 竊恐尚有年高德邵, 閭里推尊, 經明行修, 流輩歸重, 而藏器自珍, 不求聞達者. 更當廣行咨訪, 續議延請.【紹熙三年正月初二日牒】○鏞案 招賢入學, 以敎諸生, 此興學之首務也. 然吾東惟嶺南, 可議此事, 餘未易也.

朱子始到南康, 榜諭文曰: "本軍背負羌廬, 前据彭蠡, 地勢雄秀, 甲於東南. 禹跡所經, 太史所游, 有聖賢之遺風. 下逮東晉, 長沙·靖節, 祖孫相望, 爰及聖朝劉氏, 則屯田秘丞, 父子相繼. 皆有德業, 著在丹靑, 其風聲氣俗, 猶有存者, 後來之秀, 接踵比肩. 而比年來, 士風衰弊, 學校養士, 不過三十人, 大比應書, 人數亦少. 雖講道修身之士, 或未必肯游學校入場屋. 然詢於物論, 以求物外之英豪, 則亦未聞卓然有可稱, 良由[108]長民之吏, 未嘗加意, 使里閭後生, 無所從學, 以至於此. 今請鄉黨父兄, 各推擇其子弟之有志於學者, 遣來入學, 陪國待補, 聽講供課. 本軍亦一面, 多方措置, 增置學糧, 當職公務之餘, 亦當時時詣學, 與學官同共講說經旨, 多方誘掖, 庶幾長材秀民, 爲時而出, 有以仰副聖天子長育人材之意."

姚善知嘉興府, 有兪貞木者, 以明經見重. 每月朔望, 必延置學宮, 講經書以訓士. 有錢芹, 自守甚高. 善一日饋米於貞木, 誤送芹, 芹受之. 貞木曰: "錢先生不苟取, 今受米不辭, 必仰府公之賢." 善聞之, 欲往候之, 芹請: "俟月朔, 相會於學宮." 善如期至, 逆芹置上座, 請質經義, 芹[109]曰: "此士子之務耳. 今

---

108 由: 新朝本에는 '田'으로 되어 있음.
109 芹: 新朝本에는 '斤'으로 되어 있음.

有官守, 何不談時務?"遂出一簡以授善, 竟不交一言而去. 視之則守禦制勝
之策也.

黃俊良牧星州, 重修文廟, 恢拓舊規. 會吳斯文健, 爲州敎官, 相與志同議
合, 揀取弟子若干員, 分爲四等. 令吳主敎任其檢督. 每月一會講, 令背誦其
所讀書, 因爲之論難疑義. 考其勤慢, 第其賞罰. 州東有孔谷, 因立書堂, 又於
八莒縣, 立鹿峯精舍. 訓迪多方, 成就甚多.

李尙伋爲端川郡守, 北荒不尙文學, 公爲延其稍秀者, 爲之師以敎其人, 月
朔必親謁夫子廟, 仍與諸生講論, 未幾有文藝偕計者矣.

修葺堂廡, 照管米廩, 廣置書籍, 亦賢牧之所致意也.

有虞氏之學, 名曰'米廩', 誠以有學, 斯有士, 有士斯有養, 若米廩不繼, 無
以養士. 今州縣學田, 不爲不多, 又其私蓄之財, 邑邑皆有. 守令不察, 鄕中不
肖子弟, 出入學宮者, 三五成群, 討酒索飯, 又其任事之人, 陰與掌庫者朋奸,
偸竊惟意, 玆所以學宮之財, 常患空匱也. 牧欲修擧學宮之事, 宜先察米廩,
贍其資用, 然後延賢聚士, 乃可議也. ○牧上官旣三日, 召鄕校首僕, 問去年
學田秋收之穀幾石, 養士齋秋收之穀幾石【若有司馬齋, 亦宜同查】, 令上其簿. 於
是, 又索用下之簿, 令鄕丞查其會計, 其可追者追之, 其可捨者捨之, 乃定存
留之數. 於是, 諭之曰: "今日爲始, 凡學宮之財, 雖一錢一粒, 其日用之簿, 宜
受官印, 其無官印者, 無得擅用. 朔望焚香之外, 其閒雜往來者, 不許供饋, 如
有違者, 汝其有罪."

『續大典』曰: "州府鄕校, 學田七結, 郡縣鄕校, 學田五結, 賜額書院, 其田三
結.【皆免稅】凡鄕校之田, 守令檢察." ○守令檢察, 在於法典, 其敢忽乎?

俗之所以荒昧, 學之所以鹵莽, 以無書籍也. 『十三經注疏』·『二十三代史』
·『三國史』·『高麗史』·『國朝寶鑑』, 杜佑『通典』, 鄭樵『通志』, 馬端臨『通考』,
王圻『續通考』, 吾東之『文獻備考』, 此數帙書籍, 不可以不具也. 牧宜竭力經
紀, 以圖購置, 嚴其鎖鑰, 時其曝曬, 出納看閱, 皆具條例, 使之遵守焉, 可也.

唐李繁爲虔州刺史, 作孔子廟, 選博士弟子, 置講堂敎之, 行禮肄習, 其中

置本錢廩米, 令可繼.

范純仁知襄邑縣, 學校倉廩, 皆一新之, 又營學田, 擇鄉之賢者以教之, 聽政之暇, 至學校, 親勸諭之.

李詳爲宜黃縣令, 始立縣學, 廣置書籍, 經·史·百氏·翰林子墨之文章, 無外求者, 以養良材之士.

權守平爲光山縣監, 學校舊在城中, 湫隘頹陊. 守平卜地於城西二里, 建學如禮. 校前有民田數頃, 公出財買之, 或治爲水田, 或爲菜圃, 或爲僕隷之家. 又買民田, 半入於學, 半入於司馬齋, 又以綿布百匹, 租穀百石, 黃豆卅石, 充學生之用. 又備四書五經·諸子韻書, 庋而藏之. 由是儒風大振, 文教益明.

簡選端方, 使爲齋長, 以作表率, 待之以禮, 養其廉恥.

鄉校任事者, 校長一人【南方稱都有司】, 掌議一人, 色掌二人. 荒遠之地, 士族稀少, 土族如林, 羞與爲伍, 絶不往來. 於是土族, 專擅學宮, 據爲窟穴. 此輩多不學無識, 分群立黨, 傾軋則發人陰事, 爭奪則視如朝局. 締結奸吏, 則蜚語于監司; 交通嬖妓, 則納賂于縣官. 常爲吏家之狎客, 爾汝論交; 長成酒家之約會, 日夕鬪鬨. 其所經營, 則引進富人之子, 使爲齋任, 使執祭事, 受其賂物, 以自醉飽而已. 牧宜知此俗, 簡取端士, 使爲齋任. ○齋任有闕, 宜別求端士, 必其足跡, 不入於城府, 文學有名於鄉里, 門地有餘, 而特以不求之故, 尙不經任者, 乃可用也. 我之誠意, 能勸起土族, 使之屈心則大善, 如不可强取於土族, 未必無佳士也. ○旣得其人, 牧下帖于鄉校曰: "名爲士子, 出入吏家, 出入妓家, 出入酒家, 其行止鄙陋者, 官當百道廉探, 別般嚴懲, 永割靑衿之錄, 將有黃簽之罰, 其各愼旃. 學宮諸生, 知而不禁, 亦必有責." ○焚香·釋奠[110]·習禮·課藝之日, 可與相見, 非公事, 切勿引接. 其數數請見者, 必有心中, 有些奸計, 不難知也. ○如有罪犯, 必先削儒名, 論報上司, 然後乃用刑杖. 今[111]之守令, 笞之刑之, 無異奴隷. 彼旣無恥, 雖能安受, 在我道理, 不當如此.

---

110 奠: 新朝本에는 '尊'으로 되어 있음.

名之曰'學儒'者, 待之如名門淸族, 可也.

胡大初曰: "鄕校者, 議政之地也. 諸學典謁之餘, 便當延見衿佩, 假之以辭色, 將之以禮意, 詢風俗之利病, 諮政事之得失. 廩餼必豐, 課試必勤, 其端厚俊秀者, 獎異之; 其詞訟蔓及者, 庇護之; 其凌辱衣冠者, 懲治之, 則士悅而知慕矣." ○案 遇訟, 當以至公處之, 若用心庇護, 則弱者被其害矣.

宋象仁宰安東, 以官穀未納, 刑訊上庠士子, 或有死傷者. 輔德李埈【號蒼石】, 疏論其事, 仍被駁遞.

朴知誠曰: "昔先君爲宰時, 雖籍校之輩, 苟名爲士者, 巾服呈狀, 則必冠帶而臨之, 若犯罪過, 必用楚撻[112], 大則先使渠輩, 鑴名于校籍, 然後乃加笞杖."

院任差帖式: ○朱子在南康軍, 請洞學堂長帖云: "白鹿洞書院, 舊有堂長. 今視學錄楊日新, 年德老成, 在洞供職, 紀綱庶事, 表率生徒, 績效可觀. 合行敦請, 須至給帖者. 給帖付貢士楊日新準此, 充白鹿洞書院堂長職事."【淳熙七年九月日帖】○**鏞案** 鄕校·書院, 其校長·院長·掌議之等, 不爲差帖, 但以姓名三字, 附之樑上, 謂之'附標', 非禮也. 官欲差帖, 士林羞之, 宜引朱子此帖, 官下差帖, 則朝附夕摘, 左攘右奪之習, 庶乎其少戢矣.

季秋行養老之禮, 敎以老老, 孟冬行鄕飮之禮, 敎以長長, 仲春行饗孤之禮, 敎以恤孤.

養老之禮, 已見上編.【愛民第一條】

鄕禮者, 京禮也. 古者, 王城分爲九區, 狀如井田. 中爲王宮, 面朝後市, 左右六鄕, 兩兩相嚮. 鄕者, 嚮也. 五黨爲州, 五州爲鄕, 如我邦王城之內, 束諸里以爲一坊, 束諸坊以爲一部.【六鄕如五部】鄕飮酒者, 京飮酒也; 鄕射禮者, 京射禮也. 今人未詳古制, 以鄕爲野, 所謂'鄕飮禮'·'鄕射禮', 獨令郡縣行之, 而京師闕焉, 亦一誖也. 然今之郡縣, 亦古之侯國, 今之守令, 其位如古鄕大

---

111 今: 新朝本에는 '令'으로 되어 있음.
112 撻: 新朝本에는 '楗'로 되어 있음.

夫·州長. 守令自爲主人, 以行此禮, 參古酌今, 未爲失也. 鄭玄謂: "周法正月行之, 漢法孟冬行之." 吾東掌故, 皆用漢法, 今姑依之. ○古禮太繁, 我正宗大王御定『鄕禮合編』, 頒于郡縣, 其儀尙縟. 至若『五禮儀』所著, 其文太簡, 不成模樣. 今參酌出儀注, 如左.

鄕飮之禮, 牧爲主人, 擇處士賢者以爲賓.【見『禮』注】學宮掌議以爲僎.【輔主人者. 冊房有佳士, 亦可爲之】處士賢者以爲介.【齒德亞於賓. 介音戒】色掌二人, 訓長一人,【西齋生】立之爲三贊.【贊者, 佐主人】處士賢者, 立之爲三賓,【齒德亞於介】禮丞一人, 立之爲樂正,【卽禮房·鄕所】端士一人, 立之爲司正,【擇一鄕之善, 以察威儀】群丞群史, 從者二十七人,【三九也】衆賓·弟子, 從者二十七人.【亦選於鄕中】○古禮, 衆賓無定數, 今人不嫺禮儀, 若員數無定, 雜人攔入, 叫呶爭鬪, 必敗乃事, 數不可不定也. 員額旣定, 設限於學宮【設繩素如網】, 令軍官數人, 把守紅門, 嚴禁雜人, 乃可以行禮也. 古禮, 八十·九十者, 亦與飮, 今擬七十以下, 乃可延請. 其筋[113]力康健, 欲自來觀者, 亦許之. ○招善歌者·善瑟者, 授「鹿鳴」三篇·「周南」三篇·「召南」三篇, 先期誦習, 令歌瑟相和, 其聲務在和緩, 禁其激烈.

前期三日, 主人戒賓, 夙興具冠服【烏紗帽·黑團領】, 詣賓家, 拜請來臨, 主人答拜許之. ○遣僎于介家, 拜請拜許, 如上禮. ○前一日, 設席于明倫堂之庭【堂闊則設于堂】, 賓席設于西北【乾方也】, 東面北上. 主人之席, 設于東南【巽方也】, 西面南上. 賓席旣設, 次南介, 次南三賓, 次南衆賓九人, 唯弟子十八人, 坐於後列. 主人之席旣設, 次北僎, 次北三贊, 次北群丞九人, 唯群吏十八人, 伏於後列. 樂正之席, 在阼階之上, 司正之席, 在西階之上, 樂工四人之席, 當其中. ○席之南端, 畫地爲阼階·西階之狀, 上設幕次.【雖飮于堂, 亦幕庭】○厥明, 贊者設枕禁【尊所也, 用短足牀】, 于阼階之西, 玄酒一壺, 淸酒一壺, 脯醢一筐【脯五脡, 醢二品】, 盞盤二具, 玄酒在西. ○設洗于西階之東【用小牀】, 盥水一匜, 晞巾一事. ○贊者, 監烹于饋所, 其牲用犬.【三籩, 各烹二犬】○主人夙興, 詣明倫堂

---

113 筋: 新朝本에는 '節'으로 되어 있음.

坐定. ○賓弟子一人, 到門告賓至. ○贊者, 入告. ○賓至, 介從, 三賓從, 衆賓從, 弟子從. ○主人出迎, 僕從, 三贊從, 其群丞群吏, 各守位不從. ○主人出大門外, 拜賓, 賓答拜, 主人揖賓入, 賓答揖, 主人從門東入, 賓從門西入. ○入門相嚮立, 主入揖, 賓答揖. ○至階, 主人揖, 賓答揖. ○主人西面立, 請先升, 賓對曰: "某不敢." ○主人請先升, 賓對曰: "某不敢." ○主人曰: "敢固以請." 賓對曰: "固辭." ○主人曰: "某不得命, 敢不先升." ○主人由阼階升, 至位, 西嚮立, 賓由西階升, 至位東嚮立. ○僕以下, 由主人之後, 以次序立于主人之右【其勢逆】, 介以下從賓, 序立于其位【其勢順】. ○主人再拜, 賓答再拜. 凡賓主拜揖, 介僕以下, 不與動. ○贊者, 告坐, 賓主以下皆坐. ○贊者, 就洗盥, 酌酒授主人, 主人受盞, 還授贊者. ○贊者二人, 一執盞, 一執篚, 詣賓位前跪獻賓, 賓受盞飲, 取脯一片嚌之. ○贊者退復位, 主人拜, 賓答拜. ○贊者, 就洗盥, 酌酒授賓, 賓受盞, 還授贊者. ○贊者二人, 一執盞, 一執篚, 詣主人前跪獻, 主人受盞飲, 取脯一片嚌之. ○贊者, 退復位, 賓拜主人答拜. ○贊者, 佐主人以飲介, 如上禮, 介拜, 主人答拜. ○贊者, 佐賓以酬僕, 如上禮, 僕拜, 賓答拜. ○贊者, 佐主人以飲三賓, 如上禮. ○主人拜, 賓長答拜.【三賓之長者】○衆賓群丞交飲, 如上禮. ○贊者, 各就位坐, 賓弟子一人, 起洗酌酒, 以飲贊者, 如上禮. ○賓拜, 贊長答拜.【三贊之長者】○樂正引樂工升, 瑟者二人, 歌者二人, 升自西階, 坐于南端北面東上. ○歌者, 歌「鹿鳴」·「四牡」·「皇皇者華」, 瑟者和之. ○群吏一人, 起酌酒, 以飲樂工不拜. ○乃歌「周南」·「關雎」·「葛覃」·「卷耳」, 皆倚瑟. ○乃進饌, 賓一鉶【狗羹也】六豆, 介與三賓, 一鉶四豆, 衆賓以下, 一鉶二豆, 其有七十者, 皆六豆, 六十以上, 皆四豆.【雖衆賓尊之】○主人, 一鉶六豆; 僕與三贊, 一鉶二豆; 司正樂正, 一鉶二豆; 群丞·群吏, 一鉶而已. ○凡進饌, 先賓主次, 介僕以下亦如之. ○乃進酒贊者二人, 一執壺, 一執盞, 詣賓獻, 詣主人獻. 以下皆交獻之. ○旣獻三賓, 乃獻衆賓, 以及群丞, 乃獻司正, 乃獻樂正, 乃飲樂工, 乃飲弟子, 以及群吏. ○贊者, 各就位, 自酌飲. ○旣飲旣嚌, 樂正起立告曰: "絃歌旣和, 飲酬孔皆, 請以安燕." ○司正起立告曰: "旨酒嘉殽, 賓主旣樂, 請攝威儀." 主人興, 賓興, 就西階上立. ○主人拜, 賓答拜. ○賓復位. ○又進酒一徧. ○樂正命工歌「召南」·「鵲巢」·「采蘩」·「采蘋」. ○司正告曰: "賓旣醉止, 威儀不愆, 請酌無算." ○賓辭曰: "某旣醉矣, 敢辭." ○主人曰: "旨酒嘉殽, 請以終席." 賓辭曰: "某旣醉矣, 不敢聞命." ○贊者, 徹鉶豆, 三賓以下, 下執事徹之. ○贊者, 告禮畢. ○賓降自西階, 介從, 三賓從, 衆賓弟子從. ○主人降自阼階, 儐從, 三贊從, 群丞群吏不從. ○及門, 相嚮立, 主人揖, 賓答揖. ○賓由門西出, 主人由門東出, 至外相嚮立, 主人拜, 賓答拜. ○主人還入, 少頃還于署. ○按 此諸節, 其義理並見「鄕飮酒義」, 可按而知也. 辨弟長, 明貴賤, 其大義也; 燕而不亂, 和而不流, 其微文也. 至若度數之出入, 古今異宜, 不必拘也. ○『五禮儀』有忠國·孝親·閨門·鄕黨·胥訓·胥敎諸語, 在古無文. 蓋以鄕飮酒者, 使民觀感而已, 非以口舌敎之也. 敎以口舌, 非聖人制禮之本意. 故今所不用.

唐李棲筠爲常州, 大起學校堂, 爲鄕飮酒禮. 人人知勸, 敦行孝弟.

張署爲虔州刺史, 使通經吏與諸生, 之旁大郡, 學鄕飮酒·喪婚禮. 張施講說, 民吏觀聽, 從化大喜.

節孝徐先生積爲楚州敎授, 嘗患鄕飮之禮, 世久不見, 率郡守擧行其儀, 閭巷鄕老, 皆使與飮. 又著文勸諭子弟, 是日士民在泮者, 蓋千人.

趙克善爲淸道郡守, 秋大會郡中父老·子弟, 行鄕飮酒禮, 相與修講敎條, 勉以彝倫, 自爲詩以勸之.

饗孤之禮, 『儀禮』殘缺, 今不可考. 然『禮記』曰: "春饗孤子, 秋食耆老."【「郊特[114]牲」】「月令」曰: "仲春養幼少·存諸孤." 『大戴禮』曰: "司徒典春, 朝孤子八人."【「千乘」篇】『禮記』曰: "天子視學養老幼于東序."【「文王世子」】『毛詩正義』曰: "辟雍, 養孤之處."【「靈臺」疏】『韓詩外傳』云: "事老養孤, 化[115]民勸善." 『後漢書』云: "中元元年, 初建三雍, 尊耆老恤幼孤." 『大學』所謂「上恤孤」者, 此之謂也. 『周禮·天官』外饗·酒正, 「地官」遺人·槁人·司門, 「夏官[116]」羅氏之等, 凡饗孤

---

114 特: 新朝本에는 '持'로 되어 있음.
115 化: 新朝本에는 '代'로 되어 있음.
116 夏官: 羅氏는 夏官에 속하는 것으로 되어 있으므로 삽입한 것임.

之禮, 共其食物, 其文歷然, 明係三代令典. 牧旣修學校之政, 不可以不修此禮. 所謂孤者, 死於王事者之子姓也. ○牧訪求本管, 有忠臣死事者之子孫. 雖無寸功, 若倡義赴陣, 死於矢石者, 其子孫皆所當恤也. 訪得幾人, 擇於其中, 以有齒德者, 立之爲賓, 其餘爲衆賓, 或三或九, 唯所宜也. ○前期陳設于明倫堂, 牧之位, 在北壁下南向; 賓之位, 在西壁下東面北上, 其餘如他禮. ○宜於仲春行之, 前期三日, 令齋長戒賓. ○其日, 牧夙興, 詣明倫堂坐定. ○贊者告賓至, 牧出立于門內, 西嚮立. ○賓從門西入, 東嚮立, 牧拜, 賓答拜. ○至階相揖, 牧升自阼階, 賓升自西階, 衆賓從而升, 各就位立, 賓再拜, 主人答拜. ○坐定, 乃進饌, 賓主一鉶六豆, 衆賓一鉶四豆. 乃進酒, 先獻賓, 乃獻牧, 乃獻衆賓. ○贊者立主人之左, 告曰: "念爾先人, 我心傷悲. 旨酒嘉殽, 以慰永思." ○賓俯伏興對曰: "念我先故, 饗以嘉羞, 敢不承惠, 歸告先人." ○徹饌, 贊者告禮畢. ○賓出, 牧送之于門內, 賓拜, 牧答拜.

以時行鄕射之禮, 以時行投壺之禮.

鄕射禮, 古禮繁縟難行. 宜取『鄕禮合編』, 參古酌今, 檃栝爲文以行之. ○投壺禮, 『禮記』所載最詳最密, 可以按行. 唯魯鼓·薛鼓之節, 今不必細遵, 但用一鼓, 中則鼓之, 亦足以行禮也. 飮禮·射禮, 其事張大, 不可數擧. 唯投壺之禮, 其文旣簡, 其行不難, 而揖讓·升降·進退·周旋·修辭·致容, 亦足以習容, 觀而飭威儀. 春秋佳日, 牧親往學宮, 與諸生常行此禮, 喩其義理, 必有觀感而興起者矣.

韓延壽爲潁川太守, 聘其賢士, 以禮待用, 廣謀議, 納諫爭. 擧行喪, 讓財, 表孝弟有行, 修治學宮, 春秋鄕射. 陳鍾鼓·管絃, 盛升降·揖讓, 講武習·射御.

第五條 辨等

辨等者, 安民定志之要義也. 等威不明, 位級以亂, 則民散而無紀矣.

『易』曰: "辨上下定民志. 履者, 禮也." 『禮』曰: "君臣上下, 非禮不定." 古者, 聖人開物成務, 爲文章以表貴賤, 所謂黃帝·堯·舜, 垂衣裳而天下治, 此之謂也. 服章有等【九章至一章】, 旗旆有等【九旆至一旆】, 車乘有等【玉輅至縵車】, 屋雷有等【卑者, 不重霤.】, 祭祀有等, 飮食有等. 秩然森列, 上下以明, 此聖人馭世安民之大權也. 吾東之俗, 辨等頗嚴, 上下相¹維持², 各守其分, 近世以來, 爵祿偏枯, 貴族衰替, 而豪吏·豪甿, 乘時使氣, 其屋宇·鞍馬之侈, 衣服·飮食之奢, 咸踰軌度. 下³陵上⁴替, 無復等級. 將何以維持聯絡, 以之扶元氣而通血脈乎? 辨等者, 今日之急務也.

族有貴賤, 宜辨其等, 勢有强弱, 宜察其情. 二者, 不可以偏廢也.

古者, 爲天下國家者, 其大義四, 一曰'親親', 二曰'尊尊', 三曰'長長'【卽老老】, 四曰'賢賢'. 親親, 仁也; 尊尊, 義也; 長長, 禮也; 賢賢, 知也. 天屬之外, 以爵與齒德爲三達尊, 古今之通義也. 所謂尊尊者, 入仕爲君子者, 其位尊貴, 操

---

1 相: 新朝本에는 빠져 있음.
2 持: 新朝本에는 빠져 있음.
3 下: 新朝本에는 '上'으로 되어 있음.
4 上: 新朝本에는 '下'로 되어 있음.

業爲小人者, 其位卑賤, 兩等而已. 然君子之子孫, 世守其道, 績文秉禮, 雖不入仕, 猶爲貴族, 彼甿隷之子若孫, 敢不祗敬, 此第一等當辨者也. 鄉丞雖非仕宦, 其在本縣, 世佐字牧之政, 亦滕⁵薛之大夫也. 甿隷之賤, 宜有禮貌, 此第二等當辨者也. 其或以甿隷之賤, 高貲致富, 其子若孫, 納賂圖差, 得爲鄉丞, 換父易祖, 印出僞譜, 納田獻婢, 連姻貴族, 鑽穴尋蹊, 締結官長. 若此之類, 在所懲抑, 不可扶植. 然或其行誼敦厚, 其兆將興者, 栽培助長, 不害爲德. 若其鄰里傭雇之甿, 乘醉打罵, 則宜小懲, 此第三等當辨者也. 余久居民間, 知守令毀譽, 皆出於辨等. 牧之愛民者, 偏以抑强扶弱爲主, 不禮貴族, 專護小民者, 不惟怨詛朋興, 抑亦風俗頹敗, 大不可也. 然嚴於辨等者, 俗謂之正名分, 斯則過矣. 君臣·奴主, 斯有名分, 截若天地, 不可階升. 若上所論者, 可曰等級, 不可曰名分也.【兩班者, 東西二班也; 士者, 堂下官也; 大夫者, 堂上官也. 今之貴族, 稱爲兩班, 稱爲士大夫, 此則誤矣.】

　張南軒曰: "爲政須先平心. 不平其心, 雖好事亦錯. 如抑强扶弱, 豈非好事? 往往只這裏錯. 須如明鏡然, 姸自姸醜自醜, 何須吾事?"○胡大初曰: "今之從政者, 類以抑强扶弱爲能, 然此風旣長, 佃者得以抗主, 强奴·悍婢, 得以慢其弱子·寡妻. 姦猾之徒, 飾爲藍縷, 而市井小輩, 凌辱衣冠, 末流將奈何哉?"

　其或勢家·大族, 盤據一邑, 其中有一二不肖不學無識, 牟利行惡, 侵虐小民, 以致流亡, 懸罊裂鬙, 跪瓦燒趾, 子母生生, 傾家破産, 以爲民讎者. 戒之威之, 俾各悛改. 猶然不動, 縱肆如舊者, 牧宜嚴嚴懲治, 不可以辨等爲心也. 又或鄉員冷族, 躬治畎畝, 與甿雜作, 諧謔無禮, 溪市醉鬨, 互發醜言, 醒著儒衣, 乞正名分者. 官若治之太嚴, 民將不服, 亦不可以辨等爲心也. 要之, 以賤陵貴, 牧所憂也; 以强侵弱, 牧所憂也. 權衡參倚, 斟酌得中, 不可以言語形容也. 然上無所失, 下不先犯. 宜以士子之行, 申申責諭, 使之知愧, 然後其陵貴之罪, 治之痛快, 斯無怨矣.

---

5 滕: 新朝本에는 '胨'로 되어 있음.

凡辨等之政, 不唯小民是懲, 中之犯上, 亦可惡也.

百年以來, 爵祿不及於遐外, 古之士大夫, 其子孫零替, 基業破落, 不成模
樣. 土族秉權, 百計陷害, 以報數世屈抑之羞. 而守令來者, 誤聞虛聲, 謂某縣
某家, 原是大族, 應然武斷, 又聽奸鄕之讒, 專以抑此家爲心者多矣, 不亦謬
乎? 凡貴族被土族侵陵者, 必宜痛治, 亦所以辨等也. ○近者, 吏習日渝月變,
小吏路逢貴族, 不肯納拜, 吏子·吏孫, 其不入仕者, 待境內貴族, 無異平交,
爾汝呼字, 不復爲禮, 此世變也. 宜飭下吏, 毋得如是. ○飭曰: "吾聞汝等驕
悖日甚, 數十年來, 如此如此, 如有入聞, 官當嚴懲." 三令五申. 猶有犯者, 治
之峻截. 士林大悅, 非比小民之懲, 此辨等之最大者也. ○其或土族奸細, 蟠
附權吏, 圖差鄕任者, 相與爾汝, 不必照管, 任其所爲.

少陵長, 卒陵帥, 亦所當辨. 凡遇訟訴, 宜察其等. 凡其貴賤旣同, 而以少陵
長者, 不可不懲. 然貴而幼者, 遇賤而老者, 亦宜有禮, 不可以戒也. 卒伍之
人, 於隊長·旗摠, 亦宜有禮, 奴隷之人, 於群吏·列校, 不可無嚴, 斯皆辨等之
所宜務者也.

『續大典』曰: "常賤敺打士族, 事情明白者, 杖一百徒三年. 傷者, 杖一百流
二千里."【「推斷」條】

宮室·車乘·衣服·器用, 其僭侈踰制者, 悉宜嚴禁.

召信臣爲零陵太守, 禁止嫁娶送終奢靡, 務出於儉約. 府縣吏家子弟, 好游
敖, 不以田作爲業, 輒斥罷之. 其化大行, 吏民親愛, 號之曰'召父'.

周濟知安慶府, 定婚喪之制, 禁侈費, 其嫁葬愆期者有罰, 風俗一變.【『明史』】

『大明律』曰: "凡官民房舍·車服·器物之類, 各有等第. 若違式僭用, 有官
者, 杖一百, 罷職不敍, 無官者, 答五十, 罪坐家長. 工匠並答五十, 違禁之物,
並入官."

『續大典』曰: "庶民表衣, 前則去地四寸, 後則去地三寸, 袖長過手, 袖椿廣
八寸, 袖口五寸. 裏衣亦以此, 遞減其分寸." ○今氓隷下賤, 皆著道袍, 大袖

長裾, 儼如朝官. 布帛日貴, 紀綱日頹, 非細憂也. 然非有朝令, 牧不可如何也. 宜以時諄諄然戒之.

『經國大典』云: "宗親妻女, 堂上官母妻女婦, 有蔭新婦外, 用有屋轎子者, 杖八十." ○京城三法司, 禁亂條件, 有乘轎之目. 故三醫司·譯官·觀象·算律之等, 雖沾官祿, 非經守令及堂上實職者, 其婦女不敢乘其屋轎. 至若吏胥·市井之等, 雖備局·內閣之吏, 其婦女無敢犯分. 余昔在西邑, 西俗吏家婦女, 雖新婚, 並無乘法. 況於有屋乎? 余見嶺南, 其俗亦然. 唯獨湖南之吏, 其婦女, 皆乘有屋轎, 朱簾繡蔽, 前呵後擁. 遇寒士, 高聲辟除, 其男子騎馬隨後, 馳而過之. 不唯新婦然也, 老者亦然. 故家·名族貧衰日甚, 弊轎索縛, 破蓋席補, 繞裙爲帷, 截篊爲簾. 載之牛背, 婿執其杠, 扶者不具, 左敧右仄, 狀如乘船. 狹路相逢, 被其擠仆, 墮崖落水. 嬰孩倒寫, 此哭方痛, 彼行已遠. 今日日所聞, 皆此事也. 吏日以驕, 邪心益生, 士日以蹙, 風氣轉索. 斯皆爲民牧者, 與吏朋奸, 唯吏是媚, 吏所厭聞, 即一言半辭, 不敢出口, 駸駸然以至是耳. 御史暗行者, 亦皆熟視不救, 不知名器日紊, 大亂必生. 防微杜漸, 宜及此時, 不可以微事忽之也.

『經國大典』云: "庶人男女, 並禁紅紫衣·紫帶·金銀·靑畵酒器·交綺綃·玉·珊瑚·瑪瑙·琥珀·靑金石, 及黃銅鞍飾·鈒鐙子·斜皮." ○"有蔭婦女外, 用花席者, 用朱漆器者, 用絲花鳳·金銀露布花者, 婚姻用紗羅綾緞闊毯者, 并杖八十." ○今郡縣小吏, 其衣服·器皿·鞍馬飾裝, 奢侈僭濫, 無復限紀. 燕器·倭器, 紅綠[6]粲然, 錦繡·金銀, 無所不用, 噫! 且奈何? ○康津吏蔡某, 冬月以貂皮飾溺器, 以銅鐵寒也. 暗行御史李彝章, 宿其家見之. 厥明按事, 出梟示之令. 雷鼓三通, 貫耳灰面, 到法場解之, 止用本律. 土人至今稱之【本律杖一百. 吏胥與有官者同.】

『經國大典』曰: "庶人衣服九升. 士族草笠五十竹, 又馬尾笠·付竹笠. 庶人草笠三十竹, 又竹織笠·繩結笠." ○案 草笠, 古俗也. 然當時士族·庶民, 其首

---

6 綠: 新朝本에는 '絲'로 되어 있음.

服有等級, 明矣. 今也上自大臣, 下至小吏, 皆著耽羅細帽簷三百回以上, 噫! 且奈何?

『經國大典』曰: "堂下官馬鞍, 用銀入絲者, 庶人墳墓石物, 踰制者【勿用石人, 望柱·表石, 無過二尺.】並嚴禁科罪. ○法雖如此, 今下吏·賤民, 皆騎銀鞍, 其墓前像設, 擬於公卿, 儀文之濫, 一至是矣. 此等犯禁者, 平時不必騷擾. 惟因事罹法, 並數此罪, 照法嚴繩, 庶乎知法之本嚴也.

蓋自奴婢法變之後, 民俗大渝, 非國家之利也.

雍正辛亥以後, 凡私奴良妻所生, 悉皆從良. 自此以後, 上弱下强, 紀綱陵夷, 民志以散, 不相統領. 試以著顯者言之, 萬曆壬辰之難, 南方倡義之家, 皆以家僮數百, 編爲卒伍, 嘉慶壬申之難【西賊也】, 故家·名族, 相與議事, 而一家一僮, 亦且難得. 卽此一事, 其大勢之全變, 可知也.

國家所倚者士族, 而其無權失勢如此. 脫有緩急, 小民將相聚以爲亂, 而誰能禁之? 由是觀之, 奴婢之法, 未善變也. 今退鄕土頑, 槩多饒實, 而故家遺裔, 不成模樣. 乃守令來者, 謬聞百年以前流傳之言, 猶謂貴族豪强, 每遇相訟, 先以抑强爲心, 此大誤也. 宜知大勢全變, 不可膠守前見, 致失士族之心也.

『西山筆談』云: "前輩謂奴婢世傳之法, 惟我東有之, 殊不然也. 『春秋傳』曰: '斐豹隷也. 著於丹書, 請焚其籍.' 則三代之法亦世傳矣. 「陳勝傳」云: '章邯免驪山徒, 人奴産子, 悉發以擊楚.' 註云: '家人之産奴, 猶今人云家生奴也.' 則秦法亦世傳矣. 「衛靑傳」云: '人奴之生, 得無笞罵足矣.' 則漢法亦世傳矣. 唐顯慶二年勅云: '放諸奴婢爲良者, 皆由家長手書.' 則唐法亦世傳矣. 宋明以來, 其法皆然. 『大淸律例』云: '家生奴婢, 世世子孫, 皆當永遠服役, 身契, 年久遺失, 事所恒有, 旣已衆證確鑿, 不必復以身契爲憑.' 斯蓋宋明流來之古法也. 『連文釋義』云: '男而婿婢者, 謂之臧【婢夫也】; 女而婦奴者, 謂之獲【奴妻也】.' 婢夫·奴妻, 是爲臧獲, 臧獲所生, 豈有從良之理乎? 元世祖欲革高麗奴婢之法者, 高麗之法, 八世戶籍, 不干賤類, 然後乃得筮仕. 若父若母, 一爲賤類, 則縱其本主, 放許爲良, 所生子孫, 却還爲賤. 故欲開其從良之路而已, 非謂世傳之法因可革也. 然而忠烈王奏乞仍舊, 其辭哀惻, 以爲此法一變, 國必危亡. 夫豈無故而爲是哉? 然則辛亥變法, 不惟於古不合, 並非元人之意也. 大抵小民愚蠢, 無君臣之義, 師友之敎, 非有貴族·高門爲之綱紀, 則無一非亂民也. 一自辛[7]亥以來, 貴族日彫, 賤類日橫, 上下以紊, 敎令不行. 一有變亂, 卽土崩瓦解之勢, 莫之能禦也. 君門旣遠, 縣官如寓, 而村閭比鄰之間, 無可以統領群愚者. 則不亂何爲, 亦何以禁其潰裂哉? 愚謂奴婢之法不復, 則亂亡不可救也."

貴族旣殘, 賤流交誣, 官長按治, 多失其實. 斯又今日之俗獘也.

貧士居鄕, 自多瑣謗, 而賤流豪橫, 結締官吏, 陰流讒誣之言. 察使飛關, 如捕强盜, 遂加桁楊之辱, 貧士一經此辱, 卽垂首喪氣, 不復敢出一辭氣. 紀綱之隳, 職由是矣. 有等豪門, 攘奪民田, 强姦民婦, 罪惡彰於道路者, 在所懲治, 苟非然者, 瑣瑣米鹽之訛法, 官姑且優容, 先之以戒飭, 繼之以廉訪, 斯足以知戢, 不必輕爲之挫折也.

第六條 課藝

科擧之學, 壞人心術, 然選擧之法未改, 不得不勸其肄習, 此之謂課藝.

守令七事, 第三曰'學校興', 俗吏不知學校興爲何事, 謬以課藝當之. 其在家而應課者, 謂之'旬題', 其入庭而校藝者, 謂之'白日場'. 四境之內, 其可以應課者, 文邑不過數十人, 質邑不過五六人. 乃其收卷之數, 多者千張, 少者五百. 樵童·牧竪, 一字不通者, 咸得餘筆, 以呈僞卷. 公事旣煩, 無以細考, 子弟·賓客, 在旁亂批, 侍童·嬖妓, 攛入僞第, 曰宴曰賞, 雜沓無序. 物情不協,

---

大亂以作, 彈塊飛石, 罵詈官長. 縱校縛儒, 哭聲震天, 枷繫溢獄, 箠扑塡街, 此淸平之世, 挑起禍難也. 乃其所謂領宴受賞而出者, 吏族居半, 餘皆樵牧. 嗟乎[8]! 科試之法, 起於左雄, 至于今日, 流波浩漫, 使一世之人, 相率而爲倡優下賤之技. 雖其法精密有度, 猶云可愧, 況至於是乎! 夢之中又夢, 誠可歎也. ○白日場亦民弊也. 距邑數十里者, 前期入城, 其往來酒食煙鞋之費, 試紙·筆·墨之價, 兩人所須, 必過百錢. 若一家五六人赴場者, 費至三百. 三百者, 一犢也. 童穉聳動, 莫可禁遏, 每白日令出, 貧叟蹙頞, 亦不可不念也. 科擧無法, 故一家之費, 必至三千, 邑課無法, 故一家之費, 亦至三百, 無法之故, 民不堪矣.

課藝宜亦有額. 旣擧旣選, 乃試乃編, 於是乎課之也.

中國試士之法, 其科文名色, 或用六體, 或用九體, 而必使一人遍習諸體, 計其多, 算以第高下. 我邦之法, 名雖六體, 大科·小科所用不同, 初場·終場所取各殊, 一技得中, 不問其餘. 是故, 遐荒鹵莽之士, 平生單習一技, 以冀僥倖. 詩者不賦, 疑者不義【四書曰'疑', 五經曰'義'.】, 其所責旣輕, 其發動者益衆, 此科擧之所以亂也. ○令學宮, 選能治一技者, 文邑二百人, 質邑百人, 小邑五六十人. 其有名者免試, 其無稱者面試, 不能成篇者黜之. 其有冤漏而自薦者, 亦許面試. ○試畢, 選取幾十人, 以爲恒額, 名之曰'詞林生', 別爲名籍. 故者塡其代, 喪者權補之, 病者·遠游者權補之, 每令收卷之數, 無加無減, 恒滿此額. ○詩賦表策論義, 謂之'六體'.【五經四書之義, 本皆名墨義.】 六體皆能者爲一等, 四體以下爲二等, 二體及單技者爲下等, 並於名籍, 注其所能. 試出例如左.

幼學李起文年二十五, 居柳川里. 六體皆試.【四書疑】

幼學金聖殷年二十六, 居松山里. 五體而已.【賦表策論義】

幼學崔泰成年三十五, 居支石里. 四體而已.【賦策論疑】

---

8 乎: 新朝本에는 '呼'로 되어 있음.

幼學安尙鉉年四十一, 居棲雲里. 三體而已.【詩表義】

幼學鄭元豹年三十八, 居桃源里. 二體而已.【詩義】

童蒙朴尙東年十八, 居杏園里. 一技而已.【詩】

童蒙尹祖悅年十八, 居淸風里, 一技而已.【疑】

旬題並出六體, 而名籍已注一技者, 不得呈二卷, 已注二體者, 不得呈三卷. ○白日場, 每出三體, 其能三體者, 一日之內, 許納三卷, 勿令連幅, 使之散呈, 考訖計畫, 以第高下. ○其能二體者, 亦如之. ○凡已呈卷者, 引出之, 勿令坐場. ○旬題, 一月三試, 九試計畫, 略施小賞. ○白日場, 一月一試, 十二月計畫, 施以大賞. ○終歲之勞, 賞不可薄. 些少紙筆, 何以塞矣? 一等三人, 宜求細布一匹【紵若綿】, 俾作袍材, 副之以佳硯·美几·妙箑·新鞋, 二等六人, 宜賜絛帶一條, 副之以諸物, 三等九人, 宜賜新鞋一兩, 副之以諸物, 四等二十七人, 宜賜妙箑一把, 副之以他物. 或別購好書, 以賜一等, 抑所宜也. ○學宮之財, 苟能節用, 自有羨餘. 又凡官府, 必有不屑之財, 吞則爲貪, 棄亦無義者. 宜以此財, 用爲賞格, 靡不給矣.

厥明年春, 改修名籍. 死者去之, 喪者去之, 新者進之, 一技者, 自言二技則錄之; 三體者, 自言四體則錄之, 並宜面試, 不可輕錄.

右法固善, 但鄰邑之人, 恨其狹小. 宜采物情, 誠若有願, 宜令學宮, 移文于鄰學, 別選三十人, 趁期勸送. 四鄰各選三十人, 本邑亦選三十人, 使五邑校藝. 勝者, 其三十人並受賞; 次者, 惟參榜者受賞; 次者, 唯高等者受賞; 次者, 惟居首者受賞; 最下者, 雖有居首者, 不得受賞. 如是, 則其聳動多矣. ○春秋佳日, 宜偶一行之, 不可常也. ○居接者, 巨弊也. 選取數十, 使居學宮, 或居山寺, 日課其藝, 以至旬月, 名之曰'居接'. 徒損學財, 且貽僧弊, 不可爲也. 居首者進饍, 新入者進饍, 開席·罷席, 皆有飲食, 叫呶鬪鬨, 遂爲亂階, 不可爲也.

近世以來, 文體卑下, 句法澆悖, 篇法短促, 不可以不正也.

詩賦爲物, 本於經術謨猷之外, 別求詞藻, 欲其汎濫百家, 雕鏤萬物, 蓋後世所謂文章之學也. 本係浮文, 罷之固善. 然旣存其目, 宜正其體. 自乾隆初年, 忽有別格, 每以三韻爲一段, 其中段必用對耦. 昔在百年之前, 無此格律, 此一弊也. 卞春亭初作科詩, 原倣「襄陽歌」聲律【千金駿馬喚少妾, 笑坐雕鞍歌落梅. 遙看漢水鴨頭綠, 恰似葡萄初醱醅.】, 此唯平聲之韻, 其響調叶上聲·去聲, 已屬枘鑿. 何也? 上去之韻, 其對韻之字, 宜用平聲【不可用妾字·綠字】, 其全句聲韻, 將與相反, 況於入聲乎? 先大王御定『奎章全韻』, 自此科詩, 許押入聲, 乃於入聲之韻, 亦用「襄陽歌」聲律, 讀其上句時【上句, 俗謂之'內隻'.】, 聲響依然, 及讀下句【俗謂之'外隻'】, 聲如擊木, 響如撲地, 死而不活, 索然不振. 誠非細失, 此一弊也. 平聲之韻, 其對眼之字, 宜用仄聲, 今俗並於閒詠, 不知此法, 況於科詩乎? 此一弊也. 賦之無韻, 「離騷」以來, 所未聞也. 今俗但叶終聲, 不問平仄, 乃曰: '賦家韻法, 本來如此.' 此一弊也. ○儷文聲律, 與律詩無異, 字字調叶.【關山難越, 誰非失路之人. 萍水相逢, 盡是他鄉之客.】唐宋儷文, 如「滕王閣序」·「益州夫子廟碑」·「乾元殿頌」, 以至送別餞飮之序, 謝賀表箋, 起居存問之啓, 莫不皆然. 近見流求國賀正表文, 亦皆調叶, 唯獨我邦舊有訛傳, 乃曰: "上衣·下裳, 唯其蹄字【句絶字】叶律, 其餘無律." 承訛襲謬, 遂爲痼疾. 竊想中國賀正之日, 十七省諸州表文, 及流求·安南諸表, 莫不調叶, 唯獨朝鮮表文, 但叶蹄律, 彼以嘉善矜不能之意, 哂而受之, 豈不可愧? 新羅時崔致遠, 作「黃巢檄」及「諸寺碑文」, 高麗學士, 作佛家文字, 及國初表箋, 亦皆調叶, 不知中間何故如此. 松谷李提學【李瑞雨】時作一篇, 用意調叶, 名之曰'律表'. 其調叶可貴, 而其別稱律表, 又失言也. 四六晚出, 本無古表, 安有律表? 非律者非表也, 安有律表? ○經義, 小技也. 本只一道文字, 近俗忽作層[9]節, 曰六曰七, 是以然則名色奇怪. 然且頭辭之內, 先具五節, 是以然則遂作二重. 嗚呼以下, 狂言妄說, 愚弄聖經, 無復倫理, 誠可歎也.

　數十年來, 又有一種弊習, 詩賦之題, 皆於經書小註出之. 性理道敎, 豈詩賦之所宜乎? 表率旣然, 傳相效響, 鄕村私習, 亦皆如此. 以此之故, 風格日

---

9 層: 新朝本에는 '曾'으로 되어 있음.

卑, 陋句惡篇, 不堪正視. 溯觀中古之作, 如白沙·漢陰·三淵·陶菴, 其名世之篇, 皆是詞家好題. 若使諸公, 遇今俗所出之題, 必不能爲此淸警. 不知館閣諸公, 何故如此. 童謠·鄙諺, 悉關世運, 科詩雖俚, 其風格盛衰, 不可以不慮也. 將謂諸生謂先生, 敦尙經術, 出題如此乎? 殊不然也.

童蒙之聰明强記者, 別行抄選, 敎之誨之.

文學識趣, 罔不在厥初. 八歲入學, 讀宙如家, 以宿爲睡, 此是落地後先入之見, 終身之疾, 深入骨髓. 自此推轉, 讀『曾氏史略』·『少微通鑑』·『百聯句』·擊蒙詩, 自此以往, 無藥可救. 唯十二歲以下, 聰記過人者, 猶可及圖, 收之課藝, 其老蒼者, 宜順俗以導之. 其幼艾者, 宜虛心以拯之, 一分成就之望, 在於幼艾, 鬢蒼蒼而骨稜稜者, 雖濡手焦髮, 無攸及矣. ○郡縣每一鄕, 領數十村, 大約四五村, 必有一書齋, 齋坐一夫子, 都都平丈, 領兒童數十人. 宜於此中, 選其秀者, 十歲內外, 能日受書三四千字, 讀十餘遍, 背誦者上等也; 日受書二千字, 讀二十遍, 背誦者中等也; 日受書千餘字, 讀三十遍, 背誦者下等也. 自此以下, 不足稱秀也. ○牧下帖于學宮, 令自學宮, 移文于諸鄕, 書齋童蒙, 有能中三等之選者, 各具姓名·年齒, 其平生所讀書, 及目下能受幾千字, 讀幾遍成誦, 各註名下, 回報學宮, 學宮上于縣官. ○名錄旣到, 約日召集, 親於面前, 令齋儒授以新書, 以觀其能誦. 其名實相副者, 錄之爲秀才, 別爲名籍, 每旬題白日場, 惟入秀才之選者, 方許呈卷. ○四孟之朔, 牧召秀才諸童, 授以三月功程, 令讀書成誦, 後孟之朔, 應講于縣官, 第其高下, 施賞有差. ○漏於此選者, 或於數月之間, 慧竇忽穿, 自願與選者, 面試虛實, 許其追錄. ○或其中有英豪絶特者, 牧還之日, 載與俱歸, 成就大器, 以獻國家, 斯古民牧之恒職也.

課藝旣勤, 科甲相續, 遂爲文明之鄕, 亦民牧之至榮也.

朱子招擧人, 入白鹿院, 咨目曰: "恭惟國家, 以科擧取士, 蓋循前代之舊規, 非以經義·詩賦·策論之區區者, 爲足以盡得天下之士也. 然則士之所以講學

·修身, 以待上之選擇者, 豈當自謂止於記誦綴緝無根之語, 足以應有司一日之求而逶已乎? 今歲科場, 解發赴省, 待補之士二十有八, 又文行彬彬, 識者蓋稱之, 郡亦與有榮焉. 然惟國家之所以取士, 與士之所以爲學待用之意, 有如前所謂者, 是以, 更欲與諸君評之. 今白鹿諸生, 各自散歸, 山林閒寂, 正學者潛思進學之所. 諸君肯來, 當戒都[10]養【掌米者】, 給館致食. 專此咨白, 可否須報.”

常袞爲福建觀察, 閩人未知學, 袞至設鄕校, 使作爲文章, 親加勸導, 由是俗爲一變, 歲貢士與內州等.

張逸知靑神縣, 興學校, 敎生徒, 後邑人陳希亮·楊異相繼登科, 改其里曰'桂林里'.【一本靑神作長水, 桂林作桂枝.】

李吉培爲善山郡守, 政淸訟簡, 且勤於勸學, 以校生中科第者多. 朝廷褒之, 特加二資.

李贊成尙毅爲成川府使, 本府僻在退遠, 民不知學, 莫有占科名者. 公遂以興學爲先, 擇其民之俊秀者, 親自訓勵, 郡中翕然競勸, 弦誦相聞. 不三年有一人中小科, 謂之破天荒. 自是登小科者相繼, 而至有捷大科出宦途者, 人皆稱之.

睦贊成敍欽爲襄陽府使, 襄, 嶺海之退陬也, 地瘠民殘, 歲荐大侵. 公至聚邑子, 肄業丙舍, 繼其糧課, 有才藝者, 獎勸而興起之, 貧不能行冠昏者, 資之財, 俾成禮, 歲未周, 化大行.

李敬憲公繼孫始宰咸興, 後爲北道觀察使, 皆以興學·養材爲首務. 金文簡宗直, 言於成宗曰: “李某爲咸興, 興學·養才, 至今多中科第者.” 崔岦曰: “北道監司, 慮不出詰兵而已, 獨公以學校爲先, 請于朝, 頒經籍, 擇文士[11]爲敎官, 子弟開敏者, 親爲講授. 又設法都會, 四時課試, 期歲之間, 一道大化, 人愛公如父母, 久而不衰, 可謂王佐之材也. 咸興之文會書院, 永興之興賢書院,

---

10 都: 新朝本에는 '鄕'으로 되어 있음.
11 士: 新朝本에는 빠져 있음.

安邊之玉洞書院, 公皆爲主壁.

科規不立, 則士心不勸, 課藝之政, 亦無以獨善也.

『西山筆談』云: "中國之法, 州縣之學, 各置敎官【如吾東古有訓導】, 月課程文, 書義一篇【四書疑】, 排律一首【五言六八韻】, 策問一道【或史論】, 律文數條【講刑名】, 四季之課, 別試經義【五經義】·排律·史策, 取其優等, 送于提學. 提學者, 每一 省各置學政提擧一員, 總領一省課試之政. 敎官之領于提學, 如縣令之統于 監司也. 寅申巳[12]亥以爲式年, 假如亥年會試, 則子丑二年, 提學私設科試, 名之曰'歲科', 所謂三年兩試也. 其優等十卷, 上于禮部. 至丑年之秋, 乃設鄕 試. 朝廷別遣考官, 每省二員, 又以州縣官數人, 差同考官.【如吾東之法】 選取 如[13]法. 第一場, 書義三道【『論』『孟』各一題, 『庸』『學』中一題】排律一首【五言八韻】, 第二場, 經義五道【五經各一題】, 第三場, 策問五道【題限三百字】. 厥明年春, 會試 于京師, 亦試三場, 如鄕試之法. 主考官一員, 同考官或三或四, 凡正副考官, 用筆各殊, 一硃·一靑·一赭黃·一綠·一紫, 各自批評, 各書總評于末. 此其大 略也. 其生員之額, 大約中邑, 額進二十名【赴鄕試之額】, 廩[14]生二十名【食於學 宮[15]者】, 增生二十名【額外也】, 童生二十名【幼年者】, 又有靑生·社生, 等級甚多, 皆應敎官之課, 非赴擧者也. 歲科·鄕試, 咸有定額, 而會試則無定額, 中式則 選之, 不苟汰也; 不中式則黜之, 不苟充也. 國有慶喜, 特設恩科, 增廣擧額, 或增三員【大州縣】, 或增一二【小中邑】, 其試額不增也." ○賦者, 無用之文, 去之 固善, 表箋·史論, 在所不廢. 今擬第一場, 試書義·經義各三道, 第二場, 試排 律二首, 表箋一首, 第三場, 試史論一道, 策問三道, 庶乎其得宜也. 科規如此, 則聰明博洽之士, 乃應科試, 而蕪雜空疎之人, 自然沮戲, 科弊不矯而自淸. 其有德行·材幹, 在文藝之外者, 別開選路, 又未可少也. ○吾東之法, 一日只

---

12 巳: 新朝本에는 '己'로 되어 있음.

13 如: 新朝本에는 빠져 있음.

14 廩: 新朝本에는 '稟'으로 되어 있음.

15 宮: 新朝本에는 '官'으로 되어 있음.

試一篇, 所以瞻敏之筆, 至再至三, 借述之輩, 恒至數千. 若一日所試三道·五道, 則宏詞博學, 僅可以康濟自家, 奚暇救人? 借述之弊, 自然除矣. 近歲一二宰臣, 爲廣州留守·湖南察使, 其爲都會之試, 一日並出三題, 能文之士, 稱爲良法.

兵典六條
簽丁·練卒·修兵·勸武·應變·禦寇

第一條 簽丁

簽丁收布之法, 始於梁淵, 至于今日, 流波浩漫, 爲生民切骨之病. 此法不改而民盡劉矣.

良役源委, 詳見「賦役考」, 今不疊述. ○國初, 有戶布而無軍布.【太宗十年下敎, 見『國朝寶鑑』】至中宗朝, 大司憲梁淵, 奏行軍籍收布之法【梁淵卽擊去金安老者】, 然軍籍收布, 名曰'貢布', 不名番布. 故栗谷上疏, 請改軍籍曰: "欲減軍卒進貢之役, 移于田結." 斯可驗也. 此時唯有騎兵·正兵. 騎兵·正兵, 本用光陵陣法, 非戚氏之法. 故今其軍案, 猶稱旅帥·隊正, 無部司·旗哨之名, 斯可知也. 壬辰倭寇之後, 五衛罷而五營設, 一曰'訓鍊都監'【宣祖[16]戊戌始設之】, 二曰'御營'【仁祖甲子, 始置御營使, 孝宗壬辰, 始設營.】, 三曰'禁衛營'【肅宗壬戌, 減訓鍊軍總以設之】, 四曰'守禦廳'【仁祖丙寅設】, 五曰'摠戎廳'【仁祖甲子設】, 此所謂五軍門也. 守摠兩營, 其簽軍不出京畿, 惟訓御禁三營, 其簽軍·收布, 遍及諸路. 正軍爲戶, 戶各有保, 或二或三, 以收米布, 使爲資裝. 納米則十二斗, 納布則二匹, 納錢則四兩. 自南漢兵退之後, 四郊無壘, 則正軍停番. 旣停其番, 亦無資裝. 乃收裝布, 以輸京營, 其停番者, 亦收身布, 輸之京營. 或雇軍於京坊, 以立其代; 或補用於本營, 以塞其費. 至英宗九年【癸丑】, 始議變通. 右議政金興慶, 主口錢之議; 靈城君朴文秀, 主罷鎭堡之議; 吏曹判書宋寅明, 請減大同而增

---

16 祖: 新朝本에는 '朝'로 되어 있음.

結錢. 至二十六年, 始行均役之法. 方其議之也, 或主戶布, 或主結布【以田結收布】, 或主口錢, 或主游布【非文非武, 游衣游食者, 收布】. 畢竟覈隱結, 收魚鹽, 設游布【選武軍官, 卽游布之意】, 斂結錢, 以設均役之廳, 乃減軍布之半. 二匹者爲一匹, 四兩者爲二兩, 十二斗者爲六斗. 於是乎民力少紓矣. ○一匹之減, 民力宜若少紓, 而簽軍之額, 歲增月衍. 良軍收布, 在肅廟初年, 不過三十萬名, 至英宗均役之時, 已爲五十萬. 『良役實總』【均役時, 所撰書名】所載分排之數, 大邑或至數萬, 小縣猶過一千. 而京納之外, 巡營·兵營之軍, 本邑除番之軍, 諸庫·諸廳私募之軍, 學宮·書院保率之軍, 使令·官奴奉足之軍, 京主人保率, 營主人保率, 浦戶保率, 煙軍保率, 營匠保, 邑匠保, 四色保·三色保·竹保·漆保·紙保, 奇奇怪怪, 千頭萬緖, 以至今日. 若自朝廷, 遣剛明御史, 查括公私雜色之軍, 無一隱漏, 則通計諸路, 必其數恰過數百萬矣. 五十萬人, 人納錢四兩, 則其錢二百萬兩也; 二百萬人, 人納錢二兩, 則其錢四百萬兩也. 寧考有減半之惠, 而州縣斂增倍之賦, 其可曰國有法乎? 程子曰:"天下之物, 原有此數, 不在於此, 則必在於彼." 今民力所出, 比之均役之初, 將爲四倍, 民安得不困, 力安得不匱乎? 若以寧考之志, 臨見此日, 其惻怛哀痛之詔, 必有倍於當日矣. ○大抵軍布之名, 名已不正. 自黃帝習用干戈以來, 聞有養兵, 未聞其收布也. 唐·虞·三代之制, 選民爲兵, 授之以田, 所謂井田, 無一非軍田, 其養兵如是也. 漢魏以降, 授之屯田以養兵. 其或無法者, 寧竭天下之財以養兵, 未聞其收布也. 居者出財, 兵者出命, 古之道也. 將責出命, 先責出財, 有是理乎? 今殘村下戶, 嬰孩落地, 呱聲一發, 紅帖已[17]到. 陰陽之理, 天之所賦, 不能無交, 交則有生, 生則必簽, 使域中之爲父母者, 怨天地生生之理, 家嗷而戶啜. 國之無法, 一何至此? 甚則指腹而造名, 換女而爲男, 又其甚者, 狗兒之名, 或載軍案, 非是人名, 所指者眞狗也. 杵臼之名, 或出官帖, 非是人名, 所指者眞杵也. 法曰:"四父子軍役, 許免其一." 然今之民情, 苟有身體, 雖八父子軍役, 不敢以怨也. 法曰:"黃口充丁, 守令論罪." 然今之民情, 苟有身體, 雖

---

17 已: 新朝本에는 '巳'로 되어 있음.

三日內充丁, 不敢以怨也. 法曰: "白骨徵布, 守令論罪." 然今之民情, 咸以白骨徵布爲至願大樂, 何也? 父死子代, 物故債·付標債·査正債·都案債, 納布旣同, 而別斂如此, 其不以白骨徵布爲便乎? 此法不改, 民必盡劉. 惜乎! 寧考之時, 聖主之至誠惻怛如彼, 而在下之臣, 不能對揚, 畢竟所成, 僅止於零零瑣瑣, 苟且牽補之均役廳而已, 豈不恨哉?

暗行御史到積城村舍詩曰: "臨溪破屋如甕盎, 北風捲茅榱齾齾. 舊灰和雪竈口冷, 壞壁透星篩眼豁. 室中所有太蕭條, 變賣不抵錢七八. 尨尾三條山粟穎, 雞心一串番椒辣. 破甖布糊杜穿漏, 庋架索縛防墜脫. 銅匙舊遭里正攘, 鐵鍋新被鄰豪奪. 靑綿敝衾只一領, 夫婦有別論非達. 兒穉穿襦露肩肘, 生來不識袴與襪. 大兒五歲騎兵簽, 小兒三歲軍官括. 兩兒歲貢錢五百, 願渠速死況衣褐? 狗生三子兒共宿, 豹虎夜夜籬邊喝. 郞去山樵婦傭舂, 白晝掩扉氣慘怛. 晝闕再食夜還炊, 夏每一裘冬必葛. 野薺苗沈待地融, 村篘糟出須酒醱. 餉米前春食五斗, 此事今年定未活. 只怕邏卒到門扉, 不愁縣閣受笞撻. 嗚呼! 此屋滿天地, 九重如海那盡察[18]? 直指使者漢時官, 吏二千石專黜罰. 敝源亂本梦未正, 龔黃復起難自拔. 遠摹鄭俠「流民圖」, 聊寫新詩歸紫闥." ○ 此乾隆甲寅冬, 余所作也.

「哀絶陽」詩曰: "蘆田少婦哭聲長, 哭向縣門呼穹蒼. 夫征不復尙可有, 自古未聞男絶陽. 舅喪已縞兒未澡, 三代名簽在軍保. 薄言往愬虎守閽, 里正咆哮牛去皁. 磨刀入房血滿席, 自恨生兒遭窘厄. 蠶室淫刑豈有罪? 閩囝去勢良亦慽. 生生之理天所予, 乾道成男坤道女. 騸馬豶豕猶云悲, 況乃生民思繼序? 豪家終歲奏管絃, 粒米·寸帛無所捐. 均吾赤子何厚薄, 客牕重誦「鳲鳩」篇." ○ 此嘉慶癸亥秋, 余在康津作也. 時蘆田民, 有兒生三日入於軍保, 里正奪牛. 民拔刀自割其陽莖曰: "我以此物之故, 受此困厄." 其妻持其莖, 詣官門, 血猶淋淋, 且哭且訴, 閽者拒之. 余聞而作此詩. ○ 爲民牧者, 不恤民情, 但循俗例, 時有悍毒之民, 作如是變. 不幸甚矣. 可不懼哉?

---

18 盡察: 新朝本에는 빠져 있음.

隊伍名也, 米布實也. 實之旣收, 名又奚詰? 名之將詰, 民受其毒, 故善修軍者不修, 善簽丁者不簽. 査虛覈故, 補闕責代者, 吏之利也. 良牧不爲也.

白骨徵布有朝禁, 虛錄軍丁有朝禁. 每當夏秋之交, 京營將臣, 飛關于諸路, 巡營·兵營飛關于諸邑, 申飭逃老故塡代【逃亡·老除·物故也】. 辭意至嚴, 牧不曉事, 瞠然以懼, 因又自念, 軍額至重, 不宜有闕. 遂以軍政修三字, 擔之爲己任, 以問鄕丞【座首也】. 鄕丞早受吏約, 進曰[19]: "本縣軍政, 積久不修, 隊伍多闕, 戶保不具, 指徵無處, 鄰族受害. 及此明政, 大行釐正, 則數世之仁也." 以問首吏, 所對如一. 於是牧慨然自以修理爲心, 而千村萬落, 已鬼哭啾啾矣. ○七月之初, 愚牧傳令于諸鄕, 令納逃老故成冊, 招致鄕甲【卽面任】, 嚴嚴面諭曰: "如有一夫見漏, 汝等死於棍頭." 鄕甲早受吏約, 恭領勻旨, 對曰: "上令如此, 敢不極力搜括?" ○於是李同金同, 曰逃曰故, 三四十名載之成冊, 以報縣官. 於是乎接天風浪起矣. ○大抵賦斂之法, 以戶以口, 均敷而公斂之. 「禹貢」九等之賦, 『周官』九職之賦, 以至漢魏唐宋, 凡賦稅之法. 莫不皆然. 輕徭則萬民均惠, 重斂則萬民分害. 雖治亂不同, 而制法則如是. 偏執一夫, 編于軍籍, 以責數百之錢, 偏執一家, 編于軍籍, 以責數千之錢, 古今天下, 無此法也. 戶布·口錢, 朝廷疑之不行. 於是下民自設便宜之法, 以應軍役, 無戶布·口錢之名, 而其實乃同. 其一曰'軍布契', 其二曰'役根田'. 二法行而民少安, 又何苦擾之亂之, 毀此至美之良法, 而困斯民於塗炭之中也?

軍布契者, 一里百家, 毋論上族·下族, 均出錢一兩, 子母生殖, 歲取其羨, 以納軍米·軍布者也. 此契旣設, 其軍籍所載張三李四, 皆塡假名, 作爲虛錄. 或已死之人, 猶存其名, 或本無之人, 虛作其名. 始入之日, 其年十五, 借十五歲童子, 官庭納疤【疤者, 面痕也, 軍籍記之】, 四十六年, 無事應役, 至年六十一歲, 乃以老除. 又作虛名, 四十六年無事應役. 本里軍額, 二十則二十名皆虛錄,

---

19 曰: 新朝本에는 '日'로 되어 있음.

三十則三十名皆虛錄, 此西路之契法也. ○南方雖有此契, 不能大備, 其里中猶有三四五六, 以實身實名, 應此軍役. 又或一村二村, 原無此契, 四五父子, 自納米布. 又其契名, 或稱大同, 或稱補役. ○今觀察使·節度使, 曉事知法之人, 得聞此事, 大驚深懼, 唏然太息曰: "是何言也? 御營之軍, 有戶·有保【元軍謂之戶】, 脫有寇難, 按籍點兵, 以戶赴戰, 以勤王室, 戶之有缺, 以保陞戶, 此國家之兵制也. 虛錄設契, 以納米布, 是何言也?" 有賢牧於此, 應之曰: "束民爲軍, 以衛王室, 本有制度. 周人經六邀之田, 以[20]養六邀之軍; 漢魏置三輔之田, 以養三輔之兵. 六邀者, 王城之近郊也; 三輔者, 帝京之內畿也. 未聞周人徵揚州之兵, 以衛鎬京; 漢人徵臨淄之兵, 以衛長安. 況有寇而赴戰者, 使之捐[21]生以就死也?" 語曰: "食人之食者, 死人之事." 故古之聖人, 將責其死, 先養以田, 生於田, 故死於田, 民不敢逃也. 今也先奪其財, 使不能生, 又欲責死於他日, 民其肯死乎? 御營使飛關下邑, 天鵝聲吹達五更, 必無一人至者. 以戶赴戰, 以保陞戶, 安能如子之所欲乎? 設筌, 爲得魚也, 設蹄, 爲得兔也, 設軍籍, 爲得布也. 旣得魚兔, 則筌蹄雖忘之可也; 旣得米布, 則軍籍雖忘之可也. 下民恭順, 自設良法, 以事其上, 爲民牧者, 又何忍擾之亂之, 使於恒納米布之外, 又賣犢粥釜, 賣妻粥子, 以肥奸吏, 以肥奸丞, 以肥鄕甲, 以肥邸卒【面主人】? 號呼顚連, 憤懣焦燥, 如魚在沙, 如蚓在灰而後, 快於心哉? 此契之始設也, 朝官之戶出一率, 鄕官之戶出一率, 軍官·校生之戶出一率, 私奴·下隷之戶出一率, 此戶布之規也, 口錢之式也. 戶布·口錢者, 朝廷之所欲行, 而畏民怨, 不敢發者也. 朝廷之欲行而不能者, 下民先自行之, 此朝廷之所宜幸, 如之何其禁之也? 今欲行戶布·口錢, 不必別降詔令. 唯軍布之契, 是獎是勸, 缺者補之, 破者合之, 重者輕之, 輕者平之, 則不數年而戶布成矣. 去軍籍而收米布, 則在國無損, 在民有益, 何必軍籍是顧哉?

役根田者, 軍保之田也. 御營保李同, 將徙遠邑, 其里人執之曰: "子之旣徙,

20 以: 新朝本에는 빠져 있음.
21 捐: 新朝本에는 '損'으로 되어 있음.

役則留矣. 役之留, 里之害也. 布將誰納? 子其念之." 遂以其田留屬里中, 歲取其禾以納其布, 斯之謂役根也. 禁衛保金同, 闔家沒死, 里人執其田産, 屬之里中以納其米, 斯之謂役根也. ○『經國大典』曰: "有軍役者, 死亡移徙, 則給遞立者." 【見「戶典」】此法之行, 今數百年. 一遞再遞, 遂成公田, 則貧不敢粥於人, 死不敢傳於子. 一根旣固, 二根又生, 一爲根田, 遂無移動, 以至今日. 其復有無田之役哉? 故凡軍役, 外似白徵, 實皆有田. 特里甲牢諱, 官無由詳知耳.【余久在民間, 得知其情.】

如此之役, 官聽吏言, 嚴查酷探, 知其爲虛錄【軍案所載是虛名】. 於是督令本里, 立一眞身. 於是軍吏密探, 或有置田數畓, 養犢一口者, 咸遣邸卒, 示以私帖, 嚇以充丁. 有役無役, 有兄無兄, 罔有不侵. 校生之饒者, 土族之孱者, 號曰'冒錄'【謂戶籍冒稱幼學】, 恐之喝之. 小民之本賤者, 本旣賤矣, 悲而不恥. 冒錄之自好者, 本旣潔矣, 羞而欲死, 聲之不播, 財無可惜. 於是粥田賣犢, 以獻軍吏. 獻者稍安, 不獻者益困, 錡釜以出, 杼柚以空, 漸次稍安, 亦得無事. 唯其似饒而實貧者, 吏以虛名督之, 榨而壓之, 實無所出. 則吏曰: '噫嘻, 此民頑哉!' 遂以其名, 告于縣官. 縣官欣然如得奇貨, 卽出朱帖, 星火捉來. 氓旣入庭, 解其囊系, 探出尺文【吏受民賦, 皆有尺文】, 獻于縣官曰: "本以禁保, 新納保米. 尺文如此, 一身兩役, 不亦冤乎?" 吏伏牕外, 見其尺文, 徑自喩之曰: "尺文之名, 原是李同, 今出之名, 乃是李得. 一是汝兄, 一是汝身, 何云疊役?"【吏以疊役侵民者, 必小改其名.】氓曰: "小人本是獨身, 無他兄弟." 吏曰: "詐哉! 汝之有兄, 一邑皆知, 何以諱之?" 妓坐屏間, 低聲私語曰: "彼之兄弟, 就我母壚, 一時喫酒, 今曰獨身."【妓與吏相約】官方持疑, 得聞此言, 認爲忠告, 拓牕嚴叱曰: "汝之有兄, 官所明知." 督令捧疤.【簽軍之疤記】氓曰: "下民雖若禽獸, 有而曰無? 以諱兄弟, 曾所不學." 終不署名. 官曰: "頑哉! 唯杖無將."【謂大杖之下, 無壯士.】乃命棍之曰: "軍務用棍, 法所許也. 汝其猛打, 使告其兄. 以告爲度, 安得不告?" 棍之至三, 氓遂魂飛, 叫曰: "直告, 我實有兄." 官乃欣然, 樂得其實, 爰顧其妓, 妓亦微笑. 乃解其縛, 促令署名. 官於此日, 乃悟民詐, 非杖不服, 今乃大覺. ○又一村氓, 抱一孩兒, 庭而愬之曰: "阿只之名, 今出朱帖【東俗孩兒曰'阿只'】, 我家阿只, 唯此一兒. 生纔數月, 選武軍官, 已受差帖, 除番之布, 已納二等【一年曰'一等'】, 一身兩役, 不亦冤乎?" 吏告縣官曰: "選武歇役也, 保米重役也. 今以彼兒, 移定保米, 選武之代, 充之不難." 官曰: "善哉!" 遂亦捧疤. 自此以後, 遂爲疊役. 唐瘧可離, 疊役難脫, 終身之苦, 起於是日. ○或一里之民, 皆納賂而圖免, 乃自里中, 又作虛名, 以代虛名. 則其物故債·付標債·查正債·磨勘債·都案債, 及今年身布, 並自里辦, 遂賣役根之田, 以防此費. 自此以後, 眞爲虛錄, 年年納布, 攤徵民戶. ○由是觀之, 所謂軍政修之可乎, 不修可乎? 所謂簽丁, 簽之可乎, 不簽可乎? 軍布契者, 戶斂之良布也; 役根田者, 寓田之勁軍也. 靜而存之, 百年無事. 一撼其根, 千家騷擾, 破家蕩産者, 比屋連牆, 疊役·橫擔者, 左啼右哭. 役根之田, 因亦亡滅而虛錄, 仍爲虛錄而已. 知事者爲是乎? ○吏之爲物, 無事則無食, 有事則有食. 官之喜事, 吏之利也. 一根之掀, 侵及百家, 十根之掀, 利當何如? 故縣官欲修軍政, 民情如遭寇難, 瞀瞀啜啜, 厥聲哀痛. 而問之鄕丞, 丞曰: "善哉!" 問之首吏, 吏曰: "善哉! 里有虛錄, 里之害也, 塡以實軍, 其弊乃去." 官信此言, 未有不以鹿而爲馬也.

然則奈何? 七月之初, 逃老故成冊, 將下傳令, 召諸鄕甲【風憲·尊位等】, 諭之曰: "傳令雖如此, 物故·逃亡, 不必有也. 無契無田, 無子無姪, 年年攤徵, 爲鄰里苦毒者, 略報一二, 其有憑據, 米布無慮者, 毋得報來. 汝與羣吏, 表裏朋奸, 掀起衆根, 圖得橫財, 官所知也. 實爲民害者, 報官塡代, 誰曰不可? 以虛爲病者, 守法拘文, 反爲民毒. 汝知此意, 毋敢掀動. 唯老除之軍, 從實報來." ○老除者, 子婿弟姪以塡其代, 其本虛錄者, 又作虛名, 以塡其代, 皆無弊之良法, 不可禁也.

或曰: "凶年之餘, 民戶散亡, 軍額多闕, 徵鄰·徵族, 厥弊難言, 猶以不修不簽爲法乎?" 答曰: "屢豐之餘, 百姓安樂, 尙可簽也. 凶年之餘, 百姓困苦[22], 不可簽也. 民之利害, 不難知也. 出錢多則害於民, 出錢少則利於民, 如斯而已. 假如南平縣軍額三千, 大約民出錢六千六百兩, 可以應役【一夫所納以錢, 則二

---

22 苦: 新朝本에는 '若'으로 되어 있음.

兩三錢. 米布有貴有賤, 今以錢論之.】若不修不簽, 雖徵鄰·徵族, 所納止此. 若修而簽之, 則賂遺軍吏【歲抄色】, 賂遺鄉丞【座首也】, 賂遺鄉甲【風憲·尊位等】, 賂遺邸卒【面主人】, 冒錄之免【說見上】, 橫侵之免【富民也】, 疊役之免【有役者, 亦有侵.】, 移定之免【歇役移充於重役】, 物故債·付標債·查正債·磨勘債[23], 凡錢貨之出於民而入於邑者, 將至六萬兩以上, 奚特六千而止哉? 公賦不增, 民財徒竭, 不可為也."

鄭瑄曰: "凡奸猾吏胥, 不利無事. 無事則法行令熟, 何所生釁? 故往往以為國興利之說, 慫諛官長, 而增丁覈餉, 及稅[24]畝丈量. 上開一孔, 下鑽百竇, 納賄一身, 叢謗上人." ○案 凡官府有事者, 吏之利也. 他事皆然, 惟軍簽為尤甚也.

曹兵使學臣, 勤愼執法, 質朴無僞. 為鳳山郡守, 大修軍籍, 期無一箇虛錄. 土豪·鄉族, 咸括無赦, 闔境朋怨, 遂遭貶黜. 後官至, 悉毀之, 民頌大作. 軍吏於此, 再食其賕. 食於括者千萬, 食於毀者千萬, 而虛錄依然為虛錄矣. 雖龔黃為之, 無以免此, 牧何苦為是哉?

其有一二不得不簽補者, 宜執饒戶, 使補役田, 以雇實軍.

逃故之代, 無契無田者, 不可不塡. 牧召鄉甲至前, 語之曰: "砲保李同之代, 汝其告之." 鄉甲告一貧甿. 牧執砧基表, 知其孤丐, 却之. 再告三告, 皆却之, 乃告饒戶張某. 一室四丁, 都無一簽. 於是執而告之曰: "砲保李同之代, 汝其為之." 甿涕泣稱冤. 牧曰: "均吾君之民也, 如汝富戶, 一毫不侵, 唯執流民·乞兒, 責出米布, 官所不忍. 汝其署之." 甿涕泣稱冤【此校生·軍官之類】, 牧曰: "今此砲保, 緣無役根之田, 有此騷擾, 汝若以良田一區, 納于里中【大約田價直三十兩, 乃可用.】, 使為役田, 可以雇立. 於汝何如?" 甿叩首稱謝【甿若不肯, 遂當簽之】, 乃下帖于本里曰: "本里民張某, 憫里社之衰殘, 懼鄰比之破散, 特納田三斗

---

23 債: 新朝本에는 '情'으로 되어 있음.
24 稅: 新朝本에는 '說'로 되어 있음.

落, 以作砲保之田, 仰本里收管, 另差一夫, 使之耕斯田而應斯役, 以及永久者.” ○蓋一入軍保, 則目[25]前所納, 殆至十兩, 日後圖免, 必費百兩. 而羞恥之價, 又直千兩. 故使納良田一區, 未有不樂從者也. ○凡爲政之道, 宜以久遠爲計. 今日僞簽, 明日還缺者, 徒肥軍吏, 無攸利也. 以田簽代, 則雖至百年, 此役無弊. 且考『周官』之法, 凡軍伍必以配田. 聖人之制, 其敢不暗遵之乎? ○若大修尺籍, 使諸里軍額, 秩然大均, 乃查軍契, 乃查役田, 其無契無田者, 須用此法. 又或穿渠築堰, 以作役田, 使之輸賦, 則萬世無弊, 其澤遠矣. 近例, 守令執饒戶, 勒收錢五六十兩, 名之曰‘願納錢’, 或修公廨, 或修軍器. 其怨雖興, 猶勝於冒錄·簽丁. 蓋以願納, 但損財物, 冒錄, 兼喪身名, 其所悲益深也. 大抵良役也者, 凡無蔭庶人, 皆可簽也. 特以饒戶·豪民, 有權有力, 能怨能詛. 故守令畏之, 不欲犯手. 乃執流離丐乞, 疲癃殘疾, 無告之窮民, 或四父子同簽一案, 或三四役, 疊擔一身, 冤苦哀慘, 感傷和氣. 曷若徵錢於饒戶, 以置役田乎? 貧者何罪, 旣冒賤名, 又出財貨; 富者何福, 旣逃賤名, 又不損財乎? 若置役田, 則貧者身冒賤名, 富者家出些財, 兩者並力, 以納公賦, 其義均矣. 雖以官政言之, 剝割貧民, 使不得保命, 仁人之所不忍也; 摧壓良民, 使不得發身, 亦仁人之所不爲也. 一置役田, 則應役者, 不害於保命; 納財者, 不害於發身. 兩利俱便, 莫此若也. 尺籍旣修, 必可行也. 軍田者, 公田也. 公田日增, 太阿之柄, 漸可收攬. 斯又久遠之深計也.

蘇頌知江寧縣. 每因訟訴, 旁問丁産, 悉得其詳. 一日召鄕老, 更定戶籍, 民有不實告者. 公曰: “汝家尙有某丁, 何不言耶?” 民驚以爲神明. ○此末務也. 吾東今日無用爲此.

軍役一根, 簽至五六, 咸收米·布, 以歸吏橐. 斯不可不察也.

世之論軍役者, 但知闕額難充, 不知疊額難發, 良可歎也. 假如砲保李得春, 身死有年又無子孫, 年年身布徵於寡婦, 旣一徵矣. 得春之姪, 居在他鄕【他面

---

25 目: 新朝本에는 ‘日’로 되어 있음.

也】, 告官發牌, 徵其身布. 官旣不聰, 不知疊收, 又一徵矣. 得春之代, 久已簽
補, 新入之民, 或稱宗班後裔, 或稱功臣後裔, 妄訴縣官, 縣官許免【題辭曰: "頒
給."】, 付之軍吏. 軍吏據此, 又令鄕甲, 簽補其代. 新入之民, 或以疊役陳訴, 或
以兒弱稱冤, 官又許免, 付之軍吏. 軍吏據此, 又令鄕甲, 簽補其代. 新入之
民, 或以校生圖脫, 或以冒錄相持. 其事未決, 簽補者, 至三至四, 而其實無一
人付黃籤而載軍案者. 於斯之際, 徵布關到, 則軍吏懷奸, 乃於五處, 並發朱
帖. 寡婦不訴而納之, 其姪來訴, 官以問吏. 吏曰: "此役姑未代定, 今年之布,
其姪應納, 無他術也." 官曰: "誠然." 題曰: "今年之布, 汝其納之." 新入者來訴,
官以問吏. 吏曰: "渠雖以功臣稱頉, 旣未代定, 今年之布, 此民應納, 無他術
也." 官曰: "誠然. 今年之布, 汝其納之." 第四第五, 次第來訴, 吏告官判, 如印
一板, 軍役一根, 徵布至五至六, 此之謂也. ○徵布之關, 例自京營, 關由兵營.
關文曰: "今九月當禁衛保, 三百三十六名. 錢布參半, 該納錢三百三十六兩,
布一百六十八匹. 星火來納." 牧旣見關文, 應知今月所徵禁保之賦, 本不過
三百三十六名. 當其出牌之日, 考其總數, 若過本額, 便知此中攙入奸僞, 摘
發不難. 其奈夜困雲雨, 晝困淸濁, 一應牌帖, 署尾惟謹, 將何以覈其實哉? 雖
然官若小察, 吏又僞造朱帖, 私遣邸卒, 民有來訴, 自外防之, 不可以盡察也.
凡徵布之帖, 宜刻板, 如賑饑之帖, 藏板于關帖之盒, 庶有補也. ○徵布帖式
曰: "某鄕某里, 禁衛保金得秋, 今九月當所納棉布二十尺, 白米六斗. 今十五
日內, 及期來納者. 準此, 年月日行縣監花押, 座首金署名." ○疊額之奸, 絶
無知者. 近一郡守到郡, 方徵保米, 吏告曰: "闕額殆近數百, 皆指徵無處. 欲
徵保米, 先充闕額." 官曰: "闕額從當塡代, 其有本身者, 宜先出牌." 吏持牌來,
官默自考數, 其數已溢. 乃執軍吏伏于庭, 嚴叱首吏·首校, 往取軍吏文書之
篋, 一紙半札, 無敢抽拔. 旣取篋至, 又查其私帖所出, 共得七百餘名. 旣充闕
額之數, 猶有四百餘名. 察其冤者, 並行沙汰; 取其宜者, 遂簽其闕, 軍籍一新,
而民無知者. 乃召汰者, 授以立案; 乃召簽者, 諭以應役, 頌聲達於四境. ○有
一鄕丞, 數十年在官, 遂成老奸. 每軍簽有訴, 官令鄕廳查稟, 丞得此題索賂
三貫【三十兩】, 氓贈之如數. 丞謂厥氓, "今日之朝, 我告汝事, 旣除名矣. 汝今

太平, 無復後慮, 歸臥汝家. 若見軍吏, 必又索錢, 直出可矣. 我將善後." 於是
丞自備米布, 以納公賦. 氓歸厥家, 誇其妻子: "催者不來, 收者無言." 欣然自
慶, 心謝丞德. 旣及五年, 徵布之帖, 忽然復出, 氓乃大驚, 入問軍吏. 吏曰: "虛
哉, 何汝之謊? 爰自甲子, 至于丁卯, 汝名在案, 汝手納布, 改案之債, 亦汝納
之. 何云除役, 已及五年?" 疑鬼疑神, 莫知其事. 往問舊丞, 丞曰: "異哉! 旣除
之名, 猶在軍案. 旣免之身, 猶納身布, 吏奸如此, 其誰知之?" 氓欲查驗, 五年
之間, 軍吏四遞, 邸卒四遞, 鄕甲十遞, 津梁旣絶, 無處可問. 自此以往, 遂冒
軍簽, 年年納布. 此蓋奸丞, 受錢三貫, 自食二貫, 留其一貫, 四年應役, 旣納
米布, 又納改案之債, 玆所以四年無事也. 此丞每年納布, 多至十四. 蓋受錢
三百餘兩, 食三之二, 留三之一, 以爲是也. 丞者, 客旅之無權者也. 然猶如此
則軍吏有權者, 其罔民作奸, 奚止是哉?

軍案·軍簿, 並置政堂, 嚴其鎖鑰, 無納吏手.

十式年軍都案, 上營磨勘之案, 本邑留上之案及草都案, 尺籍及式年以來
收布之簿, 收米之簿【卽所謂捧上成冊】, 並宜收輯, 納于一櫃[26], 嚴其鎖鑰, 每有
訟辨[27], 出而査之, 每有奸匿, 出而査之. ○凡軍案, 每式年修改. 而式年之內,
有闕塡代, 則本名之上, 付以黃籤, 打以墨印【象牙小圖書】. 數闕數代, 則三年
之內黃籤, 或至三四重. 軍吏弄奸, 都在黃籤. 或有饒民, 與吏朋奸, 旣除其名,
思滅其跡, 抽去黃籤, 階梯旣斷, 査[28]覈無路. 官默察黃籤之左右, 猶有墨印
之跡, 半去而半留【半著黃籤者, 其墨旣亡半, 著原案者, 其墨猶存.】. 卽知中間, 抽去一
籤, 其査覈不難也. 雖或刀擦, 其痕不滅[29], 未可諱也.

威惠旣洽, 吏畏民懷, 尺籍乃可修也.

---

26 櫃: 新朝本에는 '樻'으로 되어 있음.
27 辨: 新朝本에는 '辦'으로 되어 있음.
28 査: 新朝本에는 '査'로 되어 있음.
29 滅: 新朝本에는 '減'으로 되어 있음.

尺籍者, 通執本縣之戶總, 通執本縣之軍總, 平均配搭者也. 假如淳昌郡戶總六千三百, 軍總亦六千三百, 則一戶一軍, 搽定其數. 又如南平縣戶總五千四百, 軍總二千七百, 則二戶一軍, 先定其率. 於是諸鄉諸里, 視戶多少, 以二戶一軍, 搽定其數, 作爲小籍, 分給諸里, 此之謂尺籍也. 然且軍役, 有重有輕, 有良有賤. 砲手保·軍餉保·御營保·禁衛保, 凡納米布而有雜徵者【物故債·付標債·查正債·改案債】爲重役[30]. 樂工保·官匠保·選武軍官等, 歲納錢二兩零, 雜費亦少者爲歇役. 騎兵·步兵·京砲手·御營軍·禁衛軍之等, 謂之良役【亦重役】. 束伍軍·別隊[31]軍·水軍·牙兵之等, 謂之賤役【別隊·水軍, 本亦良役, 今皆賤之】. 其輕重良賤, 亦必平均分播, 乃中理也. ○本邑私定之役, 又有除番軍官, 諸庫諸廳之募入校生·院生校保·院保·京主人保·營主人保, 形形色色, 邑各不同. 若非朝廷嚴詔, 不可自我革罷, 亦當平均分播. ○至若官奴·使令·通引等, 奉足之類, 時有時無, 任渠所爲. 若載之尺籍, 遂作不刊之典, 不可載也.

將修尺籍, 先取十式年軍都案, 每隊伍姓名之下, 考其居住, 於是分之以鄉里, 抄出類聚, 各爲一冊.【軍案以隊伍爲序次, 尺籍以鄉里爲區別.】其中有居住錯雜者, 或以本根爲主, 或以時居爲主, 或以多算爲主【義見下】, 其推移闊狹, 微權在我, 不可不[32]定也. 假如砲保李同, 甲子式, 居東山里, 丁卯式, 居東山里, 其後身死, 其代金同, 庚午式, 居南川里, 其後三式年, 皆住南川, 其後二式年, 代者崔同, 還住東山, 其後二式年, 代者安同, 還住南川, 若是者, 必兩里相訟. 今當尺籍修正之日, 其永屬何里, 在我微權. ○將修尺籍, 先起草本, 東山里本總二十戶, 其率一戶一軍, 則重役六根, 輕役六根, 良役四根, 賤役四根, 以充配搭之數. 於是又以邑軍官私募入之等【南方無邑軍官, 私募屬等名.】, 播入幾名. 南川里亦如之, 西山里·北川里, 亦如之. ○於是以十式年軍案抄出者, 比

---

30 役: 新朝本에는 '保'로 되어 있음.

31 隊: 新朝本에는 '邃'로 되어 있음.

32 不: 新朝本에는 빠져 있음.

照査驗, 則某里重役, 宜七而止三, 某里輕役, 宜四而止[33]六, 某里良役, 宜八而止二, 某里賤役, 宜三而止七, 其不均不平, 於是乎昭著也. ○於是其推移闊狹, 乃用微權. 乃執砧[34]基表, 以察諸里虛實苦[35]樂. 東山里戶總, 雖止二十, 本皆富實, 在所裁抑, 則雖其重役, 多於本率, 因以定之, 不必減也; 南川里戶總, 雖亦二十, 本皆敗殘, 在所扶護, 則雖其重役, 不及本率, 因以定之, 不必增也. 若富實之里, 不及本率, 則增以充之; 若敗殘之里, 多於本率, 則減以平之. 良役·賤役, 咸用此例. ○要之, 苟可以因其舊, 則因之爲善. 必輕重相懸, 多少相遼, 不得不改正者, 乃可增減, 損此益彼也. ○御保·禁保, 均是重役, 則雖東里純是御保, 西里純是禁保, 不害其爲均也; 騎兵·步兵, 均是良役, 則雖南里純是騎兵, 北里純是步兵, 不害其爲均也. 他皆倣此. ○凡損此益彼者, 目下有闕, 則遂令受去者簽代, 目下無闕, 則姑留舊里, 待其身死或年滿, 自新里簽代. ○尺籍旣成, 每一里, 選上戶頭民五六人, 列書一冊, 受其署名. 其約文曰: "本縣尺籍, 今旣修正, 軍役大均, 民情悉平. 然其中有損此益彼者, 日後若有喜事之民, 以此起訟, 不欲承受, 則尺籍毀矣. 尺籍毀則軍政亂, 軍政[36]亂則吏奸售, 而民生困矣. 專顧一里之私計, 欲毀一邑之良法者, 亂民也, 亂民在所嚴懲. 當此之時, 其對訟之里, 頭民三四人, 將往訴巡營, 以圖照律. 凡今日署名之人, 咸遵此約, 無或違[37]棄." ○乃以此意, 論報巡營, 其尺籍一件之當留縣官者, 請巡營踏印, 永久遵行. ○巡營踏印之籍, 回下之日, 謄爲三件, 一件留案上, 一件留學宮, 一件留吏廳. 又每一里, 各謄其里之籍, 留之里中, 永久考驗. 今出式如左.【尺籍, 本漢時記功之簿, 今俗借名.】

東山里尺籍

---

33 止: 新朝本에는 빠져 있음.
34 砧: 新朝本에는 '佔'으로 되어 있음.
35 苦: 新朝本에는 '若'으로 되어 있음.
36 政: 新朝本에는 '情'으로 되어 있음.
37 違: 新朝本에는 '遠'으로 되어 있음.

砲手保一根. ○本里流來舊役.【甲子式, 金得三住東山, 丁卯式, 金得三住東山, 庚午式, 李得中住東山.】

砲手保一根. ○本里流來舊役.【甲子式, 李起福住東山, 丁卯式, 崔同伊住南川, 庚午式, 朴老味住東山.】

禁米保一根. ○本里流來舊役.【甲子式, 金億秋住東山, 丁卯式, 李卜男住東山, 戊辰年, 安福三住松田, 庚午式, 金二得住松田.】

御資保一根. ○南川里移來.【甲子式, 金德云住南川, 丁卯式, 李春得住南川, 庚午式, 安有福住南川, 辛未年, 朴二才住東山.】

騎兵一根. ○松田里移來.【甲子式, 李鳳得住松田, 丁卯式, 鄭有三住松田, 庚午式, 沈次甲住東山, 壬申年, 李夫億住東山.】

步兵一根. ○支石里移來.【甲子式, 趙蒙同住支石, 丁卯式, 尹基元住支石, 庚午式, 尹基元住支石. ○日後尹基元之代, 當自本里簽塡.】

諸役之根, 詳其本末, 皆倣此例.

南川里尺籍. 卷末別錄.

本里留應之役, 其開列如上例, 其移送他里者, 別書卷末.

禁米保一根. ○本里流來, 今送于柳川.【甲子式, 許得孫住南川, 丁卯式, 許得孫住南川, 庚午式, 韓季玉住柳川, 壬申年, 李汝白住柳川. ○此韓季玉自本里帶役移去, 遂爲柳川之役.】步兵一根. ○本里流來, 今送于柳川.【甲子式, 李少男住南川, 丁卯式, 李少男住南川, 庚午式, 李少男住南川. ○日後李少男之代, 當自柳川里簽塡.】

選武軍官一根. ○本里流來, 今送于葛田.【甲子式, 崔命大住南川, 庚午式, 崔德奉住南川, 壬申年, 權孟得住南川. ○日後權孟得之代, 當自葛田里簽塡.】

諸里尺籍, 其開列根委, 皆照此爲例. ○ 其或一根彼此有訟者, 其階梯承接, 尤宜詳悉.

尹判書師國爲谷山都護. 改修尺籍, 分授諸里, 里民奉爲至寶, 油而藏之, 每有爭端, 持此就訟, 以決曲直. 間有奸民, 刀擦點改, 訟官執他里之籍, 比照查驗, 其跡立綻. 行之數十年, 民以爲便. ○蓋尺籍分明, 則凡軍額有闕, 其括丁責代之弊, 止於本里. 若尺籍不明, 則侵及諸里, 以及諸鄕, 一邑騷擾, 如逢亂離. 故尺籍者, 小民之利, 吏胥之所不樂也.

欲修尺籍, 先破契房, 而書院·驛村·豪戶大墓, 諸凡逃役之藪, 不可不查括也.

契房之弊, 已詳前篇.【田賦條】今百姓之所苦, 未有甚於軍簽. 此而不均, 不可曰良牧也. 凡契房村, 亦或有軍戶. 此係契房以前流來之役, 未及盡移於他里者, 又或他里之民, 帶役移來者也. 其帶役移來者, 因揷本村, 以充本率. 若猶未充, 以今年闕額之未代者, 移揷本村, 永作本村之根, 以充其率, 載之尺籍. ○書院保戶, 本有定額. 其定額之外, 何得免簽?【『續大典』云: “募入人鄕校四十名, 賜額書院二十名定額.”】然逋逃未甚, 唯一二戶庇蔭者, 今雖括出, 所得不多, 徒取士怨, 不足爲也. ○驛村投託, 最可憎也. 凡驛吏·驛奴之外, 宜並查括. 雖驛女·驛婢之夫, 若其戶主, 本非驛屬, 並須打發簽定, 以充鄰村之額. 一個半個, 不可恕也. ○豪戶所庇, 其奴屬宜充束伍, 其良丁宜充良役. 若其所庇, 本不過一二戶者, 不足查括. 故家遺裔, 今殘滅殆盡, 不必自我手而擠之也. 唯鄕丞有權及土豪有財, 與吏朋奸, 自作逋藪者, 括之宜嚴. ○墓戶本有定額【見法典】, 定額之外, 並須打發. 然所庇未多者, 不必著手.

『續大典』曰: “京驛卒給三保, 又助[38]役二名, 以同居族親定給, 外驛卒一保一丁.” ○今驛村逃役者, 皆入驛保, 本縣簽役, 必受察訪移文, 以圖除免. 然法典旣云: “保與助役, 必以同居族親定給.” 則當查其族親與否, 若非族親, 彼固理曲, 雖係族親, 不必輕免. 彼之保案, 或係猥雜, 不可準信, 逃役之民, 職當疊役, 不可恤也. ○凡諸色給保, 例皆以同居族親[39]充定, 見於法典.【給保條】○邑有牧場者, 奸民逃役, 投託牧戶, 與驛村同. 然牧子保丁, 其在法典, 但

---

38 助: 新朝本에는 '肋'으로 되어 있음.
39 親: 新朝本에는 '觀'으로 되어 있음.

云: "同居族親中一人, 毋[40]定他役而已." 豈可招誘民戶, 以作浦藪乎? 牧官多係大臣私人, 守令不敢相抗. 然法例明白, 何可拱手以獻之?

收布之日, 牧宜親受. 委之下吏, 民費以倍.

錢有定數, 米亦少弊. 唯布爲物, 有廣有狹, 有長有短, 有麤有細, 有厚有薄, 欲執其疵, 不患無辭. 故佳者見斥, 以錢代納, 其害大矣. 並詳上篇貢納之條, 當事者考焉. ○若棉絮大荒, 布價刁踊, 而數百里外, 水路相通之地, 棉農大登, 其價相懸者, 牧宜飭民間, 勿令納布. 官得錢數千兩, 令吏校淸愼者, 到彼貿販, 以納公賦, 均分其價, 令民來[41]納本錢, 亦大惠也. ○其京營上納之日, 營門下屬, 橫猾無憚, 年例之外, 又索新賂, 谿壑未充, 輒事斥退. 又營門之吏, 與棉布市人【俗稱'白木廛[42]'】, 或爲兄弟, 或爲姻戚, 與之朋奸. 邑布旣退, 市布乃貿. 客地貿布, 必輸倍價, 其勢然也. 市布旣納, 邑布必賣【鄕吏, 無載布還邑之理】, 客地賣布, 必受半價. 市人則賣受其倍, 買酬其半, 表裏獲利, 鄕吏則買酬其倍, 賣受其半, 表裏遭害. 事之冤枉, 莫此爲甚. 下來之後, 其表裏遭害, 及人情雜費, 皆攤徵於民戶. 多者千兩, 少者五百, 豈不嗟哉?【西路多此患】. 牧宜念此. 其領布軍吏上去之日, 牧宜自備錢數十兩, 以買珍羞奇物, 抵書于三營門大將, 及兵曹軍色郞【一軍色·二軍色】, 書曰: "今此軍布, 我皆親受, 親自尺量, 其品其度, 可以中納, 望垂恩念, 申束下吏, 無使斥退, 俾民無害, 不勝幸甚." 將臣·郞官, 受此請託, 不能無飭, 皆得收納, 順且無事. 雖京裏周旋, 民未知惠, 而吏頌以作, 可以無怨. 余在西邑, 恒用此法.

僞造族譜, 盜買職牒, 圖免軍簽者, 不可以不懲也.

軍簽爲民苦毒, 百計謀免, 無罪不犯. 奸猾知其情, 誘之以匪分. 乃竊貴族譜系, 執其無後之派, 接以非類之族, 換父易祖, 以苦紹繪. 或稱功臣某相爲

---

40 毋: 新朝本에는 '母'로 되어 있음.
41 來: 新朝本에는 '末'로 되어 있음.
42 廛: 新朝本에는 '墨'으로 되어 있음.

八代祖, 或稱駙馬某尉爲九代祖, 或稱敬順王後裔, 或稱文成公安裕直孫, 或稱江城君文益漸遺胤, 甚則僞接璿系, 或稱孝寧大君爲九代祖, 或稱廣平大君爲八代祖. 蓋宗班子孫, 有貧窮無賴者, 其家原有『璿源譜略』, 曾受例頒, 乃於八卷之書, 能受百兩之錢. 奸民買此眞本, 乃於無後之派, 接以其祖之名, 摸其書法, 仿其刻法, 若非慧眼, 無以發奸. 牧之不鍊者, 瞥見『璿譜』, 果係眞本, 不復置疑, 卽許除免. 蒙昧之罪, 何以辭矣? 忠勳府·宗簿寺, 其書史生理, 唯有據僞譜發嚴關, 以討潤筆之錢而已. 完文不知幾張, 關文不知幾道, 苟一查究, 都係僞譜所出. 傷倫悖義, 犯分蔑法, 未有甚於是者也. 余在西邑, 見凡持族譜來訴者, 十無一眞. 適有『百家小譜』携在箱中, 以之照驗, 其奸卽綻. 第以犯者如林, 不可盡誅, 但燒其書, 不究其罪. 觀察使李公義駿, 知此弊極甚, 徧飭守令, 使之提報. 知余不究, 督令報來, 不得已以情重者一二人應之. 及到南方, 此風尤甚, 士族賤流, 咸戴名臣, 以圖上奏, 冀沾官祿. 此又非無知小民, 謀免軍簽之罪而已. 必有嚴禁, 乃正風化. ○退鄕文科出身者, 下自分館, 上至郞署, 其所得告身, 多者數十道, 少者十餘道. 身沒之後, 子孫貧寒, 留其淸華之牒【如掌令·吏曹郞類】, 以爲家寶, 其餘悉以發賣, 氓隷同姓者, 咸以重價, 買此職牒【一張之價, 或至百兩】, 戴之爲祖, 改其戶籍, 乃其家傳, 軍役忽來[43]訴冤. 官令納信文, 卽職牒高擎, 御印輝煌, 吏墨眞的, 信之不疑, 卽許除免. 蒙昧之譏, 何以辭矣? 十式年戶籍, 十式年軍案, 泝以考之, 至于百年, 其根靡不露矣. ○然僞譜·僞牒, 皆由作法未善, 窮斯爲濫. 得情則戚哀之勿喜. 但其軍役不除, 笞罰略施, 已足懲戢, 不必深治.

上番軍裝送者, 一邑之巨弊也. 十分嚴察, 乃無民害.

諸色軍番上之規, 並詳『大典』【番上條】, 當事者宜考焉. ○陞戶砲手, 願去者多, 且其選上, 一邑不過一二人, 吏屬爭頭, 不爲民弊. 惟身手不合者, 或欲冒進, 是察是拒.

---

43 來: 新朝本에는 '束'으로 되어 있음.

騎兵·御營軍·禁衛軍番上之法, 大邑或徵五六十名, 小邑亦徵三四十名. 舊軍幾何, 新簽每多. 每上營關到, 軍吏踊躍歡喜, 會逢得意之秋, 思充無厭之慾. 一面媚事首吏, 一面管顧鄉甲【面任等】, 一面約束邸卒【面主人】, 約曰: "今日之事, 務在和協, 表裏相應, 罔有不濟." 於是一名之簽, 侵及百家, 十名之選, 擾害千家. 四境騷然, 如逢亂離. 甚者官於此事, 亦復朵頤, 官受賂十貫, 吏受賂百貫, 一石鮑魚, 以亂全車. 凡有釁咎, 歸之官賂, 官將奈何? ○蓋此諸色之軍, 本多闕額. 雖非闕額, 或喪服未除, 或老母臨年, 或身手矮屍, 或錮疾素嬰, 或商行未還, 種種疵纇, 不可殫述. 官出朱帖, 民有白活【方言, 訴牒曰白活.】, 聞其事情, 無可奈何, 但得許免. 官以公免, 吏以私德, 入庭之前, 先約厚賂, 出門之後, 責其如約, 邸債數百, 終賣一犢. 一夫既出, 一夫又入, 首尾相續, 咸以賂免, 此其顯然侵擾者也. 力農之民, 家計不貧, 百事纏繞, 必不可一日離家. 而實無情勢, 可以訴官者, 吏令邸卒, 密密探訪, 囊括數百, 執爲奇貨, 私遣邸卒, 微言恐喝, 以索重賂. 民自思之: "離家千里, 廢農一年. 官給資裝, 不足防費, 往來消折, 恰過萬錢. 與失萬錢, 寧失五千; 與其全破, 寧受半害?【今小民之稱饒富者, 其家貲都不過萬錢.】" 於是以錢五貫【五十兩】, 防此大患. 首吏·軍吏, 各領二貫, 鄉甲·邸卒, 各領五兩, 此恒例也. 家貲益高者, 其率益增, 家貲少遜者, 其率少衰. 一夫纔了, 一夫又罹, 大網[44]彌天, 一鱗不漏, 此其隱然侵擾者也. 牧如知此, 凡遇此事, 宜慄心竦身, 惘然不知所以爲計. 思得一法, 以防其竇, 豈能尸居而偶立, 任其胸臆之肆行哉? 知此者, 或鮮矣, 四境譁然, 褻如充耳, 是之謂豈不聰. 將若之何?

上營關到, 卽刻榜諭下民, 令勿浪費賂物. ○行縣令爲榜諭事: "御營軍五十名番上, 關文來到矣. 每當番上之日, 其新軍代簽, 作一銅穴. 鄉甲·邸卒, 與該軍吏, 表裏朋奸, 侵擾小民, 事極未便. 本縣二十鄉, 風憲·約正, 一並遞任, 俾勿犯罪, 番上了事之後, 乃差其代. 二十鄉邸卒, 一並拘留, 令勿出村. 如有潛出者, 隨卽提報. 軍吏私遣人恐喝, 切勿驚動. 今年此事, 不由於軍吏,

---

44 網: 新朝本에는 '綱'으로 되어 있음.

不由於首吏, 不由於首丞. 官家自有道理, 無或行賂, 枉損財物." ○同日傳令曰: "舊軍無故時存者, 今將點考. 本里御營軍李同, 今月初五日曉頭, 卽爲來待, 以受官點. 如或假稱有故, 期會不進, 當有罪責." ○同日傳令曰: "今此御營軍上番, 雖似苦役, 亦有小利. 保人有資裝之錢, 民庫有補給之物【邑例, 或有或無】. 其有私債, 不能以私力收還者, 官當督報. 參互商度, 利害相半, 諸里頭民·里正, 各以此意, 一一曉諭. 如有自願上番者, 自今七日之內【小邑限五日】, 並令入庭面告. 若過此日, 雖欲上去, 已無及矣. 知此速圖, 俾無後悔. 又凡衆望所歸, 必不可免者, 民自量度, 亦知難免. 凡如是者, 若首先自願, 則其徵債等事, 當如其願. 若[45]本不自願, 乃以官令捉來充數者, 徵債等事, 一不聽施. 須知此意, 俾各入告. 自願者[46]畢到, 然後其不足之數, 卽當選入. 事期已迫, 星火知委, 俾無稽緩. 如有一民, 追入官庭, 訴曰不聞, 卽諸里頭民·里正, 必有罪責. 其各惕念." ○自願者畢到, 其破落無根, 不可以起送者, 罷之, 其所陳私債, 事理不直, 不可聽施者, 罷之. 惟其合遣者, 選取幾人, 敦定其數, 使各治裝. 乃其不足之數, 於是乎議選.

本額五十名, 其舊軍十五人, 自願者十人, 則該選二十五人. 又有餘軍三名, 例至中路【虞候中點, 例在界首也】, 通共二十八名, 今當選取. ○牧執砧基表, 選二十八里, 一邑之中惟繁盛殷富之村, 乃入此選. ○乃於二十八里, 嚴選上戶, 每里六人【上族四人, 中族二人】, 權差鄕綱. ○牧乃下帖于鄕綱曰: "今此御營軍上番, 本額五十名, 餘軍三名, 合五十三名內, 十五人有舊軍, 十名以自願者敦定. 今惟二十八名, 方將選上, 若委鄕甲, 必有奸弊, 故權以六人, 簡爲鄕綱, 明日朝前, 六人齊會, 公議詳察, 選取一名, 單擧報來. 其入選者, 雖欲不往, 若其所訴, 皆是私情, 不是衆所共知應察之情, 則渠雖百訴, 官不聽施. 若其所言, 實係難强, 或有老親, 或在喪服, 或有錮疾, 或適遠出, 不得不除免者, 必有論責. 其各惕念, 必以移易不得者, 牢實執定, 俾無吞吐噓吸之弊." ○後

---

45 若: 新朝本에는 '苦'로 되어 있음.
46 者: 新朝本에는 '有'로 되어 있음.

錄條件. 一. 本里御營保二十名, 必於此中選取一名, 以保陞戶, 使之依法. 若無可合, 乃求他人. ○一. 他人之中, 其正兵·砲手保·軍餉保·禁衛軍·束[47]伍·別隊, 一應重役, 名載軍都案, 上營磨勘之類, 切勿擧論, 惟本邑軍官, 諸庫募入, 諸廳奉足及冒稱幼學, 投託校院, 一應閒散之中, 選取一人, 俾無紛紜之弊. ○一. 民之强弱, 官已洞察. 若茹柔吐剛, 捨富執貧, 使身手矮屝, 情勢悲憐之類, 橫入此選, 入庭哀泣, 有足感動者. 鄕綱六人, 當受論責, 豈官家深信委任之本意哉? 鄰怨可耐, 官怒難當, 其各惕念. ○一. 自願之人, 旣入敦定者, 雖係本里之人, 不可以此塞責, 必須別選一人. ○一. 此事曠日持久, 則轉生葛藤, 必於明日夕前, 星火報來.【道里遠者, 限再明.】

　二十八里報狀齊到, 官乃發牌, 召致二十八名, 觀其身手, 問其事情, 其無不可强之情者, 不可以荏弱之心, 聽其悲辭, 以思移動. 堅執二十五名, 與舊軍十五名, 自願者十名[48], 通共五十名, 敦定如鐵石, 使之從速治裝. 其可東可西者三人, 定爲餘軍, 使赴中點. ○自此以往, 除身死親死之外, 切勿移動. 則去者之中, 雖有可矜, 萬民安靜, 無騷擾之患矣.

　番上之日, 資裝錢八兩【四年各二兩】, 狗皮價一兩, 以此爲資, 無所不足. 但其舊軍之中, 有屢入京城, 熟知事例者, 衆推爲假哨官, 爲五十名之將領. 旣卽其位, 乃發軍令, 每新軍一名, 徵廳[49]例錢十八兩, 知面禮二兩, 小小雜徵, 又過百錢. 有或違令, 縛之棍之, 凌虐萬端, 此諸邑之通例也. 虞候中點之日, 兵營軍吏, 討錢索例, 新軍所納不下五兩. 旣入京營, 營門下屬討錢索例, 新軍所納不下五兩, 而其餘皆假哨官之所私也. 新軍三十名, 則錢之餘者三百餘兩, 隨手爛用, 歸有餘財, 不義之物, 不能有實, 而新軍之所破傷, 已不勝其冤酷矣. 軍中收斂, 本係梟示之律. 而京營·兵營, 皆顧下屬, 不思禁戢, 所謂哨官藉此虐斂, 無所忌憚, 誠可惡也. 然諸邑皆同, 無以獨禁. 宜論報巡營, 嚴查中點及兵營雜費, 酌定其數. 使領去色吏, 告其實數, 掌其出納, 而所謂假哨

---

47 束: 新朝本에는 '東'으로 되어 있음.
48 名: 新朝本에는 '五'로 되어 있음.
49 廳: 新朝本에는 '聽'으로 되어 있음.

官名色, 無敢僞署. 申明梟示之律, 使之知戢, 則一道之民, 咸蒙大惠, 不亦善乎? ○大抵千里上番之法, 本是非理, 故其流弊至此. 昔我先大王, 深念御營·禁營軍制之不便, 已自登極之初, 屢形絲綸. 而在下之臣, 不能對揚休命, 因循至今, 此志士[50]之深恨也. 並詳軍制考, 今姑略之.

『續大典』曰: "諸軍門將校及軍卒, 稱以免新禮徵斂者, 從重決棍."【外方將校·軍官及軍卒犯者, 依諸軍門例論.】

第二條 練卒

練卒者, 武備之要務也. 操演之法, 敎旗之術也.

茅元儀曰: "士不練則不可以陣, 不可以攻, 不可以守, 不可以[51]營, 不可以[52]戰, 不可以專水火之利, 有馬而不可馳, 有餉而徒以飽. 言武備者, 練爲最要矣. 士不選則不可練, 選士然後行束伍之法. 頒禁令之條, 然後敎以進退之節, 使目練於旌旗, 耳練於金鼓, 百變百出, 而其耳目之所習者如一, 此可以稱節制之師矣. 練凡五等, 曰'選士', 曰'編伍', 曰'懸令', 曰'敎旗', 曰'敎藝'." ○按 今郡縣私操, 卽所謂敎旗之法也.

茅元儀曰: "敎旗者, 卽居常操演之法也, 古者之校獵, 卽此意矣. 後世以其不可以時習, 故又爲之制. 前漢常以九月會都試, 課殿最. 東漢以立秋日獮兵, 習戰陣之儀, 唐宋以來, 皆用仲冬之月."

程伯子爲晉城令, 河[53]東義勇, 農隙則敎以武事, 然應文備數而已. 先生至, 晉城之民, 遂爲精兵.

李東稷爲義州府尹, 接待夷人, 收支物貨, 俱中機宜. 國家自崇禎丁丑, 務

---

50 士: 新朝本에는 '土'로 되어 있음.
51 以: 新朝本에는 빠져 있음.
52 以: 新朝本에는 빠져 있음.
53 河: 新朝本에는 '阿'로 되어 있음.

諱兵戎, 西鄙尤甚. 公鄕置保伍, 課以肄技, 又因蒐獮, 整其部轄, 以爲緩急之須.

趙啓遠爲水原府使, 軍額舊有三千, 丙子之亂, 故逋過半, 器械亦多缺. 公括境內丁壯, 準舊額, 又增二千, 束隊鍊藝, 悉成精銳. 以至甲盾·旗鼓·弓劍·火砲之屬, 無不備焉. 府之軍容, 與訓局相埒. 摠戎使到府閱武, 啓聞褒獎, 有賜馬之典.

今之所謂練卒, 虛務也. 一曰束伍, 二曰別隊, 三曰吏奴隊, 四曰水軍, 法旣不具, 練亦無益, 應文而已. 不必擾也.

爲國之法, 足食足兵. 食以養內, 兵以禦外, 國之大政, 在練卒也. 然兵必有養, 先王養之以田, 後世養之以米. 雖其所養不同, 無不養也. 將責出命, 必先厚生, 使斯民視入軍簿, 如登仕籍, 爭頭攘臂, 唯恐見斥, 夫然後其兵可用也. 今之所謂束伍者, 私奴賤種, 苟充其數, 黃童·白叟, 雜編爲伍. 氈笠如敗瓜之凹突, 戰服如亂藤之纏結. 百年古劍, 有柄而無刃; 三世破銃, 雖火而不聲. 然且隊伍久空, 人鬼相雜, 臨時雇人, 以應一日之役. 已自立法之初, 衰敝如此, 非今乃然也. 南方曰'別隊', 西路曰'武學', 此所謂騎兵也. 設立之初, 官給一馬, 積久散亡, 百無一存. 每當操練之日, 雇馬四出, 疾足先得, 大者如驪, 小者如鼠. 酸儒所豢, 商旅所牽, 咸稱軍馬, 提入縣庭, 驪馬鼻裂, 其齒五算, 上呼下應, 名曰'聚點'. 視其鞍具, 無韉無貼, 無鐙無緱. 蹇者瘰者, 溜者瘡者, 雜亂蕭颯, 不忍正視. 雖使南寇北侵, 明日有警, 以此出戰, 萬無是理. 旣然如此, 凡練卒皆虛務也. 旣知其爲虛務, 唯應拱手闔眼, 應文備數而已, 豈可枉發虛氣, 擔當軍務? 思欲一新修整, 唯使百姓困苦哉! 官一發虛氣, 吏已覘顏色, 掀起百病, 騷擾一場. 行伍欲實充, 服裝欲鮮好, 器械欲銛利, 鞍馬欲塡補, 雖焦脣頓足, 而畢竟都是詐僞, 唯軍吏是肥耳, 爲民牧者, 何苦爲是?

春秋軍點關到, 牧面諭鄕甲, 使各歸諭曰: "荐飢之餘, 民戶散亡, 隊伍有闕, 不欲新簽. 凡有逃故, 咸自里中, 覓人起送, 如不可得, 乃以實報, 俾卽塡代. 服裝有敝, 器械有缺, 咸自里中, 並力幇助, 使各完備." ○軍點之日, 密諭親校, 凡有闕失, 咸庶無發, 順且無事, 期勿煩擾.

惟其旗鼓·號令·進止·分合之法, 宜練習詳熟. 非欲敎卒, 要使衙官·列校, 習於規例.

戚繼光『紀效』之書, 今爲兵家之玉律, 今所行『兵學指南』, 其撮要者也. 其砲號·筅牌之等, 雖係後出, 若其金鼓進退之令, 部署分合之制, 皆自黃帝以來, 流傳之舊法. 不效此法, 卽十箇五雙, 不可統領. 東城二十八騎, 其數雖少, 其分部設營, 使表裏相應, 首尾相救, 則與二十八萬騎, 無以異也. 一人之威, 纔領五人, 於是五人爲伍, 兩行爲隊, 置一人使領之【卽隊長】; 五隊爲一旗, 置一人使領之【卽旗摠[54]】; 五旗爲一哨, 置一人使領之【卽哨官】; 五哨爲一司, 置一人使領之【卽把摠】; 五司爲一部, 置一人使領之【卽千摠】; 五部爲一營, 置一人使領之【卽營將】; 五營爲一軍, 置一大將以領之. 大將者, 五人之將也; 旗長·隊長, 亦五人之將也. 大將之職, 使五營將能無失其職而已. 自此以下, 部司哨旗之長, 其爲五人之將, 其例皆同. 知此然後, 以一身使四體, 以一體使五指, 骨節相維, 血脈相通, 此兵家之所以有部分也. 一人之聲, 能響數步; 十人之喧, 雷聲亦迷. 面面傳諭, 急機難趁, 於是金鼓·旗砲·號令之法生焉. 金鼓·旗砲者, 啞人之形容也. 啞人不能言, 或以手指點, 或以物翻弄, 以形容吾心之所欲, 使人解聽. 金鼓·旗砲, 所以形容此將心之所欲也. 將出一令, 必先放一砲者, 猶言汝等明聽, 吾將發令也. 砲聲一發, 萬軍回首, 齊瞻將臺. 大將乃建一旗, 或點或磨, 或偃或揮, 各有約束, 知其意願【並詳『兵學書』】, 欽此欽遵, 或進或退, 或分或合, 惟將意之所欲. 大將默無一言, 而萬軍明聽將令, 此兵家之所以有號令也. 兵學所言千言萬語, 皆此兩說, 一則部分, 二則號令也. 若夫營壘排列之位, 是名陣法, 彈射擊刺之勢, 是名練法. 陣法·練法, 具詳王鳴鶴·兪大猷·茅元儀諸書, 非『指南』之所能悉也. 總之, 束伍·別隊之等, 朝聚暮散, 身與名殊, 春而敎之, 秋不更來, 如此之物, 敎之何爲? 唯是衙官·列校,

---

54 摠: 新朝本에는 '總'으로 되어 있으나 『大典通編』에 의거하여 바로잡음.

長在官府, 平居練習, 知其大義, 脫有警急, 或得其力. 所謂春秋軍點, 其一分得力之望, 惟此而已. 束芻爲人, 難習此事. 及此數百人聚會之日, 聊借[55]其便, 使俉官·列校, 得習此事, 不亦善乎?

軍點之法, 一日聚會, 一日私習, 一日操練. 其私習之日, 例使首校, 代爲大將.【或以首丞爲代將, 非也.】牧若知兵, 宜於私習, 亦自親行, 敎以諸法. 牧若素昧, 宜飭首校, 使於前例應文之外, 備試諸般號令. 其部署之法, 亦屢變其勢, 或以鴛鴦隊爲雙行, 或以三才隊爲三行, 或以五馬隊爲五行. 或圍之爲五營, 或播之爲六花, 或變之爲八陣[56]. 要皆奇正相間, 首尾相絡, 或習渡水, 或習過險, 或習夜營, 或習塘報. 使俉官·列校之等, 及此聚會之日, 得習諸法, 不亦善乎? ○牧前期十日, 令俉官能知兵學者, 預習『指南』, 約曰: "私習之日, 正操之日, 吾當於『指南』書中, 拈出一題, 以發號令, 汝在中軍, 聞砲瞻[57]旗, 能知此號爲何令. 若諸號皆應, 當於軍前, 卽行賞賜, 在汝爲榮; 若諸號多窒, 當於軍前, 卽行棍罰, 在汝爲辱. 其各惕念."

是日將臺擧號砲, 吹單哱囉, 立黃旗一面, 卽知此號, 本係鴛鴦陣號令, 應之如法. ○若擧號砲, 吹單哱囉, 立藍紅白大旗三面, 卽知此號, 本係三才陣號令, 應之如法. ○又如暗令, 密傳木枝, 一軍皆止; 密傳石塊, 一軍皆坐. 若此之類, 不必恒用死法. 大將與諸校約曰: "密傳[58]鷄卵, 則變爲圓陣; 密傳方版, 則變爲方陣; 密傳蔥根, 卽圍之三帀." 若此之類, 惟在臨時變通, 不必拘也. ○每軍點有期, 先具角弓二三張, 鏃矢三四十, 臂鞲三四枚, 以備賞賜. 是日俉官, 有明熟不錯者, 擧而賞之.

吏奴之練, 最爲要務. 前期三日, 宜預習之.

我邦軍制, 守令手下, 無一個親兵. 所謂束伍·別隊之等, 若有寇難, 守令皆

---

55 借: 新朝本에는 '惜'으로 되어 있음.
56 陣: 新朝本에는 '陳'으로 되어 있음.
57 瞻: 新朝本에는 '膽'으로 되어 있음.
58 傳: 新朝本에는 '傅'로 되어 있음. 이 문장의 '傳'은 모두 이와 같음.

領率赴鎭管納之, 鎭管受之, 納于鎭營【卽營將】. 歸以吏奴, 作隊爲哨, 與之守
邑而已. 然則吏奴練習, 實爲要務. 而每見列邑練卒之日, 以其餘力, 按簿呼
名, 一應而退, 無所練習, 嬉笑指點, 看作戲弄. 此正他日棄城畔官, 魚駭獸竄
之張本也, 豈不寒心? ○宜於束伍[59]軍聚會之前, 別把一日, 爲吏奴練習之
期, 部署分排, 坐作進退, 一如軍法, 懸肅靜之牌, 嚴賞罰之令, 無敢戲豫, 使
入轂率, 則雖一時之政, 卒無實效, 而軍法之嚴, 庶其知之矣.

若年豐備弛, 朝令無停以行習操, 則其充伍餙裝, 不得不致力.

習操者, 年例也, 年年停止, 或數十年一行, 兵營吏校, 得聞此令, 歡欣踴躍,
室家相慶. 凡郡縣之軍, 或其隊伍有闕, 器械不具, 服裝不完, 坐作不閒, 犒饋
不豐, 則兵營吏校, 吹毛覓疵, 掀起事端, 公兄推論, 索賂無厭, 谿壑不充, 葛
藤轉生. 邑之逢尤, 牧之恥也. 牧宜知此, 前期查察, 必使隊伍之間, 無一兒弱;
輜火之列, 無一病身; 佩刀・荷銃, 無一破缺; 號衣・戰笠, 無一弊裂, 馬不連蹇,
鞍不破壞. 又其俏官・列校, 豪勒鮮明, 坐作進退, 咸中轂率, 大鬴長餠, 士卒
歌飽, 使凡百儀文, 超出列邑之上, 然後乃可曰賢牧也. 須有財物, 乃能如此,
剝民取譽, 賢者不爲. 必官自出錢, 補其缺欠, 然後下無怨聲, 上無嘖言, 爲能
擧其職者矣.

軍中收斂, 軍律至嚴. 私練公操, 宜察是弊.

所謂旗摠, 自稱將領, 入邑之夕, 別就城隅, 私設坐起, 捉入諸隊長, 查本隊
之內, 新入之軍, 新入禮・知面禮, 其錢數百. 哨官・旗牌官, 知而不禁, 如法盡
收之後, 乃自訓廳, 討索禮錢, 酒肉淋漓. 官欲嚴禁, 乃曰: "兵營將官, 索其前
例, 不可不應." 然兵營例贈, 其數不多, 且有所出, 其實憑藉爲說, 皆歸本廳之
用而已. ○前期十日, 三令五申, 約曰: "軍中收斂, 當用軍令, 梟示之代, 限死
嚴棍, 與者受者, 皆被重罰." 其約旣嚴, 庶幾知戢. 然蠢民之事, 猶不可知, 聚

---

59 伍: 新朝本에는 '五'로 되어 있음.

會之日, 三令五申, 至夕發遣侍童幼者三四人, 巡行巷曲, 察開座用棍者, 執其贓物, 知其姓名[60], 使一童留守, 而一童來告. 卽令拿入, 決棍三五度, 又令付過, 事過之後, 如約嚴治. 或其所犯至重者, 卽刻除名軍籍[61], 如約嚴治, 代簽新軍, 使充行伍. 負鼓貫矢, 巡于軍中, 懲一勵百, 不復犯矣. ○哨官·旗牌官, 亦苦役也. 鄕村饒戶, 一入此選, 納賂修禮, 百計圖免. 其不免者, 服裝多費, 廳禮·軍禮, 其費倍之. 訓廳受賂·受禮, 以辦酒食, 以贈營校. 雖不可一切嚴禁, 其實差之外, 呑吐操縱, 暗地侵擾者, 宜嚴法峻禁. ○本邑私點之日, 兵營遣一軍校, 使之監察, 本邑衙官, 不得無禮, 必贈錢數十兩, 理所難禁.

水軍之置於山郡, 本是謬法.

巡察使李廷馣狀曰: "水軍宜在沿海, 而多在山郡. 文移催督, 濫徵價布, 流移他境, 侵及族鄰, 職此之由. 臣之愚意, 商量諸鎭入番水軍之數, 與沿海陸軍換定, 要不出一日程內, 則慣於操舟, 緩急可用, 有變徵發, 必不後時, 而陸軍則分防陸路, 似爲兩便. 急速定奪施行." ○備邊司啓曰: "水陸軍換定事, 當初本意, 則近海之民, 少有變警, 各戀鄕井, 易於奔竄, 故以遠地山郡之人, 定爲水軍, 意似有在. 而山鄕愚氓, 不習操舟, 一朝驅之舟楫之地, 非徒易務而事敗, 齎咨遠[62]戍, 勞苦倍他. 頃日大駕, 住在海州時, 問民疾苦, 一道之民, 皆以此爲第一巨弊. 若以海邊之人, 定爲水軍, 山郡之民, 換定陸軍, 則似爲兩便. 第推移之際, 移易得意, 各循其願而已. 姑令監司, 先試於本道, 兼察便否以啓, 何如?" 答曰: "依啓." ○李廷馣關曰: "水軍世傳其役, 人皆謂賤役. 陸軍雖門閥之裔, 例定正軍·保率, 一朝遽定水卒之役, 驅之船格, 不無其冤. 況一荷其役, 未免傳子孫無窮之苦, 故在陣愁歎之聲, 不可忍聞. 水軍可定之人, 不辨世族, 擧定賤役, 果爲冤悶. 當此變亂之極, 水陸之軍, 各赴戰陣, 那移換定之際, 亦有騷動之弊." ○兵馬使宣居怡移文曰: "水陸軍卒, 分屬各鎭, 方對

---

60 名: 新朝本에는 '各'으로 되어 있음.
61 籍: 新朝本에는 '藉'로 되어 있음.
62 遠: 新朝本에는 '速'으로 되어 있음.

賊壘, 此間那移換防便否, 十分商量回答." ○水軍使李舜臣狀曰: "換防重事. 水陸對敵, 不可輕易處置, 伏願朝廷, 更加詳量處置." ○案 此萬曆丁酉倭寇時, 中外公移也.【出『忠武全書』】當時水陸之軍, 方臨陣對敵, 猝地換定, 其無害乎? 兵馬使·水軍使, 皆不欲換定, 時勢固然也.

經筵官宋時烈奏曰[63]: "水軍最爲良民怨入骨髓之役. 而其在山郡者, 事急則未及赴防, 常時雇立者, 皆是浮游之徒. 豈肯臨亂而不逃乎? 在山郡者, 一切移爲陸軍, 改定濱海之民, 常時則使之屯田·漁採以爲生, 臨急則使之造船禦敵, 則悅之者衆, 而緩急可用矣. 今之議者, 皆以爲山郡水軍, 不可猝罷. 此蓋爲水使者, 所賴以爲資, 皆剝割山郡之軍. 舍此, 則無以應宰相·名官之求索. 此朱子所以每論治兵, 而以正朝廷爲言也." ○案 倭寇旣平, 終不換定, 故至是, 又有此奏也.

右議政閔黯奏曰: "沿海有戰船, 諸邑能櫓軍, 非不充定, 而居海邊者, 皆習於操船, 居山谷者, 不慣於騎船, 故每當水操, 雇送浦民之慣水者, 以代其役. 若值急遽之時, 舊時雇立者, 必皆逃避, 豈能替行其役乎? 今後, 則必以海邊之人充定能櫓, 雖是海邊絶遠處, 所居之軍, 與海邊束伍軍相換充定, 緩急可得力矣." 上從之. ○案 當時雖許允從, 實未嘗換定. 故至於今日, 水軍猶在於山郡也.

『良役實總』, 茂朱水軍四十八名, 鎭安水軍十七名, 長水水軍三十八名, 淳昌水軍六百九十五名.【山郡皆有水軍, 今略擧一二.】○案 耕當問奴, 織當問婢, 山居者, 不以魚鼈爲禮; 澤居者, 不以麋鹿爲禮, 宮者守內, 刖者守囿.【『秋官·掌戮文』】用適其當, 萬物咸順. 今以山郡燒爐斫畬之民, 使之出沒波濤, 操治帆檣, 其能動中機會乎? 今海防無事, 所謂水軍, 歲出錢二兩, 輸之水營, 都無事矣. 此所以播置山郡, 無意換定. 然名不正, 則事不順. 及此無事之日, 使沿海之民, 帶水軍之名, 及有寇警, 徵發惟意. 若臨急換定, 必魚駭獸竄, 無以團束. 且其換定之議, 必欲與束伍軍相換, 亦一蔽也. 官匠保, 歲以錢二兩納于巡

---

63 曰: 新朝本에는 '日'로 되어 있음.

營; 樂工保, 歲以錢二兩納于京司; 選武軍官, 歲以錢二兩納于均廳. 若此之類, 播在沿邑, 宜悉打發, 以充水軍, 計額相換, 歸之山邑, 何所礙乎? 若束伍之軍, 則雖沿海之邑, 所不可無, 豈可全汰? 此又其議之所以不行也. ○總之, 山沿換定, 非一縣之令所能變通. 並詳「軍制考」, 今姑略之.

水操有令, 宜取水操程式, 逐日肄習, 俾無闕事.

其隊伍之充補, 服裝之修飾, 私斂之察禁, 並照陸操諸法. 今不再論.

第三條 修兵

兵者, 兵器也. 兵可百年不用, 不可一日無備. 修兵者, 土臣之職也.

郡縣皆有軍器庫, 庫中所藏, 一曰'弓矢', 二曰'槍刀', 三曰'鳥銃', 四曰'火藥·鉛丸', 五曰'旗幟', 六曰'甲胄', 七曰'韔韇', 八曰'銅銚'【俗名'銅爐口'】, 九曰'帳幕'. 小小雜物, 見於「重記」. 其破傷者補之, 其缺欠者塡之, 此守土者之職也. 雖然余意有不然者. 大凡天下之物, 不用則蠹, 不用則腐, 不用則鼠齕, 不用則黴生焉. 今坐昇平之世, 歲費錢千萬, 作爲弓矢·槍刀諸物, 藏于土庫, 未數日, 土濕蒸焉, 霧雨透焉, 箭蛀羽落, 鐵鏽柄朽, 錦繡渝變, 布帛壞爛, 焰硝·火藥, 皆溜濕失性, 火燃而銃不聲, 弦弛[64]而弓已折. 今年一新修補, 明年復成塵土, 脫有不幸, 不可以軍器庫所藏百用其一. 凡無益之費, 聖人惜之; 無實之事, 智者厭之. 雖上司督過, 御史論罪, 實無以誠心爲此也. 古人修兵, 皆沈機察物, 先事見兆, 預設陰雨之備, 以待朝夕之變. 若朝野太平, 都無萬一之慮者, 修之徒費財耳. 然則奈何? 銅千斤, 鑌鐵百鍊者, 三四千斤, 黑角三四百斤, 牛戴牛者, 三四百斤, 鰾膠百斤, 箭竹萬个[65], 椵楦木三四千枚【俗所云, 加斜木不知

---

64 弛: 新朝本에는 '施'로 되어 있음.
65 个: 新朝本에는 '介'로 되어 있음.

何木. 今姑名之】, 樺皮·雉羽之屬, 五六十斤, 焰硝·火藥之材未鍊者, 六七百斤, 硫黃·砒黃·磁粉·礦砂·松香·瀝靑等, 可以爲神煙毒火之材者, 一二百斤, 以此諸物, 藏之庫中, 不亦可乎? 四郊有警, 其兆先見, 當此之時, 一面打造, 一面和劑, 使鎲刃, 皆新發於硎; 使筋角, 皆新傅[66]於膠; 使神煙毒火, 皆新出於鍋, 不亦可乎? 凡實心爲國者, 宜知此意, 隨力自備, 以贖不修兵之罪, 庶幾無愧於內心也.

申恪爲延安府使, 淸愼爲政, 修城浚壕, 多備軍器. 後李廷馣守延安, 値壬辰倭寇, 得以全城, 恪之功也. ○李尙伋爲延安府使, 以爲延於頃歲, 能以孤城捍禦倭寇, 況今外憂方殷, 不可無陰雨之備, 大修戰具, 器械整緻. 方伯上其事, 上嘉賜表裏.

完原君李昴爲江都留守, 公寬民力, 鍊戎卒, 務積儲, 治鬪艦. 請輸東萊銅鐵, 大鑄兵械.

李判書溟爲北道觀察使, 修器械, 治軍旅, 有壯砲別隊始此.

朴元度爲黃州判官, 當肅廟初年, 兩西郡邑, 城壞而不敢築, 兵頓而不敢礪, 諱言戰守四十餘年. 公密修戎械, 悉精利. 事聞, 特賜帛以褒.

箭竹之移頒者, 月課火藥之分送者, 宜思法意, 謹其出納.

『大典』曰: "每歲送箭竹于兩界【咸鏡道則送嶺南·嶺東之竹, 平安道則送湖南·湖西之竹.】, 節度使分給屬鎭, 具錄所造箭數, 及將士所給之數以啓." ○按 一道所送, 不過數萬介, 且其竹性, 屈折乖戾, 多不中用. 必自備佳品, 乃有用也.[67]

『續大典』曰: "三南·海西, 銃藥丸月課米, 自常平廳句管, 創設月課契貢物." ○鳥銃, 軍器寺受價製造[68]. 藥丸, 本年則三軍門與貢人分半受價製造. 三軍門製造者, 仍置該軍門, 貢人製造者, 分送三南·海西. ○『通編』云: "今則自守摠兩[69]廳句管, 分送各邑." ○案 月課火藥受來之日, 軍官·色吏, 路費人情雜

---

66 傅: 新朝本에는 '傳'으로 되어 있음.
67 大典曰……及有用也: 新朝本에는 이 目이 綱에 이어져 있음.
68 造: 新朝本에는 빠져 있음.

費許多, 而一入庫中, 官不致察. 掌庫者【卽軍器監官】, 偸賣私用, 無所限節, 或作爲贗物, 以充其額. 牧宜月月點閱, 守其實數. ○欲勸課武藝者, 宜於公賜之外, 加貿數十斤, 以備賞賜.

若朝令申嚴, 以時修補, 未可已也.

『續大典』曰[70]: "各邑軍器, 節度使不時抽栍, 摘奸執頉, 守令論罪." ○巡點時, 隨其執頉之多寡, 當該守令, 從輕重決棍, 論列狀聞. ○銃藥不藏官庫, 致有奸弊者, 節度使·守令, 依犯越例照斷. ○案 鳥銃之美惡, 係乎鐵筒. 鐵筒之裏, 其圓至均, 其路至直, 然後有發必中. 若其圓不均, 其路不直, 雖有百銃, 無收用矣. 本雖佳銃, 或鐵鏽而磣路, 或鐵鱗而磣路, 或雜用石丸, 石稜刮鐵, 別生一線, 其路不直, 皆爲病銃. 凡民間病銃, 都入公庫, 而公庫佳銃, 日散民間. 蓋病銃之價, 不過百錢, 佳銃之價, 或至十兩, 掌庫者, 利其添價, 逐日偸賣. 點閱之日, 數爻雖合, 骨子已脫, 將安用矣? 銃筒例有刻字, 但其字數不多, 易於摹刻. 宜增其字數, 並其刻字, 載於「重記」, 點閱之日, 並查刻字, 庶乎其弊少息也.

『續大典』曰: "各邑鎭軍器, 別備者論賞." ○鳥銃則並丸, 弓則並箭備納, 然後以別備施行. ○舊軍器, 並修改無頉, 然後新備者論賞. ○『通編』云: "各營邑, 不修舊件, 只爲新備, 則件數雖多, 不許加資, 以錫馬論賞." ○案 今之所謂修補者, 或嬖妓免役, 憑藉軍器, 受其願納, 枉矢數百, 弴弓數十, 依樣畫葫, 以增虛簿; 或富民饒戶, 憑藉軍器, 受其願納, 竊其什七, 捐其什三, 假作粉飾, 以欺人目. 或憑藉旗捍, 伐民園竹, 算至千百, 載之京船, 賣作燈竿; 或憑藉箭篘, 每一訴牒, 受一雉羽; 或憑藉旗頭, 每一訴牒, 受一雉尾. 求之不得, 有冤莫暴, 斯皆苟且非理之政, 不可爲也. ○官受雉羽·雉尾, 付之公庫, 掌庫者與市人謀, 以其所受出付市人, 使之發賣. 民欲投牒, 不得不買. 一羽一錢, 一尾

---

69 摁兩: 新朝本에는 '總而'로 되어 있음.
70 曰: 新朝本에는 '日'로 되어 있음.

五錢, 此與三脊之茅, 何以異矣? 畢竟疑謗, 歸於官長, 何莫悟矣?

『續大典』曰: "軍器偸取者, 本曹啓稟梟示, 捕捉者論賞." ○案 弓銃槍刀鉦
鼓之等, 各以數爻多少, 上下其律. 火藥未滿百斤者, 減死重棍.【滿百斤, 其死可
知.】

第四條 勸武

東俗柔謹, 不喜武技. 所習惟射, 今亦不習. 勸武者, 今日之急務也.

弓矢·干戈, 皆太古之武技也. 吾東之俗, 不知干戈爲何物, 惟以弓矢爲武
技. 而製弓則筋薄而膠厚, 故始强而終軟, 冬强而夏軟, 晴强而雨軟. 活彄每
脫, 兩弰恒戾, 一射一焙, 一發一檠. 勞於弛[71]弦[72], 怯[73]於折[74], 角弓不可謂弓
也. 造矢則剝皮燀膚, 不耐雨濕, 鉋頭無鏃, 惟以賭戲. 所謂鐵鏃, 亦無尖鋒,
惟恐傷人, 不能穿物. 通計國中之矢, 都是此物, 惟公庫所藏, 或有尖鋒, 不能
萬一, 脫有寇警, 皆赤手無所執. 然且百餘年來, 武科之弊, 日增月加, 遂使通
國之民, 無一人操弓以出者, 至于今日, 遂至極盡地頭.

每式年鄕試, 試額二十五人【兩湖也. 嶺南三十人】, 分左右則十二人也. 其額之
少如此, 而乃擧子之來赴者, 極不過五六人, 無以充榜. 其五六人, 勒取試邑
軍校, 虛名序次, 以充其數【凡科場, 輪設於諸邑, 其本年設場者, 謂之試邑[75]】. 弊而至
此, 亦可以思矣. 守令雖欲勸武, 何以勸矣?

其弊之至於斯極者, 何也? 一曰'擊逐', 二曰'空老', 三曰'徵布', 四曰'萬科',
五曰'無額', 此五者, 大亂之法也. 五亂不止, 而世無有操弓而出者矣. 擊逐者,

---

71 弛: 新朝本에는 '施'로 되어 있음.
72 弦: 新朝本에는 빠져 있음.
73 怯: 新朝本에는 '法'으로 되어 있음.
74 折: 新朝本에는 '析'으로 되어 있음.
75 邑: 新朝本에는 '也'로 되어 있음.

何謂也? 式年·增廣之規, 十技一講, 廣試諸藝, 與庭試萬科之苟取單技者, 不同. 故古者式年增廣出身者, 銓曹收用, 先於他科之出身. 而試場多算, 全出遠射, 鐵箭·木箭【俗謂之‘細箭’】, 不得多算, 則卒無上第之理. 乃西北勁悍之士, 兩南奇材之客, 每於鐵箭·木箭, 已占高算, 京城將家之子, 紈袴軟骨之類, 抵敵無術. 於是廣募無賴之輩, 遂行擊逐之法. 凡逕士善射之人, 來赴會試者, 或伺候於暗巷, 或惹鬧於酒家, 咸用六兩大箭竹[76], 打碎轆轤關諸骨. 此旣盛黨, 彼本孤子, 何以敵矣? 流血狼藉, 痀背終身, 遂不能赴試. 其或漏網者, 得入高算, 則預以字號, 密告試官, 凡逕士多算者, 入於講席, 七箇試官, 眴目相應, 吹毛覓疵, 必置落科. 其或句讀無錯, 文義亦通者, 七官相議, 六通一不, 以置落科【講法, 凡通與不通相錯者, 置之落科, 所謂一不殺六通】. 乾隆庚戌, 余以臺官監試, 目見玆事矣. 射畫·雜畫, 多至一百五六十分者, 又善講經, 十技一講, 無一差誤者, 冤屈此科, 嘔血以歸. 而紈袴軟骨之子, 咸登上第, 奏管絃乘駿馬, 以出試門, 天下之至冤大痛, 有足以感傷和氣者, 未有甚於是者也. 此人歸家, 碎弓折箭, 戒子訓孫, 令勿習武, 鄕里來觀, 傳相告諭, 勿復習武, 此擧子之所以絶也. ○空老者, 何也? 勢力之家, 雖萬科出身, 朝除夕遷, 南符北節, 十年之內, 遂達藩閫, 逕遠之人, 雖式年出身, 左枳右塞, 槁項黃馘, 十世之業, 破於旅店. 國俗賤武, 其武科而不能仕者, 尤在所賤. 世系有此一累, 子孫不通三司, 於是戒子訓孫, 令勿習武, 此擧子之所以絶也. ○徵布者, 何也? 近例武科出身, 其子婿·弟姪, 咸隷軍籍, 名之曰‘有廳軍官’, 每年徵布一匹【以錢則二兩】, 乃自兵曹查考帳籍, 一兒一稗, 無或隱漏, 其或隱漏者, 軍吏括之, 討索無厭. 簽與不簽, 納錢則一, 以此之故, 門中出一武科, 三族皆被侵虐. 本有軍役者, 今爲疊輸; 本或無役者, 今爲新罹. 夫科擧者, 爲其榮也. 求榮不得, 反遭菑辱, 以此募民, 誰其應之? 戒子訓孫, 令勿習武, 此擧子之所以絶也. ○萬科者, 何也? 國有大慶, 以科飾喜. 中一箭者, 咸許出身, 或踰千人, 或至數千, 此所謂萬科也. 科名旣賤, 民不爲禮, 銓曹據此, 棄之不錄. 然且一箭之中,

---

76 竹: 新朝本에는 빠져 있음.

便可得志, 則能射者, 一第; 不能射者, 亦一第也. 工拙無分, 賢愚無別, 民其勸乎? 雖不習武, 容得此第, 戒子訓孫, 遂不習武, 此舉子之所以絶也. ○無額者, 何也? 無論文武赴擧, 應有恒額, 吾東科擧, 唯以無額之故, 百弊層生, 遂至大亂. 武科赴擧者, 若自本縣, 試射試放, 其能中矩者, 方許赴試, 則代射者絶矣. 今也一榜十人, 則十人皆代射, 一榜百人, 則百人皆代射. 有錢者, 不知決拾, 而少年登科; 無錢者, 技坊由羿, 而白首龍鍾. 使一國之人, 弩目攈掌, 唯錢是謀, 而復有操弓者乎? 戒子訓孫, 令勿習武, 此擧子之所以絶也. 五亂不止, 則守令雖焦脣敝舌, 勸民習武, 而習者不可得矣.

牧之久任者, 或至六朞. 揣能如是者, 勸之而民勸矣.

遐土之民, 以鄕任·校任爲仕宦, 以旬題·月課爲科擧. 由是言之, 雖科規壞亂, 而爲民牧者, 勸課有法, 民必胥勸. 五年六年, 習俗漸成, 則其風流遠, 畢竟有補於國家, 不可以科規之大壞, 而遂廢斯政也. 勸之奈何? 凡式年·增廣之所用, 十技一講, 不必盡習. 唯庭試·別試及兵營都試之所用, 牧苟勸之, 必有肯者. 一曰'鐵箭'【卽六兩】, 二曰'木箭', 三曰'片箭', 四曰'貫革', 五曰'强弩', 六曰'騎芻', 七曰'鳥銃', 八曰'武經'【孫吳等七書及『兵學指南』】. 以此八技, 選士以習之可也.【或曰鐵箭宜去之】

選邑中武士, 不拘吏·校·閑良, 唯年未滿三十者, 乃可與選, 外村不拘士族·士族·中下之族, 其有自願者, 咸試其才, 可與人校者, 許錄其名, 或取二十人, 或取三十人.【武技考試, 必費時刻, 不似文藝之易考. 多員則妨政事.】名之曰'勸武廳'. ○凡病代·喪代諸法, 一依詞林生規式.【詳上課藝條】○一年十二抄, 春則立夏以前試五次, 秋冬則白露以後行七次.【暑月, 不可習武技.】畢試, 取其多算者, 施之以賞. ○賞賜之物, 角弓·鏃矢·片箭·韘籋·箭筒【南方多佳品】·臂韝之外, 扇子·梳兒及武經七書·『兵學指南』, 無所不可. 而武士異於文士, 榜出之日, 使以管絃前導以出, 又給酒肉之費, 使之就武廳行樂, 方好. ○課藝·勸武, 咸需財物. 文藝則學宮, 無不有財, 節用則有羨, 武技所費, 無攸出矣. 西路武廳猶盛, 苟與首校·豪民, 議其出處, 尙可得也, 南方尤無措畫, 苟非官爲之拮

426

据, 無可謀也.

新羅金巖, 庾信之後也. 爲浿江鎭頭上, 所至盡心撫字, 三務之餘, 敎之以六陣兵法, 人皆便之.

李泰淵爲平安監司, 以爲本朝鄙夷西民, 西民因亦自畫, 不有以作興振發, 是棄西民也. 具以上聞, 上甚善之, 卽遣重臣鄭公知和, 別設大科, 得文臣四人, 武士四百人. 自是西土大悅, 皆思效死.

强弩之張設, 發放不可不習.

劉天和曰: "前代名將, 如漢耿恭·虞詡, 唐李靖·郭子儀, 宋劉錡·吳璘·宗澤輩, 用彊弩以破羌虜者, 不可勝數. 而漢且置彊弩將軍之官, 宋始有神臂弓之制, 其實弩耳. 臣亦未敢遽是也, 近於陝[77]西省城, 見有城樓舊題, 神臂弩數百張, 相傳者百餘年矣, 乃知先朝, 亦嘗制此. 雖皆損壞, 而制度猶存, 但箭則無矣. 臣謹從宜遵倣, 造成其制, 以闊厚堅勁, 大弓, 其力一百五十斤上下, 及一百二十斤上下, 及九十斤上下, 爲三等, 慮人力有强弱也. 其長均四尺五寸矣. 取其利最遠, 而端可及三百步內外者爲式. 其長均七寸五分, 其重則六錢, 上下亦三等, 俾與弩稱. 復倣漢耿恭之法, 箭鏃開四尖, 又傅以河南嵩縣等處, 射虎箭藥, 俾人馬中之, 無不立斃, 尤虜所畏. 其箭鏃後, 小鐵管心, 僅長分許, 入箭榦處, 內用漆膠, 外用竹絲, 以夾縛之, 俾虜不能取以返射. 蓋虜之射藝極精, 矢無虛發, 唯此足以勝之. 臣謬謂彊弩, 爲中國長技之一者, 此也."

荊川『武編』云: "弩最爲利器. 射堅及遠, 爭險守隘, 遏衝制突, 非弩不克. 或者謂用弩不便於戰, 然非弩不便於戰, 乃爲將者, 不善於弩也. 善用弩者, 列爲五層, 每層或三或五, 攢箭注射, 射訖挈回而張, 張訖挨次而射, 遞相輪翻, 繼而不絶. 尤宜處高臨下. 仍令弩手, 各帶腰刀一把, 賊若近前, 則跨弩而用刀. 如此, 則長短得以相濟. 一敎弩法曰: 張弩丁字立, 當弩八字立, 高揵手屈

---

77 陝: 新朝本에는 '陜'으로 되어 있음.

衫襟, 左手承撞, 右手迎上, 當心著張. 張有闊狹. 左胜右膊, 還腹當心, 安箭高擧手, 敵遠則擡頭放箭, 敵近則平身, 敵右則右回身, 敵左則左回身, 敵在高, 高擎手, 敵在下, 低伏手. 發訖唱殺, 殺然後挈.'"

若夫號令坐作之法, 馳突擊刺之勢, 須有隱憂, 乃可肄習.

太常刁君鎭楊州, 占府乾隅, 夷茀而基, 因城而垣, 並垣而溝, 周六百步. 竹萬個覆其上, 故高亭在垣. 東南循而三十軌作堂, 堂南北郷, 袤八筵廣八筵. 直北爲射埒, 列樹八百本, 以翼其旁. 又循而西, 十有二軌作亭, 曰'肄武', 南北郷, 袤四筵廣如之. 埒如堂, 列樹以郷. 歲時敎士戰射坐作之法.

晉陵張公知信州營, 州之西北, 亢爽之墟, 以宅屯駐之師, 除其故營. 以時敎士刺伐坐作之法, 古[78] 所無也.

第五條 應變

守令乃佩符之官. 機事多不虞之變, 應變之法, 不可不預講.

人品大小, 決於器局. 器局淺狹者, 或墜膽於小事, 或動心於虛警, 遂使衆心騷擾, 或令羣喧叢集, 大人遇之, 蓋談笑以處之耳. 須於平時, 歷觀前史, 取古人行事, 浸潤在心, 庶得臨事不懼, 處置得宜也.

訛言之作, 或無根而自起, 或有機而將發, 牧之應之也, 或靜而鎭之, 或默而察之.

近年以來, 賦役煩重, 官吏肆虐, 民不聊生, 擧皆思亂. 妖言妄說, 東唱西和, 照法誅之, 民無一生. 然諺曰: "收訛言入麥根." 謂麥熟而農事日急, 則民不相往來, 訛言自息也. 若是者, 聽而不聞, 靜以鎭之, 可也. 其或兇種逆孼, 失志

怨國, 陰謀作亂者, 必先動訛言, 以亂民志. 雍正戊申, 逆賊李麟佐等, 陰謀作亂, 而丙午·丁未之際, 訛言大起; 嘉慶壬申, 土賊洪景來等, 陰謀作亂, 而庚午·辛未之際, 訛言大起, 此皆已試之明驗也. 若是者, 牧褻如充耳, 不以爲意, 其不爲淸州之殺兵使, 嘉山之殺郡守, 鮮矣. ○凡遇如此之時, 牧宜於子姪親賓之中, 擇其機警縝密者, 使之周行近邑, 尋其苗脈, 窺其[79]窩藪, 以圖應變之方, 斯可曰不溺其職. 若變起之日, 坐受鋒刃, 雖節烈無玷, 而溺職之失, 固自如也. 朝廷每以成美之意, 褒其節烈, 略其愆尤, 而食君之祿者, 不可但以節烈爲報答, 必於節烈之外, 炳幾察變, 先事設備, 以之消亂萌而絶禍根, 方可曰盡其職也.

張詠知益州, 民間訛言云: "有白頭老翁, 午後食人男女." 郡縣譊譊, 至暮路無行人. 公召犀浦知縣, 謂曰: "汝歸縣, 訪市肆中歸明人【謂棄暗投明】, 尙爲鄕里患者, 必大言其事. 但立證解來." 明日果得之, 送上州. 公戮于市, 卽日帖然, 夜市如故. 公曰: "妖訛之興, 沴氣乘之, 妖則有形, 訛則有聲. 止訛之術, 在乎識斷, 不在乎壓[80]勝."

杜紘知鄆州, 嘗有揭幟城隅, 著妖言其上, 期爲變, 州民皆震. 俄而草場白晝火, 蓋所揭一事也. 民益恐, 或請大索城中. 紘笑曰: "奸計正在是. 冀因吾膠擾而發, 奈何墮其術中? 彼無能爲也." 居無何獲盜, 乃奸民爲妖, 遂誅之.

凡掛書·投書者, 或焚而滅之, 或默而察之.

『大明律』曰: "凡造讖緯·妖書·妖言, 及傳用惑衆者, 皆斬." ○『大典』曰: "匿名書, 雖係國事, 父子之間, 亦不得傳說. 如有傳說者, 累日不燒者, 並依律論." ○『寶鑑』云: "英宗乙亥三月, 逆賊尹志在羅州, 日夜怨國, 使其子光哲, 交結羅州之吏鄕, 爲禊募衆, 圖不軌, 掛書于客館, 以撓人心. 監司趙雲逵, 鉤得之以聞, 上鞫志等, 詞連諸賊, 誅竄有差." ○凡掛書·投書, 若關係兇逆, 慮

---

79 其: 新朝本에는 빠져 있음.
80 壓: 新朝本에는 '厭'으로 되어 있음.

有駿機, 大者, 馳進營門, 面議于監司; 小者, 委遣首吏·首鄕, 密報監司. 其或
邑人, 自相構[81]陷, 或縣吏自相誣捏, 以逞私怨者, 卽刻焚滅, 無敢傳播. 或其
所言, 雖出私怨, 亦有實據, 關係非常者, 默以察之, 探其苗脈. ○官吏相陷,
發其隱慝, 或言災結偸食, 或言倉穀幻弄, 或言簽丁受賂, 或言騙取民財. 若
此之類, 多係實狀, 非是虛誣, 宜密遣廉訪, 探其眞贓, 以圖懲惡, 不可以投書
者之兇險, 而遂爲之庇覆也. 凡遭此事者, 必是首吏·權吏. 權吏朝夕昵近之
人, 同列無敢直言, 有此密告, 從而匿之可乎? ○僧徒生長山中, 不知法例. 匿
名投書, 謂可以殺人, 睚眦之怨, 輒有此事. 昔喚醒志安, 聚徒千人, 以講佛經
被誣, 謫濟州以死. 蓮潭有一, 聚徒數百, 以講佛經, 被誣入昌平獄, 幾死僅生.
凡遇此事, 宜詗捕兇人, 施以反坐之律, 不可枉生疑惑, 以困無辜也. 僧人謀
叛, 理所必無, 不足疑也.

   庠簡肅公奎帥蜀, 民有僞蜀時中書郎者, 夜以錦囊掛西門, 門者以白. 蜀人
隨之者萬計, 皆洶洶出異語, 且觀公所爲. 奎顧主吏藏之, 略不取視, 民乃止.

   趙尙寬知河中府, 神勇卒, 苦大校貪虐, 刻匿名書告變. 尙寬命焚之曰: "妄
言耳." 衆乃安. 已而奏黜大校, 分士卒, 隷他營.

   魏國淵遷魏郡太守, 有投書誹謗者. 操疾之, 欲必知其主, 淵請留其本書,
而不宣露. 其書多引「二京賦」, 淵勅功曹曰: "此郡旣在都輦, 而少學問者." 乃
選年少數人, 令就師. 臨遣引見, 訓以所學未及: "「二京賦」博物之書也. 世人
忽略, 少有其師. 可求能讀者, 從受之." 又密諭旨, 旬日得能讀者, 遂往受業.
吏因請使作箋, 比方其書, 與投書人同手. 收攝按問, 具得情理.【『後漢書』】

   宋王安禮知開封府時, 或投書告一富家有逆謀, 都城稍恐. 安禮不以爲然,
數日有旨, 根治搜驗, 驗富家, 事皆無跡. 因問曾與誰爲仇, 對以數月前, 有鬻
狀馬生者, 有所貸而弗與, 頗積怨言. 於是密以他事, 挾馬生至對款. 取匿名
書較之, 字無小異, 訊鞫引伏.

---

81 構: 新朝本에는 '搆'로 되어 있음.

凡有變亂, 宜勿驚動, 靜思歸趣, 以應其變.

宋虞允則嘗宴軍, 而甲仗庫火. 允則作樂飮酒不輟, 少頃火熄. 或詰之, 對曰: "兵械所藏, 儆火甚嚴. 方宴而焚, 必姦人所爲. 若舍宴救火, 事當不測."

朴衛璘爲平康縣令, 値壬辰倭寇, 時李芝峯晬光, 以從事官道過平康. 方賊衝突, 奔命龐定, 而瞷朴公之貌, 閒雅如平日. 李公心異之, 後作墓誌錄此語.

權晙以今上壬中爲延安府使, 時嘉山賊洪景來, 方據險不出, 西土洶洶. 前守調吏校·奴隷, 圍守公署, 晝夜不休, 甚苦之. 晙至罷圍守, 洞開城門若平日, 部民大悅.

或土俗獷悍, 謀殺官長, 或執而誅之, 或靜以鎭之, 炳幾折奸, 不可膠也.

辥長孺爲漢州通判, 戍[82]卒閉營門, 放火殺人, 謀殺知州·兵馬監押. 有來告者, 知州·監押, 皆不敢出, 長孺挺身, 叩營諭之曰: "汝輩皆有父母[83]妻子, 何故作此事? 不與謀者, 各在一邊." 於是不敢動. 惟本謀者八人, 突門而出, 散於諸縣, 村野捕獲.

辥簡肅奎在成都, 一日置酒大東門外, 城中有戍[84]卒作亂, 旣而就擒. 都監往白公, 公指揮, 只於擒獲處, 令人喫却, 民間以爲神斷.

程文簡琳守益州, 軍士見監軍, 告其軍有變. 監軍入白, 公笑曰: "軍中動靜, 吾自知之. 苟有謀者, 不待告也. 可使告者來." 監軍去而告者, 卒不敢來, 公亦不問.

安守忠知易州, 治尙簡靜. 嘗與僚佐宴飮, 有軍校謀變. 閽者倉卒入白, 守忠言笑自如, 徐顧坐客曰: "此輩酒狂爾, 擒之可也." 人服其重.

劉几知保州, 方春大集賓客, 飮至夜分, 忽告有卒謀爲變者. 几不問, 益令折花, 勸坐客盡戴益酒. 密令人分捕, 有頃皆擒至, 几遂劇飮達旦. 人皆服之,

---

82 戍: 新朝本에는 '戊'로 되어 있음.
83 母: 新朝本에는 '毋'로 되어 있음.
84 戍: 新朝本에는 '戊'로 되어 있음.

號戴花劉吏.

蘇頌知杭州, 方燕, 聞壯士結集, 謀害官吏. 公談笑自若, 密諭兵官, 捕首領, 送獄中. 坐客不知也.

丁監司公彦璜爲新溪縣令, 是時縣吏作亂, 圍守其令, 矢石脅之. 令累日在圍中, 僅脫走. 朝廷擇公以代之. 公到縣, 捕其爲首者誅之, 餘不問. 鄕中列書亂者, 多封納之, 公不開見, 會官吏焚之, 人心遂安. ○新溪·谷山·遂安之間, 土俗獷悍, 官政未善, 輒謀作亂. 乾隆中年, 土族據遂安彦眞山, 僅僅勦捕. 數十年前, 谷山之民, 以軍布重斂, 千人齊訴, 聲言作亂, 以逐官長. 其後十餘年, 果有亂民, 逐其都護. 按覈御史洪義臣, 誅李大成·韓極一等四十餘人, 散配者數百人. 皆由官長炳幾不明, 以至是耳. 治此之法, 殲厥渠魁, 脅從罔治, 以鎭安民心而已, 不可以誅殺爲主也.

又凡官政未善, 吏民懷怨者, 登山叱辱, 謂之'山呼'. 凡遭此變者, 最難善處, 若自思其政, 貪虐不法, 有足以致此, 則宜卽色擧, 以免大辱. 若因束吏徵逋, 抑强均賦, 以致此者, 牧宜確然不動, 束之益嚴, 持之益堅, 又或別出奇計, 執得犯人, 行罪勿赦.

韓魏公鎭北門時, 朝城令決一守把兵, 方二下, 輒悖罵不已. 知縣以解府, 公使前問, 汝罵官長信否. 曰: "當時乘忿, 實有之." 公曰: "汝爲禁兵, 便有階級, 安可如此?" 卽於解狀, 判領赴市曹處斬', 從容平和, 略不變色. 衆見其投筆, 方知有異.

强盜·流賊, 相聚爲亂, 或諭以降之, 或計以擒之.

漢張綱爲廣陵太守【順帝時】, 時土賊張嬰, 寇亂楊徐間. 綱單車詣嬰壘[85]門, 嬰大驚走閉壘[86]. 綱於門外, 罷遣吏兵, 留十餘人, 以書遺嬰, 請與相見, 嬰乃出拜謁. 綱延置上座, 譬之曰: "前後二千石, 多肆貪暴, 故致公等懷憤相聚,

---

85 壘: 新朝本에는 '疊'으로 되어 있음.
86 壘: 新朝本에는 '疊'으로 되어 있고, 廣文社本은 '門'으로 되어 있음.

二千石信有罪矣. 然公所爲者, 又非義也. 主上仁聖, 欲以文德服叛, 故遣太守來, 今誠轉禍爲福之時也. 若聞義不服, 天子震怒, 荊楊兗豫大兵雲合, 身首橫分, 血祀且絶, 二者利害, 公其深計之."嬰泣下曰: "荒裔愚民, 不堪侵枉, 相聚偸生, 今聞明府之言, 乃嬰等更生之辰也."乃辭還營. 明日, 將所部萬餘人, 與妻子面縛歸降. 綱單車入壘, 置酒爲樂, 散遣部衆. 任從所之, 親爲卜居宅相田疇, 子弟欲爲吏者, 皆引召之, 人情悅服, 南州晏然.

高麗尹威廉察南原府, 府境有賊, 嘯聚黨與, 屯山自固. 威單騎入府, 諭以禍福, 賊感泣聽命. 於是誅首惡者, 餘皆赦之, 闔境晏然.

王守仁爲南贛巡撫御史, 南贛地多山險, 易爲巢穴. 南安·橫水·桶岡諸寨, 有賊首謝志山·藍天鳳, 漳州·浰頭等寨, 有賊首池大鬢等. 於是福建·江西·湖廣·廣東之界, 方千里皆亂. 兵部尙書王瓊知守仁才, 特薦用之, 守仁選兵勤襲, 諸賊次第討平. 守仁至橫水, 謝志山等, 倉卒據險拒之. 守仁未至賊巢三十里駐兵, 夜募鄕兵善登山者四百人, 各執一旗, 齊銃砲, 出間道, 攀厓上險, 分布近賊巢左右極高山頂, 伏覘賊, 度我兵至險, 擧砲火應. 又預遣人, 夜率壯士, 緣厓上險, 奪發其滾木礌石. 守仁率兵進至十八面隘, 賊方憑險迎敵. 忽聞近巢諸山頂, 砲聲如雷, 煙焰漲天. 守仁麾兵進逼之, 賊大驚失措, 謂官兵已盡得其巢穴, 遂棄險走. 賊退無所歸, 大奔潰, 遂破橫水大巢. ○橫水旣破, 浰頭賊池大鬢懼, 遣其弟池仲安, 率老弱二百, 詣守仁亦降. 卽愿從征立功, 實覘虛實爲內應. 守仁知之, 令從別哨, 遠其歸路, 陰使人分召近浰頭諸縣被賊害者, 詢之得其情, 各授方略遣之. 歸密集兵衆, 候平桶岡後, 報師期. 及桶岡平, 大鬢益懼. 守仁遣使至浰頭, 賜諸賊牛酒. 見賊嚴爲備, 詭語使者曰: "龍川新民鄭志高·盧珂, 欲讐殺掩襲, 故非虞官兵也."守仁佯信其言, 怒盧鄭, 移檄臨川, 廉二人擅兵狀, 且令大鬢, 除道候還兵討之. 大鬢假使來謝, 無勞官兵, 當自防禦之. 盧珂·鄭志高·陳英者, 龍川已招新民也, 仍領舊部三千餘衆. 時諸縣民, 皆爲大鬢所脅, 三人者獨抗賊, 賊讐之. 守仁還兵, 三人來告變, 言大鬢反狀. 時池仲安, 方領兵在守仁所, 守仁乃佯怒, 三人收縛將斬之曰: "大鬢方遣弟, 領兵報效, 安得有此?"仲安遂叩首辨列三人罪惡,守仁佯信之, 械繫珂等, 置之獄. 守仁密使人至獄中, 諭以意, 令三人無恐, 且遣使歸集衆以候. 守仁還至贛, 張樂大享壯士, 下令: "橫水·桶岡旣平, 浰頭歸順, 境內無虞矣. 民久勞苦, 宜休兵爲樂." 遂散兵使歸農. 乃遣仲安, 歸報其兄, 以盧珂被繫. 故遣使令大髻勿撤備, 以防珂黨掩襲, 大髻意乃大安. 守仁別購仲安所親, 說仲安, 令自來投訴云: "官意良厚, 何可不親一往謝? 況使盧珂等言無所入." 大髻信之, 謂其下曰: "欲伸先屈, 贛州伎倆, 須自往觀之." 遂帥其徒四十餘人, 自詣贛. 守仁先已檄諸郡縣及龍川等, 勒兵候報. 至是探知大髻就道, 亟遣使發諸路兵, 候浰頭. 然道經賊巢始達, 則使別齎一檄, 爲捕盧珂黨與者, 佯示賊, 賊果問見檄, 遂不爲意. 大髻至贛謁守仁, 見軍門無用兵形, 又覘知諸等繫獄, 意益安, 遣人歸報其黨, 謂事無他. 守仁乃夜, 釋珂等, 使間道歸發兵, 而令諸官屬, 以次設牛酒, 日宴犒, 大髻等緩其歸. 久之, 度珂已至家, 諸郡縣兵當大集, 守仁乃設犒于庭, 先伏甲士, 引大髻等入, 悉擒之, 出珂狀訊之, 皆服. 遂悉置獄, 而趣諸路兵, 同抵賊巢. 守仁率親兵, 由龍南縣冷水, 徑直搗下浰大巢, 諸路兵, 皆令入三浰. 賊弛備旣久, 驟聞官兵四集, 驚懼乃分投出禦. 官軍爲三衝, 犄[87]角進, 賊大潰, 遂克三浰大巢.

謝子襄知處州, 叛卒吳米據山谷爲亂, 朝廷發兵討之, 一郡洶洶. 子襄力止軍城中毋出, 而自以計掩捕之, 獲其魁, 餘黨解散.

萬觀知嚴州, 府東七里瀧, 有漁舟數百艇, 時剽行旅. 觀編十舟爲一甲, 令畫地巡警, 不帀月盜屏跡.

黃處信爲平康縣令, 有尹豐立者, 挾左道聚黨數百人, 入鄰縣, 破官帑, 竊軍械. 公選勇敢士, 授之方略, 捕得正法. 亡何, 夜有火光, 民間譁言豐立黨[88]至, 胥騷騷欲亂. 公不爲動, 乃定.

朴東善爲藍浦縣監, 詗知賊李夢鶴, 將襲洪州, 亟邀水使崔湖同討. 湖曰: "我將水軍, 何知陸寇?" 公力爭乃從, 同赴洪州. 與牧使洪可臣合兵, 乘城以

---

87 犄: 新朝本에는 '特'으로 되어 있음.
88 黨: 新朝本에는 '儻'으로 되어 있음.

待之. 賊至城下, 咋不能入. 情見勢窮, 自潰去. 其黨斬夢鶴降, 實公先備之力也.

閔汝儉爲郭山郡守, 勤爲武備, 嘗與守宰約曰: "吾輩當此多事, 同受守禦之命, 早晩乘障, 我移一步, 則公斬我; 公移一步, 則我亦然矣." 李适以副元帥巡到, 嚴飭其褊裨, 使不敢侵擾. 及其將反, 獨不檄召. 蓋知公非振落人也.

土賊旣平, 人心疑懼, 宜推誠示信, 以安反側.

李守一爲北道節度使, 先是, 亂民鞠景仁等, 謀執王子以附賊. 事定, 人人自疑及誅, 潛渡水以投北胡. 公慰諭懷綏, 期月之間, 物情大安.

第六條 禦寇【兵事浩汗, 不可備述. 只取守令所行, 選其著者, 略錄百一.】

値有寇難, 守土之臣, 宜守疆域, 其防禦之責, 與將臣同.

魏郝昭爲陳倉守, 諸葛亮引兵數萬, 出散關圍陳倉, 使人說郝昭, 不下. 昭兵數千餘人. 亮進攻之, 起雲梯·衝車臨城, 昭以火箭, 逆射其梯, 人皆燒死, 又以繩連石磨, 壓衝車, 衝車折. 亮乃更爲井欄百尺, 以射城中, 以土丸塡塹, 欲直攀城, 昭又於內築重墻. 亮又爲地穴, 欲湧出於城裏, 昭又穿地橫截之. 晝夜相攻, 拒二十餘日. 魏遣張郃[1]救之, 未至, 亮糧盡, 引還.

晉張悛爲武威太守, 時趙麻秋攻枹罕, 晉昌太守郞坦, 欲棄外城. 張悛曰: "棄外城則動衆心, 大事去矣." 固守大城. 秋帥衆八萬, 圍塹數重, 雲梯·地突, 百道皆進, 城中禦之, 秋衆死傷甚衆, 退保大夏. 張重華遣謝艾爲援, 擊趙軍大破之.

桓謙入寇, 荊州刺史劉道規[2]破斬之. 初謙至枝江, 江陵士民, 皆與書, 言城中虛實, 許爲內應. 至是簡得之, 劉道規[3]悉焚不視, 衆乃大安.

宋沈璞爲盱眙太守. 時江淮無警, 璞到官, 以郡當要衝, 乃繕城浚隍, 積財穀, 儲矢石, 爲城守之備. 僚屬皆非之, 朝廷亦以爲過. 及魏兵南向, 守宰多棄城走. 或勸璞還建康, 璞曰: "虜若以城小不顧, 夫復何懼? 若肉薄來攻, 此乃

---

1 郃: 新朝本에는 '邰'로 되어 있음.
2 規: 新朝本에는 '觀'으로 되어 있음.
3 規: 新朝本에는 '觀'으로 되어 있음.

吾報國之秋, 諸君封侯之日也. 奈何去之?" 璞收集得二千精兵曰: "足矣." 與臧質共守. 魏人以鉤車鉤城樓, 城內繫以彄絙, 數百人唱呼引之, 車不能退. 既夜縋桶懸卒, 出截其鉤獲之. 明日又以衝車攻城, 城土堅密, 每至頹落, 不過數升. 乃肉薄登城, 魏兵殺傷萬計, 尸與城平. 凡攻之三旬不拔, 魏主燒攻具退走. 臧質以璞城主, 使之上露板, 璞固辭, 歸功于質. 宋主聞, 益嘉之.

西川有蠻寇, 節度使盧耽, 與前瀘州刺史楊慶復, 共脩守具. 二月蠻合梯衝, 四面攻城, 城上以鉤繯, 挽之使近, 投火沃油焚之, 殺傷蠻二千餘人, 焚其攻具三千餘物而還.

趙犫[4]爲陳州刺史, 時黃巢叛, 犫[5]謂將佐曰: "巢不死長安, 陳其衝也." 乃完城, 繕甲兵, 積芻粟, 多募勇士, 使子弟分將之. 巢果合兵圍之, 掘塹五重, 百道攻之. 陳人大恐[6], 犫[7]諭之曰: "吾家久食陳祿, 與此州存亡. 且殉國而死, 不愈於臣賊而生乎? 有異議者斬." 開門擊賊破之. 賊攻圍三百日, 乃解去.

孟宗政守棗陽, 金帥完顏訛可, 擁步騎薄城. 宗政囊穰盛沙, 以覆樓棚; 列瓮溺水, 以防[8]火攻. 金人晝夜攻城, 宗政固守, 金人呼爲孟爺爺.

陶魯爲新會丞, 方弱冠, 廣右猺賊流劫, 魯召父老於庭, 誓曰: "賊氣將呑吾城. 若能率子弟, 從我以死守城邑, 保家族乎?" 皆曰: "諾." 乃築塞堡, 與民守之, 中立以捍東西寇賊之衝. 築輔城, 以衛厥城; 浚外溝, 以衛輔城; 布鐵蒺藜, 植刺竹, 以衛厥溝. 人守其土, 分殊死戰, 別寨分兵相援, 一邑之勢, 如腹心相聯絡, 賊至不得犯. 父老咸曰: "吾等保妻子長子孫, 皆陶丞之功也."

高麗宋文冑爲竹州防護別監, 蒙古兵至城下諭降, 城中士[9]卒, 出擊走之. 蒙古復以砲攻城四面, 城門輒摧落. 城中亦以砲逆擊之, 蒙古不敢近. 蒙古又備人油, 灌藁縱火攻之. 城中士卒, 一時開門突擊, 蒙古死者不可勝數. 蒙古

---

4 犫: 新朝本에는 '犨'로 되어 있음.
5 犫: 新朝本에는 '犨'로 되어 있음.
6 恐: 新朝本에는 '怒'로 되어 있음.
7 犫: 新朝本에는 '犨'로 되어 있음.
8 防: 新朝本에는 '陁'로 되어 있음.
9 士: 新朝本에는 '土'로 되어 있음.

多方攻之, 竟不能拔. 文胄在龜州, 熟知蒙古攻城之術, 其計畫無不先料, 輒告衆曰: "今日賊必設某機械, 我當備某器應之." 賊至, 果如其言. 城中皆謂之神明. ○一日, 賊向城門焚之, 火甚烈急. 文胄從城上, 以水灌之, 隨灌隨[10]熾, 莫可滅息. 城中惶懼, 莫知[11]所爲, 有一老卒曰: "吾聞蒙古取死人肉, 出其油以火之, 則得水益熾. 此必以人油洒城門也." 遂以器取土, 從上撲之, 火遂息. ○案 此云砲擊者, 設機飛石, 非火砲也.

高麗李止中出知永州[12]【今永川】, 壬戌春, 倭入寇相繼呑噬, 凡三十六次. 永民皆渡江而西, 餬口以居, 無東意. 及聞李侯之來城也, 相率而來, 敏於趨赴. 城成, 適有警, 李侯備守具, 命衆入城, 按兵以待. 人心已固, 賊亦無若我何?
【李詹記】

高麗朴犀爲西北面兵馬使【高宗時】, 蒙古元帥撒禮塔屠鐵州, 至龜州, 圍城三旬, 百計攻之. 犀輒乘機應變以固守, 蒙兵不克而退. 時有蒙將年幾七十者, 至城下, 環視城壘器械, 歎曰: "吾結髮從軍, 歷觀天下城池攻戰之狀, 未嘗見被攻如此, 而終不降者. 城中諸將, 他日必皆爲將相." 後犀果拜門下平章事.

高麗金[13]慶孫爲靜州分道將軍【今義州】, 蒙古兵渡鴨綠江, 侵及靜州. 慶孫率衙內敢死士十二人, 開門出, 力戰卻[14]之. 後復來攻, 大戰二十餘日, 慶孫隨機設備, 應變如神. 蒙古曰: "此城以小敵大, 天所佑, 非人力也." 遂解圍而去. 尋拜大將軍.

高麗金[15]晅爲金[16]州防禦[17]使, 密城人殺其宰, 以應三別抄, 移牒郡縣, 皆隨風而靡. 晅出勝兵, 先斷賊路, 召慶州判官嚴守安. 至則相與勒兵, 告按廉

---

10 隨: 新朝本에는 '熾'로 되어 있음.
11 知: 新朝本에는 '之'로 되어 있음.
12 州: 新朝本에는 '川'으로 되어 있음.
13 金: 新朝本에는 '全'으로 되어 있음.
14 卻: 新朝本에는 '郤'으로 되어 있음.
15 金: 新朝本에는 '全'으로 되어 있음.
16 金: 新朝本에는 '全'으로 되어 있음.
17 禦: 新朝本에는 '禁'으로 되어 있음.

使李淑眞, 爲討賊計. 淑眞怯怯, 喚術僧卜吉凶, 故爲遷延. 晅手劍擊其僧, 淑眞懼而從. 賊聞之, 斬渠魁以降.

高麗金應德爲羅州司錄, 時三別抄叛據珍島, 勢甚熾, 州郡望風迎降. 賊將至州境, 應德與副使朴珚等, 首鼠未決. 上戶長鄭之呂, 慨然曰: "苟不能登城固守, 寧遁山谷. 爲州首吏, 何面目背國從賊乎?" 應德卽決意守城. 牒州及嶺內諸縣, 入保錦城山城. 樹棘爲柵, 率勸士[18]卒. 賊至, 士卒皆裹瘡死守, 賊攻城七晝夜, 竟不得拔.

高麗尹可觀出守寧海, 時倭寇由丑山島【屬寧海】入寇, 犯原春·楊廣諸道, 以及公州. 一邑失守, 三道被害, 公乃築城以固之. 己巳春, 朴文富代守斯邑, 倭寇再至, 夜泊于岸. 朴公卽開城門, 向賊而馳, 賊遁走.

高麗之季, 皮元亮爲龍潭縣令. 倭入鎭浦, 侵掠州郡, 元亮與廉君利·高允德等, 謀樹柵縣南, 石棧乘高, 累石六所, 俟其入, 欲下石碎之. 賊覘其有備, 莫敢近, 遂遁去, 一境賴安.

李潤慶爲全州府尹, 當嘉靖乙卯之難, 爲靈巖守城將, 勸防禦使金景錫, 出兵與戰, 賊敗走, 官軍獲二百餘級. 會公之弟浚慶爲都巡察使, 朝廷以兄不可受弟節制, 令公還. 軍士聞其將去, 洶懼揚言曰: "我輩恃令公守城, 我輩亦當離散." 防禦使及諸從事, 亦皆驚懼失措. 公卽以私書通于弟巡察公曰: "觀此軍中事勢, 皆恃我爲固, 我若一動, 慮有不測之變. 吾輩世受國恩, 致身至此, 此正吾忘身殉國之日. 吾不可去也." 巡察公不得已, 因留公守城, 竟致克捷. ○時浚慶以書勸出城, 潤慶勅勿納, 再來使射之, 遂不復來. 潤慶先伏弩, 且設菱鐵於道, 使才人盡著彩服, 踊躍爲逞才之狀. 賊張翼而追之, 或死於弩, 或傷於鐵, 不敢突入. 爭觀優戲, 南致勤等, 分軍爲兩翼, 掩其不意, 盡殲之.

張義賢爲富寧府使, 本以名將之後, 當癸未之變, 藩胡作亂, 再被圍逼. 義賢奮其忠勇, 率贏弊之卒, 戰日滋之賊, 挫魛方銳, 沮遏其勢, 賴此不陷.

沈信謙爲嘉山郡守, 値壬辰倭寇, 人心崩潰, 亂民輒入倉庫, 搶掠穀物. 會

---

18 勸士: 新朝本에는 '士勸'로 되어 있음.

大駕過嘉山, 信謙告柳政丞成龍曰: "此郡糧穀頗優, 官廳亦有白米一千石, 欲以此餉天兵, 不幸事至於此. 公若少留鎭定, 則邑人不敢動, 不然亂作, 我亦不敢留此, 將向海邊躱避矣." 柳公不從, 前向曉星嶺. 郡人作亂, 盡失倉穀, 信謙亦棄城.

李希建爲龍川府使, 丁卯正月, 鐵騎十餘萬, 夜渡鴨綠, 襲陷義州, 天未明, 突騎分路而前, 一軍直抵凌漢, 一軍入蚍浦, 欲襲毛文龍. 鐵山府使安景深, 脫身走熊骨山, 希建與兵使, 會於龜城, 聞變, 卽與麾下數十人, 衝陣馳歸熊骨, 收兵固守. 彼人憚其勇, 不敢攻, 由此, 人民安堵, 傍近避難者, 亦多歸之.

李緯國爲谷山郡守, 至丙子秋, 公知淸兵必動, 上疏請爲八道僧兵大將, 自當一隊以死報國, 辭語慷慨. 蓋谷山·伊川之間, 有蒙古故道, 公欲築達雲城, 扼寇咽喉. 是冬, 淸兵果至.

兵法曰: "虛而示之實, 實而示之虛." 此又守禦者所宜知也.

漢廉范爲雲中太守, 匈奴大入, 范拒之, 吏以衆少, 欲移書傍郡求救, 范不許. 會日暮, 令軍士交縛兩炬, 三頭爇火, 營中星列. 虜謂漢兵救至, 大驚, 待旦將退. 范令軍中, 蓐食晨往赴之, 斬首數百級, 虜自相蹂藉, 死者千餘人. 由此, 不敢復向雲中.

宋蕭承之爲濟南太守, 魏兵攻濟南, 承之帥數百人拒之. 魏衆大集, 承之使偃兵開門. 衆曰: "賊衆我寡, 奈何輕之?" 承之曰: "今懸守窮城, 事已危急. 若復示弱, 必爲所屠. 惟當見强以待之爾." 魏人疑有伏兵, 遂引去.

唐[19]宇文測行綏州事, 每歲河冰合後, 突厥卽來寇掠. 測至皆令按堵如舊, 乃於要路數百處, 並多積柴, 仍遠斥堠, 伺其動靜. 是年十二月, 突厥從連谷入寇, 去界數十里. 測命積柴之處, 一時縱火. 突厥謂有大軍至, 懼而遁走, 自相蹂踐, 委其雜畜輜重, 不可勝數. 測徐率所部收之, 分給百姓.

唐張守珪爲瓜州刺史, 虜奄至, 乃置酒城上, 會諸將作樂. 虜疑備引去, 乃

---

19 唐: 『通典·兵六·示强』에 의하면, '西魏'의 오기로 보임.

縱兵擊之. ○唐霍王元軌爲定州. 突厥寇, 令開城門偃旗, 虜疑不敢入, 宵遁.

宋馮贊知梓州, 時劍外初平, 視事纔數日, 僞軍校上官進, 嘯聚士卒三千餘衆, 夜攻州城. 贊曰: "賊乘夜奄至, 此烏合之衆, 以筆挺相撻擊, 必無固志. 可持重以鎭之, 待朝自潰矣." 躬自率衆巡城, 密令促其更籌, 未夜分, 擊五鼓, 賊悉遁去.

李相國浣爲肅川府使, 時淸將龍骨大以五百騎, 猝至安州, 脅兵使柳斐, 欲移互市於安. 不從則拔劍擊斐笠, 又以兵圍守城門. 公聞之, 卽發軍馬, 張旗鳴鼓, 虆過城外, 列陣山谷間, 聲言夜將掩擊, 龍骨大遁去.【『尤菴集』】

守而不攻, 使賊過境, 是以賊而遺君也. 追擊庸得已乎?

吳鍾離牧爲武陵太守, 魏遣郭純誘動諸夷, 進攻酉陽. 郡中震懼, 牧曰: "外境內侵, 誑誘人民, 當及其根柢未深, 而撲取之. 此救火貴速之勢也." 卽率所領, 晨夜進道, 緣山險行垂二千里, 斬惡民懷異心者, 凡千餘人. 純等走散, 五溪皆平.

李矩爲滎陽太守, 漢劉暢帥師三萬進攻, 矩未及爲備, 乃遣使詐降, 暢不復設備. 矩欲夜襲之, 士卒皆疑懼. 乃遣其將郭誦, 禱於子産祠, 使巫陽言曰: "子産有敎, 當遣神兵相助." 衆皆踊躍, 爭進掩擊暢營. 暢僅以身免. ○又守滎陽. 時石勒親率兵襲矩. 矩遣老弱, 俱入山, 令所在散牛馬, 因設伏以待之. 賊爭取馬牛, 伏發齊呼, 聲動山谷. 遂大破之, 斬獲甚衆. 勒乃還.

南梁太守馮道根戍[20]阜陵, 初到修城隍, 遠斥堠, 如敵將至. 衆頗笑之, 道根曰: "怯防勇戰, 此之謂也." 城未畢, 魏黨法宗等衆二萬, 奄至城下. 衆皆失色, 道根命大開門, 緩服登城, 選精銳二百人, 出與魏兵, 戰破之. "閒時忙做, 忙時閒做." 道根之謂乎!

楊璇爲零陵太守, 時蒼梧·桂陽, 賊相聚攻郡縣. 賊衆多而璇力弱, 吏人憂恐. 璇乃特製馬車數十乘, 以排囊盛石灰于車上, 繫布索于馬尾, 又爲[21]兵車,

---

專觳[22]弓弩, 尅期會戰. 乃令馬車居前, 順風鼓灰, 賊不得視. 因以火[23]燒布, 布燃馬驚, 奔突賊陣. 後車弓弩亂發, 鉦鼓鳴震, 羣盜駭散. 追逐傷斬無數, 梟其渠帥. 郡境以淸.

張詠知益州, 州有龍猛軍, 本皆募群盜充[24]之, 潰爲羣盜, 蜀人大恐. 詠一日召鈐[25]轄, 以州印付之. 鈐轄愕然, 詠曰: "今盜如此, 而鈐轄安坐, 是欲令詠自行也. 鈐轄宜攝州事." 詠將出討, 鈐轄驚曰: "某今行矣." 詠曰: "何時?" 曰: "卽今." 詠張酒具於城門曰: "鈐轄將出, 吾今餞之." 鈐轄不得已勒兵出城. 飮數行, 鈐轄曰: "某願謁於公." 詠曰: "何也?" 曰: "所求兵糧, 皆應副之." 詠曰: "諾. 老夫亦有謁." 鈐轄曰: "何也?" 曰: "鈐轄若無功而返, 乃斷頭於此樓下." 鈐轄震慄而去曰: "觀此翁所爲, 斬我不難也." 盡力大破之, 賊遂平.

許逖爲樂陵令, 賊劉七等, 颷起畿甸, 逖使民各起牆屋, 高過其簷, 仍開牆竇如圭, 才可容人. 家令一壯者, 執刀伺於竇內, 其餘人皆入隊伍. 又設伏巷中, 洞開城門, 賊至, 旗擧伏發, 賊火無所施, 兵無所加, 盡擒斬之. 自是, 賊不敢近樂陵城. ○案 牆竇, 宜外窄而內闊.

余闕守安慶, 號令嚴信, 與下同甘苦. 嘗戰, 矢石交下, 士以盾蔽. 闕必却之曰: "汝輩亦有命, 何蔽我爲?" 故人爭用命.

高麗曹愼判原州, 契丹入寇, 與元冲甲同力禦之. 愼援枹以鼓, 矢貫其右臂, 鼓音不衰. 賊小北, 後者驚擾, 自相躪躒. 州兵乘高崩之, 聲震山岳, 僵屍滿谷.

高麗金[26]慶孫爲羅州道指揮使, 時栗原賊帥李延年寇掠海陽等州縣, 聞慶孫在羅州, 率其徒圍之. 慶孫募別抄者三十餘人出戰, 斬延年, 乘勝逐之, 賊徒大潰, 一方復定. 入拜樞密院知奏事.

高麗郭狲龍出知樹城郡事【今沔川】, 本書生, 不閑軍旅. 倭賊突至, 闔境奔

21 爲: 新朝本에는 '馬'로 되어 있음.
22 專觳: 新朝本에는 '耑觳'으로 되어 있음.
23 火: 新朝本에는 '大'로 되어 있음.
24 充: 新朝本에는 '克'으로 되어 있음.
25 鈐: 新朝本에는 '鈴'으로 되어 있음. 이 단락의 '鈐'은 모두 이와 같음.
26 金: 新朝本에는 '全'으로 되어 있음.

竄. 狮龍上馬橫槊, 勇氣激衆, 一可當百, 先截其隘, 賊失利退.

高麗廢王禑時, 崔雲海爲順興府, 倭入寇, 據客館. 雲海日與戰, 所獲牛馬·財貨, 輒與士卒及州民, 大致克捷. 境內晏然. ○三陟郡城小且危. 高麗廢王禑時, 倭寇大熾, 國家難其守, 南誾自請爲郡守. 到郡, 賊猝至, 誾率十餘騎, 開門突擊之, 賊敗走.

鄭悰爲鏡城判官, 李澄玉叛, 自稱大金皇帝, 將渡江據金舊都. 行至鍾城, 會日暮. 悰夜欲圖之, 進曰: "暮夜行軍, 部伍相失, 不如待明曉." 澄玉可之, 據椅假寐. 悰率死士突入, 澄玉超越高垣, 匿於民家. 悰追殺之【或云, 鄭悰當作鄭種】○案『輿地志』, 是役也, 鏡[27]城都鎭撫李行儉, 以計留澄玉, 得成此功.

金秀文爲濟州牧使, 明宗乙卯, 倭寇敗於靈巖, 遁至濟州, 秀文力戰却之. 事聞, 上下書曰: "自聞倭賊犯境, 念孤島絶遠, 兵力單弱, 耿耿于懷, 寢不安席. 今見卿啓, 非卿忠義許國, 安能以寡擊衆, 致此大捷乎? 特加卿一資, 且賜段衣一領."

萬曆癸未, 藩胡酋長亐乙只乃率衆來, 圍阿山堡, 賊踰入城, 幾爲陷敗. 利城縣監李之詩[28], 以繼援來入, 多射賊, 胡却退. 亦被賊箭不傷.

申砬爲穩城府使, 當癸未邊胡之亂, 以阿山助戰馳往, 路經安原堡, 有土兵一人, 越城逃走. 砬先斬此人, 懸之高竿以定軍心. 列立城頭, 鼓動士氣, 賊知援兵之在, 不敢來犯. ○時賊陷慶源府, 闌入殺伐, 屍滿城中, 流血漂鹵. 男女老少, 牛馬鷄犬, 官廳所藏及獄囚胡人, 盡皆驅去. 判官梁士毅潛入鄉校, 竄身穴中, 畏不敢出, 其妾亦爲賊所奪, 呼號而去, 無意出戰. 翌日賊再來, 欲輸倉穀, 圍布三帀. 砬領部下精兵及官軍[29], 自安原堡聞變, 先到列立城頭, 殊死戰. 射矢如雨, 有一胡騎白馬, 揚揚馳突, 砬一箭射倒, 賊氣風靡, 旋卽奔潰.

申砬爲穩城府使, 癸未春, 賊胡萬餘騎, 自痲田洞來, 圍訓戎堡, 再三進退. 撤長城門, 作爲衝橋毁城, 煙焰漲天. 鍾城判官元憙, 終日相戰, 矢盡力竭. 砬

---

27 鏡: 新朝本에는 '境'으로 되어 있음.

28 詩: 新朝本에는 '時'로 되어 있음.

29 官軍: 新朝本에는 '軍官'으로 되어 있음.

自黃柘坡聞變, 從間道馳來突圍, 賊知砬之面, 驚曰: "穩城令公來也." 卽揮弓退北. 僉使申尙節等, 知外救至, 開門出擊, 砬又追奔逐之. ○藩胡栗甫里與尼湯介來, 侵鍾城府, 一麾長弓, 鼓譟齊渡, 江水爲之斷流. 搜掠畜産, 渡江而去, 砬追至江邊, 斬賊奪馬, 判官元熹, 亦馳出與麾下精兵, 奮擊逐之.

黃進爲同福縣監, 縣有挾仙樓. 公有駿馬, 每荷罷, 擐[30]甲馳騁, 或距躍曲踊, 超登樓上以自試. 壬辰, 公從李洸勤王, 北上至龍仁, 師大潰, 公獨全所部兵, 不亡一鏃. 有偏將盡亡其卒, 步詣曰: "將奈何?" 公爲遣親信, 遍諭亡卒於竄伏處, 吹角一聲, 亡者頗集. 其偏將握手歎曰: "公眞將軍也." 賊屯錦山者, 復將南下, 公同諸將, 往守梨峴【一本作熊峙】. 賊大至, 公自當要衝, 射必疊雙. 有飛丸中腓, 而氣益厲, 賊大衂. 而卒放丸中公額, 幸不死, 麾下士舁公還同福. ○後爲益山郡守, 時倭據京城, 公從大軍進討, 至漢江之南岸. 賊以兵逆之, 諸將退却, 公被圍數重. 粤二日, 公忽躍馬突出, 左右揮擊, 賊血灑面淋漓. 亦取賊馬而歸, 以功陞[31]品.

丁景達爲善山府使, 值壬辰倭寇, 賊據府不去. 公奔竄山谷之間, 召募邑人將吏, 議設四寨, 江東設二寨, 江西設二寨. 而賊塞[32]中間, 水又漲溢, 江左兩寨, 號令不通. 割境爲四, 設立四都廳, 各置將領一人, 鄉所一人, 伏兵將六人, 游擊將十八人, 各領其軍, 賊來則避, 還則陣, 或收拾田穀, 或圖捕零賊, 多所斬獲. 賊必欲擒公, 終不能得. 李忠武在順天水營, 知公有將略, 辟爲從事.

鄭忠信爲安州牧使, 李适之叛, 奔詣都元帥張晩. 晩問賊計將安出. 忠信曰: "使賊乘新起之銳, 直渡漢江, 進逼乘輿, 安危未可知, 上策也. 跨據兩西, 結毛將【毛文龍】爲聲勢, 朝廷未易制, 此中策也. 從間道疾趨京都, 坐守空城, 下策也. 适銳而無謀, 必出下計." 元帥以忠信爲先鋒將出兵, 是日[33]或言: "直星七殺, 兵家忌之." 忠信曰: "焉有聞父母之病, 而擇日以行者?" 旣行, 忠信

---

30 擐: 新朝本에는 '褑'으로 되어 있음.
31 陞: 新朝本에는 '陞'로 되어 있음.
32 塞: 新朝本에는 '寨'로 되어 있음.
33 日: 新朝本에는 '目'으로 되어 있음.

曰: "先據北山者勝. 今據鞍峴而陣, 俯壓都城, 因風縱擊, 賊衆大潰." 明日遂擒賊【忠信, 高麗名將鄭地之後】○大駕自公州還, 西路守令, 皆出迎於江頭. 忠信曰: "守土之臣, 職當守土. 賊既平, 應還官守, 江頭祗迎, 非職也." 遂徑還安州.

李相國浣爲遂安郡守, 丙子十二月, 清兵至, 公差正方山城中軍. 公屬家衆, 奉大夫人避亂于山谷, 夜發向正方. 有一吏謀欲逸, 卽斬之, 道遇將校, 率家屬入山, 亦斬之, 斫木書其罪. 既至, 公曰: "鐵騎衆且銳, 難與爲敵. 須設伏要險, 以遏其勢." 元帥金自點不能決. 公見鐵騎零星, 從城下過, 謂自點曰: "此是候騎, 意者大陣將至. 請伏兵洞仙嶺, 俟大陣至, 砲石齊發, 則清兵可鏖矣." 自點從之. 三四百騎果先至, 自點自城上鳴鼓麾旗. 公使人報曰: "此是先鋒, 必待大陣. 今戰雖利, 是小得而大失也." 自點不聽. 公猶按兵不動曰: "大事成敗, 在此一舉. 死不敢從." 自點益怒, 以御賜尚方劍授麾下曰: "李某以下皆斬." 公奮罵曰: "大事去矣!" 遂前進誘賊, 賊見我單弱, 卽追之. 公且前且退, 騎將金應海爲賊所迫. 公射殪白馬金甲者一人, 應海得免. 遂與引賊入山谷中, 發號砲, 伏兵齊奮, 賊大衂. 公收兵入城, 城中相賀, 公獨歎其失計. 明日, 見大陣蔽野而來, 旗幟皆黃, 公曰: "此必清帝也." 自點又欲設伏, 公曰: "昨日餘賊已走報, 事必不濟." 卒如公言. ○會有旨自南漢出來曰: "月暈孤城, 危如一髮, 卿等何心越視?" 於是公從諸將, 前行到兔山. 夜有白氣繞出, 公心憂之. 天明詣元帥議事, 賊卒至亂入轅門. 自點急走上山, 公步至山腰, 吹角招軍. 散兵來集者, 僅五六十人, 爲環陣外向, 賊圍之十帀. 公令輪回發砲, 自朝至午, 賊攻之益急. 公曰: "此我死所." 中三矢昏倒. 適有敗馬奔逸, 公躍上馬走如飛, 得至山頂, 與元帥會, 蓋神助也. 及聞行朝媾成乃罷兵.

閔汝儉爲郭山郡守, 李适叛, 道臣蒼黃棄印而行, 汝儉道拾以還之, 道臣大慙. 且令退守本郡以備虜. 公責以大義曰: "何忍以賊遺君父, 而退處安地?" 至江, 諸帥不欲急渡, 公慷慨先發. 有挽公者, 公絶袖而渡, 諸帥亦從之. 公遂從先鋒將鄭忠信等, 至鞍嶺敗賊.

雍正戊申, 鄭希亮等起兵作亂. 慶尙監司黃璿, 橄右防將星州牧使李普赫,

左防將善山府使朴弼健, 發兵討賊. 普赫入陝川郡, 執從賊僧海琳, 許以貸死,
復入賊中, 與星陝將校, 夜絶賊幕, 竹索掩殺之. 弼健先據牛旨嶺, 昆陽郡守
禹夏亨, 領兵亦會遇賊, 揮旗大號, 賊兵一時盡潰. 遂執熊輔·希亮·崇坤·世
奎等盡斬之. 璿啓言普赫·弼健破賊狀, 論夏亨徑斬諸賊之失.

危忠凜節, 激勵士卒, 以樹尺寸之功, 上也, 勢窮力盡, 繼之以死, 以扶三
·五之常, 亦分也.

梁王琳爲宜州刺史, 時侯景叛帥大兵, 水陸繼[34]進, 於是緣[35]江戍邏, 望風
請服. 景衆濟江, 執王珣等至宜州城下, 使說其弟琳. 琳曰: "兄受命討賊, 不
能死難, 曾不內慚, 翻欲陽誘?" 取弓射之. 珣慚而退. 景百道攻城, 城中鼓譟,
矢石雨下, 殺賊甚衆. 景乃退.

魏崔楷爲殷州刺史, 楷表乞兵糧不得. 或勸楷單騎之官. 楷曰: "吾聞: '食人
之祿者, 憂人之憂.' 吾獨往, 將士誰肯固志哉?" 遂擧家之官. 葛榮逼城, 或勸
減弱小避之, 楷遣幼子及一女夜出, 旣而悔之, 遂追還. 賊至將士爭奮, 皆曰:
"崔公尙不惜百口, 吾屬何愛一身?" 連戰不息, 死者相枕, 終無叛志. 城陷, 楷
執節不屈, 榮殺之.

顔眞卿爲平原太守, 知祿山將反, 因霖雨, 完城浚壕, 料丁壯實倉庫. 祿山
以其書生易之, 牒眞卿以平原·博兵防河津. 眞卿遣李平, 間道奏之, 上喜曰:
"朕不識顔眞卿作何狀, 乃能如是?"

顔杲卿爲常山太守, 時祿山至藁城, 杲卿力不能拒, 與長史袁履謙往迎之.
祿山賜金紫, 質其子弟, 使仍守常山. 杲卿歸與履謙, 謀起兵討祿山, 檄諭諸
郡, 於是河北諸郡, 響應者十七郡. 史思明等引兵圍城, 杲卿晝夜拒敵, 糧盡
矢竭, 城陷. 賊執杲卿送洛陽, 杲卿瞋目罵曰: "臊羯狗! 何不速殺我?" 祿山大
怒, 幷履謙縛於中橋之柱而剮[36]之. ○君子曰: "惜也! 雖有起兵之志, 先受金

---

34 繼: 新朝本에는 '絶'로 되어 있음.
35 緣: 新朝本에는 '綠'으로 되어 있음.
36 剮: 新朝本에는 '咼'로 되어 있음.

紫, 非禮也. 不如遂死之潔也."

張巡爲眞源令, 時祿山反, 巡帥吏民, 哭於玄元皇帝廟, 起兵討賊. 賊圍城甚急, 巡於堂上設天子畫像, 帥將士朝之, 激以大義. 食盡城陷, 巡西向再拜曰: "臣力竭矣. 生無報陛下, 死當爲厲鬼以殺賊." 與許遠·南霽雲·雷萬春等, 三十六人死之.

宋趙昻發爲池州通判, 元兵臨城, 昻發知事不濟, 謂妻雍氏曰: "城將破, 吾守臣不當去, 汝先出走." 雍曰: "君爲命官, 我爲命婦, 君爲忠臣, 我獨不爲忠臣婦乎?" 昻發笑曰: "此豈婦人女子所能也." 雍曰: "吾請先君死." 昻發笑止之. 及元師薄城, 昻發晨起, 書几上曰: "國不可背, 城不可降, 夫婦同死, 節義成雙." 遂與雍氏, 同縊從容堂.

新羅匹夫, 武烈王時, 爲重城縣令【今積城】, 高句麗兵來圍, 匹夫守且戰, 二十餘日. 麗人欲引還, 大奈麻比[37]歃, 密遣人, 告城內食盡力窮, 麗人復攻之. 匹夫斬比歃首, 投城外, 奮拳一呼, 病者皆起. 與本宿·謀支·美齊等拒戰, 矢集其身, 血流至踵乃死. 王哭甚慟, 追贈級湌[38].

高麗金元禎爲鐵山郡守, 北兵來寇. 固守力盡, 知不免, 遂焚官倉, 領妻子投火而死.

高麗曹孝立知春州, 蒙古兵圍城數重, 累日攻之, 泉井皆渴, 士卒困甚. 孝立知城不守, 與妻赴火死.

高麗崔椿[39]命爲慈州副使, 蒙古兵來圍【高宗十八年】, 椿命固守不下. 王患蒙古帥撒禮塔之詰責, 遣人諭降, 椿命閉門不對. 及三軍將帥, 以王命降, 淮安公侹遣大集成諭降. 椿命坐城樓, 使人對曰: "城中不知有淮安公." 集成入城, 椿命使左右射之. 奔却, 譖於崔怡, 將殺之, 椿命辭色不變. 蒙人見之曰: "此人於我雖逆命, 在爾爲忠臣. 我且不殺, 爾殺全城忠臣可乎?" 固請釋之. 後論

---

37 比: 新朝本에는 '北'으로 되어 있으나『三國史記』에 의거하여 바로잡음. 이 단락의 '比'는 모두 이와 같음.
38 湌: 新朝本에는 '飧'으로 되어 있으나『三國史記』에 의거하여 바로잡음.
39 椿: 新朝本에는 '春'으로 되어 있음. 이 단락의 '椿'은 모두 이와 같음.

功爲第一.

申澍以觀察使兼咸興府尹, 李施愛之黨, 謀殺澍, 擧兵圍府衙. 澍知不免, 持弓矢登樓, 射殺四人, 矢盡, 引折其弓, 罵賊而死.【一本澍匿曲樓, 一吏指其處, 遂遇害.】

長興府使韓薀, 靈光郡守李德堅, 當嘉靖乙卯之難, 與兵使元績屯達梁堡, 倭大至城陷, 韓薀死之. 邑人祭于鄕祠.

宋象賢爲東萊府使, 萬曆壬辰四月, 倭兵陷釜山. 左兵使李珏入東萊及釜山陷, 珏避鋒退陣[40]于蘇山驛. 象賢留與同守, 珏不從. 十五日, 倭進迫東萊, 象賢登城南門, 督戰半日而城陷. 象賢堅坐受刃而死. 倭人嘉其死守, 棺斂之, 埋於城外, 立標以識之.

鄭撥爲釜山節制使, 將行泣辭母夫人曰: "子之求任, 本欲養親, 旣爲王臣, 又當死國. 忠孝不可兩全, 願母勿以兒爲念." 母掩泣撫背而戒之曰: "去矣. 汝爲忠臣, 吾何憾焉?" 公跪而受敎, 顧謂妻曰: "事吾母, 如吾在也." 左右皆流涕. 公至鎭, 曉夜磨礪, 爲死守計. 公有一子曰昕, 隨公之任. 壬辰四月初三日, 設宴于望海樓, 酒半, 召昕而命之曰: "今日吾與汝相訣[41]. 汝若徐行, 必及於禍. 今可以去矣." 昕泣曰: "何忍獨歸?" 公曰: "父子俱死無益. 汝歸養吾母與汝母." 叱從者, 扶上馬而送之. 十三日, 公亟乘舟下海, 賊船已蔽海. 公只有三艦, 且戰且退, 還入城, 悉燒城外人家, 以便搏戰, 發間使求救. 是夜長天無雲, 月色如晝, 公倚劍城樓, 令瞽者吹簫, 安閒如平日, 軍民和靜不驚. 翌曉賊肉薄登城, 劍氣亘天, 砲聲震地. 公率將士, 厲氣巡城, 射殪無算, 尸如山積. 日中城中矢盡. 一裨進曰: "請跳出城, 以待援兵." 公曰: "吾當爲此城之鬼. 敢復言棄城者斬." 又令軍中曰: "有欲去者去." 士卒皆泣, 莫敢離次. 俄而公中丸, 城遂陷.【『藥泉集』】

金時敏爲晉州牧使, 壬辰倭寇至, 修城禦賊, 倭人不克而退. 厥明年六月,

---

40 陣: 新朝本에는 '陳'으로 되어 있음.
41 訣: 新朝本에는 '語'로 되어 있음.

倭人復圍晉州, 八日而城陷. 牧使徐禮元, 判官成守璟, 倡義使金千鎰, 本道
兵使崔慶會, 忠淸兵使黃進, 義兵復讎將高從厚等, 皆死. 軍民死者, 六萬餘
人, 牛·馬·鷄犬不遺. 賊皆夷城·塡壕·埋井·刊木, 以快前憤. 時六月二十八日
也. 時外援不至, 又千鎰所率, 皆京城市井召募之徒. 千鎰又與徐禮元不相能,
主客相猜, 號令乖違, 是以甚敗. ○金千鎰·崔慶會·黃進等, 臨死作詩曰: "矗
石樓下三壯士, 一杯笑指長江水. 長江萬古流滔滔, 波不竭兮魂不死." 其後
申維翰作詩曰: "天地報君三壯士, 江山留客一高樓."

　安陰縣監郭䞭[42], 當萬曆丁酉, 倭寇大至, 入黃石山城. 時義兵將郭再祐, 入
昌寧火王山城, 期死守. 賊到山下, 仰見形勢斗絶, 而城內人靜帖不動, 不攻
而去, 攻黃石山城. 城陷, 䞭與子履祥·履厚皆死, 䞭女嫁柳文虎, 夫妻皆死.
○咸陽前郡守趙宗道嘗曰: "吾嘗從大夫之後, 不可與奔竄之徒, 同死草間.
死則當明白死耳." 率妻子[43]入黃石城中, 作詩曰: "崆峒山外生猶喜[44], 巡遠城
中死亦榮." 遂與䞭同被害.

　鄭蓍爲嘉山郡守, 嘉慶辛未冬, 土賊洪景來·李禧著等, 起兵作亂. 郡中吏
校皆與賊和應, 房妓密告其機, 請出奔. 鄭曰: "守土之臣, 義不離次." 及期, 知
賊且至, 明燭端坐, 惟一妓在側. 賊直上堂, 令其徒曳下之, 使之納降. 鄭罵賊
不屈, 遂遇害. 其父其弟亦遇害. 觀察使鄭晩錫, 爲作輓歌曰: "萬古綱常三父
子, 五城風雨一男兒." 事聞特贈兵曹判書. 寒岡之孫也. ○時宣川府使金益
淳, 投降于賊. 賊署爲軍官, 益淳具甲胄投刺, 被拿伏誅. 其餘數邑, 或逃于山,
或囚于獄, 唯嘉山立節.

　乘輿播越, 守土之臣, 進其土膳, 表厥忠愛, 亦職分之常也.
　高麗金殷傅[45]爲公州節度使, 顯宗避契丹南行. 殷傅[46]備禮郊迎, 獻衣帶·

42　䞭: 新朝本에는 '遱'으로 되어 있음. 이 단락의 '䞭'은 모두 이와 같음.
43　子: 新朝本에는 빠져 있음.
44　喜: 新朝本에는 '幸'으로 되어 있음.
45　傅: 新朝本에는 '傳'으로 되어 있음.

土物. 王至巴山, 驛吏皆遁, 御廚闕膳. 殷傅又進膳羞, 分供朝夕.

高麗崔宰, 恭愍朝出爲尙州牧, 辛丑冬, 王避兵南徙. 明年春幸尙州, 宰盡力供辦, 惟恐一毫或傷於民. 不事饋遺, 有求之不得者, 稍短之.

鄭寒岡[47]逑爲通川郡守, 時倭寇深犯, 上幸平壤, 轉至嘉山郡. 諸路貢獻皆絶, 惟通川遣使進物膳. ○時駕夜至東坡驛. 坡州牧使許晉, 長湍府使具孝淵, 以支待差使員在其處, 略設御廚. 扈衛人終日飢來乏[48], 亂入廚中, 搶奪以食. 將闕上供, 晉·孝淵懼而逃.

廣州牧使許瑚, 當丁丑元朝, 淸兵在三田. 瑚乃於圍城之中, 造米餅進御, 以其餘分送於百官. 人各數條, 受者流涕.

兵所不及, 撫綏百姓務財[49], 訓農以贍軍賦, 亦守土之職也.

寇難之作, 其鋒雖銳, 皆一路衝突, 不必一時盡蔽普天. 兵所不及, 務在安集. 若風聲鶴[50]唳·魚駭獸竄, 任其離散, 莫之收撫, 則被兵之地, 何所賴矣? 牧宜招諭利害, 使各安堵, 務財[51]訓農, 以輸供億, 安民衛國, 與躬冒矢石者, 其功無以異也. 若其時勢朝暮被兵, 則修城掘壕, 治兵繕甲, 以圖防禦. 若邑城卑闊, 無以禦攻, 則擇要害之地, 度險阻, 相水泉, 多設民堡, 多置檑木·滾石, 儲峙穀粟, 淸野以待之. 一面下山力農, 一面遙設斥堠, 賊來則足以防禦, 不來則遂以散居, 兩無敗也. 棄其鄕土, 入山赴海者, 皆狼狽失據, 死於道路. 宜以此意, 申諭下民, 俾勿輕動. 其規模節目, 並詳『民堡議』三卷, 今不疊述.

高麗金怡爲長興府使, 哈丹入寇, 國家令州縣, 據險自保. 怡謂按廉使姜就曰:"天兵制此小醜, 如机上肉耳. 何能到邊郡? 且食爲民天. 耕種有時, 時不可失."請出耕. 就曰:"如違令被譴何?"怡退而歎曰:"一夫不耕, 天下受飢. 從

---

46 傅: 新朝本에는 '傳'으로 되어 있음.
47 岡: 新朝本에는 '㟢'으로 되어 있음.
48 乏: 新朝本에는 '來'로 되어 있음.
49 財: 新朝本에는 '材'로 되어 있음.
50 鶴: 新朝本에는 '鶮'로 되어 있음.
51 財: 新朝本에는 '材'로 되어 있음.

令不耕, 則餓死者衆; 不從而耕, 則受罪者我也." 令民出耕. 賊果至燕岐而滅.
他郡皆未穫, 惟長興大熟.

洪處厚爲堤川縣監, 清兵至. 公下令士民, 無得輕動, 且選壯勇爲備禦計.
時鐵騎充斥, 列邑無不奔潰, 而堤獨晏然. 洪公茂績督運至縣, 嘉歎不已.

刑典六條

聽訟·斷獄·愼刑·恤囚·禁暴·除害

第一條 聽訟 上

聽訟之本, 在於誠意, 誠意之本, 在於愼獨.

『中庸』引『詩』曰: "奏假無言, 時靡有爭.' 是故君子不賞而民勸, 不怒而民威於鈇[52]鉞." 『大學』引孔子之言曰: "聽訟, 吾猶人也, 必也使無訟乎!" 彼經先言潛昭·屋漏之義, 以明愼獨之誠, 而繼引奏假之詩, 此經歷言誠意·至善之義, 而結之以聽訟之節, 其淵理妙旨, 兩相照也. 夫聽訟之於無訟, 其相去遠矣. 聽訟者, 聲色以化民也. 無訟者, 予懷明德, 不大聲以色也. 聖人顧諟愼獨誠意以修身, 百姓自然奏假, 望而畏之, 不敢陳其非眞之言, 此化民之極功也. 原夫天下萬民, 芸芸葱葱, 不可家喩而戶說, 口爭而舌競. 故聖人之道, 至誠篤恭而天下自平, 皆使無訟之義也.

其次律身, 戒之誨之, 枉者伸之, 亦可以無訟矣.

隋劉曠爲平鄉令, 有異政. 以義理曉諭, 訟者皆引咎而去, 獄中草滿, 庭可張羅. 高頴薦爲莒州刺史.

張詠知益州, 有牒訴者, 詠灼見情僞, 立爲判決. 每斷事, 有情輕法重, 情重法輕者, 必爲判語. 蜀人鏤板, 謂之『戒民集』. 大抵以敦風俗·篤孝義爲本也.

田鐸謫知蓬州, 刺史行部至蓬, 寂無訟者. 訝之, 已知州無冤民也. 太息而

---

52 鈇: 新朝本에는 '嶽'으로 되어 있음.

去, 薦於朝, 擢廣東僉事.【『明史』】

聽訟如流, 由天才也, 其道危. 聽訟必核盡人心也, 其法實. 故欲詞訟簡者, 其斷必遲, 爲一斷而不復起也.

官長性不耐煩者, 每遇訟牒, 不肯從頭查覈, 但據目下訴牒. 摸捔漫漶, 半是半非, 草草題決, 吏卒喝退, 苟幸目前之清掃. 乃此一事, 在官雖若細務, 在民實爲大事. 必經一番明決, 一立一落, 而後乃可休息. 官威雖難屢瀆, 敵讎何能自平? 斬草留根, 年年復生, 一事相訟, 至五至十, 玆所以詞訟日煩, 而莫可擦理也.

鄭瑄曰: "見事敏捷, 應答如流, 案無留牘, 亦似可喜, 然忙中十有九錯. 還須以精詳沈重爲先."

胡大初曰: "詞訟在官, 不與結絕, 所以愈見多事. 每一受牒, 新訟無幾, 而舉詞者, 往往居十之七八, 徒費有司之閱視, 徒勞人戶之陳請. 曷若逐一了勘之爲清楚乎?" ○ 又曰: "聽訟若憚煩拖後, 積壓愈多, 雖竭其精神, 難理矣. 若日日引詞, 則縣家多事, 訟牒必將自困. 不若間日一次引詞, 將鄉分搭, 遇一則引某鄉狀, 遇三則引某鄉狀, 遇五遇七遇九, 各引某鄉狀, 不得攙越, 庶幾易了. 且彼有一時忿激欲投詞, 需日稍久, 怒解事定, 必有和勸, 而不復來者矣." ○ 案 民訴有爭時刻切迫者, 分日間日之法, 恐不可也.

壅蔽不達, 民情以鬱. 使赴愬之民, 如入父母之家, 斯良牧也.

壅蔽沮遏之弊, 及通豁無滯之法, 已詳首篇.【莅事條】

胡大初曰: "民視令不啻如天之遠, 如神明之可畏, 銜冤茹苦, 無由得入令尹之門. 幸而獲至其前, 吏卒禁訶, 笞扑交錯, 畏懦者, 已神銷氣沮矣, 莫若大啓門庭, 屏去吏卒, 躬自呼之几席之前, 康色詰問, 以盡其所欲言. 其壅蔽不得達者, 則設鑼縣門之外, 俾自扣擊. 如是則民情無有不獲自盡者矣." ○ 置鼓之法, 已見首篇.【莅事條】

紫霞山人曰: "嬰孩之病, 醫書謂之'啞科', 以其疾痛疴癢, 不能自言也. 每見村野小民, 欲訴其冤, 乃其事根, 或抵權吏, 或抵奸丞, 恐其觸忤, 不敢明說.
以此之故, 其所言反涉模糊, 一若理曲, 此其爲啞者, 一也. 又凡村野小民不
知法例, 不解文字, 其或村齋夫子代撰其牒, 都都平丈, 安知吏文? 遺其實證,
衍其枝辭. 本理雖直, 其言似曲, 此其爲啞者, 二也. 及入官庭, 上奴下卒, 左
梏右杖, 心魂[53]先悸, 言辭不辯, 而與之爲隻者, 若非奸吏, 必是奸民, 辯如破
竹, 聽之爽豁. 一加咘喝, 遂沮以嗫, 此其爲啞者, 三也. 余昔在官, 每見愚氓,
官令捽伏, 厥氓遂舒兩脚, 如將受笞, 伏如蝦蟇之浮水, 爲之惻然, 不忍捶撻.
要之, 聽小民之訟, 如看小兒之病, 當以啞科治之, 不可以威武臨之也."

『茶山筆談』云: "官性厭煩, 又不曉事, 一應訴牒, 咸以查稟二字, 爲副急之
手, 或付鄕廳, 或付該吏, 或付鄕甲, 或付田監. 不知民之所告, 皆由此輩作奸,
致此紛拿. 雖其狀文之內, 無此數人名字, 而其筋絡所掣, 皆抵此輩, 特威勢
可畏, 不敢訟言官. 苟一查覈, 必於此輩之中, 有當笞者, 有當杖者, 有當吐錢
者, 今反使此輩, 查決此事, 不亦冤乎? 嬰兒爲虎所逐, 投入父母懷中, 父母還
以嬰兒, 投之虎口, 孰不以此人爲不慈乎? 牧之查稟, 何以異是?"

胡大初曰: "案牘, 率令吏摘撮供具, 謂之事目. 吏受人囑, 其理長者, 不爲
具出, 而理短者, 反爲聲說, 以此決斷多誤. 不若令自逐一披覽案卷." ○凡人
視則易明, 聽則難聰. 況公廳[54]煩聒, 何以聽矣? 使吏告牒, 不便甚矣. 方民之
修狀也, 艱辛借手, 寫其情曲, 乃吏之告狀也, 刪沒精神, 擧其結語. 官雖神明,
但聽結語, 何知曲直? 牧宜一一親閱, 其雷同者, 但看結語, 其新異者, 詳看顚
末. 其可以對辨者, 使之對辨; 其可以卽決者, 明賜理斷; 其可以查覈者, 別置
案頭, 待諸狀題畢, 卽行查覈. 吏告之法, 必當廢也.

韓魏公鎭大名府, 簿牒甚劇, 事無大小親視之. 雖在疾病, 亦許通問請命,
而就決於臥內. 或勉其略於總劇, 委於佐屬而少自便, 公曰: "兩詞在官, 人之
大事. 或生或死, 或予或奪, 至此一言而決, 吾何敢略也? 吾恐有所不盡, 況其

---

53 魂: 新朝本에는 '魄'으로 되어 있음.
54 廳: 新朝本에는 '應'으로 되어 있음.

可以委人乎?"

宋汪待擧知處州, 爲政曲盡下情. 民有爭訟, 呼之使前, 面定曲直, 不以屬吏. 百姓以詩頌之曰: "官舍却如僧舍靜, 吏人渾似野人閑."

唐夔授新昌令, 折獄曲盡隱衷, 莅事二三月, 庭無留牘, 吏胥皆令業屨. 門不設禁, 有事徑入, 莫敢犯者. 訟有理屈, 惟略加扑戒. 又省事節費, 奸弊肅淸. 吏胥飢困, 多辭去.

凡有訴訟, 其急疾奔告者, 不可傾信, 應之以緩, 徐察其實.

鄭瑄曰: "詞訟到官, 類是增撰. 被毆曰殺, 爭財曰劫, 入家謂行竊, 侵界謂發屍. 一人訴詞, 必牽引其父子兄弟, 甚至無涉之家, 偶有宿憾, 亦輒扯入. 意謂未辨是非, 且得追呼一擾, 耗其錢物, 辱其婦女於憤洩耳. 則反坐之法宜嚴, 果涉虛妄, 斷以其罪罪之."【胡大[55]初說大同】

凡訟隻所言, 雖可驚可愕, 一偏之言, 不可取信. 其是非曲直, 切勿論理, 但題曰: "兩隻各持前後文劵[56], 兩造對辨. 再不可加添一字." 每見牧[57]之未鍊者, 甲訴則善甲, 張皇論理, 以乙爲奸, 乙訴則善乙, 一反前見, 以甲爲誣. 再翻三覆, 朝渝夕變, 熟鹿之皮, 怒蟾之肵, 嘲弄溢於四境. 此大忌也.

鄭瑄曰: "訟期宜少緩. 蓋彼有一時忿激, 便欲投詞, 需日稍久, 怒解事定, 必有和勸, 而不復來者. 此亦聽訟之第一義也." ○案 此法甚妙. 凡鬪毆來訴者, 題曰: "犯者本村保囚. 十餘日後, 使之兩造對辨." 則畢竟無一來者矣. 雖係眞毆, 徐治未晚, 雖至殺死, 保囚則無患矣.

東漢杜畿爲河東太守, 民辭訟有相告者, 畿親見爲陳大義, 遣令歸諦思之, 若意有所不盡, 更來詣府. 鄕邑父老自相責怒曰: "有君如此, 柰何不從其敎?" 自是少有辭訟.

范純仁尹洛, 有民爭鬪至官, 范公曰: "吾察爾非惡人, 膚體無傷, 何爲至

---

55 大: 新朝本에는 '人'으로 되어 있음.
56 劵: 新朝本에는 '卷'으로 되어 있음.
57 牧: 新朝本에는 '收'로 되어 있음.

此?"民以情告, 公曰:"爾當自新." 免罰放出. 一鄉化之, 遂無鬪爭者.

陸九淵嘗夜與僚屬偕坐, 吏白有老者訴甚急. 呼問之, 體戰, 言不可解. 俾吏狀之, 謂其子爲郡卒所殺. 九淵判翌日呈, 僚屬難之. 九淵曰:"子安知[58]不至是?" 凌晨追究, 其子蓋無恙也.

趙豫守松江, 每見訟者, 非急事則諭之曰:"明日來." 始皆笑之, 故有松江太守明日之謠. 不知訟者, 乘一時之忿, 經宿氣平, 或衆爲譬解, 因而息者, 多矣. 比之鉤鉅爲名者, 所存何啻霄壤?

劉矩遷雍丘令, 以禮讓化民. 民有爭訟, 矩引於前, 提耳訓告, 以爲忿恚可忍, 縣官不可入, 使歸更尋思. 訟者感之.

陶承學守徽州, 民負氣好訟, 承學面諭曰:"此纖微耳, 何煩公府? 姑歸與父老議之. 不平更來." 則退者十九. 敏於決斷, 府無留案. 下邑民就讞者, 止賫半升糧, 因號曰'半升太守'. 月再受狀, 初至日數百人, 二年後, 則不過數人, 有時或竟無一人. 郡前食肆俱罷, 衢市寂如.

片言折獄, 剖決如神者, 別有天才. 非凡人之所宜傚也.

朱博爲冀州刺史, 博本武吏, 不經文法. 及爲刺史行部, 吏民數百人, 遮道自言. 博駐車決遣四五百人, 皆罷去如神. 吏民大驚, 不意博應事變, 迺至於此.

裴度爲同州參軍, 命書吏數人, 連紙至前, 須臾剖斷, 謂之'霹靂手'.

杜祈公衍知平康縣, 以吏事適他州, 而縣民爭訟者, 皆不肯決, 以待公歸.

盛顒知束鹿邑, 不用刑法, 有爭訟者, 諭之以理, 輒叩頭聽受, 不復辨. 鄰邑訟, 多年不決者, 各來請判, 顒折之以片言, 各心服而去. 民云:"盛知邑, 清如水, 明如鏡." 郊外有荒落地, 自然聚以成市, 邑人因目爲'清官店'.

張淳爲永康知縣, 吏民素多奸黠, 連告罷七令. 淳至, 日夜閱案牘, 訟者數千人, 剖決如流, 吏民大駭服, 訟浸減. 凡赴控者, 淳卽示審期, 兩造如期至,

---

58 知: 新朝本에는 '之'로 되어 있음.

片晷分析, 無留滯. 鄕民裹飯一包, 卽可畢訟, 因呼爲'張一包', 謂其敏斷如包
拯也.

吳湊爲京尹掾吏, 凡有疑獄難決之事, 候湊將出時呈, 冀免摘瑕病. 湊雖倉
卒, 必指其奸婬之處, 下筆決斷, 無毫釐之差. 吏非大過, 不行答責, 吏尤惕厲.

李昌庭爲殷栗縣監, 按使崔東立素與公不合, 至縣以疑訟數十界, 公折之,
公聽斷剖析, 牘背風生. 又以一道貢案, 委公更定, 公呼吏叩算, 指顧之間事
竣. 崔歎服上褒狀曰: "治民之才, 可比龔黃."

李泰淵在公山時, 戶不下二萬餘, 公一見其人, 並其里居年歲輒不忘. 西南
四務, 朱墨委積, 左酬右應, 談笑判決, 簾閣常整暇.

人倫之訟, 係關天常者, 辨之宜明.

黃霸爲潁[59]川太守, 有富室兄弟同居, 弟婦與長姒懷妊. 姒胎傷匿之, 弟婦
生男, 姒取以爲己子, 論爭三年. 霸使人抱兒于庭, 乃使娣姒競取之. 姒[60]持
之甚猛, 弟婦恐有傷, 而情甚悽惻. 霸乃叱長姒曰: "汝貪家財, 欲得此子, 寧
慮有所傷乎?" 姒伏罪. ○當時立後之法, 不似吾東之今俗, 故有此崎嶇也.

丙吉知陳留, 有富翁年九十無男, 娶[61]鄰女一宿而死. 後産一男, 至長, 其女
曰: "吾父娶一宿而身亡, 此子非父之子." 爭財數年不決. 丙吉曰: "嘗聞老翁
兒無影, 不耐寒." 其時秋暮, 取同歲兒, 共解衣試之. 老翁兒獨呼寒, 日中果無
影, 遂直其事. ○案 影生於形, 有形之物, 安得無影? 後人信此爲法, 欲以決
訟, 則必有誤人父子之倫者矣.

郭崇爲江西刺史, 壽春縣人苟泰有子, 三歲遇賊亡失. 數年不知所在, 後見
在同縣趙奉伯家. 二家各言己子, 並有鄰證, 郡縣不能斷. 崇令二父與兒, 各
禁別處, 經數旬乃告之曰: "君兒昨不幸遇疾, 暴死了也." 苟泰聞之, 悲號不自
勝, 奉伯但咨嗟而已. 崇遂以兒還泰, 奉伯乃款引. ○一本作李崇【魏孝文時人】.

---

59 潁: 新朝本에는 '穎'으로 되어 있음.
60 姒: 新朝本에는 '似'로 되어 있음.
61 娶: 新朝本에는 '聚'로 되어 있음.

程明道爲晉城令, 富民張氏子, 父死未幾, 有老父至門曰: "我汝父也." 張氏子驚疑莫測, 詣縣辨理. 老父曰: "某業醫遠出, 而妻生子, 貧不能養, 以與張氏. 某年月日, 某人抱去." 明道曰: "汝何記之詳也?" 曰: "書于藥法冊." 因命以其冊進, 冊中書云: "某年月日, 某人抱兒與張三翁." 問張氏子, "汝年幾何?" 曰: "三十六." 又問: "汝父年幾何?" "七十六." 遂謂老父曰: "是子之生, 其父纔年四十, 人卽謂之翁乎?" 老父驚駭, 遂服罪.

韓億知洋州, 有大校李申, 財豪鄉里, 誣兄子爲他姓, 賂里嫗之貌類者, 使認爲己子, 又醉其嫂而嫁之, 盡奪其廬橐. 嫂姪訴于州, 申行賂, 嫂姪反自誣伏, 受杖而去. 積十餘年, 公至, 又出訴. 公察其冤, 因取前後案牘視之, 皆未嘗引乳醫爲證. 一日盡召其黨, 立庭下, 出乳醫示之, 衆皆伏罪, 子母復歸如初.

靈光人李範訴曰: "晚得一女一男, 而妾子有機以爲非嫡母之己出, 取婢僕所産而爲己子者, 請治其罪." 郡守查問有機, 有機曰: 嫡母潛取婢子時, 果目覩." 獄久不決, 命議大臣. ○判府事閔鎮遠議曰: "範招云: '其妻十七年斷産之後, 五十一歲生女, 五十二歲又生男.' 按『黃帝素問』曰: '女子七七天癸竭, 地道不通, 故無子也.' 七七, 四十九也. 世之婦女, 四十九歲受胎, 五十歲生子者, 間或有之, 而絶無五十後生子者. 況五十後, 逐歲生子於十七年斷産之餘, 此必無之理也. 範以合血爲請, 本道推覆時合血, 則不但子母之血, 他人之血亦相合. 不可以此憑驗也." 以問具服.

骨肉之爭, 忘義殉財者, 懲之宜嚴.

唐李傑爲河南尹, 有寡婦告其子不孝, 其子不能自理, 但云: "得罪於母, 死所甘分." 傑察其冤, 謂其母曰: "汝寡居十年, 唯有一子. 今罪至死, 得無悔乎?" 曰: "無賴不順, 寧復惜之?" 傑曰: "審如此, 可買取棺來. 盛兒屍." 因使人覘之. 寡婦出謂一道士曰: "事了矣. 俄將棺至." 傑乃執道士一訊, 承服曰: "某與寡婦有私, 嘗爲兒所制, 欲除之." 乃放其子, 殺其母及道士, 同棺盛之.

李若谷守幷州, 民有訟, 叔不認其爲姪者, 欲併其財, 累政不直. 李令民還家, 毆其叔, 民辭以不敢, 李固強之. 民如公言, 叔果訟其姪, 因而正其罪, 分其財.

張齊賢時有戚里爭分財不均者, 更相訟. 齊賢坐府, 召訟者問曰: "汝非以彼分財多, 汝分財少乎?" 曰: "然." 命具款, 乃召兩吏, 令甲家入乙舍, 乙家入甲舍, 貨財無得動, 其訟遂定. ○『大學』云: "人莫知其苗之碩." 此之謂也.

張詠知杭州, 有富民病將死, 子方三歲. 乃命其壻主其貲, 而與壻遺書曰: "他日欲分財, 以十之三與子, 而以七與壻." 子長果以財爲訟, 壻持其遺書詣府, 請如元約. 公以酒酹地曰: "汝之婦翁智人也. 時以子幼, 故以此屬汝. 不然, 子死汝手矣." 乃命以其三與壻, 而子與其七, 皆泣謝而去. ○案『大典』有分財之法, 田宅奴婢, 咸有定率. 凡遇此訟, 宜斷之以國法.【若[62]卿[63]大夫之成家者, 宜厚其宗, 見下條】

宋郎簡知賓州, 有橡吏死, 子幼贅壻僞爲劵, 取其田. 後子長, 累訴不得直, 因訴于朝, 下簡劾治. 簡以舊案示之曰: "此爾婦翁書耶?" 曰: "然." 又取僞劵示之, 不類. 其壻乃伏罪.

張希崇守祁州, 郭氏有義子, 自孩提撫至成人, 因戾不受訓, 遣之. 郭氏夫婦相次俱死, 有嫡子已長. 時郭氏諸親與義子相約, 云是親子, 欲分其財, 助而訟之, 前後不能定獄. 希崇覽其訴狀, 斷云: "父在已離, 母死不至. 假稱義子, 辜二十年撫養之恩, 儻曰親兒, 犯三千條悖逆之罪. 生涯並付親子, 訟黨依律定刑." 聞者服其明斷.

王罕知潭州, 聽訟務得人情, 不加威罰. 有狂婦數訴事, 出言無章, 前守每叱逐[64]之. 罕獨委曲徐問, 乃妻某無子夫死, 妾有一子, 遂逐婦而據家貲, 屢訴不得直, 因憤恚發狂. 罕爲治妾, 而反其貲, 婦卽愈. 郡稱神明.

富民張老無子, 贅壻於家. 後妾生子, 名一飛, 甫四歲, 張卒. 張病時謂壻曰: "妾子不足任吾財, 當畀汝夫婦. 爾但養彼母子, 不死溝壑, 卽陰德矣." 於是出

---

62 若: 新朝本에는 빠져 있음.
63 卿: 新朝本에는 이 뒤에 '鄕'이 있음.
64 逐: 新朝本에 '遂'로 되어 있음.

劵[65]書云: "張一非吾子也家財盡與吾壻外人不得爭奪." 壻乃據之不疑. 後妾子壯, 告官求分, 壻以劵[66]呈, 官遂置不問. 他日奉使者至, 妾子復訴, 壻仍前赴證. 奉使者因更其句讀曰: "張一非,【句】吾子也,【句】家財盡與,【句】吾壻外人,【句】不得爭奪." 曰: "爾婦翁, 明謂吾壻外人, 爾尙敢有其業耶? 詭書飛作非者, 慮彼幼爲爾害耳." 於是斷給妾子. 人情快焉.

侯[67]臨爲東陽令, 時他邑有民, 因分財産, 寄物姻家, 遂被隱匿. 累訴不直, 聞臨治聲, 來求伸理. 臨曰: "吾與汝異封, 法難以治. 止令具[68]物之名件而去." 後半年, 縣獲强盜, 因候令妄通有'贓物寄某家'. 乃捕, 至下獄引問, 泣訴, '盜所通金帛, 皆親黨所寄.' 臨卽遣人追民識認, 盡以還之.【出小說】

高麗孫抃性剛毅, 長於吏事. 嘗按慶尙, 人有弟姊相訟. 姊曰: "父臨絶, 擧家産付我, 弟所得, 只衣冠各一, 繩鞋一兩, 紙一卷. 文契俱存." 訟之積年未決. 抃召二人問曰: "若父沒時, 若等年各幾何, 而汝母安在?" 曰: "母先亡, 姊已有嫁, 弟方髫齔." 抃因諭之曰: "父母之心, 豈有厚薄於子女? 顧兒所賴姊也. 若分産等, 則恐其養之不全. 兒旣長, 則用此紙作狀, 服衣冠, 履繩鞋, 以告於官, 有能辨之者, 故獨遺此四物." 遂中分家産與之, 二人感泣而退.

晏殊守洛, 有一擧人, 行囊中物不稅, 爲僕夫所告. 殊曰: "擧人未可深非, 若奴告主, 此風不可長也." 但送稅院, 治其奴罪而遣之.

田地之訟, 民産所係, 一循公正, 民斯服矣.

王志爲宣城內史, 淸謹有恩惠. 郡民張倪·吳慶爭田, 終年不決. 志到官, 父老相謂曰: "王府君德政, 吾曹乃有此爭?" 倪慶因相携請罪, 所爭地遂爲閑田.

宋仁壽縣有吏脅洪氏, 利鄰人田, 紿之僞爲劵. 以茶染之, 類遠年者, 訟于縣. 縣令江某, 卽取紙積伸之曰: "若遠年紙, 裏當色白, 今表裏如一, 僞也." 訊

---

65 劵: 新朝本에는 '卷'으로 되어 있음.

66 劵: 新朝本에는 '卷'으로 되어 있음.

67 侯: 新朝本에는 이 앞에 '戴'가 있으나 『折獄龜鑑』을 참고하여 바로잡음.

68 具: 新朝本에는 '其'로 되어 있음.

之果服.

高定子知夾江縣, 時鄰邑有爭田者, 十餘年不決. 部使者, 以屬定子. 定子察知僞爲質劑, 其人不服. 定子曰: "嘉定改元詔, 三月始至縣, 安得嘉定元年正月文書耶?" 兩造遂決. ○凡僞造之文, 必有破綻, 明者見之, 有可執也. 余見南方有一人, 稱其祖萬曆壬辰有軍功, 特[69]授貞陵衾奉. 貞陵自太宗朝無衾奉, 至肅宗朝復之, 安得萬曆年間, 有貞陵衾奉乎? 陵亦多矣, 必曰貞陵者, 天理也. 凡造僞之文, 必陷破機, 皆此類也.

辛應時按察湖南, 南原有一富民, 惑於左敎, 盡貲事佛, 施田於萬福寺, 授劵永給, 以表其誠, 其後竟不免餧死. 只有孤兒行乞, 將朝夕塡壑, 具狀訴官, 冀還施田, 累訟累屈, 往訴于按察. 辛公手批狀尾曰: "捨施田土, 本爲求福, 身旣飢死, 子又行乞, 佛之無靈, 據此可決. 還田於主, 收福於佛." 一道稱快. ○案此判亦粗叶韻.

李夢亮爲羅州牧使, 嘗批退豪民非理之訟【田訟也】. 後數年入銀臺, 秋曹因本道移牒, 有粘啓決下者, 卽前日豪民之訟也. 公言于同僚曰: "我知此訟之曲. 設令州家誤決, 使家必不再誤." 同僚笑曰: "公牒具在, 何以驗其然也?" 公心獨疑未已, 手摩印跡, 紙漸生毛, 以爪抉之, 果以踏印薄紙, 粘于署端. 一座大驚, 啓下法府, 正其姦.

李時顯爲鴻山縣監, 民有與大家訟田, 前後官皆牽制不能決. 其大家與公有通家[70]好, 公不爲顧, 卽決之.

鄭公載崙云: "一武夫爲邑宰, 民有爭田者, 甲是乙非, 武夫從公決折. 有一權宰, 受乙者賂, 抵書邑宰, 大示威暴, 武夫招甲者流涕曰: '吾不從權宰之言, 則不能保吾爵, 不得不知非誤決. 汝於他日地下, 訪我於刀山之獄.' 甲者亦叩胸痛哭而退. 世道之寒心, 有如是矣."

狄棐爲穀城令, 民有訟田, 而公誤決者訴之, 公坐被劾. 已而縣籍强壯爲兵,

---

69 特: 新朝本에는 '牧'으로 되어 있음.
70 家: 新朝本에는 이 뒤에 '象'이 있음.

有告訟田之民, 隱丁以規避者. 公笑曰: "是嘗訟我者. 彼冤民能自伸, 此令之所欲也. 吾豈挾此而報以罪耶?" 因置之不問, 縣民悅服.

牛馬之訟, 聲名所出. 古人遺[71]讞, 其庶效之.

宋顧憲之爲建康令, 時有盜牛者, 與本主爭牛. 憲之令解牛, 任其所去, 牛徑還主家, 盜伏罪.【『南史』】

後周于仲文爲安固太守, 有任杜兩家各失牛, 後得一牛, 兩家爭之. 仲文乃令兩家, 各驅牛群到, 及放所得一牛, 遂入任氏群. 又使人微傷其牛, 任氏嗟惋, 杜氏自若. 杜卽伏罪.【『北史』】

唐張允濟爲武陽令, 鄰邑元武縣, 有以牸牛依其妻家者. 八九年間, 牸生十餘牛, 及將異居, 妻家不與. 本縣累政不能決, 其人乃越界, 訴於允濟. 允濟曰: "爾自有令, 何至此也?" 其人垂泣不肯去, 具言所以. 允濟遂令左右縛牛主, 布衫蒙頭, 將詣妻家村中, 捕盜牛賊, 悉問此村牛所從來. 妻家不知其故, 恐致連及, 乃曰: "此是婿家牛." 允濟令發其蒙, 謂曰: "此卽女婿, 當以牛歸之."

唐裴子雲爲新鄉令, 部人王恭戍邊, 留牸牛六頭於舅李璡家養, 五年産犢三十頭. 恭還索牛, 舅曰: "牸二頭已死." 只還四頭老牸[72]. 恭訴於子雲, 令送恭獄. 追盜牛賊, 李璡至, 叱曰: "賊與汝同盜牛三十頭, 藏汝家, 喚汝共對." 乃以布衫蒙恭頭來, 命璡急吐辭. 璡云: "牛是外甥牸所生, 實非盜得." 子雲去恭衫. 璡驚卽還牛, 一縣伏其明察.

李順黨中有殺耕牛而避罪逃亡者. 張詠許其首身, 拘母十日不出, 釋之, 後拘其妻, 一宿而來. 公斷云: "禁母十夜, 留妻一宵, 倚門之望, 何疎; 結髮之情, 何厚? 舊爲黨惡, 今又逃亡, 許令首身, 猶尚顧望, 就市斬之." 於是首身者繼至, 並遣歸業, 民悉安居.

南昌祝守以廉能名. 寧府有鶴, 爲民犬咋死, 府卒訟之. 鶴有金牌, 乃出御

賜. 祝公判云: "鶴帶金牌, 犬不識字. 禽獸相傷, 豈干人事?" 竟縱其人. 又兩家牛鬪, 一牛死. 判云: "兩牛相爭, 一死一生. 死者同烹, 生者同耕." ○案 古人判詞, 無不叶韻. 牧有文華者, 宜倣此法, 不可放倒.

包孝肅拯知天長縣, 有訴盜割牛舌者, 公使歸屠其牛鬻之. 既而有告私殺牛者, 公曰: "何爲割其家牛舌, 而又告之?" 盜[73]者驚伏. ○高麗李寶林嘗宰京山府【今星州】. 有人訟鄰人割我牛舌, 鄰人不服. 寶林渴其牛, 和醬于水, 會里人下令曰: "以次飲牛, 牛欲飲卽止." 里人如令, 至所訟者, 牛駭走. 訊之, 果服曰: "牛食我禾, 故斷其舌." 又有一人, 馬逸食人麥苗殆盡. 馬主約以秋償, 及夏, 馬主以麥再苗可收, 無意償麥, 麥主訴. 寶林命馬主坐, 麥主立, 曰: "俱走. 不及者罰." 馬主不及, 詰之曰: "彼立我坐, 其能及乎?" 寶林曰: "麥亦然. 牧而後苗, 其及稔乎?" 遂杖而命償之.

宋石公弼調衛州司法參軍, 淇水監牧馬逸, 食人稻, 爲田主所傷. 時牧法至密, 郡守韓宗哲, 欲坐以重辟, 公弼謂此人無罪. 宗哲曰: "人傷官馬, 奈何無罪?" 公弼曰: "禽獸食人食, 主者安得不禦, 禦之, 豈能無傷? 使上林虎豹絶檻食人, 可無殺乎? 今但當懲圉者, 民不可罪." 宗哲怒以屬吏, 既而使者來, 慮囚如公弼議.

財帛之訟, 券[74]契無憑, 察其情僞, 物無遁矣.

唐趙和爲江陰令, 有淮陰二農比莊, 其東鄰以莊券質西鄰錢百萬緡, 後當收贖. 先納八千緡, 期來日以殘資贖券, 恃契不徵領約. 明日再齎餘緡至, 而西鄰不認. 既無證保, 又無文籍, 乃訴于和. 和乃思策. 一日召捕盜吏數輩, 齎牒至淮陰云: "有江賊案, 具言同惡在其處, 姓名形狀, 具以西鄰指之, 請梏送." 既至, 和責之曰: "何爲寇江?" 囚泣曰: "田夫未嘗舟楫." 和曰: "所盜多金寶錦綵, 非農家所宜有." 囚言: "稻農所出, 紬絹家機所出, 錢東鄰贖契者." 和

---

73 盜: 新朝本에는 '監'으로 되어 있음.
74 券: 新朝本에는 '劵'으로 되어 있음.

曰: "汝果非盜, 何爲諱東鄰所贖八千緡?" 遂引其人, 使之對證, 慙懼伏罪. 於是桎往本土推給.

程顥爲鄠縣主簿, 民有借兄宅以居者, 發地得藏錢. 兄子訴於縣令, 莫能決. 顥曰: "此易辨爾." 先問其兄子曰: "爾父藏錢幾何時?" 曰: "四十年." "彼借宅幾何時?" 曰: "二十年." 卽取錢十千視之, 謂借宅者曰: "今官所鑄錢, 不五六年, 卽徧天下. 此錢皆爾來借宅前所鑄, 何也?" 其人遂服.【謂無新錢參錯】令大奇之.

唐張鷟爲河陽尉, 有呂元僞作倉督馮忱書, 盜糶倉粟, 忱不認, 而元執之堅. 張乃取元告牒, 括兩頭, 惟留一字, 問元: "是汝書卽云是, 不是卽云非." 元曰: "非." 去括卽是元告牒, 先決五十. 又括詐爲馮忱書內二字以問之, 元乃曰: "是." 及去括卽詐書也. 元於是服罪.

薛宣爲臨淮太守, 有一人持縑入市, 遇雨將縑被覆. 後一人至, 求庇蔭, 因授一頭與之. 雨霽而別, 因爭云: "是我縑." 各詣府, 訟其事. 宣呼騎吏, 斷縑各與其半, 令吏追聽之. 後人喜曰: "君恩君恩." 縑主稱冤不已. 宣知其狀, 拷問, 乃服罪. ○ 凡財物相訟, 無文可據者, 權令半失, 以均其害, 徐察其辭色, 可別情僞, 乃決曲直, 多此類也. 近世官長, 仍令半失而退, 則民必號之曰'半失太守'. 此最下者也.

後魏李惠爲雍州刺史, 有負薪負鹽者, 爭一羊皮, 各言藉背之物. 惠謂州吏曰: "此羊皮可拷, 知其主." 羣下默然. 惠令置羊皮於庭上, 以杖擊之, 見小許鹽屑. 使爭者示之, 負薪者乃伏罪.【北史】

宋傅琰爲武康令, 遷山陰令, 幷著能名, 謂之'傅聖[75]'. 在山陰, 賣針賣糖二老姥, 爭團絲. 琰掛絲於柱, 鞭之密視, 有鐵屑, 乃罰賣糖者.

『南史』, 傅琰爲山陰令, 二野父爭鷄. 各問: "何以食鷄?" 一人云粟, 一人云豆. 乃破鷄得粟, 罪言豆者. 縣內稱神明.

李亨爲鄆令, 有業圃者, 茄初熟, 鄰人竊而鬻於市, 民追奪之, 兩訴于縣. 亨

---

75 聖: 新朝本에는 '珓'으로 되어 있음.

命傾其茄於庭, 笑謂鄰人曰: "汝眞盜矣. 果爲汝茄, 肯於初熟時, 幷摘其小者?" 遂卽伏罪.

元胡長孺爲寧海主簿【至大間】, 有羣嫗聚浮屠庵, 誦佛書, 爲禳祈, 一嫗失其衣. 適公出鄉, 嫗訟之. 公以牟麥寘羣嫗合掌中, 命繞佛誦書如初. 公閉目扣齒, 作集神狀, 且曰: "吾使神監之矣. 盜衣者, 行數周, 麥當芽." 一嫗屢開掌視. 公指縛之, 還所竊衣. ○永嘉民有弟質珠步搖於兄者, 將贖, 兄妻愛之, 紿以亡於盜. 屢訟[76]不獲直, 往告公. 公曰: "爾非吾民也." 叱之去. 未幾治盜, 公喉盜誣兄受步搖爲贓. 逮兄赴官, 力辨數不置. 公曰: "爾家信有是, 何謂誣耶?" 兄蒼皇曰: "有固有之, 乃弟所質者." 趣持至驗之, 呼其弟示之曰: "得非爾家物乎?" 弟曰: "然." 遂歸焉. ○有民荷溺器糞田, 偶觸軍卒衣. 卒扶傷民碎器而去, 竟不知主名. 民來訴, 公佯怒其誣, 械于市, 俾左右潛偵之. 向扶者過焉, 戟手稱快, 執詣所隸【軍卒所屬之軍門】, 而償其器. ○案 胡公之事, 全是詭詐, 不足法也. 閉目呪神, 自損體貌而已. 若嫗多智能, 逆其詐而不視掌, 將若之何? 嫂竊其貨, 兄亦與知, 爲人之弟, 而告其兄, 官則聽之, 何以訓民? 技之方癢, 罔念風敎之重而可乎哉?

胡長孺爲寧海主簿, 白事帥府歸, 吏言: "有作奸者, 屢問不服." 公曰: "此易易." 爾夜伏吏案下. 黎明出奸者訊之, 辭愈堅. 公佯謂令長曰: "頗聞國家有詔, 盍迎之?" 叱隸卒: "縛奸者東西楹." 空縣而出, 庭無一人. 奸者相謂曰: "事至此, 死亦無承. 行將自解矣." 語畢, 案下吏躍而出, 奸者驚, 咸扣頭伏罪.【胡公事幷[77]出『理學通錄』】

虛明照物, 仁及微禽. 異聞遂播, 華聲以達.

溫彰作京兆尹, 一日聞挽鈴者, 視之乃[78]鴉也. 尹曰: "是必訴人採其子[79]."

---

76 訟: 新朝本에는 '松'으로 되어 있음.
77 幷: 新朝本에는 '井'으로 되어 있음.
78 乃: 新朝本에는 '仍'으로 되어 있음.
79 人採其子: 新朝本에는 '其人採子'로 되어 있음.

命吏視之, 果得[80]採雛者.

張次山爲泰山守, 嘗有鸛集戒石前, 若有所訴. 次山論鸛先飛, 令兵官隨. 往一大木上, 蓋鄰側有取二雛者. 次山爲治其罪, 鸛乃飛去. ○案 此二事非神異也. 燕巢於樑, 依乎人以遠害也; 雀[81]噪於瓦, 訴乎人以除患也. 禽鳥告愬, 尋常有之, 特愚者不察, 明者獨悟耳.

第一條 聽訟下

墓地之訟, 今爲弊俗. 鬪毆之殺, 半由此起, 發掘之變, 自以爲孝. 聽斷不可以不明也.

『周禮·春官』: "冡人掌公墓之地, 辨其兆域, 而爲之圖, 先王之葬居中, 以昭穆爲左右.【節】以爵等爲丘封之度與其樹數,【節】正墓位, 蹕墓域, 守墓禁." ○鄭曰: "王公曰'丘', 諸臣曰'封'. 漢律曰: '列侯墳高四丈, 關內侯以下至庶人各有差.'" ○又曰: "位, 謂丘封所居前後也, 禁所爲塋域." ○賈曰: "尊者丘高而樹多, 卑者封下而樹少. 『春秋緯』云: '天子墳高三仞, 樹以松; 諸侯半之, 樹以柏; 大夫八尺, 樹以藥草; 士四尺, 樹以槐; 庶人無墳, 樹以楊柳.'" ○又曰: "域, 謂四畔溝兆; 蹕, 謂止行人, 不得近之; 禁, 謂禁制, 不得漫入." ○鏞案 孔子合葬其父母於防, 封之崇四尺, 蓋用士禮也. 然孔子曰: "古者墓而不墳. 特以其周流四方之故, 不得不墳." 則封墳非孔子之意也. 古之所謂度數, 不過墳高, 今之所謂度數者, 墳之四畔, 其禁葬, 各有步數, 此又古今之異也.

「春官」: "墓大夫掌邦墓之地域爲之圖, 令國民族葬, 而掌其禁令, 正其位, 掌其度數, 使皆有私地域. 凡爭墓地者, 聽其獄訟." ○鄭曰: "邦中之墓地, 萬民所葬地, 古者萬民墓地同處, 分其地, 使各有區域, 得以族葬, 使相容." ○

---

80 得: 新朝本에는 빠져 있음.
81 雀: 新朝本에는 '崔'로 되어 있음.

鏞案 所謂邦墓之地, 如我邦東西郊. 萬民所葬, 累累衆塚, 其中亦有小小區域, 各自守禁. 特周法, 葬以昭穆, 井井有規, 我法, 葬無次序, 叢叢相亂而已. 醫譯算律之士, 其墳墓皆在東西郊, 近世始別占遠郊, 亦俗尙有渝也. 周時雖有墓地之訟, 其所爭不過隙地界限, 或恐他日葬地狹[82]窄而已, 非如今俗主脈·案對靑龍·白虎之地, 以吉氣相衝爲憂者也.

『禮記』曰: "季武子成寢, 杜氏之葬在西階之下, 請合葬焉, 許之. 入宮而不敢哭, 武子曰: '合葬非古也. 自周公以來, 未之有改也. 吾許其大, 而不許其細, 何居?' 命之哭." ○『晏子春秋』曰: "景公宿於路寢, 夜分聞有男子哭者. 明日問之, 盆成适也. 父葬寄于路寢【路寢, 蓋新成.】, 母死不祔. 公曰: '悲哉!' 爲開凶門, 以迎盆成适, 适脫衰絰以入, 臨事不敢哭, 出門然後擧聲." ○**鏞案**『晏子春秋』又有逢於何合葬事, 與此相類, 古之道也. 夫豈有廣占塋域, 爭訟發掘, 如今俗者哉?

鄭瑄曰: "世人惑郭璞之說, 有貪求吉地, 至數年不葬親者. 有旣葬不吉, 一掘未已, 至三四次者. 有因爭地致訟, 親未入土, 而家已蕭條者, 有兄弟惑於各房風水之說, 至骨肉化爲仇讐者." ○又曰: "葬親者, 溺信風水, 至侵占他山, 伐人塚, 棄人祖父母骸骨. 怨連訟結, 抵死求勝. 至於傾家敗業, 而地終不可得. 福應尙遠, 禍應至近, 何其愚一至此?" ○司馬溫公丁憂將葬, 密戒地師曰: "我有先兆將葬, 汝勿異議. 唯吾之所欲, 則酬汝錢二萬, 汝若不肯, 將用他師." 師曰: "唯命是從." 於是占穴定向, 悉如公言. 其不拘風水如此, 而公之兄弟, 壽考富貴如彼, 何苦[83]聽禍福於愚人之口, 而受其欺弄哉?

朴趾源『熱河日記』云: "沿道墳墓, 必繚以垣牆, 周數百步, 植以松·栢·楊柳, 列行必整排." ○案 徐乾學『讀禮通考』有「族葬昭穆圖」, 近世名儒, 議復族葬之法, 寢以成俗. 兼又幽厚之地, 曠野無山, 龍虎案對亦無可憑, 故繚垣爲域. 昭穆從葬, 皆太祖子坐午向, 昭穆卯酉相向, 無風水之說也.

---

82 狹: 新朝本에는 '猝'로 되어 있음.
83 苦: 新朝本에는 '若'으로 되어 있음.

國典所載, 亦無一截之法, 可左可右, 惟官所欲, 民志不定, 爭訟以繁.

『經國大典』曰: "墳墓定限, 禁耕牧, 宗親則一品四面各限一百步, 二品九十步, 三品八十步, 四品七十步, 五品六十步, 六品五十步. 文武官則遞減一十步, 七品以下及生員·進士·有蔭子弟, 同六品, 女從夫職." ○ "耕墾[84]在葬前者勿禁, 人家百步內勿葬."【『禮典·喪葬』條】○ 案 此步數, 原係耕牧之限, 而今爲禁葬之限.

『續大典』云: "有蔭士人雖無步數, 龍虎養山處, 勿許他人入葬. 龍虎外雖或養山, 勿許廣占.【龍虎闊遠, 或至五六百步, 亦不可一準龍虎.】"人家百步之內, 毋得入葬."【雖一人之家, 亦禁葬.】○ 案 「禮典」有蔭子弟, 其步數, 同於六品, 「刑典」謂有蔭士人無步數, 二文不同. 然有蔭者, 士[85]族也. 十世以下, 有顯官者, 方可曰'有蔭士族'. 鄉丞之族, 不在此中. ○ 又按 決訟之家, 每云來龍無步數, 謂雖千步亦當禁葬也. 然其在法典, 本無此說, 偏重來龍者, 風水之說也. 「禮典」禁耕之限, 四面皆同. 何嘗曰'來龍益遠'乎? 凡墓地, 皆有起峯如屋, 乃作其穴, 凡起峯之下, 壓臨人墓者, 理當禁葬, 其在起峯之後低下處, 相隔不見者, 但當以「禮典」步數爲斷, 雖半跬一步, 不可以來龍展限也. 牧於平日, 酌定如此, 銘之在心, 臨事庶免慌張. ○ 大村之後, 衆所瞻仰者, 按法禁葬. 若蕭條數家之村, 山下獨居者, 法雖曰禁, 不可禁也.

權判書襸爲漢城判尹, 時太醫康命吉恃寵恣橫, 朝野側目. 買地西郊, 移葬其親, 山下舊有民家數十戶. 命吉悉買之, 約十月收穫之後, 棄家散出. 秋適大饑, 民不如約. 命吉使其奴訴于府, 權公不許驅出. 一日上召承旨李益運, 令密諭判尹, 待更訴, 發吏驅出. 厥明日命吉更訴, 公但依前決無小變. 是日上召益運責之, 天威震疊, 聞者縮頸. 益運往傳之, 公曰: "百姓方饑寒到骨, 驅而出之, 將盡死道路. 吾寧受罪, 不忍爲此, 使百姓怨國也." 厥明命吉復訴,

84 墾: 新朝本에는 '懇'으로 되어 있음.
85 士: 新朝本에는 '土'로 되어 있음.

但依前決無小變, 聞者危之. 後數日, 上謂益運曰: "予靜思之, 判尹之事良是. 判尹難人也. 卿似不能也." 權公聞之, 爲之感泣.

『續大典』曰: "大村及他人墳山至近地, 冒占起訟者, 指示地師, 刑推懲勵, 主喪人定配, 決訟官論罪." ○按 地師, 中國謂之'葬巫'. 凡葬巫之利, 在於新占, 故先塋之側, 雖餘穴尙多, 必吹毛覓疵, 言其不吉, 乃與喪主, 走外求山, 圖占新穴. 凡新穴皆他人之地, 安得無訟? 爭訟之繁, 悉由地師. 每遇一訟, 若係當禁之地, 牧宜問地師之名, 照法嚴刑. 一不饒貸, 則瓜遞之前, 山訟不復作矣. 如此妙法, 法雖不言, 尙當爲之. 況『大典』之所載乎! 此法必可行也.【地師在他邑者, 宜誘引之, 治其罪.】

李世載爲東萊府使, 有至親相訟者, 兩治其罪, 訟山者先罪葬師, 宰牛者不許贖, 用治盜律. 在官三載, 終不食其肉.

『續大典』曰: "理曲不就辨, 三十日不就訟者, 親著人處決給. 掘移納招後逃匿者, 以決後仍執律論." ○順菴『政要』云: "近一縣令, 有士人, 訴其先塋有人偸葬而賊不得. 令佯怒曰: '近世廣占成俗, 乃欲猥禁如此.' 焚其狀而退之. 未幾偸葬者, 果自現, 卽鄰村之賤甿也. 執之使掘去, 人以爲能訟矣."

『續大典』曰: "偸葬者, 百日內不得現出, 則令山主告官, 啓聞後, 自官掘移." ○案 應訟者, 民人之大事也. 犯者·訟者及其山地, 皆在官門相近之地者, 其害未甚, 若其所在皆相遼絶者, 一番就訟, 糜費不些, 經年閱月, 費將若何? 破家蕩産, 遂至敗亡者, 多矣. 況生意新占者, 必其衣食粗足, 心計以濫者也; 被人侵奪者, 必其門戶凋零, 外侮以來者也. 爲民牧者, 凡遇墓地之訟, 其在法難禁者, 據法許葬, 無敢廣占, 其在法當掘者, 雷厲風飛, 星奔火急, 定日納侤, 無敢踰越. 其或踰越者, 諭其宗族, 諭其鄰里, 使之刻日督掘. 又捉地師, 照法嚴刑之外, 再施答罰, 使之督掘. 然猶頑拒者, 報司照律, 必罪無赦. 牧如有私憤, 時刻不耐, 然後百姓知我規模, 傳相告誡, 凡當掘之地, 初不生意, 凡旣落之訟, 不敢遷延. 是之謂賢牧也. ○官掘, 法典雖曰啓聞後爲之, 若在法當掘, 情理頑惡者, 令宗族鄰里, 聚會掘出, 無官掘之名, 而有官掘之實, 不必拘也.

埋標[86]占山之習, 官宜嚴禁. ○今俗預占佳穴, 乃以占得人姓名及占穴, 日月及爲某親壽地等說, 書于白[87]瓷器, 上下相合, 埋于其穴, 名之曰'埋標'. 凡埋標掘出者, 謂其罪與掘塚同, 其實『明律』·國典皆無此說, 此野人之言也. 又凡甲子之年, 李四埋標, 而乙丑之年, 張三入葬於標傍, 則其禁葬與已葬之塚同, 亦法典無文, 而流俗相傳, 如是也. 凡遇此訟, 其埋標, 在本人先塋之內, 及禁養之地·收買之地者, 當禁葬如法, 若其埋標, 在無主空閒之地, 則當以入葬者爲主. 埋者有所訴, 宜置落科, 雖掘破標器, 旣無法律, 不可罪也.

後入爲主之說, 不見法典. ○訟墓之家, 厥有恒言曰: "後入者爲主." 近日官長, 亦爲此言. 鄉曲蒙昧之士, 誦之如聖經, 引之如法典, 其實狹[88]斜之悖言也. 諺曰: "妓與墓地, 後入爲主." 蓋此言之流布也. 勢家豪門, 冒占寒士之塋域, 旣封旣樹, 欝欝葱葱, 碑碣磊[89]落以相望, 廬閣突兀而高起. 乃其寒士, 欲祔其母於父墳, 葬其妻於母階, 則挾勢威禁, 使不得接跡於山門. 輒曰: "後入者爲主, 法典所載." 官不讀律, 亦云: "後入者爲主, 汝不可葬." 嗟乎冤哉! 天下豈有此法典? 『原』『續』『通』三編, 無此一句, 盍亦少思?

摘奸圖形之狀, 務要公平. ○士族相訟, 其山雖遠, 牧宜卽日親審. 若推三阻四, 遷延不往, 非所以禮士族也. 士族·下戶之訟, 宜遣鄉丞, 尺量圖形. 但鄉丞叵信, 或殉私於士族, 或受略於下戶, 處事不公, 以致民怨者多. 臨遣, 宜申申溫諭, 戒其秉公, 庶有戢也.

貪惑旣深, 攘奪相續, 聽理之難, 倍於他訟.

朱文公守崇安, 有小民貪大姓之吉地, 預埋石碑于其墳前, 數年之後, 突以強佔爲訟, 二家爭執于庭, 不決. 文公親至其地觀之, 見其山明水秀, 鳳舞龍飛, 意大姓侵奪之情眞也. 及去其浮泥, 驗其故土, 則有碑記所書, 皆小民之

---

86 標: 新朝本에는 '葬'으로 되어 있음.
87 白: 新朝本에는 '自'로 되어 있음.
88 狹: 新朝本에는 '狄'으로 되어 있음.
89 磊: 新朝本에는 '角'으로 되어 있음.

祖先名字. 文公遂一意斷還之. 後隱居武夷山, 有事經過其地, 閒步往觀, 問其居民, 則備言其埋石誣告, 罔[90]上事. 文公悔懊無及.【此下有雷雨[91]神怪之說, 今刪之】○按 朱夫子明理達物, 猶此見欺於小民, 況於庸暗之吏乎?

陳麟知閩縣, 有勢家欲徙人墓, 部使者屬, 麟不從.

洪參議渾宰楊州, 後宮親屬, 有倚勢蔑法, 而冒葬於州地者. 公卽按法掘出之, 方伯聞之大驚, 遠近悚然.

金公尙默爲安東府使, 部民有訟墓地者, 一法興之李也, 一新附時論之人也. 李家之塋, 新者冒占, 閱歷三官, 不得掘移. 公到而復訴之. 公親往審視, 謂冒占者曰: "汝其掘之." 民曰: "三度得決, 法不聽理." 公曰: "決之不公, 奚拘於三? 汝其掘之." 民曰: "彼李爲誰, 城主不知?" 公曰: "彼李爲誰, 我實不知." 民曰: "彼李, 戊申餘孽也. 何有於墓地?" 公曰: "汝今歸正, 汝祖汝曾, 非戊申餘孽耶?" 決杖嚴囚, 刻期掘移, 物情大悅. 人或問之曰: "公之到府爲政, 異於所料, 何也?" 公笑曰: "吾觀嶺南, 牛與南人宜土, 馬與西人不宜土." 聞者絶倒.

金公思穆爲廣州留守, 其先世墳墓在府南, 久失其處, 至是徧搜古塚, 得誌石, 封乃祭. 而李羅州寅燮, 其父母妻子之葬, 皆逼近金氏之墓, 或在腦頂, 或在肘腋. 金公請其移葬, 李丈許之, 旣卜新塋, 金公忽以書邀之曰: "事有不然. 曩也相容[92], 尙無蓄害. 吾家奕世公卿, 幸有子孫. 今使六十年體魄由我動搖, 反足以召殃, 不如且置. 兩家約誓, 勿復入葬, 並力守護, 以及苗裔, 何如?" 李丈感泣, 遂與爲約而罷.

奴婢之訟, 法典所載, 繁瑣多文, 不可據依. 參酌人情, 不可拘也.

『經國大典』曰: "父母奴婢, 承重子加五分之一, 衆子女平分, 良妾子女七分之一, 賤妾子女十分之一."【本文十二條, 今不盡錄】○案 國初, 家奴婢彌滿域中,

---

90 罔: 新朝本에는 '岡'으로 되어 있음.
91 雨: 新朝本에는 '兩'으로 되어 있음.
92 容: 新朝本에는 '客'으로 되어 있음.

一家所領, 或至千百. 故子女分給之法, 若是詳密. 一自雍正辛亥之後, 良妻所生, 從良爲民, 國中奴婢, 曠然稀少.【其理似當半減, 而一代半減, 二代又減其半, 世代旣久, 漸至消耗矣.】雖大家巨室, 僅買一二, 分給諸子, 凡奴婢分給之法, 今無所講. 然大抵分財之法, 因可議也. 天下萬法, 皆自天子·諸侯而出. 天子·諸侯傳其邦域, 以之爲國, 其承重者, 悉受其傳, 而衆子之分封國邑者, 其視公室, 皆不能百一. 奚獨私門之法, 適子·衆子皆令平分, 唯加三分之一「戶典」云: "功臣田土, 傳其子孫, 承重者加三分之一."】, 或加五分之一乎【奴婢法】? 強幹而弱枝者, 草木之所以植立而不顚也; 大寢而小廡者, 宮室之所以正位[93]而尊瞻也. 今也枝條, 同於大本; 廊[94]廡, 齊於正堂, 豈所以協天理而賁人文乎? 制法如是, 故王子·大君之家, 元勳·大賢之家, 國舅·駙馬之家, 大臣·正卿之家, 不過數世, 其本宗微弱, 又過數世, 香火不繼, 家遂以滅, 皆制法之過也. 若匹夫·庶人, 上無所承, 下無所傳, 祭不過父母, 宗不過昆弟者, 是不成爲家. 凡不成爲家者, 平均其財[95], 未爲不可. 牧遇此訟, 可依國典. ○春秋立子之法, 貴妾之子, 賤妾之子, 誠有差別, 然旣立爲後, 入承其重, 未聞以所出之本賤而減其田邑. 季武子無適子【武子宿】, 立其庶子訖【季綽子】; 叔孫豹無適子, 立其庶子婼【卽昭子】; 孟莊子無適子【莊子速】, 立其庶子羯【卽孝伯】. 三桓者, 繼別之大宗也, 而及其中世, 皆妾子承統. 劉獻公周卿也, 立其庶子【文公蚠】; 華亥宋之大夫也, 立其庶子【司寇䵣】; 石駘仲衛之貴臣也, 立其庶子【石祁子】; 靖郭君齊之近宗也, 立其庶子【孟嘗君】. 妾子承重, 卽三代之令典. 而旣承其重, 皆全受其田邑, 古之制也. 今按『大典』曰: "功臣子孫, 賤妾子承重者, 只給祭田三十結, 其餘屬公."【見「戶典」】又此奴婢之法: "妾子承重, 則略給數口, 餘還本族, 無本族則屬公." 立法如此, 其果協天理而順人情乎? 韓魏公其母靑州之婢妾也, 若如東法, 韓魏公奴婢田宅, 其可以保有之乎? 此是國初之法, 今所未聞. 然凡遇妾子·田民之訟, 牧[96]宜便宜決折, 不必膠守古典, 以拂人心.

---

93 位: 新朝本에는 '正'으로 되어 있음.

94 廊: 新朝本에는 '廓'으로 되어 있음.

95 財: 新朝本에는 '材'로 되어 있음.

『大典』曰: "凡買賣奴婢, 告官立案. 私和買賣者, 其奴婢及價物, 並沒官."
【田宅·奴婢, 決訟作紙之式, 見「刑典」之末】○案『周禮』, 其私文曰'劵契', 公文曰'質劑'. 凡市易買賣, 皆考質劑. 降及後世, 猶有牙契·印契, 今國典立案之法, 卽此遺制, 不知近日何故廢之也. 大抵普天之下, 莫非王土; 一塵之宅, 莫非王授; 一僕之役, 莫非王民, 苟無公文, 爲人臣者, 安得而據爲己有乎? 百年以來, 法紀隳壞, 小事大事, 悉廢舊典. 其弊也, 田宅·奴婢, 認爲己物, 忘其爲王土王民. 太阿倒授, 民不嚮上; 主勢日孤, 王德不降. 此有識之深憂也. 此事須[97]大臣敷奏, 乃可申明, 一縣之令, 無以獨行. 唯遇訟決, 必令依法立案. 其作紙所納, 刑吏得以潤筆, 不可徒決而不案也. ○凡立案之式, 宜刻板楊出【如照訖帖文】, 塡其空字, 乃押乃印, 不可胡亂草書, 如舊法也.

『隋書』云: "晉自渡江以來, 至于梁陳, 凡貨賣奴婢·馬牛·田宅文劵, 率錢一萬, 輸估四百入官."【案此法, 每百兩, 其作紙價四兩】○『宋史』云: "徽宗大觀元年, 凡典買牛畜·舟車之類, 未受印契者, 更期以百日, 免倍稅." ○六畜劵契之法, 在南北朝而猶然. 故北齊顔之推家訓, 有學士買驢, 三易其劵之語也.

『輟耕錄』云: "國初平定日, 以俘到男女匹配爲夫婦, 而所生子女, 永爲奴婢. 又有曰'紅契賣到'者, 則其元主轉賣於人, 立劵投稅." ○案奴婢世役之法, 前輩每云唯吾東有之, 若如此文, 中國亦世役矣.

『續大典』曰: "凡娶親屬人之婢, 其所生與本主爲五寸以下親者, 依放役奴婢所生例, 許本主役使."【骨肉相殘, 不得使喚之文, 本不載法典. 官吏眩於俚俗相傳之言, 決訟每爲屬公, 甚不當也. 同生四寸, 不可使役, 至於五六寸, 固無不可.】○案中世以前, 婢妾所生, 不齒人類, 不唯枳之於仕宦, 甚亦塞之於科擧. 蓋古今天下, 所無之法, 唯吾東有之也. 今科宦稍通, 而親屬爲奴之法, 猶載法條, 傷天理, 拂人情, 未有甚於是者也. 今宜稍展其限, 凡同高祖八寸, 及五世[98]以下祖免之親, 許無價從良, 其在祖免之外者, 許以輕價贖良. 有喪皆依本服, 勿令披髮服斬,

---

96 牧: 新朝本에는 '收'로 되어 있음.
97 須: 新朝本에는 '雖'로 되어 있음.
98 世: 新朝本에는 '寸'으로 되어 있음.

庶爲合理. 然此事須有大臣敷奏, 朝令新頒, 乃可施行. 一縣之令, 無以違法. 凡遇此訟, 宜諭之以義理, 使之從厚, 不自我手決其立落, 抑所宜也.

『續大典』曰: "私賤無子女身死者, 己物給己之主, 而放賣他人者, 毋得混入. 如或娶他婢有子孫, 而其主記上者, 以制書有違律論." ○案 記上之弊, 官所不聞. 奴不告主, 何以聞矣? 其有子女者, 宜溫諭其主, 俾勿犯法.

『續大典』曰: "已贖奴婢, 稱以膳物侵徵者, 先世贖給奴婢, 至子孫還爲撓奪者, 並以壓良爲賤論." ○舊主貧窮到死, 贖奴豪富近居, 不忍凍餓, 以時求乞. 不名膳物, 不名記上, 特以舊誼往索數苫之穀者. 贖奴訴之以徵索膳物, 官不察其情, 執之爲壓良爲賤, 報司嚴刑, 至於照律, 不亦過乎? 此等處, 宜靜思情理, 不可以法從事.

鄭復始佐湖西幕時, 尹元衡張甚, 以非理奪人臧獲累十口, 訟久不決. 方伯怵怯, 將誤斷, 公力爭, 遂歸之本主.【『同春集』】

柳正源爲刑曹參議, 莅獄平恕, 發伏如神. 有私奴變幻文書, 叛主相訟, 積年不決. 公取文書, 揭窓[99]明審視, 隱隱有痕跡. 取水沈紙, 褙塗處爪起, 墨跡昭然. 遂嚴刑得情, 斷還其主.

債貸之訟, 宜有權衡. 或尙猛以督債, 或施慈以已債, 不可膠也.

『經國大典』曰: "濫收私債者, 杖八十."【禁制條】 註曰: "十分爲率, 每月取一分, 如十升取一升之類; 每年取五分, 如十升取五升之類. 年月雖多, 不過一倍." ○案 上所言者, 今所云'大頓邊利'也【方言十錢曰'大頓'】; 下所言者, 今所云'五分邊利'也. 二法皆是濫收, 故刑典禁之也. ○年月雖多, 不過一倍者, 謂雖每月收二分之利, 旣至累年, 當至三倍四倍, 故限之以一倍, 令毋得踰越也. 今人以此名之, 曰'子母定式'.

『續大典』曰: "凡徵債, 勿論公私, 過什二者, 杖八十, 徒二年,【以穀給債, 以錢收利者, 許負債者發告, 犯者, 杖一百, 流三千里, 其貨屬公.】私與甲利者【方言以倍爲甲】, 杖

---

99 窓: 新朝本에는 '聰'으로 되어 있음.

一百定配. 雖十年, 只徵一年利, 違越者杖一百.【「戶典」徵債條】○案「刑典」則多年者, 許徵一倍, 「戶典」則雖十年, 只徵什二. 私家欲依「刑典」, 官決多遵「戶典」. 然「刑典」者, 『原典』也; 「戶典」者, 『續典』也. 國初不用錢貨, 則債弊未甚, 故其法稍寬, 而踰之者, 罪止杖八十. 自肅宗朝以來, 錢貨大行, 私債之弊, 日加月增, 小民敗殘, 皆由私債. 故其法始猛, 而踰之者, 罪至徒二年. 今公私諸法, 皆捨舊而從新. 『原典』·『續典』不同則從『續典』; 『續典』·『通編』不同則從『通編』, 奚獨於徵債一事, 必捨新而從舊哉? 此易辨也. ○總之, 富民牟利, 放債貧民, 力屈未報者, 題之曰: "待秋成." "待豐年." 其可以蕩減者, 官庭燒劵, 俾無後言, 可也. 或貧士貧民, 偶賣田土, 奸儈猾賈, 知其有錢, 取以興利, 以其嬴羨, 厚自封殖, 而不報本錢者. 當治之如强盜, 雷厲風飛, 不小寬假, 不拘春夏, 火督以還之, 可也. 但其子錢, 雖本約什五, 但徵什二, 以遵國典. 若其情理絶痛者, 或用舊典, 徵其一倍, 抑所宜也. ○或有破落·油滑之子, 騙取人財, 馬弔·江牌, 消折無餘, 其家至貧, 榨而無出者, 宜執本人, 查得馬弔同伴之人, 及馬弔主局之人, 查其賭注所失, 及飲食·燈燭之費, 並令還吐, 以充原數, 以還失財之人. 此法之最善者也. ○又有一等浪子, 原係富人子弟, 私與外人, 綢繆造謀, 虛作手記, 稱用錢二百兩, 謂此錢物, 原係公貨, 又與主吏三奸相合. 吏告于官, 官乃發之, 遂執浪子, 囚禁督債, 捕其父兄, 使納此錢. 既是富民, 如何抵當? 收錢既畢, 三奸分食. 天下之詐僞悖惡, 未有甚於是者也. 牧宜知此, 凡遇此事, 宜並懲三奸, 如治强盜.

凡鄰邑之民來訟者, 若吾民理曲, 鄰民理直, 牧宜勿顧私愛, 明白伸理. 墓地則督掘倍嚴, 債貸則督徵倍急, 使鄰邑之民, 毋至留滯. 不然, 主客勢殊, 勞逸情異, 未有不負冤而歸者矣. 邑民·村民, 其勢不同; 陸民·島民, 其勢不同. 況遠道之民, 千里就訟者, 尤宜體念其情勢, 無使以主而陵客, 以逸而待勞. 則秉心既公, 聲聞以遠, 不可自設畦畛, 示民不廣也. 身爲官長, 豈可以一'私'字存諸中乎?

『續大典』曰: "公私負債者, 親父子外, 兄弟及一族·止接人, 一切勿侵." ○ "負私債者身死, 則勿徵邊利." ○ "徵私債者, 或代受田土, 或以其子女勒爲奴婢者, 杖一百定配, 其田土子女推還."

梅衡湘初仕固安令, 固安多中貴, 狎視令長, 稍强項, 則與之爭. 公, 平氣以待. 有中貴操豚蹄餉公, 乞爲徵負. 公爲烹蹄設飮, 使召負者前呵之. 負者訴以貧, 公叱曰: "貴人債, 敢以貧辭乎? 今日必償, 徐之, 死杖下矣." 負者泣而去, 中貴意似惻然. 公覺之, 乃復呼前, 蹙額曰: "吾固知汝貧甚. 然無如何也? 亟鬻而子與而妻, 持鏹來. 雖然, 吾爲汝父母, 何忍使汝骨肉驟離? 姑寬一日夜, 歸與妻子訣. 此生不得相見矣." 負者聞言愈泣. 中貴亦泣, 辭不願徵, 爲之破券.

柳子厚爲柳州刺史, 其俗以男女質錢, 約不時贖, 子本相侔, 則沒爲奴婢. 子厚與設方計, 悉令贖還. 其尤貧力不能者, 令書其傭, 相當則使歸其質. 觀察使下其法於他州, 一歲免歸者千人.

軍簽之訟, 兩里相爭, 考其根脈, 確然歸一.

假如[100]甲乙兩里, 訟軍簽一根, 甲曰乙根, 乙曰甲根. 甲訴則善甲, 乙訴則善乙, 左敧右傾, 倏勝忽負, 經年閱歲, 卷軸如山. 牧遇此訟, 宜令兩隻, 各持前後文券, 無一遺落, 兩造對辨. 對辨之日, 牧宜少屛他事, 專決此訟. 兩民久伏石上, 其骨必痛, 宜令退坐於廡下, 乃取兩邊文字, 一一比照. 甲子年某里先訴, 某里對擧, 其曲直立落, 抄爲一條; 乙丑年某里先訴, 某里對擧, 其曲直立落, 又抄爲一條. 又取手記【兩隻之約文】·侤音【官決取服之文】之等, 一一比照, 又取十式年戶籍, 十式年軍案, 及兩里尺籍, 軍吏收布之簿【卽捧上成冊】, 一一查驗. 又取諸文, 向空照看, 有無刀擦痕, 有無添書痕【卽所云印後加書】, 又取印文, 查其篆畫, 或係僞造. 左右審理, 其曲直誠僞, 自然呈露. 於是取硾紙一張【卽狀紙三折】, 自書立案.

東山里砲保一根, 對訟決立案.

甲子式軍案云: "砲保李同伊, 年三十六, 住南川里."

---

100 如: 新朝本에는 '與'로 되어 있음.

丁卯式軍案云: "砲保李老味, 年十五, 父同伊, 住南川里."

庚午年南川里訟牒, 題曰: "李老味既是汝里之民, 自汝里代簽[101]." 東山里答南川民書曰: "官決既明, 更何如是? 須自貴里代簽[102]." ○東山里尺籍, 御營軍之上, 忽有束伍軍一名, 束伍二字, 明有刀擦之痕. 此本砲保二字, 改書如此者. ○由是觀之, 今此砲保一根, 明係東山里軍役, 偶緣李老味徙居南川, 乃東山之民, 忽生奸計, 以此一根委[103]之南川, 民習巧惡. 今官庭決罰, 笞二十, 取前後對訟文券, 情願燒滅, 不復起訟. ○玆據東山里頭民李太雲等, 甘罪侤音, 立案如此. 永遠憑考, 勿復非理相侵, 仰照驗施行. 年月日, 行縣令花押, 座首尹基石, 吏房金世東, 刑吏柳文植, 各署名. 用濃膩朱泥, 踏印四五處. ○乃召兩隻諭之曰: "恁地恁地, 東山里理曲; 恁地恁地, 南川里理直." 乃謂東山之民曰: "汝等懷奸挾詐, 非理起訟, 積年紛紜, 刀擦尺籍, 妄以束伍錄在御營軍之上, 欺罔官家, 糜費民財, 不惟落訟, 抑將懲惡, 笞二十, 甘罪不辭." ○遂又問之曰: "玆後更訟否?" 民曰: "何敢?" 官曰: "汝不更訟, 時留文券無用, 何不燒滅?" 民曰: "情願燒滅." 遂於面前, 令民自手燒滅. 乃進南川之民, 授之以立案曰: "汝以此案歸藏櫃中, 永遠憑考." 乃召軍官, 押此兩里諸民, 無得一瞬留滯, 驅而出之於五里之外, 須卽入告.【訟民出官門留滯, 則以立案之故, 吏奴有侵索.】○如是, 則雖六期秩滿, 此訟不復起矣. 四境之內, 如此大訟, 極不過四五十. 若一日一決, 不過數月之後, 庭無訟矣. 況此落訟之民, 不惟落訟而已, 既燒文券, 又受笞罰, 此聲一播, 傳相告戒, 凡理曲者, 自下輸款, 不敢就訟. 不訟而平者, 十之八九, 而復有訟者乎? 故曰: "欲簡者遲." ○一應田宅之訟, 賦稅之訟, 奴婢之訟, 錢貨之訟, 凡有文券可考者, 悉用是法. ○賦稅之訟, 其田案大帳及起訟以來, 馬上草·行尋記·作夫記等物, 一一親執查櫛, 面前採根, 立案成給如上法, 則訟不復起矣.

---

101 之民自汝里代簽: 新朝本에는 이 7자가 원주로 되어 있음.
102 自貴里代簽: 新朝本에는 이 5자가 원주로 되어 있음.
103 委: 新朝本에는 '諉'로 되어 있음.

決訟之本, 全在券契, 發其幽奸, 昭其隱慝, 唯明者能之.

完平『聽訟要式』【李相公元翼著】: "始訟受侤音【兩隻對訟日】, 旣侤受原情【彼隻, 亦自陳其情.】, 文記須憑閱【兩隻, 各自現納.】, 封印還其主【憑閱後, 封印以還之.】. ○文記考先後【査驗其日月】, 戶籍考有無【古法無籍不聽訟】, 斜出察違格【奴婢屬掌隸院, 田宅屬漢城府, 宜察其印跡題署. ○外邑, 察財主所居處.】, 日限考律文【過限則違律】, 親屬察違格【非父母·內外祖父母·妻父母及親夫, 則非分財之主也】. ○文記須比對【彼此校讎也】, 記察塗擦【痕跡, 宜照空以察之.】, 印跡察篆文【某衙門印文, 及婦人圖書, 宜詳看.】, 印後察加書【墨痕在朱痕之上.】. ○年月考生死【文券年月, 與財主身死年月, 相考.】, 年月考出入【財主或奉使出疆, 或受任在外類.】, 黏連察奸僞【他司粘連文狀及侤音, 察其異同.】, 立案考署押【決折官員, 在官年月及其署押, 宜察之.】, 國忌考違値【凡斜出·侤音·立案等月日, 在國忌·國恤·殿坐·祭享等, 不坐之日, 則知其有奸.】. ○奴婢察根條【奴婢父母, 及所主男女次第, 及姓名異同.】, 田宅察文記【佃夫所耕單子, 名曰衿記, 家舍亦有統記.】, 歸農須封印【農時停訟者, 彼此文券, 同封踏印, 隻受侤音, 藏于上庫以待秋.】." ○按 此要式, 可見古人聽訟之法, 誠愨密察, 不如今之輕率也. 又見當時百司, 奉法嚴謹, 不如今之毀畫也.

第二條 斷獄【經傳所論刑獄之義, 及古今人命之獄, 蒐輯其文, 爲『欽欽新書』.
今不復論.】

斷獄[1]之要, 明愼而已. 人之死生, 係我一察, 可不明乎? 人之死生, 係我
一念, 可不愼乎?

『易』曰: "明愼用刑, 而不留獄." 斷獄之要, 明愼而已. 明而不愼, 則錯愕而
多冤; 愼而不明, 則濡滯而難決, 斯爲難矣. 克明且愼, 斯之謂能獄.

鄭瑄曰: "按獄者, 或乘其聰明, 或乘其火氣, 或乘其忙錯, 種種皆能枉[2]人.
昔彭惠安韶, 居官立身, 無愧古人, 只誤殺一孝子, 遂至不振. 甚矣! 獄官之難
也."

盛吉爲廷尉, 決獄無冤滯. 每至冬罪囚當斷, 妻執燭, 吉持丹筆, 夫妻相對
垂泣. 妻語吉曰: "君爲天下執法, 不可使人濫罪, 殃及子孫."

宋歐陽觀, 常夜治爰書, 屢廢書歎. 妻問故, 曰: "此死獄也, 我求其生而不
得耳."

田元均治成都, 有懦弱不能伸冤者, 必委曲盡其情. 蜀人謂之'照天燭'.

武侯書曰: "決獄行刑, 患其不平. 惟君治獄, 觀其往來, 察其進退, 聽其聲
音, 觀其瞻視. 形懼聲哀, 來疾去遲, 還顧咨嗟, 此怨苦之情, 不可不惜. 下占

---

1 獄: 新朝本에는 '嶽'으로 되어 있음.
2 枉: 新朝本에는 '狂'으로 되어 있음.

盜視, 側見却退, 喘息竊聽, 沈吟腹計, 言語失度, 來遲去速, 不敢反顧, 此罪人欲自免也."

胡大初曰: "諺曰: '捉賊須捉贓, 捉姦須捉雙.' 此雖俚言, 極爲有道. 凡罪囚供款, 必須事事著實, 方可憑信."○又曰: "治獄有三誡, 一我醉, 二彼醉, 三羸瘠. 我醉則果有追悔, 彼醉則不知畏懼, 羸瘠則尤有不測."

鄭瑄曰: "吏以察察博名, 吹毫求疵, 深文巧詆, 令必不得反. 而一等修潔之士, 又明見其無辜, 多遠嫌自避, 以小民身家性命, 全我好修之名."○"富民遇貪吏, 或行賂以幸免; 遇廉官, 或避嫌以橫罹. 凡按獄者, 忘民之貧富, 一出於公正, 斯可矣."○又曰: "鄕民一至公門, 吏卒禁呵, 笞扑交錯, 魂消氣沮, 固有畏懼刑繫, 覬欲早出, 而妄自誣伏者; 有吏務速了, 強加拷訊, 逼令招認者, 有長官自恃己見, 妄行臆度, 吏輩承順旨意, 不容不以爲然者. 嗚乎! 一人坐獄, 闔戶並啼, 一罪爰成, 妻孥典鬻, 爰書數語, 其得潦草從事乎? 欲通下情, 莫若大啓門庭, 俾自扣控, 使無不盡之隱. 其有微隱難明者, 必訪於衢, 謀於邑, 輾轉於癥寐, 卽鬼神, 亦將來告矣."

大獄蔓延, 冤者什九, 己力所及, 陰爲救拔. 種德徼福, 未有大於是者也.

慕容農曰: "尊不迫人於險."【農說止此】當人危極之時, 其操縱之勢在我, 此寬一分, 則彼受一分之惠.

紫霞山人曰: "至冤大痛, 呼天不應, 呼地不應, 呼父母亦不應, 忽有一官人, 閱案覈根, 解作無罪平人, 然後知刑官之尊."

袁安爲楚郡守, 楚王英謀逆, 下郡覆考英. 連及數千人, 吏案急, 自誣死者, 甚衆. 安到郡, 不入府, 先往案獄, 理其無明驗者, 條上出之. 府丞·椽吏, 皆叩頭爭. 安曰: "如有不合, 太守自當坐之, 不以相及也." 帝感悟, 卽報許, 得出者四百餘家.

于定國父子, 爲縣獄吏, 屢理冤獄【東海孝婦, 亦于公理之】, 罹文法者, 于公所決, 皆不恨. 始定國父于公, 其閭門壞, 父老方共治之, 于公謂曰: "少高大門閭, 令容駟馬高蓋車. 我治獄多陰德, 未嘗有所冤, 子孫必有興者."○後漢虞詔祖父經爲郡獄吏, 每上具, 涕泣隨之. 嘗曰: "昔于公高其門閭, 其子至丞相, 吾子孫何必不爲九卿?" 因字詔曰'升卿'. ○案 古人於樹德受福, 其取必如此.

張說爲雍州長史, 景龍中, 譙王重福反伏誅. 留守捕繫支黨, 經時不決. 上令說, 按其獄, 盡得其情, 有枉濫者, 一切釋之. 上勞之曰: "知卿按獄, 不枉良善, 不漏罪人. 非卿忠直, 豈能如此?"

錢忠定按安州司理參事, 吏有誣服自盜抵死, 邑具獄上於郡, 公明其冤狀. 守將謂曰: "劾縣當得賞." 答曰: "治獄得情乃其職, 擠人以論功, 非吾志也." 聞者歎服. ○皮日休『鹿門隱書』云: "古之決獄, 得其民情也哀; 今之決獄, 得其民情也喜. 哀之者, 哀其化之不行; 喜之者, 喜其賞之必至." ○按 中國之法, 決獄得情者, 必有功賞. 爲史者, 有所勸矣, 然其弊如此.

陳戩爲懷州司理, 用法平允. 屬縣得盜, 上之州獄, 公察其冤. 而尉挾姻黨之貴, 私請於公. 公正色曰: "殺無辜以希賞, 安乎?" 遂釋之. 人益知其賢.

皇明周新初爲御史, 彈劾敢言, 貴戚畏之, 目爲'冷面寒鐵'. 及按察浙江, 有冤民淹繫, 聞之喜曰: "冷面寒鐵公來, 吾無患矣." 及至, 洗其冤放之.

誅其首魁, 宥厥株連, 斯可以無冤矣.

狄仁傑爲豫州刺史時, 越王兵敗, 支黨二千人, 皆論死. 仁傑釋其械, 密疏曰: "臣欲有所陳, 似爲逆人伸理, 不言, 且累陛下欽恤意, 表成復毀, 自不能定. 然此皆非本惡, 詿誤至此." 有詔悉謫邊戍. 囚出寧州, 父老迎勞曰: "狄使君活我耶!" 相與哭碑下, 齋三日乃去.

唐崔仁師【貞觀時】按獄青州, 逮捕滿獄, 仁師至, 悉出枷械, 與飲食湯沐, 止坐其魁首十餘人, 曰: "治獄當仁恕爲本, 豈可自規免罪, 知其冤而不爲伸耶? 萬一誤有所縱, 以一身易十囚之死, 亦所願也." 乃勑使至, 更訊諸囚, 皆曰: "崔公平恕無枉, 請速就死." 無一人異辭者.

石皐守定州, 唐縣兇惡, 謀爲亂, 書其縣人姓名於籍, 無慮數千人, 其黨持籍詣州發之. 皐主鞫治, 是時冬月, 皐抱籍上廳事, 佯爲顚仆, 覆其籍爐火中, 盡焚之, 不可復得其姓名. 止坐爲首者, 餘皆盡釋.

張其知江陰軍, 吏盜錢三百貫, 二十年矣, 其發其奸, 捕繫數十人. 轉運使趙郭謂曰: "此應賞典, 願竄吏. 吾以聞." 其慘然曰: "殺人以求賞可乎?" 悉召吏, 諭以償錢貸出之. 吏之親屬聞者, 爭出錢以償, 十日而足. 乃推二人死者爲首, 餘悉不問.

鄆州民有傳妖法者, 其黨凡百餘人. 捕者欲邀功賞, 誣以不軌. 李諫議應言往按其事, 止誅首謀數人, 餘悉全活之.

李永輝爲三登縣令, 成川有獄, 連逮被繫者十數人, 而府使許秩怙勢專恣, 又刻酷, 不問[3]首從, 並皆加以慘刑, 按使亦惟其所報. 公獨爭以爲: "此獄太濫, 且刑杖過重, 非制." 秩遽曰: "此方人心甚惡, 小冤何足恤乎? 且旣入此地, 有死法而無生理. 淹獄有弊, 不如速殺." 公曰: "此何言也? 治獄者, 當於必死之中求其可生, 若以爲入此地無生理, 一切斷死, 殺之者雖快, 死者豈不冤乎?" 遂輕其杖, 疏其最冤者數人.

疑獄難明, 平反爲務, 天下之善事也, 德之基也.

雋不疑爲京尹, 吏民敬其威信. 每行縣錄囚還, 母問平反幾何. 不疑曰有, 母則喜笑, 曰或無, 母怒爲不食. 故不疑爲吏, 嚴而不殘.

唐錢徽貶江州刺史, 初州有盜, 刦貢船, 捕吏, 取濱江惡少年二百人繫獄. 徽按其枉, 悉縱去, 數日舒州得眞盜.【誣盜伸枉, 並見除害條.】

范文正公仲淹爲廣德軍司理, 日抱其獄, 與太守爭是非. 守盛怒臨之, 公不爲屈, 歸必記往復辨論之說于屏上. 比去, 字無所容. 貧止一馬, 鬻馬徒步而歸.

韓億知亳州, 次子爲西京判官, 謁告省覲, 公喜置酒, 召僚屬, 俾諸子隅坐. 忽問: "西京有疑獄奏讞者, 其詳云何?" 判官思之未得. 遂索杖大詬曰: "汝倅貳, 一府事, 無巨細, 皆當究心, 大辟尙不能記, 則細務不擧可知." 必欲撻之, 衆賓力解方已.

---

3 問: 新朝本에는 '從'으로 되어 있음.

吳履爲南康丞, 知縣周以中巡視田野, 爲部民所詈, 捕之不獲, 怒盡繫其鄉隣. 履閱獄問故, 立釋之, 乃白以中. 以中益怒曰: "丞慢我." 履曰: "犯公者一人耳. 其隣何罪? 今繫者衆, 而捕未已, 急且有變奈何?" 以中意乃解.

林積爲循州判官, 嘗覆大獄, 多平反, 忤部使者意. 使者初欲薦積, 因是已之. 積笑曰: "失一薦剡, 而活五十餘人, 吾復何憾?"

韋仁壽性寬厚. 爲蜀郡司法, 所論囚, 至市猶西向爲仁壽禮佛, 然後死.

崔碩英【相公奎瑞父[4]】爲文化縣令時, 安岳民, 有怨其守而發砲者. 兵馬使囚郡民之曾被罪於守者十餘人, 案已成. 公爲推官, 一問盡出之. 兵馬使甚慚, 且有憖閒於守者, 公不爲撓.

久囚不釋, 淹延歲月, 除免其債, 開門放送, 亦天下之快事也.

唐唐雲翔爲山南宣撫使, 內卿倉督鄧琬, 負度支漕米七千斛. 吏責償之, 繫其父子至孫, 凡二十八年, 九人死于獄. 雲翔奏中釋之. 詔切責鹽鐵·度支二使及天下鹽院, 自今償逋繫三年以上者, 皆原之.

白居易見度支有囚繫閬鄉獄者, 更三赦不得原, 乃奏言: "父死子繫, 夫繫妻嫁, 債無償期, 禁無休日. 請一切免之." 奏凡十餘上, 朝廷許之.

明斷立決, 無所濡滯, 則如陰曀震霆, 而淸風掃滌矣.

『南史』, 王儉爲都督荊州刺史, 自以少年, 始居重任, 開導物情, 辭訟者, 皆立待符敎, 決於俄頃, 曹無留事, 下無滯獄.

隋辛公義爲並州刺史, 下車先至獄中, 露坐驗問, 十餘日間, 決遣咸盡, 還領新訟事, 皆立決. 有須禁者, 公義卽宿廳事. 或曰: "公事有程, 何自苦?" 公義曰: "無德不能使民無訟, 豈可禁人在獄, 而安寢於家乎?" 罪人聞之, 咸自款服. 後有訟者, 鄉閭遽曉之曰: "此小事, 何忍勤勞使君?" 訟者兩讓而止.【北史』】

---

4 父: 新朝本에는 '子'로 되어 있는데, 海州 崔氏의 족보에 의거하여 바로잡음.

張九齡爲刑獄之司, 無所不察. 每有公事, 胥吏先取則于九齡, 九齡面分曲直, 口撰案卷, 囚無輕重, 咸當其罪. 時人謂之'張公口案'.

唐李程調藍田尉, 有滯獄十年, 程單言輒判, 京兆狀最, 遷監察御史.

周濂溪爲分寧獄主簿, 有獄久不決, 敦頤至一訊立辨, 邑人驚曰: "老吏不如也." 部使者薦之, 徙知南昌, 南昌人皆曰: "是能辨分寧獄者, 吾屬得所訴矣."

高麗崔滋爲尙州司錄, 州爲一道首, 獄訟尤繁, 滋至之日, 剖決如神, 吏民愛畏, 無有亂常干紀者. 未幾, 囹圄空虛, 一境之內, 薰爲大和, 秩未滿, 以寶文閣待制召還.

季本爲建寧府推官, 遇事敏決, 庭無留訟, 嘗斷重獄, 事已麗辟, 爰書俱就, 後覺其誤, 大悔之. 比擢去, 悉爲記達諸上司, 令後斷者, 得據以解. 其訟過之勇, 如此. ○案 他事遂非, 但爲己咎, 獄事遂非, 乃害人命. 必有天殃, 宜鑑于玆.

周濂溪爲南安軍司理參軍, 獄有囚, 法不當死, 轉運使王逵酷吏也, 欲深治之. 先生與之辨, 不聽, 則置手板, 歸取告身, 委而去之曰: "如此尙可仕乎? 殺人以媚人, 吾不爲也." 逵悟, 囚得不死, 且賢先生薦之.

宋范如奎授武安軍節度推官, 始至. 帥將斬人, 公白其誤, 帥已署不易也. 公正色曰: "節下奈何重易一字, 而輕數人之命?" 帥矍然從之. 自是, 府中事大小, 悉以咨焉.

李性恒爲定平府使, 有一死囚, 以重利啗其從弟曰: "汝若身代我, 不過徒配而止." 其人如其言. 公械致, 監司斃之. 已公微聞之, 鉤得其狀, 卽自劾. 公與監司俱坐罷. ○案 不欺心, 如此難矣.

朱子答廖子晦書曰: "獄事人命所繫, 尤當盡心. 近世流俗, 惑於陰德之論,多以縱出有罪爲能, 而不思善良之無告, 此最弊事, 不可不戒. 然哀矜勿喜之心, 則不可無也."

酷吏慘刻, 專使文法, 以逞其威明者, 多不善終.

漢郅都守濟南, 族滅瞷氏, 十餘郡郡都如大府, 號曰'蒼鷹'.

嚴延年爲河南太守, 號曰'屠伯'. 其母從東海來, 適見報囚, 不肯入府. 因數延年曰: "幸備郡守, 不聞仁愛, 顧多殺人, 豈爲民父母意哉?"

漢甯成爲郡守, 公孫弘曰: "成爲治, 如狼牧羊, 不可令治郡." 乃拜關內都尉. 人曰: "寧見乳虎, 無値甯成之怒."

王溫舒遷河內太守, 捕郡中豪猾, 相連坐千餘家. 上書請大者至族, 小者乃死, 家盡沒入, 償臧事. 論報至流血十餘里, 盡十二月, 郡中無母聲, 毋敢夜行, 野無犬吠之盜. 會春, 溫舒頓足嘆曰: "嗟乎! 令冬月益展一月, 足吾事矣." 其好殺伐行威, 不愛人如此.

梁臧爲晉陽太守, 嚴酷少恩. 百姓謂之'臧虎'.

漢陳成爲南郡太守, 以殺伐立威, 豪猾大姓犯法者, 輒符下司空, 爲地臼木杵. 或不中程, 輒加罪督作, 囚不勝痛, 有自剄而死者, 歲至數千百人.

東漢周紆爲渤海守, 酷虐任情. 每赦至, 先決刑, 後宣赦, 後坐事, 父子皆伏誅.

宋韓繽【字玉汝】知秦州, 秦人語曰: "寧逢乳虎, 莫逢玉汝." 其暴酷如此. 繽嘗宴客夜歸, 指使傅勍被酒, 誤隨入州宅, 與侍妾遇. 繽怒, 令軍校以鐵裹杖箠殺之. 勍妻持血衣, 撾登聞鼓以訴, 坐落職.

『南史』, 萬亮爲永康令, 嚴刻. 人苦之, 乃以桃木刻作亮身, 燒柴煮湯.

齊江介爲吳令, 治亦深切, 民有榜死人髑髏爲謚【令之父名】首. 介乃棄官而歸.

唐屈突蓋爲長安令, 有威嚴, 人語曰: "寧食三斗艾, 不見屈突蓋."

唐李匡遠性急, 一日不斷刑, 則慘然不樂. 嘗聞捶楚之聲, 則曰: "此一部內鼓吹也." 臨終曰: "吾平生殺數十僧道, 以此享年八十二." 及葬, 盜發其墓, 斷其四肢, 乃殘刑之報也.

士大夫不讀律, 長於詞賦, 闇於刑名, 亦今日之俗弊也.

『西山筆談』云: "刑名之學, 時論所卑, 然臯陶種德, 寔由刑名, 「康誥」·「呂刑」, 申明其法. 孔門教人, 刑名亦備一科, 故夫子亟稱子路能片言折獄. 卽夫子立朝, 本由小司寇, 以至大司寇, 寔掌玆事, 未聞當時以祭酒·司業, 待夫子也. 今之君子, 肄業則項羽·沛公之詩, 以爲極致; 閑居則馬弔·江牌之戲, 以爲絶藝. 卽『大明律』一部, 『續大典』『洗冤錄』數卷, 未嘗經眼, 而纔出六品, 先求郡縣之官. 猝遇大獄, 遂操生殺之權, 審讞, 仰吏胥之口; 翻覆, 在嬖妓之手, 冤業旣厚, 福祿以折, 甚可傷也. 今淸人立法, 其敎官·學政之科, 經義·策問之外, 另有刑律一條, 並行考試. 吾東無此影響, 視人命爲草菅, 捐國法於芭籬, 自以爲名士之淸風. 嗚呼! 其誤矣."

歐陽脩語張芸叟云: "吾昔官夷陵, 彼非人境也. 方壯年, 未厭學, 欲求『漢』史一觀, 公私無有. 無以遣日, 因取架閣陳年公案, 反復觀之, 見其枉直乖錯, 不可勝數. 以無爲有, 以枉爲直, 違法殉情, 滅親害義, 無所不有. 以夷陵荒遠偏小, 尙如此, 天下固可知矣. 當年仰天誓心, 自爾遇事, 不敢忽也."

張忠定每斷事, 有情輕法重, 情重法輕者, 必爲判語, 讀以示之, 以敦風俗篤孝義爲本. 蜀人鏤板, 謂之『戒民集』.

人命之獄, 古疎今密, 專門之學, 所宜務也.

高麗明宗時【十五年】, 南原郡人, 與郡吏有隙, 至其家, 縛吏于柱, 遂火其家而燒殺之. 羣臣議以鬪殺論, 判曰: "原其罪狀, 宜鈒面充常戶【謂黥面】." 又有綾城人, 鞭擊負兒女, 女驚怖, 投水死. 羣臣以鬪殺論, 判曰: "使母子命一時可矜, 其以劫殺論." ○按 此時人命之獄, 治法疎忽, 如此, 今章程燦然, 猶無擬律之差.

延平君李貴上疏曰: "昔石奢爲楚昭王相, 其父殺人, 奢卽縱之, 自繫當死. 昭王赦其罪, 使治事. 奢曰: '廢法縱罪, 非忠也.' 自刎死. 李離爲晉文公理【法官也], 過聽殺人, 自拘請死. 文公曰: '官有貴賤, 下吏有過, 非子之罪.' 離曰: '臣居官受祿, 不與下分利, 今過聽殺人, 傳其罪下吏, 非所聞也.' 亦不受令, 伏劍而死." ○按 此疏, 蓋云殺人之法至重也.

程明道令晉城, 鄕民社會, 爲立科條, 旌別善惡, 使有勸有恥. 邑幾萬室, 三年間無强盜及鬪死者. 秩滿, 代者且至, 吏夜扣門, 稱有殺人者. 先生曰: "吾邑安有此? 誠有之, 必某村某人也." 問之, 果然. 家人驚異, 問其故, 曰: "吾嘗疑此人惡少之弗革者也."

朴煥爲金溝縣令, 縣民妻, 有前夫兒方八歲. 民醉臥, 兒持斧戲其側, 誤墜斧傷父脚. 民疑兒以非親父, 心惡而故斫之, 遂訴官. 獄上巡使, 欲置之法. 公屢爭兒誤傷, 非故傷, 巡使誚責. 公曰: "古人寧置手板歸, 不忍殺無罪. 吾豈獨不然?" 爭愈力, 兒竟免.

獄之所起, 吏校恣橫, 打家劫舍, 其村遂亡, 首宜慮者此也. 上官之初, 宜有約束.

凡殺獄, 其正犯當死者, 職當就死. 若干連·看證·鄰保之等, 本無罪犯, 一入目錄, 必經再檢, 其或不幸三檢四檢, 五查六查, 枷械滯獄, 動至數月. 或累年之後, 審理別查, 又復捉入. 招辭從實, 則鄰里結怨, 不可保存; 顔私有顧, 則官長構罪, 枉受刑棍. 入獄則有踰門解枷之費, 拘留則有酒飯煙炕之費, 百無一全, 破家蕩産. 故民之畏殺獄, 不異寇難. 一聲纔動, 魚駭獸竄, 片刻之間, 風靡電散. 於是頑校虎咆, 悍吏鯨[5]吼, 係其老弱, 執其嫠婦, 拔錡摘釜, 攘豚曳犢, 搜及瓶罌, 掠盡杼柚, 牕戶攲傾, 廚竈荒涼, 哭聲干霄, 村塢慘蒼. 而後官乃至焉, 汎蓋鳴[6]鑣, 驪從雲騰, 白棓朱杖, 大枷長繩, 首尾相銜, 街塡巷咽, 鳴馬蕭蕭, 戱相啼齧, 急卒驚奔, 汗流喘絶, 其勢若彌天大網, 從空下來. 有罪無罪, 咸罹禍災, 使斯民三魂失守, 七魄叫哀, 此吏校之所與約束也. 牧宜知

5 鯨: 新朝本에는 '䱙'으로 되어 있음.

6 鳴: 新朝本에는 '鴫'로 되어 있음.

此, 於上官數旬之內, 榜諭下民, 與之約束. ○行縣令爲榜諭事. "每殺獄一起, 本村必亡. 一, 由看證·鄰保不容不備, 而本人逃散, 追捕之際, 吏校行惡也. 一, 由檢官一行, 騶率不簡, 自下行詐, 村費以倍也. 一, 由看證·鄰保, 無不囚禁, 經旬閱月, 獄費難當也. 自今檢驗之行, 當簡其騶率, 又凡正犯之外, 若干連諸人, 其有所犯者, 拘留邸家. 其無關係者, 取招卽放, 不令稽留, 須知此意. 或不幸而有殺變, 唯正犯人, 結縛看守, 而看證·鄰保各以公議, 執定以待, 俾無追捕受害之弊. 其或邂逅之死, 不當償命者, 鄰里父老, 曉諭兩家, 使之調解, 此『周禮』調人之遺意也. 調解旣成, 具由報官, 卽出憑驗文字, 無或隱匿, 以生後患, 不亦善乎? 每見私和隱匿者, 必爲吏·校所發, 索賂嚇喝, 罔有限節, 一竇雖防, 一竇又潰, 畢竟告官, 乃檢乃査, 獄情疑亂, 閱月經年, 民費以倍, 官府以亂. 玆先約束, 須各知悉.

「淸溪行檢說」云: "淸溪民高得才, 以稻棒打殺某甲, 始里報至, 聞犯人已縛. 余卽令中軍執事, 把守五里亭, 禁人往來. 趣備馬出, 至五里亭, 見一行首尾, 將連五里, 旗棓刑具, 馬步並列. 余令悉除之, 唯刑吏一人·仵作一人·執靷[7]一人·知印一人·油衫一人, 共一馬五人偕行. 刑吏進曰: '將校不從, 無以捕三切鄰.' 余曰: '我當召致之.' 吏曰: '侍奴不從【卽所謂及唱】, 無以出命令.' 余曰: '仵作者兼之.' 吏曰: '『無冤錄』屍帳式紙物法物, 無以輸之.' 余曰: '油衫者兼之.' 吏曰: '祗席衾具不備, 敦匜廚供不具, 爲之奈何?' 余曰: '得溫室假寐, 喫村飯療飢, 斯已矣.' 吏曰: '刑具不隨, 非例也. 犯人何以枷矣?' 余曰: '檢場, 例不用刑, 犯人縛亦足[8]矣.' 遂行至停屍處, 村一空矣, 唯一老翁守犯人坐樹根. 余亦下馬, 坐他樹根, 召老翁語之曰: '吾行甚簡, 無相害也. 凡隱者宜召還.' 少頃, 一村男女, 悉還其家. 召父老, 令自里中公議, 執三切鄰公議, 定看證諸人. 又召父老, 問本里及鄰村, 有曾經鄕官·武校, 及爲坊里任出入官府者否, 擇其敏慧者, 悉來相役. 於是皆權差職名, 左右悉備, 威儀無缺. 以其一

---

7 靷: 新朝本에는 '靭'으로 되어 있음.
8 足: 新朝本에는 '是'로 되어 있음.

人爲廚監, 令供一行之饋, 歸卽準報之. 旣行檢, 仍於檢庭, 取招成文訖. 召屍親及犯人親屬, 語之曰: '此獄之情, 如此如此, 吾之報營當, 恁地恁地, 汝等無爲下輩所瞞也. 有敢以一文錢輸邑者, 嚴懲不赦. 其切鄰·干連以下, 應問各人, 並於本里保囚, 以待覆[9]檢.' 其日蕭蕭然還府. 令刑吏至中路, 迎覆檢官, 具陳此事. 覆檢官, 恐毀譽頓殊, 亦除驕從, 嚴約束, 不貽害焉." ○余久在民間, 知凡殺獄, 其發告者, 十之二三, 其七八皆匿焉. 誠以一經檢驗, 遂成敗村, 不踰年, 凋瘁空散. 故苦主雖悲冤弸中, 爲里中父老豪傑所沮止. 於是逐犯人, 賂苦主, 急急埋葬, 以滅其口. 或權吏·武校, 知而脅之, 卽自里中, 共聚錢二三百兩以賂之, 亦終不肯發告. 其害毒之雄, 斯可知矣. 爲牧者, 宜深留意焉.

正犯·干犯, 不得不囚, 囚之也者, 慮其逃也. 逃旣無慮, 何必囚矣? 干連不必囚, 看證不必囚, 三切鄰不必囚, 鄕甲·里正不必囚, 屍親之主私和者, 不必囚, 犯人親屬之助力不深者, 不必囚. 初檢旣了, 並令以衣冠隨後, 取招之間, 使留邸家, 取招旣了, 隨卽放送, 使歸本村, 以待覆檢. ○覆檢官到邑, 豫令吏校, 傳告初檢時規模, 覆檢官恐毀譽頓殊, 必亦檢束. 又[10]令吏校, 密告覆檢吏校曰: "今有多人, 承令出村, 覆檢吏校, 或有侵擾, 使之廉察, 公等謹愼, 切勿生事." 如是, 則覆檢亦無害矣. ○覆檢官還發, 其干連以下諸人, 隨卽放送, 使各歸農. 雖報營之狀, 輒云仍囚, 便宜卽放, 無害義理, 不可拘也.

獄體至重, 檢場取招, 本無用刑之法. 今之官長, 不達法例, 雜施刑杖, 大非也.

近見郡縣, 官旣不練, 吏亦無識, 檢庭取招, 儼施笞杖, 或以朱杖, 撞其脅肋. 痛楚旣極, 誰能忍之? 指無爲有, 構虛爲實, 遂成誣獄, 此所謂'鍛鍊成獄'也. 不但國典之顯違, 必有鬼神之陰禍, 萬萬不可爲也. ○親戚隣里, 入於干連

---

9 覆: 新朝本에는 '覄'으로 되어 있음.
10 又: 新朝本에는 '乂'로 되어 있음.

者, 拘於顔私, 不忍直告, 漫漶爲說, 非但吾人之常情, 抑亦村里之厚俗, 外雖嚴訊, 內宜嘉愛. 如此之人, 豈可輒施刑杖, 使之痛楚迫厄, 終爲負心之人乎? 發奸摘伏, 目前之小快也; 敦風養俗, 流遠之大政也. 苟有識見, 胡不念此? 每見檢官, 論此等良民之罪, 輒曰: "專事漫漶, 終不直告, 究厥情狀, 萬萬痛惡." 此雖筆頭例談, 亦失言也. ○凡遇此等, 宜宛轉究問, 執其違舛, 反覆詰難, 或語塞理屈, 不得不吐露眞情, 何患其不得實也? 檢跋論理, 亦當曰: "某甲鄰居情好, 死生之際, 不忍明說, 此亦常情, 不必深罪."

『無冤錄增注』云: "檢時, 無得施以刑威, 朝家著令至嚴, 而近多濫施, 甚非法意. 須要宛轉思究, 得其情僞, 切勿妄施杖棍·刑訊及杖撞等刑." ○法文如此, 守之宜嚴.

『南史』, 傅岐除始新令, 縣人有因鬪相毆訴郡. 郡錄其仇人, 考[11]掠備至, 終不引咎. 郡乃移獄於縣, 岐卽令脫械, 以和言問之, 便卽首服. ○由是觀之, 威訊未必取服, 平問未必不服也.

誣告起獄, 是名圖賴. 嚴治勿赦, 照律反坐.

以自溺爲被溺, 以自縊爲被勒, 以自刺爲被刺, 以服毒爲被打, 以病患爲內傷, 若是者多矣. 考諸法書, 形證各殊, 辨之不難. 但旣辨之後, 獄事出場, 官意遂解, 不思懲惡, 略施刑杖, 例皆全釋, 民何所怵畏哉? 凡誣告者, 法皆反坐, 誣以死罪者, 厥罪應死. 雖不能然, 並與流配而免之, 豈不疎哉? 此由嫉惡之心, 不能眞切故也. 宜論報上司, 必罪無赦.

『大明律』曰: "凡誣告者, 各加所誣罪二等或三等, 至死罪. 所誣之人已斷者, 反坐以死, 未決者, 杖一百, 流三千里, 加役三年." ○其律, 杖一百流三千里也, 情重者發遣, 情輕者收贖, 可也.

『大明律』曰: "凡祖父母·父母·故殺子孫, 及家長故殺奴婢, 圖賴人者, 杖七十, 徒一年半. ○若子孫, 將已死祖父母·父母, 奴婢·雇工人, 將家長身屍,

---

11 考: 문맥상 '拷'가 옳은 듯함.

圖賴人者, 杖一百, 徒三年. ○其告官者, 隨所告輕重, 並依誣告平人律, 論罪."【律例甚煩, 今不盡錄. 當事者, 宜考焉.】○案 圖賴, 或稱白賴, 譯之以東語, 卽云'用惡', 亦云'臆持'. 其白賴者, 東語謂之'生臆持'. ○云告不告, 私自哃喝, 以索賂物者, 謂之'圖賴', 其律差輕. 入官發告, 直欲成獄者, 乃用反坐之律. 當事者, 宜細考兩條, 唯法是遵也.

檢招彌日, 錄之以同日, 此宜改之法也.

檢庭取招, 或至五六日方了, 而檢案之例, 皆云同日更推. 或初招從實, 而後招變詐; 或初招隱情, 而後招白直. 其日字[12]之多少, 時刻之久暫, 有足以推驗事實. 別其情僞者, 並云同日, 大是謬例. 此非有國典朝令, 不過吏屬之襲謬耳. 牧宜議於監司, 改此謬例, 二日三日並宜從實, 庶考驗有賴也. ○又凡檢案, 宜用成冊, 絲欄搨出, 楷字精寫爲兩件, 一留監營, 一留本縣. 此須監司, 頒其式于列邑, 乃可行也. 冊面長廣, 咸有尺寸, 一刀剪齊, 無少參差. 列邑檢案, 與爲一部, 不亦善乎? 今法檢案, 皆用薄紙卷軸. 不過數月, 磨滅難讀, 本縣所留, 仍是草本, 皆疎鹵之病也. ○凡報狀一詳一略, 其略者, 謂之'書目'. 然檢案宜其二件, 以防奸僞. 余在長鬐, 見小吏取檢報, 刀割作奸營題, 若問東答西, 而官猶不悟,【已見前】可不戒哉?

大小決獄, 咸有日限. 經年閱歲, 任其老痳[13], 非法也.

國史文宗元年敎曰: "刑獄之設, 固非得已. 而縲紲之間, 易致冤枉, 故歷代願治之主, 莫不以訟獄淹滯爲戒. 唐立三限之法, 大事之限, 大理三十五日, 刑部三十日, 共六十五日. 降至宋太宗, 又爲之法, 而嚴其督課, 無非爲滯獄之致冤也. 惟我祖宗, 咸以明德愼罰爲先務. 逮我皇考, 好生之德, 出於天性, 屢下恤刑之敎, 丁寧諄切. 參據古典, 亦定三限, 載在六典. 大凡事干死罪, 辭

---

12 字: 新朝本에는 '子'로 되어 있음.
13 痳: 新朝本에는 '瘦'로 되어 있음.

證在三十日程者, 爲大事; 事干徒流, 辭證在二十日程者, 爲中事; 事干笞杖, 辭證在十日程者, 爲小事. 大事限九十日, 中事限六十日, 小事限三十日. 事無大小, 辭證在境內, 形迹明著, 不過十日, 其易者不過三日. 其有形迹難明, 辭證牽連, 不得已過限者, 具由以聞. 夫刑獄貴於審覆, 固未可求速, 誠能盡其心力, 三限日月, 亦已足矣. 近年以來, 臬司不能仰體至意, 尙有因循, 或失於淸明, 或短於裁決, 初非曖昧可疑之事, 例以不緊節目, 往來推覆, 不卽斷遣. 遂使無知小民, 一遭捕繫, 動隔炎涼, 饑寒疾病, 因以致死者有之. 且囹圄之苦, 度日如年, 一夫在獄, 擧家廢業, 傷和召災, 孰甚於此? 凡爾典法, 凡有推讞, 無或稽滯."

『經國大典』: "凡決獄, 大事限三十日【死罪也】, 中事二十日【徒流罪】, 小事十日【笞杖罪】. 辭證在他處, 事須參究者, 隨地遠近, 除往還日數, 亦於限內決訖." ○按 本法如此, 故死罪之人, 月三同推, 爲決獄時急, 故一旬一推也. 今也人命久囚, 動踰十年, 則一月三推, 理所不能, 三年一推, 亦所罕見. 虛文旣存【只文書往來而已】, 國米徒銷【同推官之行, 有儲置米會減】, 此不可不議復者也.

保辜之限, 隨犯不同, 認之不淸, 議或失平.

『大明律』: "手足及他物, 毆傷人者, 限二十日【其傷輕】, 以金[14]刃及湯火傷人者, 限三十日. ○折跌[15]肢體, 及破骨·墮胎者, 無論手足他物, 皆限五十日." ○名例云: "稱日者, 以百刻."【今時憲書, 每日計九十六刻】 註云: "保辜限期, 通晝夜爲一日, 故必滿百刻. 如初一日辰時毆傷人, 應限保辜二十日者, 至二十一日卯時, 猶爲限內至辰時, 卽爲限外矣." ○按 今俗以三十日爲小辜限, 五十日爲大辜限, 有若一切毆傷, 其限皆同, 唯有大小之別者, 誤矣. 又保者, 養也, 使犯人醫治傷者, 謂之'保辜養人'. 卽所以自養也, 不可誤釋.【此義見『大明律』註】

『淸律輯註』云: "金與刃不容牽混. 若雖持金鐵等器傷人, 未曾用刃, 俱依他

---

14 金:『大明律』에는 빠져 있음.
15 跌: "折跌肢體"로 쓰인 것으로 미루어 '跌'의 오기로 보임.

物毆人成傷例, 扣限二十日." ○按 手足他物之傷, 若非重傷, 宜無深毒, 故其限短; 金刃湯火之傷, 雖不暴死, 或有深毒, 故其限長也. 然不受刃割, 則金毒不入, 故金與刃不同也.

『淸律輯註』云: "有莊佛者, 被人用鋤柄, 撞落牙齒, 越三十五日身死. 查係折齒, 並非傷及手足腰項, 與折跌肢體者不同, 其扣限, 應照他物傷論, 在正限二十日之外, 止科傷罪, 改照折人二齒以上律, 徒二年." ○按 肢者, 四肢也; 體者, 體幹也. 肢體不折, 則不以五十日爲限也. 然傷重病深, 不添他祟, 竟以本傷致死者, 雖在百日之外, 亦擬償命. 見『淸律輯註』.【一條, 見『欽欽新書· 律例』.】

殺人匿埋者, 皆當掘檢. 『大典』之註, 本是誤錄, 不必拘也.

肅廟下敎, 英廟下敎, 正廟下敎, 並許掘檢. 『大典增註』云: "凡當掘檢者, 勿徑自開檢, 必先啓聞後擧行." 斯蓋撰輯之誤也. 詳見他書, 今略之【見『欽欽新書』末篇】

第三條 愼刑

牧之用刑, 宜分三等, 民事用上刑, 公事用中刑, 官事用下刑. 私事無刑焉, 可也.

民事者, 何也? 田政·賦役·軍政·穀簿·訟獄之等, 一應小民之事, 官吏·鄉甲, 有或舞弄作奸, 侵虐爲害者, 爲民事也. 公事者, 何也? 漕運·稅納·物膳之貢, 京司·上司輸納之物, 文移之期, 一應奉公之務, 官吏·鄉甲, 逋負多缺, 遷就愆期者, 爲公事也. 官事者, 何也? 祭祀·賓客·典守·策應·朝謁之禮, 供奉之職, 一應本縣之務, 其所以維持官府者, 衙官·掾吏, 不謹不勤, 以違法令者, 爲官事也. ○上刑者, 何也? 我之立意, 在乎緩刑以循法, 則笞三十考察見血, 爲上刑; 笞二十中筋用力, 爲中刑; 笞一十溫言示法, 爲下刑, 法如是足矣. 若我之立意, 在乎峻刑以立威, 則笞五十見血, 軍務用小棍七度, 以爲上刑; 笞三十用力, 犯法用訊杖十度, 以爲中刑; 笞二十或笞杖十五, 以爲下刑, 法如是足矣. 過此以往, 是謂濫刑, 吾不知之矣. ○大抵虐民之事, 多係故犯. 況牧之爲職, 在乎去狼以牧羊? 玆所以民事用上刑也. 奉公之事, 或係公罪. 然其期限有程, 不可違越, 尊國事上, 不敢怠忽, 玆所以公事用中刑也. 官府旣設, 百度宜張, 卽牧之一身, 亦自尊重. 率屬之趨走供奉, 宜在董飭. 但其利害, 止[16]於牧身, 玆所以官事用下刑也. 每遇一犯人, 先自思之, 曰是民事乎, 是官事乎? 若係民事, 雖所犯差輕, 刑宜從重; 若係官事, 雖所犯差重, 刑宜從輕. 權衡尺度, 森然在中, 庶乎刑平而威立矣.

私事者, 何也? 奉親者, 春府萱闈, 雖所致敬, 在官爲私事也. 妻之處內屋, 私事也; 子之處冊房, 私事也; 家廟奉祭, 私事也; 親交接待, 私事也; 官廚之米, 縣司之薪, 日用糜費, 私事也; 銅器·木笥之造作, 布帛苧棉之貿販, 私事也. 一應私事之有誤者, 卽一笞半筵, 不可或施於小奴, 此所謂私事無刑也. 假如春府有疾, 令醫吏煮藥, 藥中有人蔘·鹿茸, 醫吏困睡, 誤至焦盡. 牧宜溫言諭之曰: "汝亦久勞, 無怪其然." 須勿引咎, 更煮他劑, 則吏感悅. 若加之以嚴棍, 徵之以藥價, 吏則出門, 詛其春府, 願賜速亡, 顧不爲不孝乎? 假如祭需封裹, 脯薄而鱐小, 牧宜增直以貿佳物. 若笞之杖之, 勒徵大欒, 吏則出門, 罵我祖考, 雜以醜話, 顧不爲不孝乎? 妻子以下, 類皆如此. 飯有蟲蛆, 不可笞也; 羹有塵煤, 不可叱也. 物惡而價隆, 不可爭也; 用少而下多, 不可削也. 大罪溫諭以戒之, 小罪含默以恕之, 唯虐民之罪, 是怒是懲, 於是乎威立矣. 故曰私事無刑, 私事無刑, 斯過半矣.【『續大典』云: "雖奉命使臣, 以私事殺人者, 亦償命."】

執杖之卒, 不可當場怒叱. 平時約束申嚴, 事過懲治必信, 則不動聲色, 而杖之寬猛唯意也.

牧之尙猛者, 每杖一囚, 先杖執杖之卒, 其法必以朱棍, 打其後踝, 卽地顚

---

16 止: 新朝本에는 '至'로 되어 있음.

仆. 棍者不猛, 又杖執棍之卒, 以甲之故, 而乙也破踝; 以乙之故, 而丙也破踝,
蔓延株連, 至丁至戊, 本事反屬於先天, 大亂忽起於平地. 甚者, 骨破氣絶, 遂
至殞命, 無名之鬼, 項背相望, 甚可憫也. 死者之悲冤姑舍, 其在政體, 豈不顛
倒? 此習不可踏也.

牧, 上官十日之內, 不必用刑.【見首篇】既踰旬月, 附過者多, 新犯者衆, 不得
不用刑. ○將用刑, 牧, 召門卒立堂下, 問之曰: "汝等能杖者幾人?" 各告姓名.
乃選十人, 別簽爲執杖之卒, 乃令十人伏庭, 聽約束. ○約曰: "官家用刑, 有
上刑·中刑·下刑. 上刑期於重傷, 中刑期於大痛, 下刑示法而已. 每杖一人,
刑吏告杖. 官家給三算, 小卒取杖三枚, 置于戒石之上, 卽知爲上刑之號. 官
家給二算, 小卒取杖二枚, 置于戒石之上, 卽知爲中刑之號. 官家給一算, 卽
知爲下刑之號. 汝則依約, 上刑十分用力, 中刑七分用力, 下刑從輕示法." ○
又約曰: "汝見號算, 猶不依約, 當猛者不猛, 是生殺之權, 移於汝手. 汝則可
殺, 然當場必無一言. 厥囚旣杖, 如係輕歇, 姑且下獄, 待明日加杖, 旣移時,
乃治汝罪, 或杖或棍." ○又約曰: "汝於此事, 一向循私, 不遵官令, 卽汝杖棍
之外, 罰役上京, 罰役赴營, 及至歲末, 並不差任, 百般罪罰, 咸萃汝身, 汝其
觀之." ○及杖, 雖杖之不猛, 牧默無一言, 以了厥場. 旣罷, 別開一座, 專治此
卒之罪, 如上約, 又其罰役罰停, 咸遵上約, 則其刑必猛矣.

守令所用之刑, 不過笞五十自斷, 自此以往, 皆濫刑也.

胡大初曰: "縣無甚重之刑. 小則訊, 大則決, 又大則止於杖一百而已. 杖
一百之刑, 不可數施, 訊決, 亦止可十數下. 若大杖, 止七五下或十下, 須令如
法決遣. 下下嚴峻, 然後人自畏服, 不在乎數目之多. 若杖一百, 却留爲極典."
○案 中國之法, 縣令杖一百自斷, 故胡說如此.

古有五刑, 墨劓剕宮殺也. 後世以笞杖徒流殺爲五刑. 笞杖者, 古之所謂鞭
扑, 用之於官刑·敎刑者也. 徒流者, 古之所謂流竄, 以之有刑, 非卽刑也. 與
之爲五, 其義非也. ○我邦時用之刑, 約有三種, 一曰'笞', 二曰'杖', 三曰'棍',
大辟則殺之也. 笞有二種, 其小者謂之'笞', 大者謂之'笞杖', 其實皆笞也. 杖有

三種, 其小者謂之訊杖【薄者曰'法杖', 厚者曰'牛朱杖'】, 其中者謂之'省杖'【三省推鞫之所用】, 其大者謂之'鞫杖'【禁府推鞫之所用】, 其實皆訊杖也. 棍有五種, 大中小棍之外, 又有重棍·治盜棍二種也.【國初用皮鞭, 見於『大典』, 今不用.】

『大明律』云: "笞以小荊條爲之, 本徑二分七釐, 小頭徑一分七釐【長三尺五寸】; 笞杖以大荊條爲之, 本徑三分二釐, 小頭徑二分二釐【長三尺五寸】, 皆削去節目, 用官降較板, 如法較勘, 用小頭臀受." ○案 律雖用荊, 今郡縣所用, 多用樺木. 樺木一名檓木, 一名石檀, 一名樊槻, 一名盆桂, 一名苦樹, 一名苦櫪, 其皮謂之秦皮, 漬水出碧色者也.【方言'無巴來'】其無樺木者, 代用他木, 監司·御史, 以時校勘, 亦但校大小, 其荊其樺, 所不問也. ○小笞·大笞, 同是笞也, 恐不必名之曰杖.

『大明律』: "訊杖以荊杖爲之, 本徑四分五里, 小頭徑三分五釐【長三尺五寸】, 其犯重罪者, 立文案, 依法拷訊, 臀腿分受." ○『經國大典』曰: "訊杖, 本徑七分餘二尺, 廣八分, 厚二分【營造尺】, 打膝下, 不至膁肕." ○『續大典』曰: "凡推鞫訊杖, 廣九分, 厚三分, 三省則廣八分, 厚三分." ○案 中國訊杖, 本末皆圓, 不過爲笞杖之大者, 又以臀腿分受. 吾東訊杖, 本圓而末方, 其厚有差, 又以膝骨受之, 比之中國之法, 倍加嚴重也.

肅宗朝【二十二年】大臣言: "刑曹訊杖太歇, 難以取服." 上曰: "禁府·刑曹, 杖有定制, 法杖之用柳木, 蓋有意也. 豈可以難於取服, 遽變爲嚴酷哉?" ○按 國初, 訊杖無定數, 至世宗三年, 朴訔判禁司, 請訊杖, 一次以三十爲式.

今之君子, 嗜用大棍. 以二笞三杖, 不足以快意也.

『大典通編』曰: "棍杖用柳木爲之, 長廣厚薄, 一遵欽恤典則. ○重棍, 大將·觀察使·節度使用之【非死罪勿用】. 大棍, 討捕使以上用之【兼用大中小】. 中棍, 兼營將·虞候·中軍·邊地守令用之【兼用中小棍】. 小棍, 僉使·萬戶·別將·權管用之." ○又曰: "治盜棍, 捕盜廳·留守·監司·統制使·兵使·水使·討捕使·兼討捕使·邊地守令·邊將用之, 治盜及關係邊政·松政外, 勿用." ○又曰: "軍務事外, 毋得用棍."【英宗二十年有下敎】○案 內地守令, 雖牧使·府使, 初無用棍之文.

『續大典』曰: "曾經朝官, 雖觀察使·節度使, 毋得用刑棍.【軍務, 則狀聞後決棍】軍務外用棍者, 以濫刑律論, 各營偏裨用棍者, 繩以重律." ○ 案 守令之刑, 不過笞五十自斷, 訊杖·軍棍, 非守令之所敢用. 而近俗鹵[17]莽, 不知法例, 笞杖盡廢, 唯棍是用. 有一等不知痛癢之人, 每以用棍爲快事. 嗟呼! 用之者雖快, 受之者亦快乎? 笞吏·笞校, 已屬非法, 況於其餘乎? 手勢旣滑, 小奴·幼童·鄕丞·鄕甲, 咸以棍制, 甚至村氓野老, 一生不見笞杖者, 亦以朱棍用爲恒罰, 魂飛魄遁, 受傷益深. 惜乎! 以人之痛楚, 作我之快樂, 心之不仁, 胡至於是? 訊杖之法, 須報上司, 乃可行之. 今也笞吏·鄕丞姑捨, 是學宮之儒, 訟墓之士, 一觸其怒, 拷訊唯意, 其可曰國有法乎? 民之有刑, 昭其法也, 自我毁法, 何以昭矣? 法之不昭, 威亦不立, 適足以自喪其德而已.

刑罰之於以正民末也. 律己奉法, 臨之以莊, 則民不犯, 刑罰雖廢之可也.

治一國如治一家, 況一縣乎? 曷不觀治家者乎? 家翁日日嗔怒, 笞子撻弟, 縛奴毆婢, 竊一錢不赦, 覆一羹不恕, 甚則以鐵槌打肩, 砧杵擊髀. 而子弟之欺罔愈甚, 奴婢之偸竊益肆. 一室聚訕, 唯恐被執, 上下朋奸, 以欺一翁. 哀此家翁, 儼成獨夫, 而家道睽乖, 馴致大亂, 終不得爲法家模樣. 有一翁焉, 晨起盥櫛, 正其衣冠, 肅然端坐, 以受私朝, 分業授職, 使各治事. 其有不率, 諄諄敎誨, 事有可羞, 隱之勿彰, 燕居獨召, 密密戒責. 翁帥以勤, 衆莫不勤; 翁帥以儉, 衆莫不儉; 翁帥以恭, 翁帥以廉, 表準旣正, 物莫不順. 子弟皆能雅飭, 奴僕莫不淳良, 不知欺罔爲何事, 不知偸竊爲何習. 終年卒歲, 庭無笞撻之聲, 而入其室者, 似見和氣盈門, 春風襲人. 琴瑟書策, 莫不靜嘉, 草木鷄犬, 皆若肥澤, 不問可知爲有道君子之家者, 蓋有之矣. 由是觀之, 聲色之於以化民末也, 刑罰之於以正人末也. 吾身正, 民莫不正, 吾身不正, 雖刑而不正. 自有天

---

17 鹵: 新朝本에는 '齒'로 되어 있음.

地以來, 此理恒然, 豈可以雜說亂之乎?

或曰: "奸吏·猾校, 良心已滅, 惡習已痼, 不可以仁義感化, 唯可以刑罰制伏, 子欲以蒲鞭治之, 豈不迂哉? 世降俗末, 淳風已遠. 漢魏不如三代, 唐宋不如漢魏. 故近世以善治得名者, 觀其爲治, 必嚴刑猛棍, 大枷緊縛, 鈴聲一動, 一府悚然. 其以不治得名者, 觀其爲治, 必輕箠小扑, 柔詞緩令, 紀綱旣頹, 百脈解散, 其成效如此. 子欲以正己正物之迂談, 御此難化難制之悍俗, 所謂干戚之舞, 欲以解平城之圍也. 豈不迂哉?" 答曰: "此流俗之論也. 治與不治在乎其人, 不在乎刑罰. 彼以善治得名者, 若復緩刑, 其治益高, 其譽益全, 非以嚴刑而致治也. 其以不治得名者, 若復峻刑, 其治益下, 其毀益騰, 非以緩刑而誤政也. 大抵廉淸者, 其刑多峻; 貪濁者, 其刑多緩. 故曰: '廉者好名, 不近人情.' 故曰: '用人之仁而去其貪.'【見『禮運』】蓋以是是非非, 善善惡惡之心, 旣然眞切, 其刑不得不猛. 是是非非, 善善惡惡之心, 本來迷昧, 其刑自然多緩. 彼眞切者, 其智有分別也; 此迷昧者, 其智無裁制也, 治與不治, 於是乎相遠. 然人不到聖賢地位, 必有偏辟之病. 所短每起於所長, 所長亦在乎所短. 彼所謂峻刑者, 必以嚴急之故, 多所錯誤. 或罪輕而罰重, 或罪疑而斷快, 一時之念, 枉施酷刑; 一偏之見, 遂決重罪, 多少冤鬱, 理所不免, 此所長起於所短也. 此所謂緩刑者, 亦以和緩之故, 時得無害, 本無重杖, 亦無大冤; 本無明決, 亦無獨悲. 民不畏官, 吏無所憑藉虎威; 獄在疑案, 人得以少延螻命. 故遐陬有諺曰: '惡板弄板, 利害相半.'【方言, 峻刑之官, 謂之'惡板', 緩刑之官, 謂之'弄板'.】此有驗之言也. 我之是非旣明, 卽田政·賦役·簽丁·分穀自多明白, 吏不敢欺, 民不敢玩. 又從而省刑罰赦小過, 則其赫赫之譽, 愈高一層矣. 我之知識旣昏, 卽田政·賦役·簽丁·分穀, 自多荒亂, 吏舞旣張, 民訕已騰. 又從而縱盲杖施虐焰, 則其嗸嗸之怨, 彌達四境矣. 治與不治, 在乎其人, 不在乎刑罰也. 洪州吏習, 素號奸猾, 而柳誼之爲牧也, 蒲鞭不用, 而民不見吏. 康津營屬, 皆稱橫濫, 而朴基豐之爲帥也, 笞撻不施, 而軍中肅然.【唯一校被拿露臀, 同類責之, 至今以爲大恥.】由是觀之, 斯民也, 三代之民也, 三代之所以直道而行者也." 余則曰: "幪巾·畫衣·澡纓·艾韠, 尙可以禁暴除奸, 何謂蒲鞭·裸碧, 不可行於今日乎?

君子之爲治也, 當以第一等自期, 區區流俗之論, 何足取也?"

鄭瑄曰: "針芒刺手, 茨棘傷足, 擧體痛楚, 刑杖之毒, 百倍於此, 可以喜怒施之乎? 虎豹在前, 坑穽在後, 號呼求救, 獄奸之苦, 何異於此? 可使無辜坐之乎?" ○又曰: "凡覺有一毫怒意, 切不可用刑. 卽稍停片時, 待心和氣平, 從頭再問, 可矣. 未能治人之頑, 先當平己之忿. 嘗見世人, 因怒其人, 遂嚴刑以求洩己之忿. 嗟嗟! 傷彼父母之遺體, 以泄吾一時之忿恨, 欲子孫之昌盛, 得乎?"

邵伯溫家誡曰: "凡作官, 雖所部公吏有罪, 必立案而後決. 或出於私怒, 比具案, 怒亦散, 不至倉卒傷人." ○案 立案者, 侉音也. 立案之頃, 不過霎刻, 而怒氣或平. 其機豈不危哉?

張無垢云: "快意事, 孰不喜爲? 往往事過, 不能無悔者, 於他人, 有甚不快存焉. 君子所以隱忍詳復, 不敢輕易者, 欲彼此兩得也."【邵堯夫詩云: "爽口物多須作疾, 快心事過反爲殃."】 ○又云: "當官臨事, 切戒躁急. 躁急則先自處不暇, 何[18]暇治事? 加以猾吏·奸民, 窺伺機便, 以成其利, 非特害人, 於己甚害."

胡大初曰: "卓茂爲密令, 諭[19]其民曰: '我以禮敎汝, 汝必無怨惡. 以律治汝, 汝何所措其手足乎?' 吁! 此仁人之言也. 凡爲令者, 宜寫一通, 置之座右."

古之仁牧, 必緩刑罰. 載之史策, 芳徽馥然.

劉寬歷典三郡, 溫仁多恕. 嘗曰: "齊之以刑, 民免而無恥." 吏民有過, 但用蒲鞭罰之, 示辱而已.

崔伯謙爲北地太守, 改用皮鞭爲之, 不忍見血, 示恥而已. ○魏倉慈爲燉煌太守. 先是, 屬城獄訟衆猥, 縣不能決, 多集治下. 慈躬往省閱, 料簡輕重, 自非殊死, 但鞭杖遣之, 一歲決刑, 不滿十人.

『南史』, 崔景眞[20]守平昌縣, 常懸一蒲鞭而不用.

---

18 何: 新朝本에는 '可'로 되어 있음.

19 諭: 新朝本에는 '輸'로 되어 있음.

20 眞: 新朝本에는 '貢'으로 되어 있음.

漢朱邑爲桐鄕嗇夫, 廉平不苛, 以愛利爲行, 未嘗笞辱人.【余見一笞不施, 而吏畏民[21]懷者亦多矣.】

李封爲延陵令, 民有罪, 不加杖, 但令裸碧頭巾, 以爲大慚, 無敢復犯. ○案此卽幪巾·艾韠之遺意.

徐有功爲政, 不忍杖罰. 人民更相約曰: "犯徐參軍杖者, 衆必共斥之." 武后時, 守正持平, 保全多人.

宋杜衍爲治謹密, 不以威刑督吏, 然吏民亦憚其淸整.[22] ○[23]案 張詠·包拯一流也, 杜衍·歐陽脩又一流也.

田興爲原州牧使, 性矜恕, 每刑人, 爲之設席, 不濫一笞. ○案 此與杜緩事相類.【杜緩爲縣守, 每冬月具獄, 常令去酒省肉, 官屬皆感其恩.】

趙克善在郡邑, 每當捶楚, 愀然不樂曰: "撻之者, 如此其苦; 被撻者, 能無苦乎? 彼非不苦, 而猶且犯令, 可哀也已."

一時之忿, 濫施刑杖, 大罪也. 列朝遺戒, 光于簡冊.

世宗十二年, 敎曰: "五臟之係, 皆近於背, 官吏拷掠, 率多鞭背, 頗傷人命. 自今除笞背法, 有違者抵罪."

肅宗十八年, 諭八道方伯曰: "人主挾雷霆之威, 操生殺之柄. 凡於刑人殺人, 不敢循喜怒之私, 其生其死, 一付公議. 今夫殺人·僞印, 必誅之罪, 難貸之惡. 猶尙會集卿宰, 再三詳覈, 引律擬罪, 求生必死, 情罪俱無可恕, 而諸大夫皆曰可殺, 然後殺之者, 豈非人命至重歟? 大小州縣之官, 罔念欽恤, 決罰多不如法. 或因纖芥之嫌, 或觸一時之怒, 別用大杖, 恣意撲殺, 輕視人命, 不啻草芥. 昨觀歲抄, 諸道守令之犯此而獲譴者, 亦非一二. 此類一不牽復, 俾知懲戢."

英宗四十六年敎曰: "朱杖撞腰之法, 雖非壓烙之比, 其酷滋甚. 壓烙設器

---

21 民: 新朝本에는 '吏'으로 되어 있음.

22 宋杜衍……其淸整: 新朝本에는 빠져 있음.

23 ○: 新朝本에는 빠져 있음.

具, 然後乃施, 而一時之令, 衆杖齊撞, 其若致命, 何異亂殺? 此後其勿擧行."

『象山錄』云: "刑罰者, 堯舜之所不能廢, 墨劓荆宮, 猶忍爲之; 笞箠杖棍, 何莫施矣? 但仁人之用刑也, 哀矜焉, 惻怛焉, 法之所繫, 我不敢赦; 法所不許, 我不敢爲, 姑惟敎之. 敎之弗率, 乃用刑罰, 古之道也. 勃然起怒, 拍案推牐, 以其私忿, 殘彼大命, 揆諸國法而不合, 度諸公理而太過, 則豈不誤哉? 且[24] 刑罰自有正道, 乃於恒式之外, 或絞合其三笞, 或倒用其大頭, 或反縛而跪石, 或倒懸以掛樹, 或摔曳而拔項, 或灸灼以燃膚. 周牢邦禁也, 輕用以取服; 棒撞祖戒也, 輒施於行檢, 斯亦不可以已之乎? 邿都·義縱·咸[25]宣之等, 皆身被極刑, 子孫不昌. 怨詛叢於身上, 報應捷於目前. 爲民牧者, 何苦而爲是哉?"

婦女非有大罪, 不宜決罰. 訊杖猶可, 笞臀尤褻.

婦女雖犯殺獄, 猶察其有無胎孕, 乃施刑杖, 況於他罪乎? 婦女笞臀者, 去其裩袴, 擦其月衣, 灌以盆水, 使衣貼肉, 其在法庭, 猶礙觀瞻. 近來官長, 或令露臀, 或施棍杖, 種種駭愕, 有不忍聞. 有一縣宰, 飭令露臀, 那婦人攝衣起立, 向官大罵, 擧母連婆, 肆發醜語, 官亦難處, 歸之狂而出之. 上失其道, 下慢無禮, 將若之何? 牧宜念此, 謹守禮法, 免有後悔. ○良人之妻, 宜代治其夫, 官婢大罪, 宜用訊杖, 小罪撻罰【打脚脼】. 吏人之妻, 不宜拿入官庭, 如欲囚禁, 令自外就獄, 別遣可信人摘奸.【雖自官庭押送, 其入獄與否, 均不可知.】

『大明律』曰: "凡婦人犯罪, 除犯姦及死罪收禁外, 其餘雜犯, 責付本夫收管, 如無夫者, 責付親屬." ○若婦人懷孕, 待産後一百日拷決. 若未産而拷決, 因而墮胎致死者, 杖一百, 徒三年.

老幼之不拷訊, 載於律文.

『大明律』云: "年七十以上, 十五以下, 若廢疾者, 並不合拷訊. 違者笞五十."

---

24 且: 新朝本에는 '旦'으로 되어 있음.
25 咸: 新朝本에는 '减'으로 되어 있으나 人名이므로 바로잡음.

劉鋱用法刻深. 民有過者, 問其年幾何, 對曰若干, 卽隨其年數杖, 謂之'隨年杖'. 又每杖一人, 必兩杖具下, 謂之'合歡杖'.【『五代史』】○按 此必三四十以下者, 乃用隨年之法, 向衰者, 雖鋱不應爾也.

世宗十二年敎曰: "囹圄之繫, 捶楚之嚴, 人所共苦, 其中尤有可矜. 自今十五歲以下, 七十以上, 除殺人强盜外, 不許禁身, 八十以上, 十歲以下, 雖犯死罪, 亦勿禁身拷訊, 擧衆證之."

惡刑所以治盜, 不可輕施於平民也.

惡刑有二, 一曰'亂杖'【抽去足指者】, 二曰'周牢'【兩木交入兩脛之間】. 譯書謂之'夾棍'【亦謂之'夾起'】. 亂杖已除, 治盜亦所不用【英宗四十六年除之】, 而周牢尙存, 官長乘忿, 或於吏隷, 亦時用之. 上而違法, 下而失德, 莫大於此【下民一被此[26]刑, 終身不敢祭其父母云.】.

英宗下諭云: "昔將臣李浣見鴉取鷄卵, 試以周牢, 訊奴取服, 恒以戒人. 此後非强竊盜, 而用亂周者嚴禁."

第四條 恤囚

獄者, 陽界之鬼府也. 獄囚之苦, 仁人之所宜察也.

獄中萬苦, 不可備述, 擧其大者, 總有五苦. 一曰枷械之苦, 二曰討索之苦, 三曰疾痛之苦, 四曰凍餒之苦, 五曰滯留之苦. 五者爲幹, 而千枝萬葉, 於是乎旁生矣. 死囚行將就死, 而先受此苦, 其情可悲也; 輕囚其罪不重, 而同受此苦; 冤囚橫被誣陷, 而枉受此苦, 三者皆可悲也. 爲民牧者, 胡不察矣?

枷之施項, 出於後世, 非先王之法也.

---

26 此: 新朝本에는 '比'로 되어 있음.

『周禮·秋官』: "掌囚掌守盜賊. 凡囚者, 上罪梏拲而桎, 中罪桎梏, 下罪梏. 王之同族拲, 有爵者桎." ○許愼『說文』云: "梏, 手械也, 所以告天; 桎, 足械也, 所以質地." ○鄭衆云: "拲者, 兩手共一木也."【梏者, 兩手各一木】 ○鄭玄云: "在手曰'梏', 在足曰'桎'."【賈疏及丘文莊以拲桎梏爲三木】 ○鏞案『易』曰: "屨校滅趾." 此足械也. 曰: "何校滅耳." 此手械也.【何者, 肩荷之也. 後人或以滅耳爲項械, 非也.】『易』曰'用說桎梏'者, 蒙自臨觀來, 臨之震, 足, 觀之艮, 手, 本有桎梏之象, 變而爲蒙, 則手足皆淸脫矣. 然則梏手械也, 桎足械也, 司農之說, 非矣.【「月令」: "仲春省囹圄, 去桎梏." ○『孟子』曰: "桎梏死者, 非正命." ○『爾雅』云: "杻謂之梏, 械謂之桎." ○「齊世家」云: "管仲, 及堂阜而脫桎梏." ○『新書』云: "文王桎梏於羑里."】 ○總之, 枷字, 不見於九經, 其爲後世之刑, 審矣.

『漢書·司馬遷傳』: "魏其大將也, 衣赭關三木."【注云: "三木, 在頸及手足."】 ○『後漢書·范滂傳』云: "滂等皆三木, 囊頭暴于階[27] 下." ○馬融「廣成頌」云: "枷天狗, 緤墳羊." ○『北史·宋游道傳』云: "游道被禁, 獄吏欲爲脫枷, 游道不肯曰: '此, 公命所著, 不可輒脫.'"【『北史·流求國傳』云: "獄無枷鎖, 惟用繩縛."】 ○『宋史·田錫傳』云: "按獄官令枷杻有短長, 鉗鎖有輕[28] 重, 尺寸斤兩, 並載刑書, 未聞有以鐵爲枷者也." ○案『周禮·掌囚』云: "刑殺者加明梏."【鄭云: "書其姓名及其罪, 於梏而著之."】 所謂明梏, 或是項械, 桎梏之外, 又加此梏, 故謂之枷. 枷者, 加也. 古者, 唯臨刑加此械, 後世凡罪人皆著, 故已自兩漢有三木之文也. 『易』曰: "係用徽纆[29]." 所謂縲絏也. 旣以徽纆係項, 又何枷矣? 枷者, 後世之械也.

『大明律』: "枷, 以乾木爲之, 死罪重二十五斤, 徒流重二十斤, 杖罪重十五斤. ○杻, 以乾木爲之, 男子犯死罪者, 用之; 婦人雖犯死罪, 不用. ○鐵索, 輕罪用之. ○鐐者, 鐵連環也, 重三斤, 犯徒者帶鐐工作." ○『續大典』云: "除鞫囚左杻."【英宗己酉】 ○案 杻者, 手械也, 本作杽. ○枷之爲物, 爲獄卒作也. 俯

---

27 階: 新朝本에는 '堦'로 되어 있음.
28 輕: 新朝本에는 '經'으로 되어 있음.
29 纆: 新朝本에는 '墨'으로 되어 있는데, 이 구절이 『易』의 坎卦 上六의 "係用徽纆"을 인용한 것이므로 이에 의거하여 바로잡음. 아래도 이와 같음.

仰不得, 呼吸不通, 一時半刻, 非人所堪. 殺則殺之, 枷則不可. 聖人多智, 必不爲此. 在囚人則死生立判, 在獄卒則操縱唯意. 以此大命, 委彼大權, 何寶之足惜, 何求之敢拒? 枷杻者, 鎔金之大鑪也. 上令則不行, 下財則多損, 何苦而爲是哉? ○盜可枷也, 逆賊可枷也, 死囚之新入者, 可枷也. 不枷則逃, 所以枷也. 吏校可枷也, 奴隷可枷也. 旣入獄門, 不賂而脫, 姑且示辱, 以行賂也. 其餘勿問其地之貴賤, 其罪之輕重, 悉不可枷. 何也? 上令不行, 下財徒損, 此無義之政也. 或用薄紙搨印以封之, 或用匾鐵著釘以鞏之, 其法愈密, 其賂益重, 欲破民財, 斯爲之矣; 欲行吾令, 斯已之矣. 天下無不脫之枷, 凡謂枷不脫者, 昏闇之官也. 罪人數日不死, 於是乎知其脫矣.

張和思斷獄囚, 无問善惡·貴賤, 必被枷鎖杻械, 困苦備極, 囚徒見者, 破膽喪魂, 號生羅刹. 其妻, 前後孕男女四人, 臨産卽悶絶求死, 所生男女, 皆著肉鑕, 手脚並有肉杻束縛, 連絆墮地. 後爲縣令, 坐法杖死.[30]

獄中討索, 覆盆之冤也. 能察此冤, 可謂明矣.

昔來俊臣撰『羅織經』, 索元禮等, 競爲酷法, 作大枷, 有定百脈·突地吼·死豬愁等名號. 今獄中討索, 其酷罰虐刑, 多非人世之所聞. 鶴舞·猿掛·榨卵·椎腦, 種種隱語, 不可究詰. 獄卒自命爲神將, 老囚自立爲魔王, 餓鬼相噬, 歊煙吐焰, 有非陽界之人所能測度. 所謂鎖匠, 有內卒·外卒, 老囚之中, 有領座·公員·掌務之稱. 每遇新囚, 雜用五虐之刑. 入門有踰門之禮, 入室有知面之禮, 脫枷有幻骨之禮, 經日有免新之禮. 飯入則奪飯, 衣入則奪衣, 簞席有徵, 油薪有斂, 種種苦毒, 不可殫述. 上有禁, 則嘻笑不可禁也; 下有告, 則彌虐不可告也. 黑窣窣地, 關一乾坤, 不可察也. 欲禁此弊, 唯有一術, 曰勿囚人而已矣.

『大明律』云: "獄卒陵虐罪囚者, 依鬪傷論." ○『續大典』云: "禁獄囚懸枷之罰."

---

30 張和思……坐法杖死: 新朝本에는 앞 단락에 이어져 있음.

海州囚李從奉殺人在獄, 有朴海得者, 因事就獄. 獄卒崔惡才, 令李從奉執海得, 立之於墻下, 以所著枷端, 堅之於兩足之跗, 乃以藁索, 合枷板與脚, 而束縛之. 於是海得之身, 自頭至足, 竦直難支. 前不能屈, 後不能伸, 如朽木之自僵, 而空中顚仆, 遂觸牆壁, 頸骨破傷, 以至殞命. 所討者五十兩錢也. 先大王旣判此獄, 又下敎曰: "年前因宋朝恤獄囚故事, 使之洒滌其枷杻, 量給其衣藥. 旣又嚴飭獄卒輩之凌虐罪囚者, 揭示令甲. 不啻丁寧, 飭令未幾, 便已解弛, 獄卒獄囚, 符同行惡, 殺越人命. 國有法紀, 豈敢乃爾? 藉曰, 營卒異於邑卒, 營屬行惡, 本官其可袖手傍觀, 而不思所以防戢乎? 事在再昨年十月, 道伯不可論, 當該地方官爲先罷黜, 當日監守刑吏·監考等, 令道臣嚴刑定配. 海州如此, 京外獄囚之困於徵索可知. 特無殺傷, 不至顯發耳. 此而尋常看過, 後弊不可勝言. 此後, 或復踵前習犯者, 並與監獄吏卒同律, 當該掌獄官員重繩. 堂上及道伯, 亦當別般論責. 先自卿曹, 另加管束, 仍將判付辭意, 行會於八道·兩都, 以示申令之意, 京而捕廳, 外而兵水營·鎭營, 一體知委, 莫曰九重深邃. 予有繡衣, 自可按察, 無或放忽事, 並須嚴飭." ○牧宜知此, 凡村氓犯罪, 切勿囚禁, 其或不得已囚禁者, 別飭刑吏獄卒, 無得侵虐, 又執小罪, 權囚侍童, 以察其所爲.

宋張洽知永新縣, 一日謁告, 聞獄中榜笞聲. 蓋獄吏受財, 乘間訊囚, 使誣服也. 洽大怒, 亟執付獄, 明日以上於郡黜之.

疾痛之苦, 雖安居燕寢, 猶云不堪, 況於犴狴[31]之中乎?

胡大初曰: "刑獄重事也, 犴狴[32]惡地也. 脫或差誤, 胥吏奚恤? 咎必屬令. 縱逃陽罰, 必損陰德, 可不謹哉? 曰疾病必察, 饑寒必究, 牆壁必完, 出入必防." ○又曰: "有實病而吏不以告者, 有不病而吏誣以告者. 蓋吏視囚猶犬豕, 不甚經意. 初有小病, 不加審詰, 必待困重, 方以聞官, 甚至死而後告. 若有貲

---

31 狴: 新朝本에는 '陛'로 되어 있음.
32 狴: 新朝本에는 '陛'로 되어 있음.

之囚, 吏則令其詐病, 巧爲敷說, 以覬漸脫. 令於點視之際, 躬加審察, 且與召醫治療, 日申增減, 其甚困頓者, 責令親屬, 保識前去. 若必待病重, 方始聞官者, 推吏必置于罰." ○案 他疾姑舍, 杖瘡治療之法, 最宜留心. 吏屬旣嫺, 富民自有管顧者[33], 唯貧氓無力者, 卽一杯之酒, 誰有助者? 牧宜知此, 切勿重傷, 旣傷, 且與照管醫治.

『大明律』云: "獄囚患病, 應脫去枷杻而不脫去, 應保管出外而不保管, 獄官·獄卒笞五十." ○『續大典』曰: "獄者, 所以懲有罪, 本非致人於死. 而祁寒盛暑, 凍餓疾病, 間有非命致死. 其令中外官吏, 淨掃囹圄, 療治疾病, 無家人護養者, 官給衣糧. 如有懈緩不奉行者, 嚴加糾理."【英宗乙卯下敎】 ○臣謹按『文獻備考』, 上[34]文乃世宗下敎.

鄭瑄曰: "熱腸以救萬物危苦, 冷眼以觀世態炎涼."

胡大初曰: "羸老之人, 必察其有無疾病; 婦人女子, 必察其有無娠孕." ○又曰: "春夏天氣蒸欝, 須與疎其牕櫺, 蕩其穢汚, 使不奧渫, 致興癘疫. 如稍向寒, 便當糊飾戶牖, 支給綿炭, 使得溫煖和適, 可免疾患."

陳眉公云: "炎蒸赤日, 卽敞堂匡池, 高梧脩竹, 蔭映翳然, 往往移榻, 卷簾遷徙不常, 因思獄中人, 無寬閒澡浴之樂, 而但增穢雜疫痢之苦. 轉視此等, 又如天上人耳. 仁人君子, 務遣的當幕官, 掃囹圄滌枷杻, 以廣聖主好生之仁, 務使眼前火炕, 化作淸涼世界. 此只在當路者, 念頭動·舌頭動·筆頭動, 一霎時耳."

獄者無隣之家也, 囚者不行之人也, 一有凍餒, 有死而已.

「月令」: "孟秋繕[35]囹圄, 具桎梏, 仲冬築囹圄, 以助天地之閉藏, 仲夏挺重囚, 益其食."

胡大初云: "獄囚合給糧食, 有因縣道匱乏, 而責諸吏者. 不知官給尙欲減

33 者: 新朝本에는 빠져 있음.
34 上: 新朝本에는 '下'로 되어 있음.
35 繕: 新朝本에는 '設'로 되어 있는데, 『禮記·月令』의 원문에 의거하여 바로잡음.

剋, 而可使吏供輸乎?"○又曰: "人當日給米二升, 鹽菜錢十文, 朝巳晚申, 立定規式.【獄中, 疑亦有廚竈】獄子聲喏報覆, 令躬點視, 然後傳入. 其有家自送飯者, 當卽傳與, 仍點檢夾帶·毒藥·刀杖·銅鐵·器皿·文字之屬."【恐其自裁, 又防其傳通外事.】

孫一謙爲南都司獄, 故事重囚米日一升, 率爲獄卒盜去, 飯以不給. 又散時强弱不均, 至有不得食者. 囚初入獄, 獄卒驅穢地, 索錢不得, 不與燥地, 不通飲食, 而官因以爲市. 一謙一切嚴禁, 手創一秤, 秤米計飯, 日以卯巳時, 持秤按籍, 以次分給, 食甚均. 見囚衣弊, 時爲澣補, 視輕繫之尤餓者, 予囚飯之半. 囚得不死, 獄卒無敢橫.

『大明律』云: "凡獄囚, 應請給衣糧, 而不請給者, 獄官·獄卒笞五十."○又曰: "獄卒剋減罪囚衣糧者, 計贓, 以監守自盜律論."○案 此諸文, 中國本給罪囚衣糧, 其能自給者, 不官給也.

孝宗二年, 敎曰: "當此寒節, 繫累凍獄, 食不充腸, 予庸矜惻. 令該曹造給襦衣, 並給薪炭." 又諭諸道: "遍給諸囚, 俾免凍死."

『囚山筆話』云: "獄囚衣糧, 不能每繼, 其四肢無病者, 宜令捆屨織席. 拙者爲菲屨·草席, 工者爲繩屨·蒲席, 使刑吏照管發賣, 如有賒貸不酬者, 卽與推還. 或執馬弔人收贖, 量給本錢, 以辦材料. 又禁煙酒, 使無雜費, 則久囚者, 不患其衣食矣. 若其家不貧者, 不必爲此."○"牧遞去之日, 獄囚念其恩澤, 於獄中放聲大哭, 斯可謂賢牧矣."○"昔一獄囚, 官欲其速殞, 令絶其飮食, 囚三日不食, 垂絶. 夢其父以勑勸之曰: '活汝者今至矣.' 旣覺而飽, 果有一推官來, 伸其冤."

獄囚之待出, 如長夜之待晨, 五苦之中. 留滯其最也.

『易』曰: "明愼用刑, 而不留獄."【旅之象】留獄者, 聖人之所惡也. 獄有重囚, 其情至冤者, 一月三推之狀, 皆陳意見, 以請決放. 或以書而力請, 或當面而詳陳, 若恫在己, 有時刻不耐之色, 然後能感動上官, 得有酌決也. ○凡輕罪, 本當勿囚. 其或偶囚者, 必以囚人姓名, 帖于壁上, 日日觀省, 又令刑吏, 日修囚徒案, 每朝進之, 牧宜澄省, 隨卽決放. ○牧之醉者, 一囚之後, 遂忘不索, 刑吏自下縱遣, 余見多矣.

「月令」云: "孟夏斷薄刑, 決小罪, 出輕繫. 季秋乃趣獄刑, 毋留有罪." ○孟夏者, 移秧之時也; 季秋者, 收穫之時也. 二者, 在農時最急, 雖有殺獄, 正犯之外, 不可囚也.

崔篆當王莽時, 爲建新大尹, 所至獄犴塡滿. 篆垂涕曰: "陷人於穽. 彼皆何罪而至此?" 遂理出二千餘人. 掾吏扣頭固爭, 篆曰: "邪文公不以一人易其身, 君子謂之知命. 如殺一大尹, 贖二千人, 蓋所願也." 遂稱疾去.

北齊宋世良除淸和太守, 天祿中大赦, 郡無一囚, 羣吏拜詔而已. 獄內穭生桃樹, 蓬蒿亦滿, 每日衙門虛寂, 無復訴訟者, 謂之'神門'.

朱勝知吳郡事, 嘗曰: "吏胥貪, 吾詞不付房; 隷卒貪, 吾不妄行杖; 獄卒貪, 吾不輕繫囚."

李衡知溧陽縣, 專以誠意化民, 歷任四年, 獄戶未嘗繫一重囚.

孫覺知福州, 民有欠官錢者, 繫獄甚衆. 適有富人, 出錢五百萬, 請葺佛殿. 覺曰: "汝輩施錢, 願得福耳. 佛殿未甚壞, 孰若以錢爲獄囚償官, 使數百人, 釋枷鎖之苦? 卽佛亦含笑, 垂慈獲福, 不更多乎?" 富人遂輸官, 囹圄以空.

牆壁疎豁, 重囚以逸, 上司督過, 亦奉公者之憂也.

胡大初曰: "今在州縣, 獄多有頹牆敗壁, 不甚完固者, 固當卽加整葺. 然奸態萬狀, 尤宜深防. 每有獄吏, 受重囚賂, 放其自便. 日間因以飮水爲名, 將水溪壁, 浸漬泥濕, 夜深則鑽壁踰牆, 倏然而遁, 吏卒睡熟, 無由知覺. 此最利害, 令當審量罪囚輕重, 重者勿使處近壁之匣, 牆之上必加以茨, 壁之內必夾以板, 每五日一次, 躬自巡行相視, 有不完處, 隨加修補."

肅宗二十五年, 敎曰: "諸道賊囚打破獄門之處, 非止一二. 刑吏·鎖卒等, 若不同情, 必不能自脫枷枉而逃. 刑吏·鎖卒等, 隨現梟示, 方可立法. 今後明火强賊, 自內打破逃躱者, 刑鎖等, 使討[36]捕使, 依治盜律治之, 取服後, 啓聞梟示."

熊子復宰暨陽, 日間不時趨獄點視, 夜則置一鈴, 其索直達寢所. 夜半掣鈴, 獄卒應喏, 否則必罰.

胡大初曰: "在法一更三點, 長官親自定牢. 今也聽政無暇, 則委佐官; 飲酒相妨, 則委典押, 不知脫有逃逸, 咎將誰執? 吏輩受賂, 則雖重囚, 亦與釋放安寢; 無賂則雖散禁, 亦必加之縲紲, 不可不躬自檢察." ○案 縣令之職, 固當如此. 然旣無逆獄大囚, 官長親入獄中, 亦損威德. 且逐日爲課, 則太屑, 忽一偶行則無益. 宜於十數日一, 遣鄕丞·武校, 詳審以來, 亦無闕事. ○若大盜·飛賊, 其穿壁踰牆之法, 神出鬼沒, 其防察, 宜倍嚴倍密. 且其踰越之法, 必有外應, 乃可爲之. 凡討捕校卒, 皆羣盜之黨, 宜召首校, 戒之曰: "某盜若逸, 必汝僚屬爲外應也. 官當窮治, 汝其知之."

歲時佳節, 許其還家, 恩信旣孚, 其無逃矣.

漢虞延爲洛陽令, 每至歲時伏臘, 遣囚還家, 並感恩德, 如期而還.

晉曹攄爲臨淄令, 臨歲除, 放重囚歸省家, 皆感泣, 至期而還.

晉范廣爲堂邑令, 丞劉榮坐事當死. 郡劾以付縣, 榮卽縣人. 家有老母, 至佳節, 廣輒聽暫還, 榮亦如期而反. 縣堂爲野火所及, 榮脫械救火. 事畢, 還自著械.

梁傅岐爲始新令【傅琰之孫, 巖之子.】, 縣人有相毆死, 法當償死. 會冬節至, 岐乃放還家, 獄掾固爭曰: "古者有此, 今不可行." 岐曰: "某若負信, 縣令當坐." 竟如期而反, 太守深相歎異. 岐後去, 縣人無老少, 皆出境拜送號哭.【『南史』】

『南史』, 席闡文爲東陽太守, 在郡有能名. 冬至, 悉放獄中囚, 依期而至. ○何胤爲建安太守. 政有恩信, 人不忍欺. 每伏臘, 放囚還家, 依期而反. ○王志爲東陽太守. 獄有重囚十餘人, 冬至日, 悉遣還家. 過節皆還, 唯一人失期. 獄司以爲言, 志曰: "此自太守事." 明旦果自詣獄, 辭以婦孕, 吏民歎服之.

唐呂[37]元膺爲蘄州刺史, 嘗錄囚, 囚白: "父母在, 明値歲朝, 不得省." 泣下.

---

36 討: 新朝本에는 '計'로 되어 있음.

元膺惻然, 悉釋械歸之, 戒如期還. 獄吏白: "不可." 答曰: "吾以誠待人, 人豈負我?" 盜皆如意而至. 自是, 盜黨感愧, 悉避境去.

宋曹叔遠爲浙西提點刑獄, 寒食放囚, 歸祀其先, 囚感泣如期至.

王伽爲齊州參軍, 送流囚李參等七十餘人, 詣京師, 行至滎陽曰: "卿輩自犯國刑, 身嬰縲絏, 固其職也, 重勞援卒, 豈不愧心?" 乃悉脫枷鎖, 約曰: "某日當至京師, 如致前却, 吾當爲汝受死." 遂赦而去. 流人感悅, 如期而至. 帝聞而驚異.

久囚離家, 生理遂絶者, 體其情願, 以施慈惠.

後漢吳祐爲膠東相, 安丘男子毌丘長, 與母俱行市, 道遇醉客, 辱其母, 長殺之, 長以械自繫. 祐問長: "有妻子乎?" 對曰: "有妻, 未有子也." 卽移安丘, 逮長妻到, 解其桎梏, 使同宿獄中, 妻遂懷孕. 至冬盡行刑, 長齧指屬兒, 以報吳君, 因投繯而死.

後漢鮑昱爲汭陽令, 趙堅殺人, 繫獄當死. 其父母泣訴以絶嗣, 令將妻入獄, 解械止宿, 遂妊身有子.

陳臨守蒼梧, 民有遺腹子, 爲其父報怨, 捕繫獄. 臨傷其無子, 令其妻入獄, 遂産一男.

曹彬知徐州, 有吏犯罪立案, 逾年杖之, 人皆不測. 曰: "吾聞此人新娶婦. 若杖之, 舅姑必以婦爲不利, 朝夕呵罵, 使不能自存. 吾故緩其事, 而法亦不赦也."

韓魏公判大名, 有吏請假娶妻, 繼有人訟其不法, 將引斷. 乃令封其[38]公案, 半年後取前案. 行遣二倅曰: "此人自封案後頗謹厚, 乞恕前罪如何?" 琦曰: "知某封案意乎? 此人新娶, 當時若便斷遣, 此人與父母, 必咎其妻, 所以封起案卷耳." 二倅起揖公曰: "公恕至此, 天不獨厚公, 後世亦貴顯無極矣."

---

37 呂: 新朝本에는 '品'으로 되어 있음.
38 其: 新朝本에는 '起'로 되어 있음.

老弱代囚, 尙在矜恤, 婦女代囚, 尤宜難愼.

英宗三十七年敎曰: "老老長長, 絜矩之道也. 凡諸推治之時, 以子代父, 以弟代兄, 其猶可也. 至於以父代子, 以兄代弟, 而甚至及於其母, 有違倫紀, 亦有關風敎. 又於雜職之類, 囚其正妻, 稱以次知, 侵漁之際, 其弊百端. 此後以父代子, 以兄代弟, 及正妻推治, 次知代囚之名, 一切嚴禁. 其或犯者, 勿論大小官, 施以制書之律, 其隸屬隨現杖流."

『囚山筆話』云: "良民惡人不可同處, 男子婦人不可同處. 宜於獄中, 別爲淨室, 以待用也."

王克敬嘗爲兩浙監運使, 溫州逮鹽犯, 以一婦人至. 克敬大怒曰: "豈有逮婦人行千百里外, 與吏卒雜處者? 汚敎甚矣, 自今毋逮." 建議著爲令.

流配之人, 離家遠謫, 其情悲惻. 館穀安揷, 牧之責也.

罪不至死, 故得此流配. 陵轢逼迫, 非仁人之政也. 流配約有四等. 一, 公卿大夫安置投竄者也, 一, 罪人親屬緣坐編配者也, 一, 貪官汚吏照律徒流者也, 一, 賤流雜犯自下行遣者也. 朝局一變, 大勢已傾, 則雖議政大臣, 猶受陵侵, 況於大夫·士以下乎? 猶有翻覆之望者, 守令密有餽遺, 胥吏潛獻忠誠, 若本地孤畸, 遂無前路者, 其所侮虐, 不可盡述. 余詩曰: "小窮有人憐, 大窮無人恤." 此之謂也.【若世交情厚者, 其陵虐, 倍於他人.】○緣坐之法, 出於後世. 此蓋夷三族之例, 特不死耳.【三世之族, 爲三族. 上及諸父, 是祖族也; 旁及昆弟與其所生, 是父族也; 下及子姓, 是己族也. 今人誤以父族·母族·妻族爲三族, 故遂不知今之緣坐, 卽夷三族之法.】黨禍以來, 所謂逆賊, 有實有冤. 冤者勿論, 雖其實者, 其諸父·諸子與其昆弟, 有何罪也? 況其婦女爲婢, 柔性未死, 仁人君子, 所宜惻念. 近俗佻薄, 凡緣坐來者, 凌虐已甚. 聲氣隔遠者, 猶或闊略; 世誼本厚者, 尤益迫迮【以避嫌故也】, 或囚之於獄中, 或拘之於間門. 婦女爲婢者, 必受點考, 又從而窺其顔色. 非禮薄德, 孰大於是? ○凡士族在配者, 其點考, 宜令鄕丞·刑吏, 坐外看閱, 數月之間, 或一親閱. 其婦人始到, 宜令蒙被入庭, 牧乃閉戶勿視, 差官婢護送.

又嚴飭所住鄰比, 其男子毋得往來窺覘, 待之有[39]禮. 一関之後, 勿復躬閲, 每至朔望, 遣婢看審, 歲時佳節, 饋以米肉. 雖本非親戚, 理當如此. ○窮途之感, 刻骨鏤髓; 窮途之怨, 亦刻骨鏤髓. 含德入地, 必有冥報; 含冤入地, 必有陰殃. 天地變化, 寒暑迭遷, 富貴者, 未必常樂; 窮苦者, 亦荷天照. 君子於此, 宜兢兢然致心也. 況其姻婭族黨, 猶在京輦, 聞其有德, 孰不暗悅; 聞其施虐, 孰[40]不潛訕? 不知之中, 或名譽以騰, 或憤嫉以叢, 自己利害, 亦不少矣. ○婦女流配者, 其苦節芳徽, 多可褒顯, 而其家旣覆, 無人稱述, 甚可悲也. 其以處子來者, 白髮被額, 猶作北髻, 六十年閉戶獨處, 人不見面. 又或凌虐之言, 近於屑慢, 則投繯服滷, 以全其無玷之節者, 項背相望. 欲作『紅史』一部, 以昭幽光, 而未能也. 牧宜知此, 恒存矜惻, 勿事凌虐焉, 可也.

貪官汚吏來者, 館接必厚, 餽遺必腆, 不足恤也. 其賤流雜犯者, 辛苦萬狀, 非人所堪. 邑例萬殊, 或逐戶排日, 輪流給食; 或萬民均斂, 以授館主. 總之, 主客俱困, 不可堪也. 余在西邑, 買一瓦屋, 使十人同處【一邑配人, 例不過十人】, 捐火粟錢, 歲入五百兩. 募民爲館人, 餰料·虀醬·茵簟·器皿, 咸出其中. 名之曰'兼濟院', 謂主客兩便也. 邑人便之.

配人給由, 非法也. 然其本罪不重, 根株有著者, 以時給由, 亦善政也. 若奸吏來者, 以權門之託, 欲得由暇, 萬不可許.

第五條 禁暴

禁暴止亂, 所以安民. 搏擊豪强, 毋憚貴近, 亦民牧之攸勉也.

豪强之類, 總有七種. 一曰'貴戚', 二曰'權門', 三曰'禁軍', 四曰'內臣', 五曰'土豪', 六曰'奸吏', 七曰'游俠'. 凡此七族, 務在裁抑, 以安百姓. 『詩』云: "維仲

---

39 有: 新朝本에는 '無'로 되어 있음.
40 孰: 新朝本에는 '就'로 되어 있음.

山甫, 剛亦不吐, 柔亦不茹." 古之遺直也. 人能不畏疆禦, 而後能不侮鰥寡. 禁暴者, 仁術也.

尹翁歸爲東海太守, 緩於小弱, 急於豪彊, 豪彊有罪, 輒掌畜官, 使斫莝, 不中程, 輒笞督.

嚴延年爲河南太守, 其治, 務在摧折豪彊, 扶助貧弱. 貧弱雖陷法, 曲文以出之, 其豪彊侵小民者, 以文而內之. ○按 處心宜至公, 亦不必如此.

岑熙爲魏郡太守, 視事二年, 人歌之曰: "我有枳棘, 岑君伐之; 我有蟊賊, 岑君遏之. 狗吠不驚, 含哺鼓腹."

董宣爲洛陽令, 湖陽公主之蒼頭殺人, 匿公主家. 宣候主出行, 叱奴下車, 格殺之. 上使宣謝主, 宣不從. 强使頓之, 宣終不俯. 上勅强項令出, 賜錢三十萬. 由是, 豪猾震慄, 號'臥虎'. ○司馬雋爲洛陽令, 貴戚斂手, 號曰'臥虎'.

周紆爲洛陽令, 下車先問大姓主名, 吏數閭里豪强以對. 紆厲聲怒曰: "本問貴戚若馬竇等輩, 豈能知此賣菜傭乎?" 於是部吏望風旨, 爭以激切爲事, 貴戚跼蹐, 京師肅清. ○歐陽尹尹京, 不事風采, 至貴寵犯禁令, 有求免者, 必實于法, 雖詔令, 有所不從.

唐李朝隱[41]政甚淸嚴, 豪右屛迹. 時太子舅趙商奴, 侵害平民. 朝隱[42]杖之, 上降勅慰勉之.

崔皎爲長安令時, 邠王部下人盜馬, 府縣莫敢言. 皎命就擒於王家, 王懼縊殺其奴, 置於街樹.

吳正肅育守襄城, 初秦悼王葬汝州, 其後子孫, 歲時上塚不絕, 宗室宦官, 常往來爲州縣患. 公每抑折之, 凡過其縣者, 不敢以鷹犬犯民田, 至他境然後敢縱獵. 宗室宦官, 或夜半叩城門, 索牛駕車, 公輒不動, 及朝徐告曰: "牛不可得也."

馬光祖尹京, 庭無留訟. 福王府訴民不還房廊屋錢. 光祖判曰: "晴則雞卵·

---

41 隱: 新朝本에는 '恩'으로 되어 있음.
42 隱: 新朝本에는 '恩'으로 되어 있음.

鴨卵, 雨則盆滿鉢滿. 福王若要屋錢直, 待光祖任滿." ○謂政淸則其乾燥如卵, 政濁則其濡潤如霤, 我在之時, 不可以濡潤也.

吳相國允謙爲鏡城判官, 時王子臨海君多不法, 虐及於民. 宮奴入府境, 擊傷寡婦, 公綁其奴, 杖斃之.

羅星斗爲鳳山縣監, 縣吏鄭行之奴, 叛投麟坪大君, 構行徙邊, 知公得其情, 懼不自安. 及麟坪赴燕, 迎懇欲生事. 公聞之, 囚其母. 麟坪大怒, 盡驅納從者於獄曰: "阻我行者, 縣也." 坐是罷. 李基祚[43] 入對言: "此羅萬甲子, 有父風." 上曰: "此人[44], 予亦知之." 然竟削職.

權門勢家, 縱奴豪橫, 以爲民害者, 禁之.

隋榮毗剛鯁有局量, 楊素薦爲華州刺史. 素田宅多在華陰, 左右放縱, 毗繩以法, 無所寬貸. 朝集, 素謂曰: "素之擧卿, 適以自罰也." 毗答曰: "奉法一心者, 恐累公所擧." 素笑曰: "前言戲耳."

唐魏元忠爲洛州長史, 時張易之家奴暴橫, 元忠笞殺之, 權豪憚伏.

宋郁山守溫州, 時張浚得上寵, 大治第, 强市民居. 山謂張曰: "相公居朝, 喜稱伊傅周召, 而居家, 顧不肯爲蕭何·李沆, 何耶?" 或謂: "張相國朝暮被召. 君勤苦半生, 甫得一郡, 而故與相抗, 獨不爲門族計耶?" 山笑曰: "人生進退·榮辱, 皆有定分. 卽如子言, 吾便葛巾·藜杖, 浩然而歸, 當何所損? 子視郁子靜, 豈驅赤子獵浮榮者哉?"

鄭復始爲古阜郡守, 時尹元衡家僮在境, 恃勢橫恣, 侵刻小民, 前後守宰, 莫敢誰何. 公到官, 卽捕核, 置之法, 不少貸.

李厚源【號迂齋】爲光州牧使, 沈器遠時以大官配隣邑, 脅州人爲奴, 請公執送. 公不許, 則其從者, 私自縛去. 公卽收其從者, 重究之. 器遠雖恚甚, 亦無奈何.

---

43 祚: 新朝本에는 '祥'으로 되어 있음.
44 此人: 新朝本에는 빠져 있음.

金孝誠爲淸安縣監, 有貴近家二奴在縣境, 倚依侵奪, 發吏捕不得. 公自往縛致, 徇一境, 杖殺之.

柳正源爲春川府使時, 相家奴憑藉威勢, 攘人棺材數十具, 又毆打人流血. 發吏捕治, 推價錢還其主. 時相聞之曰: “家奴信有罪, 非柳某不能如是也.”

禁軍怙寵, 內官橫恣, 種種憑藉, 皆可禁也.

孝廟朝之訓鍊營, 先王朝之壯勇營, 其校卒怙橫者多, 官長不敢下手. 所謂禁軍, 指此類也.

唐許孟容爲京尹, 神策使李昱, 假貸民錢八千貫, 三歲不償. 孟容收捕, 刻日命還之. 昱之被械也, 一軍驚訴, 上再遣中使, 令送本軍. 孟容奏曰: “臣知不奉詔當誅, 臣爲陛下彈抑强豪, 錢未盡收, 昱不可送.” 上許之.

劉棲楚爲京兆, 號令嚴明. 先是, 京城惡少, 屠沽商販, 多繫名諸軍, 不遵法令, 凌蔑衣冠. 劉公皆窮治之, 宿猾屛迹, 甚至有匿軍人名目, 自稱百姓者. 當時人人頭上, 似各有一劉尹, 不敢爲非.

唐柳仲郢爲京尹, 有人訴表甥劉詡毆母. 時詡爲禁軍小校, 仲郢不俟奏, 杖殺之. ○唐宣宗獵苑北, 見樵者, 乃涇陽人. 問其宰李行言政績, 對曰: “性執滯, 有賊匿軍家, 取來盡杖.” 上書其名帖殿柱.

范純仁爲畿縣令, 衛士縱牧馬, 踐民田. 公捕而杖之, 奏曰: “養兵出於二稅, 轉牧馬而侵食民田, 二稅將何從而出哉?” 章出, 特免罪, 仍令畿邑, 兼管句牧地, 自公始也.

蘇軾自杭徙密, 密有盜未獲. 安撫司遣使, 以領悍卒入境捕盜. 卒凶暴, 反以禁物誣民, 爭鬪至殺. 民訴於軾, 軾投書不視曰: “必不至此.” 悍卒聞之, 頗用自安, 不知軾已使人招出, 戮之矣.

丁積知新會縣, 中貴梁芳, 邑人也, 其弟長橫於鄕, 責民逋過倍, 復訴於積. 積追笞焚之, 且收捕繫獄. 由是權豪屛跡.

許觀雪厚爲砥平縣令, 砥平有內奴, 作氣勢爲民害者, 積十年, 郡縣莫之呵也. 先生數其犯禁者十餘事, 以法斷之, 民心大悅. 而論以濫殺, 繫經冬夏, 邑人守闕訟冤. 適天旱, 以冤獄得釋.

　陳幼學知確山縣, 布政使劉渾成弟燦成, 助妾殺妻, 幼學治之如律, 不少饒.

　金始振爲水原府使, 孽孼李一善之弟居境內, 倚依橫恣, 或潛漏國事. 公招至前, 卽斷頭以徇[45]. 在座者曰: "宜先上聞." 公曰: "如有他端, 我自當之, 不可及朝廷." 於是瞻聆震慴. 一善來, 亦不敢問.

　　土豪武斷, 小民之豺虎也. 去害存羊, 斯謂之牧.

　郅都爲濟南守, 濟南瞷氏宗人三百餘家豪猾, 二千石莫能制. 都誅瞷氏首惡, 餘皆股栗.

　趙廣漢爲穎川太守, 郡大姓原褚宗族橫恣, 前二千石莫能禽制. 廣漢旣至數月, 誅原褚首惡, 郡中震栗.

　尹翁歸治東海, 察郡中吏民, 賢不肖及姦邪罪名, 盡知之. 縣縣皆有記籍, 自聽其政, 收取黠吏豪民, 案治其罪, 高至於死以警百, 吏民皆服. 大豪郯許仲孫, 爲姦猾亂吏治, 二千石欲捕者, 輒以力勢, 變詐自解, 終莫能制, 翁歸棄市, 一郡佈栗.

　魏倉慈爲燉煌太守, 郡在西陲, 以喪亂隔絶, 曠無太守二十歲, 大姓雄張, 遂以爲俗. 慈抑挫權右, 撫恤貧羸, 甚得其理.

　李及通判曹州, 州有趙諫者, 交通權貴, 持郡短長, 縱爲奸吏. 及旣受命, 諫至京師求見, 及拒之, 乃慢罵而去, 因誣及毀朝廷[46]. 會有發諫事者, 及察其狀, 盡數前後所爲, 以聞于御史鞫之, 斬于都市. 及由是知名.

　李浩在台州, 有豪民鄭憲, 以貨給事於權貴之門, 爲一郡害. 浩發其奸, 繫死于獄, 盡籍其家, 權貴人敎其家訟冤, 訟公以他事. 劉珙奏: "李某得罪豪民, 爲民所誣." 上曰: "守臣不畏强禦, 繫死豪民, 豈易得耶?"

　陳幼學知湖州, 甫至, 卽捕殺豪惡奴. 有施敏者士族子, 楊陞者人奴也. 橫

---

45 徇: 新朝本에는 이 뒤에 '頭以徇'이 있음.
46 廷: 新朝本에는 '政'으로 되어 있음.

郡中, 幼學執敏, 置諸獄. 敏賂貴人, 囑巡撫. 檄取親鞫, 幼學執不予, 立杖殺之. 敏獄辭, 連故尙書潘季馴子廷圭, 幼學言之御史, 疏劾之下獄, 他奸豪復論殺數十輩. 獨楊陞畏禍斂跡, 置之, 已念己去, 陞必復逞, 遂捕置之死, 一郡大治. ○案 君子之道不逆詐, 不保其往. 萃之六爻, 皆云無咎者, 貴改過也. 楊陞畏伏, 安知不因而爲善? 逆其詐而殺之, 何以勸善? 陳公於是乎失德矣.

柳雲龍【西厓之兄】爲仁同縣監, 始至, 有豪右數輩, 假儒名, 執鄕柄, 武斷爲非者. 自前守與之爲主客禮, 不敢少咈其意, 公繩之以法, 不假貸. 其人相與造爲流謗, 洶洶不已, 公持之益堅, 莫不帖息.

尹承吉爲龜城府使, 有豪族好植私凌上, 卽官欲抵罪, 率用苟且獲免. 公痛禁交關, 申嚴約束, 有犯無貸, 汙俗[47]爲之一變. ○尹承解爲成川府使, 府有豪黨, 擅殺官妓. 前後奉使者, 姑息不治, 承解案首謀者誅之.

丁公彦璜爲平山縣監, 邑俗素豪猾, 多武斷. 聚閑民村落中, 威使之, 不役於官. 公取其尤强梁難制者一人治之. 其人素交結權要, 洛中大家, 多以書來. 公一不聽, 持之益急, 其人逃遁憤恚死. 搜出隱丁八十餘, 悉以充軍額. 自是豪右震慴, 令行禁止.

鄭景淳爲淸州牧使, 有豪族負倉逋, 不肯輸官. 出朱牌捉[48]之, 豪書于牌背曰: "鄭某逆賊." 乃悉發吏校圍捕之, 訊曰: "汝以我爲逆賊乎? 汝眞逆賊." 豪曰: "何哉?" 乃寫訊[49]狀云【方言曰'侤音'】: "拒逆官令曰'逆', 偸食國穀曰'賊'. 矣身[50]逆賊是的, 刑推懲礪." 遂下三十杖, 一境慴伏.

胡大初曰: "縣道每有姦狡·頑嚚之人, 專以敎唆詞訟, 把持公事爲業. 先當榜文曉諭: '若有犯到官, 定行勘杖刺環, 押出縣界, 必懲無赦.'"

『續大典』云: "豪强品官, 武斷鄕曲, 凌虐百姓者, 杖一百, 流三千里." ○奸吏豪强, 已見「束吏」篇, 今不再述.

---

47 俗: 新朝本에는 '浴'으로 되어 있음.

48 捉: 新朝本에는 '提'로 되어 있음.

49 訊: 新朝本에는 '認'으로 되어 있음.

50 矣身: 新朝本에는 원주처럼 되어 있으나 문맥으로 보아 본문과 같은 글씨크기로 바꿈.

惡少任俠, 剽奪爲虐者, 亟宜戢之. 不戢, 將爲亂矣.

尹賞爲長安令, 長安中姦猾浸多, 閭里少年殺吏, 受賕報仇, 相與探丸, 得赤丸者, 斫武吏; 得黑丸者, 斫文吏; 白者, 主治喪, 死傷橫道, 枹[51]鼓不絶. 賞修獄, 穿地方深各數丈, 瓴甓爲檠, 以大石覆其口, 名爲'虎穴'. 分行收捕, 以次納虎穴中, 覆以大石. 數日發視, 皆相枕藉死.

薛元賞爲京尹, 都市惡少, 以黛黑饞膚, 剽奪場闤. 元賞到府三日, 杖死二十餘輩, 百姓頓安.

韓延壽爲潁川太守, 置正伍相長, 率以孝弟, 不得舍姦人, 閭里阡陌有非常, 吏輒聞知, 姦人莫敢入界. 其始若煩, 後吏無追捕之苦, 民無箠楚之憂, 皆便安之.

陳堯佐治開封府, 每歲正月, 夜放燈, 則悉籍惡少, 禁錮之. 公召諭曰: "尹以惡人待汝, 汝安得爲善? 吾以善人待汝, 汝忍爲惡耶?" 因盡縱之. 凡五夜無一人犯禁者.

豪强之虐, 毒痛下民, 其寶尙多, 不可枚擧.

今之豪制, 其最甚者, 一曰'宮土', 二曰'屯田', 三曰'霸占', 四曰'立案'. 今略論其槩. ○所謂'宮土', 日滋月盛, 諸宮戚畹, 廣置田莊, 遣客收租, 名之曰'導掌'. 免其公賦, 厚其私輸, 守令袖手, 不敢照管, 剝割唯意, 徵斂無藝, 入於宮家者什一, 歸於私橐者什九. 上而王土日蹙, 下而民膏日削, 中而無補於宮家. 唯其浮游無賴奸細之客, 是肥是膡, 此其必宜禁者, 一也. ○所謂'屯田', 日滋月盛, 諸營·諸司, 廣置田莊, 遣其小校, 或其小吏, 名之曰'屯監'. 桀黠四出, 椎搾到骨, 入於營司者什一, 歸於私橐者什九. 上而王土日蹙, 下而民膏日削, 中而無補於營司. 唯其浮游無賴油滑之徒, 是庇是澤, 此其必宜禁者, 二也. ○'霸占'者, 何也? 富民之家, 總有浪子, 馬弔鯨飮, 厥考薰心. 乃有高門華閥,

51 枹: 新朝本에는 '抱'로 되어 있음.

結納此子, 陰與約束, 受其契券, 稱有債貸, 厥鏹千萬. 牧之無行者, 聽其叮囑, 卽與提禁, 箠楚旣酷, 枷鎖又嚴. 沃田千頃, 勒受票驗, 遂以屬之於高門. 此習·此俗, 在在成風, 而忠淸公洪之道, 尤其甚者也. 牧雖單寒, 豈忍坐視而弗禁哉? ○‘立案’者, 何也? 荒山·疊巘·遠浦·小島, 天荒以來, 不入疆理, 高門華閥, 自作文券, 名之曰‘立案’. 卽一草·一木·一魚·一蟹, 咸曰朕産, 坐收租稅. 樵蘇路斷, 斧斤有厲, 漁簺不隸於王籍, 鹽盆盡困於私斂. 又或功臣·戚臣遠裔遙孫, 每執民田, 謂之賜牌之地, 包丘陵絡原隰, 咸曰朕土, 攘奪唯意, 莫之誰何. 小民蕩析, 遂殘遂滅. 牧雖罷軟, 豈忍坐視而弗禁哉? 斯皆今日之錮習也.

狹邪奸淫, 携妓宿娼者, 禁之.

『大明律』: "凡官吏【卽文武官吏】宿娼者, 杖六十."【挾妓飮酒者, 亦坐此律.】 註云: "娼者, 樂籍婦女也." 文武官吏宿娼者, 玷汚行止, 故罪之. ○按 文武官吏, 通官員·吏胥而言之也. 宿娼謂宿於娼家也. 中國唯編於樂籍者, 謂之娼妓, 而吾東凡街路賣姦者, 混稱行娼.

『續大典』云: "花郎·游女, 留住城中者, 摘發論罪." ○註云: "花郎·游女, 所在摘發, 良家子女, 永屬殘邑爲奴婢, 公私賤, 杖一百, 流三千里." ○按 花郎·游女, 今無此名. 今之乞士【有髮僧】·優婆, 周流賣姦者, 當用此律.

官吏挾娼, 法律至嚴. 然旣弛旣亂, 久已膠合. 今猝禁之, 騷擾之術也. 唯登山·汎水, 載妓張樂, 非吏校之所敢爲, 牧上官旣月之後, 卽嚴立約條曰: "官吏·官校, 有敢挾妓游衍者, 卽照法嚴繩, 永鐲其籍. 又或妓家起鬧, 以成鬪毆之訟者, 用加倍之律, 斷不饒赦." ○郞州退妓, 賣酒行歌, 有或舘接以游衍者, 治之如竊盜之窩主, 行罪勿赦. ○優婆之尼, 店舍之娼, 潛與引接, 以作淫風者, 治之如竊盜之窩主, 行罪勿赦. ○榜諭村里: "其有淫邪之行, 致起獄訟者, 本里諸戶, 倍徵徭賦, 以懲弗禁之罪." ○唯淫婦屬公爲婢之法, 不可輕率處斷. 必其本夫情願屬公, 方可錄籍, 本夫不願, 則不可强也. 近來州縣官, 納妓爲妾, 載與俱歸, 婢籍日耗. 乃令妓曹, 指告淫婦, 勒令屬公, 誣詐成風, 賂贈以行, 斯則不法之大者也.

蕭宗十年, 刑曹判書金德遠奏曰: "湖南有異姓從兄弟相淫者, 旣已承服. 律文則其罪, 乃杖一百徒三年. 頃年禮亨獄時, 因大臣收議, 『大典續錄』'士族奸淫, 瀆亂風敎, 並奸夫處絞'之法, 有所定奪. 旋因伊時大臣所稟, 又以不待時處斷受敎, 今此罪人, 亦當依受敎處斷乎?" 上曰: "其時受敎, 乃一時懲惡之意, 不必永爲定式也." ○奸淫致命之獄, 並見『欽書』, 今略之.

『寒巖瑣話』云: "室女將嫁, 鄰豎自言其先奸, 怨婦在逃, 尊姑必誣以行淫, 此類起訟者多矣. 古者陰訟, 聽於社樹之下【「甘棠」疏】, 敎民以恥也. 今之官長, 每遇奸淫之訟, 先自褻汚, 敎婢探褌, 考痣驗毛, 大非禮也. 雖非此法, 豈無決折之術? 牧之端嚴者, 必不爲此."

唐崔碣爲河南尹, 邑有大賈王可久, 轉貨江湖間, 値龐勛亂, 盡亡其貨, 不得歸. 妻詣卜者楊乾夫, 咨存亡. 乾夫內悅其色, 且利其富, 旣占, 陽驚曰: "乃夫殆不還矣." 卽陰以百金謝媒者, 誘聘之, 妻乃嫁乾夫, 遂爲富人. 及徐州平, 可久困甚, 丐衣食, 歸閭里. 往見妻, 乾夫大怒, 訴逐之. 妻詣吏自言, 乾夫厚納賂, 而可久反得其罪, 再訴復坐誣. 可久恨歎, 遂失明. 及碣至, 可久陳冤. 碣廉得其情, 卽勅吏掩乾夫, 幷前獄吏下獄, 悉發賕姦, 一日殺之, 以妻還可久. 時方淫潦, 獄決卽霽.

市場酗酒, 掠取商貨, 街巷酗酒, 罵詈尊長者, 禁之.

『大典通編』云: "街路上使酒人, 杖一百." ○凶年宜禁大釀. 已見「賑荒」篇. ○每一市場, 必有一二兇悖, 爲商旅豺虎, 如中國所稱小霸王綽號者. 操升斗之權, 弄衡尺之奸. 兼之, 買娼當壚, 潛屠賣肉. 沈醉善詬, 劫奪財貨. 朱面白眼, 擊瓮破缶, 人莫之誰何者. 牧宜別岐廉探, 紏差縛致, 大棍飛膚, 巨枷滅項, 使其魂神失守, 終身勿敢, 則商旅歌于塗, 士女謹于閭, 神明之稱, 必洋溢乎四境矣. ○大村成聚, 必有市日酗酒, 詬罵犁老, 陵辱衣冠, 爲一村害焉者. 牧宜別岐廉察, 大杖六十, 嚴懲勿赦. 其或偶然中酒者, 其罰宜輕, 如有土木之役, 罰役三五七日, 亦可懲也.

胡大初曰: "人有私隙, 便輒誣以釀酤, 意在擾害. 官司不問虛實, 輒差弓手數十爲羣, 持杖突入, 遍搜房室, 繞打牆圍, 無異於大刦."

蜀先主嘗因旱儉禁酒. 刑吏於人家, 檢得釀具, 欲令與釀酒者同罰. 時簡雍從先主游, 見一男子行道, 雍謂先主曰: "彼人欲行淫, 何以不縛?" 先主曰: "卿何以知之?" 雍曰: "彼有淫具, 與欲釀等耳." 先主大笑, 命原欲釀者.

王佐守平江, 長于聽訟. 小民告, 捕進士鄭安國酒. 守問之, 對曰: "非不知冒刑憲, 老母飮藥, 必酒之無灰者." 守憐其孝, 放去, 復問: "酒藏牀脚笈中, 告者指言之何也? 豈而家奴婢有出入者乎?" 以幼婢對. 追至前, 得其與民奸狀, 告以酒處者婢也. 皆杖脊遣之. 聞者一快.

賭博爲業, 開場羣聚者, 禁之.

『大明律』: "凡賭博財物者, 皆杖八十, 攤場財物入官.【其布在賭場者, 皆屬公.】其開張賭坊之人同罪.【雖不與賭列, 亦坐.】止據見發爲坐.【無憑據者, 恐有指攀誣陷之弊.】職官加一等.【官長身自賭博, 何以治人? 加一等, 杖九十.】若賭飲食者, 勿論." ○按 賭者, 以戲取也; 博者, 貿易也【非六博之博】. 賭博之戲, 古今有殊. 『楚辭』云: "篦蔽·象棋, 有六簿." 些象棋, 卽將棋也, 六簿, 卽雙陸之類也【投六箸, 行六棋】, 篦蔽, 亦簿簾·格五之類也【『揚子方言』, 秦晉謂之簿, 吳楚謂之蔽】. 孔子所云博奕者, 六簿與圍棋也. 今所行者, 一曰'奕棋', 二曰'象棋', 三曰'雙陸'【卽㩜蒱】, 四曰'鬪牌'【卽馬弔也, 俗謂之'頭錢'】, 五曰'江牌'【卽骨牌】, 六曰'擲柶[52]'【東俗也】. 『律』所云'皆杖八十'者, 勿問何戲, 凡賭博財物者, 皆杖八十也【今俗, 誤以象棋爲博.】. 凡以戲賭物者, 其律皆同, 唯奕棋非賤者所業, 似有分也. 今之官長, 坐於政堂, 與邸吏·冊客, 馬弔·江牌, 恬不知恥, 將何以禁民爲邪哉? 律加一等, 盍亦深思? ○諸賭之中, 其壞心術, 破財産, 爲父母宗族憂者, 馬弔爲首, 雙陸·江牌次之. 吏逋校贓, 多由於此, 牧宜三令五申, 嚴嚴禁斷. 其有不悛者, 密遣侍奴·侍童及他心腹之人, 登時捉入, 照律收贖, 以惠奴婢, 以恤獄囚. 凡逋負猝

---

52 柶: 新朝本에는 '栖'로 되어 있음.

多者, 査其事根, 若由馬弔, 執其多獲者, 照數還徵, 以充其欠. ○開坊主局者, 律雖同罪, 此是首惡, 其罰宜倍重.

『淸律[53]條例』云: "軍民入宗室府內, 敎誘賭博者, 發邊充軍. ○凡賭博, 不分兵民, 俱枷號兩個月, 杖一百, 開場窩賭者, 枷號三個月, 杖一百. ○官員有犯, 革職枷責, 不準折贖, 永不敍用. ○凡賭博人, 自首者免罪, 仍將在場財物, 一半給自首人充賞, 一半入官. ○凡以馬弔·混江賭財物者, 俱照此例. ○凡旗人開場賭博, 經旬聚集者, 發極邊煙瘴充軍, 再犯擬絞. 房主亦充軍, 再犯發極邊煙瘴充軍. ○凡民人開場賭博, 經旬聚集者, 杖一百, 徒三年, 再犯杖一百, 流三千里. ○旗人造賣紙牌【卽馬弔】·骰子【卽江牌】, 爲首者, 發極邊煙瘴充軍, 販賣者, 邊遠充軍."【凡民造賣者, 其律差輕.】○按 今律倍嚴倍重, 蓋以俗習日下, 其沈溺益深故也. 吾東三法司, 亦有賭博之禁, 而紙牌·骰牌·象棋·雙陸之類, 懸於市肆, 賣爲常貨, 開其源而塞其流, 何以禁之? 宰相·名士·銀臺·玉署, 猶或以此而銷日, 他尙何說? 牧豬之戲, 推上朝廷, 亦足寒心. 然一縣之治, 牧所自專, 照律嚴禁, 未可已也.

朱子在漳州, 約束榜云: "契勘本州, 累次出榜, 立賞錢三十貫文, 禁止百姓及軍人賭博. 鈐[54]束非不嚴切, 今來尙有不畏公法之人, 公然賭博, 全無忌憚, 深屬不便."

俳優之戲, 傀儡之技, 儺樂募緣, 妖言賣術者, 並禁之.

南方吏校, 奢濫成風, 每春夏駘宕, 卽俳優滑詼之演【方言云'德談'】, 窟櫑棚竿之戲【方言'焦蘭伊', 亦名'山臺'】, 窮晝達夜, 以爲般樂. 牧不唯不禁, 時亦引入於法庭, 甚至衙眷, 垂簾聽其淫褻, 大非禮也. 以玆示民, 民罔不溺, 士女奔波, 荒淫無度, 倉逋稅竊, 多由此種. 牧宜榜諭下民, 使此雜類, 毋納四境之內, 庶乎民風其[55]靜矣. ○寺刹弊壞, 佛軀渝暗, 僧徒憑藉公文, 擊儺乞財. 鉦鼓鏦錚,

---

53 律: 新朝本에는 '津'으로 되어 있음.
54 鈐: 新朝本에는 '鈐'으로 되어 있음.
55 其: 新朝本에는 '甚'으로 되어 있음.

旗旄雜沓, 踊躍回旋, 十百爲羣. 童稺摸習, 躁擾成性. 騙取民財, 塞其花費, 此亦宜禁之俗也. ○優婆擊小鼓, 唱梵語, 以乞民財者, 亦當嚴禁.

『寒巖瑣話』云: "退荒之地, 雜術最多. 一曰'卜墳'【亦風水】, 二曰'看相'【看相以卜其先山吉凶】, 三曰'算命'【紫微斗數類】, 四曰'筮命', 五曰'畫易'【圖畫人物, 以算命.】, 六曰'破字', 七曰'絲團'【相婦女】, 八曰'掘埋'【指示埋凶之處, 掘出其骨物】, 九曰'吐祟'【病在腸胃, 能以術吐出骨梗.】, 十曰'神將'【誦呪逐鬼者】. 種種妖邪, 不令接跡於境內, 時執一二, 嚴刑遠配, 斯可謂法官矣."

私屠牛馬者, 禁之. 徵贖則不可.

『大明律』云: "凡私宰自己馬牛者, 杖一百, 誤殺者不坐. 若病死而不申官開剝者, 笞四十, 觔角皮張入官." ○『續大典』曰: "牛馬私屠者, 杖一百, 徒三年." ○吾東之俗, 牝馬皆貞, 牡馬皆童, 風合旣阻, 孳育遂絶. 萬戶之邑, 馬不過數十匹, 若非病斃, 本無私屠, 唯牛禁宜嚴也. 然吾東無羊, 歲時行樂, 非牛無肉, 人情所願, 不可酷禁. 唯豪吏·豪民, 婚宴葬祭, 殺牛成俗, 是可禁也. 法當坐犬, 安得用犢? 但必欲照律, 將報上司, 損我民財, 益彼豐廩, 無義也. 杖一百, 減之爲笞五十; 徒三年, 贖之以皮筋角, 自我處斷, 抑所宜也. ○凡監司貪者, 必嚴牛禁. 耳目寄於胥吏, 證驗絶於鄰里. 於是奸吏乘機, 報其宿憾. 借貸不順者, 誣以私屠; 睚眦有怨者, 誣以私屠. 匿名之告, 法所勿聽, 而監司利其贖錢, 一入廉記, 不復按覈, 但索贖錢, 吏威日高, 民財日削. 政之未善, 莫此爲甚. 然且京司之法, 杖一百, 徒三年, 收贖錢二十八兩, 都無事矣, 外省之法, 訊杖三次【杖九十】, 移囚數郡, 又收贖四十二兩【又徵馱價錢】. 違律越法, 無復節制, 豈不惜哉? 凡牛贖一徵, 其政可知, 不容復言.【數十年前, 北道人之言云: "古有牛金刺史, 今有牛禁刺史."】

『大典』註曰: "四都及其他, 不得不許屠處, 五日屠一牛, 違越者, 官長從重論." ○由是觀之, 官庖之五日一屠, 法蓋許之也. 土俗無羊, 不得不食牛, 故法條微婉如此. 然守令利其稅肉, 縱令日屠, 非法也, 五日一屠, 宜嚴守法典.【官用不濫, 則庖奴無害, 雖禁日屠, 無怨矣.】

范忠宣守齊, 西[56]司理院囚繫, 常多屠販盜竊而督償者. 公曰: "何不責保在外, 使之輸納耶?" 即呼出庭戒飭之曰: "爾輩爲惡不悛, 在位者, 不容釋汝. 汝等若能悔過自新, 我欲釋汝." 皆叩頭曰: "敢不佩服?" 遂釋之, 歡呼而出, 轉相告語. 是歲犯法者, 減舊歲之半.

朱子「勸農文」云: "耘犂之功, 全藉牛力. 切須照管, 及時餧飼, 不得輒行宰殺, 致妨農務. 如有違戾, 準勅科, 決脊杖二十, 每頭追償[57]五十貫文, 錮身監納, 的無輕恕."

張逸知益州, 民饑, 多殺耕牛食之, 犯者皆配關中. 逸奏, "民殺牛以活將死之命, 與盜殺者異. 請一切放還, 復其業." 報可. ○按 凶年, 豆萁亦艱, 牛饑多疫. 故民殺之.

李信圭知蘄州, 有民攘食人一牛, 御史論死八人. 信圭奏之, 免六人.

閔聖徽出按關西. 嚴屠牛之禁, 如殺人之律, 牛以蕃息, 農用甦醒. ○案 牛禁, 固當嚴峻, 豈可與殺人同律哉? 配而贖之, 民猶病之, 矧乎殘此人命, 以償牛命, 民何堪之? 凡牛禁, 宜於官庖·場市十分致察, 若小民相聚, 釀其病畜者, 不足問也.【李世載牛禁用盜律, 見山訟條.】

後漢虞詡遷尚書僕射時, 長吏聽百姓謫罰者輸贖, 號爲義錢, 託爲貧民儲, 而守令因以聚斂.

汪汝達令黃巖, 捐俸錢築城. 去浙之日, 屬吏致罰鍰曰: "此例所應得." 汝達驚曰: "居官自常俸之外, 尚有應得者耶?" 竟不受. ○按 私屠之贖[58], 厥有三害. 折民産, 一也; 損己名, 二也; 長吏惡, 三也, 決不可徵. 其有豪門·富屋, 輕於犯法者, 徵之以恤獄囚, 可也.

印信僞造者, 察其情犯, 斷其輕重.

御印僞造者, 皆嘉善·折衝爵牒僞造者也. 作法疎脫, 民易造僞, 而其利甚

---

56 西: 新朝本에는 '雨'으로 되어 있으나 『宋史·范純仁傳』에 의거하여 바로잡음.
57 償: 新朝本에는 '賞'으로 되어 있음.
58 贖: 新朝本에는 '屬'으로 되어 있음.

厚, 民安得不犯? 及陷於罪, 然後從而刑之, 豈非罔民? 此有司之過也. ○余爲假注書, 書傳旨, 刑曹錄囚, 御印僞造者, 二十餘人. 後十年, 爲刑曹參議訊囚, 御印僞造[59]者, 又二十餘人. 余問吏曰: "十年前舊囚, 至今未決乎?" 吏曰: "豈有是也? 每年決放, 至明年犯者, 又復如前年. 年所決, 或至四五十人. 今年其少者也." ○官印及諸宮房圖書僞造者, 各宜照律. 又或有戶長印兩合爲方形者, 又或以敗天公乾匏之等, 矗作篆文. 若是者, 其罪宜輕.

趙淸獻公爲武安軍推官, 有僞造印者, 吏皆以爲當死, 公獨曰: "造在赦前, 而用在赦後. 赦前不用, 赦後不造, 法皆不死." 遂以疑讞之, 卒免死, 一府皆服. ○案 其人必情輕, 故趙公權辭免之如此.

蔡文忠公齊通判濰州, 民有告: "某氏刻爲稅印, 爲姦利者已逾十年, 跡蹤連蔓, 至數百人." 公歎曰: "盡利於民, 民無所逃, 是爲政之過也." 爲緩其獄. 得減死者十餘人, 餘皆釋而不問之. 人皆曰: "公德於我, 使我自新爲善人." 由是風化大行.

李琮爲湖南觀察使, 漁者獻巨鯉, 琮命家烹之. 腹中得印, 一面文曰'衡山縣印'. 琮因索衡山縣近日文書, 視其印篆, 分明似新鑄者. 乃召衡山令, 攜印閱之, 果新鑄也. 琮屛人詰之, 令伏罪曰: "舊印爲人竊去, 某與吏並憂刑戮, 乃潛命工人爲之. 今唯俟死命也." 琮爲秘其事, 碎新印, 令齎舊印歸縣, 罕知者.

族譜僞造者, 罪其首謀, 宥其從者.

並見「簽丁」篇, 今不再述.

59 造: 新朝本에는 '印'으로 되어 있음.

第六條 除害

爲民除害, 牧所務也. 一曰盜賊, 二曰鬼魅, 三曰虎狼. 三者息而民患除矣.

吾人相聚, 燕居閒談, 問所怕者三, 何者最怕, 人見參差. 或云畏盜, 或云畏鬼, 或云畏虎, 三者之爲民害, 可知也. 鬼患之作, 必由人召, 淫祠妖巫, 鬼所憑也. 故鬼患, 以除妖爲本.

盜所以作, 厥有三繇. 上不端表, 中不奉令, 下不畏法, 雖欲無盜, 不可得也.

上不端表者, 使臣·牧臣, 貪婪不法, 曰傘之陰, 指爲大盜. 表旣不端, 景何由直? 盜且竊竊然相謂曰: "位隆如彼, 望重如彼, 受國恩如彼, 猶且爲盜, 吾儕小人, 朝不慮夕, 誰能悄悄然以自槁乎?" 盜之相聚, 恒言如此, 惡得而禁之乎? 孔子謂季康子曰: "苟子之不欲, 雖賞之不盜." 此之謂也.

『霞山冷談』云: "葛衣居士, 南方之傑也. 嘗過雙橋之市, 遇軍官執一盜, 縛之以朱索, 蒙之以紙罩, 反接以就道. 葛衣居士, 忽前把盜臂, 放聲大哭, 淚淫淫交下, 且弔且語曰: '冤哉子也! 胡受辱至此!' 一市大驚, 圍三匝以觀. 軍官大驚, 命卒並縛. 葛衣居士曰: '子之縛我何居? 以我之黨盜乎? 盍亦聽吾之言而縛之縱之?' 軍官曰: '何?' 居士曰: '今羣盜滿地. 田盜其災, 戶盜其賦, 賑盜其廩, 倉盜其利, 訟盜其賕, 盜盜其贓. 察使·帥臣, 與之朋比, 匿之不發. 厥位彌尊, 盜力彌强, 厥祿彌厚, 盜慾彌巨. 行則樹旗, 居則垂帷, 翠袍紅條, 裝飾鮮楚, 終身逸樂, 莫之敢誰何. 而獨此三飢四餓, 鼠穿狗突者, 蒙[1]此大辱, 不亦悲乎? 吾是以哭, 匪有他耳.' 軍官曰: '嘻! 先生之言, 是也.' 謝之以酒而遣之."

中不奉令者, 凡討捕軍官, 皆盜之頭領也. 不挾軍官, 盜不盜也. 通街大市, 驅盜入墟, 表裏和應, 乃行剽竊. 單盜無行盜之法. 富家豪戶, 衣服器用, 盜雖盜之, 不能賣之, 其賣之者, 軍官也. 率贓十金, 盜食其三, 軍官食七, 例本然也. 新盜落草, 例行參謁, 三獻其贓, 乃謀自食, 一或自私, 乃解至官. 又嗾厥盜, 廣吹富民【查庭援引其黨, 盜言謂之吹】, 或稱同黨, 或稱買贓, 株連蔓延, 無辜駢首. 旣吮其膚, 乃白其冤. 又於獄門, 與作外援, 授縋設梯, 使之逃逸. 鎮營兵營, 凡所謂討捕軍官, 皆梁山泊頭領. 牧宜知此, 凡民間有告以失物者, 密密戒諭, 使之推還. ○密諭曰: "盜者之情, 官所洞悉. 汝所不知, 安有盜矣? 汝不推還, 我則棍汝. 汝猶不悛, 我則殺汝." 示之以必索之色, 持之以必罰之信, 未有踰旬而越月者矣. 示之以必殺之色, 持之以不懈之勤, 則軍官轉告羣盜, 羣盜自然逃散, 六期瓜遞之內, 無復以失物告者矣. ○余始至西邑, 有盜殺人奪牛, 月餘乃覺. 僉曰: '已遠.' 余示之以必索之色, 持之以必罰之信, 七日而獲之. 事見『欽書』.

下不畏法者, 凡盜之窩主, 皆在城邑之底, 邸店之間, 山下孤村, 非盜藪也. 逆旅之家, 日閱千人, 雖有生客, 人所不疑. 若靜僻之地, 一客纏寓, 四鄰究詰, 蹤跡郎綻, 辭說大播. 故凡藏蹤之人, 皆在邸店, 十里五里連環布陣, 有謀則互相和應, 有急則互相傳報, 贓之所匿, 孥之所託, 皆在是也. ○牧欲緝盜, 宜嚴糾店舍, 毋得匿奸, 三令五申, 諭以必死. 一有所犯, 卽斷之以律, 不小饒貸, 則盜無所爲藪也.【『大明律』: "窩主分贓者斬, 餘各有差." 當事者宜考焉.】

宣上德意, 赦其罪惡, 棄舊自新, 各還其業上也.

龔遂爲渤海太守, 時渤海歲饑多盜. 宣帝召爲太守曰: "君何以治盜賊?" 對曰: "海濱遐遠, 不霑聖化, 其民困於飢寒, 而吏不恤. 故使陛下赤子, 盜弄陛下之兵於潢池中耳. 今欲使臣勝之耶? 將安之也?" 上聞遂對甚說, 答曰: "選用賢良, 固欲安之也." 遂曰: "臣聞治亂民, 猶治亂繩, 不可急也, 惟緩之, 然後可治. 臣願丞相·御史, 且無拘臣以文法, 得一切便宜從事." 上許焉, 加賜黃金遣之. 郡聞新太守至, 發兵以迎. 遂皆遣還, 移書勅屬縣, 悉罷逐捕盜賊吏, 諸持鉏·鉤田器者, 皆爲良民, 吏無得問, 持兵者, 迺爲盜賊. 遂單車獨行, 至府. 郡中翕然, 盜賊亦皆罷.

晉江逌爲令, 山中有亡命數百家, 恃險爲阻, 前後守宰, 莫能平. 逌到官, 召其魁首, 厚加撫恤, 旬月之間, 襁負而至. 逌嘗曰: "悖逆之民, 可以恩結; 無知之衆, 可以理諭, 苟免飢寒, 疇思兵刃? 乃朝廷既煩其賦徭, 都邑復益其徵求, 不得已[2]而劫奪以謀生, 是求活也, 非求亂也."

魏田豫遷南陽太守, 先是, 郡人侯音, 反衆數千人, 在山中爲羣盜, 大爲郡患. 前太守收其黨與五百人, 表奏皆當死, 豫悉見諸囚慰諭, 開其自新之路, 一時破械遣之. 諸囚皆叩頭, 願自效, 即相告語, 羣賊一朝皆散.

『北史』: "房景伯爲淸河守. 郡人劉簡虎, 曾無禮於景伯, 聞其臨郡, 闔家逃亡. 景伯督縣屬, 追訪之, 署其子爲西曹椽. 仍喩山賊, 賊聞不念舊惡, 一時俱下." ○鄭瑄曰: "士大夫處心和平, 每事須出人意表, 無令小人之心, 可以相測也."

唐馮元常爲眉州, 劍南有盜掠人財, 伏山谷. 元常諭以恩信, 賊相率脫巾面縛.

王質通判蘇州, 州守黃宗旦, 得盜鑄錢百餘人以託公. 公曰: "事發無跡, 何從得之?" 曰: "吾以術鉤出之." 公愀然曰: "仁者之政, 以術鉤人, 置之死而又喜乎?" 宗旦慚服, 悉緩出其獄.

廣濟·蔡河有不逞之民, 不治生業, 專以脅取舟人物爲事, 歲必焚舟十數以

立威. 程顥始至, 捕得一人, 使引其類, 得數十人, 不復根治舊惡, 分地處之, 使以挽舟爲業. 且察爲惡者, 自是邑境, 無焚舟之患.

如是然後, 改行屛跡, 道不拾遺, 有恥且格, 不亦善乎?

後漢鄭毅爲騶令, 行德化, 人得遺寶於道, 求主還之.

閻憲爲綿竹令, 以禮讓化民. 有男子杜城, 夜行得遺囊中布綿, 求其主還之曰: "縣有明君, 何敢負化?"

羅衡爲萬年令, 路不拾遺. 人家馬牛, 皆繫道邊曰: "皆屬羅公者."

『北史』: "趙煚爲冀州刺史, 甚有威惠. 嘗有人盜煚田中蒿, 爲吏所執. 煚慰諭遣之, 令人載蒿一車, 賜盜者, 盜愧過於重刑."【蒿並當作藁】

"蘇瓊除清河太守, 郡多盜賊, 及瓊至, 姦盜止息, 其鄰郡富家, 悉將財物, 寄至界內以避盜. 冀州人成氏大富被賊攻, 急曰: '我物已寄蘇公矣.' 賊遂去."

"宋世良拜清河太守, 郡東南有曲隄, 成公一姓, 阻而居之. 羣盜多萃于此, 人爲之語曰: '寧度東吳會稽, 不歷成公曲堤.' 世良施八條之制, 盜奔他境. 人又謠曰: '曲堤雖險賊何益? 但有宋公自屛跡.'"

"李曾爲趙郡太守, 令行禁止. 賊於常山界, 得一死鹿, 賊長謂趙郡地也, 責之還, 令送鹿故處. 郡謠曰: '許作趙郡鹿, 猶勝常山粟.' 其見憚如此."【已上並『北史』】

范純仁尹洛, 謝克莊自河陽來, 至中路, 秣馬歇店中, 見老翁負暄墻下. 有人告曰: "黃犢爲人所竊矣." 翁坐不向問. 須臾再以失犢告, 翁容色自若, 徐曰: "必鄰家戲藏耳." 謝異而就問曰: "爾家失犢, 再告而不顧何也?" 翁笑曰: "范公居此, 孰肯爲盜?" 已而犢果還. 謝歎息而去.

曾公亮知鄭州, 郡多盜攘, 公至, 悉竄他境, 路不拾遺, 民外戶不閉, 至號公爲曾開門. 嘗有使客亡槖中物, 移文求盜. 公諭以境內無盜, 必從者也, 索之果然.

程伯子爲鎭寧判官【一作扶溝縣】, 地素多盜, 雖樂歲, 强盜不減十餘發. 先生在官, 無强盜者, 幾二年, 有犯小盜者. 先生謂曰: "汝能改行, 吾薄汝罪." 盜叩首願自新. 後數月, 復穿窬, 捕史及門, 盜告其妻曰: “我與太丞約, 不復爲盜, 今何面目見之耶?” 遂自經.【『行狀』】

元德秀爲魯山令, 有盜請格虎自贖, 許之. 左右皆曰: “盜必亡去矣.” 德秀曰: “吾旣與之約矣.” 明日, 盜取虎還矣.

明李驥知河南府, 河南境多盜. 驥爲設火甲, 一戶被盜, 一甲償[3]之, 犯者大署其門, 曰‘盜賊之家.’ 又爲「勸敎文」, 振木鐸以徇之, 自是人咸改行, 道不拾遺.

奸豪相聚, 怙惡不悛, 剛威擊斷, 以安平民, 抑其次也.

趙廣漢爲潁[4]川太守, 長安少年數人, 會窮里空舍, 謀共劫人, 坐語未訖, 廣漢使人捕治, 具服.

北周韓襃爲雍州刺史, 多有盜賊, 襃密訪之, 並豪右所爲也. 而陽不知, 厚加禮遇, 謂曰: “刺史起自書生, 安知督盜? 所賴卿等, 共分其憂耳.” 乃悉召桀黠爲鄕里患者, 置爲主帥, 分其地界, 有盜發而不獲者, 以故縱論. 於是諸被置者, 莫不惶懼. 皆首伏曰: “前盜發者, 並某等爲之.” 所有徒侶, 皆列其姓名, 或亡命隱匿者, 亦悉言其所在. 襃乃取盜名簿[5]藏之, 因大榜州門曰: “自知行盜者, 可急來首, 卽除其罪. 盡今月不首者, 戮身籍沒, 以賞前首者.” 旬月間, 諸盜咸悉首. 襃取名簿, 勘之無差. 并原其罪, 許以自新, 由是羣盜并息.【『北史』】

兗州舊多刼盜. 及李崇爲刺史, 乃村置一樓, 樓懸一鼓, 盜發之處, 雙槌亂擊. 四面諸村, 聞鼓皆守要路. 俄頃之間, 聲布百里, 其中險要, 悉有伏人, 盜竊始發, 便爾擒送, 由是盜絶. 諸州置樓懸鼓, 自崇始也.

向文簡知永興, 有告禁卒倚儺爲亂者. 密使麾兵, 被甲衣袍, 伏廡下, 明日盡召賓僚·兵官, 置酒縱閱, 命儺入召. 至階, 公振袂一麾, 伏卒盡出, 盡擒之,

---

3 償: 新朝本에는 ‘賞’으로 되어 있음.

4 潁: 新朝本에는 ‘穎’으로 되어 있음.

5 簿: 新朝本에는 ‘薄’으로 되어 있음.

各懷短刃. 卽席誅亂卒, 掃庭張樂, 賓從股栗.

魏元禎爲南豫州刺史, 時山蠻抄掠, 禎乃召蠻酋, 使之觀射. 先選左右能射者二十餘人, 禎自發數箭, 皆中然後命左右, 以次而射. 先出一死囚, 使參射, 限命不中, 禎卽斬之. 又預敎左右, 取死囚十人, 皆著蠻衣, 禎乃臨坐, 僞擧目瞻天, 微有風動, 禎謂蠻曰: "風氣少暴, 似有鈔賊入境. 不過十人, 當在西南五十里許." 卽命騎追掩, 果傳[6]送十人.【卽死囚十人, 著蠻衣者.】禎告諸蠻曰: "爾鄕里作賊, 如此合死." 蠻等皆叩頭. 禎卽斬之, 因慰遣, 自是境無暴掠.

柳雲龍爲豐基郡守, 時兵亂未熄, 飢饉疾疫. 有獷賊羣聚出峽中, 持兵阻險, 出入焚掠. 食人爲糧, 鄰邑惴恐, 不敢下手. 公設爲方略, 悉加剿捕, 其黨瓦解, 嶺內外數郡得安. 事聞增秩.

朴炡爲南原府使, 府有盜根株窟穴, 盤結侵淫, 竊發相繼, 吏不敢誰何. 公微得邑人之可託以事者, 廣耳目, 設方略. 偵其羣飮掩得, 相牽引指告, 面證口服, 就鈇鑕者, 數十百人. 湖嶺數百里間, 民始安其生. 以勞進秩嘉善, 封錦州君. 盜有逸者, 夜穴牕刺公, 擬首而傷足. 蓋先已有戒心, 旋枕易臥, 故盜計不售. 事聞, 上重惜公召還. 邑人請發徒衛行, 公止之, 盜亦不敢再動.

懸賞許赦, 使之相捕, 使之相告, 以至殘滅, 又其次也.

張敞爲山陽太守, 膠東·渤海盜賊並起. 敞明設賕賞, 開羣盜令相捕斬除罪. 吏追捕有功, 上名尙書, 調補縣令者, 數十人. 由是盜賊解散, 傳相捕斬, 吏民翕然.

吳陳表爲將, 有盜官物者數人, 惟收施明拷掠. 明素壯悍, 候死無詞, 廷尉以疑聞. 孫權使表以意, 求其情實, 表乃去其桎梏, 飮食沐浴, 以誘其歡心. 明乃首服, 具列支黨. 表以狀聞, 特釋明而戮其黨.【『吳志』】

王敬則爲吳興守, 錄得一偸鞭之, 令偸長掃街路. 久之, 乃令擧舊偸自代, 羣偸恐爲所識, 皆逃走.

---

6 傳: 新朝本에는 '傳'으로 되어 있으나 문맥상 '縛'이 옳은 듯함.

周柳[7]慶領雍州別駕, 有胡家被刦, 鄰人被囚者衆. 慶以賊烏合, 可以詐求之, 乃作匿名書, 夕[8]榜官府門曰: "我等共刦胡家. 徒侶混雜, 終恐漏泄, 今欲首服, 恐不免誅. 若聽先首免罪, 便欲來告." 慶乃復施免罪帖. 居二日, 有一奴面縛自告帖下, 因盡獲黨與.【『北史』】

韓琦知鄆州, 京東多盜. 捕盜之法, 以百日爲三限, 限不獲者抵罪. 盜未必[9]得而被刑者衆. 公請獲他盜者, 聽折除, 有免刑之路, 故盜多獲. 朝廷著爲令, 至今用之.

朱墨之識, 表其衣裾, 以辨禾莠, 以資鋤拔, 亦小數也.

張敞爲京兆尹, 時市肆偸盜尤多, 百賈苦之. 敞旣視事, 求問偸盜酋長數人, 居皆溫厚, 出從僮騎, 閭里以爲長者. 敞皆召見責問, 因貰其罪. 令致諸偸以自贖, 偸長曰: "今一朝召詣府, 恐諸偸驚駭. 願一切受署." 敞皆以爲吏, 遣歸休. 置酒, 小偸悉來, 賀且飮醉, 偸長以赭汚其衣裾. 吏坐里閭閱出者, 汚赭輒收縛之, 一日捕得數百人. 窮治所犯, 或一人百餘發, 盡行法罰. 由是枹鼓稀鳴, 市無偸盜. 天子嘉之.

朝歌賊甯季等數千, 屯聚連年. 及虞詡爲朝歌長, 設三科募壯士, 自掾吏以下, 各擧所知. 攻刦者爲上, 傷人偸盜者次之, 帶喪服而不事家業者爲下. 收得百餘人, 爲之饗會, 悉貰其罪, 使入賊中, 誘令刦掠, 乃伏兵以待之, 遂殺賊數百. 又潛遣貧人能縫者, 傭作賊衣, 以采綖縫其裾, 有出市里者, 吏輒擒之, 賊由是解散, 咸稱神明.

宋高繼宣爲益州都監, 蜀人富侈, 元夕大張燈, 知府薛奎, 戒以備盜. 繼宣籍惡少年, 飮犒之, 使夜潛誌盜背, 明日皆獲.

盛昶爲縣令, 有盜數百, 夜劫庫. 昶潛登庭樹, 齎硃墨二筆, 俟盜出入, 濡筆洒其衣. 明朝閈城門, 密命邏者, 衣[10]有迹者, 悉捕之, 不失一人.

---

7 柳: 新朝本에는 '抑'으로 되어 있음.

8 夕: 新朝本에는 '多'로 되어 있음.

9 未必: 新朝本에는 '必未'로 되어 있음.

陳述古知建州, 蒲城縣有人失物, 莫知的爲盜者. 述古乃紿之曰: "某廟有一鍾, 能辨盜至靈." 使人迎置後閤祠之. 引羣囚立鍾前, 自陳: "不爲盜者, 摸之無聲; 爲盜者, 摸之有聲." 述古禱鍾甚肅. 祭訖以帷環之, 乃陰使人以墨塗, 良久引囚, 逐一令引手入帷摸之. 出乃驗其手皆有墨, 惟一囚無墨, 訊之果爲盜. 蓋恐鍾有聲, 不敢摸也.

北齊高湝【彭城王】爲定州刺史, 有老母姓王孤獨, 種菜三畝, 數被偸. 湝乃令人密往, 書葉爲字, 明日市中, 看菜葉有字獲賊. 後境內無盜.

僞擧運喪, 譎盜之恒例也. 僞訃察哀, 詗盜之小數也.

天后時, 嘗賜太平公主鈿器寶物兩盒, 値金百鎰. 尋爲盜所得. 天后大怒, 謂長史曰: "三[11]日不得盜, 罪死." 湖州別駕蘇無名, 請見后曰: "若委臣取賊, 毋拘日月, 臣爲陛下取之." 會値寒食, 無名盡召吏卒約曰: "十人五人爲侶於東北門伺之, 見有胡人與黨十餘, 衣衰絰, 出赴北邙者, 可踵之." 吏卒伺之, 果得. 馳白曰: "胡至一新塚設奠, 而哭不哀, 卽巡行塚傍, 相視而笑." 無名喜曰: "得之矣." 因使吏卒, 盡執諸胡, 而發其塚. 剖棺視之, 盡寶物也. 天后問曰: "卿何術而知此盜?" 對曰: "當臣到郡之日, 卽此賊出葬之時, 臣見卽知是偸. 但不知其葬物處, 今寒食拜掃, 計必出城. 賊卽設奠, 而哭不哀, 明所葬非親也. 哭畢, 巡塚相視而笑, 喜塚無損傷也. 向若陛下迫促, 府縣擒賊計急, 必取之而逃. 今者吏不追求, 自然意緩, 故未將出." 天后賜金帛, 加秩二等.

唐呂元膺鎮岳陽, 出游, 忽見有喪轝駐道左, 男子五人衰服而隨. 元膺曰: "遠葬汰, 近葬省, 此決奸黨." 令搜棺中, 皆兵刃. 乃曰: "欲過江掠貨, 故假爲喪轝, 使渡我者不疑耳." 公令劾之, 更有同黨數十, 已期集於彼岸, 並擒以付法. ○按 戊申之難, 逆賊李麟[12]佐等, 以兵刃藏於喪轝中, 暮過淸州, 舍于東藪, 以其夜, 襲殺兵馬使, 亦此術也.

---

10 衣: 新朝本에는 '亦'으로 되어 있음.
11 三: 新朝本에는 '二'로 되어 있음.
12 麟: 新朝本에는 '鱗'으로 되어 있음.

柳公綽爲襄陽節度使, 歲儉, 鄰尤甚. 有齊衰者, 哭且獻狀曰: "遷三世十二葬于武昌, 津吏所過." 公綽卽命軍候, 擒其人, 破其柩, 皆實以稻米. 蓋葬於儉歲, 不應倂擧三世十二喪, 故知其詐耳.

北齊任城王高湝[13]鎭並州刺史, 有婦人臨水浣衣, 有乘馬行人, 換其新靴而去, 婦人持故靴, 詣州言之. 湝[14]召居城諸嫗, 以靴示之曰: "有乘馬人, 于路被賊劫害, 遺此靴焉. 得無親屬乎?" 一嫗撫膺哭曰: "兒昨著此靴, 向妻家也." 捕而獲之, 時稱明察.

周楊津爲岐州刺史, 有人齎絹三百匹, 去城十里, 爲賊所劫. 被劫人來告, 津乃下敎曰: "有人著某色衣, 乘某色馬, 在城東十里被殺, 不知姓名, 若有家人, 可速收." 有一老母行哭而出云: "是己子." 於是收捕, 並絹俱獲.

運智出謀, 鉤深發隱, 唯能者爲之.

後漢慕容彦超爲郓帥, 日置庫質[15]錢. 有奸民以僞銀二錠, 質錢十萬, 主吏久之乃覺. 彦超知之, 陰敎主吏, 夜穴庫墙, 盡徙其金帛於他所, 而以盜告. 彦超卽榜于市, 召人收捕, 仍使民自占所質以償之, 民皆爭以所質物自言. 已而得質僞銀者, 執之服罪.

後魏高謙之爲河陰令, 有人囊盛瓦礫, 詐作金以市人馬, 因以逃走. 詔令人捕之, 謙之乃枷一囚, 立於馬市, 宣言詐市賊, 欲刑之, 密遣人察市中私議者. 有一人忻然曰: "無復憂矣." 遂執問服罪. 『北史』

唐閻濟美鎭江南, 有舟人傭載商人, 其間有銀十錠, 藏於貨中. 舟人窺之, 伺其上岸, 乃盜之, 沈於泊船之所. 船夜發, 至鎭閱貨, 覺其失銀. 遂執舟人以訴, 公問曰: "客昨宿何所?" 曰: "此去百里浦汊中." 公令武士與舟夫, 同往索之, 公密謂武士曰: "必是船人沈於江中. 爾令楫師沈鉤取之. 吾且重賞." 武士依公命, 鉤引之, 銀在篋中, 封署猶全. 公覈之, 舟者立承.

---

13 湝: 新朝本에는 '諧'로 되어 있음.
14 湝: 新朝本에는 '諧'로 되어 있음.
15 質: 新朝本에는 '貿'로 되어 있음. 이 단락에서는 모두 이와 같음.

唐韋皐鎭劍南, 有逆旅停大賈, 貲貨萬計. 因病而酖之, 隱沒其財, 因以致富, 公知之. 又有北客蘇延, 販於蜀, 得疾而卒. 公使驗其簿籍, 已被店[16]主易換. 公乃尋究經過, 密勘於吏, 詞多不同, 遂劾同店者立承. 欺隱凡數千緡, 與吏二十餘人分張. 悉命赴法, 由是劍南無橫死之客.【互詳『欽書』】

宋桑懌爲永安巡檢, 明道末, 京西旱蝗. 有惡賊二十三人, 樞密院召懌, 使捕之. 懌閉柵示怯, 乃夜與數卒, 服盜服, 迹盜所常行處. 老少皆走, 獨一媼留, 爲治飮食, 如事羣盜. 懌歸三日, 復自携饌就媼. 以餘遺媼, 媼以爲眞盜, 乃稍與語. 因及群盜, 媼曰: "彼聞桑殿直來, 皆遁去, 近知閉營不出, 漸還矣." 某在某處, 某在某處. 後三日, 又往厚遺之, 遂以實告曰: "我桑殿直也. 爲我察盜之實的居處, 切勿泄." 乃分軍士, 悉擒之.

元胡長孺爲寧海主簿【至大時】, 縣有銅巖, 惡少年狙伺其間, 恒出鈔道, 爲過客患, 官不能禁. 公僞衣商人服, 令蒼頭負貨以從, 陰戒驍卒十人, 躡其後. 公至, 巖中人突出要之. 公方遜辭以謝, 驍卒俄集, 皆成擒, 俾具道其黨, 置於法, 夜行無虞.

張淳爲永康知縣, 時巨盜盧十八劓庫金, 十餘年不獲. 御史以屬淳. 淳刻期三月必得盜, 而請御史月下數十檄. 及檄屢下, 淳陽笑曰: "盜遁久矣. 安從捕?" 寢不行. 吏某婦與十八通, 吏頗爲耳目. 聞淳言以告十八, 十八意自安. 淳令他役, 詐告吏負金, 繫吏獄, 密召吏, 責以通盜死罪. 復敎之, 請以婦代繫, 而已出營貨以償. 十八聞, 亟往視婦, 因醉而禽之. 及報御史, 僅兩月耳.

張淳爲永康知縣, 有盜在逃. 一日赴名, 甫就車, 顧其下曰: "某盜已來, 去此數里, 可爲我縛來." 如言跡之, 盜正濯足於河[17], 繫至盜服辜. 永人駭其事, 謂有神告. 淳曰: "此盜捕之急則遁. 今聞吾去, 乃歸耳. 以理卜, 何神之有?"

姜裕後爲定州牧使, 州境有八口同炊者, 一夜屠盡, 而賊不得. 公以計捕之, 竟致之法, 論者謂: "雖蔡君山, 無以加焉."

---

16 店: 新朝本에는 이 뒤에 '易'이 있음.
17 於河: 新朝本에는 '何'로 되어 있음.

近有人爲楊根郡守, 境多盜賊. 常民人往來時, 密問其里可疑之人, 私自記之, 糴糶賦役, 人民聚會時, 必招其人, 嚴飭之, 盜賊斂跡.【『順菴政要』】

察理辨物, 物莫遁情, 唯明者爲之.

前秦苻融爲冀州牧, 有一老母, 日暮遇劫盜, 行人爲母逐擒盜, 盜反誣行人. 融曰: "二人並走, 先出捧陽門者非盜." 旣還, 融正色謂後至者曰: "汝卽[18]盜也." 其發奸摘伏如此. 蓋融性明察, 以爲盜若善走, 則決不被行人所獲. 以此測之, 先走者是捕逐人.【『晉書』】

宋楊繪知興元府, 吏請攝穿窬盜庫縑者. 繪就視之, 蹤跡不類人所出. 乃呼戲猴者, 詰於庭, 一訊具服. 遂正其刑, 稱爲神明.

北齊高潛爲定州刺史, 有人被盜黑牛, 背上有白毛. 潛乃詐爲上符【上司之符檄】市牛皮, 倍售價直, 使牛主認之【使於衆皮之中, 辨別之】, 因獲其盜.

宋錢勰知嘉興縣, 有村民告牛爲盜所殺. 勰令: "亟歸勿言告官, 但召同村解之, 遍以肉餽知識, 或有怨卽倍與.【恐新怨與舊怨相混, 無以辨別.】民如其言, 明日有持肉告民私殺牛者. 勰卽收訊, 果其所殺.

禹弘圭爲竹山府使, 往龍仁縣. 縣有人賣牛于市, 得十兩錢, 置于傍, 爲人所偸去. 賣牛者追之, 其人亦以爲己物, 遂訟于縣. 縣令詰問: "貫索用何物?" 偸者能對, 而賣牛者不知, 乃給偸者. 弘圭疑之, 復問二人居地而囚之, 密使人各捕其妻問之, 賣牛者妻言, 其夫賣牛往于市, 偸者妻言, 其夫空手往于市. 遂訊偸者得情. 一縣驚服.

張鷟在河陽, 有客失驢, 三日訪不獲, 詣縣告. 因捕急, 盜乃夜放驢而藏其鞍. 鷟令客勿秣, 驢夜縱之, 驢尋向所餧處. 遂搜其家, 於積草下得鞍, 人服其智.【一本作張鷟】

唐懷州董行成善察盜. 有人從河陽店, 盜一驢並囊俗, 天欲曉至懷州. 行成於市中見之, 叱曰: "彼盜, 住下驢子." 卽承伏. 少頃, 驢主尋蹤至. 或問何以知

---

18 卽: 新朝本에는 '旣'로 되어 있음.

之, 曰: "此驢行急而汗, 非長行人也, 見人引驢遠過, 是故知其爲盜也."

高湝爲定州刺史, 有一人從幽州來, 驢馱鹿脯, 至滄洲界, 驢與脯俱被盜. 明朝告湝, 湝令左右及府僚吏, 市鹿脯不限其價. 其主見脯知之, 推獲盜者.

王蜀時有許宗裔守劍州, 部民被盜, 燈下識之, 迨曉告官. 捕獲一人, 所守贓物, 惟絲絇[19]紬紈而已. 宗裔引問纑, 囚訴冤, 稱是本家物, 并被盜人互有詞說. 乃命取兩家繰絲車, 以絲絇, 量其大小, 與囚家車徑同. 又問紬紈卷時, 胎心用何物, 一云杏核, 一云瓦字. 因令相對, 開示之, 見杏核, 與囚款同. 於是被盜人, 服妄認之罪.【紈者, 絲丸也.】

凶年, 子弟多暴. 草竊小盜, 不足以大懲也.

王曾·王堯臣等八九條, 錄在「賑荒」篇.

孔文擧爲北海相, 有一人遭父喪, 哭泣墓側, 色無憔悴, 文擧刑之. 又一人母病瘥, 思食新麥, 家中無有, 乃盜鄰家熟麥以進. 文擧特加賞異曰: "無有來求, 勿復盜也."

枉執平民, 鍛之爲盜, 能察其冤, 雪之爲良, 斯之謂仁牧也.

後唐孔循爲長垣縣, 四鉅盜, 富有資産, 及敗, 所牽挽則四貧民也. 勢家及獄吏, 受賂鍛成此獄, 都不訊鞫, 款成當誅. 循[20]慮囚無一言, 領過蕭墻, 囚屢回首. 循疑其情未究, 召問之實枉. 適以獄吏高其枷尾, 故不得言. 請退左右, 細述其事, 四盜俱伏法, 四貧民獲雪.

周高防知蔡州【世宗時】, 部民王義爲賊所劫, 捕五人窮治, 贓仗已具, 將致辟. 防疑其枉, 取贓閱之, 召義問所失衫袴是一端布否, 曰: "然." 防令校其幅尺, 廣狹疎密不同. 囚乃稱冤, 問何故服罪, 曰: "不任箠楚, 求速死耳." 居數日, 獲本贓而五人免.

---

19 絇: 新朝本에는 '絇'으로 되어 있음.

20 循: 新朝本에는 '繚'으로 되어 있음.

宋邵曄知蓬州錄事叅軍, 時楊全知州, 性悍率蒙昧. 部民張道豐等三人, 被誣爲刦盜, 悉置于死. 曄察其枉, 不署牘, 請核其實, 全不聽. 道豐等號呼不服. 旣而獲正盜, 道豐等遂釋. 全削籍爲民, 曄代還, 太宗曰: "爾能活吾平民." 賜錢五萬, 詔以全事, 戒諭天下.

吳正肅知蔡州, 京師有告妖賊聚碻山, 上遣中貴馳至蔡, 以名捕者十人. 使者欲得兵自往. 公曰: "此不過鄕人相聚爲佛事[21]耳, 一弓手召之可也." 乃館使者, 日與飮酒. 密遣人召, 十人皆至. 送京師, 告者果伏. ○昔在西邑, 監司飛關言: "金川郡深山中, 羣盜四五十人屯聚, 有白馬將, 縛兔山縣軍校, 至義廳前, 諭遣之. 厥明日, 四五十人, 打兔山縣門, 吏奴擊逐之, 亟發校卒及助捕軍數百人, 令及時剿討." 關到, 一府震恐. 余曰: "矣." 招小校纖弱者一人, 勿帶朱索, 但持官帖, 直往盜窟傳之, 誘頭領三人來, 小校涕泣不已. 余曰: "汝往金川地, 聞街路所言, 必得. 釋慮入盜窟, 如果可畏, 汝其回來." 小校辭去. 厥明日, 以盜頭三人至, 閱視皆良民也. 兔山之校誣告也.【時金川守洪秉德爲余言: "金川之民, 賴以得活."】

宋范正辭爲江南轉運副使, 饒州有羣盜, 劫富民財. 捕得十四人, 獄具當死. 正辭察其非實, 更訊. 旣而有告羣盜所在者, 追捕伏法, 十四人得釋.

宋趙積[22]爲益州轉運, 邛州蒲江縣, 捕刦盜不得, 而官司反繫平民數十人, 楚掠强服, 且合其辭, 若無可疑者. 積[23]疑其冤, 盡得其實, 釋之.

高麗金黃元守星州, 有吏捕殺人强盜以至, 公熟視曰: "非賊也." 趣令放之. 判官李思絳力爭曰: "此盜已服." 公不聽. 後獲他盜, 果向之殺人者. 吏民服其神明.

任允錫爲咸興判官, 府人朱震禛母子爲盜所殺, 有朴斗文者被告. 公疑其冤, 緩其獄, 用此罷歸. 後數年, 竟獲眞盜, 斗文得白, 人始服其明.

崔時喬爲永柔縣令, 嘗失官紙數十束, 小吏有私紙, 自疑移置其鄰而見獲.

---

21 事: 新朝本에는 '寺'로 되어 있음.
22 積: 新朝本에는 '稹'으로 되어 있음.
23 積: 新朝本에는 '稹'으로 되어 있음.

人皆以爲果獲盜, 公禁繫此小吏不問. 累日竟得眞盜, 小吏得釋, 縣中莫不服.

李夢亮嘗按湖西, 鎭川縣鞫强盜, 供案已成, 牒請正法, 而捕盜者, 自持牒詣公. 公致之前, 盤問捕盜狀, 得其言色, 卽叱吏收簿曰: "此叛主奴也. 必貧竇士人, 來討强奴, 反遭執縛, 而吏受其賂, 從而成獄也." 詰之果服.

誣引富民, 枉施虐刑, 爲盜賊執仇, 爲吏校征貨, 是之謂昏牧也.

眉州刺史申貴殘虐取斂. 諭獄吏, 令賊徒, 引富民爲黨, 以納其賄. 常指獄門曰: "此吾家錢窟." 被訴下獄, 謫維州司戶, 至犀浦賜死.

劉皓爲林城令, 決事嚴明. 會鞫劫盜, 獄吏令盜僞通買物者【誣引買贓者】十餘人, 乞追證. 皓佯爲無能者, 判曰: "並要正身."【令[24]買贓人來待】及至, 皆衣服鮮潔豪子也. 皓命屛鞫獄吏, 別以他吏引賊至庭下. 認之, 皆無識者.【賊與買贓人, 不相識.】皓曰: "爾能通姓名而有不識者[25]乎?" 賊愕然實告, 命盡釋之.【知其不買贓】吏置重法, 一境欽畏, 不敢欺. ○余昔爲討捕使, 見吏校嗾盜, 凡村民財高者, 多誣引爲買贓人. 治盜者不可不知. ○凡被誣引之人, 雖初招落空, 不能無賂於吏校. 乃嗾盜再招, 又復如此, 三招四招, 株連數十人. 捕校帶朱索, 至平民之室, 卽一牛已解, 平民入府中, 白冤而歸, 又一匋典賣. 牧宜知此, 凡買贓人名出, 切勿傾信, 三問四詢, 若係誣引, 甘死不辭而後, 乃可召至. 如係誣引, 卽用周牢, 問何吏何校敎唆爲此, 行罪勿赦. ○每見老校黠者, 先告于牧曰: "盜告買贓人, 多不可信." 屢變其辭, 自是例習. 牧深信此言, 謂所告老實, 不知此校, 陰嗾誣引, 陽爲此言, 以自拔耳.

鬼魅作變, 巫導之也. 誅其巫, 毁其祠, 妖無所憑也.

鬼魅愚弄人, 令人崇奉, 或假作惡人顯靈, 令人崇奉, 惡人或憑依土神·石佛, 或憑依野獸·毒蟲, 令人崇奉無知之物. 總之巫覡·神師·術客·妖僧之流,

---

24 令: 新朝本에는 '今'으로 되어 있음.
25 者: 新朝本에는 빠져 있음.

爲之誘導, 以掠民財. 牧宜嚴察此流, 其惑世誣民者, 誅之勿赦, 則妖息矣. ○
淫祠諸條, 並見「禮典·祭祀」篇.

『大明律』云: "凡師巫假降邪神, 書符呪, 妄稱彌勒佛·白雲會[26], 一應左道,
隱藏圖像, 夜聚曉散, 扇惑人民, 爲首者絞, 爲從者, 各杖一百流三千里." ○
案 律文如此, 宜恪遵而無違也.

西門豹爲鄴令, 鄴三老·廷[27]掾, 歲斂民錢, 爲河伯娶[28]婦, 巫視良家女好者,
卽聘取, 洗沐張絳帷, 浮河而沒. 俗言不爲河伯娶婦, 水來漂溺. 豹欲變其俗,
乃曰: "至期, 吾亦往送." 豹至河上, 官屬·豪長·父老皆會. 豹曰: "呼婦來. 視
其好醜." 婦至, 豹曰: "是女不好. 煩巫嫗入[29]報河伯, 更爲求之." 卽令吏抱巫
嫗, 投河中. 有頃曰: "何久也?" 復以巫弟子投河中, 凡三. 豹曰: "是皆女子也,
不能白事. 煩三老入白之." 復投河中. 豹簪筆立待良久曰: "彼皆不來奈何?"
復欲使廷[30]掾·豪長趣之, 皆叩頭流血. 豹曰: "河伯留客之久, 可皆罷去." 自
此吏民驚恐, 不敢言爲河伯娶婦矣. 豹因漑其河, 爲十二渠以漑田.

唐左振爲黃州, 黃人歌曰: "左公今旣來, 誰忍棄之去?" 又歌[31]曰: "吾鄉有
鬼巫, 左公能殺之."

錢元懿牧新定, 一日閭里輒數起火, 居民憂恐. 有巫楊媼, 因興妖言曰: "某
所復當火." 適如其言, 民競禱之. 元懿謂左右曰: "火如巫言, 巫爲火也. 宜殺
之." 乃斬媼于市, 自此火息.

高麗安裕爲尙州判官, 時有女巫三人, 奉妖神惑衆. 自陜州歷行郡縣, 所至
作人聲呼空中, 隱隱若喝道, 聞者奔走設祭, 莫敢後, 雖守令亦然. 至尙, 公杖
而械之. 巫託神言, 怵以禍福. 尙人皆懼, 公不爲動. 後數日巫乃乞哀, 乃放,
其妖遂絶.

---

26 妄稱……白雲會: 『大明律』에는 '及妄稱彌勒佛·白蓮社·明尊敎·白雲宗等會'로 되어 있음.
27 廷: 新朝本에는 '延'으로 되어 있음.
28 娶: 新朝本에는 '聚'로 되어 있음.
29 入: 新朝本에는 '人'으로 되어 있음.
30 廷: 新朝本에는 '延'으로 되어 있음.
31 歌: 新朝本에는 빠져 있음.

高麗沈諹爲公州副使【忠烈王時】, 有長城縣女言: "錦城大王降我, 爲錦城堂巫." 又與同縣人孔允丘通, 作神語. 王議欲迎待, 所過州守, 皆公服郊迎, 廚傳惟謹. 至州諹不待, 巫怒傳神語曰: "我必禍諹." 退寓曰新驛. 夜諹使人覘之, 女與允丘宿. 遂捕鞫之具伏.

南春城以雄性剛果. 爲法官, 有巫挾妖術以惑世, 公拿致之將刑. 巫逞其妖, 公所坐交椅搖動, 不可安身. 左右莫不失色, 公毅然不動. 却椅而坐席, 巫又撓之. 公倚壁而坐, 巫術乃窮, 遂杖殺之.

閔聖徽爲安東府使, 有女巫騁妖, 士女奔波. 公杖殺, 籍其財, 以補民役.

假託佛鬼, 妖言惑衆者, 除之.

石晉時冠氏縣僧院有鐵佛, 高丈餘中心空. 一朝忽云佛能語敎戒, 徒衆士庶, 雲集施利. 三衛張輅詰其妖, 乃率人圍寺, 盡遣僧出, 潛開僧房, 得一穴通佛座下, 卽由穴入佛身. 厲聲歷數諸僧過惡, 遂擒其魁戮之.

程珦知磁州, 又徙漢州. 嘗宴客開元僧舍, 酒方行, 人譁言佛光見. 觀者相騰踐不可禁, 珦安坐不動, 頃之遂定.【『宋史·道學傳』】

程伯淳爲鄠縣主簿, 南山僧舍有石佛, 歲傳其首放光, 遠近男女聚觀, 晝夜雜處. 爲縣者畏其神, 莫敢禁止. 先生始至, 詰其僧曰: "吾聞石佛歲現光, 有諸?" 曰: "然." 戒曰: "俟復現必先白. 吾職事不能往, 當取其首, 就觀之." 自是不復有光矣.

林俊按鶴慶, 州俗崇釋信鬼. 玄化寺稱有活佛, 歲時士女會集, 動數萬人, 爭以金泥其面. 俊命焚之, 父老言犯之者, 能致雹損稼. 俊與約, 積薪俟之, 果雹卽止. 得金數百兩, 悉輸之官, 毀諸淫祠, 三百六十區. 加祀孔子籩豆舞佾.

高麗權和爲淸州牧使, 固城妖民伊金, 稱彌勒佛惑衆云: "凡禱祀神祇者, 食馬牛肉者, 不以貨財分人者, 皆死. 若不信吾言, 至三月. 日月皆無光." 又云: "吾能使草發靑花, 木結穀實, 或一種再穫." 愚民信之, 施米帛金銀, 所至守令或出迎. 及至淸州, 公縛其渠首五人囚之, 馳報都堂, 移牒諸道, 悉捕斬之.

憑依雜物, 邪說欺愚者, 除之.

孔道輔爲寧州軍推官, 有蛇出天慶觀眞武殿中, 一郡以爲神. 州將率官屬, 往奠拜之, 欲上其事. 道輔徑前, 以笏擊蛇, 碎其首, 觀者初驚, 後莫不歎.

程顥調鄠·上元主簿, 茅山有池産龍, 如蜥蜴而五色. 祥符中, 中使嘗取二龍入都, 半塗失其一. 中使奏云: "飛空而逝." 自是民俗嚴奉不懈, 以爲神物, 顥捕而脯之.

宋王嗣宗知邠州, 城東靈應公廟傍有山穴, 羣狐[32]處焉, 妖巫挾爲禍福. 嗣宗毀廟熏穴, 得十數狐, 盡殺之, 淫祀遂息.

王源知潮州, 山上有大石爲怪. 源命鑿之, 果獲石骷髏, 怪遂息. 乃琢爲碑大書曰: "潮州知府王源除怪石."

高賦知衢州, 俗尙巫鬼. 民毛氏·柴氏二十餘家, 世蓄蠱毒, 値閏歲, 害人尤多, 與人忿爭, 輒毒之. 悉擒治伏辜, 蠱患遂絕.【『宋史·循吏傳』】

高麗鄭習仁知榮川郡, 將視事, 吏以故事, 請詣消災圖焚香. 習仁曰: "人臣不蹈匪彝, 災何由生? 若其无妄, 順受而已." 命吏撤去.

虎豹噉人, 數害牛豕, 設機弩穽擭, 以絶其患.

凡捕虎之法, 太上弩刀也【其形如半月, 表裏有刀.】, 其次檻牢也【俗謂之『檻穽』】, 其次阱槍也【鑿坎, 植槍五六枚, 上設麻稈覆以土, 令虎陷.】. 最下者火砲也, 凡砲手行獵, 十百爲羣, 橫行閭里, 討酒索飯, 其害反有甚於虎豹, 斷不可爲也. 宜令村村設弩, 殺得五六, 則羣虎相招而遠遁矣.

『茶山筆談』云: "凡捕虎來者, 必須厚賞. 余聞貢人之言, 豹皮之價, 必過二貫【二十兩】, 虎皮之價, 亦過一貫. 今官之所賞, 極不過一石之粟, 弩刀之費, 尙不能防, 民肯爲之乎? 宜觀其皮, 以其大小量價輕重, 使其所賞, 與價相當. 又於賞賜之外, 論其首功, 擢爲軍官, 除其軍籍, 蠲其戶徭【宜不過一年】. 賜之以酒

---

32 狐: 新朝本에는 '孤'로 되어 있음.

肉, 樂之以管絃, 導之使出, 民未有不勸者矣."

劉琨爲江陵令, 縣有火災, 琨向火叩頭, 火尋滅. 後爲弘農太守, 虎皆負子渡河. 帝聞而異之, 徵爲光祿勳, 問曰: "行何德政而致是事?" 對曰: "偶然耳." ○案 此眞是偶然, 非劉琨謙巽也. 信有此理, 便是愚牧. 益與周公, 亦忍焚山林, 驅虎豹乃去其害, 況於衆人乎?

後漢童恢除不其令, 民嘗爲虎所害, 乃設檻捕之, 生獲二虎. 恢聞而出, 呪虎曰: "王法殺人者死. 汝若是殺人者, 當垂頭伏罪; 自知非者, 當號呼稱冤." 一虎低首閉目, 狀如震懼, 卽時殺之; 其一視恢鳴吼, 踊躍自奮, 遂令放釋. 吏民爲之歌頌. ○案 此亦戲劇之言耳.

後漢宋均遷九江太守, 郡多虎暴, 數爲民患. 常募設檻穽而猶多傷害. 均曰: "夫虎豹在山, 黿鼉在水, 各有所託. 今爲民患, 咎在殘吏. 而勞勤張捕, 非憂恤之本也. 其務退姦貪, 思進忠善. 可一去檻穽, 除削課制." 其後傳言, 虎相與東游渡江. ○案 此必由捕獵, 反爲民害也. 然弩檻不可不勤設.

崔潤德判安州牧使, 有一村婦泣而言曰: "虎殺妾夫." 公曰: "吾爲汝報[33]仇." 迹虎手射之. 剖其腹, 取其骨肉支節, 裹以衣服, 備棺埋之. 其婦感泣不已, 一州之人, 至今慕之如父母.【『靑坡劇談』】

樂安城西廢井, 有毒蛇, 氣所中輒殺人, 忽或時出, 道上邀犬豕食之, 市里驚奔, 以爲神蕭信. 公至郡, 蛇不敢出, 公滿秩去三日, 復出爲患. 民追公不可返, 得其衣履, 爲位設而拜之, 蛇復不敢出. 衆乃持弓矛, 往塞其井, 覆以大石, 就其傍, 立公祠祀之. ○案 此亦神怪之說, 不足信也.

陳文惠堯佐爲潮州通判, 潮之惡溪有鰐魚食人, 公命捕得, 以文告而戮之, 鰐患[34]屛息.

---

33 報: 新朝本에는 '執'으로 되어 있음.
34 患: 新朝本에는 빠져 있음.

工典六條
山林·川澤·繕廨·修城·道路·匠作

第一條 山林

山林者, 邦賦之所出, 山林之政, 聖王重焉.

『周禮』: "山有三等, 曰大山·中山·小山; 林有三等, 曰大麓·中麓·小麓, 各置官十有二人, 爲之守禁. 仲冬斬木, 而萬民之斬材, 有期日, 邦工之掄材, 無禁制. 凡竊木者有刑罰." 『春秋傳』曰: "山林之木, 衡鹿守之." 「月令」云: "季夏命虞而行木, 仲冬伐木而取箭." 已自堯舜之時, 其法本然, 故舜納于大麓. 大麓者, 掌材之官也. 「天官·太宰」, 收山澤之賦, 以待喪紀, 蓋以棺椁·葦炭, 莫不於是乎取資也. 自周以上, 尺地寸壤, 莫非王土. 王以其田授民, 收其田租, 王以其山授民, 王以其林授民, 王以其川澤授民, 收其賦貢, 以供[35]王用. 自秦以降, 王無尺寸之地, 以自封殖, 就民田收租則民怨, 就民山伐木則民怨. 太阿倒柄, 久假不還, 王者無權, 民不知德, 此識務者所深憂也. 乃我邦山林之政, 唯有松禁一條, 檜柏楓橪, 一無所問. 至於松禁, 法例特嚴, 條甲至密. 然養生送死, 生民日用之物, 不開一竇, 全塞四嚮, 其勢不得不潰決而奔放. 命令旣亂, 民莫適從, 或空言以設禁, 或按法以行罪, 山林日赭, 財用日匱, 上之無補於國計, 下之不給於民用. 一縣之令, 無如之何, 唯於法條之內, 參酌謹守, 以免目前之罪過而已.

---

35 供: 新朝本에는 '共'으로 되어 있음.

封山養松, 其有厲禁, 宜謹守之, 其有奸弊, 宜細察之.

『續大典』曰: "諸路黃腸封山等處, 遣敬差官, 慶尙道【安東·英陽·醴泉·盈德·聞慶·奉化·寧海等七邑】全羅道【順天·巨磨島·興陽·折今島·康津·莞島等】, 則十年一取, 江原道【三陟等二十二邑】, 則五年一取, 擇取梓宮."【東南之材, 爲內梓宮; 海島之材, 爲外梓宮.】○ 又曰: "諸道封山禁松, 犯斫者重論.【上自一律, 下至杖六十, 當事者, 宜考焉.】宜松山船材, 帥臣·守令擅許擅伐者, 以私賣軍器律論.【中外公廨修補, 亦勿許斫伐.】松田放火者, 以一律論."【『通編』云: "監官·山直, 重棍, 守令勿罷."】○『大典』注云: "生松犯斫人處, 私自徵贖, 守令·邊將計贓論." ○ 案 國無美材, 唯松是用. 宮室·棺槨, 咸以松造, 而其禁條之廣, 且密如此, 法安得行矣? 試論莞島一處, 餘可類推. 莞島者, 黃腸之封也. 僉使守之, 縣監管之, 水使禁之, 監司領之. 小則決棍, 其費五千, 大則訊杖, 其罰四千, 其費數萬. 然環莞島數百里之地, 宮室仰莞島, 舟楫仰莞島, 棺槨仰莞島, 耒耜仰莞島, 鹽者仰焉, 陶者仰焉, 薪者·炭者仰焉. 凡鋪于地·汎乎水·然乎竈·爇乎爐者, 無一而非莞島之木. 由是觀之, 制法有未善, 其犯之者, 未可以盡議也. 一民就囚, 百株加斫. 本以木入, 還以木出; 本以木死, 還以木生【謂伐木以錢嘗贖】, 此其自然之勢. 雖商鞅臨之, 亦莫之禁也. 監守之利, 吏校之肥, 小民之所毒, 國家之所失, 餘無爲也. 山則以童, 村[36]則以擾, 法則以廢, 財則以耗, 餘無爲也. 宜倣古法, 官以仲秋監民取草, 官以仲冬監民取木, 其可材者養之, 其不可材者鋤之, 其叢茂者疎之, 其癰腫者除之. 官收其賦, 以補公用; 民受其契, 以忘後患, 公私之便, 莫此爲善. 然一縣之令, 無如之何, 宜知此意, 禁則禁之, 犯則寬之, 毋令民財日削, 公材日損, 抑所宜也.

『玆山筆談』云: "船材必出於封山, 宜於封山建立船廠, 聚船匠以居之, 專一造船. 其修改舊船, 及以私山之材造船者, 亦令載木至廠以造之, 其別處造船者, 用私鑄之律. 如是, 則船材發賣, 可補公賦, 一便也; 衆工聚居, 其藝必精, 一便也; 或造或修, 船籍無漏, 一便也; 以此材造此船, 均所不免, 而旣設廠以

---

36 村: 新朝本에는 '材'로 되어 있음.

監之, 則其斬伐有節, 又一便也." 然一縣之令, 將若之何? ○船材條例, 詳見余「船廠論」【「均役追議」中】, 今姑略之.

『茶山錄』云: "一日燀爐起莞島, 照耀天地, 所焚者, 累千萬株. 島吏·縣吏與之朋奸, 以八十株報營, 以八千錢略裨將, 遂得無事, 而薪炭用谷量, 兩吏分利." 凡封山失火, 牧宜親審, 不可使監吏代之.

私養山之禁, 其私伐, 與封山同.

「禁松節目」云: "沿海邊三十里, 雖私養山, 一體禁斷." ○按 山之所以私養者, 爲其欲私用也. 如其禁斷, 同於封山, 人誰有養之者哉? 日撻而求其養, 猶不養矣. 故沿海諸山, 無不童濯, 唯貴族墳墓, 略自封樹而已. 其禁條, 宜與封山大有差等, 使開自勸之路, 則其蒼茂必倍矣. 牧遇此事, 宜察民情, 凡自伐其木者, 毋用酷禁, 其自水營侵困百姓者, 善爲譬解, 毋至破家, 則民頌其作矣.

鄭晚錫爲延日縣監, 應旨上疏曰: "沿海諸邑, 皆有封山, 而營邑徵求, 亦甚多端. 松子·松脂·松蕈·松板, 每一輸納, 其費夥然. 然此惟山下居民, 受此困苦耳. 若其爲四境之通患者, 一枝一板, 民或取用, 雖是他山所斫, 他邑所貿, 而營邑吏校, 憑藉侵漁, 無藝無厭. 故作室者, 怯於鳩材, 治喪者, 懼於騈棺, 甚者旣構而旋毁, 已封而還掘. 夫棟宇[37]·棺椁, 吾民之所以養生送死者, 而有財不可爲悅於心, 不能無憾, 豈不嗟哉? 延日縣封山, 舊有二處, 一曰'陳田', 一曰'雲梯'. 其後又以葛坪山·應台山·北松亭·大松亭, 錄之於私養山, 與古封山一例禁養, 並爲六處. 而陳田·雲梯, 距海門二十里, 轉輸極難, 故雖戰船改造, 倭館修葺, 而一根一桷, 未嘗取用於二山, 有名無實, 莫此爲甚. 況葛坪·應台, 在於二山之內, 周圍旣小, 培植全疏, 北松·大松, 雖在海濱, 地形低平, 土性斥薄, 一望荒沙, 初無數株之松, 而其應求應役, 同於二山, 無少差別, 豈非民瘼之大者乎? 六山爲阱民, 何以堪? 臣謂陳田·雲梯, 雖不可廢, 新增

---

37 宇: 新朝本에는 '字'로 되어 있음.

546

四山, 並卽革罷, 許民耕墾, 則所補於公者, 豈比無益之封山哉? 臣又思之, 封山松禁, 非不嚴密, 而本縣所用, 一應木物, 旣皆責之於封山, 京司及道內諸營, 其冊板·書板, 亦必配搭於封山. 山旣無材, 輸以代錢, 剖屋窮民, 何處得之? 不得不斫松以賣之耳. 及其木根狼藉, 見捉於營門, 則又以賂物, 苟幸彌縫, 計戶計牛, 收斂極多, 畢竟債負, 何以塞之? 不得不斫松以賣之耳. 官以是封山, 下求民獻; 民以是封山, 上應官求, 官非自斫, 特一間耳. 宜定爲式, 自今營邑所用, 一應木物, 無得侵責於封山, 則民力少紓, 而山木亦得以長養矣."

封山之松, 寧適朽棄, 不可以請用也.

「禁松節目」云: "風落松勿許發賣, 仍於所倒處朽之." ○ 又曰: "黃腸山伐木, 依尺寸作板, 其兩端截去者, 勿許發賣, 仍於本處燒之." ○ 按 俗稱: '風落松, 必生蟲蛀.' 甚則曰: '風字從虫, 所以生蟲.' 豈不愚哉? 凡禽獸急死則味美, 緩死則味惡.【『詩傳』有上殺·中殺·下殺之說】凡草木急死則液全, 緩死則液瘁, 此自枯松之所以生蟲也. 若風落之松, 則何必然矣? 風蹶之初, 卽用斧斤, 與斬伐者同. 今也不然, 風蹶之初, 莫敢犯手, 旣及數月, 乃斷爲材, 胡不蛀乎?【或其風落, 在於春夏液升之時, 亦所以生蟲】梓材兩端之無故焚燒, 亦近於暴殄矣. 然法例旣然, 雖公廨修補, 所須甚切, 不可請得於上營也.

黃腸曳木之役, 其有奸弊者察之.

梓材曳出之日, 數郡齊動, 萬民呼邪, 猾吏·豪校, 鞭背蹴脽. 饒戶·饒村, 咸以錢防; 疲癃·殘疾, 其役偏苦[38], 亦牧之所宜念也. 凡引重之法, 治道爲先, 造車次之. 道旣平闊, 三人當十人之力; 車又圓轉, 十人當百人之力, 何苦而不爲是也? 游衡車者, 先朝城華之所製也. 其車一輛, 費不過百錢. 梓材一段, 不足以任一車, 而兩人曳之, 兩人推之, 兩人護之, 六人而已. 若夫連抱之木, 其

---

38 苦: 新朝本에는 '枯'로 되어 있음.

載車卸車, 皆費人力者, 宜作起重小架【縛木爲三[39]叉形, 鉤衡以擧之】, 亦可以省力也. 於是量用幾人, 乃於民戶, 均攤數葉之錢, 雇人以運之, 則民無害矣.

商賈, 潛輸禁松之板者, 禁之. 謹於法而廉於財, 斯可矣.

『續大典』曰: "板商必受本曹及歸厚署帖文. 公私棺材之來泊京江者, 歸厚署什一收稅, 修粧板·松板之不合棺材者, 本曹什一收稅."【歸厚署全管國用棺板. 板商勿論, 諸宮家各衙門所屬, 必受本曹·本署兩處帖文後, 本道許入. 私商之無公文者, 一一屬公. ○歸厚署恩賜棺板, 每年二百枚, 唯地方官收稅】○『通編』云: "歸厚署今革屬繕工監." ○洌水有二源, 其一曰黃驍之水, 謂之南江; 其一曰綠驍之水, 謂之北江. 凡二水之沿, 其守令酒債, 皆出於屬公板. 然吏校捉十, 其告官者一, 其受賂而放之者九; 守令捉十, 其屬公者一, 其受囑而放之者九, 畢竟公材日損, 而無補於國用. 宜倣『周禮』, 仲冬斬木, 林衡監之, 收入賦入, 以補公用, 法所宜也. 然一縣之令, 無如之何. 宜知此意, 禁則禁之, 犯則寬之, 毋以苛酷取民怨, 毋以貪濁取人言, 不亦可乎?

植松培松, 雖有法條, 能弗害之而已矣, 何以植之?

『經國大典』曰: "外方禁山, 禁伐木放火, 每年春, 栽植稺松, 或下種培養, 歲杪具栽種數啓聞. 違者, 山直杖八十, 當該官杖六十." ○『通編』云: "外邑人, 私植松一千株, 可成材者, 該守令親審, 報觀察使論賞." ○按 風吹子落, 自然成林, 禁之而已, 何以栽爲?

德山樵夫作「僧拔松行」云: "白蓮寺西石廩峯, 有僧彳亍行拔松. 稺松出地纔數寸, 嫩幹柔葉何丰茸? 嬰孩直須深愛護, 況復老大成虯龍, 胡爲觸目皆拔去, 絶其萌孽湛其宗? 有如田翁荷鋤携長鑱, 力除稂莠勤爲農[40], 又如鄕亭小吏治官道, 剪伐茨棘通人蹤, 又如蔿敖兒時樹陰德, 道逢毒蛇殲殘凶, 又如

---

39 三: 新朝本에는 '一'로 되어 있음.
40 農: 新朝本에는 '曩'으로 되어 있음.

鬈髥怪鬼披赤髮, 拔木九千聲詾詾. 招僧至前問其意, 僧咽不語淚如霰. 此山養松昔勤苦, 闍梨苾蒭遵約恭, 惜薪有時餐冷飯, 巡山直至鳴晨鍾. 邑中之樵不敢近, 況乃村斧淬其鋒? 水營小校聞將令, 入門下馬氣如蜂. 枉捉前年風折木, 謂僧犯法撞其胸, 僧呼蒼天怒不息, 行錢一萬纏彌縫. 今年斫松出港口, 爲言備倭造艨艟, 一葉之舟且不製, 只楮我山無舊容. 此松雖稗留則大, 拔出禍根那得慵? 自今課拔如課種, 猶殘雜木聊禦冬. 官帖朝來索椵子, 且拔此木山門封."

諸木栽植之政, 亦徒法而已. 量可久任, 宜遵法典, 知其速遞, 無自勞矣.

『大典』曰: "諸邑楮·漆·箭竹成籍, 藏於工曹·本道·本邑, 栽植培養." ○ "桐木, 諸司各十株栽植培養, 本曹檢察. 外諸邑三十株, 觀察使檢察." ○ "濟州三邑柑橘·柚, 每年栽接椵木·櫨木·山柚子, 定旁近人看守." "兩南沿海諸邑, 柑橘·柚, 每秋監司, 定差員看審, 其[41]數啓聞."【種桑條例, 已詳「勸農」篇.】

「農書批答」云【答楊州儒生安聖鐸】: "近來丘麓, 在處童濯, 一旬之暵, 川則立涸, 數日之雨, 岸則善頹, 旱田·水田, 俱受其損, 豈但柳木一種爲然哉? 松檜枌楡楢桐梓漆, 無所不可. 年前故相之撰出『松政節目』也, 有萬株以上, 別般論賞之議, 而未見一道一邑之奉行朝令者. 今不必別立科條, 惟在修明舊典."

『茶山錄』云: "桐木之植, 國之急務也. 中國之船, 皆用油灰艙縫, 油者桐油也. 戰船·漕船, 公私諸船, 其所須桐油幾千斤矣. 一邑三十株, 安所用矣? 必一邑三千株, 分植諸村, 乃可用矣. 但考株數, 其油之自用與發賣·轉賣, 官不復問, 官欲用之, 以價求之, 毋得徵斂, 然後民乃業種. 如其不然, 雖日撻而求其種, 不可得也."

『橘史』云: "南沿六七邑, 皆産橘柚【西自海南東至順天】, 所屬諸島, 其産益豐, 數十年來, 日衰月耗, 今唯貴族之家, 或有一株, 島中惟縣官所封四五株而已. 詢其故曰: '每至仲秋, 邸卒持吏帖來, 數其顆, 封其幹以去, 及其黃熟, 始

---

41 其: 新朝本에는 '且'로 되어 있음.

來摘之, 或風落數箇, 卽追使補之, 如不可得, 徵其本價. 傾筐罄之, 不酬一錢, 烹雞擊豚, 其費夥然, 四鄰嗷嗷, 咸咎此家, 以其所費, 徵於此家. 於是陰鑽厥木, 擪以胡椒, 厥木自枯, 乃除其籍【擪胡椒, 則木自死】. 萌蘖旁出, 則[42]劃之剪之, 子落苗生, 隨卽拔之, 此橘柚之所以耗也.' 近聞濟州亦有此患, 若此不已, 不過數十年, 吾東無橘柚矣. 王祭不共, 將若之何? 大抵立法之初, 原有未善, 故其流弊至是也. 天之所生, 地之所養, 春風雨露, 自然榮茂, 差人看守, 非計也; 差員看[43]審, 非計也. 但飭其種, 勿復照管, 及其熟也, 厚酬厥價, 禁其攘奪, 於是乎繁[44]殖矣. 禁條愈密, 民苦益甚, 又誰肯種之培之乎?"○茶山西去百餘步, 有一貧士. 有橘一樹, 歲得錢五六百, 以納還穀. 其說稍漏, 邸卒來侵, 訶喝萬端, 突入內園, 貧士不堪悱憤, 手持斧斬以予之, 一室皆哭. 余作「斬橘詞」以唁之.

劉隨爲永康軍判官, 軍無城堞, 伐木爲柵, 壞輒易之, 頗困民力. 隨令環植柳數十萬株, 以限內外, 民得不擾.

崔潤德鎭安州, 種柳數萬株于州治之南, 藏州基而捍水災. 人比甘棠不敢伐.

梁九疇知沃川郡, 奉法公勤, 臨民簡嚴. 種果松子西山三百餘株, 至今官賴其利.

嶺阨養木之地, 其有厲禁, 宜謹守之.

『續大典』曰: "嶺阨禁養處, 定標之內, 冒耕放火者, 亦依松田律." ○嶺阨者, 賊路之衝, 關防之設也. 然其樹木之養, 宜觀表裏形便. 平時雖不築城, 臨難宜亦樹柵【或築土爲堡】. 凡城址之外, 宜乾乾淨淨, 無所隱蔽, 使賊兵無所藏身, 唯城址之內, 多植樹木, 一有寇難, 可伐木以爲柵, 亦依木以爲蔽, 或斷木以爲械, 亦櫺木以禦敵. 今也不然, 城址不畫, 表裏不分, 漫山包谷, 茂密成林,

---

42 則: 新朝本에는 빠져 있음.

43 看: 新朝本에는 '生'으로 되어 있음.

44 繁: 新朝本에는 '繫'로 되어 있음.

唯以樹木爲塞路之具, 猝有寇難, 未及剗除, 若賊先取要路, 據之爲峴, 因木自蔽, 以放銃矢, 則嶺阨之設, 適足以藉寇齎盜, 豈有補哉? 其疎迂如此, 而厲禁之嚴, 甚於封山. 凡近嶺之民, 一有樵採, 卽兵營·巡營虎校狼胥, 咆哮以逞威, 破家蕩産, 以至流徙, 是下民之阱, 棋布而星羅也. 公廨修補, 而一椽不取; 戰船改造, 而一板不資, 徒爲下民之阱, 將何益矣? 然旣有邦禁, 其察守宜謹也. ○如西路之靑石洞, 十里長谷, 盤回重疊, 外門雖或不守, 回谿曲障, 可以伏兵, 其養木固當也.

月沙李廷龜「禿城記」云: "城居廣野之中, 無險阨之阻, 有山斗起於道傍, 又無樹木, 望之童童, 然故名'禿城'. 人視之尋常, 不以爲奇. 壬辰倭寇大至, 都元帥權慄, 轉鬪入據于玆, 屢却賊兵. 於是, 人知玆城之得形便, 爲國中要衝也."○按 此記文, 其山本自童禿, 而無害於守禦矣. 今其城周之外, 樹木叢翳, 安知不反爲害矣?

黃海觀察使權脩, 上疏云: "洞仙嶺爲兵衝, 其險足恃. 若使長養樹木, 蔚然叢薈, 則藏兵設伏, 皆有可恃, 臨機斫取, 樹柵拒路, 亦可藉以有用."○按 嶺阨禁養之意, 本只如此. 先察其表裏形便, 以爲禁養之限, 不亦可乎?

余在谷山, 「游月峴嶺記」云: "文城堡者, 北當四嶺之衝【四古介】, 南通谷山之路, 而於堡之南, 有所謂月峴嶺者. 禁養樹木, 包山絡谷, 卽一草一木, 民不敢犯者, 二十餘里. 竊怪夫文城之於谷山, 自有坦路, 萬馬並驅, 拳石無礙. 賊何苦舍此易直之路, 而必月峴是趨哉? 是不敢知也."

韓子耉爲江華經歷, 嘗至京, 上引見, 問以事. 公請: "種木摩尼山, 十年後可以作柵, 又多設大砲, 則制對岸敵兵矣." 如是者凡三策. 上善之, 卽命施行.

山腰禁耕之法, 宜有測定. 不可縱弛, 亦不可膠守也.

『續大典』曰: "山腰以上起耕者, 禁斷, 山腰以下, 則舊田勿論, 新斫木作田者, 一體禁斷."○按 山之崇卑, 有萬不同, 則其腰之崇卑, 亦有萬不同. 法旣不明, 欲民之無犯難矣. 丘陵·敦阜, 雖山脊不可禁耕, 枝山剔巁之地, 巓雖可禁, 自脅以下, 不必禁也. 唯崇[45]山·大嶽, 其高入天, 方可以議其腰也. 須於平地, 立表測高, 或限三百丈, 或限二百丈, 嚴其限界, 俾民無犯, 抑所宜也.

『巽菴私議』云: "火耕之弊, 古人言之, 曰: '山谷無木, 而沙汰莫禁也.' 曰: '野田覆沒, 而經用日縮也.' 曰: '山林童濯, 而寶貨不興也.' 曰: '禽獸不息, 而事大交隣, 皮幣難繼也.' 曰: '虎豹遠跡, 而山行者, 不操尺寸之兵, 國俗日就拙弱也.' 曰: '材木耗損, 而民用日窘也.' 雖不得一切禁止, 山腰以上, 宜令勿耕."【此本西厓柳先生之論】

李東稷爲全羅監司, 國法厲禁邊山, 專爲漕兵船儲養也, 諸宮家利其膏腴, 恣行火耕, 公請於朝, 刿稼種木.

西北蔘貂之稅, 宜從寬假, 其或犯禁, 宜從闊略.

『續大典』曰: "蔘商下去江界時, 戶曹給黃帖收稅.【每張收稅錢三兩】無帖文入[46]往者, 以潛商律論, 元貨屬公.【關西[47]監營及熙川·雲山·神光等, 鎭嶺底要路, 考驗帖文後許入. 雖一角蔘, 若無帖文而私貿者, 與受俱以潛商論】私商之與江界人潛買賣者, 許人執告, 其蔘貨全給告者." ○"産蔘邑守令, 或有境內潛商, 而不自發覺, 因事現露, 則從重勘斷." ○案 此「戶典」也. 其燕京·倭舘行商·潛商, 收稅屬公, 禁令條例, 雜載於「戶典」·「刑典」, 當事者宜考焉.

貂蔘者, 吾東之重幣也. 自『漢書』『南北史』以來, 凡論樂浪·玄菟·句麗·渤海之貨, 皆以貂蔘爲首. 此禁條之所以不得不嚴密也. 然國之所需, 唯黃帖稅三兩而已, 餘所謂屬公者, 都歸於貪官汚吏之橐. 不補國用, 徒剝民財, 將何益矣? ○江界之法, 凡採蔘者, 授官帖入山. 經秋過冬, 風餐露宿, 虎豹與居, 熊豕與遊, 九死一生, 備嘗艱苦. 及其出也, 搜其囊橐, 搜其懷袖, 一角之蔘, 曾不少饒, 咸以輕價, 勒奪入官, 託以貢獻, 悉歸私裝. 奸吏·猾校, 自下操縱, 賄賂所行, 漏寶交穿, 國法不行, 官邪徒長, 究何益矣? ○牧宜知此, 其貢獻所用, 咸給本價, 毋竊其剩【每貢蔘一兩, 其本價四百兩.】, 其餘聽其自賣, 毋攘一

45 崇: 新朝本에는 '宗'으로 되어 있음.
46 入: 新朝本에는 '人'으로 되어 있음.
47 西: 新朝本에는 '酉'로 되어 있음.

角. 其或犯禁者, 細察情理, 其罷殘可哀者, 破法以寬之, 其奸濫可惡者, 照法屬公, 從實報司, 毋或自私. 其有不報者, 留補公用, 或修軍器, 或施武賞, 一鎦一銖, 勿以肥己, 則淸白之名, 庶乎其無愧矣.

姜裕後爲江界府使, 其俗專以蔘貨爲業, 時或迤入虜境見執, 則辱及朝廷, 禁採甚嚴, 民無以爲生. 公敎以農桑, 勸課甚勤, 然猶不免飢凍. 公度我境道里, 與民期日, 而遣之採蔘曰: "某日皆歸見我. 否則當以越境論." 民皆如期而至曰: "我侯之恤我至此, 若違其令, 殃必及焉."

『續大典』曰: "西北沿邊, 犯越採蔘·佃獵者, 首從皆境上斬."【犯越首倡者, 籍沒家産.】○"犯越斫木者, 依採蔘律論." ○"犯越人容接敎誘者, 與犯人同罪. 知而不告者, 良賤邊地殘邑爲奴, 出身以上邊堡充軍. 陳告者, 與潛商陳告者同賞."【見「刑典」】條例尙多, 當事者宜考焉.

「廢四郡論」云: "閭延·茂昌·虞芮·慈城, 今謂之'廢四郡'. 彼人採蔘者, 千百爲羣, 結廬張幕, 長子育孫, 四時長留, 遂作居民. 守土之臣, 或彎弓裝砲, 以圖驅遣, 則彼人亦彎弓裝砲, 以擬接戰, 憮然以退, 任其所爲. 守令匿不以報, 察司匿不以聞, 以千里有指之疆, 拱手奉獻於亂法之民, 今且百年. 世宗·世祖經營六鎭, 穆陵之世, 新設茂山. 昔也, 强鄰之地, 尙或拓之; 今也, 祖宗之土, 無故棄之, 此何事也? 故相臣南九萬, 力主復郡之議, 柳尙運力主廢國之論, 畢竟姑息之計, 合於時宜, 柳議得行, 南議遂格, 此志士之深恨也. 長津之水, 發源於咸興之黃草嶺, 北流五百里, 至三水府葛坡堡, 東入于淥水, 禿魯之水, 發源於寧遠之雪寒嶺【『漢史』所云, 薛列罕嶺, 亦云云單單大嶺】, 北流四百里, 至江界府高沙堡, 西入于淥水. 乃於兩水之沿, 各置五六箇小堡, 以作邊防, 而淥水之沿, 東自葛坡, 西至高沙【卽四郡古地】, 曠無防守, 則四郡之地, 業已割而棄之矣. 强鄰侵食, 尙云哀憤, 況於亂民之犯越乎? 朝廷誠以此意, 移咨北京, 則烏喇總管·寧古塔將軍, 將紏禁之弗暇, 何煩乎我矣? 根深蒂固, 歲久年深, 一朝大勢有變, 則西北二路, 不復爲我有, 豈不悲哉? 先朝軫念, 先復厚洲一鎭, 計將以次收括, 而未及卒事, 此今日之急憂也. 牧宜念此, 凡犯越之禁, 宜思恪遵, 雖以玆生事, 身被流竄, 何所恨矣? 其蔘·貂·銀貨之日散月漏, 此是糠粃之籤, 非所愛惜. 唯祖宗之土, 不可以不守也.”

貂鼠皮·鹿茸之等, 亦重寶也. 西北邊邑之例, 每令獵戶入山, 略給糇糧, 及其出也, 其皮其茸, 並無價白奪, 簠簋不飾, 一至是矣. 毋曰舊例, 自我立法, 凡貂皮·鹿茸, 皆準時估, 酬以米布, 則淸白之名, 庶乎其流芳百世矣.【本土價輕, 其視京[48]價, 不及其半直.】

東南貢蔘之弊, 歲加月增, 盡心稽察, 毋至重斂.

『續大典』曰: “關東諸邑, 則進上蔘商外, 他道人貿蔘者, 一切嚴禁. 現捉者, 自本道杖一百定配. ○附蔘·造蔘之類, 隨其現發屬公, 一依造銀錢律處斷.”

鄭晩錫爲延日縣監, 應旨上疏曰: “貢蔘之弊, 至今日而極矣. 山採漸稀, 家植逐多. 古所稱羅蔘之山出者, 雖或有之, 蔘商潛附審藥朋姦【審藥者, 醫官在營幕者.】, 非其所賣, 無不退斥, 故列邑貢獻, 皆從蔘商貿納, 其例已成, 不可破也. 貢蔘一錢, 價錢四貫【四十兩】, 而並計其色價·秤縮價·輸運價, 及審藥·醫生等人情雜費, 則一錢所入, 恰過七貫. 而皆出於民力, 或攤[49]徵於田結, 或收布於保率【如軍布之法】. 賦役漸繁, 軍簽益艱, 豈非切骨之弊乎? 誠若以土産進獻, 則雖價至萬錢, 力費十倍, 御藥所供, 孰敢有議? 今也不然, 名曰羅蔘, 實皆京貿. 往往以經進之物, 輪回復納, 此不過蔘商之罔利, 審藥之居貨耳. 豈宜竭此民膏, 以厚彼而已乎? 如欲救弊, 莫如作貢【謂如大同法】, 而議之已久, 迄未有定, 臣竊怪之. 若云: ‘不産羅土, 不可充貢.’ 則今之所進, 皆是京貿也. 若云: ‘貢獻之價, 不可斂民.’ 則今之所斂, 尤無限節也. 若云: ‘御供之物, 不可作貢.’ 則大同條例之中, 御供諸種, 不可勝數, 卽貢蔘原額, 未嘗不分數作貢也. 然則何所拘礙, 不之變通耶? 今若以儲置價米, 及各邑所斂一錢四貫之錢, 作貢於京裏, 則營邑之間, 無限滲漏者, 可以減除, 而田役稍輕, 軍簽亦有裕矣.”

---

48 京: 新朝本에는 이 앞에 ‘市’가 있음.
49 攤: 新朝本에는 ‘儺’로 되어 있음.

金銀銅鐵, 舊有店者, 察其奸惡, 新爲礦者, 禁其鼓冶.

『續大典』曰: "諸道産銀處, 設店收稅, 私採銀者, 限己身島配."【無論戶曹及中外營邑, 如有不稟朝廷, 新設銀鉛店者, 道臣以上罷職, 守令以下拿問.】○『經國大典』曰: "諸道産鐵處, 置冶匠成籍, 藏於工曹·本道·本邑, 每當農隙, 吹錬上納." ○案 『周禮』礦人之職, 掌金玉錫石之地, 爲之厲禁, 以時取之. 自漢以來, 鹽鐵之權, 領在公家, 此王公之大貨也. 金銀銅鐵, 廣設爐店, 以補國用; 金銀銅鐵[50], 各爲差等, 以爲國幣, 卽余之苦心也.【詳見「田制考」】然今之爐店, 皆奸民私設, 戶曹收稅, 極其些略, 而藏亡匿奸, 聚盜興亂, 農者不能借備雇, 商者不能權貨財. 良田日蹙【金店買田以淘金】, 混沌日鑿【銀店鑿山, 至百丈.】, 他日雖有廟堂之臣, 議行官採之法, 而山精衰歇, 不復泉涌. 爲今之計, 莫如嚴禁. 其舊有之店, 察其奸惡, 以備不虞【嘉山賊洪景來, 亦本以金店聚黨.】, 其新出之礦, 緝其首謀, 以折亂萌, 不可已也. 余在西邑, 有奸民三四人, 議設銀店, 受戶曹關文, 隨計士下來. 余嚴治其民, 遂不奉行. ○金店·銀店, 例有朔稅, 納于本官. 爲此小利, 自召大亂, 非牧民者之所爲也.

『列聖御製』正宗末年, 左議政沈煥之請禁採金, 上批曰: "顧今逐末之習, 務本爲恥, 欲作反本抑末之政, 一邊頒示「農政綸音」, 一邊任他游食射利可乎? 申諭八道, 俾卽嚴禁, 令前設店處一切革罷, 以其民歸之南畝." ○**臣謹按** 先王之法, 民分九職, 農以出穀, 虞以出材, 礦採之官, 以斂金錫, 不必以務本之故, 而遂廢萬務. 特奸民私採者, 在所嚴禁, 必自戶曹差官往採, 斯無弊矣.

李尙伋爲端川郡守, 郡出銀貨, 公曰: "此利窟也. 官人少有不謹, 則身名可惜." 遂洗手奉公. 歲貢外錙銖之剩, 悉用以代民繇, 軍丁之逃故者, 前時皆責於隣族, 公又縮節私穴, 以所餘充, 免其侵擾.

李東岳安訥爲端川郡守, 有銀穴, 賦人常多. 公擇廉謹吏付之, 取吳隱之詩, 扁其軒曰'不易心'.

---

50 鐵: 新朝本에는 '錢'으로 되어 있음.

土産寶物, 無煩採掘以爲民病.

『大典』曰: "諸邑寶物産處成籍, 藏於工曹·本道·本邑看守." ○ 所謂寶物者, 慶州産水晶, 成川産黃玉, 泗川産烏玉, 長鬐産磊綠, 藍浦産硯石, 海南産羊脂石, 黑山海中産石雄黃之類, 是也. 凡寶物所産, 皆爲土民切骨之弊. 牧宜知此, 有求勿應, 有告勿採, 歸來之日, 勿以一片携入裝中, 於是乎淸吏也.

採金之法, 又有新方, 苟有朝令, 試之無妨.

金護軍「篩金論」曰: "吾東八路, 皆産黃金, 其所以禁之不採者, 爲有二弊. 一曰'妨農', 一曰'召亂'. 其謂之妨農者, 何也? 採金者, 必臨水而淘之, 此非寒月之所能. 故必於春夏爲之, 愚民重利, 舍本趨末, 耕耘失時, 此一弊也. 其謂之召亂者, 何也? 稅金之法, 本計人額, 故額多則稅多, 額少則稅少. 以此之故, 監採之人, 方其募採之日, 不問來歷, 貪多務得, 蟻聚烏合, 亂雜無統, 藏亡匿奸, 慮無不到, 此一弊也. 朝家之設法厲禁, 不得已也. 然奸民盜採, 終亦不息, 有禁之名, 無禁之實, 上不補公用, 下不正民習, 揆以王政, 不宜然也. 今別爲規制, 條列如左.

一. 火淘之法. 先鑿土坎, 如氷窌之形, 又起廠屋數十間, 下作燠炕. ○百人掘土, 五十人擔而輸之, 納于土坎. 監務每日數次, 試篩一擔, 以探其有無·多寡. 切勿令軍人輩, 私自更篩. ○窌土旣滿, 以次移之于燠炕, 使之乾燥, 以去津濕, 乃以碾石, 細細磨碎, 次以疎密兩篩, 篩之, 先拾其粗大者. 次以車芝之法, 去其篩下之土, 又以篩蹄之法, 取其微細者【車芝未詳, 篩蹄之法, 疑以篩框擽之】. 終以木槽之法, 取其碎屑, 則金之在乾土中者, 自無一星之漏落, 而一窌之土, 可不日而畢篩矣. 軍人輩, 只令掘土, 勿令淘金, 則一星之金, 自無遺失之患. ○大抵淘沙得金, 雖是古今之常法, 若非暑天, 無以用水, 妨農之害, 職此由也. 黏土凝結難解, 枉費時刻, 沙土雖曰易散, 亦須人力, 如塵之金, 淘之極難. 今創用此法, 用火代[51]水, 以冬易夏, 誠不易之良法也.

一. 産金多在谿谷空閒之地, 或與田畓連絡, 則必須量給田價. 旣採之後,還其田地, 其在田主, 不過暫時之借也. 立冬以後, 春分以前, 又非耕作之時, 庸何傷乎? 且凡田地經掘經燒, 有同糞壤, 變瘠爲饒, 兼取其價, 利之所在, 何所怨矣? 唯大村[52]及墓地衝犯處, 不可許採.

一. 採金須於立冬日起工, 至春分前一日停採, 嚴立期限, 令無得踰越.

一. 雇人採金, 擇根系牢實, 性力勤幹者, 填差. 其掘土者百名, 負土者五十名, 自本曹另造腰牌, 明著烙印, 人給一枚, 使之佩持. 凡無牌者, 勿許混處, 每日給雇幾錢【本地風俗, 各自不同, 不可一定】○ 每十五名, 有監督一人, 使喚一名, 亦各給餼料幾錢. ○ 又每一務, 置幹事人幾名, 亦各給餼料幾錢. ○ 額數既定, 凡額外之人, 一切嚴禁, 勿許贅附, 以除望風坌集之弊." ○ **按** 既欲火淘, 則樵軍須有十餘名, 方可以繼柴檟也. ○ 餘詳「礦採考」, 今姑略.

第二條 川澤

川澤者, 農利之所本, 川澤之政, 聖王重焉.

『周禮』川衡·澤虞之官, 掌其守禁, 收其賦稅. 賦稅者, 地官之所掌, 惟其畝澮溝洫之事, 本冬官所掌. 故馬融謂: "司空者, 司其空地." 空地者, 山林·川澤是已. 「考工記」本亦冬官之類, 而匠人·溝洫之制, 是詳是備. 我邦『大典』山澤司隷于工曹, 鑿渠灌田者, 工典所繫也.

『周禮』: "稻人掌稼下地【卽水澤之地】. 以瀦畜水【偃豬畜流水之波】, 以防止水【豬旁之隄也】, 以溝蕩水【行水也】, 以遂均水【田首之小溝】, 以列舍水【玄云: "列田之畦畔也. 舍, 水於列中."】, 以澮寫水【田尾之大溝】, 以涉揚其芟, 作田【因涉之揚, 去前年所芟之草】." ○ **鏞案** 瀦者蓄內水, 俾勿外洩也; 防者遏外水, 俾勿內攻也. 溝者, 渠也, 瀦與防, 皆須溝以行水也. 列通作阽, 水田之凹陷也【東語云'襄味'】. 先王之

51 代: 新朝本에는 '伐'로 되어 있음.
52 村: 新朝本에는 '材'로 되어 있음.

法, 專設一官, 以掌此事, 今之民牧, 胡獨袖手以坐視也? 湖澤有淤, 宜以時疏浚也; 隄防有壞, 宜以時補築也; 溝渠有壅, 宜以時鑿通也【方言云穿洑】. 水岸有齧, 宜以時回導也【先於上流, 挽回其衝突之勢】; 畎澮有破, 宜勸其補完也; 畦畻叢瑣, 宜勸其拓合也【合衆畻以爲一】. 民牧之責, 莫急於力農; 力農之本, 莫急於治水. 故禹稷躬稼, 先治畎澮, 史起·李悝專治水利. 歷觀前史, 其循吏茂績, 都在水利. 今之民牧, 乃於玆事, 視之爲越人之肥瘠, 抑獨何矣?

川流逕縣, 鑿渠引水, 以漑以灌, 與作公田, 以補民役, 政之善也.

國之急憂, 在於民庫. 民庫之役, 歲增月羨, 民將不堪. 牧宜相地穿渠, 以作公田, 以其歲入, 就補民庫之用, 將爲萬民之利, 不但數百頃良田, 爲一鄕之賴而已. ○鑿渠, 必先截流. 截流者, 洪也【編竹截流, 以取魚謂之籔, 其義相類】. 呂梁洪·百步洪, 皆截流之名. 俗謂之'防洑', 非矣【音義訛】. 凡截流之法, 須用大石, 乃能水潦不致崩潰. 凡大石之運, 必用起重諸法【見「奇器圖說」】. 先自石所平治其道, 抵于截流之處, 作游衡車數輛, 以運其石, 其載石卸石, 皆用起重架, 以省人力【說見上】, 厥費乃少也.

龍尾·玉衡, 凡水車之制, 最是良法. 然鍊鐵未精, 製法未熟. 昔淳昌中承旨景瀿, 屢作水車, 終不能食效, 非講究之不詳, 國無良工也. 近世博聞之士, 亦屢試不驗, 必使百工技藝, 精鍊入妙而後, 此事可議, 今姑略之.

星湖先生曰: "天下最可惜者, 以有用歸之無用." 夫四野枯槁, 而川流空然注海, 豈非可惜? 今壅水漑田者, 恒患水深野高, 或水駛易潰, 此皆不費力之患也. 水從山下, 其源必高, 久則鑿開而勢低矣. 若積以歲月, 累石塡坑, 以漸遏流, 則沙土澱淤, 水道亦將隨而漸高. 隨高增築, 豈有不可灌之理?

魏西門豹爲鄴令【文侯時】, 發民鑿十二渠, 引河水漑民田, 民得水利, 皆饒足. ○史起爲鄴令【襄王時】, 決漳河灌田, 鄴民大怨欲籍起, 起不敢出而避之. 王乃使他人, 遂爲之, 水已行, 民大得其利. 相與歌曰: "鄴有賢令兮爲史令. 決漳水兮灌鄴旁, 終古舃[53]鹵兮生稻粱."

漢文翁爲蜀郡大守, 煎腖口, 漑灌繁田千七百頃, 人獲其利. ○案 鄭國開

558

涇水爲渠, 李冰開蜀渠, 漢武帝開渭渠·龍首渠【嚴熊穿渠, 得龍首骨.】·白渠, 此皆古渠, 嗣玆以降, 渠不可勝數矣.【吾東方, 言渠謂之洑.】

漢崔瑗爲汲令, 有澤不殖五穀. 瑗爲開溝灌稻, 萑蒲之地, 更爲沃壤. 民賴其利, 歌曰: "天降神明君, 決渠作甘雨." ○按 此以澤爲渠, 高者種穀, 下者灌水也.

魏賈逵爲豫州, 通運渠二百里, 名曰'賈侯渠'.

隋薛冑爲兗州刺史, 城東, 沂泗二水合而南流, 汎濫大澤中. 冑積石堰之, 決令西注, 陂澤盡爲良田. 又通轉運, 百姓賴之, 號薛公豐兗渠.

唐强循遷雍州司土參軍, 華原無泉, 人多渴死. 循敎人穿渠, 因以灌田, 名'强公渠'. ○溫造爲朗州, 開後鄉渠, 漑田二千頃, 民獲其利, 號右史渠'.

唐李頻[54]爲武功令, 有六門堰, 廢百五十年. 頻[55]按故道, 浚渠. ○李棲筠爲常州, 歲旱人飢. 爲浚渠, 廝江流灌田, 遂大豐稔.

唐薛大鼎爲滄州, 治無棣渠, 屬之海商, 浚治之, 商賈通行, 百姓歌誦. 又浚長蘆·漳·衡三河, 分泄夏潦, 水不爲害.【歌曰: "新溝道舟楫, 利屬滄海魚鹽至. 昔徒行, 今騁駟. 美哉! 薛公德滂被."】

宋張綸爲江淮發運副使, 居二歲, 增上供米八十萬. 疏五渠, 導太湖入于海, 復租米六十萬, 開長蘆西河, 以避覆舟之患. 又築漕河堤二百里于高郵北, 旁錮鉅石, 爲十硪, 以泄橫流.

宋蔣之奇遷淮東轉運副使, 歲荒民流. 之奇募民, 修水利以給食. 如楊之天長三十六陂, 宿之臨澳橫斜三溝, 用工至百萬, 漑田九千頃, 活民八萬四千. 又請鑿龜山左肘, 至洪澤爲新河, 以避淮險. 自是無覆溺之患.

程師孟知河東路, 晉地多土山, 旁接川谷, 春夏大雨, 水濁如黃河, 俗謂之'天河', 可漑灌. 師孟勸民出錢, 開渠築堰, 於[56]良田萬八千頃. 哀其事, 爲『水

---

53 烏: 新朝本에는 '寫'로 되어 있음.
54 頻: 新朝本에는 '瀕'으로 되어 있음.
55 頻: 新朝本에는 '瀕'으로 되어 있음.
56 於: 新朝本에는 '淤'로 되어 있음.

利圖經』, 頒之州縣. 入爲度支判官.

高賦知滄洲, 程昉欲於境內, 開西流河, 繞州城而北注三塘泊. 賦曰: "滄城近河, 歲增隄防, 猶懼奔溢, 矧妄有開鑿乎?" 昉執不從, 後功竟不成.

皇明陳幼學爲中牟知縣, 有大澤積水, 占膏腴地二十餘里, 幼學疏爲河者五十七, 爲渠者百三十九, 俱引入小淸河, 民大獲利. 大莊諸里多水, 爲築堤十三道障之. ○案 此洩水以爲田, 非行水以灌田也.

朴大夏爲宣川府使, 鑿山通渠, 灌芟茅爲良田, 民名其渠如鄭白, 謂之'朴公洑'.

許晚石爲燕岐縣監, 縣北十五里, 作大隄, 穿渠灌注千餘頃. 堤在淸州之境, 其始築也, 晚石親督之, 淸人千百爲羣, 發不遜語, 折晚石所據胡床. 晚石彎弓逐之, 淸人不敢近. 堤成, 民賴其利, 至今稱頌.

小曰池沼, 大曰湖澤, 其障曰陂, 亦謂之堤, 所以節水. 此澤上有水之所以爲節也.

漢召信臣爲南陽太守, 造鉗盧陂, 累石爲隄, 旁開六石門, 以節水勢. 澤中有鉗盧王池, 因以爲名. 用廣灌漑, 歲歲增多, 至三萬頃, 人得其利. ○後漢杜詩爲太守, 復修其業, 時歌之曰: "前有召父, 後有杜母."

宋趙尙寬知唐州, 唐素沃壤, 經五代亂, 田不耕, 土曠民稀, 賦不足以充役. 議者欲廢爲邑, 尙寬曰: "土曠可益墾辟, 民稀可益招來, 何廢郡之有?" 乃按視圖記, 得漢召信臣陂渠故迹. 益發卒, 復疏三陂一渠, 漑田萬餘頃. 又敎民, 自爲支渠數十, 轉相浸灌, 而四方之民來者雲布. 尙寬復請以荒田, 計口[57]授之, 乃[58]貸民官錢買耕牛, 比三年, 榛莽復爲膏腴, 增戶積萬餘. 尙寬勤於農政, 治有異等之效, 三司使包拯與部使者, 交上其事, 仁宗聞而佳[59]之, 下詔褒焉, 仍進秩賜金. 留于唐凡五年, 民像以祠, 而王安石·蘇軾, 作「新田」「新

---

57 口: 新朝本에는 '田'으로 되어 있음.

58 乃: 新朝本에는 '及'으로 되어 있음.

59 佳: 新朝本에는 '往'으로 되어 있음.

渠」詩, 以美之. ○高賦知唐州, 前守趙尙寬, 蓄墾不遺力, 而榛莽者尙多. 賦繼其後, 益募兩河流民, 計口給田, 使耕作陂堰四十四. 再滿再留, 比其去, 田增闢三萬一千三百餘頃, 戶增萬一千三百八十, 歲益稅二萬二千二百[60]五十七. 璽書褒諭, 宣布治狀, 以勸天下, 兩州爲立生[61]祠.

召信臣爲零陵太守, 好爲民興利. 行視郡中, 水泉開通溝瀆, 起水門提閼, 凡數十處, 以廣漑灌, 歲歲增加, 多至三萬頃. 爲民作均水約束, 刻石立於田畔, 以防分爭.

王景爲廬江太守, 郡部安豐縣, 有楚孫叔敖所起勻陂, 先是荒廢. 景重修之, 境內豐給. ○安豐勻陂, 孫叔敖所創. 爲南北渠, 漑田萬頃, 民因旱多侵耕其間, 雨水溢則盜決之, 遂失灌漑之利. 李若谷知壽春, 下令陂決, 不得起兵夫, 獨調濱陂之民, 使之完築, 自是無盜決者.

漢鄧晨爲汝南太守, 郡有鴻却陂已廢. 晨欲修復之. 聞許楊曉水脈, 署爲都水掾, 使典其事. 起塘四百餘里, 累歲大稔, 魚稻之利, 流衍他郡.

馬臻爲會稽太守, 始立鏡湖築塘, 周回三百十里, 灌田九千頃. 至今人獲其利. ○曾鞏通判越州, 序「鑑湖圖」云: "湖周三百五十有八里, 凡水之出於東南者, 皆委之. 漑山陰·會稽兩縣十四鄕之田九千頃. 其東曰'曹娥斗門', 曰'蒿口斗門', 其西曰'廣陵斗門', 曰'新徑斗門', 其北'朱儲斗門'. 宋興, 民始有盜湖爲田者, 治平之間, 盜者凡八千餘戶. 昔謝靈運, 從宋文帝, 求會稽回踵湖爲田, 太守孟顗不聽, 又求休崲湖爲田, 顗又不聽, 至以語詆之. 則請湖爲田, 越之風俗舊矣." ○案 曾公欲復浚湖, 爲此圖, 詳其利害, 事竟不擧.

後漢鮑昱拜汝南太守, 郡多陂池, 歲歲決壞, 年費常三十餘萬. 昱乃作方梁·石洫, 水常饒足, 漑田倍多, 人以殷富.

魏鄭渾爲沛郡太守, 郡界卜濟興陂, 遏開稻田, 頃畝歲增, 租入倍常, 民賴其利. 刻石頌之, 號曰'鄭陂'.

---

60 百: 新朝本에는 '千'으로 되어 있음.

61 立生: 新朝本에는 '生立'으로 되어 있음.

唐張巡爲鄧縣令, 治鸎脰湖, 築環湖之隄, 凡九千一百三十四丈, 其廣一丈八尺, 而其高八尺, 廣倍於舊, 而高倍於舊三之二. 鄧人累石陣水, 闕其間而局以木, 視水之小大, 而陰縱之, 謂之'碬'. 於是又爲之益, 總爲碬九, 爲埭二十. 隄之上植楡·柳, 益舊總爲三萬一百. 又因其餘材, 爲二亭於隄上以休, 而與望春·白鶴之山相直. ○宋李夷庚知湖州時, 鸎脰湖多廢爲民田. 始正湖界, 起隄十有八里以限之. 湖之濱有地, 曰'林材砂末', 曰'高橋臘臺', 而其中有山, 曰'白鶴', 曰'望春'. 自太平興國以來, 民冒取之, 夷庚又命禁絶, 而湖始復. ○曾南豐「廣德湖記」, 詳著鸎脰湖始末, 今姑[62]略之.

長慶中, 白居易爲杭州刺史. 浚錢塘湖, 周回三十里, 北有石函, 南有筧. 凡放水漑田, 每減一寸, 可漑十五頃, 每一伏時, 可漑五十餘頃. 作「湖石記」曰: "若隄防如法, 蓄洩及時, 則瀕湖千餘頃田, 無凶年矣." ○蘇軾在杭州, 「修西湖狀」曰: "杭州之有西湖, 如人之有眉目. 白居易爲刺史時, 西湖漑田千餘頃, 作「石函記」. 父老皆言十年以來水淺, 葑合如雲翳空, 倏忽便滿, 更二十年, 無西湖矣. 乞浚西湖, 復唐之舊, 環三十里, 際山爲岸, 則父老魚鳥, 同泳聖澤. ○杭州本江海之地, 水泉鹹苦. 唐刺史李泌, 始引西湖水, 作六井, 民足于水. 及白居易復浚西湖水入運河, 自河入田, 所漑至千頃. 然湖水多葑, 久廢開治, 至是, 積二十五萬餘丈, 而湖水無幾矣. 運河失湖水之利, 取給于江潮, 而潮獨多淤, 河行闤闠中, 三年一淘, 爲市井大患, 而六井亦幾廢." ○[63]後蘇軾知杭州, 始浚二河, 以一河受江潮, 以一河受湖水. 復造堰閘, 以爲湖水畜曳之限. 然後潮不入市. 且以餘力, 復完六井, 又取葑田積湖中, 南北徑三十里爲長隄, 以通行者. 募人種菱湖中, 而收其利, 以備修湖. 杭人名堤曰'蘇公'云.

明道先生以上元縣主簿攝邑事, 盛夏塘堤大決. 法當言之府, 府稟於漕, 然後計工調役, 非月餘不能興作. 先生曰: "如是苗枯矣, 民將何食? 救民獲罪, 所不辭也." 遂發民塞之, 歲得大熟.

---

62 姑: 新朝本에는 '始'로 되어 있음.

63 ○: 新朝本에는 빠져 있음.

張琳爲眉州, 修章仇所築通濟堰, 漑民田. 民歌曰: "前有章仇後張公." ○宋范成大知處州. 州多山田, 梁天監中, 詹南二司[64], 作通濟堰於松陽·遂昌之間, 漑田二十萬畝. 堰壞已五百年矣, 公尋迹置閘, 以節啓閉, 至今蒙利. ○案閘者, 牐門也. 今漕艘往來, 甃石左右如門, 設版潴水, 時啓閉以通舟. 水門容一舟, 銜尾貫行, 設官以司之. 本是漕渠之所設, 今堤堰家, 亦以其設版潴水, 以時開闔者, 通稱曰'閘'.

宋洪遵知太平州, 圩田壞民失業. 遵鳩民築圩, 曲[65]盡其方, 親載酒餉餕, 恩意傾盡, 民忘其勞. 後知婺州, 奏: "金華田多沙土, 勢不受水, 五日不雨則旱. 故境內陂湖, 最宜早治." 遵令耕者出力, 田主出穀. 凡爲公私塘堰及湖, 計八百三十七所.

朱子在南康軍,「勸農文」曰: "陂塘之利, 農事之本, 尤當協力興修. 如有怠惰, 不趁時工作之人, 仰「農列狀」申縣, 乞行懲戒, 如有工力浩瀚去處, 私下難以糾集, 卽仰經縣, 自陳官爲修築, 如縣司不爲措置, 卽仰經軍投陳, 切待別作行遣." ○朱子「勸修築陂塘帖」云: "陂塘淺漏處, 亦合倂力, 開掘修築. 如有欠闕工料支費, 開諸軍縣, 借米喫用修築, 次年送納."

許元知丹陽縣, 縣有練湖, 決水一寸, 爲漕渠一尺, 故法盜決湖者, 罪比殺人. 會歲大旱, 元請[66]借湖水漑田, 不待報決之. 州守遣吏按問, 元曰: "便民罪令, 可也." 漑民田萬餘頃, 歲乃大豐.

東土名湖, 僅有七八餘, 皆窄小. 然且葑合而不修矣.

柳磻溪馨遠曰: "金堤之碧骨堤, 古阜之訥堤, 益山·全州之間黃登堤, 此是陂堤之巨者, 有大利於一方. 前古, 極一國之力成築, 今皆廢決. 所決者不過數丈, 計其功, 不過千人一旬之役, 比之初築, 不啻萬分之一. 無人建議, 深可歎惜. 若使此三堤, 貯爲千頃之陂, 則蘆嶺以上, 永無凶年矣." ○我邦大陂,

---

64 司: 『宋史』卷386에는 이 뒤에 '馬'가 있음.
65 曲: 新朝本에는 빠져 있음.
66 請: 新朝本에는 '諸'로 되어 있음.

又有咸昌之空骨隄, 堤[67]川之義林池, 德山之合德池, 光州之景[68]陽池, 延安之南大池. 今皆淤塞, 此守土者之責.

『續大典』: "各邑堤堰, 一從舊案打量, 堤堰司間間發送郎廳, 抽栍攔奸, 冒耕者科罪.【尺數內起耕者, 並還陳, 犯者及監官·色吏, 杖一百定配, 守令以'制書有違律'論.】廢棄者, 守令監色, 並以'不修河防'論.【穿渠引水處, 或他田被割, 則就蒙利土中代給.】凡洑堰新築, 許民來訴, 守令親審, 果是衆民蒙利處, 論報堤堰司, 該邑守令出力助役." ○按 法非不具, 而今國中陂池, 無一不廢棄也.

金堤「碧骨堤記」云: "太宗十五年, 遣敬差官朴熙中, 與觀察使朴習, 又重修之." 其碑曰: "碧骨堤其內周七萬七千四百六步. 開五渠, 漑水田, 凡九千八百四十結九十五負. 古籍所載也. 其第一曰'水餘渠'【跨一水流, 至萬頃縣南.】, 第二曰'長生渠'【跨二水流, 至萬頃縣西.】, 第三曰'中心渠'【跨一水流, 至古阜郡北.】, 第四曰'經藏渠'【跨一水流, 入仁義縣西.】, 第五曰'流通渠'【亦流入仁義縣西.】. 五渠所灌土, 皆饒沃. 是渠也, 自百濟·新羅, 民獲其利【新羅訖解王二十一年, 始築碧骨堤.】至高麗顯宗時, 修完舊制【仁宗二十一年癸亥, 又增修之.】. 我聖上乙未春, 命觀察使朴習等修之, 奏發各郡民丁一萬名, 幹事者三百人. 起工於九月甲寅, 告訖於十月丁丑. 堤北有太極浦, 潮波奮激, 其南有楊枝[69]橋, 畜水洿下, 其用力自古爲難. 今先於太極浦築堰, 以殺其勢. 次於楊枝橋, 豎連抱之木, 作柱架樑, 爲木柵五楅, 塡之以土. 又於堤防殘圮處, 悉皆登土塡平, 又於堤內外, 栽柳二行以固之. 堤之下廣五十尺, 上廣三十尺, 高十七尺. 渠門望若丘壟矣. 中三渠, 仍修舊石柱, 其水餘流, 通二渠之門. 甃石爲礎, 立以槐柱. 又當兩旁石柱低陷處, 橫設槐板, 內外著連環鐵索, 以擧門板. 其門廣皆十三尺, 石柱高十五尺, 入地五尺. 下面石縫, 鎔鐵錮之. 門之兩旁, 鑠石爲礎, 上施棍板爲橋, 以通往來. 時永樂十三年也."

漆原縣監朴命燮「應旨陳疏論隄堰」, 批答曰: "田功之於水利, 利且博哉!

---

67 堤: 新朝本에는 '隄'로 되어 있음.
68 景: 新朝本에는 '慶'으로 되어 있음.
69 枝: 新朝本에는 '波'로 되어 있음.

荷臿決渠, 衣食億萬, 古今通然之道, 豈使白公專利? 觀於碧骨·合德·恭儉等堤, 已然之設始, 餘可類推, 近日籌謨, 十之七八, 在此一款. 更令申飭."○臣謹按 季春命司空曰: "時雨將降, 下水上騰, 循行國邑, 周視原野, 修利隄防, 道達溝瀆, 開通道路, 毋有障塞." 此「月令」文也. 宜倣此文, 每歲季春, 令諸路監司之臣, 董修堤防, 卽行奏聞, 庶不至荒廢不治也.

『茶山筆談』云: "所貴乎陂塘者, 芙藻菱芡, 照映紅碧; 魴鯉鮒鱧, 泳游跳躍; 紅亭·翠閣, 矗然臨水; 畫船彩舫, 汎乎葦柳, 不惟漑田爲利也. 我邦陂塘, 皆在曠野之中, 數里之間, 都無居人, 旣無監守, 任其盜竊. 淺無一葉之蓮, 深無三寸[70]之魚. 掛屍停殯, 雜以糞穢, 亦陋俗之當改者也. 凡陂塘所在, 宜建精舍五六間, 以爲書齋, 募得廉幹之士, 立之爲村夫子, 選旁近秀才十餘人, 使爲弟子, 與之監守, 以種芙蕖, 以養魚鼈. 其蓮子魚鱻, 咸定官價, 凡公私貿易, 咸酬其直, 以贍齋用, 蓄其羨餘, 以防浚築之費. 其或私盜魚鼈, 以肥一己者, 令一鄕聲罪, 庶乎湖山之勝, 不至埋沒. 牧以時游衍, 賦詩作文, 亦名士之風流也."

土豪貴族, 擅其水利, 專漑其田者, 嚴禁.

王濟補龍溪主簿, 縣有陂塘數百頃, 先爲里豪輪課, 而專其利. 濟悉取之, 引水以漑民田, 自是無亢旱之患.

郭份爲荊湖轉運使, 醴陵有族豪, 取民田以治居室, 上流有古陂, 輒徙之, 田以蕪廢, 訟數十年不息. 公曰: "是不難辨." 以地比與圖視之, 一訊而服, 還陂於上流, 漑田如初. ○案 地比者, 田籍也, 見『周禮·小司徒』.

崔時尙爲永柔縣令, 有德池周四十里, 瀦水灌田, 爲民之利久矣. 守禦使欲毀防爲田, 公牒報監司, 力言其不可, 守禦使挾貴勢摧壓, 監司爲屈. 守禦使發軍官, 決破隄防, 是秋一境大儉. 公又報監司, 竟罷屯田.

『大典增例』: "諸宮房各衙門, 稱以築堰修筒, 請調發煙軍者, 一切嚴防, 犯

---

70 寸: 新朝本에는 '尺'으로 되어 있음.

者重勘." ○『續大典』: "堤堰雖內司, 無得折受."【堰畓·官屯陳告宮房者, 嚴刑一次, 絶島定配. 中官杖配.】

若瀕海捍潮, 內作膏田, 是名海堰.

『春秋傳』: "楚司馬蔿掩, 鳩藪澤, 規偃[71]豬."【襄卄五】偃者, 堰也; 豬者, 瀦也. 中國凡陂塘所築, 通稱'堤堰', 而東語唯以捍潮衛田者, 謂之'堰'. 我邦環海築堰, 爲大政也.

范仲淹監西溪鹽倉時, 以通泰海三州, 潮水皆至城下, 土田斥鹵, 不可稼穡. 建白於朝, 請築捍海堤於三州之境, 長數百里, 以衛民田. 詔從之, 以仲淹爲興化令, 專掌役事. 民享其利, 立廟祀之, 生子以范爲姓. ○至和中沈起知海門縣. 海潮至, 冒民田, 起爲築堤七十里, 西接范堤. 以障鹵潮, 引江水漑田, 田益闢, 民率歸業.

王荊公「鄞縣經游記」云: "慶曆七年十一月丁丑, 余自縣出屬民, 使浚渠川, 至萬靈鄕之左界, 宿慈福院. 戊寅升雞山, 觀碶工鑿石, 遂入育王山, 宿廣利寺. 雨[72]不克東. 辛巳下靈巖浮石湫之壑, 以望海而謀作斗門于海濱, 宿靈巖之旌敎院. 癸未至蘆江, 臨決渠之口, 轉而入于瑞之開善院. 質明【丙戌】泊舟堰下, 食大梅山之保寧寺. 質明觀新渠及洪水灣, 還食普寧院. 質明【戊子】戒桃源·淸道二鄕之民以其事. 凡東西十有四鄕, 鄕之民畢已受事, 而余遂歸云."

宋張綸爲江淮發運副使, 泰州有捍海堰, 延袤百五十里, 久廢不治, 歲患海濤冒民田. 綸方議修復, 論者難之, 以爲濤患息, 而畜潦之患興矣. 綸曰: "濤之患十九, 而潦之患十一. 獲多而亡少, 豈不可耶?" 表三請, 願身自臨役, 命兼權知泰州. 卒成堰, 復逋戶二千六百. 州民利之, 爲立生祠.

謝景初知餘姚縣, 築堤自雲柯而南, 至于某地, 截然令海水之潮汐, 不得冒

---

71 偃: 新朝本에 '堰'으로 되어 있으나 『春秋左傳』원문에 의거해 바로잡음.
72 雨: 新朝本에는 '雨'으로 되어 있음.

其旁田.

金九成廉介, 不受私謁. 初令定海, 增葺捍海堤, 至今賴之, 號曰'金公塘'.

申右相翼相爲義州府尹, 築堰爲稻田, 歲收穀數千斛, 以補民役. ○案 凡諸宮·勢家·奸豪之民, 私自防堰者, 一切嚴禁【法見上】, 宜自縣官調民, 防築以補民役. 並見「賦役」篇, 今不再述.

『茶山錄』云: "築堰之法, 須用起重架, 以運大石. 又作捍潮之臺, 以殺潮頭. 蓋風潮之勢, 遠自大海, 直射堰面, 長城亦壞, 丸泥可論? 凡欲築堰者, 先定堰腰【水深處】, 乃離腰五六步, 當其潮來之口, 先築捍臺. 捍臺者, 三角臺也. 以其一角, 直受潮衝, 則潮擊此角, 其勢分爲兩翼, 左右橫走, 如斯之時, 其猛勢以殺. 其臺之大小, 視潮之寬猛, 堰之長短, 無定度也. 此臺築基, 宜用二千斤大石, 非起重架, 無以生心. 若是者, 其起重架, 亦設滑車·鼓輪, 不可但以鉤衡起之也. 築臺旣畢, 乃築堰基. 其堰亦不可平直如弦, 須作磬折形. 以其尖角爲堰腰, 與臺相直. 乃自尖角, 斜折爲左右翼, 各抵山根, 則其受潮不猛, 永無衝破之病矣."【詳見「田制考」】

江河之濱, 連年衝決, 爲民巨患者, 作爲隄防, 以安厥居.

唐韋丹爲洪州刺史, 築隄捍江, 長二十里, 疏爲斗門, 以走潦水. 公去位之明年, 江水平堤. 老幼泣而思曰: "無此堤, 吾屍其流入海矣." 凡爲民去害興利, 若嗜慾.

薛平爲鄭滑節度使, 始河溢, 瓠子東汎滑, 距城纔二里. 平按求故道, 出黎陽西南, 乃籍民田所當者, 易以他地, 疏導二十里, 以殺水悍, 還濡田七百頃于河南. 自是滑人無患.【憲宗時】

韋景駿爲肥縣令, 縣界漳水, 連年汎濫. 景駿審其地勢, 增築隄防, 遂無水患.

宋胡宿知湖州, 築石塘百里, 捍水患, 民思之, 號其塘曰'胡公塘'. ○程師孟知洪州, 積石爲江隄, 浚章溝, 揭北閘, 以節水升降, 後無水患.

陳堯佐爲河北轉運使, 滑州水力悍甚, 人多漰沒. 公爲堤捍水, 躬自暴露,晝夜督促. 創爲木龍以巨木, 駢齒浮水上, 以殺其暴. 隄乃成, 又爲長堤, 以護其外. 滑人得復其居, 相戒曰: "不可使後人忘我公勞." 因號其隄爲'陳公隄'.
○錢塘江隄以竹籠石, 而潮齧之, 不數歲輒壞. 陳堯佐乃議易以薪土, 言者以爲非便, 丁晉公主之, 以黜公. 數歲功不就, 民力大困, 卒用公議, 隄乃成.

宋陳襄知常州, 運渠橫遏, 震澤積水, 不得北入于江, 爲常蘇數邑民田之害者累世. 襄以渠之丈尺, 對民田之步畝, 分授以浚, 不踰月而成. 遂削望亭古堰, 而震澤積水始北流, 民害始除.

宋趙昌言知天雄軍, 澶州河決, 流入御河, 漲溢侵府城. 昌言籍府兵, 負土增堤, 以兵不滿千. 乃索禁軍佐役. 太宗手詔褒之.

韓贄爲河北轉運使【嘉祐間】言: "四界首古太河所經, 宜浚二股渠, 分河流入金赤河, 以紓決[73]溢之患." 朝廷如其策, 役三千人, 幾月而成. 又幷五股河浚之.

魯有開知衛州, 水災人乏食, 擅貸常平錢粟與之. 徙冀州增隄, 咸謂: "郡無水患, 何以役爲?" 有開曰: "豫備不虞, 古之善計也." 卒成之. 明年河決, 水果至, 不能冒隄而止.

湯紹恩爲紹興知府, 山陰·會稽·蕭山三邑之水, 匯三江口入海. 潮汐日至, 擁沙積如邱陵, 遇霪潦, 則水阻沙不能驟洩, 良田盡成巨浸. 當事者, 不得已決塘以瀉之. 塘決則憂旱, 歲苦修築. 紹恩遍行水道, 至三江口, 見兩山對峙, 喜曰: "此下必有石根. 余其於此建閘乎!" 募善水者探之, 果有石脈橫亘兩山間, 遂興工. 先投以鐵石, 繼以籠盛鰲屑沈之. 工未半, 潮衝蕩, 不能就, 怨讟煩興. 紹恩不爲動, 禱於海神, 潮不至者累日, 工遂竣. 摠五十餘尋, 爲閘二十有八, 以應列宿. 於內爲備閘三, 曰'經溇', 曰'撞塘', 曰'平水', 以防大閘之潰. 閘外築石堤四百餘丈扼潮, 潮始不爲閘患. 刻文石間, 俾後人相水勢, 以時啓閉. 自是三邑方數百里間, 無水患矣. 士民德之, 立廟閘左, 歲時奉祀不絶.

陳鋼爲黔陽[74]知縣, 縣城當沅湘合流, 數決壞廬舍. 鋼募人採石, 鰲隄千餘

---

73 決: 新朝本에는 '沒'로 되어 있음.

丈, 水不爲害.

龐嵩爲應天通判, 江寧縣葛仙·永豐二鄉, 頻遭水患, 居民止存七戶. 嵩爲治堤築防, 得田三千六百畮, 立惠民莊, 四召貧民佃之, 流移盡復.【『明史』】

金必振爲原城縣監, 治近水, 舊有防以避汎溢, 至是水穿防走民居, 一朝而流下百餘家. 公急懸賞購善泅者, 拯之, 死者亦少. 水去議改築, 吏民憚勞, 皆謂今歲之水不常有. 公曰: "今不早治, 後必爲患." 遂調戶丁及僧徒, 日二千人曳石, 凡七日而隄成. 比初更高, 水患永息.

李積爲盈德縣令, 邑居爲川水所齧, 公私有墊溺之憂. 爲築堤以禦其衝, 別開水道, 洩其流, 役月餘而畢. 水患由是永絶.

『大明律』曰: "凡盜決河防者, 杖一百.【故決者, 杖一百徒三年.】盜決圩岸陂塘者, 杖八十, 若毀害人家及漂失財物, 湮沒田禾, 計物價重者, 坐贓論." ○ "凡不修河防及修而失時者, 提調官吏, 各笞五十." ○ "若不修圩岸, 及修而失時者, 笞三十, 因而湮沒田禾者, 笞五十."【其暴水連雨, 損壞堤防, 非人力所制者, 勿論.】○案 「月令」云: "孟秋完隄防[75], 謹壅塞以備水潦." 亦此法也.

漕路所通, 商旅所聚, 疎其汎溢, 固其隄防, 亦善務也.

杜預鎭襄陽, 巴丘湖乃沅湘之會, 表裏山河, 實爲險固, 荊蠻之所恃也. 預乃開楊口, 起夏水達巴陵千餘里, 內瀉長江之險, 外通零桂之漕.

隋郭衍爲開漕太監, 部率水工, 引渭水, 經大興城北, 東至潼關, 漕運四百餘里, 名曰'富民渠'.

宋魯宗道爲海鹽令, 疎治東南港, 導海水, 至邑下, 人以爲利, 號'魯公浦'.

明翟溥福知南康府, 地濱鄱陽湖, 舟遇風濤, 無所泊. 爲築石隄百餘丈, 往來者便之.

---

74 陽: 新朝本에는 '州'로 되어 있음.
75 防: 新朝本에는 '坊'으로 되어 있음.

池澤所産, 魚·鼈·蓮·芡·菱蒲之屬, 爲之厲守, 以補民役, 不可自取以養己.

「月令」: "孟冬命水虞·漁師, 收水泉池澤之賦, 毋或敢侵削衆庶兆民, 以爲天子取怨于下. 其有若此者, 行罪無赦." ○案 天子之尊, 猶不敢重賦池澤, 以取民怨, 況守令乎? 牧之陋者, 每云: "毋發我笱. 遑恤我後." 竭澤以漁, 以供一飽, 遂使鯤鮞絶種, 而蓮子·蓮根·菅·蒲之屬, 取之無節, 亦不厲禁. 故國中陂池, 皆空澤而已, 豈非民牧之羞哉? 宜於澤旁置舍爲守.【說前見】凡有所用, 皆給本價. 設爲約條, 俾後人遵, 斯亦不藏·惡棄之義也.

奇虔爲延安府使, 有産鮒大池, 公私漁取, 弊及民人, 以鮒魚塚嘲之. 公爲宰曰: "烏可以口腹傷廉?" 遂絶不食. 非賓讌, 禁勿入罟, 州人大悅.【『筆苑雜記』·墓碑】

土亭李之菡爲牙山縣監, 問民疾苦, 有以魚池爲苦. 蓋邑有養魚池, 使民輪回捉魚以納, 民甚苦之. 之菡乃塞其池, 永絶後患. ○按 問於延安, 則南大池痼弊也; 問於堤川, 則義林池痼弊也. 鮒魚固美矣, 何至竭澤以爲病乎? 夫惟不思之過也.

『象山錄』云: "瀧水逕[76]文城堡, 南西趨湞水, 魚鮮之所産也. 官以錢數百兩, 派給沿江之民, 使之興販, 取其子錢以貿江魚, 以支官供. 旣用無節, 吏又私求, 爲沿戶之病, 遂罷之. 雖巡使到府, 悉令市貿, 亦不至闕事也. 凡在水沿者, 想多此例."

---

76 逕: 財團本에는 '徑'으로 되어 있음.

第三條 繕廨

廨宇頹圮, 上雨旁風, 莫之修繕, 任其崩毀, 亦民牧之大咎也.

牧之不仁者, 志在得錢, 計在保官, 上不愛君, 下不愛民. 如是也故, 百度隳壞, 莫之思救, 此官廨之所以常圮, 而不能新也. 偶有一官, 爲之修繕, 憑公營私. 濫設財費, 求丐營門, 翻弄倉廒, 斂民膏血, 與吏朋奸, 竊其衍餘, 以歸私橐, 未久而發, 陷於罪罟. 於是繕廨一事, 爲陷罪之坑, 雖廉幹之士, 胥戒胥怵, 用靜爲吉. 撐拄補苴, 苟度數年, 前者旣去, 後者復然, 不知此堂此館, 乃吾君之所以處其牧臣, 接其使臣者. 一榱之折, 咎在臣身, 焉敢然矣?

國初, 凡私繕廨宇者, 邦禁至嚴. 蓋以貪官竊羨, 而有此令也. 然廉幹之吏, 冒禁修擧, 多所營葺其事, 並見于名工序記之中. 況今邦無禁令, 民有哀歎, 如之何其熟視而端拱也? 但其役民用財, 咸有榘度, 事半功倍, 勞費不多而後, 民情悅而疑謗不至, 斯其所宜兢兢然致愼者也.

孫樵「褒城驛記」云: "賓至者, 苟夕得其庇, 飢得其飽, 皆暮至朝去者, 寧有顧惜心耶? 至如棹舟, 則必折篙破舵碎鷁而後止; 魚釣, 則必枯泉汨泥盡魚而後止. 至有飼馬於軒, 宿隼於堂, 凡所以污敗室廬, 糜毀器用者, 難禁." ○案 此卽不仁者處官廨之法也. 昔退溪李先生守丹陽, 及其去也, 吏民欲修理衙舍, 則塗紙明潔如新, 一無涕唾點抹之痕, 吏民大悅. 凡今之人, 曷不效矣? 此事雖微, 其用心之公私可知已.

唐楊歸厚爲滎陽太守, 治管城驛, 劉禹錫記曰: "庭容牙節, 廡臥囊橐, 示禮

而不愿也. 內庖外廄, 高倉邃庫, 積薪就陽, 置芻就燥, 有素而不愆也. 主吏有
第, 役夫有區, 師行者有饗亭, 孥行者有別邸. 周之以高墉, 乃樓其門, 勞迎展
鐲潔之敬, 餞別起登臨之思, 其傳舍之尤乎."

薛存義知零[1]陵縣, 縣東有山麓, 沮洳汚塗, 羣畜食焉, 墻藩以蔽之. 公莅玆
邑, 逋租匿役, 朞月辦理, 宿蠧藏奸, 披露首服. 民旣卒稅, 相與歡歸. 公乃發
墻藩, 驅羣畜, 決疏沮洳, 搜剔山麓, 乃作三亭, 爲游息之所. 柳宗元爲之記曰:
"伐木墜江, 流于邑門, 陶土以埴[2], 亦在署側, 人[3]無勞力, 士得以利, 更衣膳
饔, 列置備具. 賓以燕好, 旅以館舍, 高明游息之道, 具於是."

寇萊公謫道州司馬, 素無公宇, 百姓聞之, 競荷瓦木, 不督而會, 公宇立成,
頗亦宏壯. 守土者聞于朝, 遂再有海康之命.

宋朱壽昌知廣德軍, 重修鼓角樓, 曾鞏爲之記曰: "門阿是經, 觀闕是營, 不
督不期, 役者自勸, 冬十月甲子始事, 至十二月甲子卒功. 崇墉崛興, 復宇相
瞵, 高不及僭, 麗不及奢. 憲度政理, 於是出納; 士吏賓客, 於是馳走."

清河張侯守泗上, 修淮隄, 捍暴備災. 旣而曰: "泗四達之州也, 賓客之至者
有禮." 於是因前蔣侯堂之亭新之, 爲勞餞之所, 曰'思邵亭'. 又治常豐倉西門
二夾室, 一以視出納, 曰某亭, 一以爲舟者之寓舍, 曰'通漕亭'. 然後曰: "吾亦
有所休乎!" 乃築州署之東城, 上爲先春亭, 以臨淮水而望西山. 歐陽修貶夷
陵過泗上, 因爲之記曰: "昔周單子, 聘楚而過陳, 見其道穢, 而川澤不陂梁,
客至不授館, 羈旅無所寓, 遂知其必亡. 今張侯之作也, 先民之備災, 而及于
賓客往來, 然後思自休焉, 知善爲政也."

史中煇熙寧中, 守襄陽郡. 有峴山亭, 世傳以爲羊祜之所游止. 中煇因亭之
舊, 廣而新之, 旣周以回廊[4]之壯, 又大其後軒, 使與亭相稱. 歐陽脩爲之記曰:
"知慕叔子之風, 而襲其遺迹, 則其爲人與其志之所存者可知矣."

---

1 零: 新朝本에는 '寧'으로 되어 있음.
2 埴: 新朝本에는 '殖'으로 되어 있음.
3 人: 新朝本에는 '入'으로 되어 있음.
4 廊: 新朝本에는 '廓'으로 되어 있음.

沈度知建寧府, 從民願作崇安縣社倉, 以錢六萬助其役. 于是得籍坂黃氏廢地, 而鳩工度材焉, 經始於七年五月, 而成于八月. 爲倉三·亭一, 門墻守舍, 無一不具. 朱子爲之記: "歲一斂散, 出息什二. 又可以抑僥倖廣儲蓄, 卽不欲者勿强. 歲或不幸少飢, 則弛半息, 大侵則盡蠲之. 於以惠活鰥寡, 塞禍亂原, 甚大惠也."

夏希道爲繁昌縣令, 縣無城垣而濱大江, 嘗編竹爲障以自固. 歲輒更之, 材力一取於民. 出入無門, 賓屆無館, 聽訟於廡下, 案牘簿書, 棲列無所. 公破去竹障, 垣而門之, 構亭瞰江, 以納賓客. 羣吏之舍, 視事之廳, 便坐之齋, 寢廬庖湢, 各以其序, 凡二千三百九十六日, 落成焉.【『曾南豐』】

曾鞏知齊州, 初無客館, 使客至, 則常發民調材木爲舍, 去則徹之, 旣費且陋. 公乃徙官之廢屋, 爲二堂於濼水之上, 以舍客, 一名歷山之堂, 一名濼源之堂.

宋李肅之[5]知瀛州時, 州之正門, 弊在狹陋. 及是始斥而大之, 其餘凡圮壞之屋, 莫不繕理, 復其故常.

稼軒辛棄疾【宋孝宗時人】, 出知滁州. 寬征薄賦, 招流散, 敎民兵, 議屯田, 乃創奠枕樓·繁雄館. 辟江東安撫使參議.

『律』有擅起之條, 邦有私建之禁, 而先輩於此, 自若修擧.

『大明律』: "凡官司有所營造, 應申上而不申上【謂不報上司】, 應待報而不待報【謂不俟回下】, 擅起差人工者, 各計所役人·雇工錢, '坐贓論. ○其城垣塌倒, 倉庫·公廨損壞, 一時起差丁夫·軍人修理者, 不在此限."

『大明律』: "凡各處公廨·倉庫·局·院·房舍, 但有損壞, 當該官吏, 隨卽移文有司修理, 違者笞四十. ○凡營造計料, 申請財物及人工多少, 不實者笞五十." ○按 此二條, 雖有擅起之禁, 而任其壞損者, 其罪亦重, 豈可諉彼而廢此乎? 唯會計當而已.

---

5 之: 新朝本에는 빠져 있으나 人名이므로 보충함.

金有銑爲星州牧使, 重建政堂. 申叔舟爲之記曰: "近年以來, 法嚴民悍. 凡守邑者, 率皆以興作爲戒, 坐見館廨頹毀, 雖一石一瓦, 不復修整之, 袖手待遞. 金君至歎曰: '法雖嚴, 不犯法, 何畏於法; 民雖悍, 不煩民, 何憚於民?' 於是鳩材命工, 不數月訖工."

金春卿爲羅州牧使, 重修碧梧軒, 徐居正爲之記曰: "今之守令, 其罷軟迂闊者, 簿書文字, 流汗矻矻, 瞢然罔措, 又遑暇於外事哉? 間或有號爲賢能者, 乃諉之曰: '我怵於邦禁之嚴也, 迫於民謗之興也.' 雖風摧雨剝, 未嘗拄一木轉一石, 補苴罅漏, 睆若逆旅, 坐待其敝, 敝又改爲, 其病民可勝言哉? 今侯使民以道, 不傷財·不違時·不舉嬴. 旣德於民, 何害於法?"

金伯謙爲黃州牧使, 重新客館, 徐居正爲之記曰: "丙申春, 祁戶部順·張行人瑾, 奉使而來. 居正忝遠接使, 陪兩使到州, 適淸明節. 設筵於廣遠樓, 忽風雨交作, 移席大廳, 則廳又湫隘, 又無前楹, 以茅簷補之, 方讌雨不止, 簷溜如繩, 執事者, 霑服失容. 金侯乃起而經始之, 豈非有待耶? 今爲守令者, 皆因循翫愒, 視官舍如蘧廬, 雖一木一石, 壞不復修, 袖手旁觀, 旣壞而改, 弊亦倍徙. 今侯修舉廢墜於數百年之後, 豈不賢哉!"

宋遙年爲洪州牧使, 將建客館曰: "廨宇, 所以待賓客, 而大廳, 乃朝朔望之正衙也, 地勢卑下, 無廉陛之嚴, 制度陜隘, 無行禮之所. 歲月浸深, 摧圮將至, 盍改而新之?" 遂改建. 曹偉記之曰: "比觀州郡, 自近以來, 舉皆一新, 傾欹頹圮, 十無二三, 其制作, 皆宏壯華麗, 倍徙於舊. 豈昔之匠石, 皆昧於桀黈; 而今之梓人, 皆般郢之巧耶? 此良由朝廷淸明, 中外無事, 民安物阜, 事力有裕故也." ○**按** 此卽國朝盛時也. 官廨興廢, 亦足以覘國之盛衰, 可不務哉?

朴時庸爲韓山郡守, 秋雨, 客館南廊壞. 雨旣霽, 郡人欲修之, 君曰: "非唯南廊. 雖廳廡幾圮陊, 盍一舉新之?" 郡人謂: "地不産材, 尋尺之木, 皆於他山百里外, 取之. 又居吾土者, 多蔽于權豪, 誰肯爲吾役?" 君曰: "不去舊屋, 人將不力." 一朝而盡撤之, 郡人始憂, 君乃量吏才, 各授以職. 於是籍戶出夫, 唯免老羸. 航海取材, 不憚險遠. 踰年功告訖, 李穀爲之記.

李穉爲振威縣令, 將建客館, 募集游手, 食以俸祿之餘. 河崙爲之記曰: "守令之號能興作者, 例用民力, 或至於奪民時, 以爲民患. 侯之此擧, 則止役游手之徒, 使一縣之緣南畝者, 不知縣官之有興作, 是可書也."

黃永爲金化縣監, 屬父老輩吏, 而謀之曰: "爾邑, 道于嶺東北者, 皆由此, 賓旅旁午, 而公館隘陋, 實爾輩之恥也. 予欲新之, 恐煩民力. 倘有能體吾意出己力而就者, 吾當永復爾子孫徭役." 有前縣令張廉, 欣然進曰: "吾家世居玆邑, 吾父江陵府使思俊, 嘗納臧獲於官, 至今爲公家役, 吾父爲公家心至矣. 吾夙夜, 惟未繼先人之志是懼, 況明府有命, 敢不承乎?" 於是乃自伐木陶瓦, 鳩工庀事, 卜地于舊館之北, 一年而畢.

樓亭閒燕之觀, 亦城邑之所不能無者.

李詹作江華「利涉亭記」云: "邑治之有觀游, 固非議矣. 然當氣煩慮亂, 視壅志滯之時, 君子必有游息之物, 高爽之具, 使之顧眄徘徊, 夷曠精神, 然後煩者簡·亂者定·壅者通·滯者行矣."

金耋爲安東府使, 明於決訟. 凡土田臧獲之訟, 一道之人, 皆投牒監司, 願歸安東, 伸者負者, 俱滿其意. 由是, 收[6]質錢·質布, 充溢帑藏. 於是, 以其財改搆[7]映湖樓, 金宗直爲之記曰: "樓圮今且百年, 其間守宰, 豈無治其事哉? 而楹桷板檻之腐撓, 蓋瓦·紋甎之穿缺, 猶舊者, 人心不同. 曲修人事者, 苟且問遺之爲急; 徒守規模者, 簿書期會之不暇, 樓之日以頹圮, 無足怪已. 金侯之功, 豈不偉哉!" ○按 質錢·質布, 蓋謂決訟立案之作紙價也.

崔善門爲沃川郡守, 重修赤登樓, 令僧人普勸鄕閭, 得財資若干, 侯亦出私帑, 以助其費. 凡百締造, 皆聽髡緇之募役者, 無絲毫擾及南畝, 期年而畢. 徐居正爲之記曰: "赤登江之上, 有院有樓, 實處逵道之樞轄焉. 當大暑祁寒之時, 盲風怪雨之日, 行者來止于玆, 或値跋涉之難也·道路之晚也·牛馬之乏也·草竊之虞也, 則有休焉·息焉·登覽焉·信宿焉, 燠其寒而涼其熱. 其德於

---

6 收: 新朝本에는 '牧'으로 되어 있음.
7 搆: 문맥상 '構'가 옳은 듯함.

人可少哉!"

琴致湛爲仁同縣監, 於客館之西, 作望湖軒. 姜渾爲之記曰: "守宰之苟簡者, 視廨宇之傾隘, 而曰: '是非吾事. 當俟後之人.' 是豈得歟? 是故守宰之修館舍, 不得已而不爲者, 與可已而不已者, 其失同. 今琴侯作西軒, 役用游手之徒, 財籍決訟之餘, 不煩而事集, 不勞而工訖, 豈不偉哉!"

全成安爲水原府使, 有舊池蕪廢, 乃鑿而深之, 中爲島, 以翼新亭. 李穡爲之記曰: "財不出於官, 役不及於民. 及其成也, 州人見之, 相顧驚駭, 以爲: '何其成之易也? 必異物之來相也. 何不吾役, 而能若此也?'"

朴居明爲龍仁縣令, 就客館東, 建新亭, 不用民力. 金壽寧爲之記曰: "今觀世之官守者, 醉夢忼愒, 視官府如蘧廬, 傾而後扶之, 漏而後塞之, 甚者一瓦不易, 而曰'吾能字民也'; 一草不除, 而曰'庭無訟也', 廨舍之圮敗, 恒由此輩. 如朴君者, 豈易得哉?"

河演爲安岳郡守, 勤於勸督. 築迎春亭·片月亭·大樹亭·魚躍亭·筆峯亭, 每循行田野, 自製農謳數闋, 以勸之.

吏校奴隷之屬, 宜令赴役, 募僧助事, 是亦一道.

邊仁達爲利川縣監, 將建鄉校, 公務之暇, 役以吏卒, 不借編氓. 卽山伐材, 誘集香火會徒, 分隊以輸. 且募髡頂, 日自董功, 不閱月而告成.

閔孝悅爲仁川府使, 將建鄉校, 治事之暇, 日夜規度, 鳩材陶瓦並募工, 輪役鄉吏·官奴輩, 不役一民, 期年而畢.

李永蕡爲昌原[8]府使, 作燕賓樓, 役游手, 助以入番吏卒, 而不役一民, 三月而畢. 洪貴達爲之記[9].

孫昭爲安東府使, 將建觀風樓, 召府中父老曰: "民之逃山林, 爲緇髡者衆. 必其中有能陶埴者, 能攻木者, 能執繩墨以度長短者, 其以名來." 翌日, 以數

---

8 昌原: 新朝本에는 '金海'로 되어 있으나『東國輿地勝覽』에 의거하여 '昌原'으로 바로잡음.
9 記: 新朝本에는 '說'로 되어 있음.

十人進之. 公序其技能, 分任以事, 衆工齊奮, 人各競心, 伐木而民不知, 輸材而民不知, 搏土而埏埴, 築竈而陶瓦, 民皆不知, 數月而工告訖.

鳩材募工, 總有商量, 弊竇不可不先塞, 勞費不可不思省.

『象山府政堂改建日曆』云: "建堂要務, 一曰'得人以主事', 二曰'得人以派任', 三曰'選工', 四曰'聚財', 五曰'鳩材', 六曰'取土', 七曰'取水', 八曰'伐石', 九曰'陶瓦', 十曰'貿鐵', 十一曰'調丁', 十二曰'治簿'. 事各得宜, 於是乎有譽矣." ○所謂得人者, 何也? 能幹者多詐, 不欺者多惷, 主事之人, 最難得也. 外村之人, 雖貴族·鄕員, 總不能糾察吏奸. 必於邑城之中, 擇退吏·老校之傑然爲首者, 差爲都監, 與之議事, 然後察其誠僞, 勸其忠勤, 於是乎有功矣. ○又得幾人, 金木水土[10], 各分其職, 專責一事, 勿混他務. 戒之以賞罰, 激之以臧否, 使各發憤出氣, 爭能鬪藝, 於是乎有功矣. ○良材非難, 良工實難. 工得其人, 則料事不錯, 料材不濫, 勞省而費少. 工不得人, 則斧者·鋸者, 受命不靖, 直木·曲木, 見用失宜, 役夫多閒, 而日期淹延, 裁制無度, 而財用耗損. 必於三京之中, 擇其國手, 使爲都匠, 乃有功也. 左右之人, 薦其私好, 吹其虛獎, 悉不可信. ○辦財之法, 率與監司相議. 翻弄倉穀, 旣犯罪律, 且取民怨, 大不可矣. 或諸庫節用, 自有衍餘, 苟不自呑, 此有財也. 或上司照律, 多收贖錢, 苟得題下, 此有財也. 或大風拔木, 卽請上司, 登時斬斷, 不令槁死, 則無蛀蝕, 苟得題下, 此有財也.【須有備局許題, 乃可用.】或我土豐穰, 諸路衰惡, 販穀而儲, 待春以糶, 取其衍餘, 此有財也. 官長雖貧, 勝於富商, 苟欲興販, 豈患無術? 旣充公用, 我則無愧, 斯不足拘也. ○伐材之令, 最宜詳愼. 若先聲一播, 卽私山養木者, 陰結吏校, 圖免美材, 謀減株數, 奸竇以穿矣. 牧將繕廨, 先作間架圖, 密令家人在京, 召工議之, 乃條列材木之數. 曰大樑幾个, 棟幾个, 柱幾个, 椽幾个, 桄·臬·居·楔, 各列其數. 工則度之山木, 可知大松幾株, 中松幾株, 雜松幾株, 小松幾株. 於是以其所列, 陰察四境, 十里之內取大木, 二十里之內

---

10 土: 新朝本에는 '工'으로 되어 있음.

取中木, 三十里之內取小木, 爲其轉輸異勞也.【或水路可運者, 雖百里, 可取大木.】張三之園, 大松幾株; 李四之丘, 中松幾株, 密自分定. 咸有成算, 乃召文武將吏, 諭之以繕廨之故, 遂以成算, 分授諸吏, 卽刻發遣, 使之伐木. 各授印帖, 錄其株數, 往示園主, 令不得加減, 斯無奸矣. 又凡伐木之法, 宜遵『周禮』, 必用仲冬. 若春夏液溢之時, 斬木爲材者, 不出數年, 蛀而折矣. 且曳木者, 鉅役也. 宜於秋季, 先治道路, 及至季冬, 別作游衡車十餘輛, 乘其氷滑, 曳之入府, 民力大省. ○取土之法, 宜於役處, 掘其面前, 外雖朽雜, 深入數尺, 未有不黃壤之黏者. 乃以其坎, 引水作池, 可救火災, 可供淸燕. 如城有隍, 兩利之道也. 其築基之法, 東俗, 先實瓦礫於坎中, 乃杵乃礎, 非良法也. 掘坎宜取三和土【卽石灰·細沙·黃土也, 俗謂之三物交合.】, 杵築之, 不數月而成石, 乃安柱礎, 永無傾陷之病矣【谷山政堂, 用三和土, 今二十餘年, 一毫不墊傾云.】. ○取水之法, 役處有井泉滔滔者, 不必爲憂. 若井泉在外, 調水極難, 須於役處, 闕坎爲池, 乃作引水. 長筧注之於松漕, 承之以竹竿【或用長松爲筧, 亦可.】. 令一小童坐井邊, 斡水以灌之, 亦足繼給, 其省費大矣. ○伐石之法, 須於最近之山, 剝山取石, 旣斸旣斬, 用起重小架以起之, 用游衡小車以輸之, 亦省費矣. ○陶瓦, 其作窯, 須令竦直, 勿令偃伏, 使煙焰直上, 則薪少而燔多矣. 夏至之後, 土潤溽暑, 瓦多苦窳, 宜於春分之日, 作窯起功, 不可緩也. 燒瓦宜在近處. 瓦旣成, 勿令預輸, 但於本處監守, 及至蓋瓦之日, 調發吏奴及邑中童穉, 令自瓦所排立, 至于新屋之上【升屋須有梯】. 大約一丈之間, 每立一人. 於是甲者取瓦一枚, 以授乙者, 乙傳于丙, 丙傳于丁, 嗞嗞爲聲, 右受左授. 首尾相續, 狀如流雲, 以升于屋, 頃刻而畢, 無一破碎. 其省勞省費, 多矣. 若不如此, 一擔所負, 不過二十, 屢經措置, 破碎者無算. 多人往來, 休歇者難[11]禁, 故[12]勞費十倍矣. ○鐵物之費, 最難防奸. 宜別選廉直者, 任以此事. 旣貿, 任取一塊, 秤爲幾斤, 仍於面前, 打鍊爲釘, 又重秤之, 可知每斤所減幾兩. 於是釘鐶鍋鐋, 各認斤兩, 比之原貿,

---

11 難: 新朝本에는 '歎'으로 되어 있음.
12 故: 新朝本에는 '破'로 되어 있음.

所減有率, 不可罔也. ○調丁之法, 宜以吏奴爲主, 民丁爲助. 始事之日, 悉召文武將吏·奴隷之等, 諭之曰: "此屋, 誰之屋也? 牧是旅人, 不知明年, 又在何處. 斯豈牧之屋耶? 畎是野人, 烈日甚雨, 曾莫小庇, 斯豈畎之屋耶? 父傳子承, 暘庇雨蔭者, 非汝等而誰也? 汝等之屋, 使我獨勞, 使畎偏苦, 有是理乎?" 老校·老吏, 可以鎭木【斧鋸之時, 須有鎭木者】; 少校·少吏, 可以引鋸, 奴隷之等, 可以運輸, 可以礱斲, 弱者休番, 健者長立, 賤者貧者, 餼之以餞午, 勸之以歌, 董之以撻, 役夫不足慮矣. 通計部民, 富戶役二日, 編戶役一日, 朝來而夕歸者, 役之以身, 居遠而經宿者, 防之以錢二十五葉, 不可加也. 其或身赴者, 不可却也. 醉而鬨者, 罰役二日; 敺而傷者, 罰役三日; 豪而敺者, 罰役十日. 凡有罪過, 其可罰者罰之, 亦足以添丁矣. ○治簿最宜詳愼. 凡財之所入, 錄之唯謹, 費之所出, 錄之唯謹. 印之署之, 報于上司, 以憑日後, 俾無誣虇焉, 可也. ○俗例, 落成之日, 普請父老富民, 安排筵宴. 宴畢, 出紙受書, 以釣扶助之錢, 此天下之賤格. 後必有言, 切不可蹈也.

治廨旣善, 栽花種樹, 亦淸士之跡也.

晉潘安仁爲河陽令, 命居民盛栽桃李, 民歌之曰: "潘侯政可誇, 河陽滿縣花."

第四條 修城

修城浚濠, 固國保民, 亦守土者之職分也.

「月令」: "孟秋坏垣墻, 補城郭; 仲秋築城郭, 修囷倉; 孟冬坏城郭, 戒門閭." 考諸『春秋』, 築城之役, 歲不絶書. 古法, 時[13]月以修者, 城郭之事[14]也. 今諸

---

13 時: 新朝本에는 '詩'로 되어 있음.
14 事: 新朝本에는 '久'로 되어 있음.

路郡縣之城, 一築之後, 經年閱歲, 一石不砌, 一甎不甃, 逐至百年, 崩陷塡隍而後, 始議改築. 苟以時修之補之, 豈至是也? 修城者, 守土之急務也.

宋余靖出廣西, 築桂州新城. 時儂智高叛, 南方十有二州, 無一人能修其州者. 公乃大其城, 其方六里, 其木甓瓦石之材, 以枚數之, 至四百萬, 用人之力, 以工數之, 至一十餘萬, 守禦之具, 無一不給. 至和元年八月始作, 而二年八月成. 曾鞏爲之記曰: "文王以南仲, 城于朔方, 宣王以仲山甫, 城于東方, 今余公與二臣, 等矣."

李肅之知瀛州, 時河北地大震, 壞城郭屋室, 大雨[15]倉儲暴露. 雨止, 公請於朝, 得羨卒餘財, 又以錢千萬, 市木於眞定, 乃築新城, 方十五里, 高廣堅壯, 率加於舊. 其上爲敵樓戰屋, 凡四千六百間, 凡圮壞之屋, 莫不繕理. 又以其餘力, 爲南北通道, 人去汚潦, 卽于夷塗.【『曾南豐』】

晉陵張公知信州, 六月乙亥大水, 丙子水降, 公從賓佐按行, 隱度符縣, 調富民之錢, 收佛寺之財. 七月甲午, 募人城水之所入, 垣羣府之缺, 考監軍之室, 立司理之獄. 凡爲梁一, 爲城垣九千尺, 爲屋八, 以楹數之, 得五百五十二. 自七月九日, 卒九月七日, 爲日五十有二, 爲夫一萬一千四百二十五. 中家以下, 見城郭室屋之完, 而不知材之所出, 見徒之合散, 而不見役使之及己. 其經費, 卒不出縣官之費.【『曾南豐』】

黃幹知安慶府, 至則金人破光山, 而沿邊多警. 安慶去光山不遠, 民情震恐. 乃請于朝, 城安慶以備戰守, 不俟報, 卽日興工. 城分十二料【猶言十二段】, 兵五千人, 人役九十日, 而計人戶産錢, 起丁夫【富戶多出丁夫, 貧戶少出之】, 通役二萬夫. 人十日而罷, 役者更番. 暑月, 月休六日, 日休一時, 至秋, 漸殺其半【六日爲三日, 一時爲半時】. 幹日以五鼓坐于堂, 濠砦官入聽命, 以一日成算授之役, 某鄉民兵若干, 某鄉人夫若干, 分布於某人料分【令各不相混】, 或搬運某處土木, 應副某料【副其所求請】, 使用某料【番代以用之】. 民兵·人夫合當更代, 合散幾日錢米【計人口以定之】. 俱受命畢, 乃治府事. 築城之杵, 用錢監未鑄之鐵, 事畢

---

15 雨: 新朝本에는 '兩'으로 되어 있음.

還之. ○按 築城之法, 莫詳於此條. 凡築城者, 宜倣而行之. 然此亦土城, 故以鐵杵築之也.

新羅金仁問, 武烈王時爲押督州【今慶山】摠管, 築獐山城以設險, 錄其功, 授食邑三百戶.

高麗金乙權爲平海郡守, 郡因倭寇, 人物散亡, 乙權安集餘民, 築土城以備寇, 邑人賴以復業, 至今稱賢. ○於世麟爲蔚珍縣令. 麗季連年倭寇, 人民流散, 閭里荒墟. 世麟修葺城堡, 撫安遺民, 流亡四集.

金祐爲星州牧使, 舊有土城, 雉堞傾圮, 羅閣凡百有餘間, 皆以村[16]戶保守, 民甚病之. 侯申報于監司, 十月始事, 三旬而城成.

柳公綽爲杆城郡守, 朝廷命沿海郡, 築城以備倭. 公以役鉅丁少, 謀諸郡父老, 計民田多少, 授役有差, 至誠勸諭, 爲酒食, 令民負石以就饋, 少壯男女, 讙呼趨赴, 不數月而告訖, 城甚堅完.【『退溪集』】

兵興敵至, 臨急築城者, 宜度其地勢, 順其民情.

齊垣崇祖爲豫州刺史, 欲治外城, 堰肥水以自固. 文武皆曰: "昔佛貍入寇, 城中士卒數倍, 猶以郭大難守, 退保內城. 且自有肥水, 未嘗堰也, 恐勞而無益." 崇祖曰: "若棄外城, 虜必據之, 外修樓櫓, 內築長圍, 則坐成擒矣." 乃於城西北堰肥水, 堰北築小城, 周爲深塹. 魏人果攻小城, 崇祖著白紗帽, 肩輿上城, 決堰下水. 魏人馬溺死以千數, 魏師退走.

高麗李得辰知善州, 洪武癸亥五月, 倭寇闌入州境, 焚州廨. 得辰保觀心坪, 寇退, 築邑城以守, 寇不復至. 邑人德之, 寫眞以祀.

高麗許載守吉州, 九城之役, 女眞來攻. 載勵士卒, 一夜更築重城以拒之, 虜乃退. 後又擊女眞于吉州關外, 斬三千餘級, 獲其鎧仗. 以功遷雜端.

金鶴峯誠一, 以右監司在晉州, 修壘石城, 多置砲樓, 賊不能破. 城本四面據險, 壬辰移東面, 下就平地. 至是賊立飛樓八座, 俯瞰城中, 刈城外竹林, 作

---

16 村: 新朝本에는 '材'로 되어 있음.

大束, 環列自蔽, 以防矢石, 從其內發鳥銃如雨. 城中人不敢出頭, 八日而城陷.

閔汝儉爲郭山郡守, 時朝夕待變. 公曰: “爲臣事君, 豈擇險易? 當死則死而已.” 既至, 卽築凌漢城, 以爲郡治. 築時親負土石, 吏·民爭先趨事, 不閱月而成.【待變謂淸兵將至】

閔聖徽出按關西, 新經大亂, 有欲棄淸川以北, 爲退守計, 朝議將許之. 公上疏極言不可, 請修義州城池, 以峻關防, 退守之議, 竟不行. 公又請於朝, 築白馬·劍山·慈母三城, 然後造室屋具田器, 而刷連民以處之.

城而不時, 則如勿城. 必以農隙, 古之道也.

『春秋』書城者二十九, 其不時者二十三. 聖人之戒不時, 如是也, 可弗問哉? 若游手是役, 雖春亦可也.

方克勤爲濟寧知府, 盛夏, 守將督民大築城. 克勤曰: “民方畊耘不暇, 奈何重困之畚鍤?” 請之中書省, 得罷役. 先是, 久旱遂大澍. 濟寧人歌之曰: “誰罷我役? 使君之力. 孰活我黍? 使君之雨. 使君勿去, 我民父母.”【『明史』】

古之所謂築城者, 土城也. 臨難禦寇, 莫如土城.

杵土曰‘築’, 疊石曰‘砌’, 累甎曰‘甃’, 字義各殊. 『詩』云‘築城’, 『春秋』云‘築城’, 以至蒙恬之萬里城, 皆土城也. 『晉語』稱: “城不沈者三版.” 三版者, 夾築之層板也. 石頭城本亦土築, 中改爲甎. 義興時, 別以石砌爲城, 故特謂之‘石頭城’【華語石曰‘石頭’】, 石城之稀罕可知矣. 延州豐林縣城, 稱‘赫連城’, 卽赫連勃勃所築. 而史云: “其城堅密如石, 䂫之出火.” 則亦土城可知也. 今之甎城, 表裏夾築, 層層包裹, 勝於土築, 而東人不知燒甓, 在所不論. 至於石城, 則不唯勞費浩穰[17], 實亦不能耐久, 不能拒敵. 外剛內柔, 虛陷生穴, 不過數年, 春融夏潦, 崩塌相續. 然且賊知攻城之法者, 負背鬼之甲, 緪鐵龍之爪, 挖其根而衆挽之,

---

17 穰: 新朝本에는 ‘禳’으로 되어 있음.

582

則頃刻而崩, 將安所用之? 故外寇有警, 朝夕待變者, 宜急治土城. 若邑治可守, 則因其舊而葺之, 若地勢平衍, 不可捍禦者, 宜揀[18]蒜峯一區【凡兀然自高, 不被俯瞰者, 柳西厓名曰'蒜峯'.】, 設堡築城. 其低平處, 約高數丈, 厚可丈餘, 上設丸箭之穴, 其陡絕處, 只高一丈, 厚可半之, 上無女墻, 亦可以禦寇矣. ○ 其地勢峻急, 而人力單弱, 不可以築城者, 只就外面, 削土爲壁, 使如城面, 名之曰'斷岸城', 亦足以爲一時之計. 春融夏潦, 土面酥解, 則再削一番, 蔑不可矣. ○其地勢虛陷, 無可憑據者, 先樹密柵, 乃塡以土, 亦可以爲一時之計. 凡寇難皆一時而已, 不必爲長久慮也.

堡垣之制, 宜遵尹耕『堡約』, 其雉堞·敵臺之制, 宜益潤色.

尹耕『堡約』曰: "堡制, 大小不限, 曲直無拘, 但取內容丁衆, 外遠俯逼而已." 然大不如小, 小則堅; 直不如曲, 曲則易守. 故宋藝祖, 筆塗趙韓王城圖, 不使端直, 金粘沒喝, 一覰汴城, 便謂易攻也. ○按 堡制, 但隨山形, 屈繚彎曲. 然雖一弓之城, 若無雉城, 不如無城. 我邦之城, 都無雉城, 惟於埤堄[19], 略穿砲穴, 將安用之? 賊密附城根, 挖出石頭, 雖擂石灌汁, 皆不落賊人背上, 矧丸[20]箭哉? 門之左右, 須作曲城, 以代甕城, 其無門之面, 亦設曲雉, 其兩雉之間, 要不過五六十步, 令箭·丸相及, 然後附城之賊, 乃可禦也. ○曲城之上, 須設砲屋【亦名曰'敵臺', 其在四角者, 曰'角臺'.】, 但以土壘勿用, 草苫預備, 草苫値雨則覆之, 乃無火箭之憂也.

尹耕『堡約』曰: "圍垣既立, 則敵臺宜講也. 夫垣之棄守, 全在敵臺. 垣雖方直, 有臺則守; 垣雖委曲, 無臺亦棄. 然敵臺宜多, 多則護垣爲易; 宜高, 高則四擊不礙. 先年, 余肅敏公論塞垣·敵臺, 曰每一里一臺, 以爲所擊不下三百步. 夫火力縱及, 豈能一一盡中? 中空過寬, 來往鮮力矣. 夫臺之多寡, 以堡之大小爲之, 堡大則多, 堡小則少. 大抵兩空, 不得過五十步. 又堡有垂角而

18 揀: 新朝本에는 '揀'으로 되어 있음.

19 堄: 新朝本에는 '兒'로 되어 있음.

20 丸: 新朝本에는 '凡'으로 되어 있음.

出, 縮腹而入者, 亦須量勢爲臺, 必使相及. 若一面只築一臺, 不論遠近出入, 矢石縱及, 亦弱而無力, 倏忽之間, 爲虜乘矣." ○又曰: "今時民堡·敵臺, 全不如制, 受病甚多. 如角臺, 本宜平直, 今皆不循垣直出, 又不以磬直向外, 但壘土兩垣之間, 斜附而上. 地置旣繆, 矢道皆斜, 臺以護垣, 而矢石不及, 何以爲守?" ○按 尹氏所論精矣. 然量勢變通, 非筆舌可盡. 又如地勢, 或其一角平衍, 一角險絶, 其角宜一短一長. 並詳『民堡議』, 今姑略之.

其在平時, 修其城垣, 以爲行旅之觀者, 宜因其舊, 補之以石.

『茶山筆談』云: "南徼沿海之地, 其郡縣諸城, 無一可修, 不足修治. 但其崩缺破落, 令人悽惻, 宜補缺續斷, 以爲觀美. 若是者, 砌石爲垣而已, 其甕城·砲樓·敵臺·敵樓·弩臺·鋪樓·懸眼·漏槽等, 禦寇之制, 不必備具. 若晉州·蔚山兵馬之營, 寧邊·定州巖邑之城, 雖本石城, 宜備禦寇之體. 茅元儀『武備志』及唐順之『武編』, 其制頗詳, 宜按而行之." 又云: "東人取石之法, 必石之全身, 露出地面, 然後方認爲石. 故凡爲城役臺役者, 多取石於十里之外, 不知石者山骨也. 何山無石? 何石不城? 宜於卽地剝山以取石, 不必間關然遠求也. 先朝城華之役, 始求他山之石, 睿算通悟, 竟剝鷹峯, 乃全山皆石也. 以之爲城, 綽有餘裕, 斯可以驗之矣. 其或不得不遠求者, 宜作起重小架, 以便起石; 又作游衡小車, 以便輸石." 其說並詳於『城華籌略』【先朝御定文字, 見『弘齋全書』.】, 今姑略之.

第五條 道路

修治道路, 使行旅, 願出於其路, 亦良牧之政也.

『周禮·秋官』: "野廬氏掌達國道路, 至于四畿. 凡道路舟·車擊互者, 敍而行之【擊音擊, 車轄相擊也.】. 凡國之大事, 比修除道路者【比, 謂排比以授事.】." 「夏官」: "合方氏掌達天下之道路, 通其財利." ○按『考工記』: "匠人營國, 經涂九軌,環涂七軌, 野涂五軌. 諸侯經涂七軌, 小都經涂五軌." 鄭注云: '一軌八尺【軌者, 兩轍之間, 相距之廣也.】' 則七軌者, 七仞也; 五軌者, 五仞也. 郡縣之制, 宜益有殺. 今擬城中正路, 其廣三仞【若公州·全州等, 監司所在, 宜比於小都.】, 城外之路, 其達于鄰邑者, 仍廣三仞, 其抵大村者, 宜廣二仞, 其田間小路, 宜廣一仞, 其不能一仞者, 並宜嚴飭, 使爲一仞, 毋敢侵割, 乃可以通人[21]行也. ○每見吏校派出, 董民治道者, 鞭背蹴胠, 左顚右踣, 烹雞擊豚, 閭里騷然. 富戶則受賂而私放, 貧佃則枉役而偏苦. 牧宜知此, 切勿差遣. 其或不得已遣之者, 宜三令五申, 嚴嚴戒飭, 俾勿橫也.

宋張希顔爲萍鄉令, 范延貴[22]自豫章入都, 張詠問曰: "沿道見好官否?" 曰: "萍鄉令張希顔, 雖不識面, 知其爲好官也. 昨入境, 野無惰農, 肆無游食, 橋梁修, 驛傳治, 夜宿邸次, 更鼓分明, 此必善作官者." 詠笑曰: "張君固善, 足下亦知人." 卽日同薦于朝.

柳子厚「興州江運記」云: "興州之西, 崖谷峻隘, 十里百折. 負重而上者, 若蹈利刃, 顚蹐騰藉[23], 血流棧道. 若是者, 綿三百里. 御史嚴公至, 轉巨石, 仆大木, 焚以炎火, 沃以食醯. 厥功旣成, 咸如其素. 於是西鄙之人, 以刊山導江之事, 刻于巖石, 記德祀公."

歸融爲梁州牧, 新修驛路. 劉禹錫爲之記曰: "馹遽之道, 敧危險束. 於是因年有秋, 因府無事, 軍逸農隙, 人思賈餘. 乃懸隨山刊木之傭, 募其力, 揆鑽鑿橦柲之用, 庀其工, 异輂畚鍤之器, 贋其要. 鼛鼓以程之, 糗醪以犒之. 說使之令, 旣下, 奮行之徒坌集. 我之提封, 踞右扶風, 觸劍閣千一百里. 自散關抵襃城, 次舍十有五, 牙門將賈黯董之, 自襃而南踰[24]利州, 至于劍門, 次舍十[25]有七, 同節度副使石文穎董之. 兩將受命, 分曹星馳. 並山當蹊, 頑石萬狀. 坳

---

21 人: 新朝本에는 '入'으로 되어 있음.
22 貴: 新朝本에는 '賞'으로 되어 있음.
23 藉: 新朝本에는 '籍'으로 되어 있음.
24 踰: 新朝本에는 '諭'로 되어 있음.
25 十: 新朝本에는 '千'으로 되어 있음.

者埕者, 兀者銛者, 磊落傾欹, 波翻獸蹲. 熾炭以烘之, 嚴醯以沃之, 潰爲埃煤, 一篲可掃. 棧閣盤虛, 下臨谿谽, 層崖峭絕, 柄木亘鐵. 因以廣之, 限以鉤欄, 狹徑深陘, 銜尾相接. 從而拓之, 方駕從容, 急宣之騎, 宵夜不惑, 郡曲稜層, 一朝坦夷. 興役得時, 國人不知. 繇是馳行者忘其勞, 吉行者徐其驅, 孕行者家以安, 貨行者肩不病, 徒行者足不繭, 乘行者蹄不剫. 公談私詠, 溢于人聽."
○案 醯者醋漿也. 凡除石之法, 旣熾以炭, 乃沃以醯, 則石化爲粉. 與石灰之得沃而解, 同其理也.

陳堯佐爲河東轉運使, 鑿澤州路. 後徙河北, 鑿懷州路, 而太行之險通, 行者德公以爲利. 公曰: "太行山當河東·河北兩路之界. 晉自前世爲險國, 常先叛而後服者, 恃此也. 吾豈爲今日利哉?"

陳鋼爲黔陽令, 縣南山之厓, 官道數里, 徑路狹窄, 夜行者多墮厓死, 而石堅不可鑿. 鋼督郵兵, 積薪燒之, 淬以醪醯, 拓廣其路丈許, 外繚以索, 行者便之.

徐九思爲句容知縣, 縣東西通衢七十里, 塵土積三尺, 雨雪泥沒股. 九思節公費, 甃以石, 行旅便之.

『酉山筆談』云: "歷觀前史, 若歸融之通劍閣, 陳堯佐之通太行, 皆鑿破天荒, 使成夷衍. 而吾東則王城部內, 如牙磬峴卽西江路, 藥店峴卽龍山路也, 米粟委輸, 轂擊肩磨, 而一石不拔, 一泉不瀹, 鑿鑿齒齒, 著足無地, 汨汨滑滑, 旱天常濘, 一過此嶺, 卽踧泥所趨, 袍衫盡污. 國中如此, 況於諸路乎? 嶺嶠崖崿, 悉因天造, 每云: '吾東地勢, 崎險無以行車.' 豈不嗟哉? 或云: '關防之地, 不可削平.' 亦迂言也. 關防之固, 在於設險, 或城或堡, 以守要害, 未聞以道路崎險爲關防也. 壬辰之賊, 咸由鳥嶺, 豈其崎險不足而然也? 車馬不通, 商賈不行, 物貨停滯, 無以化居, 皆不治道之罪也."

『大明律』: "凡侵占街巷道路, 而起蓋房屋及爲園圃者, 杖六十, 令各復舊. 其穿墻而出污穢之物於街巷者, 笞四十."

『大明律』: "凡橋梁道路, 州縣佐貳官, 於農隙常加點視修理, 務要堅完平坦. 若損壞失於修理, 阻礙經行者, 提調官笞三十. ○若津渡之處, 應造橋梁而不造, 應置渡船而不置者, 笞四十.”

橋梁者, 濟人之具也. 天氣旣寒, 宜卽成之.

子産聽鄭國之政, 以其乘輿, 濟人於溱洧. 孟子曰: “惠而不知爲政. 歲十一月徒杠成, 十二月輿梁成, 民未病涉也.” ○按 十一月者, 今之九月也, 十二月者, 今之十月也. 「夏令」云: “孟冬成梁.” 「月令」: “孟冬, 謹關梁.” 要之霜降之日, 宜卽發令, 俾修徒涉之杠; 立冬之日, 又卽申令, 俾修車馬之梁, 未可已也.

薛宣爲陳留太守, 多善政. 宣子惠爲彭城令, 宣從臨淮, 遷至陳留. 過其縣, 橋梁·郵亭不修. 宣心知惠不能, 留彭城數日, 案行舍中, 觀視園菜, 終不問惠以吏事. 惠自知治縣不稱宣意, 遣門下掾問之, 宣不答.

杜預以孟津渡險, 請建河橋於富平津, 衆論不可. 及橋成, 上從百官臨會, 舉杯勸預曰: “非君不立也.”

王周[26]四鎭皆有善政. 橋壞, 覆民租車, 周曰: “橋梁不修, 刺史過也.” 乃償民粟, 爲治其橋. ○何遜於楊州城南, 起萬歲樓[27], 以望鍾山. 樓下橋卽萬歲橋也.

陳希亮守宿州, 州跨汴爲[28]橋, 水與橋爭, 率常壞舟. 公始作飛橋無柱, 自此, 沿邊皆飛橋.

李正通知貴溪縣, 作上淸橋. 朱子爲之記曰: “貴溪之水, 以舟楫爲三渡, 有小航. 水落時, 廣不過百餘尺, 邑人欲爲浮梁. 李君得縣之餘財八十萬, 將以屬工, 而邑之大姓聞之, 有以鐵爲連環巨絙以獻者, 有捐其林竹十餘里以獻者, 州家又以米百斛者佐之. 於是, 李君乃相大溪二渡之間, 水平不湍者, 以爲惟是爲可久. 遂以紹熙三年六月始事, 民讙趨之, 不百日而告成. 兩崖礱石爲磴道, 高者五百尺, 卑者亦居其五之四. 橋之修九百尺, 比舟七十艘, 且眡水上下, 而時損益焉.”

---

26 王周: 新朝本에는 ‘王易周’로 되어 있으나 『五代史』에 근거하여 바로잡음.

27 樓: 新朝本에는 ‘橋’로 되어 있음.

28 爲: 新朝本에는 ‘馬’로 되어 있음.

楊某知黃巖縣, 作浮橋, 名曰'利涉橋'. 葉正則記曰: "橋長千尺, 籍舟四十. 欄楯縴索, 隍其兩旁, 梱圖狡猊. 訖三十旬, 斤鐵九千, 木石二萬五千, 夫工六萬餘. 縣東南, 車馬擔負而客之途, 皆達於橋; 西北, 樵採携挈而民之市, 皆趨於橋. 諸公跨天台陟鴈蕩, 行過黃巖, 皆喜曰: '增一橋矣.' 蓋奔渡爭舟, 傾覆蹴踏之患旣免, 而井屋之富, 廛肆煙火, 與橋相望不絶, 甚可壯也."

王源知潮州, 城東有廣濟橋, 幾久圮壞. 源斂民萬金, 重築之. 會杖一民死, 其子訴於朝, 並以築橋爲罪, 逮至京, 罪當贖徒. 潮人相率叩閽, 乃復其官. 久之乞休, 潮人奏留不獲, 祠祀之.

田鐸謫知蓬州, 州東南有江洲八十二頃, 爲豪右所據. 鐸悉以還民, 建大小二十四橋, 又鑿三溪山, 以便行者. ○按『一統志』: "二十四橋, 本在楊州." 今田鐸倣此爲之.

金司書籹九爲海南縣監, 縣有大水, 歲爲民患. 公爲之砌石爲防, 仍於水口, 作石橋, 下爲虹蜺. 旣鞏而侈, 邑人樂之. 方其作橋之日, 公便服, 日坐橋邊, 親董土石, 民不敢少懈.

鄭判書民始出按湖南, 全州府南之水, 歲歲橫決, 橋梁屢圮, 民甚病之. 公爲之砌石成橋, 下作虹蜺水門三道, 行旅皆便之. ○案 咸興之萬歲橋, 宜亦石砌, 而自古以來, 憚於浩費, 鋪以長板, 率被漂失. 年年改造, 大爲民弊, 誠可嗟矣. 古者, 僧徒樂爲此事, 先輩文集, 多橋梁募緣文, 今僧亦衰, 無能爲此.

津不闕舟, 亭不缺堠, 亦商旅之所樂也.

『西山筆談』云: "原州之開峕津, 有笨夫看津. 自稱士族, 不肯濟人, 商旅過者, 討船價倍於他津, 乃肯濟之. 若游士淸裝, 不可討錢者, 卽藏船于巖穴, 終日不膺. 如此之類, 亦責在[29]民牧. 凡境內有津渡者, 宜榜諭申嚴, 其討錢倍多者, 及喚之不膺者, 嚴加糾禁. 又如窟柵·優婆不正之類, 毋得接濟, 使入境內, 則歌誦載路, 而聲聞以遠矣."

---

29 在: 新朝本에는 '任'으로 되어 있음.

『酉山筆談』云: "五里一亭, 十里一堠, 所以導人于行也. 五里立一桓楬, 十里立一堠人, 四嚮道里·地名·村名, 刻之唯詳, 亦行旅之所悅也. 但吾東道里, 尙冒天荒, 西路之外, 槩不尺量. 所謂十里者, 或加五里; 所謂一舍者, 或近二舍, 初行者多狼狽顚頓. 宜以六尺爲一步, 十步爲一畝, 三十畝爲一里. 積五爲五里, 乃立一桓; 倍五爲十里, 乃立一堠, 斯爲得之矣."

韋孝寬爲雍州刺史, 先是, 路側一里置一土堠, 經雨頹毀, 每須修之. 自孝寬臨州, 乃勒部內當堠處, 植槐木代之, 旣免修復, 行旅又得庇廕. 周文后[30]見, 怪問知之曰: "豈得一州獨爾? 當天下同之." 於是分諸州道路, 一里植一木, 十里植二木, 百里植五木焉.

安順菴云: "國典: '道里六尺爲一步【三指三, 二指二, 爲一尺】, 三百六十步爲一里, 三十里爲一息. 每十里立小堠, 三十里立大堠.' 樹之以楡柳."

店不傳任, 嶺不擡轎, 民可以息肩矣. 店不匿奸, 院不恣淫, 民可以淑心矣.

『茶山筆談』云: "傳任者, 旅店之巨弊也【俗以傳任, 名之曰路卜】. 諸營裨將, 諸邑冊客, 瞞其主爺, 束其私裝, 纔出衙門, 便行鞭扑, 甲店不支, 一負此裝, 卽乙店·丙店, 順風之勢, 不令而威. 此路一開, 傳相慕效, 邸吏·導[31]掌·土豪·蕩子, 領一驕奴頭戴氈笠, 莫不招呼店首, 鞭背蹴脽, 以督傳任. 夫王者, 輸其貢獻, 猶莫如此. 差役·免役, 其法屢變, 今匹夫賤人, 乃爲是乎? 牧之在孔路者, 宜報上司, 受其榜諭, 嚴行禁斷. 另差能幹者, 伏於店舍, 伺執一個, 報使懲放, 此風其少戢矣." ○嶺路擡轎之氓, 除其煙徭. 使應此役, 本欲接遇使臣, 禮待鄰官. 乃營裨·冊客·土豪·京奸, 咸以私威, 擡轎荷輿. 捉諸南畝, 驅如犬雞, 批頰捽髮, 困苦萬狀. 牧宜知此, 嚴行禁斷, 自我子弟, 步踰此嶺. 其或不得已使用者, 酌定肩價, 印出完文【每一夫踰嶺, 給雇幾錢】, 使之揭壁. 唯使臣·牧臣·裨將之外, 皆給肩價. 自我爲始, 雖大夫人·室人之行, 凡擡轎踰嶺, 皆給肩價,

---

30 后: 新朝本에는 '後'로 되어 있음.
31 導: 新朝本에는 '道'로 되어 있으나 官職名이므로 바로잡음.

則殘毗其少延矣.

『大明律』: "凡各衙門官吏, 及出使人員役, 使人民擡轎者, 杖六十." ○按中國之法, 雖官員出使者, 毋敢擡轎, 況於白徒之私行乎?

『茶山筆談』云: "久居民間, 民之情僞, 或知之矣. 凡盜所隱, 皆旅店也. 誠以淨塢潔村, 難於投迹. 生面一露, 傳相指點, 故朝匿夕綻, 不可接也. 唯是旅店, 四方之人, 莫不淹延, 故其藏身爲便耳. 盜黨之法, 逐店匿奸, 千里連環. 一有戢捕, 卽嘍囉·小卒, 星夜飛奔, 使之逃躱. 況店主·壚婆, 無非窩窟; 縣校·營校, 都是締結, 血脈流通, 無所停滯, 如之何其詗捕也? 牧宜知此, 榜諭諸店, 毋敢匿奸. 日後有或捕盜於某店, 卽店主明爲盜黨, 嚴行鉤問. 一應根脈不明, 行止不正者, 毋得住接, 則盜患其小息矣." ○站院之村, 其或殷實者, 槳家爲酒, 恣其淫縱, 馬弔·江牌, 優婆[32]·窟櫑, 歌呼嗷嘮, 俗用頑惡. 牧宜知此, 嚴行禁斷, 犯者勿赦.

路不鋪黃, 畔不植炬, 斯可曰知禮矣.

『茶山筆談』云: "御路之脊, 鋪以黃土, 未詳所始. 或云: '象太陽黃道.' 不知然否. 奉使臣入, 郡縣另以黃土一畚, 瀉于兩旁, 亦自五里亭, 抵館舍而已【巫送痘鬼, 亦用此法, 以其名別星也】. 今監司巡歷, 直用御路中黃之法. 又凡炬燎, 唯動駕有植炬. 今監司巡歷, 皆用植炬【樹之路旁, 不令人執之, 曰'植炬'】, 此王章也. 設之者爲諂, 受之者爲僭, 不可[33]因也."

第六條 匠作

工作繁興, 技巧咸萃, 貪之著也. 雖百工具備, 而絶無製造者, 淸士之府

---

32 婆: 新朝本에는 '娑'로 되어 있음.
33 可: 新朝本에는 '同'으로 되어 있음.

也.

魏中孚爲永川判官, 淸潔自好, 同官有興製器用之物, 中孚未能無意. 每欲爲之, 先令匠作者, 計工用若干費. 各具公私之數呈, 輒判以且休且休. 及解官, 簡一任所供, 且休且休, 錢不知省幾千百緡. ○案 此賢牧之所宜法也. 余故曰: "大貪者, 必廉."

商則任稟丘尉, 性廉, 令丞多貪. 因宴會舞, 令丞舞皆動手, 則但回身. 令問故, 則曰: "長官動手, 贊府亦動手, 尉一箇更動手, 百姓何容活耶?" ○此謂工作誅求之事, 縣令一動, 在下者, 一時俱動也. 爲民上者, 宜知此理, 一指不可動也.

呂東萊祖謙爲楊州漕官, 所居無几案, 以竹縛架,【句】上置書冊. 而器皿之屬, 悉不能具, 處之甚安. ○案 東萊天性好儉, 故如此. 然公廨整飭, 恐不必傷廉也.

崔潤德爲泰安郡守, 所佩矢箙粗鐵壞, 工以官鐵補之, 卽命還解所補鐵, 其淸介類此.

閔汝儉爲郭山郡守, 馬鞍弊壞, 褊裨請改曰: "鞍是戰具." 公曰: "向者倭變, 遇賊而走者, 豈馬鞍不完之故哉?" 常擐甲戴胄以終日, 夜則枕藉而臥, 至於額癬而終不釋.

李守一爲統制使, 前後爲是任者, 日役工匠, 造作奇衰, 以事權貴, 其費月以千計. 公悉罷之, 軍儲之名存實無者, 皆驛聞貰免, 列邑便之. 公嘗惡債帥苞苴之習, 終不以一錢·尺帛, 問遺當路. ○案 野史云: "李忠武公舜臣爲統制使, 日令工人, 打造熨刀·交刀·佩刀之等, 問遺權貴. 蓋欲保其職位, 以成平賊之功, 其志不在於諂事也." 後人遂以爲例, 至今猶然. 若是者, 原其本意, 更高一等, 不可循常論也.

金孝誠居官淸白. 其妻李氏, 每自官歸, 戒婢御, 悉還器用之取辦於官者. 及家, 吏以行廚用餘獻之, 卻[34]不受曰: "此非公志也." 旣寡, 從子就養, 赴郡

---

34 卻: 新朝本에는 '郤'으로 되어 있음.

縣, 恒以二弊籠隨身, 請易之. 不可, 曰: "吾於夫子時, 徧諸邑三十年, 所隨唯此物. 今人與物俱老, 何忍棄之?"

崔艮齋奎瑞按節湖南, 崔明谷錫鼎, 訪其政於湖南人, 答曰: "別無他事, 一路之人, 只稱三開." 謂簿牒開, 工房開, 妓樂開.

『淸脾續錄』云: "客入官府, 見庭畔設木框三四具, 方曬大牛皮各一張, 如雷鼓之面, 令官奴, 且油且礱. 入見冊房, 方造荊筍五六對, 令僧人且塗且削, 一面坐巧匠數人, 造男轎·女轎·檠籠·槊盤之等, 且鋸且鏤, 以象雲氣. 一面坐鞾人兩個, 造綵鞋·雲鞵·水豹之囊. 入其室, 坐銀匠一人, 造釵釧鐶佩, 璕琚粧刀·女刀之等. 卽知主公貪腸墨肚, 沈于女謁, 不可語之以糞黃之事, 便可回身出來. 不可留喫夕飯, 以分其罪業也."

『寒巖瑣話』云: "荊筍【俗謂之柤籠】·檠籠·革筍·槊盤之等, 皆俗吏之所興作, 而智者之所竊笑也. 凡官造之物, 費多而品惡. 試論荊籠一物, 大亦一馱, 小亦一馱, 其中所入, 不能爲半馱, 以籠之故, 遂爲一馱. 千里運輸, 其馱馬之價, 不下卅兩. 然則此籠一馱, 其工費之外, 馱價十兩也. 苟以此錢, 貿之京市, 可得四馱, 徒得貪鄙之名, 而其實愚迂甚矣. 貿得龘布, 作爲大袱, 以裹歸裝, 則馬數半減, 而不失淸士之名, 不亦善乎?" ○ 又論槊盤一物, 其工費倍於京貿, 而草索纏脚, 馱之馬背, 店門低, 小觸則必碎, 驅者呼泣, 領者咆喝. 四鄰咸聚, 以觀此事, 咸曰: "某邑貪則貪矣. 但賣槊盤, 足爲一産." 天下之羞辱可恥, 有甚於是者乎? 他物皆然, 凡工作皆非計也.

『茶山筆談』云: "羅州有所謂木物差人, 歲以軍校爲之. 此人例兼十二島之主人, 歲收禾麥六千餘石【十五斗, 爲一石】, 魚·鰒·海菜·綿絮之等, 誅求無厭, 又以錢防之. 徧訪諸路, 凡軍校之饒, 無以踰是也. 乃府中工作所需, 奇材文木, 及其雕刻之費, 皆此人供之, 故別無贏衍. 嗟乎! 浚削民膏, 以肥一校, 使防工作之費, 非良牧之所宜因也."

設有制造, 毋令貪陋之腸, 達於器皿.

『茶山筆談』云: "余觀古器, 其銅甚薄; 余觀古書, 其紙甚薄. 近世貪風日熾,銅器之重, 視古三倍【銅匙, 厚如爺頭, 口小者不可含.】; 書紙之厚, 視古一倍【其書頂書足, 又皆數寸, 其大如戶籍大帳.】. 試問其故, 乃曰: '他日匱乏, 將以發賣, 本質重厚, 其價必高也.' 嗚呼! 立心如此, 顧安能永享其福? 此二事, 余甚恥之." ○又曰: "摺扇·簡紙【摺紙爲書牘之用者, 名曰'簡紙'】, 比古絶大, 亦一弊也. 余觀古書帖, 其扇畫移附者, 摺痕不過十疊, 長廣容於小帖, 如今之唐扇. 觀古書帖, 簡紙之長, 不過周尺, 其闊倍之, 書辭簡略, 而敦厚忠實之氣, 溢於辭表. 近世扇長齊臂, 其骨五十, 簡紙之長, 視古倍蓰, 而其厚如牛革, 光滑如鷄卵. 筆蹉墨溜, 無以成字, 亂藤長股, 逞其豪氣, 而溫厚之色, 都無一點. 皆陋習之當改者." ○扇宜復古, 簡紙宜潔韌, 薄紙長不過周尺, 一摺之廣, 宜至四寸, 斯雅潔矣. 此亦勸廉之一助, 牽連言之.

李宗燮爲綾州牧使, 應旨陳疏, 批答曰: "扇政聞甚痛駭. 爾邑卽蕞爾十室, 而以竹斂民, 歲過千兩, 爾所謂他邑可知. 嶺南又然者, 誠然矣! 扇政胡大事也, 年前關飭, 其效蔑如, 寧有如許紀綱? 加斂之錢, 已受者還給, 更犯者重繩. 至於靑大竹一簳之費, 殆近數千, 豈不欲聞卽蠲除, 而取瀝和藥, 實有開鎖之奇, 自多波及. 雖難全減, 許令爛商稟處."

凡器用製造者, 宜有印帖.

銅器有匠之邑, 其官定之價, 或從輕薄, 吏奴掌工者, 憑藉官令, 私自打造, 或内舍冊房, 私囑首吏, 打造無節, 皆取怨之道也. ○上官之初, 宜招諸工人, 入庭約曰: "自今官造銅器, 必有印帖, 乃肯打造. 所受本價, 汝其手錄, 以資憑考." ○印帖式. 甲子二月初九日官造帖. 第二行, 鍮鉢一事, 重十兩五錢. 第三行, 鍮大碟一事, 重八兩. 第四行, 鍮小碟五事, 重各二兩. 第五行, 首奴得孫. 當中踏印. 旣造, 匠人金益喆, 自書其名, 逐行錄價. ○他器, 如錡釜·鑊·鍤·瓷器·瓦器·皮鞋·皮韈·柳笥之類, 皆用此法.

作爲農器, 以勸民耕, 作爲織器, 以勸女功, 牧之職也.

昔漢趙過, 作爲耬車·耬斗, 以敎播種之法【皇甫隆又爲耬犂, 以敎燉煌之民.】, 而民力大省【已見「勸農」篇】. 皇明陳幼學知確[35]山縣, 造紡車八百餘輛, 以授貧婦.【見『明史』】此皆前人之芳徽也. 況今奇器妙用, 後出者益巧, 而唯獨吾東之民, 漠然不聞. 牧於爲政之暇, 按法運思, 作爲農器·織器, 以敎民省力, 不亦善乎? 利用厚生, 次於正德, 爲天地間三件大事, 聖人其知要矣. 龍尾·玉衡·虹吸·鶴飮之法行, 則旱天桔[36]槹, 終日酸臂之苦減矣. 轉磨·轉碓之法行, 則磨麴舂米, 盡室脇息之勞除矣. 風磴·輪激之制講, 則其運水激水, 不難矣; 颺車·攪車之制講, 則其去塵去核, 不難矣. 挽繩代耕之制講, 則牛疫不足畏也. 斯皆民牧之責, 不可忽也. 其制並詳於『儀象志』·『武備志』·『奇器圖說』諸書, 今姑略之.

茯菴李基讓奉使入燕, 購剝棉攪車一輛, 獻之, 先大王令五營門, 各依樣製造, 頒于八路. 旣造未頒, 而仙馭升遐, 其事遂寢. 余觀其車, 兩軸一木一鐵, 而鐵有細溝【如衲衣】, 軸頭無螺蠣. 轉有十字風輪, 人坐椅上, 手轉軸柄, 脚踏橫楔, 則十字風輪, 奮迅回斡. 大約一人之力, 日可剝二百斤棉, 其省力大矣.【其鐵軸一枚, 尙在余家.】

朴趾源『熱[37]河日記』云: "繅車之制, 爲大牙輪, 如轉磨之法. 繅車兩頭, 亦爲牙輪, 齟齬互當, 不息自轉. 繅車者, 大簦之盈數抱者, 烹繭於數十步之外, 而中間設數十層架, 漸次爲高下之勢, 每架頭, 豎鐵片, 穿孔僅如針耳, 納絲其孔, 機動而輪旋, 輪旋而簦轉, 交牙互齒, 不疾不徐, 慢慢抽引, 不激不觸, 任其自然, 故無精麤並進之患. 繅之出釜入簦之頃, 遍歷鐵孔, 刊毛落芒, 未及入簦, 體已燥曬, 光潔明潤, 不勞灰練, 而直入機杼. 我東抽繅之法, 惟知手汲, 不識用車. 人之運手, 失天機自然之勢, 而徐疾不適, 觸激有時, 則怒絲驚繭, 騰跳竝進, 抽積繅板, 禁雜無緒. 凝乾成塊, 旣失光澤, 沙壓核纏, 且斷且續, 除麤理精, 口指並勞. 其視繅車功用, 敏鈍又何如也? 問繭能經夏不蟲之術, 微炒則不蛾, 溫炕焙乾則不蛾不蟲, 雖冬繅可也."

---

35 確: 新朝本에는 '㲋'으로 되어 있음.
36 桔: 新朝本에는 '枯'로 되어 있음.
37 熱: 新朝本에는 '烈'로 되어 있음.

作爲田車, 以勸農務, 作爲兵船, 以設戎備, 牧之職也.

田車朴陋, 造之極易, 顧民未之見矣. 以之運草, 以之輸糞, 以之納禾稼, 則
一車之載, 可敵四牛, 豈不省力? 車之所以難制者, 爲輻轂也. 橫版一, 豎條
二, 以成十字, 當其中而貫軸, 補其周而爲輪, 則不費半錢, 可成一輛. 乃轅乃
輿, 以爲田車, 不亦善乎? ○沿邊郡縣, 有其戰船·兵船者, 或値修造之年, 宜
躬監其役, 務爲便利, 趨捷堅完, 以備實用. 若有警急, 用在目前者, 宜博考新
制, 期以破敵. 又必油灰艌縫, 乃不穿漏也.

李民秀爲海南水軍使, 創造車輪船, 送于備邊司, 請頒式諸路, 不報. 其祖
李忠武公舜臣, 創造龜船, 以禦倭[38]敵, 可謂繩武之孫也. ○按 王鳴鶴『登壇
必究』云: "宋楊么·劉豫, 負固不服, 浮舟湖中, 以輪激水, 其行如飛." 瓊山丘
濬謂: "楊么之舟, 以輪激水, 無風可行者, 此也." 茅[39]元儀「軍資」之篇, 有所謂
'車輪舸', 詳著尺寸. 仇俊卿亦云: "車船之制, 令軍士前後踏輪, 舟自進退, 中
流上下, 回轉如飛." 又『元史·阿尤傳』: "宋裨將張順·張貴, 裝軍衣百船入襄
陽, 阿尤攻之, 順死貴乘輪船, 順流東走." 由是觀之, 中國用兵之家, 講行此
法, 其來久矣.

許元初爲發運判官, 患官舟多虛破釘鞠之數. 蓋陷於木中, 不可稱盤, 故得
以爲奸. 一日元至船場, 命拽新造之舟, 縱火焚之. 火過, 取其釘鞠秤之, 比所
破財十分之一. 自是立爲定額.

講燒甓之法, 因亦陶瓦, 使邑城之內, 悉爲瓦屋, 亦善政也.

唐韋丹拜洪州刺史, 始教人爲瓦屋. 召陶工教人陶, 聚材瓦於場, 度其費以
爲估, 不取贏利. 從而免其賦之半. 逃未復者, 官與爲之, 貧不能者, 畀之財,
載食與漿, 親往勸之, 爲瓦屋滿三千七百, 爲重屋四千七百. 民無火憂, 暑濕

---

38 倭: 新朝本에는 '外'로 되어 있음.
39 茅: 新朝本에는 '笋'로 되어 있음.

則乘其高.

朱某知峽州, 州居無郭邨, 通衢不能容車馬, 市無百貨之列, 而鮑魚之肆不可入. 民之列處, 竈廩區井無異位, 一室之內, 上父子而下畜豕. 其覆皆用茅竹, 歲常火災. 俗信鬼神, 相傳曰: "作瓦屋者不利." 公治是州, 始伐樹木, 增城柵, 甓南北之街, 作市門市區. 又敎民爲瓦屋, 別竈廩, 異人畜, 以變其俗. 又命夷陵令劉光裔, 治其縣, 起敎書樓, 飾廳事, 新吏舍. 歐陽修爲之記.

量衡之家異戶殊, 雖莫之救, 諸倉諸市, 宜令畫一.

『考工記』: "㮚[40]氏爲[41]量, 改煎金錫." 量衡者, 冬官之職也. 謹權量, 審法度, 武王以之; 同度量, 均衡石, 「月令」重之, 此是王者之大政. 今國中之度量衡, 家異戶殊, 一縣之長, 惡能正之? 唯我四境之內, 其商賈之尺, 悉收之, 軍吏受布之尺, 悉收之, 考『五禮儀』所刊布帛之尺, 準之爲新尺【若長短大縣, 則就所收諸尺, 執其中而用之】. 其商賈之升, 悉收之, 倉吏受糧之斛, 悉收之, 執其中制, 準之爲新量【不可以大變】; 商賈之衡, 悉收之, 官吏受棉之衡, 悉收之, 執其中制, 準之爲新衡, 以之交易, 以之出納, 抑所宜也. 然必治化洽民而後, 乃可爲此. 若新莅紛紛, 只益騷擾, 惑民聽也. 唯倉斛不可不釐正, 凶年市升, 不可不嚴察也.

『北史』, 趙煚爲冀州刺史, 甚有威惠, 而市多奸詐. 煚爲銅斗·鐵尺, 置于肆, 百姓便之.

『大明律』: "凡私造斛斗秤尺不平, 在市行使, 及將官降斛斗秤尺, 作弊增減者, 杖六十, 工匠同罪." ○"若官降不如法者, 杖七十, 提調官失於校勘者, 減一等, 知情與同罪." ○"其在市行使, 斛斗秤尺雖平, 而不經官司校勘印烙者, 笞四十." ○"若倉庫官吏, 私自增減, 官降斛斗秤尺, 收支官物, 而不平者, 杖一百."

---

40 㮚: 新朝本에는 '栗'로 되어 있음.
41 爲: 新朝本에는 '嘉'로 되어 있는데, 『周禮·考工記』에 의거하여 바로잡음.

賑荒六條
備資·勸分·規模·設施·補力·竣事

第一條 備資

荒政, 先王之所盡心, 牧民之才, 於斯可見. 荒政善而牧民之能事, 畢矣.
『周禮·大司徒』, 以荒政十有二聚萬民, 一曰'散利'【貸種食】, 二曰'薄征'[42]【輕租
稅】, 三曰'緩刑'【寬宥之】, 四曰'弛力'【息繇役】, 五曰'舍禁'【去山澤之禁, 使民取蔬食】,
六曰'去幾'【關市不譏也】, 七曰'眚禮'【殺吉禮賓禮】, 八曰'殺哀'【省凶禮】, 九曰'蕃樂'
【閉樂器】, 十曰'多昏'【不備禮[43]而婚者多】, 十一曰'索鬼神'【求廢祀而修之. 『詩』云: "靡
神不擧, 靡愛斯牲."】, 十二曰'除盜賊'【饑饉則多盜】. ○倉人, 掌粟入之藏, 以待邦
用, 有餘則藏之, 待凶而頒之【此散利】. ○均人, 掌均地政, 凶札則無力征[44]無
財賦, 不收地, 守地職, 不均地政.【此薄征[45]】 ○司市, 國凶荒札喪, 則市無征而
作布.【亦[46]薄征[47]】 ○秋官士師, 凶荒則以荒辯之灋, 治之.【此緩刑】 ○司關, 國
凶札, 則無關門之征, 猶幾.【譏而不征曰'去幾'】 ○秋官掌客, 凡禮賓客, 凶荒殺
禮.【此眚禮】 ○天官膳夫, 大荒則不擧, 大札則不擧.【亦眚禮】 ○大司樂, 大札大
荒大烖大臣死, 凡國之大憂, 令弛縣.【此蕃樂】 ○**鏞案** 此皆先王之禮也. 牧欲
行先王之道者, 若遇荒年, 宜按而行之. 宮結取贏, 均敷民結【見「田政」】, 斯可

---

42 征: 新朝本에는 '政'으로 되어 있으나 『周禮』에 의거하여 바로잡음.
43 禮: 新朝本에는 '關'으로 되어 있음.
44 征: 新朝本에는 '政'으로 되어 있으나 『周禮』에 의거하여 바로잡음.
45 征: 新朝本에는 '政'으로 되어 있음.
46 亦: 新朝本에는 '市'로 되어 있음.
47 征: 新朝本에는 '政'으로 되어 있음.

曰'散利'也. 民庫雜徭, 鐲其可鐲【縣令之所食】, 斯可曰'薄征'也. 肉黃皮皺, 笞撻不及, 斯可曰'緩刑'也. 奴隷差遣, 念其勞費, 斯可曰'弛力'也. 私祭無牲, 巡歷不詔【減其膳】, 斯可曰'眚禮'也. 屛妓絶樂, 無敢戲豫, 斯可曰'蕃樂'也. 市場無稅, 商旅湊集, 則司市之政也; 減膳薄食, 以補賑濟, 則膳夫之義也. 孰謂古禮不可行於今乎?

「曲禮」曰: "歲凶年, 穀不登, 君膳不祭肺, 馬不食穀, 馳道不除, 祭祀不縣. 大夫不食粱, 士飮酒不樂." ○鏞案 牧於凶年, 能食不兼味, 馬不食穀, 知禮者也.

『玉[48]藻』曰: "年不順成, 則天子素服乘素車, 食無樂. 君衣布搢本【士之笏】, 關梁不租【不收稅】, 山澤列而不賦【列者, 厲禁也.】, 土功不興. 大夫不得造車馬." ○丘濬曰: "古昔帝王, 遇災必懼, 凡事皆加貶損, 非獨以憂民之憂, 蓋亦以畏天之災也. 故『周禮』大荒則不擧, 大札則不擧, 擧者, 殺牲盛饌也. 豈但飮食爲然? 所服之衣, 所乘之車, 凡百興作, 擧皆休息. 此無他, 君民之分雖懸絶, 而實相資而相成也. 當此凶荒之時, 吾民嗷嗷然以待哺, 睊睊然以相視. 藝業者, 技無所用; 營運者, 貨無所售. 典質則富戶無錢, 擧貸則上戶無力. 魚鰕螺蚌, 採取已渴; 木皮·草根, 剝掘又盡. 面無人色, 形如鬼魅, 扶老携幼, 宛轉以呼號, 力疾曳衰, 枵腹以呻吟, 氣息奄奄, 朝不保暮. 其垂於阽危, 瀕於死亡也, 如此, 爲人上者, 何忍獨享其奉哉? 雖欲享之, 亦且食不下咽也."

穀梁子曰: "五穀不升爲大饑. 一穀不升, 謂之嗛【不足也】; 二穀不升, 謂之饑; 三穀不升, 謂之饉; 四穀不升, 謂之康【康, 虛也】; 五穀不升, 謂之大侵【侵, 傷也】. 大侵之禮, 君食不兼味, 臺榭不塗【飾采也】, 弛侯【廢射也】, 廷道不除, 百官布而不制, 鬼神禱而不祀, 此大侵之禮也." ○鏞案 先王之禮, 凶年別有法制, 爲民牧者, 宜知此義.

『文獻備考』, 宣祖二十六年, 京城大饑, 上還自西狩, 教曰: "有司日進白米六升, 予, 平日素不食三時, 雖三升之米, 寧能盡食? 今宜除米三升, 分送于賑

濟五場." ○英宗九年, 敎曰: "今之荐饑至此者, 罔非予涼德之致. 御供米, 限秋成減五分之一, 宣飯米以下, 一體裁換小米." ○英宗庚辰, 饑. 上御興化門, 召流丐百餘人饋粥, 命取一器, 親嘗之【出『寶鑑』】○案 人主至尊, 其貶己減膳, 猶皆若此, 況監司守令, 其敢自豫自安, 不思所以裁損哉? 朝夕恒食, 宜飯用雜穀, 饌止二豆, 蓄其羨餘, 以補賑資, 祭用特豚, 賓不殷饗, 庶乎其中禮矣.

張橫渠, 嘉祐初爲雲巖縣令, 歲歉, 惡米不繼, 家人將舂之, 先生亟止之曰: "餓莩滿野, 雖蔬食且自愧, 又安忍有擇乎?" 甚或咨嗟, 對案不食者數四. ○案 此減膳之義也. 凡不安於心者, 君子不爲.

張忠定詠知杭州時, 歲饑, 民冒禁販鹽, 捕獲者數百人, 公悉寬其罰. 官屬執言不可, 公曰: "錢塘千萬家, 餓莩如此, 若鹽禁益嚴, 則聚而爲盜, 患益甚矣. 俟秋成敢爾, 當痛繩之." 境內卒以無擾. ○富弼知靑州, 河朔大水, 流民大至, 公皆廩之, 山林河泊之利, 有可取以爲生者, 聽流民取之, 其主不得禁. ○案 此舍禁之義也.

救荒之政, 莫如乎預備. 其不預備者, 皆苟焉而已.

呂祖謙曰: "大抵荒政, 先王[49]有預備之政, 上也; 修李悝之政, 次也; 所在蓄積, 有可均處, 使之流通, 移民移粟, 又次也; 咸無焉, 設糜粥, 最下也." ○預備者, 王政也, 一縣之令, 安得有預備? 雖然, 我旣受君之赤子矣, 脫有凶[50]荒, 將若之何? 一縣饑, 則鄰縣之粟, 可移也; 一路饑, 則諸路之粟, 可移也. 若通國大饑, 如己巳·甲戌之年, 則將若之何? 倉廩空虛, 不可取粟於縣中; 列邑驚騷, 不可請粟於監司. 惟有束手慌心, 立視其相顚連以死而已. 名爲民牧, 不亦靦顔? 凡物, 貴之徵賤, 賤之徵貴. 若屢豐之餘, 穀賤如土, 牧宜以錢數千兩, 私糴穀數千石, 以待不虞. 若移秧旣畢, 大饑無慮, 因以糶之, 必有贏羨.

---

49 王: 新朝本에는 '生'으로 되어 있음.

50 凶: 新朝本에는 '亡'으로 되어 있음.

若其時估猶賤, 汎之江海, 糶之鄰境, 必有濟矣. 每見牧之在官, 如在逆旅, 其俸廩之餘, 必急急輸京, 以授家客, 歸而索之, 鮮有全者. 曷若在官販糶, 以備凶荒; 秋熟則販之於鄰境, 以補民役; 歲儉則糶之於饑民, 以補賑資? 惟其本錢, 必無消折之理, 公私兩便, 孰有大於是者乎? ○ 凡預備之政, 厥有兩件, 一是販穀, 一是徵逋. 販穀當如上法, 徵逋又可議也. 凡吏逋, 宜於豐年發之, 穀賤之日, 盡收逋欠, 以實倉廩. 其在法應留之穀, 皆充實額, 則雖有凶年, 何足憂哉?

張詠知益州, 以蜀地素狹, 游手者衆, 稍遇水旱, 民必艱食, 時米斗直錢三十六. 乃按諸邑田稅, 如其價, 歲折米六萬斛. 至春, 籍城中細民, 計口給券, 俾輸元估糶之. 奏爲永制, 逮七十餘年, 時有災饉, 民無餒色.

宋辛棄疾知福州, 未期歲積縑至五十萬緡. 牓曰'備安庫', 謂: "閩中土狹民稠, 歲儉則糶於廣. 今幸連稔, 宗室及軍人, 入倉取米, 出卽糶之, 候秋價賤, 以備安錢, 糶二萬石, 有備無患矣."

高麗李茂芳爲慶州府尹, 初歲大饑, 及茂芳至, 適歲稔, 茂芳因民之便, 販魚鹽, 置義倉, 以備賑貸.

洪處亮爲淸風府使, 邑處窮峽, 歲入素薄. 公爲之節用蓄財, 比及三載, 得穀數千斛, 封藏別庾, 以備凶歲. 公歸之後, 當庚辛大饑, 闔境賴之.

『文獻備考』: "英宗十二年, 右議政宋寅明啓: '昨年年事稍登, 今年亦有豐徵. 而臣於日昨, 偶見宋臣司馬光文集, 有曰年凶之後, 鳩聚賑穀, 則事未易辦, 必於豐年, 令各邑預聚賑穀, 觀其多寡, 依設賑時事, 分等賞罰, 則可以有效云, 其言甚好矣. 今若使各道各邑, 及此稍稔之時, 收聚賑穀, 其中穀數最多之邑, 論賞, 而不實之邑, 亦施責罰, 則雖値凶年, 自可無賑資艱[51]乏之患矣.' 上允之." ○ 按 孟子曰: "狗彘食人食【謂豐年粒米狼戾】, 而不知檢【收[52]斂也[53]】, 塗有餓莩【凶年也】, 而不知發【謂發倉賑之】." 此謂豐年不預備, 凶年不賑

---

51 艱: 新朝本에는 '難'으로 되어 있음.
52 收: 新朝本에는 '牧'으로 되어 있음.
53 也: 新朝本에는 뒤에 '民'이 있음.

救, 其罪與刺刀以殺人者, 無以異也. 預備者, 人國之恒務, 不預備者, 無政之
國也.

穀簿之中, 別有賑穀, 本縣所儲, 有無虛實, 亟宜查驗.

常賑穀者, 戶曹之賑穀也; 軍資穀者, 列聖朝所嘗用之於賑濟者也. 軍作米
·補還穀者, 本爲賑濟而設置者也. 交濟穀濟民穀蒜山穀者, 本爲鄰省交濟而
設置者也. 監司之所備荒, 名之曰'營賑穀', 守令之所備荒, 或稱'私備穀', 或稱
'自備穀', 或稱'私賑穀'. 今値大饑, 胡不用矣? 但其分留實數, 逋欠多少, 苟不
查驗, 必有咎責. 若本旣虛留, 而上司劃給, 同於實存, 將若之何? 不敢不先察
也.【賑穀源委, 並詳「倉廩考」, 亦見穀簿條, 今略之】

『經國大典』: "諸鎭煮鹽採海菜, 具數報觀察使. ○諸邑, 令民歲備救荒之
物."○臣謹案 國初預備賑資之法如此, 今良法盡廢, 不知何故.

『續大典』: "各邑賑穀, 每年隨力備儲. 全不擧行者論罪. ○託以備穀, 勸分
民間者嚴禁."○『通編』云: "以戶兵曹應納麻布棉布, 換米三南, 名曰'軍作米',
以時收放備荒."【備邊司句管】 ○臣謹案 列聖朝預備賑資之法如此. ○今南方
郡縣軍作米, 非不多矣, 皆作吏逋, 一遇凶年, 唯知勸分而已, 豈不嗟哉?

歲事旣判, 亟赴監營, 以議移粟, 以議蠲租.

『國朝寶鑑』: "孝宗二年春, 西路大疫, 分送藥物, 以管餉米九萬二千石賑
之." ○"十年, 移統營穀一萬石, 賑兩湖饑." ○"關西大饑, 上聞餓莩顚連, 爲之
泣下, 減常膳, 擇遣御史, 命便宜活民, 蠲軍保米奴婢身貢." ○"顯宗元年, 命
蠲減咸鏡道蔘布之半【又減端川貢銀】, 嶺東西大同米, 諸道田稅奴婢貢布, 忠淸
道收米, 一結減一斗." ○"二年, 京畿春收米, 結減二斗." ○"十一年, 命量減各
殿香醞米, 運江都米三萬石, 發賣于京中, 以戶曹鹽鐵布, 劃給全羅道充賑資,
停御營軍上番, 留其保米于諸道以賑之." ○"十二年三月, 命留三南·原襄·黃
海·京畿田稅于本道, 以賑饑民."

肅宗卽位之年, 大饑, 命減身布之半, 軍保米應納十二斗者, 減二斗, 又減

田稅大同有差. ○三年冬, 備局啓曰: "京畿嶺南湖西, 其被災尤甚者, 田稅並留本邑, 以爲賑資, 待來秋還徵於本邑, 大同三手·米減半, 諸軍門番布保米亦減半, 諸般身布及奴婢身貢, 各減有差, 其被災未甚者, 各減有差, 嶺南其被災尤甚者, 進上虎豹皮·軍器月課米·其人價布濟用監正布, 並令全減." ○七年, 北道饑, 六鎭各邑諸般身役應納田稅貢物, 及三色奴婢身貢, 並許全減, 其次安邊等九邑, 減其一半. ○關西嶺東饑, 命五邑全減田稅, 及身役·身貢, 還上收三分之一, 其餘邑蠲減有差. ○嶺東饑, 各殿朔膳, 限一年停止. ○八年, 全羅道饑, 蠲米布有差, 仍停朔膳. ○九年, 命減田稅每結三斗, 及三手糧一斗二升, 依湖南例, 以賑廳米代給. ○二十五年, 命全家死亡者, 田役·身布·糶穀, 累年未收者, 並蕩減, 因判府事柳尙運所達也.

英宗十六年六月, 命減今年田稅之米【全蠲之】. ○十六年, 備邊司啓曰: "北路賑資已盡者, 皮穀五萬石, 今又以嶺南大同米二萬石, 軍作米一萬石, 稅大豆二萬五千石, 湖南位大豆五千石, 磨鍊加劃, 前後所劃, 合十一萬石, 爲先使之鱗[54]次入送, 兩湖軍布, 各限一萬匹作米, 使之上納惠廳, 而作米軍布之代, 令北營以所劃得錢布, 推移上送, 還報於出布衙門, 宜矣." 上允之. ○三十八年, 三南大饑, 敎曰: "今覽湖西安集使書啓【尹東暹】, 噫! 彼饑民, 若予目覩. 江都米二千石·北道交濟倉穀三萬石, 特[55]爲許給, 令[56]道臣商量載運, 以濟嗷嗷之飢民, 交濟倉穀, 湖南四萬石嶺南三萬石, 一體許給." 又敎曰: "今於湖南, 宜若拯溺. 浦項米在南北交濟者, 湖南最近, 遺儲米五萬石, 船運湖南, 而以北穀所來者充報【交濟倉在延日縣】." ○是年, 又令廟堂, 稟定「南北監運事目」, 今錄于左.

「監運事目」: 慶尙道北穀三萬石, 全羅道北穀五萬石·東穀五千石, 忠淸道北穀三萬石. 嶺南穀一萬五千石, 先送於湖南, 其代以湖南所劃北穀五萬石內, 依此數, 待其出來還報. ○三道監運御史金鍾正, 湖南所運北穀五萬石·東

---

54 鱗: 新朝本에는 '麟'으로 되어 있음.
55 特: 新朝本에는 '時'로 되어 있음.
56 令: 新朝本에는 '合'으로 되어 있음.

穀五千石, 待諸道船到泊嶺境, 卽以南船鱗[57]次, 督送于湖南境, 後嶺南所劃北穀三萬石, 待其出來, 監付嶺南. ○兩湖監運御史尹師國, 湖南所劃北穀五萬石·東穀五千石, 嶺南相換穀, 督運付之湖南, 湖西所劃北穀三萬石, 一體督運, 移送於湖西境, 而每穀到湖南境, 則無論多少, 隨其來到, 卽地計數, 三分二付湖南, 三分一移送湖西. 湖西準三萬數, 湖南準五萬五千石數. ○咸鏡北道御史金相翊, 關以北穀物之當運者, 一並載船, 督運於南關. ○咸鏡南道御史李仁培, 關以南穀物之當運者, 先爲裝載發送. 關北穀出來者, 待其出來, 亦卽督運於江原界, 則督運差使員句管, 因其所載船, 替運罔夜, 越送嶺南界. ○各道運穀時, 勿論兵船漕船私船, 隨便取用. ○**臣謹案** 是年京畿三南大饑【壬午年】, 而旣以亞卿四人爲安集使【見下篇】, 又以儒臣四人爲監運御史, 一邊盡安堵之方, 一邊督汎舟之役, 上下奮庸, 中外震動, 使四路生靈, 卒無捐瘠之悲. 猗歟! 至矣.

與其移粟於遠道, 莫若留財於本地. 兩便之政, 宜議仰請.

光海初, 大旱歲荒. 惠廳提調李廷龜奏曰: "移粟貸民, 本以救饑, 而民未沾實惠, 徒爲吏胥漁奪之資, 明年責償, 病民益甚. 唯當盡蠲賦役, 以寬其力, 則民雖採食草木, 亦可自活. 請以賑恤米穀, 代充宣惠廳用度, 盡減畿民今秋來春應納收米." 從之.

顯宗十二年大饑, 敎曰: "當此大侵, 不可督民收稅, 三南原襄黃海京畿田稅, 並留于本道, 以賑飢民." ○淸州牧使南九萬上疏曰: "今之議者以爲: '欲活目前之死者, 則穀物先匱, 二三月之間, 必無孑遺之民, 只可忍視其死, 堅守穀物, 使死者自死, 生者自生, 三四月之間, 始出而賑之, 則餘存之民, 或可得生.' 以此論之, 民窮計屈, 急急遑遑之狀, 亦可想矣. 本州田稅及大同餘米, 從前上納時, 陸運船載, 耗費無限, 民出其三, 京輸其一. 今若收留本州, 以充賑給之資, 則雖不能盡有所濟, 或可爲一分之助."

---

57 鱗: 新朝本에는 '鱗'으로 되어 있음.

英宗元年三南饑, 敎曰: "諸宮朔膳米價, 雖不能盡數減除, 而隨其多寡, 內需司減三百石, 於義宮減二百石, 彰義宮減一百石, 則合爲六百石. 三南各給二百石, 勿爲上納京廳, 以乙巳條會減, 以補賑資." ○左議政閔鎭遠啓曰: "三南賑資, 以關西棉布分俵矣, 三南監司, 謂運輸有弊, 請以本道應上納, 留作賑資, 而以所得關西棉布, 移納各衙門, 則各衙門以西布升品稍劣, 多不許施, 兵曹, 則以爲棉布或有內入之時, 不可以品劣者進排. 臣念當此大歉, 雖是內用稍劣何妨[58]? 請依監司所請, 許令換用." 上允之. ○**臣謹案** 列聖朝, 每遇饑年, 其移粟賜粟, 蠲租蠲布之命, 史不絶書, 今選其大者, 略擧百一. 凡爲牧者, 或遇大饑, 宜知故事, 乃有商量, 又宜亟往監營, 以勸狀請, 冀蒙恩澤, 不可蒙然慌怯, 自阻雨露也.

補賑諸物, 厥有內頒, 繼述之政, 遂以成例.

「賑恤事目」云: "肅宗己未以來, 內下賑資, 戶曹銀一千兩, 紬五十疋, 賑廳銀一千兩. ○肅宗八年, 命胡椒一百斗, 丹木一千斤, 白礬三百斤, 虎皮十領, 特下賑恤廳, 以補賑需."【乙亥年, 亦下胡椒丹木白礬之等.】○**臣謹案** 此事遂爲故常, 英宗正宗以至當宁, 皆繼述焉, 或胡椒蘇木【卽丹木】匱乏, 則戶曹以本價下送矣.

「賑恤事目」云: "諸路設賑處, 空名帖隨所請下送, 令分俵諸邑, 以補賑資." ○英宗元年, 敎曰: "空名帖急於賑民, 未免許之, 而各衙門料理之事, 予未見之矣. 京外賑民之不得已事外, 帖文切勿許賣." ○**按** 空名帖者, 嘉善大夫折衝將軍職牒之空其姓名者也. 每帖一張, 或收錢五兩, 或收錢七兩, 而民皆不願, 終皆抑配. 官有鬻爵之嫌, 民懷掊克之怨, 非美制也. 不若以仁言勸分, 而待其出義, 酬之以奉事·直長之銜也.

上恩雖均, 亦唯良牧, 克獲承受.

---

58 妨: 新朝本에는 '訪'으로 되어 있음.

程伯子爲扶溝縣, 水災民飢. 先生請發粟貸之, 鄰邑亦請, 司農怒遣使閱實. 使至鄰邑, 而令遽自陳, 穀且登, 無貸可也. 使至謂先生: "盍亦自陳?" 先生不肯, 使者遂言不當貸. 先生力言民飢, 請貸不已, 遂得穀六千石, 飢者用濟. 而司農益怒, 視貸籍戶同等而所貸不等, 檄縣, 杖[59]主吏[60]. 先生言: "濟飢當以口之衆寡, 不當以戶之高下, 且令實爲之, 非吏罪." 乃得已.

蘇軾知杭州, 大旱饑疫, 公請于朝, 免本路上供米三之一. 故米不翔貴, 明春卽減價糶常平, 民遂免旱苦.

金必振爲原城縣監, 是歲大饑, 民仰哺於官者, 萬餘人. 公牒使府, 請於朝, 得穀二千石, 錢十四萬, 分賑之, 此萬餘人, 皆獲全活.

御史下來, 營[61]賑監賑, 亟宜往謁, 以議賑事.

荒年監賑, 宜遣大臣. 故韓魏公以大臣爲益州按撫使, 富鄭公以貴臣爲靑州賑救之政. 本朝上黨府院君韓明澮, 爲三道救[62]荒使, 誠以活萬命而保一路, 國之大事也. 近世監賑御史, 多遣新進儒臣, 已非古意, 而己巳·甲戌之年, 不遣一介之使, 使南民無所告訴, 相顚連以死, 此又往古之所未有也. 旣死旣骨, 乃遣御史, 追理旣誤之事, 將何裨矣?

高麗文宗五年大饑, 以御史雜端金化崇爲西京·關內西道宣撫使. ○六年, 以關西安北兩道饑, 遣御史中丞金化崇, 發倉賑之.

世祖四年下三道饑, 命兵曹判書韓明澮, 爲三道救荒巡察使, 民賴以安. ○英宗七年, 三南大饑, 卽遣御史李宗白, 爲三南營賑使. ○三十八年, 京畿三南饑, 分遣安集使, 京畿戶曹參判金時默, 湖西都承旨尹東暹, 湖南同敦寧洪麟漢, 嶺南大司憲李彝章. ○正宗十九年, 湖南沿邊饑, 特遣檢校直閣前承旨徐榮輔, 爲慰諭使.

---

59 杖: 新朝本에는 '校'로 되어 있음.
60 吏: 新朝本에는 이 뒤에 '使'가 있음.
61 營: 新朝本에는 '管'으로 되어 있음.
62 救: 新朝本에는 '敢'으로 되어 있음.

鄰境有粟, 宜卽私糶, 須有朝令, 乃毋遏也.

『周禮大司徒』: "大荒則令邦國通財." 通財者, 鄰國之交濟也. 『春秋』葵丘之盟, '無遏糴', 居其一焉. 『易』曰: "有孚攣如, 富以其鄰." 左手之攣, 右手救之; 右手之攣, 左手救之. 攣如者, 鄰國之交濟也. 今人不知此義, 同作一國之臣, 而遏糴成風, 天下其有是乎? 此朝廷之所宜戒也. ○歲事旣判, 牧宜以公私錢布, 差人[63]糶粟, 以行賑糶之法【俗謂之發賣】, 取其贏羨, 以補賑餼, 不可緩也.

蘇耆充陝西轉運使, 景祐中, 洛陽大旱穀貴, 百姓饑殍, 京東轉運司, 亦無以爲賑. 洛陽留守, 移書求耆粟二十萬斛, 遂移文陝府, 如數與之. 同職謂耆曰: "陝西沿邊之地, 屯軍甚多. 若有餘者, 可移之以實邊郡, 奈何移之他路?" 耆曰: "天災流行, 『春秋』有恤鄰之義. 生民皆繫於君, 無內外之別. 苟有餽運, 耆當自謀, 必不以此相累." 朝廷甚嘉之. ·

朱子「乞禁遏糴狀」云: "本軍建昌縣管下二陂山田等處, 四散收糴, 靖安新建縣鄉人米斛, 欲裝上船, 覘奉新縣尉司·弓手五十餘人, 各持槍棒, 延江巡綽, 不容裝發米斛. 又被奉新縣差人, 越界釘斷, 建昌縣管下三陂潭德爻口·陂水, 把截不放船隻上下往來. 請將奉新官吏按劾, 仍通放米船." ○鏞案 毋遏糴者, 葵丘之盟詞也. 鄰國之誼, 救災恤患, 其可以相遏乎?

黃幹知漢陽軍, 値歲饑, 糴客米, 發常平以振之, 制置司下令, 欲移本軍之粟, 而禁其糴. 幹報以乞候幹罷然後施行. 於是荒政具擧, 旁郡饑民輻湊, 惠撫均一. 及春煥願歸者, 給之糧, 不願者, 結廬居之, 民大感悅.

吳遵路知通州, 時天下旱蝗. 遵路乘民未饑, 募富者, 得錢幾萬貫, 分遣厮校, 航海糴米, 使物價不增.

徐九思知句容縣, 歲侵穀湧貴, 巡撫發倉穀數百石, 使平價糶而償直於官. 九思曰: "彼糴者皆豪也, 貧民雖平價不能糴." 乃以時價糶其半, 還直於官, 而

---

63 人: 新朝本에는 '入'으로 되어 있음.

以餘穀煮粥食餓者. 穀多, 則使稱力分負而去, 其山谷遠者, 則就旁富人穀, 而官爲償之, 全活甚衆. 嘗曰: "卽天子布大惠, 安能人人蠲租賜復? 第在吾曹, 酌緩急而已."

胡大初曰: "凶年宜以官錢, 貸米鋪戶【卽米商】, 往外郡販米出糶, 但要有米可糶, 不可限其價直. 米纔輻輳, 價自廉平. 先君宰金谿, 兩年値歉, 只行此策, 民用無飢."

『續大典』: "諸道瀕海, 設倉儲穀, 遇鄰道凶荒, 則轉輸救濟." ○羅里鋪倉在全羅道臨陂縣, 以救濟州三邑; 浦項倉在慶尙道延日縣, 以救江原·咸鏡二道; 交濟倉在咸鏡道德源·高原·咸興三處, 以救江原·慶尙道. ○『通編』云: "交濟穀納于本倉, 勿許收留本邑, 擅留守令論罪." ○濟民倉本在泗川·羅州·順天·庇仁等地, 留元穀二萬石, 以五分一耗, 分放近邑. 挪[64]移·加分者, 用律依交濟倉例.【順天·羅州濟民倉, 今廢只穀物, 收留各該邑】 ○臣謹案 交濟者, 『周禮』通財之義也. 但羅里鋪, 宜在靈巖之梨[65]津浦, 今其穀布在南沿諸邑, 於事爲便. ○臣以爲 交濟之法, 雖如此, 公穀有限, 不足以周洽, 守令私糶, 乃可濟也. 每遇饑年, 或其鄰省有年穀稍登者. 自朝廷下諭道臣, 令毋遏鄰糶, 凡帶公移來者, 卽許泊船販穀, 方可以普濟也.

其在江海之口者, 須察邸店, 禁其橫暴, 使商船湊集.

凶年商船泊於浦口, 店主【船主人】牙郞【執斗者】, 操縱削價, 官校邑吏, 侵漁作奸. 商賈聞聲, 回船遠遁, 此米價之所以日貴也. 牧宜知此, 務悅商賈之心, 使之輻湊[66], 則有錢者, 得以交糶矣.

趙淸獻公抃知越州, 兩浙旱蝗, 米價踊貴, 饑死相望. 諸州皆榜衢路, 禁人[67]增米價, 公獨榜通衢, 令有米者增價糶之. 於是米商輻湊[68], 米價更賤. ○聚粟

---

64 挪: 新朝本에는 '那'로 되어 있음.
65 梨: 新朝本에는 '犂'로 되어 있음.
66 湊: 新朝本에는 '輳'로 되어 있음.
67 人: 新朝本에는 '入'으로 되어 있음.

有二法. 一曰遣親信以販外粟, 二曰增米價以來商賈, 如斯而已矣.

朱子「乞從便興販狀」云: "出榜曉示, 米牙人不得減剋, 分文客人, 自行出糶, 切慮州軍阻節, 致使客旅不通, 間有州軍, 妄以雜物爲名, 倚收稅錢, 是致商賈不肯搬販. 欲望勻慈, 嚴行禁戢."

朱子「約束米牙帖」云: "諸縣鄉村人戶, 搬米入市出糶, 多被米牙人兜攬拘截, 增擡價直, 用小升斗出糶, 贏落厚利, 遂致細民艱食. 情實切害, 合行約束." ○朱子「賑恤事件」云: "尋常客人糶米, 必經由牙人, 方敢糶米, 常被邀阻, 多抽牙錢, 是致不肯住糶. 合嚴立榜賞, 庶得牙人不敢搔擾." ○又曰: "客旅興販, 本軍不行收稅, 仍放免本船【商船也】, 雜物稅錢. 招納米船, 住岸出糶." ○**鏞案** 牙人者, 駔儈之居中者. 船到浦口, 店主牙郎, 操束作奸, 或受賂於富民, 務削米價; 或受賂於商客, 反令刁蹬. 每值荒年, 宜嚴禁牙郎, 別遣忠信之人, 商定米價.

不俟詔令, 便宜發倉, 古之義也, 使臣之行也. 今之縣令, 則何敢焉.

汲黯承詔, 往視河內, 還報曰: "家人失火, 屋比延燒, 不[69]足憂也. 臣過河南, 貧人傷水旱萬餘家, 或父子相食. 臣謹以便宜, 持節發河南倉粟, 以振貧民. 臣請伏矯制之罪." 上賢而釋之.

韓韶爲嬴長, 流民入界, 韶開倉賑之. 主者爭執不可, 韶曰: "活溝壑之人, 而以此伏罪, 當含笑入地矣."【漢桓帝時人】

晉郭默爲東郡太守, 值歲荒人饑, 開倉賑給, 乃舍都亭, 自表待罪. 詔書褒歎, 比之汲黯.

唐張須陀爲齊郡丞, 屬歲饑, 開倉賑給. 官屬咸曰: "待詔不可擅與." 須陀曰: "吾若以此獲罪, 死無所恨." 先開而後上狀. 帝知之而不責.

王恂出許州長史, 歲旱時, 假刺史令, 開倉賑民卽自劾. 玄宗赦之.

李皐爲溫州長史, 歲歉, 有官粟數十萬斛. 皐欲行賑救, 掾吏乞候上旨. 皐曰: "夫人日不再食當死, 安暇稟君命? 若殺我一身, 活人數千命, 利莫大焉." 於是開倉散之, 飛章自劾, 上嘉之.

員半千調武陟[70]尉, 值歲旱, 勸令殷子良發粟賑民, 子良不從. 及子良謁州, 半千悉發之, 下賴以濟. 刺史大怒, 囚半千於獄. 會薛元超持節河南, 讓太守曰: "君有民不能恤, 惠出一尉, 尚何罪耶?" 半千始得釋.

范純仁知慶州, 餓莩滿路, 官無穀以賑恤. 公欲發常平封樁粟濟之, 州郡皆欲俟奏. 公曰: "人七日不食卽死, 何可待報? 諸公但勿預. 吾寧獨坐罪." 果有詔, 遣使按視. 民讙曰: "公活我. 我安忍累公?" 晝夜輸納. 迨使者至, 已無所負矣.

程師孟知楚州, 部無常平粟, 建請置倉. 適凶歲, 振民不足, 卽矯發他儲不俟報. 吏懼白不可, 師孟曰: "必俟報, 餓者盡死矣." 竟發之.

彭誼知紹興, 府民告饑, 卽發倉賑之. 或謂當上聞, 否且得罪. 誼曰: "待請而發, 轉溝壑者多矣. 吾何愛一身, 不以活萬命?" 明年有秋, 民爭委輸, 不踰月而倉復盈.

李允則知潭州, 歲饑, 欲發官廩, 先賑而後奏. 運使難之, 公請以家資爲質, 乃得發廩. 詔書嘉獎之.

馬少保知昇州, 行次九江, 屬歲旱民饑. 乃邀湖湘漕米數千艘以賑之.

洪皓爲秀州錄事, 大水民饑, 會浙東綱常平米過城下. 公遣吏, 鑱津柵, 告守使截, 留守嗫不肯曰: "此御筆所起也, 罪死不赦." 公曰: "民仰哺當至麥, 今臘猶未盡. 中道而止, 則如勿捄. 寧以一身, 易十萬人命." 訖留之. 廉訪使者王孝竭至, 見賑濟有法, 奏免其罪, 又請得二萬石, 予之. ○案 以守臣小臣, 擅留漕船, 猶得無罪. 宋朝仁厚立國, 有如是矣.

曹泊爲永吉道都巡問使【太宗朝】, 請發倉賑貸, 上曰: "賑濟救民之急也. 啓聞待命, 緩不及事, 自今臨時賑恤."

---

70 陟: 新朝本에는 '陽'으로 나와 있는데, 『新·舊唐書』에 의거하여 바꿈.

許詡爲京畿監司【世宗朝】, 請賑饑無關於戶曹, 得以便宜發倉, 上許之.

李東稷爲廣州府尹, 時値大侵, 擧國飢死. 府有椿糴十餘萬斛, 以軍餉也, 朝廷不許糶賑. 公曰: "苟緩一日, 當殺千人." 未上徑符, 吏民皆會倉底, 直馳到剖鎖, 所活以萬數. 籌司移書遏之, 民益走死, 公爭益力, 終使民無有捐瘠. 及秋徵收, 民曰: "微⁷¹ 春夏惠恤, 吾父母妻子, 皆已溝壑矣." 遂莫有後者.

---

71 微: 新朝本에는 빠져 있음.

第二條 勸分

勸分之法, 遠自周代, 世降政衰, 名實不同. 今之勸分, 非古之勸分也.

『春秋傳』: "僖二十一年, 夏大旱, 公欲焚巫尪. 臧文仲曰: '非旱備也. 修城郭【備鄰寇】, 貶食【君不擧】, 省用務, 穡勸分, 此其務也.'"【杜預云: "勸分, 有無相齊."】
○鏞案 古者, 敎民睦婣任恤, 其不帥敎者, 刑以糾之【卽不睦不婣不任不恤之刑】. 凶年勸分其食[1], 民安有不分食者乎? 分於兄弟【同族也】, 分於婚姻, 分於鄰里, 分於窮獨, 以遵王命, 非輸其財于公府, 以分萬民也. 後世之法, 雖與古殊, 然猶勸其糶貸, 非勸白給. 吾東所謂勸分, 皆勒奪民財, 使之白給. 猶云勸分之法, 本之『春秋』, 不亦難乎?

中國勸分之法, 皆是勸糶, 不是勸餼; 皆是勸施, 不是勸納; 皆是身先, 不是口說; 皆是賞勸, 不是威脅. 今之勸分者, 非禮之極也.

曾鞏爲通判, 歲饑, 度常平不足以賑給, 而田居野處之人, 不能皆至城郭, 至者群聚, 有疾癘之虞. 前期諭屬縣, 召富人, 使自實粟數總, 得十五萬石. 視常平價, 稍增以予民, 民得從便受粟, 不出田里, 而食有餘粟, 價爲平. 又出錢販粟五萬, 貸民爲種糧, 農事賴以不乏. ○案 此是勸糶, 又其價視常平稍增, 特輕於時估而已. 今之勸分者, 必無價白奪, 抑何據也.

---

1 食: 新朝本에는 '餘'로 되어 있음.

趙閱道少保嘗知越州, 値歲大歉, 公召州之富民畢集, 勸諭以振濟之義, 卽自解腰間金帶置庭下. 於是施者雲集, 所全活十數萬人.

陳堯佐知壽州, 遭歲大饑, 公自出米, 爲糜以食餓者. 吏民皆爭出米, 其活數萬人. 公曰: "吾豈以是私惠? 蓋以令率人, 不若身先, 而使其從之樂也."

扈稱爲梓州路轉運使, 屬歲饑, 道饉相望. 稱先出祿米以賑民, 富家·大族, 皆願以米輸官, 全活數萬人. ○案 此趙陳扈三公, 皆以身先之, 以勸下民. 今之勸分者, 一文之錢, 未或自捐, 唯民是勸, 不亦羞乎?

韓魏公爲益州安撫使, 檄劍門關, 流移而欲東者勿禁, 賞民勸喩納粟後, 糶錢十六餘萬, 盡以給四等以下戶, 爲饘粥活飢人一百九十餘萬. 蜀人曰: "使者之來, 更生我也."○案 韓魏公亦以賞勸分, 不以賞勸, 徒以威脅者, 禦人之術也.

麗嵩爲應天通判, 歲饑, 上官命督振, 公粟竭, 貸之巨室富家, 全活者, 六萬七千餘人. 乃蠲積逋, 緩征徭, 勤勞徠, 復業者, 又十萬餘人.

宋孝宗隆興中, 中書門下省言: "湖南江西旱傷, 立賞格以勸積粟之家. 凡出米賑濟, 係崇尙義風, 不與進納同."○丘濬曰: "鬻爵非國家美事, 用之賑荒, 則是國家爲民, 無所利之也. 宋人所謂崇尙義風, 不與進納, 同是也. 臣願遇歲凶荒, 民間有積粟者, 輸以賑濟, 則定爲等第, 授以官秩, 自遠而來者, 並計其路費, 授官之後, 給與璽書, 俾有司加禮優待, 與見任同, 雖有過犯, 亦不追奪. 如此, 則平寧之時, 人爭積粟, 荒歉之歲, 民爭輸粟, 是亦救荒之一策也."○案 瓊山之說, 是也. 己巳之饑, 諭以賞格, 勸民分粟. 南原權昌彦士族也, 輸粟數千石. 罷賑之日, 朝廷遂與相忘. 後五年甲戌, 又大饑, 朝廷始悔其失信, 授以主簿, 又勸分數千石. 罷賑之日, 又復相忘. 說者曰: "此後又逢大饑, 昌彦乃進其官." 朝廷之無信, 如此, 何以勸民?

朱子「賑恤事件」云: "富家有米可糶者幾家, 除口食支用, 供贍地客外, 有米幾石可糶, 開姓名米數. ○在城上戶二十五名, 其認賑糶米一萬一千六百三十五碩, 每升價, 錢一十七文足. ○星子縣上戶若干, 每升價, 錢一十七文足. ○都昌縣上戶若干, 每升價, 錢一十四文足. ○建昌縣上戶若干, 每升價, 錢一十二文足."○鏞案 和糴勝於勸分. 但其糴米之價, 輕於時價, 未可知也. 三縣米價, 各自不同, 或其山縣水縣, 時價有差也.

朱子「諭上戶借貸帖」云: "勸諭上戶, 春間將米穀等, 生放下戶, 秋冬隨例收息, 每斗收息五升. 約秋成計本息還錢, 如有拖欠不還, 官爲理索."○鏞案 吾東勸分之法, 皆令白給, 不唯白給, 乃是白納【不給民, 而納于官】. 是故令有所不行, 用有所不明. 中國之法, 其勸于富民也, 不過曰糴米賒米也. 糴米者稍輕其價, 使之發賣於飢民也; 賒米者約以取息, 使之借貸於飢民也. 官長之所勸者, 如此, 而民有不從, 雖董之威之, 未爲不可. 吾東之法, 使民白納, 民有不從者, 則嚴刑猛棍, 如治盜賊, 一遇凶年, 富民先困. 故南民有言曰: "生不如死, 富不如貧." 此虐政之大者也, 爲牧者宜知之.

朱子「賑場事件」云: "上戶張世亨張邦獻劉師興黃澄四名, 依格賑濟. 上項四家之外, 未有出得上件米穀減半, 出糴之人, 乞將上戶, 承認賑糴米價, 止令量減四分之一, 便與依格推賞, 庶使上戶, 樂於就賞, 細民不致闕食."○鏞案 此條所謂賑糴, 亦無強勸之法. 始欲視時價減半, 今欲四分一量減, 皆不強勸之明驗也. 又從而賞之以官, 民有不樂從者乎?

朱子「賑場事件」云: "乾道七年八月, 勸諭上戶, 賑糴濟格目, 無官人, 一千五百石補進義校尉, 二千石補進武校尉, 四千石補承信郎【如係進士補上州文學】, 五千石補承節郎【如係進士補迪功郎】. 如是賑糴, 依此減半, 推賞又準. 淳熙七年十月八日, 指揮節文, 賑糴米於市價, 減半錢數, 卽照已降指揮, 追賞."○鏞案 納粟得官, 雖非古法, 自漢以來, 行之久矣. 凶年饑歲, 發義施仁, 捐財以活人者, 可無賞乎? 近來守令白奪民財, 以行賑濟, 其末也, 一杯之酒, 未有致意, 不已佻乎?

辛棄疾帥湖[2]南, 「賑濟榜文」祇用八字曰: "劫禾者斬, 閉糴者配."○丘濬曰: "朱子謂: '棄疾做兩榜, 便亂道.' 蓋荒歉之年, 民間閉糴, 固是不仁. 然此際, 米價翔涌, 正小人射利之時也, 而必閉之者. 彼亦自量其家口衆多, 恐嗣

---

2 湖: 新朝本에는 '胡'로 되어 있음.

歲之不繼耳. 彼有何罪? 必先喻之以惠鄰, 開之以積福, 許其隨時取直. 民之無力者, 官與之券, 許其取息, 待熟之後, 官爲追償. 若彼僅僅自足, 亦不可强也. 然亦嚴爲之限. 凡有所積, 不肯發者, 非至豐穰, 禁不許出糶. 彼見得利, 恐其後時, 自計有餘, 亦不能以不發矣."

吾東勸分之法, 使民納粟, 以分萬民. 雖非古法, 例已成矣.

高麗高宗十三年制曰: "全羅道饑甚, 有蓄儲州郡, 宜發倉賑給, 其無蓄儲州郡, 各於私處, 取其贏餘賑給, 待豐年償之."

本朝明宗十六年, 命內外官吏, 脩擧荒政. 至於放租弛禁移粟納穀勸分收瘞之類, 靡不究心. 病者抹之, 死者瘞之.

察訪·別坐, 酬之以官. 厥有故事, 載於國乘.

肅宗癸亥, 賑廳, 以譯官卞爾昌納米五十石, 請給加設僉知帖. 政院及臺諫以爲凡加設職, 只許士族事已有定奪, 上令該廳, 施以他賞. 賑廳堂上閔維重曰: "取考辛丑「啓下事目」, 則察訪別坐判官·僉正·副正·通禮正·僉知·同知等, 加設實職, 並許謝恩封贈, 一依正官例, 而通禮正等職, 只許士族, 僉知·同知, 毋論士族·良人, 並許受帖, 而良民則比士族加納十石, 此其區別定式者也. 如屯田別將, 軍門幹事之類, 以官穀官物, 取其羨餘, 稱爲自備者, 固不當許給加設僉知·同知, 而良民之以私財納賑米者, 亦不許之, 則本廳他無論賞之事, 雖欲募粟[3], 誰肯從之? 卞爾昌係是譯官, 加設僉知未爲不可, 而李德龍者, 乃老除軍士也, 賞給同知帖, 濫矣." 左相閔鼎重曰: "李德龍果是軍士, 則父母及妻, 並許封贈, 誠爲濫越, 只給同知帖, 而不許封贈, 則似有差等矣." 右相金錫胄曰: "僉同知並許良民, 則非辛丑所新創, 丁丑·己巳年間, 已有此例. 爲國納粟之人, 功勞旣同, 乃以譯官·軍兵有所分別? 如騎步兵·甲士之類, 乃世代良民, 國家待之亦優, 譯官輩, 雖或乘馬衣冠, 夷考其來歷, 不及於擔負之軍者,

---

3 粟: 新朝本에는 '票'로 되어 있음.

甚多. 今若有所差等, 遂爲定例, 則將來良民, 無復納粟者. 李德龍依事目, 許其所當許者, 宜矣." 上從之. ○臣謹案 中樞府者, 古之樞密院也. 同知·僉知, 樞密院之大夫也. 天地定分, 君爲上, 大夫次之, 士次之. 大夫之名, 豈可以輕假之乎? 大夫之妻, 職曰'夫人'. 夫人者, 古者諸侯之妃所得稱者也. 今令走卒賤流, 權差樞密院大夫, 封其妻曰'貞夫人'·'淑夫人', 天下其有是乎? 旣名大夫, 則宜用大夫之禮, 乘輅軒祭少牢, 與諸大夫齒可也. 如不可然, 大夫之名, 不可假也. 雜職仕者, 宜自通德郎, 直陞爲折衝將軍, 一品二品, 亦設將軍之名, 以待此輩, 然後名器始尊. 今乃曰: "察訪別坐, 惟許士族; 僉知·同知, 通於下賤." 豈當於理乎? 國制, 從四品以上, 階曰'大夫'; 正五品以下, 階曰'郎官', 若其大級, 則判書爲上大夫, 參判爲中大夫, 參議爲下大夫. 三品四品爲上士, 五品六品爲中士, 七品至九品爲下士. 今欲使出粟賑民者, 受賞, 則五十石以上授參奉, 百石以上授奉事, 二百石以上授直長, 三百石以上授主簿. 遡而上之, 至正五品通德郎而極焉, 其職則至僉正【從四品】判官【從五品】主簿別提而極焉. 但令入闕謝恩, 乘馹掃墳, 死而書銘, 葬而題主, 下及玄孫, 得免軍役, 則應募者亦多矣. 何必以大夫夫人之名, 假之乎?

英宗七年辛亥, 右議政趙文命啓曰: "勸分一事, 最爲救荒大政. 蓋賣爵固非美事, 而凶歲則亦有不可已者. 故朱子於浙賑時, 遺書宰相王淮, 力言其不可不爲, 明儒丘濬, 亦以爲在常時不可, 於救荒是要策. 孝顯兩廟朝, 亦有已行之例. 而近年以來, 朝家於此事, 失信頗多, 故民不樂從. 國家本不宜失信於民, 而況值此凶歲, 尤宜有激勸之擧矣." 上曰: "此事曾有陳達者, 朱子事, 予亦知之. 而近來國家之失信, 實緣該曹不爲擧行故也. 昨年北道私賑人中, 特異者一人, 別施恩典, 聳動觀聽. 此後若有私賑優異者, 不待畢賑, 道臣狀聞, 卽施恩典, 俾免失信之歸. 守令或以空名帖, 勒賣聚穀, 此則不可不申飭也."

嘉慶十四年, 己巳六月二十日, 左議政金載瓚所啓: "荒年勸分古也, 自春秋時已有之. 所謂勸分, 勸民積粟者, 使之私分饑民者也. 朱子在南康, 歲値大饑, 諭民出粟, 請于朝各補郎階, 依格推賞, 蓋民有賑饑之功, 朝施拜爵之賞, 自朱子始焉. 先朝壬癸之荒, 抄應募補賑之人, 或授特資, 或直除宿衛之職, 此古者勸分之意, 而朱子南康時遺制也. 是以爭先納穀, 所全活甚多. 若匪殊賞, 民無以勸. 此所以恩資濫衛, 亦無所靳施者也. 今亦用壬癸之例, 使被災之邑, 先使曉喩, 俾各興起, 以爲補賑之意, 行會四道. 道臣若或因是而强其不願, 則是勒分也. 勒分之弊, 責在守令, 此則嚴飭, 無至犯科之意, 並爲分付何如?"上曰: "依爲之. 勒分則反不如不分, 以此意各別申飭可也."

朱子在浙東, 「上宰相書」曰【六月八日書】: "去歲諸路之饑, 浙東爲甚. 熹自受任以來, 夙夜憂歎, 比日旱勢復作, 仰水高田, 已盡龜坼. 去年境界, 又在目前. 天下之事, 荒政最急, 荒政之中, 兩事又急. 一曰廣糴米斛,【節】二曰速行賞典, 激勸富室. 蓋此一策, 本以誘民, 事急則籍之, 以爲一時之用, 事定則酬之, 以爲後日之勸. 旋觀今日, 失信已多, 別有緩急, 何以使衆? 欲望明公察此事理, 特與敷奏, 照會元降, 卽與推恩, 使已輸者, 無怨恨不滿之意, 未輸者, 有歆豔慕用之心. 信令旣行, 願應者衆, 則緩急之間, 雖百萬之粟, 可指揮而辦. 況是此策不關經費, 揆時度事, 最爲利宜. 而乃遷延歲月, 沮抑百端, 使去歲者, 至今未及霑賞, 而今歲者, 方且反覆却難, 未見涯際. 是[4]失信天下, 固足以爲今日之所甚憂, 而自壞其權宜濟事之策者, 亦今日之所可惜也. 謀國之計, 乖[5]戾若此, 臨事而悔, 其可及哉? 此二事也, 然或者之論, 則以爲朝廷一節財用, 重惜名器, 以爲國之大政, 將在於此二者之請, 恐難必濟. 愚竊以爲不然也. 夫撙節財用, 在於塞侵欺滲漏之弊, 愛惜名器, 在於抑無功幸得之賞. 今將預儲積蓄, 以大爲一方之備, 則非所謂侵欺滲漏之弊也; 推行恩賞, 以昭示國家之信, 則非所謂無功幸得之賞也.【節】國家官爵, 布滿天下, 而所以予之者, 非可以限數也. 今上自執政, 下及僚庶, 內而侍從之華, 外而牧守之重, 皆可以交結託附而得. 而北[6]來歸正之人, 近習戚里之輩, 大者荷旄仗節, 小者正任橫行, 又不知其幾何人. 明公不此之愛, 而顧愛此迪功·文學·承信·校尉十數人

---

4 是: 新朝本에는 '見'으로 되어 있음.

5 乖: 新朝本에는 '乘'으로 되어 있음.

6 北: 新朝本에는 '比'로 되어 있음.

之賞, 以爲重惜名器之計, 愚不知其何說也."

將選饒戶, 分爲三等, 三等之內, 又各細剖.

饒戶者, 其家中儲穀, 能八口自食, 而猶有贏餘者也. 牧執「砧基表」, 察民貧富, 又採公議, 先以饒戶, 分爲三等. ○三等者, 上中下三等也. 下等分爲九級, 下自二石【十五斗作石】, 遞加一石, 第一級配粟十石. ○中等分爲九級, 下自二十石, 遞加十石, 第一級配粟百石. ○上等分爲九級, 下自二百石, 遞加百石, 第一級配粟千石. ○千石者, 中國之一千五百斛也, 私莊之七百五十石也【私粟以二十斗爲一石】. 其必以十五斗爲一石者, 勸分將以爲賑, 賑者公事也, 宜與公簿同勘, 不可以殊例. 每見勸分者, 必以二十斗爲一石, 簿例錯亂, 不可循也. ○千石之外, 其自願出義, 以希賞典者, 不必限制. ○中國勸分獻米, 至四五千石【見「朱子箚語」】, 今以粟千石爲大限者, 吾東民貧, 所謂巨富, 無可以獻米千石者也. ○民能自食者, 其有斗粟之餘, 不可勸分, 而今二石三石, 亦在所勸者, 吾東民貧, 能入上等者, 一路不過數人【二百石以上】; 能入中等者, 一縣不過數人【二十石以上】. 唯下等之戶, 一縣或得數百【二石至十石】, 若棄此不勸, 無攸勸矣. ○凡勸分之法, 隨其家力, 或多或少, 何必椿定差級, 皆爲成數乎? 答曰: "法貴有規, 簿乃不亂. 二十石三十石, 其間雖闊, 上附下附, 可以平物, 不可於成數之外, 雜以零數也."

凡上等之饒, 宜勸之以賑餼【不受價】; 中等之饒, 宜勸之以賑貸【待秋成還酬以粟】; 下等之饒, 宜勸之以賑糶【受輕價出之】, 何也? 國典五十石以上, 狀聞論賞, 況於二百石以上乎? 肅宗癸亥, 閔公維重所奏「辛丑事目」【詳見上】, 苟能修而明之, 則二百石以上, 得爲主簿判官審矣. 旣得官帖, 又受粟價, 可乎? 且此諸戶旣稱上等, 不必望酬, 所謂'芑矣富人'也. 故直以餼勸, 無所不可. 若朝令不明, 賞格難必, 則詢其所願, 鄕丞【座首別監等】將官【千摠把摠等】, 隨授差帖, 或軍簽勿侵, 永授完議. 若於諸色, 都無所願, 雖入上等, 亦許之以賑貸而已. ○賑貸者, 何也? 假如勸分粟一千石, 受之於饒戶, 頒之於飢口, 及至秋成, 還收於飢口, 以酬饒戶【法見下】. 色落耗打, 所不論也. 中等諸戶, 雖有餘糧, 本非

高價, 百石以下, 不足希賞【國典, 雖云五十石以上論賞, 近例皆所不論】, 待秋受其本
粟, 抑所宜也. ○賑糶者, 何也? 下等諸戶, 名雖饒戶, 其命如綫, 雖數石之穀,
無以白輸, 所以爲糶也. 其價奈何? 詳定之例, 米一石則三兩【十五斗】, 租一石
則一兩二戔【見上篇】. 今特加三十, 每租一石, 酬錢一兩五戔, 抑所宜也. 或曰:
"大饑之年, 斗米百錢【或有過百之年】, 一石之租, 其米六斗【每五斗舂, 得二斗.】, 則
今所受價四之一也【該受六兩[7], 今受一兩半.】. 中等之饒, 秋受本粟; 下等之饒, 坐
失四三【四之三】, 豈不戾哉?" 答曰: "中等之戶, 出二十石, 論其時估, 百二十兩,
及秋還收, 論其時估, 必不過三十兩【秋熟則租十五斗, 難受錢一兩半.】, 亦四一也.
同是四一, 而彼待秋受, 此乃今領, 何謂差級不明乎?【凶年粟價, 亦各不同, 宜參酌
時估, 令下戶·中戶, 所損有差.】"

乃選鄕望, 排日敦召, 採其公議, 以定饒戶.

朱子「示星子諸縣書」云: "勸諭上戶, 請詳本軍立去帳式, 令鄕衆依公推擧,
約定所蔭客戶, 所糶米穀數目. 縣司略備酒果, 延請勸諭, 厚其禮意, 諭以利
害, 不可縱令胥吏, 非理搔擾. 上戶旣是富足之家, 必能體悉此意. 其間恐有
未能致悉之人, 亦當再三勸諭, 審其虛實, 量與增減. 如更詐欺抵拒, 卽具姓
名申軍, 切待別作施行." ○案 具姓名申軍者, 謂自本縣列其抵拒之罪, 報于
上司也【星子等三縣, 卽南康軍屬縣】. 勸分而不從令, 則朱子亦董之以威矣. 然所
勸者, 糶也, 非納也.

大抵抄饒之難, 甚於抄飢. 飢戶本貧, 其或濫抄者, 皆由顔私, 非有賂也. 饒
戶有財, 其欲倖免者, 廣圖叮囑, 咸以賂也. 設有至公無私之論, 聽之者又不
免懷疑. 鄕丞進曰: "李某實貧, 不中十石; 張某頗富, 優入百石." 我之聽之, 將
曰: "彼訟其貧, 無乃受賕於李某乎? 而訐其富, 無乃背約者張某乎?" 嫌疑之
際, 人所難言. 故無私者, 雖問而不言; 挾私者, 雖言而難信. 官欲廉之以別蹊,
安知不偏聽而生奸乎? 官欲詢之於公會, 安知非朋比而雷同乎? 雖然, 公聽

---

7 兩: 新朝本에는 '雨'로 되어 있음.

猶勝於偏聽也. ○近見守令, 置酒排筵, 普請饒民, 或令本人自書幾石, 或以官口强乞幾石. 任其所爲, 則猗頓皆稱屢空; 臨之以威, 則黔婁或遭困境, 天下之難, 未有甚於勸分[8]者也. ○凡鄕廳學宮, 其出入奔競者, 槩是奸民, 不可信也. 無論士族, 土族中下之族, 必安居讀書, 治家力農, 不入城府, 不入訟庭者, 乃或淳朴保其良心, 其所論或出於公正也. 牧密求此人, 如訪賢俊, 每一鄕【卽一面】, 得上族二人【謂士族土族】, 中族二人, 或貽書敦速, 或下帖延召, 置酒排筵, 指日請會. 每一日之筵, 止召五鄕, 則會者二十人也【一面各四人】. 於是取一紙, 列書五鄕饒戶之名, 使之圈點【必取附近五鄕, 然後甲鄕之人, 知乙鄕之情】. ○牧曰: "吾法二石至十石爲下等, 二十石至百石[9]爲中等, 二百石至千石爲上等. 公等須於諸戶名下, 各書一字【上中下三字之中, 題一字】, 俾定上中下三等." 於是上字多者, 定之爲上等; 中字多者, 定之爲中等; 下字多者, 定之爲下等. 若兩等字同者【中字八箇, 下字亦八箇】, 從其高者【定之爲中等】. ○圈點旣訖, 又用三紙, 以三等之戶各書一紙. 又令二十人, 於諸戶名下各書幾石【下等則二石至十石, 中等則二十石至百石】, 以定該納之石數. 於是書二石多者, 定之爲二石; 書十石多者, 定之爲十石. 中等亦然【書二十石多者, 定之爲二十石; 書五十石多者, 定之爲五十石】. 若兩等書同者【書三石者七人, 書四石者亦七人】, 從其高者【定之爲四石】. 每一鄕旣召四人, 則宜令四人, 只議本鄕之戶, 今必令五鄕之人, 通周圈點者, 本鄕之議, 不可不採也; 他鄕之議, 亦不可不採也. ○厥明日, 又召五鄕, 圈點如上法. ○圈點旣訖, 出示昨日圈點之錄, 詢之曰: "此錄得無冤乎? 如有所知, 或濫或倖, 宜各明言." 於是聽其所言, 就其名下, 註其所言, 別蹊廉訪, 徐探實情, 或升或降.

其上戶之勸以賑饒者, 及中戶之勸以賑貸者, 牧宜約日敦請, 置酒排筵, 溫言以諭之曰: "求福之道, 莫如積德; 積德之法, 莫如無德. 無德者, 何也? 施者無名, 受者不謝, 斯之謂無德也. 凡人之情, 自以意施, 不惜萬錢; 人勸而施,

---

8 分: 新朝本에는 '令'으로 되어 있음.

9 石: 新朝本에는 '名'으로 되어 있음.

則各一杯. 人勸而施, 尙可勉也; 官勸而施, 尤所不樂, 人之情也. 然心所不樂, 勉而行之, 非克己乎? 我則有施, 人不謝我, 非陰德乎? 陰德仁也, 克己義也. 旣仁且義, 其無福乎? 且今朝令惻怛, 賞格明著, 信令而行, 民之義也. 官柄在國, 國將與之; 邑權在我, 我將與之【謂本邑賞格】. 吾不食言, 君其信之. 朝令不信, 我將言之【謂請之於朝】. 言而不用, 在公無德, 無德之德, 天所鑑也. 其所賑貸, 秋其酬之, 如有死亡, 吾將補之." ○其下戶之勸之以糶者, 命鄕丞之善言者, 巡行村里, 溫言曉喩, 使之勸分. ○賑糶之戶, 旣受價四分之一, 其納四石者, 實不過三石. 其納八石者, 實不過六石. 況以十五斗爲一石, 則其納十石者, 論以私法, 不滿六石【不過一百十二斗五升】. 此箇分數, 亦須明說也.

朱子「示星子諸縣書」云: "將來糶米, 亦請一面, 早與上戶及糶米人戶, 公共商議, 置場去處, 務令公私·貧富遠近之人, 各得其便. 大抵官米, 只於縣市出糶, 上戶米穀, 卽與近便鄕村, 置場出糶, 不須搬載往來, 徒有勞費. 如有大段有餘不足去處, 及將來發糶常平米斛, 卽具因依申來, 切待別行措置."

勸分也者, 勸其自分也. 勸其自分, 而官之省力多矣.

饒戶自有兄弟, 自有姻戚, 自有鄰里, 自有塚戶【守墓者】. 適其性吝, 不肯賙恤, 故官爲之勸勉出義, 此之謂勸分也. 勒奪其財, 以給楚越之人, 豈其人之所樂哉? 古之勸分, 必不如此, 顧名思義, 必有以合乎古者矣. ○先抄飢口, 以成一冊【見下條】; 又選饒戶, 以成一冊【見上文】. 乃於飢口之名, 查其兄弟·姻戚·鄰里結聯, 有入於饒戶者乎, 各令註明【懸錄之】. 於是查其本配之石數【粟幾石】, 付以飢口, 大約粟一石, 可賑老弱一口, 本配百石者, 付以百口; 本配十石者, 付以十口, 令載之於賑簿, 而頒之於私場. 乃召飢口, 諭之曰: "今以汝等, 付之某戶, 排巡受餼, 當場食粥, 一如公場之例, 汝其退受. 萬一某戶, 猶懷吝惜, 賑不用誠, 汝其來告. 我當爲汝輟其私場, 倍徵其粟, 頒于公場, 汝其知之." 每於賑日, 別遣慧客, 察其勤慢, 驗其誠僞, 斯其不失勸分之本義, 而民之受賑, 有勝於公場矣. ○其同姓至親, 及異姓切近者, 任其自救, 不載官籍, 唯其疏者, 乃上簿也. 其同姓之親, 上富限以八寸, 中富限以六寸, 下富限以四寸, 不載于冊. 異姓亦視此爲差【奴屬不載簿】. 今試爲私場勸分曆, 如左.

上戶安得秋私場曆【上戶者, 上富也】

【黑石里】	幼學安得雨【上戶十寸弟】	該受米一斗八升【男丁二口 女壯二口】
【黑石里】	幼學李尙殷【上戶異姓六寸】	該受米一斗四升【男丁二口 女壯一口】
【黑石里】	良人李德奉【上戶之切鄰】	該受米一斗三升【男丁一口 女壯二口】

如是者數十人, 今不盡錄.

中戶咸鳳來私場曆

【甘水里】	良人咸光雲【主戶八寸弟】	該受米一斗一升【老人二口 小兒一口】
【甘水里】	私奴金介男【主戶異姓五寸】	該受米一斗六升【男丁一口 女壯三口】
【甘水里】	幼學崔啓運【主戶之切鄰】	該受米一斗四升【老人二口 小兒二口】

如是者十餘人, 今不盡錄.

下戶朴尙文私場曆

【雀山里】	幼學朴再興【主戶五寸叔】	該受米一斗三升【男丁二口 小兒一口】
【雀山里】	幼學鄭基仁【主戶異姓四寸】	該受米一斗四升【老人一口 男丁二口】
【松谷里】	良人白時卜【主戶之墓村】	該受米一斗四升【女壯一口 小兒三口】

如是者七八人, 今不盡錄.

勸分令出, 富民魚駭, 貧士蠅營. 樞機不愼, 其有貪天以爲己者矣.

勸分者, 天下之駭機也. 有富人焉, 其貲中勸可二百石. 於是捕風射影之徒, 棼然蝟集. 座首私之曰: "官詢於我, 我當訟冤, 君其幾何?【索賂語】" 校儒私之曰: "官詢於我, 我當庇隱, 君其幾何?【出入親任者】" 首吏曰: "幾何?" 首校曰: "幾何?" 親戚往來之人, 斂曰: "幾何?" 富人眩惑, 莫適所向. 有一等奸吏, 乘夜過[10]之曰: "他皆虛張, 我有密徑, 當減百石. 百石之價八百兩也, 爾饒其半, 官

---

10 過: 新朝本에는 '遇'로 되어 있음.

領其牛, 不亦善乎? 四百兩錢, 爾其輸之, 厥明呈訴, 當得題決." 其驗旣明, 安得不信? 携至一屋, 燈火耿然, 有妓端坐, 以待此人. ○又有一等浮浪謠詐之人, 探聽官意, 不必太酷, 於是執一饒戶, 誘之曰: "爾中百石, 我有別蹊, 當減其牛. 減牛之價, 四百兩也, 與我分利, 各領二百, 不亦善乎?" 佯入政堂, 與牧歡言, 牧憐其飢, 餽以酒肉. 此人口頭, 不發一言, 旣出而告謗其受諾, 厥明哀訴, 偶得仁題, 貪天之功, 以爲己力. 金氣夜行, 人無知者. 故凶年勸分之時, 牧宜一切屛客, 令虎豹守闍.

『茶山日鈔』云: "嘉慶甲戌之冬, 有一儒生, 適入郡齋, 語及勸分, 生曰: '官令雖嚴, 民將抵賴, 官亦奈何?' 官曰: '首富抵賴, 不可不棍.' 生曰: '誠然. 非棍不納.' 遂自郡門, 直往富家, 告之曰: '汝配千兩, 惠我以百, 我當宣力以減三百, 卽其二百, 汝之利也.' 民曰: '嘻嘻, 吾自不納, 孰拔我胠?' 生曰: '吾言審知官意. 官憐我飢, 欲以汝施, 汝之不聽, 終必有咎.' 民猶不信, 嘻笑冷齒. 生候官行, 明日出倉, 當召厥民, 遂夜再往, 密諭其機曰: '明日之召, 且有棍罰. 汝不信我, 其須觀之.' 民猶不信, 答曰: '奈何?' 厥明官召, 令輸千兩, 民曰: '力[11]綿無以爲此.' 官乃棍之, 得受民諾. 民自庭出, 趨而謁生, 卽於其日, 直輸百兩, 要減三百. 生曰: '易耳. 再次三次, 且納五百. 吾將圖之.' 佯入郡齋, 閑話而出. 旣輸五百, 令民呈狀, 辭甚悲惻, 官意亦解, 許減三百. 生則貪天, 其誰覺之? 誦慕之而已. 故爲民牧者, 一言脫口, 其風雲變化, 至於此極, 非君子之所能測也. 屛客絶私, 其可已乎?"

竊貨於飢吻之中, 聲達邊徼, 殃流苗裔, 必不可萌於心也.

『寒巖瑣話[12]』云: "天賦之性, 莫不純善, 至其梏亡也, 曾禽獸之不若, 非君子之所能測也. 繡衣使者, 論貪吏之罪曰: '飢口虛張四千八百名, 竊其餼米.' 余始不信, 探而察之, 果非誣也. 又其言曰: '勸分米一百五十石, 以錢收之, 每

石十五兩, 合計錢二千二百五十兩, 歸之私橐.' 余始不信, 探而察之, 果非誣也. 於是以此盜贓, 販求奇物, 玉泉細布, 耽羅大鰒, 銀敦銀盒, 五尺之髦, 五色之簟, 輂載擔負, 輸之權門. 哀彼權門, 但知俸廩本厚, 能辦此事, 孰謂勸分之錢, 變成此物? 受焉感悅, 滿室歡然, 不知天地鬼神, 昭布森列, 殃孽旣興, 同受其敗, 豈不嗟哉? 故古之宰相, 不受苞苴, 爲其中餕之以大毒, 不可食也."

南方諸寺, 或有富僧. 勸取其粟, 以贍環山, 以仁俗族, 抑所宜也.

南州寺刹, 昔甞饒富, 今皆敗亡. 亦其中或有一二富髡, 歲收粟累百苫者, 照例分等, 以補賑資, 未爲大失. 唯其環山諸村, 及與僧爲族者, 宜令仰哺也. 己巳甲戌之年, 守令發遣吏校, 搜括寺財, 奪其公用之米, 損其佛供之糧, 甚至賣其鍾鉦, 鬻其錡釜. 衆髡號冤, 慘不忍聞. 斯又民牧之所宜戒也.

陳良器知江州, 大饑且疫, 公爲具饘粥醫藥. 不足, 則取廬山諸佛寺餘財以續之, 所活以萬數. ○案 趙抃在越州, 其勸分及於僧道, 陳公又爲是矣.

第三條 規模

賑有二觀, 一曰及期, 二曰有模. 救焚拯溺, 其可以玩機乎? 馭衆平物, 其可以無模乎?

水災雖酷, 禍止水沿, 風霜蟲雹, 亦未必爲普天之災. 唯大旱焦山, 千里同然, 則擧國同饑, 無以措手. 宜自立秋之日, 火速經紀, 爭時竟刻, 赴機趨利, 如鷙鳥猛獸之發, 然後其設施措置, 方有頭緒, 不可忽也.

趙抃知越州, 熙寧八年夏, 吳越大旱. 趙公前民之未饑, 爲書問屬縣, 菑所被者幾鄉, 民能自食者有幾, 當廩於官者幾人【欲振廩】, 溝防構築可僦民, 使治之者幾所【欲興役】, 庫錢倉粟可發者幾何【欲振糶】, 富人可募出粟者幾家【欲勸分】, 僧道士食之羨粟, 書於籍, 其幾具存, 使各書以對, 而謹其備. ○州縣吏, 錄民之孤老疾弱不能自食者二萬一千九百餘人以告. 故事, 歲廩窮人當給粟三千石而止, 公斂富人所輸及僧道士食之羨者, 得粟四萬八千餘石, 佐其費. ○自十月朔, 人受粟日一升, 幼少半[13]之, 憂其衆相蹂也, 使受粟者, 男女異日而入, 受二日之食. 憂其且流亡也, 於城市郊野, 爲給粟之所, 凡五十有七, 使各以便受之, 而告以去其家者勿給. ○取吏之不在職, 而寓於境者, 給其食而任以事【不能自食者】. ○告富人無得閉糶, 又爲之出官粟, 得五萬二千餘石, 平其價予民. ○爲糶粟之所, 凡十有八, 使糶者, 自便如受粟. ○又僦民, 完城四千一百丈, 爲工三萬八千. 計其傭與錢. ○又與粟再倍之民, 取息錢者, 告富人縱予之而待熟, 官爲責其償. ○棄男女者, 使人得收養之. ○明年春, 大疫爲病坊, 處疾病之無歸者, 募僧二人, 屬以視醫藥飮食, 令無失時. 凡死者, 使在處隨收瘞之. ○法, 廩窮人盡三月當止, 是歲盡五月止. ○事有上請者, 或便宜多輒行. 公於此時, 蚤夜憊心力不少懈, 事巨細必躬親, 給病者藥食, 多出私錢【曾南豐「越州救菑記」】. ○案 趙公救菑之法, 一曰'興役', 二曰'發倉'【卽散財】, 三曰'募粟'【卽勸分】, 四曰'募僧粟'【亦勸分】, 五曰'別男女', 六曰'收棄兒', 七曰'養病', 八曰'瘞死'. 而中國賑法, 原有兩項, 一是賑餽【亦名曰'賑廩'】, 一是賑糶【受錢而與粟】. 故曰給粟之所五十有七, 糶粟之所十有八. 朱子賑恤條件, 亦分兩樣, 吾東之法, 只有賑餽, 本無賑糶. 又凡賑場, 一縣只有一所, 皆不如中國之法. 唯京城之內, 具有兩項, 其設場不過一二處也. ○凡賑恤, 宜至芒種麥出之日. 中國之法, 皆以三月爲限, 吾東亦自四月, 以次收斂, 民食菜蔬, 益以病死, 未可曰卒惠也. ○按 越州饑民, 必不止二萬餘[14]人, 恐傳寫有誤.

　洪皓爲秀州司錄事, 大水流亡塞路, 公悉籍境內粟, 留一年粟, 發其餘糶於城之四隅, 升損市直錢五【一升, 減五分.】. 戒米肆, 揭價於靑白旗上, 巡行無時, 抶其旗靡者, 皆無敢貴糶. ○其不能自食者, 立屋於東南兩廢寺, 十人一室, 男女異處. 防其淆僞, 涅黑子識其手, 東五之南三之, 負餐樵汲有職. 民羸[15]不可杖, 有侵牟鬪囂者, 亂其手文逐之, 皆帖帖畏服. 廉訪使者王孝竭至曰:

---

13 半: 新朝本에는 '年'으로 되어 있음.
14 餘: 新朝本에는 빠져 있음.
15 羸: 新朝本에는 '嬴'으로 되어 있음.

"平江哀號訴饑者旁午, 此獨無有, 何也?" 卽延公如兩寺驗視, 民肅然無出聲, 孝竭嗟歎不已. 前後所活者, 九萬五千餘人. 公出無不以手加額, 號爲洪佛子. ○案 此上節卽賑糶, 下節卽賑饌也. 大抵洪皓之法, 其異於人者, 一曰'揭旗', 二曰'涅文', 三曰'別男女'. 當事者, 或有取焉.

林希元嘉靖八年, 上『荒政叢書』: "救荒有二難, 得人難, 審戶難. 有三便, 極貧民便賑米, 次貧民便賑錢, 稍貧民便賑貸. 有六急, 垂死貧民急饘粥, 疾病貧民急醫藥, 起死貧民急湯水, 旣死貧民急墓瘞, 遺棄[16]小兒急收養, 輕重繫囚[17]急寬恤. 有三權, 借官錢以糶糴[18], 興功作以助賑, 貸牛種以通變. 有六禁, 禁侵漁, 禁攘盜, 禁遏糴, 禁抑借, 禁宰牛, 禁度僧. 有三戒, 戒遲緩, 戒拘文, 戒遣使." ○案 此諸條, 要切中窾. 凡遇賑事, 牧宜書之壁上, 朝夕觀省. 惟忌遣使一語, 其在吾東爲不宜也. 國法, 大饑之年, 必遣監賑御史, 百姓賴焉. 己巳·甲戌之年, 御史不來, 守令無忌, 賑不如法, 經年之後, 御史始來, 吏雖小懲, 旣死之民, 不可生矣.

屠隆『鴻包』, 有荒政三十條, 其略曰: "聚濟不如散濟, 零濟不如頓濟. 熱氣熏蒸, 疾疹易作, 群居露宿, 棲泊無所, 爲害不淺. 必也委賢能僚屬及鄉官之良, 富民之有德行者, 分頭給散, 而正官爲之總管句稽, 可也." ○吾東勸分之法, 使居遠之富民, 納其緡錢, 富民糶其家粟, 以錢輸邑, 官受錢貿粟, 以待饑民, 則饑民在富民之鄰比者, 赴邑領賑, 其迂回崎嶇如此. 曷若多設賑場於外村, 使富民直輸其粟, 使饑民各就近場乎? 屠隆所謂聚濟, 不如散濟者, 此之謂也.

若夫賑糶之法, 國典所無, 縣令有私糶之米, 亦可行也.

文潞公在成都, 米價騰貴, 因就近院, 凡十八處, 減價糶賣, 仍不限其數, 張榜通衢, 翌日米價遂減. 前此, 或限勝斗以糶, 或抑市井價直, 適足以增其氣

---

16 棄: 新朝本에는 '乘'으로 되어 있음.
17 囚: 新朝本에는 '因'으로 되어 있음.
18 糴: 新朝本에는 '糶'로 되어 있음.

焰, 而終不能平其價. 大抵臨事, 當須有術也. ○案 勝斗者, 升斗也. 中國吏文升斗石, 改之爲勝斗碩. 如一二三, 改之爲壹貳參, 所以防奸也.

張詠守蜀, 季春糶廩米, 其價比時估三之一, 以濟貧民. 凡十戶爲一保, 一家犯罪, 一保皆坐不得糶, 民以此不[19]敢犯法.

李仲芳通判冀州, 遭歲饑, 悉出庾粟以貸民, 且曰豐而歸諸庾, 是化吾朽積而爲新, 乃兩利也. 後歲果豐, 民德君粟, 歸諸庾無後者, 賴而活者, 數十萬家.

王薈爲吳郡內史, 年大饑, 出私財, 爲百姓饘粥, 全活甚多. ○虞潭爲南康內史, 時年荒, 潭乃出私米二千七百斛, 振其餘弊.

國朝倉廒之制, 余嘗考檢, 凡還穀創設之初, 莫不以賑濟爲名, 而常時委置, 盡歸吏逋. 猝遇凶年, 府庫枵然. 誅之則不可勝誅, 遂以數百苞塵土之粟, 劃付縣令, 使濟數萬口殿屎之民, 縣令何以濟矣? 若非平日之有私糶, 則唯有束手而立視之而已, 豈不嗟哉? 故年穀豐登, 私糴不可已也.

其設賑場, 小縣宜止一二處, 大州須至十餘處, 乃古法也.

其設十餘處者, 或就外倉, 或就山寺, 或就富人之私莊, 或設糶場【受錢而賣米】, 或設饙場【無價而與米】, 方是古法. 我邦之法, 以分還【卽還上】代糶, 非縣令所得擅也. 然縣令自出錢, 辦米數千石, 以設糶場, 取其贏羨, 以補饙資, 夫孰曰不可哉?

朱子「三縣置場帖」云: "星子縣置場七處, 都昌縣置場十一處, 建昌縣置場一十七處." ○鏞案 吾東賑法, 雖大州大郡, 唯於府中開場, 其或有外倉者, 乃設外場, 大不便也. 鵠形菜色, 竛竮欲倒之民, 將何以遠赴內場, 以望其升斗之荒粟哉? 凡大邑地廣者, 宜請上司, 須至八九處開場, 縣令巡行監賑, 乃可濟也.

滕元發知鄆州, 歲饑, 乞淮南米二十萬石爲備. 時淮南京東大饑. 元發召城中富民與約曰: "流民且至, 無以處之, 則疾疫起, 併及汝矣. 吾得城中廢營地,

---

19 不: 新朝本에는 '少'로 되어 있음.

欲爲廣屋以待之." 民曰諾, 爲屋二千五百間, 一夕而成. 流民至, 以次授地, 井竈器用皆具. 以兵法部勒, 少者炊, 壯者樵, 婦女汲, 老者休, 民至如歸. 上遣工部郎中王右按視, 廬舍道巷, 引繩棋布, 肅然如營陣. 右大驚, 圖上其事, 有詔褒美. 蓋活五萬人云. ○賑場二千五百間, 大規模也, 部勒如兵法, 明分數也.

吳遵路知通州, 歲饑, 遵路建茅屋百間, 以處流移, 出俸錢, 置薦席鹽蔬, 日與飯參俵. 有疾者, 急藥以治之, 其願歸者, 具酒糗食, 還之本土. 是歲諸郡, 率多轉死, 惟通民晏堵, 不知其凶歲也. ○茅屋百間, 亦非小縣所能辦. 爲監司者, 苟以接濟他道之民爲心, 則力無不給, 庶乎其爲此矣.

王致遠知慈谿縣, 嘉熙庚子, 浙東大饑, 死殍成丘. 致遠請邑賢士大夫, 分僧寺置局, 爲粥以食饑者. 始日食千人, 旣而鄰民坌至, 日至八千人. 己俸不足, 復詣臺借助, 勸巨室出米以續之, 迨麥熟始罷. 尋置居養院, 給薪米, 以處老弱之無歸者, 置慈幼院, 以活嬰孩之委棄者, 病與醫藥, 死爲殯埋. 山谷窮民, 感恩流涕, 稱爲王佛. ○僧寺置局, 故有例也, 麥熟之後, 又置養老院慈幼院, 斯爲難矣.

高麗賑恤之法, 設東西大悲院濟危鋪, 以養疾病. ○『國朝寶鑑』, 世祖二年大饑, 令諸邑, 列置賑濟場, 京中宜分送東西活人院, 但慮貧民惡與病人雜處, 可於普濟弘濟利泰院三處, 別置賑濟場, 差人監場, 又令五部官吏, 輪日往來檢覈, 違者科罪. ○顯宗八年, 關東西流民入京師, 飢病者數千人. 令漢城府, 分置東西活人署, 給糧救療. ○顯宗十二年大饑. 下敎曰: "諸道量邑居村落之遠近, 棋置賑所, 作糜粥以饋飢腫, 給乾糧以濟農作." ○**臣謹案** 京城民戶雖多, 東西賑院, 皆不出五里, 故但置數院, 飢民亦足就哺. 郡縣民戶雖少, 外村距邑或近百里, 不可不散置賑院, 使飢民無遠赴之苦也. 聖祖下敎, 宜作成典.

仁人之爲賑也, 哀之而已. 自他流者受之, 自我流者留之, 無此疆爾界也.

『周禮·大司徒』: "大荒大札, 則令邦國移民通財【鄭云: "移民, 避災就賤, 其不可移者, 輸之穀】, 舍禁弛力, 薄征緩刑." ○「地官廩人」: "以歲之上下, 數邦用, 若食不能人二鬴, 則令邦國移民就穀." ○**鏞案** 移民本先王之法, 今人但讀『孟子』, 已自兒時, 但知移民移粟, 爲梁惠王之淺術, 故移民之法, 遂不講也. 今之爲監司者, 每他路大饑, 飭其邊邑, 毋納流民, 蒙經之害, 一至是矣. 凡議賑恤之政者, 宜以富公靑州之事, 建立令條.

富弼被謗, 出知靑州, 河朔大水, 饑民流東京. 擇[20]所部豐稔者, 勸民出粟, 得十萬斛, 益以官廩, 隨所在貯之. 得公私廬舍十餘萬區, 散處其人, 以便薪水. 官吏自前資待缺寄居者, 皆給其祿, 使卽民所聚, 選老弱病瘠者, 廩之, 仍書其勞, 約他日奏請受賞. 率五日, 輒遣人持酒肉飯糗慰藉, 出於至誠, 人人爲盡力. 山林陂澤之利, 可資而生者, 聽民擅取, 流民死者, 爲大塚葬之, 號曰'叢塚'【一本作荒塚】. 及麥大熟, 民各以遠近, 受糧而歸. 凡活五十餘萬人, 募爲兵者萬計. 有勸弼者曰: "非所以處疑弭謗, 禍恐不測." 弼曰: "吾豈以一身, 易此六七十萬人之命哉?" 卒行之愈力. 前此救災者, 皆聚民城郭中, 爲粥食之, 蒸爲疾疫, 及相蹈藉, 或待哺數日, 不得粥而仆, 名爲救之而實殺之. 自弼立法, 簡便周盡, 天下傳以爲式. ○邵伯溫曰: "富鄭公使虜功甚偉, 而每不自以爲功. 至知靑州, 活饑民五十餘萬, 則每自言之曰: '過於作中書二十四考矣.'" ○**案** 此時靑州稔而河朔饑, 富公所賑, 皆河朔之流民也. 司馬光曰: "京師之米有限, 河北之流民無窮. 莫若擇公正之人爲監司, 使察災傷, 州縣守宰, 不勝任者, 易之. 各使賑濟本州縣之民, 則飢民有可生之路, 豈得復有流移?" ○丘濬曰: "人生莫不戀土, 非甚不得已, 不肯舍而之他也. 苟有可以延性命度朝夕, 孰肯捐家業棄墳墓, 扶老携幼, 而爲流浪之人哉? 不幸蓄積無素, 連歲荒歉, 請之官無可發, 勸之民無可貸, 乞諸鄰無可應, 將視其民坐守枵腹, 以待斃乎? 無亦聽其隨處, 趁食而求生也. 然是時也, 赤地千里, 靑草不生, 肆市無可糴之米, 旅店無充饑之食, 民之流者, 未必至所底止, 而多爲塗中之殍矣.

---

20 擇: 新朝本에는 '驛'으로 되어 있음.

宜量其遠近多寡, 或移民以就粟, 或轉粟以就民而已." ○案 若如溫公之言, 則賑濟之法, 吾東是矣. 但既流之民, 拒而不受, 或設小廠, 略收數百口, 不旬日而盡死, 委之溝壑, 則大不可矣.

陳君賓守鄧州, 歲饑設賑, 蒲虞二州民, 就食其境. 太宗詔勞之【出『唐書』】.

葉夢得在許昌, 值大水災傷, 京西浮殍, 自唐鄧入境, 不可勝計. 令盡發常平所貯賑之, 全活十餘萬人. ○案 此亦流民, 非本地之民也.

王竑巡撫兩淮諸郡, 時徐淮大饑, 竑至盡所以救荒之術. 既而山東河南流民猝至, 竑不待奏, 發廣運倉官儲賑之. 近者日飼以粥, 遠者量散以米, 流徙者給米以爲道食, 被鬻者贖其人以還其家. 共用米一百六十餘萬石, 全活數百萬人. 擇醫四十人, 空庾六十楹, 處流民之病者, 死者給以棺爲叢墳. 窮晝夜渴精慮, 事事躬理, 有所委任, 必委曲戒諭, 出於至誠, 人人爲盡力, 或述其行事爲「救荒錄」, 世傳焉. ○案 王竑所莅者兩淮, 而山東河南之民, 來此受賑, 中國之法, 自古然矣. 其以鄰境之民, 視如他國之民, 吾東之失也.

『文獻備考』仁祖十六年, 備邊司啓曰: "咸鏡道飢荒太甚, 餓殍相望, 民之提挈老幼, 流入兩西及江原道者, 相續不絶. 且聞江原道亦患飢饉, 民頗流離, 北民之路出江原道者, 無所就食, 必且轉向三南. 菜色之民, 千里行乞, 其能得免塡壑者, 幾希矣. 該曹所送五千之米, 無異沾水於輿薪. 而其流入他道者, 尤無仰食之處, 他道之人, 懲於刷還之令, 不爲容接, 則哀我赤子, 其將相枕死於道路. 著令該道監司, 查問各官, 凡北民之流入境內者, 盡心賑救, 力有不足, 則守令轉報監司, 題給某樣米穀, 以活其性命宜矣." 上曰: "啓辭至可, 依此施行. 但孑遺之民, 得聞此擧, 忍耐者, 亦皆出來, 則邊地必至空虛, 今姑任其乞食."

肅宗癸末【二十九年】, 李寅燁奏曰: "都城流丐, 皆自諸路, 擧家流徙, 非一二人轉乞之比. 其中亦有萎黃近死者. 臣諭之曰: '諸道皆已設賑, 自京又移轉穀物, 若還本土, 庶有生道, 流離失所, 不卽還歸, 則終不免塡壑. 且春耕已迫, 宜歸事東作. 如欲還歸, 當計程給糧.' 於是願歸者頗多, 計給其糧, 未知幾人果能還歸, 厥後繼屬而至, 其在王政, 不可恝視. 而從前設粥, 終無實效, 群處聚衆, 熏染成疾. 故今春不復設粥, 流民無所控訴, 仰哺於京師, 亦不可無接濟. 臣意抄其壯實者, 給糧還送, 使其本邑, 給種作農, 老弱差人分屬, 使之監賑, 似勝於設粥. 或分送於郊外畿邑, 自京倉計日給糧, 時送京官摘奸, 庶不至顚連道路矣." 副提學金鎭圭, 獨陳其不可, 上竟從寅煒議. ○**臣謹案** 此是京城, 故受此流民. 外州無此法也.

李奎齡爲安東府使, 歲大饑設賑, 時有令, 郡邑毋得受流民. 公曰: "盡吾民也, 何分彼此? 不可立視其爲道路之莩." 設置茇蘧, 糜粥以養之, 親自臨視, 復擇鄕望有幹者, 主之. 於是境無道殣, 御史及按部者, 相繼褒聞, 獎以表裏.

李士亭之蒇爲縣令, 哀流民弊衣乞食, 爲作巨室以館之, 誨之以手業, 無不面諭耳提, 各周其衣食. 其中最無能者, 與之禾藁, 使作藁鞋, 董其役, 一日能成十對, 販之. 一日之工, 無不辦米斗, 推其剩以成其衣. 數月之間, 衣食俱足. ○**案** 此卽是豐歲之流民也.

今之流民, 往無所歸, 唯宜惻怛勸諭, 俾勿輕動.

朱子在南康軍, 「勸諭流亡文」曰: "本軍日前災傷, 人戶多致流移, 一離鄕土, 道路艱辛, 往往失所, 甚者橫有死亡. 抛下墳墓田園屋宇, 無人爲主, 一向狼藉, 至今遺跡, 尙有存者, 詢問來歷, 令人痛心. 況今淮南湖北等路, 亦不甚熟, 捨此往彼, 等是饑餓, 有何所益? 今勸人戶, 各體州縣多方救恤之意, 仰俟朝廷非常寬大之恩, 各其安心著業, 更切祈禱神明, 車辱·水漿, 救取見存, 些少禾穀, 依限陳訴, 所傷田段頃畝, 聽候[21] 官司, 減放稅租, 賑濟米斛, 不可容易流移別致後悔." ○**鏞案** 朱子此文, 惻[22]怛溫諄, 情見于辭. 凡遇饑年, 牧宜榜諭如此, 俾民勿動.

朱子「禁旅店不許遞傳帖」云: "訪問管下旅店, 遇有單獨困病, 或流移之人到店, 慮其死亡, 更不容留, 遂行遞傳, 驅逐出界, 因此喪命. 合行下諸縣, 多

21 候: 新朝本에는 '侯'로 되어 있음.
22 惻: 新朝本에는 '測'으로 되어 있음.

印榜文於旅店約束, 遇有過住單獨饑餓困病之人, 卽仰所到店戶, 不得遞傳扛擾, 送出外界, 許就便米場, 驗實糧給口食, 臨安痊日遣去. 萬一有死亡之人, 卽時報都保, 審實申縣行下, 如法埋葬."○鏞案 中國之法, 凡流離之民賑恤, 與居民同. 故此等之人, 許就米場. 吾東一爲流丐, 有死而已. 牧宜申諭村里, 凡遇此人, 押赴入縣, 付之流乞廠, 方可曰仁牧也. 其或死迫呼吸者, 申飭所到, 勉行慈恤.

其分糶·分饒之法, 宜博考古典, 取爲楷式.

曾鞏[23]「救災議」曰: "發倉廩與之粟, 壯者人日二升, 幼者日一升. 是直以饑莩之養, 養之而已, 非深思遠慮爲百姓長計也. 以中戶計之, 戶爲十人, 壯者六人, 月當受粟三石六斗, 幼者四人, 月當受粟一石二斗, 率一戶月當受粟五石, 難可以久行也."○案 此時河北地震水災, 曾公之言, 是救災也. 非分賑之法也.

朱子「抄箚賑糶人戶帖」云: "逐縣逐都【都猶里也】, 塌畫地圖, 畫出山川·水陸路逕人戶住止去處, 數內不合賑糶人戶, 用紅筆圈欄; 合賑糶人戶, 用靑筆圈欄, 合賑濟人戶, 黃筆圈欄, 逐一仔細, 塡寫姓名·大小·口數. 令本都保正等, 參考詣實, 徼申切, 待差官, 點摘管實."○鏞案 此卽「魚鱗圖」之法也, 今不必做行. ○中國賑恤之法, 厥有二層, 一曰'賑糶', 二曰'賑濟'. 其實乏者賑糶【減價以賣米】, 其危急者賑濟【白給米】. 吾東之法, 京城多賑糶【名之曰'發賣'】, 外邑多賑濟, 恐不如中國之法.

朱子「賑糶曆頭式」云: "如糶[24]米大人一升, 小兒半升, 如糶[25]穀大人二升, 小兒一升."○又「總簿式」云: "正月一日六日, 至閏三月廿一日廿六日."○案 中國之法, 五日一賑; 吾東之法, 十日一賑. 蓋以中國賑場稠密, 人不遠赴, 故其期促數也. ○又按 賑恤有牌, 其法精細, 有牌面印紙式, 牌背題字式. 糶場

---

23 鞏: 新朝本에는 '輦'로 되어 있음.
24 糶: 新朝本에는 '糴'으로 되어 있음.
25 糶: 新朝本에는 '糴'으로 되어 있음.

印式, 並見『朱子別集』, 今姑略之, 當事者宜檢焉.

朱子「賑場事件」云: "一印給賑濟戶曆頭, 並賑濟人口牌面, 發下三縣, 前一月出榜曉示, 後半月, 委各場監官, 就本場審實【謂點閱飢民】, 依總簿內【都文書】, 千字文號, 批鑿牌曆【考驗其二者】, 給付人戶." ○鏞案 歷考典籍, 凡賑濟之法, 莫詳於朱子條例. 吾東之賢士大夫, 又莫不愛慕朱子, 獨於賑濟之法, 自古至今, 皆以私臆行之, 一條一例, 曾不採用於朱書, 豈不惑歟? 朱子之法, 一曰「魚鱗圖」, 二曰紅靑黃圈, 三曰賑曆, 四曰賑牌, 五曰賑閣, 六曰賑旗, 七曰賑印【墨打之小印】, 八曰賑賞【說見上】. 金科玉條, 粲粲井井, 如之何其不取也? 一保一小旗, 一鄕一大旗, 皆以兵法部勒. 唯滕元發一人, 能與朱子之法, 略相符合, 差可觀也.

朱子「賑場事件」云: "置場處, 用棘刺夾截, 作兩門, 兩重極小, 只通一人來往. 外門之內, 裏門之外, 須極寬, 可容一場賑人. 外門之側爲一㙛, 後夾截交錢位子一間, 依使軍立去樣式, 告示保正夾截. ○至日天未明, 監官入場, 隅官入交錢位子【隨行人, 非有號不得入門】. 保正·大保長, 各將旗號, 引本都保下輪糶濟人, 赴場外門, 依資次旗下座定. 以監官逐隊叫名, 保正以旗引保長, 保長以旗先行. 賑濟人戶, 以次詣㙛前呈牌. ○隅官以入門印, 印其左手, 訖撥入門. 監官逐隊叫名, 保正長引賑濟人, 以次請米訖, 監官用支米訖, 印於牌下日子之左. 以濕布拭去手印, 卽時出門. ○次引賑糶人戶, 詣㙛交錢【上戶米錢, 自行交外, 更不附曆. 常平米錢, 縣司差人, 吏當廳交納.】. 交訖, 用紅印於曆內, 本日合糶米, 數下之右. 如錢數不足, 分明批上, 實糶之數, 却付人戶. ○以入門印, 印其左手入門, 監官逐隊叫名. 保正長引賑糶人, 以次糶米訖. 監官用糶米訖, 靑印印其曆內交錢印之左, 仍用濕布拭去手印, 卽時出門. ○一保畢, 又引一保如前. ○賑糶人戶, 逐都各置絹旗一面【宜用小絹一幅, 約長二尺, 各書第幾都字.】, 逐保各置小旗一面【或絹或旗. 從便各書第幾都第幾保字.】, 逐場都各各異色, 保各如其都之色." ○鏞案 朱子賑法, 若是其嚴密. 吾東則不然, 每倉庭頒賑, 雜人闌入, 都無憑驗. 故粥糜米粟, 多所遺失, 吏屬冒名, 受米無節. 宜取朱子此文, 刪其煩碎, 別爲分賑之法, 俾無奸濫也.

宋鄭剛[26]中爲溫州通判, 歲饑民流, 乃出俸勸糶. 守曰: "恐實惠不及饑者."
答曰: "已有措置." 乃以萬錢, 每錢押一字, 夜出坊巷, 遇饑者給一錢, 戒曰:
"勿拭去押字." 翌日憑錢給米, 饑者無遺. ○案 此法不如朱子之法.

乃選飢口, 分爲三等, 其上等又分爲三級, 中等·下等, 各爲一級.

饒戶以饒爲貴, 其最饒者爲上等, 飢口以飢爲急, 其最飢者爲上等. ○上等
者其命危急, 將以振饒者也. ○中等者其情雖急, 春若暫活, 秋能出粟, 將以
振貸者也. ○下等者其情雖急, 猶有些小錢布在手, 將以賑糶者也. ○上等之
內, 又分三級. 上級自小寒日付饒, 至芒種日輟饒; 中級自立春日付饒, 至立
夏日輟饒; 下級自立春後十日付饒, 至立夏前十日輟饒. ○中等付貸, 驚蟄日
一放, 淸明日一放, 所貸者六旬之糧也. ○下等付糶, 春分日一放, 所糶者六
旬之糧也.

凡選飢口, 雖一口被抄, 其全家十口, 悉宜載錄, 書其名字, 書其年齒, 無一
遺漏. 然後惟其被抄者, 頂上打點, 若有死亡, 卽於本戶之內, 改點他口【詳見
下】. 預以此意, 曉諭飢民, 各修單子, 納于本里, 自本里收單子, 送于賑長【都有
司】, 賑長受之, 上于縣官. ○時法, 自正月一日, 至三月之晦, 是爲賑限, 今必
以小寒立春等節氣之日, 爲之限制, 何也? 五穀成熟, 蓋在霜降之時; 二麥成
熟, 蓋在芒種之時. 霜降距冬至, 恰過六旬; 冬至距立春, 殆近五旬. 其間秋事
已遠, 民食至艱, 其望賑之情, 日急一日. 若于此時節氣太早, 差以一望【或立春
在十二月之半】, 則所謂正月初吉, 便是正月望日, 待此設賑, 不已晚乎? 若于此
時節氣太晚, 差以一望, 則所謂三月晦日, 便是三月望日, 此時罷賑, 不已早
乎? 故其設賑罷賑, 咸以節氣爲準, 則上距霜降之禾, 其絶糧之期不差; 下距
芒種之麥, 其殺靑之期不差. 其欲實心救民者, 宜用此法, 某月某日不可準也
【雖與朝令不合, 不可拘也.】.

若其抄飢之法, 牧於饒戶圈點之日, 默察諸鄕之人, 與之論事, 問以民情,

---

26 剛: 新朝本에는 '刪'으로 되어 있음.

以試其人品高下, 每於一鄉四人之中, 心選二人, 其上族一人, 中族一人, 識其姓名, 問其居住. ○乃於他日, 陰遣心腹, 託以抄飢, 其本鄉之內, 諸里飢口, 密密抄錄, 勿令本人猜度, 勿令鄉人指點. 某戶幾口, 當入上等, 以受振饎; 某戶幾口, 當入中等, 以受振貸; 某戶幾口, 當入下等, 以受振糶. 又於上等之內, 細分三級, 密密成冊, 以待心腹人來索. ○上族之簿既到, 又遣心腹於中族之家, 抄飢成冊, 如上法. ○乃下帖于本鄉, 令本鄉四人及他有名者六人【共十人】, 齊會一處, 公議抄飢如上法, 成冊報來. ○乃執三件【密簿二件, 又顯簿一件.】, 參伍出入, 又執砧基表, 察其虛實, 抄戶於是乎可定矣.

抄飢之法, 當視飢民多少, 不可先設其限. 然吾之米粟不多, 無以廣濟, 則雖哀惻, 不得不先設其限, 量入以爲出也.

朱子「示星子諸縣書」曰: "根括貧民, 請詳本軍所立帳式, 行下諸都隅官保正, 仔細抄箚, 著實開排, 再三叮嚀說諭, 不得容情作弊, 妄供足食之家, 漏落無告之人. 將來供到, 更於本都, 喚集父老貧民, 逐一讀示, 公共審實, 衆議平允, 卽與保明, 如有未當, 就令改正, 將根括隅官保正, 重行責罰."

李奎齡爲安東府使, 歲大侵, 瀕於溝壑者, 按籍計口, 給饋粥資. 或有增口而冒食者, 掾吏請抄汰之. 公不聽曰: "與其抄汰之過, 令窮餓絕餔, 無寧容其僞冒, 而官受欺於民耳. 且方阻飢, 人人各愛其父母妻子, 爲救死計, 何忍檠以奸冒, 而不之恤乎?" 民以此全活者衆.

『茶山筆談』云: "抄飢之法, 戒在分排. 所謂分排者, 一曰'鄉排', 二曰'里排', 三曰'族排', 四曰'戶排', 謂均排其數, 欲外面公平也. 夫凶年振濟, 當觀本口之緩急虛實而已. 苟使口口皆急, 雖全一鄉而錄之, 未爲偏厚, 誠若口口皆實, 雖全一里而拔之, 未爲偏薄. 於族於戶, 其理皆同. 近聞抄飢之官, 每云'東鄉幾口【鄉者面也】, 西鄉幾口', 預立鸁算, 但其戶數相等, 則其飢口亦欲相等. 迺云某里飢口太少, 無乃有私怨乎? 某族飢口太多, 無乃有私庇乎? 甚則量穀多寡, 截定戶數, 或每戶三口, 或每戶二口, 分排均攤, 平爲一率, 此大不均之法也. 貧士窮民, 盡室阽危, 則一戶十口, 不害其全錄也; 富村饒戶, 舉族無憂, 則一里百口, 不害其全拔也. 爲民牧者, 能於平日, 先察砧基之表, 周知家産之虛實. 又於今年, 精修秧鋤之簿, 明知稽事之優劣, 則何鄕何里之曶矣勿恤, 某族某戶之哀此可矜, 必昭森於目中矣. 曠然不收, 而烝黎不以爲冤; 叢然相聚, 而丞吏不以爲偏. 但使顒頷之吻, 得蒙沾漬之液, 則賑政於是乎得平矣. 每當抄飢之日, 宜先明此義, 勿以粉飾爲心."

『寒巖瑣話[27]』云: "『周禮·天官·太宰』: '以九職任萬民.' 九職農居一焉, 其餘工商虞牧之等也. 農之不熟謂之凶年, 工商虞牧, 未必皆同患也. 吏遇凶年, 外愁而內歡, 商遇凶年, 乘時而射利. 凡邑城之民, 倉村之民, 市場之民, 富村之民, 或販穀耀, 或貿鹽鮭, 或伐木以規利, 或斂貨以待時【布帛器用等】, 或爲酒醴, 或爲餠餌, 不唯目前得活, 抑或生前無慮. 乃此抄飢之簿, 每云: '邑城之內, 比屋可封; 倉村之中, 連墻不漏.' 官長見牛而忘羊, 吏胥指鹿以爲馬, 與吏爲族, 卽八口沾祿, 以庫爲官, 或三世仰廩, 以至老姣牙婆豪奴黠僕【吏[28]之奴】, 濫冒受饋, 醉飽爲樂. 此旣叨參, 彼有冤漏, 豈有嗟哉? 其在邑城之內者, 宜於飢口之名, 各書豪族, 有於今年爲首吏都吏【都書員】軍吏【歲抄色】倉吏之等者, 各授幾口, 使之私賑, 毋俾殿屎, 唯其四無攀援, 一切窮獨者, 乃令被選, 則庶乎其公平矣. 隱結偸結, 算錢千萬, 胡獨使一已自肥哉? 倉村·市場權鄕之村, 其察奸防濫, 亦宜如此." ○士農工商, 謂之四民. 今人謬以布衣白徒謂之士人, 非也. 士者, 仕也. 有朝士焉, 公卿大夫下至郎官, 是也; 有庶士焉, 書吏·軍官下至皁隸, 是也.【凡仕於公者, 皆是士也.】今之布衣, 不在四民之中, 家不食祿, 身不操業, 天下之窮民也. 一遇凶年, 有死而已. 牧之抄飢, 益於是加意焉, 可也.

第四條 設施

27 話: 新朝本에는 '語'로 되어 있음.
28 吏: 新朝本에는 '使'로 되어 있음.

乃設賑廳, 乃置監吏, 乃具錡釜, 乃具鹽醬·海帶·乾鰕.

天下萬事, 皆在得人. 不得其人, 未有能善其事者也. 都監一人, 監官二人, 色吏二人, 必擇淸愼解事者居之. ○村監尤宜擇人【飢民都有司】. 每見村監受賂作奸, 甁罌有儲者, 或付數口, 以分其餼; 鰥寡無依者, 或令獨漏, 立視其死, 與吏朋奸, 舞弄多端. 大抵抄口之權, 切不可委諸此人. ○嚴選淸愼者, 差爲賑長, 每鄕各置一人, 以管本鄕之內. 飢口出入·存亡之數, 不可無也, 其家貧者, 許付一二口. ○錡釜或借之於僧寺, 或取之於武庫, 或買之於民間, 徵之於店村, 必求絶大者五枚. 乃於倉庭別作草廬, 列植五釜, 每一釜能作五十人之粥, 則五釜之粥, 能餼二百五十人. 一日千口之餼, 其受餼者二百五十人【詳見下】. 直以熱粥, 取諸釜中, 灌于飢口, 不亦善乎? 今之爲粥者, 但用一二釜, 終夜煮粥, 灌于大瓮, 旣冷旣稀【粥消化則稀】, 乃餒寒者, 不仁甚矣! ○凶年, 鹽價恒患刁翔, 蓋由飢民以菜爲糧. 不鹽之菜, 無以下咽, 故鹽價倍高也. 宜於秋霖開霽之初, 卽召鹽丁, 預給其價, 使卽煮之豉醬, 亦須親嘗厥味, 貯其佳者. ○海帶【方言謂之藿】必於初秋, 求其新好者貯之, 乾鰕一掬, 直錢一文, 若捐一錢, 可糝五釜. 百餘次設粥, 厥費不過十兩, 而其民心之歡悅, 聲聞之廣遠, 可抵千金. 何惜而不爲是哉?

乃簸穀粟, 以知實數, 乃算飢口, 以定實數

穀之所食, 唯米而已. 皮殼雖多, 不可食也; 粃穗雖多, 不可食也. 公下之穀, 營劃之穀, 皆是粃穗, 厥米幾何, 張其虛名, 幾石幾石. 及受而歸, 無 無: 新朝本에는 빠져 있음.

可入嗉, 將安用之? 牧之將賑, 宜取公下之穀, 營劃之穀, 毋論本縣所貯, 鄰境所移, 悉行簸揚, 去其塵雜, 存其實粒, 改量以斛, 斛面隆起, 完苫堅束, 貯于密庫, 執其實總, 以起商度. ○官貿之穀, 勸分之穀, 其品雖精, 亦須親閱, 乃可忘憂. 宜於此日, 並行簸揚如上法. ○公下營劃之穀, 若有缺欠, 牧宜補之, 此上之所不聞, 下之所不知也. 然誠意愼獨之工, 當於此時需用. 唯天降監, 何必人知是求哉? ○其鹽醬海帶, 亦算飢口, 量宜相配, 是日算閱, 藏之

庫中.

　「賑恤事目」云: "男丁一口, 日饋米五合【朝夕各二合五勺[29]】; 女壯一口, 日饋米四合【朝夕各二合】; 老人一口, 日饋米四合【男女同】; 小兒一口, 日饋米三合【男女同】." ○ "其賑糶之法【發賣法】, 大戶糶五斗, 中戶四斗, 小戶三斗, 幺戶二斗【殘獨戶】." ○ "其振貸之法【名之曰'付還'】, 亦與糶法同." ○ "凡準折之法, 租二斗五升, 當米一斗, 麥亦如之, 粟亦如之. 黃豆一斗二升, 當租一斗五升." ○ "凡浮黃遑急者, 歲除前十日, 放饋一次, 其米監司之所給也." ○ "春監司巡歷到郡縣, 放饋設粥, 其饋米粥米, 監司之所給也." ○ "凡飢民受饋之日, 官必設粥, 其粥米醬藿, 皆縣令自備無會減【藿者海帶也】. 每放饋之日, 每口頒鹽一合, 亦縣令自備." ○ 其至窮者, 饋至四月之末, 餘止於三月." ○ 又「事目」云: "男女十六至五十爲丁口, 五十一以上爲老人, 十五以下爲小兒." ○ 此時行之法也, 不得不依.

　公下之穀, 營劃之穀, 官貿之穀, 勸分之穀, 或稻或粟, 或菽或麥, 總折之以米. 若但爲四千石, 無一石加辦之策, 則抄口之數, 饋貸之數, 排日之數, 皆當量我所存, 以設其限. 一縣之權, 不足以移粟於鄰邑; 一縣之財, 不足以繼急於窮春, 視穀出率, 不亦宜乎? 今以米四千石爲準, 出其諸率, 試爲「經緯表」如左.

	總數	口別	日饋	日限	米總	作石
饋一等	二千五百口○米一千十石	男丁七百口	每日五合	一百五十餘日	五千二百五十斗	三百五十石
		女壯六百口	每日四合	一百五十餘日	三千六百斗	二百四十石
		老人六百口	每日四合	一百五十餘日	三千六百斗	二百四十石
		小兒六百口	每日四合	一百五十餘日	三千七百斗	一百八十石

29　勺: 新朝本에는 '夕'으로 되어 있음.

饑二等	五千口〇米一千二百十二石	男丁一千四百口	每日五合	九十餘日	六千三百斗	四百二十石
				九十餘日	四千三百二十斗	二百八十八石
				九十餘日	四千三百二十斗	二百八十八石
		小兒一千二百口	每日三合	九十餘日	三千二百四十斗	二百十六石
饑三等	二千五百口〇米四百七十三石五斗	男丁七百口	每日五合	七十餘日	二千四百五十斗	一百六十三石五斗
		女壯六百口	每日五合	七十餘日	一千六百八十斗	一百十二石
		老人六百口	每日五合	七十餘日	一千六百八十斗	一百十二石
		小兒六百口	每日五合	七十餘日	一千二百六十斗	八十六石
貸者【卽還上】	二千口〇米三百六十石	男丁一千口	每日五合	六十餘日	三千斗	二百石
		女壯五百口	每日四合	六十餘日	一千二百斗	八十石
		老人五百口	每日四合	六十餘日	一千二百斗	八十石
貸者【卽發賣】	二千口〇米三百六十石	三分如上法	五合如上法	六十餘日	五千四百斗	三百六十石
粥一等	饑者四口受者一人	六百二十五人	受饑日粥米二合五夕	始終十五次	二百三十四斗三[30]升七合五夕	十五石九斗三升七合五夕
粥二等	受饑者四之一	一千二百五十人	受饑日粥米二合五夕	始終九次	二百八十一斗二升五合	十八石十一斗二升五合
粥三等	受饑者四之一	六百二十五人	受饑日粥米二合五夕	始終七次	一百九斗三升七合五夕	七石四斗三升七合五夕
流乞人	大約一千口		每日粥米五合	大約百餘日	五千斗	三百三十三石五斗
役屬人	毋過十五口	其員額見下	每月料米各三斗	始終凡五朔	二百二十五斗	十五石

30 三: 新朝本에는 '二'로 되어 있음.

已上饒米二千六百九十五石五斗. ○貸米三百六十石. ○糶米三百六十石. ○粥米四十一石十斗. ○流米三百三十三石五斗. ○役米十五石. ○餘米一百九十四石十斗. ○合米四千石.

餘米一百九十餘石, 以待耗損【數千石之穀, 雖本精實, 其耗縮必多.】, 以待遺棄【失母兒】, 以貿醬藿【初秋先貿之】, 以貿紙筆【賑廳之文書】, 以備宴需【罷賑宴】, 以貿賞物【扁梳等】, 以勘賑簿【上司之例入】, 猶患不足, 非有餘也. ○唯監司所給, 歲末追急之饒, 其米幾石, 春中巡路之饒, 其饒米幾石, 粥米幾石, 營賑旣頒, 縣不疊頒, 則米幾石當有贏羨也. ○役屬人者, 賑廳都監一人, 監官二人, 賑吏二人, 倉隷四人, 粥婢五人, 柴奴一人, 十五人也.

算我所儲稻六千[31]石【折米爲二千四百石】, 粟一千石【折米爲四百石】, 菽四百石【折米爲二百石】, 麥二千五百石【折米爲一千石】, 則折之爲米, 厥米四千石, 庶能爲此.【國典租麥相代, 而租一石代之以麥十二斗, 則民必樂受, 此凶年之情.】 ○若我所儲不滿四千, 先去糶口, 次減日數, 或減流乞, 要之, 量入以爲出. 若我所儲, 恰過四千, 商度增廣, 要亦量入以爲出.

乃作賑牌, 乃作賑印, 乃作賑旗, 乃作賑斗, 乃作閣牌, 乃修賑曆.

賑牌式曰:"甲部靑旗第一隊第二牌, 東始鄕春山里【義見下】良人李德奉, 年三十一, 見抄饒口, 男丁一口, 女壯一口, 男老一口, 女弱一口, 一旬之饒, 該受米壹斗陸升, 仰照驗施行, 須至. 牌者, 嘉慶甲戌小寒之日, 行縣令花押, 都監金花署." ○又賑牌式曰:"丙部紅旗第三隊第四牌, 南始鄕夏川里幼學吳鳳采, 年二十八, 見抄飢口, 男丁一口, 聯戶寡婦李氏, 女壯一口, 寡婦金氏, 女老一口, 童蒙吳鳳來, 男丁一口, 一旬之饒, 該受米壹斗捌升, 仰照驗施行, 須至. 牌者, 年月日, 行縣令花押, 都監金花署." ○楷書刻板, 長廣皆一尺【用周尺】, 其鄕里姓名數目之字, 虛而勿書, 用硬紙揚出, 乃各塡書紅泥踏印, 以授受饒之人. ○今法, 用木札如草葉者, 胡亂書名, 名之曰'賑牌', 僞冒亂雜, 罔

---

31 千: 新朝本에는 '十'으로 되어 있음.

有限節. 所惜者數卷之紙, 所失者百苞之米. 俗例之齟疎如此. ○其作四戶
聯合之牌者, 大凡十日之饋, 多者五升, 少者三升. 爲受此物, 萬民竭作, 扶老
携幼, 力疾背孩, 以赴數十里之地, 喫冷粥一碗, 立凍地半餉, 此必死之術也.
俗謂: "飢民之顔色衣服, 官必親察, 其男女老弱, 官必親算, 然後乃無濫冒之
弊." 若然, 開賑之日, 一番點閱, 斯足矣, 何必旬旬而察之乎? 今俗凡本身不
入者, 雖其父母代入, 以此執言, 削去其名. 若有疾病, 先期投狀, 許其代受.
然苟欲欺罔, 文狀不足恃也. 若推誠信, 面訴何必疑乎? 官自算其穀, 無以繼
後, 則探採公議, 平均削名, 四口者削其二, 三口者削其一, 溫言諭之曰: "誠
欲卒惠, 力實不及, 泣而削之, 汝其恕之." 民亦何恨於是矣? 今也不然, 或以
代受執言, 或以顔色爲辭, 或怒而削之, 或戲而削之, 其失人心大矣. 今作聯
戶之法, 凡鄰里同居者, 許令聯合, 每以四口, 合作一牌, 其四人之中, 惟一人
持牌入來, 許令受饋, 或別人入來, 但考牌文, 亦許受饋. 雖若疎闊, 必無奸弊.
又凡飢民之入來者, 匪望粥也. 聯戶之法既行, 其入來者大減, 喫粥之口, 從
而減矣, 官之饋粥, 豈不省煩而省費乎?

賑印者木刻之小印, 名曰'圖書'者也【俗謂之'套署', 聲誤也】, 大如舊錢, 其文曰
'受饋之記'. ○每飢民入倉, 直至牧坐之前, 呈其賑牌, 監吏按簿查驗. 乃於手
腕墨搨此印, 還給賑牌, 使詣倉庭, 受饋如法. 既受, 拭去墨痕. ○如有酸儒,
不肯受印, 諭之曰: "此朱子之法." ○必打此印者, 明賑牌無僞, 自堂上查驗了
也.

賑旗者, 受饋之旗也. 假如饋口萬口, 則日饋千口, 十日而饋一遍矣. 一日
爲甲部, 二日爲乙部, 九日爲壬部, 十日爲癸部. 每日千口之饋, 每以四口, 合
爲一牌, 則二百五十人也, 每以五十人爲一旗, 則一饋五旗而已.【其或二萬口者,
日饋二千口, 受牌者, 五百人也. 每以五十人爲一旗, 則十旗而已.】第一旗用靑布【長尺五寸
無文字】, 第二旗用紅布, 第三旗用黃布, 第四旗用白布, 第五旗用黑布爲之. ○
五隊又各有一小旗, 用五色紙片爲之, 竿長如小箭. 每隊第一牌, 手執此旗,
令³²隊下九人, 瞻此以行【第一牌宜用男子】. 既受饋, 旗總收之, 以待後日. ○軍
官五人, 別差爲旗總, 每賑口入城, 第一旗總, 按曆呼名, 以次排立訖, 令曰:

"無敢亂次, 隨我入倉. 其或亂序, 厥罰停餼." ○倉中號笛一聲, 一旗總執青旗入倉門, 飢民五十人, 佩賑牌隨入, 分爲五隊. 旗總引第一隊十人, 立于廳前北面, 東上. 第二隊十人, 立于其後, 第三四五, 次次排立, 乃自第一隊, 以次納牌. 都監考牌訖, 搯了手印, 旗總引此一隊, 付之粥所, 監粥者餽粥. ○又引第二隊, 納牌受印就粥, 如上法. ○第三四五, 皆如上法. ○旣粥, 旗總引五隊, 付之餼所, 以次受餼訖, 引五隊出. ○倉中號笛一聲, 二旗總執紅旗入倉門, 飢民五十人佩賑牌隨入, 分爲五隊, 皆如上法. ○三四五旗, 各執其旗, 皆如上法. ○其必建旗而頒賑者, 何也? 天下之事, 禮而已, 禮者, 節制也, 節制者, 法也. 五人相聚而無禮法, 其人必亂, 況千萬人之所聚乎? 千萬人之所聚而無禮法, 亂之本也. 納牌受印必亂, 受粥必亂, 受餼必亂, 有疊受者矣, 有闕受者矣, 有盜之者矣, 有爭之者矣. 爲民牧者, 顧不能使群羊順命, 任其雜亂乎? 旗不可不建也, 有或疑之者, 答曰: "此朱子之遺法."【法見上】

賑斗者, 何也? 內場外場, 其官斗宜同也; 此鄕彼鄕, 其私斗宜同也. 聯戶受餼, 歸而分之, 公私異斗, 疑謗以興, 其升斗宜同也. 宜飭諸鄕諸里, 各依官式, 另造升斗, 赴官烙印, 各置其里. 聯戶受餼者, 歸而分之, 乃無言也.

閽牌者, 何也? 頒餼之日, 其閽禁宜嚴也. 牧之出倉, 其從者鄕丞三人, 都監一人【司賑[33]者】, 監官二人【司粥者】, 首吏一人, 賑吏二人, 刑吏一人, 侍童二人, 侍奴二人, 皁隷四人, 倉奴二人, 倉隷四人, 粥婢五人, 柴奴一人【房子供粥薪】, 通共三十人, 斯足矣. ○作牌三十枚, 長廣皆半尺【用周尺】, 前面刻曰'餼場入門之記', 後面花押烙印. 凡不佩此牌者, 無得入門, 如有時急稟事者, 於門外告名. 牧預具閑牌三四枚, 令侍童傳牌, 使得入門. ○惟旗總五人, 以旗爲標, 許無牌出入. ○倉中墻垣, 或有毁缺處, 牧宜先期補築, 上加茨棘, 以防踰越. ○若外倉開場閽牌, 不過二十枚, 斯足矣, 帶率人員宜頓減.

賑曆者, 何也? 受餼之人, 或有死亡, 或有新增, 或有還削, 雲渝霧變, 逐日

---

32 令: 新朝本에는 '合'으로 되어 있음.
33 賑: 新朝本에는 빠져 있음.

不同. 乃欲以四人爲一牌, 十牌爲一隊, 五隊爲一旗, 五旗爲一餉【卽千口之餉,
受餉者, 二百五十人.】, 則必其簿曆, 朝夕修治, 然後乃不亂也. ○或曰: "賑簿浩
煩, 顧安得朝夕修治乎?" 答曰: "此軍法也. 軍法十人爲隊, 三隊爲一旗, 四旗
爲一哨, 五哨爲一司【其部分, 或多或少.】, 而有死亡者, 有新增者, 有病退者, 必
朝夕修簿, 如程不識衛靑之爲, 然後乃得行軍. 彼於干戈搶攘之中, 猶能爲
此, 況於賑乎? 修簿未可已也." ○作曆如官案之樣【用油紙爲冊】, 旗名隊名, 書
于冊面, 受牌人姓名, 別書紙條, 以便移付.

靑旗第一隊

【東始鄕 春山里】	幼學李基元【男丁一口, 女壯一口, 聯戶李基亨, 男丁一口, 女壯一口. ○該受米一斗八升. ○小寒日受牌.】
【東始鄕 春山里】	良人朴泰周【男丁一口, 女壯一口, 女弱二口. ○該受米一斗五升. ○小寒日受牌.】
【東始面 柳谷里】	寡婦金召史【女壯一口, 女老一口, 聯戶寡婦朴召史, 女壯一口, 女弱一口. ○該受米一斗五升. ○小寒日受牌.】

如是者十條. ○第二隊以下, 皆依此例.

紅旗第一隊

【東始鄕 夏川里】	幼學金廷郁【男丁一口, 女壯一口, 聯戶金廷馥, 男丁一口, 女壯一口. ○該受米一斗八升. ○小寒日受牌.】
【南始鄕 夏川里】	良人崔時東【男老一口, 女老一口, 男丁一口, 女壯一口. ○該受米一斗七升. ○立春日受牌.】
【南始鄕 桃源里】	禁保韓致三【男丁一口, 女弱二口, 聯戶寡婦韓召史, 女壯一口. ○該受米一斗五升. ○立春日受牌.】

如是者十條. ○第二隊以下, 皆依此例.

黃旗第一隊

【邑內坊 館前里】	退吏李壽聃【男老一口, 男丁一口, 聯戶閑良李福聃, 男丁一口, 女老一口. ○該受米一斗八升. ○小寒日受牌.】

【邑內坊 南門里】	老妓蓮臺月【女老二口, 聯戶寡婦金召史, 女壯一口, 男弱一口. ○該受米一斗五升. ○立春後十日受牌.】
【邑內坊 南門里】	良人崔後男【男丁一口, 女壯一口, 聯戶崔得才, 女老一口, 男弱一口. ○該受米一斗六升. ○立春後十日受牌.】

如是者十條. ○第二隊以下, 皆依此例.

白旗十隊, 黑旗十隊, 並照此例.【每以十牌爲一隊】

凡作隊·作旗之法, 先以接屋連墻者, 魚鱗作隊, 本村旣盡, 未滿一隊, 則與鄰村之附近者, 聯戶作隊. 本鄕旣盡, 未滿一旗, 則與鄰鄕之附近者, 聯戶作旗. 其有零戶不滿一隊者, 付之末旗, 別爲小隊. ○或曰: "頒饡之法, 必以鄕里區別, 今日饡甲鄕, 明日饡乙鄕, 其事平順. 今必以甲饡乙饡, 當甲鄕乙鄕, 以靑旗白旗, 當東里西里, 耳目頓變, 民未易曉, 況此里彼里, 與之聯; 此鄕彼鄕, 與之聯戶, 文書眩亂, 豈可通乎?" 答曰: "不然. 凡天下馭衆之術, 唯有'分數明'三字而已. 一日千口之饡, 限之以五旗; 一旗之饡, 限之以五隊; 一隊之饡, 限之以十牌, 則每日設粥, 恒設五旗之粥【二百五十人所食】; 每日出穀, 恒出五旗之穀【二百五十牌所食】, 何謂文書眩亂乎?" ○若於大邑, 多有外倉, 其飢口或至二萬者, 每日各饡十旗, 若其飢口爲一萬五千, 則每日各饡七旗有半【一千五百口】, 皆當照此爲率. 今不具論.

或曰: "凶年人心, 皆喪天良. 聯戶受饡者, 歸而分之, 或竊升龠, 或換麤粟, 或舊有私債, 因而奪之, 將若之何?" 答曰: "牧先期出令曰: '持牌受饡之人, 若犯此罪, 致有哀訴者, 本人落饡, 又其上牌下牌, 各停饡一等.'【假如第三牌有罪, 則第二牌第四牌, 停饡一等.】人誰有犯之者乎?"

若於一旗之內, 或有死亡, 其本戶之內, 無可代入者, 則査得死人原係第幾牌, 唯於本牌之內, 減其死口, 改授新牌. 遂於本村之內, 査得漏口, 以充四口, 不毁其旗. 若死亡日多, 別無漏口之追補者, 則毁此一旗, 次次移充. ○若死亡日多, 諸旗皆毁, 則盡毁五旗, 改授新曆, 並授新牌. ○今之爲牧者, 凡設賑以來, 有削而無補, 此民之所深悲也. 若有賢牧, 別置漏口之簿, 待窠充補, 則民之感悅, 其有旣乎? 牧能爲人之所不爲, 然後方謂之賢牧, 莫以循例爲心.

柳正源爲通川郡守, 歲適大侵, 關東尤甚. 公措畫得一千八百斛穀, 擇邑民勤幹者, 掌其事. 每旬親監分賑, 面各爲旗, 使面任【卽風約】揭旗, 率所屬飢民而入, 受賑畢, 樹旗列坐, 設九釜於庭, 作糜粥分饋. 饋畢, 麾旗而出, 竟日無喧譁失伍者. 繡衣使者, 以微服來覘, 語人曰: "觀此一事, 足見其人." 一日大雪, 道不通, 命船載米粟, 循海分賑. 往往僵臥不起, 忽扣門呼與米, 莫不感悅至有出涕者.【丙子春】

小寒前十日, 書賑濟條例及賑曆一部, 頒于諸鄕.

上項諸條, 皆係新法, 犁老亦所未聞, 宜淨書一通, 頒于諸里【宜以立春日, 大曆頒之】. 仍令諸里, 各遣能文解事者, 詣官受學, 官另差刑史慧者, 使於面前, 詳明敎授, 俾無疑晦, 使各歸而諭之, 俾知條例. ○每一大村, 各授一件, 其附近小聚, 各就大村聽諭. ○凡賑曆, 是日官頒, 自此以後, 皆自本里, 依此規式, 十日一修, 上于縣官.

小寒前三日, 牧出倉場, 審視鋪置排設, 如有未善, 改之完之. ○一, 墻垣茨棘, 或有潰缺, 宜令完之, 門扉破落, 宜令改之. ○一, 錡釜列植, 宜令齊整, 木蓋草蓋【釜之蓋】, 宜令潔淨. 其草盧五間, 各植一釜, 下皆土築, 以防火災; 上亦加土, 以防風寒. 苫草宜厚, 盆甕諸器, 按例具列.

小寒之日, 牧夙興詣牌殿瞻禮, 仍詣賑場, 饋粥頒餼.

是日詣牌殿, 升香四拜, 俯伏良久, 默自[34]心奏曰: "小臣不才, 當此大事, 唯竭忠殫智, 以保我聖上所畀赤子萬命. 上天監臨, 小臣其敢不盡心." ○禮畢, 升坐于牌殿之階, 召文武將吏, 咸伏殿庭, 諭之曰: "萬民者, 吾君之赤子也; 飢民者, 其赤子之顚連者也. 文武將吏, 其赤子之兄長也, 吾弟顚連將死, 吾

---

34 自: 新朝本에는 '日'로 되어 있음.

與爾等, 其敢不竭力以拯救? 爾文武將吏, 宜悉此意, 凡屬賑事, 宜竭忠殫智,
精白一心, 成此大事. 其有欺詐不忠, 天威不違顔咫尺, 天地鬼神, 昭布森列,
吁! 可畏也. 其各愼旃."

遂詣倉廳, 受參謁訖, 乃頒閽牌, 其無牌者皆出. ○旣出令首丞, 審視四垣
之內, 隱處暗處, 或有一夫無牌潛伏, 卽行決罰. ○階前立令旗一雙. ○放砲
一聲, 乃吹號笛, 門卒一人, 持令旗出, 至倉門之內, 引靑旗總入門. ○乃考牌
打印, 饋粥頒餕頒鹽, 如上所論. ○每一釜取粥一碗, 牧先嘗之, 數飮而止, 退
予左右. ○粥之稀稠, 醬之鹹淡, 藿之多少, 鰕之有無, 宜釜釜察之, 善者譽之,
不善者戒之.

寒士無奴, 躬自受餕者, 令別坐于階下, 以禮進粥【士族具衣冠者】. 士族婦女,
許俾人受餕, 其或自來者, 令別坐一隅, 乃進粥. ○宣祖時, 崔啓沃庭試及第,
放榜日, 戴御賜花, 持紅牌, 就賑廳喫粥, 人皆異之【出『芝峰[35]類說』】○明宗三
年, 命設東西賑濟場, 開常平倉賑饑, 士族寡婦不能躬自乞食者, 給米其家,
從賑恤使閔齊仁之言也.

立春之日, 改曆修牌, 大展其規, 驚蟄之日, 頒其貸, 春分之日, 領其糶,
淸明之日, 頒其貸.

賑至立春, 則厥簿浩大, 悉毀舊曆, 還收舊牌【一等二等, 今合爲一故】. 改整部
伍, 魚鱗作隊【以鄕里爲序次也】, 以作新曆, 以領新牌. ○立春後十日, 又一修改
【三等又合爲一故】. ○貸者, 今之所謂付還也. 驚蟄則土脈旣融, 農事漸始, 故先
助其糧; 淸明則春序已晩, 落種方急, 故乃助其種. ○糶者, 今之所謂發賣也.
力有餘則行之, 穀不足則已之.

立夏前十日, 改曆修牌, 餕者小減【下級先收之】; 立夏之日, 改曆修牌, 餕者大
減【中級又收之】; 芒種前一日, 乃徹賑場【上級亦收之】, 所行儀節皆如初. ○小寒
至芒種, 每爲一百五十有三日. 今以一百五十日排定, 其贏者三日也. 其間頒

---

35 峰: 新朝本에는 '津'으로 되어 있음.

饎, 或差一日【上旬則甲日頒饎, 中旬則乙日頒饎】, 可抵芒種, 民不怨之矣. 鄰邑皆
歲後頒饎, 我自小寒日頒之, 三日之差, 豈足怨乎?

流乞者, 天下之窮民而無告者也. 仁牧之所盡心, 不可忽也.

中國賑政, 主於流民, 故流民受賑, 全活者多; 吾東賑政, 主於居民, 故流乞
受養, 畢竟盡死, 豈不哀哉? 「賑恤事目」: "凡流乞接濟, 其粥米醬菽, 皆使縣
令自備, 仍無會減." 縣令豈必是仁人哉? 客館之前, 掘坎一處, 其深尺餘, 其
圍數丈, 索縛數椽, 草覆一重. 上雪旁風, 不堪凜凜, 如水之粥, 半雜穅土. 龍
尾之衣, 不掩其陰, 髼髮皴膚, 形如烏鬼. 喇叭一聲, 聚歠如豚, 散而行乞, 不
得一匙. 至夕而會, 投于一坎, 詰屈蠢動, 有如糞蛆. 互相蹂躪, 弱者壓死, 病
氣相嘘, 疫癘熾興. 監者厭惡, 以死爲幸. 委諸溝壑, 日課數十, 烏鳶啄腸, 狐
貍呷血, 天下之哀冤慘怛, 未有甚於是者也. 然且居民之受賑者, 或有捐瘠,
怨謗以興, 上司督過, 而流乞之死, 視爲常事, 上不苛責, 守令無憚, 付之閑漫,
蓋與中國之法, 迥然不同也. 或又爲不仁之論曰: "凡流乞皆無用之物, 天之
所棄, 國之所贅. 懶惰無業, 偸竊成性, 收而養之, 徒費穀粟, 畢竟盡死, 勞而
無功, 不如困迫絶饎, 以速其死, 在渠無悲, 在國無惜." 嗚呼! 此何言也? 豐年
不見流乞, 村里但有良民, 及至凶年, 乃見此物, 則知此物本係良民, 非棄物
也. 特其六親散亡, 四鄰拒絶, 鰥寡孤畸, 無處託身, 萍流蓬轉, 以至於此. 積
飢久凍, 喪其良性, 廉恥都亡, 聰識邃昧, 如鬼如獸, 使人可惡, 斯豈本質有殊
哉? 天厭其怠, 令受玆苦, 則貪官汚吏, 天胡不厭, 令受彼樂? 斯皆不仁之言,
非理之論, 不足述也. 父母憎其怠兒, 笞之流血, 爲其兄者, 收而撫之, 勸以粥
麋, 斯爲孝友. 從而叱之, 驅迫出門, 其父母未有不惻然內悲, 反嫉其兄者也.
理旣如此, 牧宜收撫流乞, 以解天怒. 張橫渠「西銘」云: "鰥寡孤[36]獨, 疲癃殘
疾, 皆我兄弟之顚連而無告者也." 人苟以橫渠之心爲心, 接濟流乞, 必不當
若是也.

---

36 孤: 新朝本에는 '狐'로 되어 있음.

歲事旣判, 秋分之日, 牧預於城中閑僻之地, 買小屋三四區約曰: "冬至之日, 必有來居者, 汝其徙焉, 來年芒種之日, 來居者去, 汝其還焉." 凶年勢急, 必有樂之者. 左右問曰: "買屋奈何?" 牧曰: "他日必有來居者." 其不謂之流乞院者, 恐先聲遠播, 會者益多, 無以接濟也. ○冬至之後, 漸有流乞來集, 牧別借一屋, 姑令饋粥, 及其大集, 乃掃秋買之屋, 使之入處, 另差仁厚解事之人, 或吏或校, 定爲監院. 又備鎌子數十柄, 每日氣溫和, 監院率其中丁壯數十人, 就艸場刈薪一束, 燒于院, 餘悉發賣販米. 其能樵者, 增其餼予之飯, 其次增其粥【加給一小椀】, 怠者, 減其粥【器不盈】, 其用力彌勤者, 別賜襦衣, 使之激勸【顯宗十年, 命賑恤廳, 給凍餒人, 襦衣有差】. 又用土亭之法, 有能結屨者, 繼其藁菅, 並令監院發賣販米, 或增其餼, 或備其襦, 咸遵其願. ○其有竊盜欺詐, 悖類亂法者, 軍官押領, 出諸四境之外. ○其有本縣之民, 明有鄕里者, 押赴本里饒戶, 使之收養, 許於勸分穀中, 會減其餼. ○如或大集, 更掃一屋, 令男女各處, 或有疾病, 令病者同處. ○其婦女有能炊汲者, 令汲水煮粥, 增其餼料.

鄭俠監安上門, 熙寧七年, 天久不雨, 河東·北·陝[37]西流民, 皆流入京城. 俠畫爲圖, 上書曰: "安上門逐日所見, 百不及一, 亦可流涕, 況乎萬里外哉!"

崔逸爲長城府使, 辛丑歲饑, 廣爲粥糜, 以哺餓者, 遠近流丐, 聞風來集. 有病餓二人死府境, 使者以聞, 被逮竟坐罷.

李希文爲善山郡守, 丙辰饑荒, 希文載醬與粥, 晨出夜入, 民無餓死.

金弘振爲新溪縣令, 適當大侵, 賑飢朝暮臨視, 親嘗其糜粥, 設長窩, 給藥物, 濟活甚多. 道臣上聞, 特命陞秩以褒之.

柳參判誼牧洪州, 値小饑, 有流乞五六人行于邑中. 公憐之, 接于馬房【馬房在政堂之庭】, 饋之以粥, 燒之以薪. 丞史諫曰: "流乞安樂如此, 行將雲集, 其誰堪之?" 不數日, 流乞聞聲, 來會者數十人. 公皆受之, 左右力諫不聽. 會者旣多, 不復加集. 余至洪州, 見夕陽在馬房所養流乞, 出而負暄. 公語其故如此, 復曰: "流乞有限, 預言雲集, 皆沮善之說也. 吾力所及, 姑且受之, 力之旣盡,

---

37 陝: 新朝本에는 '陜'으로 되어 있으나 地名이므로 바로잡음.

放而遣之, 不亦可乎?" 余至今心服其言.

死亡之簿, 平民·飢民, 各爲一部.

冬至前十日, 牧傳令于諸鄕諸里, 令自冬至日子時以後身死者, 本里飛報
于風憲, 風憲錄之于成冊, 其病死者, 注曰病死; 餓死者, 注曰餓死. 雖富家大
豪, 因病捐世, 悉錄無遺; 嬰孩落地, 一呱便死, 悉錄無遺【落胎者勿論】. ○其冬
至後第五日亥時以前死者, 合爲一冊, 厥明日飛報于縣官. 自此五日[38]五日,
至芒種日乃止. ○其或一口漏落者, 風憲約正, 各罰粟一斗, 以補本鄕中收瘞
之資.【罪在里任, 則徵[39]罰粟於本里.】

其飢口之死亡者, 饎口別爲一冊, 貸口糶口, 合之爲一冊. ○若饎口死亡,
本家飛報里任, 里任飛報于鄕賑長【卽各面飢民都有司】. 賑長受之修成冊, 如風
憲法, 五日[40]五日, 馳報縣官. ○其一口落漏者, 賑長罰粟一斗.【罪在本里, 則徵
於里任】○雖受饎之家, 死者非飢口, 則令風憲修報. ○凡飢戶, 本戶之內, 或
有死亡, 無論男女·丁壯·老弱, 皆改付他口, 或以丁而代老, 或以弱而代丁, 或
老老相代, 弱弱相代. 必於本戶之內, 更無他人, 然後移付他戶之口. ○每頒
饎之日, 一旗五隊之長, 各書本隊之內, 饎口死亡, 書其年齒, 書其日子, 親納
于縣官. 如或一口隱匿, 冒受其饎, 因他事現發者, 一隊十牌, 並令落饎. 此法
宜先期知會, 三令五申.

其或鰥寡孤居者, 其身旣死, 別無親屬, 無人收骨者, 許勿落饎, 三次仍頒,
自本里公議, 乃以三次之饎, 折之爲錢, 可踰一兩, 以斂以埋, 無踰三日, 受饎
以報之.

其報上司, 宜從實數, 唯平民病死者不錄. ○每見, 守令於飢民死亡, 全不
致察. 鄕監·里任, 略以數口, 塞責修報, 官又隱匿, 不報上司. 自以爲一無捐瘠,
致使人主, 不聞飢民死亡之實數, 此大罪也. 列邑皆匿, 我獨從實, 畢竟列邑

---

38 日: 新朝本에는 '月'으로 되어 있음.

39 徵: 新朝本에는 '懲'으로 되어 있음.

40 日: 新朝本에는 '月'으로 되어 있음.

無罪, 我獨離咎, 非不知也. 然賑政獨善於列邑, 死亡獨多於列邑, 畢竟獨離殃咎, 此天下之至榮也. 士君子讀書修身, 正於此等處, 需用一口, 不可匿也.

饑饉之年, 必有癘疫, 其救療之方, 收瘞之政, 益宜盡心.

救療之方, 收瘞之政, 略見上篇'寬疾''哀喪'之條, 宜參看. ○凡饑戶遘癘者, 自本里報于賑長, 賑長報于縣官, 牧卽以藥物計口頒下【聖散子·貞元丹等物】, 使其鄰里, 按方救療. ○凡有死亡, 卽饑口有闕, 牧執遘癘之簿, 每以病戶幾口, 塡補其闕.

其有闔家沒死, 畏其薰染, 無人入見者, 許以本戶三次之饑, 仍頒本里, 使本里上戶, 主管此物, 雇人斂埋. ○其不入於賑簿者, 就醫吏藥局, 以輕價買藥. 或闔家沒死, 無人收骨者, 飭本里上戶, 籍其家産, 雇人斂埋, 無踰三日, 斂埋形止, 須卽報官. ○當此之時, 牧宜十日一出, 匹馬單僮, 巡行村里, 案其物色, 問其情形, 或親入病家, 慰撫病人; 或親入喪家, 考其斂埋. 惻怛之心, 必耳聞目擊, 乃有感發, 歸而爲政, 必大進於深居之日矣. 凡癘疫薰染, 總由鼻孔呼吸. 每於上風處臨視【東風之日, 坐於東.】, 卽不傳染, 況此癘疫, 總由飢餓! 牧日食粱肉, 無緣傳染, 達理者所不畏也. 嗟呼! 子女疾厄, 其父母有不慰撫者乎? 當此之時, 牧數出民間, 勉行仁政, 其哀感悅服, 且當如何? 一日之勞, 萬世之榮, 何惜而不爲哉? 凡不肯爲此者, 皆愚迷昏濁, 不可以語氷者也.

流乞廠死亡相續者, 令監院者逐日董督, 使其同伴, 舁屍出野, 掘巨坑埋之, 以爲叢塚如古法, 亦須分別男女, 無令混雜. ○申飭監者, 厚蓋以土, 無令狐狸夜扣, 烏鳶晝啄.

嬰孩遺棄者, 養之爲子女, 童穉流離者, 養之爲奴婢, 並宜申明國法, 曉諭上戶.

遺棄兒收養法, 並詳「慈幼」篇.

肅宗甲申, 賑恤堂上閔鎭厚曰: "外方監賑節目, 則'就粥飢民, 有收養過六十日者, 方爲成給立案, 十三歲以下, 並子孫作奴婢; 十四歲以上, 限其身作奴婢.' 京廳, 則堂上親自檢察, 事體與外方有間. 收養四十日以上者, 十五歲以下, 並子孫作奴婢; 十六歲以上, 限其身作奴婢. 收養四十日以下者, 毋論壯弱, 限其身作奴婢, 恐宜." 上從之【『備局謄錄』】○ 其或士族兒女, 流乞收養, 遂爲奴婢者, 牧於事平之後, 官出錢贖之, 使爲良民, 亦可曰陰德也.【唐太宗, 嘗有此仁政.】

唐韓愈治袁州, 袁人以男女爲隷, 過期不贖則沒入. 愈悉令計傭, 歸之父母.

第五條 補力

歲事旣判, 宜飭水田, 代[1]爲旱田, 早播他穀. 及秋, 申勸種麥.

此所謂代播也. 代播之穀, 不過數種, 一曰'黏粟'【秫粟也, 南人謂之黏實.】, 二曰
'蕎麥', 三曰'晩菽'. 凡此三穀之種, 宜於平年, 各聚數百石, 以爲不虞之備. 如
不能然, 宜飭下民, 各圖私蓄, 以爲旱備, 不可已也. ○己巳之夏, 歲事旣判,
朝令勸耕蕎麥. 南徼數十邑, 都無蕎麥, 唯靈巖郡有蕎麥二百餘斛. 監司令數
邑分用, 數邑領民往移, 靈巖之民數千人, 屯聚拒絶, 官不能禁, 皆悵然以反.
○甲戌之夏, 歲事旣判, 縣令勸種黏粟, 南徼十邑, 都無種子. 唯長興金氏家
有黏粟三百斗, 每一升受錢十五而糶之, 數日之間, 得錢四十五貫【四百五十
兩[2]】, 論其本價, 不過三貫【三十兩】. 民目見此事, 其後亦無蓄之者. ○凡代播
之퐉, 預許免稅, 然後民肯代播, 若此令不明, 雖勸不播.

朱子在南康軍, 「勸諭救荒帖」云: "早禾已多損旱, 無可奈何. 只得更將旱
田, 多種蕎麥及大小麥, 接濟食用." ○李時珍云: "蕎麥, 立秋前後下種, 八九
月收刈, 性最畏霜."

中伏之日, 牧下帖于諸鄕, 勸民代播. 其代播種子, 極力求問, 可移則移之,
可販則販之, 與民偕作, 急急如救焚拯溺, 時刻是爭, 不可緩也.

---

1 代: 新朝本에는 '垈'로 되어 있음.
2 兩: 新朝本에는 '雨'로 되어 있음.

朱子在南康軍,「諭種二麥帖」云: "使軍累行勸諭耕種二麥, 蓋爲今年荒旱
不比常年, 須是倂力加工, 救濟性命. 今訪聞多有未施工處, 顯是頑慢, 量行
決罰. 先此曉諭." ○「再諭上戶帖」云: "趁此土脈未乾, 高田堪種麥處, 一面種
麥." ○ 又「勸諭諸縣帖」云: "發下三縣, 趁時犁翻, 多種二麥." ○ **鏞案** 朱子救
荒之政, 專勸種麥, 榜諭帖移, 三令五申, 誠以凶年, 民心隕廓, 望絶生活, 死
在目前, 何慮乎來年, 故種麥之說, 聽之藐藐. 牧宜誠心勸諭, 助其種子, 贍其
牛糧, 務令多種, 不可忽也. 『禮』曰: "中秋乃勸種麥." 雖在豐年, 本勸種也.

春日旣長, 可興工役. 公廨頹圮, 須修營者, 宜於此時補葺.

范仲淹領浙西, 皇祐二年, 吳中大饑, 公乃縱民競渡. 太守日出, 宴于湖上,
自春至夏, 居民空巷出游. 又令諸佛寺大興土木之役, 諭之曰: "饑歲工價至
賤." 又新敖倉吏舍, 日役千夫. 監司奏劾: "杭州不恤荒政, 嬉游無節, 公私興
造, 傷耗民力." 公乃自條敍: "所以宴游興造, 皆欲以發有餘之財, 以惠貧者,
貿易飮食, 工技服役之人, 仰食於公私者, 日無慮數萬人, 荒政之施, 莫此爲
大." 是歲兩浙, 唯杭州晏然, 民不流徙, 皆公之惠也.

『自警編』云: "莆陽一寺建大塔, 工費鉅萬. 或告陳正仲曰: '當此荒歲, 興無
益土木, 公盍白郡禁之?' 正仲笑曰: '寺僧能自爲塔乎? 莫非傭此邦人也. 斂
於富家, 散於寠輩, 是小民藉此得食, 而贏得一塔也. 當此荒歲, 惟恐僧之不
爲塔耳.'"

『政要』云: "宋法, 諸災傷地分, 有興工役可以募人者, 如農田水利, 及城隍
道路堤岸土功, 種植林木之類, 監司預行檢計工料錢穀之數, 利害[3]具奏聞.
孝宗時, 浙東大飢, 朱子爲提擧, 請募飢民興水利, 朝議難之. 復請曰: '連年災
旱, 國家發倉廩以賑之, 若於數外微有增加, 以爲募民興役之資, 則救災興利,
一擧兩得. 臣見所至原野, 極目蕭條, 惟是有陂塘處, 其苗蔚茂, 秀實無異豐
歲, 於是益知水利之不可不修. 若令逐村逐保, 各有陂塘之利, 則民間永無流

---

3 害: 新朝本에는 '客'으로 되어 있음.

離餓莩之患, 國家亦永無蠲減糶糴之費矣.'"

李參判後山按關東, 時大饑, 而營舍毀于倭亂, 久未克復. 公曰: "古人當凶歲而興土役, 亦一道也." 遂發營中米·布, 以募饑民, 至者雲集, 不數月功告訖.

救荒之草, 可補民食者, 宜選佳品, 令學宮諸儒, 抄取數種, 使各傳聞.

范仲淹奉使安撫江淮, 時大饑, 以民所食烏昧草進呈, 宣示六宮, 用抑奢侈. ○楊愼曰: "麥有昧音, 烏昧草謂今燕麥也. 淮南謂麥爲昧, 故從音爲文." 或曰: "燕麥卽野稷, 升菴失考."

范純仁知慶州, 大饑, 五穀絶種, 官儲有限, 方懼未有以繼. 會是秋蓬生蔽野, 而結實如粟可食. 所收狼戾, 民食之餘, 公令官糴. ○齊之鸞爲陝西僉事, 見流民刈蓬, 蓬有綿刺二種, 子可爲麫, 餓民仰此而活者, 五年矣. 見有以麫食者, 取啖螫口, 澀腹嘔逆, 移日, 遂將小民困苦情狀, 幷取蓬子, 封題齎獻焉.

鄭毅夫「採鳧茈」詩云: "朝携一筐出, 暮携一筐歸. 十指欲流血, 且急眼前飢. 官倉豈無粟? 粒粒藏珠璣. 一粒不出倉, 倉中羣鼠肥." ○王莽時大饑, 民食鳧茈. 鄭俠作此詩, 蓋以王安石比之於王莽, 非當時之民又食鳧茈也.

王荊公參政時, 淮浙大饑. 李溥爲發運使, 移檄郡縣, 以厚朴炒豆爲屑, 以開饑民胃[4]口, 多造紙襖, 以衣貧民【襖者, 袍也, 可包周身.】, 榜勸富民施錢, 以種福田. 或謂曰: "東南之民, 胃[5]口旣開, 又得紙襖爲衣, 兼得福田, 居之不須慮也." 監司大戄, 臺章聞上, 盡行降黜.

宋徽宗時, 河北·山東, 連歲凶荒, 民食楡皮野菜【『本草』云: "楡白皮, 荒歲, 人食之以當糧, 搗末和水服."】. 蓋苗爲濟寧判官, 會[6]歲饑白郡府, 郡府遣苗. 身至戶部躬請, 戶部難之. 苗伏中書堂下, 出穭餅以示曰: "濟寧民率食此, 況不得此者尤多, 豈可坐視不救?" 因泣下. 時宰大悟, 凡被災者, 咸獲賑焉.

李泰淵爲全羅監司, 時適大侵, 公上疏備陳飢民之狀, 並進所食草實, 仍請

---

4 胃: 新朝本에는 '胃'로 되어 있음.

5 胃: 新朝本에는 '胃'로 되어 있음.

6 會: 新朝本에는 '食'으로 되어 있음.

蠲貢賦, 以寬民力. 又豫儲竹實海藻, 以助民食, 又聚慈悲僧徒, 設粥路傍, 以活蒙輯.

明宗九年, 賑恤廳啓曰: "蓄穀賑饑, 雖爲荒政之本, 穀乏民飢, 則不可坐視. 我世宗大王著「救荒辟穀方」, 救萬世蒼生之命. 如松葉益人腸胃, 壽人性命, 過於五穀, 斯實救民良方. 京城之民, 習尙侈靡, 尤以粥溢爲羞, 朝飧美食, 暮已絶炊. 今此良方, 若不嚴飭, 則復廢不行. 京則漢城府五部, 外則觀察使守令, 鏤板傳錄, 廣諭民間, 使人無不解, 觀察使敬差官都事, 遇人講問, 有不曉者, 則色吏論罪, 不曉多者, 並論守令, 殿最憑考. 今亦依此, 請松葉服食之方, 鏤板廣布." 上從之. ○顯宗十二年大饑. 左承旨李端夏上疏曰: "五穀之外, 草木服食之方, 無如松葉. 臣聞壬辰亂後, 癸巳設粥之時, 以松葉末十分和米末一分, 作粥而饋之云. 今年粥資, 一名率用二合米. 二合米今若作末, 可爲五合也, 五合可饋五人, 以一人之食, 分饋五人, 不亦爲大益乎? 但各邑, 或用松葉粥, 或用全米粥, 則飢民必有所避就. 而官吏之欲用松葉粥者, 必動於飢民一時之毁譽, 而不能著實行之. 米盡之後, 雖欲復用松葉, 所和之米亦乏, 則更無奈何矣. 臣意先自都中先用松葉粥, 不復饋民以他粥. 其不肯喫啜者, 此非飢民也, 宜一切却之. 又令外方專用松葉爲粥, 則用米少而活民, 當無限矣."

肅宗乙亥敎曰: "今年大侵, 振古所無, 凶歲救急, 莫如橡實. 故分付闕[7]內, 使之拾取, 此亦不實, 所得僅二十斗. 意在救民, 何拘多少? 特下賑恤廳."

『救荒本草』云: "橡實去皮煮食, 最益人. 實中不飢, 可禦歉歲."

『救荒本草』云: "葛根採取, 作粉餌之, 可斷穀不飢." ○嘉慶己巳之飢, 瘟疫大熾, 海中諸島, 亦皆不免, 唯甫吉島之民, 安然無事. 蓋此島多葛, 民皆作葛粉, 自冬及春, 以此爲糧也. 葛粉不但救荒, 亦能辟瘟. 其島中惟一民有糧, 不食葛粉, 獨自遘癘, 全家皆死. ○白浦尹氏之村, 有二氓特貧, 自冬及春, 以葛粉爲糧, 一村皆遘癘, 唯二氓之家, 超然獨免. ○此二事, 余所驗也.

---

7 闕: 新朝本에는 '關'으로 되어 있음.

『救荒本草』云: "黑豆五升, 洗蒸三遍曬乾, 去皮爲末, 大麻子三升, 湯浸一宿漉出, 曬蒸三遍, 令口開, 去皮爲末, 用糯米粥合搗, 又蒸之爲餠, 可以休糧."【詳見『東醫寶鑑』】

『王氏農書』曰: "辟穀之方, 見於石刻. 水旱蟲荒, 國家代有, 甚則懷金立鵠, 易子炊骸, 爲民父母者, 不可不知此法也. 昔晉惠帝永寧二年, 黃門侍郎劉景先表奏: '臣遇太白山隱氏, 傳濟飢辟穀仙方, 臣家大小七十餘口, 更不食別物. 若不如斯, 臣一家甘受刑戮. 其方, 用大豆五斗, 大麻子三斗.'"【節】○此卽上方也. 其方旣在『東醫寶鑑』, 今略之. 大麻者, 卽苴麻之實也【方言謂之森】. ○按 徐光啓『農政全書』有「救荒本草」數十篇, 其中多可採用. 宜令邑儒留心勸民, 不可自官發令, 以取民譏.

凶年除盜之政, 在所致力, 不可忽也. 得情則哀, 不可殺也.

王曾守洛, 歲歉, 里有困[8]積者, 飢民聚黨脅取. 鄰郡以强盜論報, 死者甚衆, 公但笞而釋之. 遠近聞以爲法, 全活者數千計. ○案 王曾之事, 不可爲法. 除盜者, 『周禮·大司徒』, 十二荒政之一也. 其可如是乎? 減死可已.

王堯臣知光州, 歲大旱, 羣盜發民倉廩. 吏法當死, 公曰: "此飢民求食爾, 荒政之所恤也." 乃請以減死論. 其後遂以著令, 至今用之.

宋辛棄疾帥湖南, 賑濟榜文, 祇用八字曰: "刦禾者斬, 閉糴者配." ○朱子曰: "棄疾做兩榜, 便亂道." ○丘瓊山曰: "刦禾者, 盜賊之端, 禍亂之萌也. 小人乏食, 計出無聊, 謂飢死與殺死等耳, 與其飢而死, 不若殺而死. 況又未必殺邪? 聞粟所在, 羣趨而赴之, 哀告求貸, 苟有不從, 卽肆刦奪. 自諉曰: '我非盜也. 迫於飢餓, 不得已耳.' 嗚呼! 白晝攫人所有, 謂之非盜, 可乎? 漸不可長. 彼知其負罪於官, 因之鳥駭鼠竊, 弄鋤梃以扞游徼之吏, 不幸而傷一人焉, 勢不容已, 遂至變亂. 臣願明勅有司, 必先榜示, 禁其刦奪."

宋陳良器知江州, 時大饑, 有盜刈人之禾, 而傷其主者, 當死. 公曰: "古之

---

8 困: 新朝本에는 '囷'으로 되어 있음.

荒政, 所以恤人盡矣, 然尙緩刑, 況今哉?" 卽奏貸其死. ○凡大凶之年, 自今秋分之日, 至來夏至之日, 一切藏刑焉可也. 哀此下民, 何忍傷之? 不惟盜禾然也. 丁判書【諱範祖】詩曰: "凶年盜賊無論性, 近世經綸[9]不在官." 一時傳誦, 以爲至言.

朱子「約束禁偸文」云: "慮有不守行止之人聚集偸竊禾穀, 令行下巡尉司, 嚴行禁約." ○案 偸禾非盜也, 良民之喪心者也. 然執法者, 不可不嚴禁. 秋分之日, 宜飭諸里, 皆建守草樓, 五樓爲一保[10], 五保[11]爲一領, 互相守望, 鳴[12]柝相應, 其有盜禾者, 解送官裏決罰.

周濟知安慶府, 饑民聚掠富家粟, 富家以盜刲告. 濟下令曰: "民饑故如此, 當報太守數, 太守當代爾償." 掠者遂解散. 濟卒, 官民皆罷市巷哭云.

張淳知永康縣, 歲旱, 刲掠公行, 下令刲奪者死. 有奪五斗米者, 淳佯取死囚, 杖殺之, 而榜其罪曰: "是刲米者." 衆皆慴服.

翟溥福知南康府, 先是, 歲歉民擅發富家粟, 及收取漂流官木者, 前守悉以坐盜, 當死者百餘人. 溥福閱實, 杖而遣之.

『茶山筆談』云: "己巳·甲戌之饑, 良民化爲强盜, 所在嘯聚數十人, 皆蒙紙罩, 乘夜打家. 兵營鎭營及列邑守令, 凡遇此盜, 輒置之死, 或瘦之獄, 民乃稱便. 按『大明律』: '凡强盜得財者, 不分首從皆斬.' 其律重於竊盜【搶奪曰'强盜', 穿窬曰'竊盜'】. 故律官議律, 有死無生. 余嘗思之, 此事不可硬定也. 凡凶年爲此者, 非薄竊盜而不爲, 爲此大盜也. 竊盜別有天才. 其穿穴踰墻, 破局啓鐍, 伏狨魅人, 摠有法術, 非良民之所能爲. 故相與聚謀, 爲此白直耳. 竊盜雖逢豐年, 不爲良民, 雖欲感化, 無可奈何. 凶年爲此者, 來年則爲良民. 由是觀之, 殺之可惜, 所謂得其情則慽耳. 孟子曰: '凶年子弟多暴, 富歲子弟多賴, 由於陷溺其心.' 豈可與黃巢·宋江之等比而同之乎? 然則奈何? 散配絶島, 待豐年

---

9 綸: 新朝本에는 '論'으로 되어 있음.
10 保: 新朝本에는 '棵'로 되어 있음.
11 保: 新朝本에는 '棵'로 되어 있음.
12 鳴: 新朝本에는 '嗚'로 되어 있음.

而釋之可也."

其偸禾小盜, 及白晝入人家, 竊取銅器衣物者, 不可勝誅, 宜有榜示. ○榜曰: "凡偸竊禾穀及他人傢伙者, 旣執贓物, 里任告于本里上戶, 指名提報. 此人旣係偸盜, 不能受饎. 雖已被抄, 坐此落饎. 若改過三月, 再無所犯, 卽許還付饎口. 若再犯三犯, 終不悛悔者, 許本里申官, 軍校押領, 出諸四境之外, 斷不饒貸."

飢民放火者, 宜於嚴禁.

『茶山筆談』云: "己巳·甲戌之饑, 蒙輯之人, 喪其天良, 簞豆之怨, 抱薪走鄰. 南塘四百餘戶, 日燒八九戶, 未旬而墟. 沿海諸村, 此患尤甚. 宜嚴法示榜, 禁絕其習." ○榜曰: "簞食豆羹, 結爲深讎, 輒行放火者, 若登時捕捉, 或看證明白, 卽告本里上戶查實, 如係眞的, 卽時解送官裏, 軍校押領, 出諸四境之外." ○此時此人, 不可責之以常理, 不可罪之以本律. 若決笞決杖, 必當下致命, 本非死罪者, 不可決死. 其罰不過逐出之而已, 不可加也.

『大明律』曰: "放火故燒人房屋者, 杖一百, 徒[13]三年, 因而盜取財物者斬, 殺傷人者, 與故殺同." ○"若放火, 故燒官民房屋及公廨倉庫積聚之物者, 皆斬." ○己巳之饑, 寶城郡倉吏, 多竊倉穀, 至萬餘石, 遂放火燒倉, 依『大明律』決死. ○此箇律令, 宜榜諭下民, 三令五申, 俾民無犯.

糜穀莫如酒醴, 酒禁未可已也.

凶年酒禁, 今爲故常. 然吏校憑藉, 侵虐小民, 酒不能禁, 而民益不堪. 且濁酒可以療飢, 行者有賴, 不必嚴禁. 唯城中燒酒, 爲吏校淫酗之資者, 不可不痛禁. 宜收取酒甀【俗名高吾里】, 藏之樓庫, 並勅陶店, 無敢新造. 其或潛釀者, 並徵罰錢, 以補賑資. 城外惟倉村·市村, 並用城中之例, 庶有補也. ○西路及東萊沿邑, 並用銅甀【其出酒倍多】, 尤易禁也.

---

13 徒: 新朝本에는 '徙'로 되어 있음.

薄征·已責, 先王之法也. 冬而收糧, 春而收稅, 及民庫雜徭, 邸吏私債, 悉從寬緩, 不可催督.

還上之穀, 雖大凶之年, 不過四分一停退, 而監司統營之穀, 都無停退. 且法所云折半留庫者, 今無不傾庫分給. 若全不收入, 明年賑濟, 尤無措手, 還上不可以不督也. ○牧自霜降以來, 日降哀痛之諭, 令不飢之戶, 亟輸還穀, 以立賑基, 惻怛溫厚, 有足感動, 則十月之內, 其可輸者畢收矣. 其不可輸者, 雖叱罵如秋霜, 鞭笞日流血, 亦無所益矣. ○還上所收, 得其實數而後, 公下之穀營劃之穀, 於是乎受焉, 賑餼幾石, 賑貸幾石【賑貸今謂之'付還'】, 於是乎算焉, 不可緩也. 然檢督不可放. 檢督者, 豺虎也. 凶年縱豺虎以害民, 所不忍也. 一發檢督, 餘無足觀. ○若其精粗, 則唯春放是準也. 春放精者, 益宜精收, 春放粗者, 不可太精, 受而簸之, 我補其欠而已. ○其停退之數, 宜先期分排, 必使惠及民戶. 見上篇【還上條】. ○凶年, 吏之買還於民戶, 如稅米防納之例者, 極多, 不可不密察嚴禁.

及冬, 必自上司飛關督促曰: "朝令停退之外, 未收二字, 不可報來." 威喝如霜, 若將摧拉, 牧宜不動一髮, 一直以哀言溫言, 開諭下民, 其有未收者, 論理報司. ○報曰: "上令非不欲恪遵, 下情實無以强督. 膚剝而一秕難得, 髓槌而一稃不出, 縣令將奈之何? 罪罰及身, 固所忧畏, 號呼慘目, 何以積惡? 未收二字, 不得不冒禁書納." ○雖由此罷職, 固所甘心, 況未必然者乎? 一斗一石, 不可虛張【未收而日收】, 彼若劃用, 將若之何?

凶年稅米, 收納之法, 已詳「田政」篇, 今所不贅. ○己巳之饑, 蘿山村有一士人, 稅米該納者, 二石未納而死. 檢督收之, 不納而逃. 再徵於里中, 盡賣其田土, 僅合其瘡, 孤寡流離, 遂爲途殍. 計其本錢十二萬也【一千二百兩】. 嗟呼! 相臣赴公, 例燃大炬一雙, 其價米二石也. 今之相臣, 能知自己轎前一雙之炬, 其本錢十二萬乎? 民哀如此, 請小垂察.

民庫所徵, 都係不法, 本旣不法, 吏又作奸. 凶年宜親執其簿, 先從縣官所用, 盡行剋減, 其餘條例, 凡可廢者, 悉廢之【如巡營卜定】, 論報拒塞可也. 老子曰: "治小民, 如烹小鮮." 爲其小撓之則糜爛也. 凶年之民, 尤可撓之乎?

已責者, 公債之蕩減也【責音債】. 公債猶然, 況於私債乎? 邸債·營債不可論也. ○若夫小民之所訟者, 容有可議. 甲本至貧, 乙方新起, 而乙負於甲, 無意還報者, 當此凶年, 尤宜責報, 以平民力. 不可膠柱鼓瑟, 但曰徵債悉禁也.

第六條 竣事

賑事將畢, 點檢始終, 所犯罪過, 一一省察.

人之可畏者三, 民也·天也·自心也. 意有不誠, 心有不正, 欺罔上司, 欺罔國家, 苟逭刑辟, 圖保利祿, 自以爲極天下之巧飾, 而一毫詐僞, 民罔不知. 欲知己罪, 須聽民言, 上司可欺, 君父可欺, 民不可欺也. 天地鬼神, 昭布森列, 天不可欺也; 厭然沮喪, 仰愧俯怍, 心不可欺也. 三者無所欺, 吾之賑事, 庶乎其寡過矣.

『茶山筆談』云: "俗吏設賑, 有五盜·五匿·五得·五失, 以此自省, 能無犯乎. ○五盜者, 一曰'盜糶', 二曰'盜貸', 三曰'盜口', 四曰'盜勸', 五曰'盜備'. 公穀所劃, 收之以錢, 竊其贏羨, 以錢頒糶, 半於時直, 此盜於糶也. 公穀所劃, 不以賑貸【今之所謂付還, 卽賑貸也】, 移之爲糶, 種子不給, 農糧不頒, 虛張文簿, 名曰'付還', 此盜於貸也. 虛張飢口, 曰萬曰千, 纔糶一巡, 左句右削, 秋風落葉, 百不存一. 每飢一口, 會穀一石【飢民一口, 大約減下穀一石】, 查其實受, 每飢一口, 不過數斗, 其或不幸知味而已【兒弱一受而卽削者, 只受米三升】. 知味之口, 咸以口計, 曰萬曰千, 以欺君父, 此盜於口也. 勸分之日, 朱棍生風, 紅酒如泉, 以脅以誘, 毀其高廩, 及輸到官, 半歸私橐, 又或陰受賂物, 自外刪拔, 以其賂物, 差人商販【若是者, 富民錢, 原不入邑】, 此盜於勸也. 一升一龠, 原不自備, 百苫千斛, 儼稱自備, 欺罔君父, 以希勞賞, 此盜於備也. ○五匿者, 一曰'匿死', 二曰'匿餓', 三曰'匿殍', 四曰'匿殺', 五曰'匿逋'. 死亡相續, 日哭千家, 略以一二, 修簿報司, 使上官不得聞實數, 使人主不得察下情, 此匿其死也. 餓者十萬, 惟萬被抄; 抄者一萬, 惟千免削. 監司疑之, 問其精抄, 答曰: '異哉. 民不甚飢, 抄之頗廣, 其數止至.' 此匿其饑也. 父子相食, 官則匿之; 披殯食肉, 官則匿之, 行有死人, 狼藉交加, 裨將有聲, 乃徙數步; 繡衣有聲, 乃投溝中. 其報上司, 飾僞虛辭, 官出俸錢, 收瘞如法, 此匿其殍也. 鵠形菜色, 眩轉玲瓏, 噓之恐揚, 握之恐傷, 鞭笞流血, 督其收糧, 死者相續, 歸之病亡. 民方大困, 無以遠行, 院鼓不鳴, 遂得[14]無事, 此匿其殺也. 公下之穀, 營劃之穀, 吏則呑之, 秋不能斂, 上司不知. 題爲賑資, 欲發則罪彰, 欲徵則時詘, 因而匿之, 唯損飢口, 此匿其逋也. ○五得者, 一曰'得財', 二曰'得紙', 三曰'得賞', 四曰'得謗', 五曰'得罪於天'. 五盜所竊, 歸羨田園, 是得財也. 文書雲委, 一不致察, 簿曆山積, 歸潤屋壁, 是得紙也. 虛張飢口, 虛張自備, 監司褒啓, 備局分等, 兒馬弦弓, 寵賚便蕃, 是得賞也. 民視爲讐, 厥眼多白, 陰奸秘慝, 街路公傳, 是得謗也. 天地鬼神, 昭布森列, 游於恢網, 議其陰誅, 是得罪於天也. ○五失者, 一曰'失餼', 二曰'失粥', 三曰'失貸', 四曰'失人心', 五曰'失官職'. 頒餼之簿, 吏揷虛名, 其弟其姪, 其嫂其嬸, 咸受玆餼, 養其臧獲. 荒村僻閭, 播此虛口, 咸歸吏橐, 賑監承令【飢民都有司】, 與分其利【亦許付虛口】, 餼有失矣. 粥米一斛, 吏竊其半, 稀若淸水, 一飮數粒, 倉奴賑奴門隷廚婢吏家之奴酒家之僕, 喧闐雜遝, 攔入賑場, 咸偸一碗, 以果厥腹. 官顧不覺, 信爲耳目, 粥有失矣. 種子農糧, 名曰'賑貸', 吏私其精, 換以穗秕, 官有私販, 與吏爲謀, 一石之鮑, 以亂其臭【官問其䵥, 吏對曰'是官販之物'.】, 貸有失矣. 災結旣偸, 停退旣格, 五盜五匿, 殘我萬命, 心腐齒切, 有背無嚮, 人心失矣. 繡衣出道, 發其陰私, 五盜五匿, 雖不盡發, 百發其一, 猶犯重律, 府隷星馳, 尖帽雙環, 前驅出城, 萬民咸悅. 大者流竄, 小者削奪, 官職失矣. 牧靜夜無寐, 思其所爲, 能於此二十條目, 一無所犯, 斯可矣."

自備之穀, 將報上司, 自査情實, 毋敢虛張.

---

14 得: 新朝本에는 '行'으로 되어 있음.

『大典通編』云: "守令之稱以補賑, 箕斂権利, 虛張數爻者, 令該道臣查啓, 以報上不以實律論." ○守令豈有自備之穀哉? 苟非運其家糧輸其庄粟, 皆自本縣出也. 雖眞捐月俸, 猶不足以自備爲名, 況巧自料販, 肆爲箕斂, 而猥稱自備, 以欺君父, 非大罪乎? 凡賑穀所支, 細查出處, 其眞無愧於自備之名者. 略報數十石, 以應文具, 不可張也, 不可多也. 若全不枚報者, 又近於釣名.

任允錫爲陝川郡守, 明年大飢疫, 死者枕道, 殫心賑哺, 所活甚多. 時以聚粟多寡爲賞第, 郡縣希覬, 多張其數. 公獨不肯, 故不及於賞.

李積爲臨陂縣令, 値歲大飢, 盡誠賙救, 一境得免溝壑. 按道者以善賑褒聞, 然公恥干名沽賞, 不自言備穀多少, 以故獨未蒙賞.

李憕累典郡邑, 嘗曰: "爲守令者, 私備賑穀, 未必正道, 且因以要賞, 可羞之甚. 以此哺飢雖多, 其報上司應朝命, 如干而已." 銓官得公在慶州時所報, 歎曰: "小郡末縣, 亦或至數千石, 以慶之大, 僅十數石, 不報實數, 可知也. 彼以多備受賞者, 獨不愧於心乎?"

善與不善, 其功其罪, 詳觀法令, 斯可以自知矣.

『經國大典』: "守令不用心賑救, 飢民多致物故, 匿不以報者, 重論.【備荒條】○『續大典』曰: "守令善賑, 爲一道最者, 論賞." ○又曰: "守令不勤賑政者, 通訓以下, 觀察使啓聞決杖; 通政以上, 啓聞罷職." ○"飢民之當抄而見漏者, 守令罷職, 監色並刑推.【見「禮典」】○『續大典』曰: "路有餓莩, 未得收瘞者, 卽令埋置, 不謹擧行者, 守令論罷.【見「禮典」】○肅宗二十三年, 敎曰: "昔者, 文王鑿沼, 而命葬無主之朽骨; 文皇散帛, 而俾收亡卒之遺骸. 哀! 此累萬之餓鬼, 不啻朽骨, 孔棘之災荒, 殆甚金革. 惻怛之心, 油然而生, 合有明勅, 京外之臣, 著實掩瘞, 用副至意."

『國朝寶鑑』: "睿宗二年, 相禮金永堅歸自全羅道, 奏飢民有浮腫者, 有棄兒者. 下諭切責道臣, 杖該守令, 雖功臣議親, 並令勿貸." ○孝宗二年, 命罷黃海監司南翮職, 以不善賑故也.

肅宗癸亥, 扶安士人申宗濟不忍飢餓, 棄妻子鑿氷投水而死. 道臣以聞, 命施恤典, 該縣監拿致營門決杖. ○肅宗丙子, 下諭八道: "另加賙賑, 切勿以飢民口吻中, 一合之米爲奸吏潤橐之資. 守令中別有無狀底人[15], 憑藉財利, 立視民死者, 予則孥戮, 斷不饒貸."

英宗庚申, 京畿黃海江原三道, 飢民流入都下者, 一千四百餘人. 上聞之, 以不能安集, 責諭三道道臣, 仍命賑廳, 設粥賑之. ○英宗癸未三月, 湖南道臣啓曰: "飢民四十八萬三千七百餘口, 死者爲四百五十餘人." 上惻然, 敎曰: "昔之伊尹, 以一夫不獲爲己過. 況爲人君而不能活一道之民, 死者半千, 此負陟降也." 減膳三日.

芒種之日, 旣罷賑場, 乃設罷賑之宴, 不用妓樂.

罷賑宴者, 大事旣畢, 爲勞者慰, 非有慶喜也. 觴酒豆肉, 以犒羣勞而已. 死者以萬, 骸胔未掩, 生者遘疾, 呻吟未絶, 飢腸飽麥, 新死者又多. 此時何時, 顧與之相樂耶? 余觀大凶之餘, 官設此宴, 百姓聞鼓樂之聲, 無不噓唏流涕, 怒目疾視者. 歌舞管絃, 斷不可用. 牧有一分省覺, 其爲是乎? 樵夫「弔蠅文」云【餓莩不[16]瘞, 蟲蛆所化, 是歲多蠅. 弔蠅者, 託蠅以弔餓死者也.】: "蠅兮飛來, 陳盂盤只. 有籔白飯, 和羹酸只. 酒醴濃薰, 雜麨饅只. 沾君之渴喉, 潤君之焦肝只. 蠅兮飛來, 無啜泣只. 挈爾父母, 妻子合只. 聊玆一飽, 無於悒只. 觀君之故室, 蓬藋盈只. 崩櫺敗壁, 戶敧傾只. 伏翼夜飛, 狐晝鳴只. 觀君之故田, 童梁[17]苗只. 今年多雨, 泥滑滑只, 衖無居人, 蕪而不墢只. 蠅兮飛來, 麗以腴只. 肥牛之臑, 臠倫膚只. 酢醬蔥渫, 繪蠡鱸只. 塞君之莩腸, 顔色敷只. 砧有餘腥, 饗君徒只. 視君之恒幹, 衡從疊只. 無所衣被, 薪草籠只. 雨淋日炙, 化異種只. 詰屈沸騰, 紛蠢動只. 氾濫脅幹, 滿鼻孔只. 於玆蟬蛻, 脫梏莘只. 惟路有僵, 行人竦只. 嬰孩據胸, 猶吮渾只. 里不埋胔, 山無塚只. 塡坑塞塹, 雜草蓊只. 貍來捎食, 喜跳踊只. 髑髏圓轉, 多穴空只. 君旣蛾飛, 有遺蛹只. 蠅兮飛來, 無入縣只.

---

15 人: 新朝本에는 '入'으로 되어 있음.
16 不: 新朝本에는 '犬'로 되어 있음.
17 粱: 新朝本에는 '梁'으로 되어 있음.

662

鵠形菜色, 嚴簡選只. 胥史握管, 察其面只. 立如密竹, 幸一揀只. 淡鬻如水, 纔一咽只. 有飛者蠱, 上下眴只. 膚如脂豕, 是豪掾只. 敷同奏功, 嘉而無譴只. 登麥罷賑, 張筵宴只. 擊鼓其鏜, 簫管嗹[18]只. 曼睩蛾眉, 舞回旋只. 含嬌作態, 遮紈扇只. 雖有豐膳, 君不可流羨只. 蠅兮飛來, 無入館只. 旗纛森張, 棨戟攢只. 嶢膔盈望, 爛璀璨只. 姑鶊煎鯖, 臛梟鴉只. 粗粏蜜餌, 雕花蔓只. 滿志喜悅, 撫以玩只. 揮颭巨扇, 君無所窺覘只. 長吏入廚, 視饁爨只. 倭銚爇肉, 口吹炭只. 桂釀蔗漿, 騰稱讚只. 虎豹守閽, 毅防捍只. 麇斥哀籲, 無雜亂只. 寂而不譁, 飲食衎衎只. 吏坐酒家, 倩題判只. 馳驛飛書, 閭里晏只. 道無捐瘠, 太平無患只. 蠅兮飛來, 無還魂只. 賀君之無知, 長昏昏只. 死有餘殃, 詒弟昆只. 六月催租, 吏打門只. 聲如獅吼, 山嶽掀只. 私其錡釜, 曳犢豚只. 驅之入縣[19], 株困臋只. 歸而委頓, 遘癘瘟只. 草薶魚爛, 羣煩冤只."【已下刪】○罷賑宴之不可用妓樂, 觀於此文, 亦可驗矣.

是日論功行賞, 厥明日修簿報司.

賑監賑吏, 外村之賑監鄉甲【卽面任】, 及勸分二十石以上, 無論上中下族, 悉宜召集, 與此筵宴. 但遐俗貿亂, 中族疑於上族, 下族疑於中族, 堂上堂下, 易起爭端, 致失懽心, 宜於客館之庭, 平治其地, 自牧以下, 皆坐地受宴, 乃無訟也. ○其用妓樂者, 又於是日, 令與宴諸人, 各出緡錢, 以賜樂工妓女, 徵斂之餘, 又一徵斂, 尤不可也.

是日論賞. 賑監老矣【賑恤都監, 皆曾經座首】, 但以扇鞋等物施賞; 監官二人【卽軍官】, 武廳中相當職差除; 村監十餘人【諸鄉飢民都有司】, 以扇梳煙具等物施賞; 鄉甲十餘人【卽諸鄉風約】, 亦賜扇梳等物. 賑吏二人, 各賜扇梳, 來年許差好任, 授以完議; 賑奴二人, 各賜扇子, 來年許差好任, 授以完議. 賑隷四人【倉使喚】, 各賜麥一石; 粥婢五人, 各賜麥一石裙布二十尺. ○二百石以上勸分者, 各

---

18 嗹: 新朝本에는 '囀'으로 되어 있음.
19 縣: 新朝本에는 '門'으로 되어 있음.

賜一扇, 令俟朝廷賞典. ○五十石以上至百石勸分人, 各賜一扇, 令俟朝廷賞典, 若無處分, 許自本邑論賞, 隨其所願, 或差鄕任【別監·倉監等】, 或差軍任【把總·別將等】, 今姑勿論. ○二十石·三十石·四十石者, 各賜一小扇, 直於是日, 隨其所願, 或差鄕任【不過乎倉監. 留其上窠, 以待五十石以上】, 或差軍任.【不過乎把總. 留其上窠, 以待五十石以上.】. ○十石以下, 各賜一小扇, 使賑吏貽書以傳之. 須有踏印官帖, 乃生色也.

『續大典』曰: "私賑飢民, 濟活多者, 出私穀補官賑者, 隨其多少, 論賞有差." ○『通編』云: "各道賑穀願納人, 五十石以上錄啓, 五十石以下, 自本道施賞." ○法雖如此, 朝廷若無處分, 二百石以上, 縣令竭力酬功, 若同知·僉知座首·別監, 皆非所願, 宜買好書一部【七書或『少微通鑑』】, 賞賜有差. ○五十石以上至百石, 不願鄕任者, 亦賜書籍【『少微通鑑』『史略』等】. ○凡貸者, 秋當受穀, 一扇之外, 不必有賞. 此所論者, 官勸以貸, 而民願白饋者也. 雖十石以下之人, 若自願白饋, 非貸非糶者, 是日不可無賞, 扇梳可也. ○近見守令勸分者, 其始也甘言利說, 若將大賚, 及其畢賑也, 一杯不勸, 一扇無賜, 視若乾屎之橛棄, 如得魚之筌, 邈然付之相忘之域, 其恌甚矣. 『詩』云: "德音孔昭, 示民不恌." 恌以示民, 其誰信之? 大不可也.

朱子「辭免賑濟有勞進職直秘閣箚子」曰: "某雖至愚, 於此有不能安者. 正爲南康軍保, 明勸諭到, 稅戶張世亨獻米五千石賑濟, 依格合補承節郎; 進士張邦獻獻米五千石賑濟, 依格合補迪功郎; 待補國學生黃澄獻米五千石賑濟, 依格合補迪功郎; 稅戶劉師輿獻米四千石賑濟, 依格合補承信郎. 一節未蒙戶部依格放行恩賞, 乞ідую敷奏施行. 今來所準者, 箚內却刪去此項事理, 某竊恐區區, 愚昧切迫之誠, 未得仰關天聽, 其合推賞各人, 依舊未得霑被聖恩, 則某於義亦難祇受. 又況目今諸路, 水旱廣闊, 公家所積, 已經發散, 所餘無幾, 全賴富民獻米賑恤. 若見朝廷施行如此, 誰肯應募, 助國救民? 兼某見蒙改除提擧浙東常平公事, 當此凶歲, 專以救荒爲職, 若此所乞依格推賞, 不蒙施行, 不惟食言於南康舊治, 亦無面目可見浙東之民. 將來必致誤事, 上貽仁聖宵旰之憂, 某雖萬死, 不足塞責. 欲望朝廷詳酌, 特賜敷奏, 詳某前狀所陳,將南康所奏張世亨等, 各與照應元格, 早賜補授文武官資, 則上件恩命不必加於某身, 而聖朝綜覈之政修於上, 遠近觀聽有所激勸于下矣. 謹再具狀, 申尙書省, 伏候指揮." ○鏞案 世人慮短, 君子智遠. 宰相之必失信而朱子之必苦懇者, 非宰相之皆欲不仁, 而朱子之由自然也, 其智殊也. '智者利仁', 斯之謂也. 牧若値此事, 宜倣²⁰ 朱子之箚, 或上疏于天陛, 或上書于朝端, 請行賞典, 以立民信, 不可已也.

其磨勘文書, 務從謙²¹退, 力去矜伐, 匿己之功, 揚人之善, 使上下與聞之人, 咸服雅量; 使左右趨事之人, 皆懷感悅, 不亦善乎? 自備穀雖至千石, 切勿載錄; 勸分穀雖止數石, 切勿漏落. 饋口之有始無終者, 刪而去之; 公穀之有欠自補者, 因而舍²²之. 首尾效勞者, 謂其功宜高於納粟; 表裏純忠者, 謂其才可議於授官. 而飢口之死亡者, 載其實數, 以自引咎而請罪, 則斯可謂君子矣. 毋曰余迂. 今之人猶古之人也.

大饑之餘, 民之綿綴, 如大病之餘, 元氣未復. 撫綏安集, 不可忽也.

安集之方, 一曰'助糧', 二曰'助牛', 三曰'薄征', 四曰'已責'. 牧以時巡行村野, 問其疾苦, 詢其願欲, 曲遂其情, 以培其根, 勿撓勿侵, 如恐或傷, 此調大病之法也.

范純仁知慶州, 一路荐饑, 耕牛殺盡. 公於鄰路, 市耕牛穀種, 計戶口分貸, 蕃漢人戶, 兼以人力墾耕, 布種甚廣, 遂大有年.

朱子「戒上戶帖」云: "今聞乾道七年, 放債豪强之家, 爲緣旱傷, 人無以償, 取去豬羊, 至入其家, 搜奪種子豆麥之類, 及抑令將見住屋宇, 幷桑園田地, 低價折還, 人無所歸, 遂致流移, 有至今尙未能歸業之人. 本軍行下三縣, 曉諭上戶, 仰上戶且與寬容, 俟民力少蘇, 却行取索, 如將來人²³戶, 恃頑不還,

---

20 倣: 新朝本에는 '放'으로 되어 있음.
21 謙: 新朝本에는 '兼'으로 되어 있음.
22 舍: 新朝本에는 '舎'으로 되어 있음.
23 人: 新朝本에는 '入'으로 되어 있음.

官司卽爲理索."○鏞案 此帖宜嚴峻, 乃雍容不迫, 爲牧者所宜法也.

段直爲澤州長官, 澤民多避兵未還者. 直命籍其田廬於親戚鄰人之戶, 約曰: "俟業主至, 當歸之." 逃民聞而還者甚多, 歸其田廬, 使得安業, 素無産者, 則出粟賑之. 爲他郡所俘掠者, 出財贖之. 暴露者收瘞之, 未幾澤爲樂土.

金益炅出按關東, 適當辛亥飢疫, 八路設賑粥, 久而不罷, 飢民流徙仰哺, 不能耕作. 公聞于朝, 罷設粥, 給資糧, 使歸農, 秋果熟.

丘濬曰: "周宣王所以中興者, 以萬民離散, 不安其居, 而能勞來, 還定安集之也. 晉惠帝所以分崩離析者, 以六郡荐飢, 流民入于漢川者數萬家, 不能撫恤之, 而有李特之首亂也."

肅宗七年, 先是, 關西連歲失稔, 六邑尤甚. 飢民中有族而無田者, 無族而有田者, 無族無田而流丐者, 分三等, 或給糧, 或給糧, 其後流丐之類, 並許蕩減. 至是又因道臣啓聞, 更查無田者, 一體蠲之, 其穀一千六百三十餘石云. ○臣謹案 流民安集, 仁政之所急. 近例瘡痍未完, 徵追日急, 逃者以遠, 留者益散. 故南民爲之語曰: "豐不如歉, 富不如貧, 生不如死." 宅里一空, 無緣復實; 田疇旣荒, 無緣復曢. 所得如毫芒, 所失如山嶽. 本之旣蹶, 國將疇依? 朝廷之所宜慮, 字牧之所宜力, 莫急於安集也.

翼成公黃喜爲江原觀察使, 時嶺東大饑. 公盡心賙濟, 民無捐瘠. 嶺東民於三陟設賑之地, 立碑築臺, 名之曰'召公臺'.

解官六條
遞代·歸裝·願留·乞宥·隱卒·遺愛

第一條 遞代

官必有遞, 遞而不驚, 失而不戀, 民斯敬之矣.

遞代之名, 摠有二十. 一曰'瓜遞'【六年三年, 瓜期滿.】, 二曰'陞遞'【自縣而郡, 自府而牧類.】, 三曰'內遞'【移付京官職】, 四曰'召遞'【以三司京院承召】, 五曰'換遞'【與他邑相換】, 此五者, 名之曰'順遞'者也. 六曰'避遞'【與上官有親姻之避】, 七曰'嫌遞'【與上官有先世嫌忌】, 八曰'來遞'【新官忽自補外來】, 九曰'疎遞'【上疎乞遞而蒙允】, 十曰'由遞'【受由歸家, 不還任.】, 此五者, 名之曰'徑遞'者也. 十一曰'貶遞'【考課中下等】, 十二曰'黜遞'【狀啓罷黜者】, 十三曰'駁遞'【臺閣彈劾者】, 十四曰'拿遞'【以前事或公罪被拿罷】, 十五曰'封遞'【暗行御史封庫者】, 此五者, 名之曰'罪遞'者也. 十六曰'辭遞'【因上司不禮, 上狀引咎.】, 十七曰'投遞'【與上司爭詰, 投印徑歸.】, 十八曰'病遞'【身病實深者】, 十九曰'喪遞'【遭父母之喪】, 二十曰'終遞'【卒于官】, 此五者, 其不幸而遞者也. 或漂人泊于島, 或犯人越于境【西北界】, 或遭船覆沒, 或獄囚逃逸, 或國馬損失【分養馬故失者, 亦坐罷.】或貢蔘斥退, 或檢屍失實, 或番軍愆期【上番軍阻水】, 曾所不意, 無不坐罷. 夫以一官之微, 而其所以遞罷之端, 若是其夥, 官其可恃者耶? 諺曰: "官員生活, 雇工生活." 言朝升暮黜, 不可以依靠也. 乃牧之淺者, 認官爲家, 意欲久享, 一朝上司飛檄, 邸家有報, 卽驚惶失措, 如喪大寶. 妻子相顧而垂淚, 吏奴竊見而譏笑. 失官之外, 其所失更多, 豈不嗟哉? 故古之賢牧, 視爲逆旅, 如將夙駕, 淸其簿書, 束其裝任, 常如秋隼坐架, 欯然將逝, 一點俗累, 曾莫小留. 符到卽行, 曠無餘戀, 此淸士之行也. 審如是也, 雖復御史持斧以按事, 差官飛蓋而封庫, 惡足以動吾之一髮哉? 牧於爲政之暇, 一念喚醒, 唯在乎此, 庶乎臨事而不慌也.

王渙之曰: "乘車, 常以顚墜處之; 乘舟, 常以覆溺處之; 仕宦, 常以不遇處之." ○案 此至言也.

楊誠齋在官時, 計料自京還家之費, 貯以一篋, 鑰以置之臥所, 戒家人不許市一物, 恐累歸擔, 日日若促裝者. ○鄭瑄曰: "昔有京尹, 忘其名, 不携家, 唯弊篋一擔. 每晨起則撤帳卷席, 食畢則洗鉢收箸, 以拄棒撑弊篋於廳事之前, 常若逆旅人將行者. 擊搏豪强, 拒絶宦寺, 悉無所畏."

禹訓爲山陰縣監, 到官日, 其裝不滿一馱. 及政滿以公事在鄰邑, 聞遞任徑去. ○案 此快士也.

棄官如蹝, 古之義也. 旣遞而悲, 不亦羞乎?

漢王陽爲益州刺史, 行部至邛郲九折阪, 歎曰: "奉先人遺體, 柰何數乘此險?" 後以病去.【王尊爲刺史, 馳下此阪.】○按 吾東之人, 求差濟州牧使, 其有愧於王陽矣.

陶潛爲彭澤令, 郡守遣督郵至, 吏曰: "幸束帶見之." 潛歎曰: "吾不能爲五斗米折腰, 事鄉里小兒." 乃解印綬, 賦「歸去來辭」. ○按 督郵者, 察屬縣愆尤之官, 本以小吏, 陞爲是官, 故曰'鄉里小兒也.' 五斗米者, 吾人一月之糧, 非彭澤月廩止於五斗也.

高麗崔㟽知襄州, 有降香使, 凌辱存撫使. 㟽曰: "將及我矣." 棄官而去. ○薛緯爲萬頃縣令, 爲人廉謹, 誤被監司所詆, 投笏而去, 留詩云: "數年江郡獨鳴琴, 志在山高與水深. 世上難逢鍾子耳, 絃中誰會伯牙心!"

治簿有素, 明日遂行, 淸士之風也. 勘簿廉明, 俾無後患, 智士之行也.

牧於平日, 視爲逆旅. 月終治簿, 私自磨勘, 旣無債欠【諸吏所掌, 皆無加下錢】, 亦無夢混【當用之財, 先已割出之】, 則邸報旣至, 但修本月之簿, 不過數刻而畢, 其勘簿至易也. 至於重記【郡邑傳授之簿曆】, 宜於上官之初, 卽令修正, 唯其數十餘行, 虛而勿書, 以待新備【我到後, 別自製造以留之】, 則邸報旣至, 但修新備之, 文不過數刻而畢, 其修曆至易也. 卽日命駕, 太恩恩矣, 厥明日, 蚤晨灑然登途, 不亦善乎? 每見貶遞封遞之人, 垂頭喪氣, 面無人色, 如龍旗沾雨, 若窟樞下場, 出寅吏廳, 甘作寄公, 父母妻孥, 出于奴廳, 有如俘虜. 一面治簿, 一面治裝, 棼然擾亂, 百緖糾錯. 新迎之吏, 簡選驍徒, 卽豪奴健卒, 良馬鮮裝, 悉歸此行. 哀此寄公, 應門無長聲之卒, 當廳有索逋之吏. 滿城相傳而嘲侮, 四境流聞而嗤笑. 方且堅操印盒, 猶思盜弄, 鄕任里任換差, 有打發之價, 倉餘庫餘, 血戰收挪[24]移之剩, 辱罵四至, 袖[25]如充耳. 踰旬閱月, 莫之知去, 新官旣至, 訴其情愿, 指告頑兇, 以圖雪恥. 嗟乎! 忍爲是乎? 故曰'視爲逆旅', 常若鳧飛. 治簿有素, 束裝以俟, 則當此之時, 誠洒落快士也.

有等貪頑之人, 旣於倉中公貨, 甘負逋欠. 又將新官支俸, 恣行引用. 新官旣到, 無不摘發, 或上報監司, 罪律層生; 或下督由吏【舊官首吏, 名曰'由吏'.】, 怨毒追結, 以之身名敗衂, 聲聞醜惡. 財是何物, 殉之至此? 治簿宜廉潔精核, 無犯彼此之界, 斯可以無後栽也.

『國典』: "新官刷馬之價, 州府二十四, 郡縣十五匹, 計道里給錢."【詳見「赴任」篇】而舊官之歸, 無公賜之馬者, 謂俸廩之餘, 足以辦裝也. 今舊官歸者, 乃於民戶, 勒徵刷馬之錢【南方多以田結徵】, 多者四五百兩, 少者三百餘兩. 承訛襲謬, 以爲當然, 豈不厲哉! 牧宜自量, 平日淸如玉壺, 而意外徑遞, 實無以挈眷歸家者, 猶之可也. 若我之歸橐, 自足以雇馬治裝, 則又何忍索此非法之物於罷癃鰥寡之民哉? 斷不徵也.【今世亦或有淸士, 不徵刷馬錢者.】○『國典』: "外官身死及遭親喪妻喪者, 並給喪需米有差."【詳下隱卒條】則民賻錢, 又何以受之也? 牧宜自量狼狽空罄, 無以反[26]柩, 則猶之可也. 若我之歸橐, 自足以治喪出塯, 而又必乞錢於下民, 則藉屍以家, 喪所不忍爲者也.

後漢楊秉自爲刺史二千石, 計日受俸, 餘祿不入私門. 故吏齎錢百萬遺之,

---

24 挪: 新朝本에는 '那'로 되어 있음.
25 袖: 新朝本에는 '裏'로 되어 있음.
26 反: 財團本에는 '返'으로 되어 있음.

閉門不受.

梁樂法才令建康, 不受俸秩, 比去將至百金, 以輸臺庫. 武帝曰: "淸白, 可爲百城之表."

宋阮長之爲武昌太守, 後遷臨海太守, 在官常擁敗絮. 時都田祿【時都謂武昌】, 以芒種爲斷, 此日前去官者, 一年秩祿, 皆入後人【新官, 並領正月[27]以來俸祿】. 長之去武昌郡, 代人未至, 以芒種前一日解[28]印綬【後一日解印, 則當領受俸祿】. 初發都, 親故或以器物贈別, 得便緘錄, 後歸, 悉以還之.【『本傳』云: "長之一生, 不侮闇室, 所莅皆有惠政."】○案 此淸士之行也, 宜勉而效之.

『南史』: "朱修之爲荊州刺史, 去州之日, 計在州以來燃油及私牛馬食官草穀, 以私錢六十萬償之."

蔡樊翁撰我先君子墓碣銘云【先君諱載遠】: "君在晉州寢疾, 左右無可仗者, 三子中路奔哭, 見諸吏文簿, 棼無頭緒, 不知所爲. 適於枕頭小篋, 得手錄一紙, 各房逋剩, 一一條列. 彼此對頭, 令各補完, 遵而施之, 無一贏欠. 其居官規模之終竟愼密如此."

『茶山筆談』云: "昔有人爲靈巖郡守, 負廚吏錢數百兩, 不償而去. 吏追至羅州, 訴之不聽. 乃前至腰輿前俯伏, 告于祠版曰: '神主大監所食, 案前不酬而去【下吏稱官曰'案前'】. 乞降冥命, 使卽還報.' 寸寸相追, 以至長城, 官不得已還報而去."

父老相送, 飮餞于郊, 如嬰失母, 情見于辭, 亦人世之至榮也.

漢劉寵爲會稽太守, 及歸, 有父老數人, 厖眉皓髮, 從山谷間出. 人齎百錢以送之曰: "明府下車以來, 犬不夜吠, 民不識吏." 寵曰: "勤苦[29]父老." 爲人選一大錢受之. ○梁東陽太守謝譓, 秩滿去官, 人送錢一萬, 止留一百, 答曰: "數多劉寵, 更以爲愧." ○劉麟守紹興, 漢劉寵故處也. 在郡廉核, 甫五旬, 郡

---

27 月: 新朝本에는 '日'로 되어 있음.
28 解: 新朝本에는 '辭'로 되어 있음.
29 苦: 新朝本에는 '告'로 되어 있음.

聲大治. 逆瑾銜公, 廢爲編氓. 郡人爭致贐, 公曰: "吾治不逮前劉, 敢蒙一錢惠耶?" 旣去, 越人肖其像, 爲小劉祠.

晉鄧攸守吳興郡, 有惠政. 離郡之日, 人攀其船, 相送三百里, 不忍別. 郡嘗有送迎錢數百萬, 攸去郡, 不受一錢. ○案 郡嘗有送迎錢者, 今之所謂邑例也.

華子魚從會稽還都, 賓客贈遺累數百金. 子魚皆無所拒, 密令題識. 臨去悉聚諸物, 語衆人曰: "本無拒諸君之心, 而所受逾多, 念單車遠行, 將無以懷璧爲罪, 願諸君爲之計." 衆乃各留所贈.

崔挺爲光州刺史, 有掖縣老人自言: "嘗使林邑得美玉, 藏之海島, 垂六十年. 今逢明政, 願奉之." 挺不受. 及代去, 老幼追送縑帛, 亦却之.

翟溥福知南康府, 多善政. 以年老乞歸, 侍郎趙新嘗撫江西, 大聲曰: "翟君此邦第一賢守也. 胡可聽其去?" 懇請屢日, 乃許之. 辭郡之日, 父老爭贐金帛, 悉不受. 衆挽舟涕泣. 因建祠湖堤祀之, 又配享白鹿[30]書院.

友人韓益相, 貧士也. 旅宦數十年, 困苦萬狀. 晚爲鏡城判官, 親友皆賀其潤屋. 至府一意廉白, 捐俸錢五六萬, 振饑餬徭. 坐微事罷歸, 部民五千餘戶, 父老出餞于郊, 戶收布一匹, 將以贐之, 悉却不受. 歸視其家, 竈不煙者三日, 卒無悔色.

隋趙軌爲齊州別駕, 被召入朝. 父老揮涕曰: "別駕在官, 水火不與百姓交, 不敢以杯酒相送. 公淸如水, 請酌一杯水奉餞." 軌受飲之.

許應逵爲東平守, 甚有循政, 而爲同事所中, 得論調去. 吏民走送, 哭泣不絶. 許君晩至逆旅, 謂其僕曰: "爲吏無所有, 只落得百姓幾眼淚耳." 僕歎曰: "阿爺囊中不著一錢, 好將眼淚包去, 作人事送親友." 許爲一拊掌.

程伯子爲晉城令, 視民如子. 欲辨事者, 或不持牒, 徑至庭下, 陳其所以, 先生從容告語, 諄諄不倦. 在邑三年, 百姓愛之如父母, 去之日, 哭聲振野.

柳觀鉉爲鏡城判官, 乙亥之飢, 至誠賙救, 丙子春, 解紱而歸. 一府士民, 擁

---

30 鹿: 新朝本에는 '虎'로 되어 있음.

路餞別, 飢民受賑者, 各聚升龠, 設餞路左, 至不可行. 行到鬼門關, 飢民丁壯數十人隨後曰: "無以報明府恩, 願備籃輿卒." 公曰: "自有擔夫, 不須勞爾輩也." 飢民擠擔夫, 爭先擔舁, 出平途上馬, 然後揮涕拜辭而去.

李時顯爲開寧縣監, 時國內大饑, 道殣相枕. 公措置有方, 流丐家歸, 傍邑效之. 移赴星州, 開之髫白, 彌山滿野, 攀援涕泣曰: "微公則吾皆爲餓鬼矣."

南斗瞻爲靈巖郡守, 時屢經匪人, 府庫蕩掃. 始到, 朝夕佝供, 丐貸於民. 公銳意收拾, 遂還饒富. 公爲奉大夫人將上京, 則民慮公或不來, 環住擁馬曰: "請留公重裝, 以示復還之意." 其喜得公而猶恐失之者, 如此.

歸路遘頑, 受其叱罵, 惡聲遠播, 此人世之至辱也.

『北史』: "青州風俗薄惡, 太守入境, 皆懷磚叩首, 以觀其意, 及其代滿還家, 以磚擊之, 其情之向背, 速於反掌. 是以京師謠曰: '獄中無繫囚, 舍內無靑州.' 及李延實出守, 上謂之曰: '懷磚之俗, 宜用好心.'"

楊叔寶典眉州, 視事後三日, 作大排. 樂人獻口語, 末句云: "爲報士民須慶賀, 災星去了福星來." 守喜謂優人曰: "大排致語誰做?" 對曰: "本州自來舊例, 用此一首."

『茶山筆談』云: "海南縣北三十里, 有石壁臨官途. 每貪官之歸, 吏民隱身石壁上, 壓臨而數其罪. 護行者恐聞聲生事, 到此疾馳而過之. 名曰'疾馳巖'."

第二條 歸裝

淸士歸裝, 脫然瀟灑, 敝車羸[31]馬, 其淸飆襲人.

漢張堪爲漁陽太守, 仁以惠下, 威能討奸. 公孫述破時, 珍寶山積, 捲握之物, 足富十世. 而堪去職之日, 乘折轅車, 布被囊而已. 帝聞而歎之. ○後漢孔

---

31 羸: 新朝本에는 '贏'으로 되어 있음.

奮爲姑藏長, 及還無資, 單車就路.

陸長源爲汝州太守, 淸白自將. 後去州, 送車二乘. 乃歎曰: "吾祖罷魏州, 有車一乘, 圖書牛之. 不及先人遠矣."

漢時苗爲壽春令, 初乘黃犢車之任, 歲餘生一犢. 及去, 謂父老曰: "是爾土所生, 非我有也[32]." 留之而去.

范仲淹恩隆九族, 遍及親疎, 而罷官之日, 不能具還裝, 至鬻一罷馬以行.

許鎡爲嘉善令, 居官廉白. 及歸, 度囊中財, 不任乘輿, 竟騎一驢而去.

陳克菴韜旣貴顯, 惟服先人故衣帶, 客至, 瓦器蔬食相對, 無愧色. 出守河南, 聞喪還, 行裝蕭然, 惟車一兩而已. 及之官廣東, 騎驢出都門而去.

高麗庾碩爲安東副使, 多善政. 忤崔怡朱國瞻, 被誣流巖墮島. 將行, 老幼遮道號哭曰: "天乎! 我公何罪? 公去我何生?" 爲攀挽使不得行, 押送別抄呵叱, 路得開. 其妻携子女以行, 私馬只三匹, 或有徒行者. 邑人泣請留一日不得, 出驂從護送, 妻辭曰: "家公流配, 妻子皆罪人也. 何煩人馬?" 邑人固請, 竟不許. 邑人歎曰: "眞我公之配也."

高麗崔碩嘗爲昇平府使【忠烈王時人】, 昇平舊俗, 每邑宰遞還, 必贈以八馬, 惟所擇. 及碩還, 邑人以故事獻馬. 碩笑曰: "馬能至京足矣. 何擇爲?" 至家, 歸其馬. 邑人不受, 碩曰: "豈以我貪而不受耶? 吾有牝馬, 在汝州生駒, 吾帶以歸, 是吾貪也. 今汝不聽還馬, 豈非窺吾之貪, 而以吾爲貌辭耶?" 並其駒還之. 自是, 其俗遂革. 州人立石, 號八馬碑'.【『高麗史』云: "昇平故事, 每太守替還, 必贈馬八匹[33], 倅七匹, 法曹六匹, 惟所擇."】○『昇平郡志』云: "歲久碑仆, 後崔元祐復起之, 遂有詩云: '來往昇平節序移, 送迎多愧奪民時. 莫言無德堪傳後, 復起崔君八馬碑.'"○案 由是觀之, 則新舊官刷馬價, 是近世所創, 非吾東之流來舊法也.

---

32 也: 新朝本에는 빠져 있음.
33 匹: 新朝本에는 '四'로 되어 있음.

筍籠無新造之器, 珠帛無土産之物, 淸士之裝也.

魏裒潛爲兗州刺史, 嘗作一胡牀, 及去留以掛壁.

皇明軒輗爲浙江憲使, 居官淸苦. 天順間, 擢大司寇, 請告陛辭, 上問公曰: "昔浙江廉使, 考滿歸家, 僅二竹籠, 是汝乎?" 公頓首謝.

李重爲江右臬副, 去任日, 誓不將一物歸. 夫人有耳環一雙, 任中置也. 公知之, 取投諸水. 歸里歲餘, 偶見其僕臥內, 有朱油牀一具. 問是官下物, 大怒, 命僕載返原任乃已.

金命中爲豐德郡守, 其遞還也, 家人徹衙內鋪席而來. 他日設諸中堂, 公見, 始知之, 怒責之, 卽令還送. 鄰友止之曰: "還送無乃太露乎? 君旣欲不留, 寧遺我." 公笑而與之.

陸龜蒙家姑蘇, 門有一巨石, 乃遠祖績爲欝林守, 罷歸無裝, 舟空難以越海, 乃取一石以壓舟. 人號'欝林石'.

洪規罷會稽太守, 無資. 不欲令人知其淸, 以船載土而歸.

蔡君謨嘗書小吳牋云: "李及知杭州, 市白集一部, 乃爲終身之恨." ○宋淩冲知含山縣, 一毫不妄取. 秩滿歸裝, 有一硯. 冲視之曰: "非吾來時物." 命還之.

歐陽載爲廣南東路轉運使, 前爲使者, 以市舶物代俸錢, 其利三倍. 公歎曰: "利豈吾欲耶?" 使直以錢爲俸. 秩滿, 以一弊舟還, 無一海上物.

李約東爲濟州牧使, 及其歸也, 只持一鞭, 旣而曰: "此亦島物." 掛之官樓. 島人寶藏之, 每掛於新牧使上官之際. 歲久鞭落, 邑人畫其跡於掛處以寓慕. ○公渡海時, 船到洋中, 忽傾洄幾危, 公曰: "吾行無一物, 豈幕中人欺浼, 致令神明譴我耶?" 初本州將士, 以公曾薦儒將, 爲賚一甲, 潛付陪行, 俾於越海後詮告, 至是遂以實告. 公投之水, 乃波定船行. 至今名其處曰'投甲淵'.

李洸爲永興府使, 陞吉州牧使. 其去永興, 隨身唯書籠之屬. 冬獵有鹿皮數百, 非官掌. 府人請以備行, 公却不受, 强之, 始領一皮. 其去吉州, 亦如之, 又留永之一皮於官帑而行.

韓祉爲郡, 舊官刷馬, 例用十八匹, 及遞無所載, 只以二匹返. 餘以其價, 分賜諸裨曰: "減之, 有釣名之嫌也." 諸裨多買羸馬, 及遞, 恐浼主帥[34], 議共斥買. 公聞之曰: "買馬常事, 豈宜捐之?" 命皆隨後.

若夫投淵擲火, 暴殄天物, 以自鳴其廉潔者, 斯又不合於天理也.

李勉爲嶺南節度使, 以廉勤率屬. 赴召入舟, 盡搜家人所蓄, 投之江中曰: "毋令吳隱之笑我."

宋孔覬在官, 二弟東還, 輜重十餘船, 皆錦絹紙席. 覬命置岸側, 焚之曰: "忝預士流, 何至東還, 作賈客耶?"

李沆公爲嶺南, 罷鎭歸, 行到石門, 停舟, 悉搜家人犀象, 投江中而去. ○案『禮』曰: "貨惡其棄於地, 不必自取." 孔李二子, 何不以其物散予江上之貧民乎? 嗟乎, 非矣!

宋張之才知陽城縣, 淸謹愛民. 及去任, 辭湯廟詩云: "一官來此四經春, 不愧蒼天不愧民. 神道有靈應信我, 去時猶似到時貧." ○君子曰: "此詩或近自鳴."

李桂遂爲錦山郡守, 居郡六載, 薄於自奉. 箇滿還京, 郡人作詩送之曰: "淸節罕今尤罕古, 不抽民血一毫錢."

歸而無物, 淸素如昔, 上也, 設爲方便, 以贍宗族, 次也.

楊誠齋司漕江東, 有俸給萬緡, 留庫中, 棄之而歸. 子東山帥五羊, 以俸錢七千緡, 代下戶輸租. 其家短椽土階, 如田舍翁, 三世無增飾. 史良叔守廬陵, 官滿來訪, 入門升堂, 目之所見, 無非可敬可仰可師法者. 因命畫工圖之而去.

楊廷和每宦游歸, 則爲鄕人建一惠局. 初歸, 通水利, 灌漑田萬頃, 鄕人德之, 號爲'學士堰'. 再歸, 捐建牌坊費, 以修縣城, 城成而賊至, 全活數萬. 後歸置義田於城西北, 以贍族人. 蓋三歸而修創利業三焉. ○尹參判光顔以慶尙監司歸, 置義莊田園書籍, 宗族賴焉.

鄭瑄曰: "舉而措之天下之民, 謂之'事業'; 舉而措之一家之人, 謂之'産業'; 害天下之民, 以利一家之人, 謂之'冤業'. 以産業作事業, 人怨之; 以産業作冤業, 天殛之." ○又曰: "多得不義之財, 留冤債與子孫, 償非福也. 至於立廟祀, 贍宗族, 救窮親, 固是美事. 然有欲速盡美之心, 則悖入必甚. 何如積德凝祥, 官久自富之爲綿遠哉?"

第三條 願留

惜去之切, 遮道願留, 流輝史冊, 以照後世, 非聲貌之所能爲也.

後漢第五倫守會稽, 妻自炊爨. 及代當還, 民攀馬號呼曰: "舍我何之?" ○孟嘗爲合浦太守, 當還, 吏人攀車請之, 令不得進, 乃附商人船夜遁去.

李元紘治潤州, 有惠政代去, 吏民遮留, 烏鵲羣飛, 亦擁車行.

後漢侯霸爲淮陽太守, 被召詣都, 百姓號哭, 遮車攀轅, 臥於轍中, 乞留霸一年. 乃戒其乳婦棄其子, 以侯君當去, 不能全.

唐姚元崇牧荊州, 受代日, 民擁馬首遮道不使去. 乘馬, 鞭鐙民皆截留之.

唐劉寬爲平陵令, 滿秩而去, 百姓攀車拒輪, 充塞道中. ○顔斐尹京兆, 徙平原太守, 吏民號泣遮道, 步步稽留, 日行數十里. 既去立碑作頌.

唐袁滋爲華州刺史, 爲政清簡. 政滿楊於陵代之, 滋行, 耆老遮道不得去. 於陵使喩曰: "吾不敢易袁公之政." 人皆羅拜流涕, 乃得去.

曾子固在齊, 會朝廷變法, 遣使四出. 公推行有方, 民用不擾. 既罷, 州人絶橋閉門, 遮留之, 夜乘間乃去.

曾致堯守壽州, 有惠政. 既去壽人遮留數日, 以一騎二卒逃去. 過他州, 壽人猶有追之者.

姚蓋恭知頃城縣, 境內大治. 民遮道乞留, 賜璽書賞粟帛. ○楊繼宗知嘉興府, 止帶蒼頭一人, 如旅寓然. 滿九載, 民老幼遮道留之.

陳鎰鎭陝[35]十餘年, 民親愛之, 以其美鬚, 呼爲'髯子爺'. 嘗以議事還朝, 民訛傳得代, 遮道借留者數千人, 衢路至不能行. 鎰喩以當復來, 始稍散去.

　俞橄爲醴泉郡守, 未幾郡大治, 邑有歧麥之瑞. 已公有謝歸意, 歸寧久不還, 郡人日造門以請. 公曰: "郡多逋負, 余不喜鞭督, 以故將免去." 於是士民相告語, 一並盡輸焉.

　柳正源爲慈仁縣監, 受暇治還, 仍有棄官之意. 邑民守衙門三日夜不去. 公爲留旬眷, 示復來意, 及歸三呈辭狀. 巡使不許曰: "民情遑遑, 如失慈母, 不宜循私而廢公也." 公不得已還官, 邑民皆出郊歡迎.

　金熙采[36]爲長連縣監, 慈良爲治, 及移安峽, 部民遮道十市. 公乘夜脫身逃去.【詳見救災條】

奔赴闕下, 乞其借留, 因而許之, 以順民情, 此古勸善之大柄也.

　後漢寇恂爲穎川太守, 徵爲執金吾. 從上過穎川, 百姓遮道, 願借寇恂一年, 上乃留拜之.

　後漢陽君爲繁陽令, 委策輕擧. 吏民上書, 請運穀萬斛, 助官賑貧, 以乞君還.

　种暠爲涼[37]州太守, 被徵, 吏民詣闕乞留一年. 遷漢陽守, 夷狄男女, 送到漢陽, 暠與相揖十里不絶.

　隋魏德深治貴鄉, 轉館陶長, 貴鄉父老詣闕, 請留德深, 詔許之. 民士歌呼滿道, 互相稱慶.

　唐李君奭爲醴泉令, 爲政得人和. 上校獵城西, 漸入渭水. 見父老數十人, 於村佛祠設齋, 上問之, 父老曰: "醴泉縣令李君奭有異政, 考秩已滿, 百姓借留, 詣府乞未替, 兼此祈佛力也." 上默然還宮, 於御屏上大書君奭名. 中書兩擬醴泉令, 上皆抹去之. 蹂歲以懷州刺史闕, 請用人, 御筆曰: "醴泉縣令李君奭可." 中外莫測, 後始聞其事.【宣宗時】

35　陜: 新朝本에는 '陝'으로 되어 있음.
36　采: 新朝本에는 '釆'으로 되어 있음.
37　涼: 新朝本에는 '梁'으로 나와 있는데, 『後漢書』의 本傳에 의거하여 바꾼 것임.

李仲芳通判冀州, 冀人乞留, 許留一歲. 歲晚將去, 冀民夜私入其府, 塹其居, 若不可出. 公諭之, 乃得去.

宋王允規知河清, 僧道士人等乞留云: "本官到任有十奇, 甚得民情." 上令審官院, 記其姓名.

范衷爲壽昌知縣, 闢荒田二千六百畝, 興水利三百四十有六區. 正統五年, 三考報最當遷. 邑人頌德乞留, 御史以聞, 朝廷許之.

高麗王諧爲晉州副使, 吏畏民懷. 及遷東都留守, 晉民涕泣, 願留逡懇. 乞于朝曰: "借我王君一年." 乃復舊任.

高麗李惟伯爲交州判官【今淮陽】, 東北路監倉使奏: "惟伯繕理城池, 修備器械, 爲諸郡第一." 所部連城長楊吏民等言: "惟伯勸農恤民, 雖秩滿當代, 願見得借." 王嘉之, 付尙書吏部.

姜秀崑爲高敞縣監, 以事責罷, 縣父老遮道, 乞留於方伯. 民間爭出軍餉, 以贖其罰. 旣不得, 則皆涕泣如失親戚.

聲名所達, 或鄰郡乞借, 或二邑相爭, 此賢牧之光價也.

向忞所莅州縣, 皆有治聲. 蔡州闕守, 州人邀使者曰: "願得向忞三年."

宋杜衍知乾州, 未幾, 安撫使察其治行, 以公權鳳翔府. 二邦之民爭於界上, 一曰: "此我公也, 汝何奪之?" 一曰: "今我公也, 汝何有焉?"

李挺岳爲瑞山郡守, 時大駕連歲幸溫泉【顯宗朝】, 雖有省約恩言, 而列邑勞費尙不貲. 公財處得宜, 吏民不知車駕近臨也. 朝廷竟拜公坡州牧使. 瑞人如失慈母, 至相率冤訟[38]曰: "奚奪此與彼?"

或久任以相安, 或旣老而勉留, 唯民是循, 不爲法拘, 治世之事也.

劉綱知寧州, 莅任三十四年, 民每乞留也. 仁宗嘗賜酒饌, 人以爲榮. 正統中, 請老去, 民送之涕泣載道. 及卒寧民祠之狄仁傑祠中.

---

38 訟: 新朝本에는 '公'으로 되어 있음.

史誠祖爲汶上知縣, 爲治廉平寬簡. 永樂七年, 成祖北巡, 遣御史考核郡縣長吏賢否, 還言誠祖治第一. 賜璽書十行勞之, 特擢濟寧知州, 仍視汶上縣事. 並賜內醞一尊, 織金紗衣一襲, 鈔千貫. ○其後屢當遷職, 輒爲民奏留, 閱二十九年, 竟卒於任. 士民哀號, 留葬城南, 歲時奉祀. ○按 唐虞之制, 九載三考, 始行黜陟, 自漢以來, 六期爲斷, 歷代因之. 我朝郡縣之官, 亦以六期爲滿, 而秩高者又以三期爲滿, 使臣以二周爲滿. 乃皇明之制, 州縣官多以九載爲限【散見上諸條】, 此誠爲官擇人, 制法安民之良憲也. 況此劉綱史誠祖等, 因民籲乞, 久任至三十年, 此誠度越古今, 孚協上下之遠猷也. 近世銓官, 以市恩爲急, 臺臣出宰者, 纔經一周, 卽已內遷. 以此之故, 爲吏者無長慮久計, 唯以剝割探胠, 爲家私之計, 其視大明之法, 相去遠矣.

郭南知常熟縣, 正統十二年, 以老致仕, 父老乞還任, 英宗許之. ○案 守令年限之法, 堂下官以六十四爲限, 堂上官六十七爲限, 蓋於七十之前, 得了此六朞三朞也. 然人之精力, 或相懸絶, 苟有聲績[39]素著之人, 相臣銓臣特奏而差遣之, 抑所宜也.

因民愛慕, 以其聲績, 得再莅斯邦, 亦史冊之光也.

漢黃霸爲穎川太守, 賜車蓋特高一丈, 別駕主簿車, 緹油屏泥於軾前, 以章有德. 霸, 外寬內明, 得吏民心, 戶口歲增, 治爲天下第一. 徵守京兆尹, 尋坐事, 再爲穎川太守, 前後八年, 郡中大治. ○按 黃霸再爲穎川, 魏相再爲河南, 寇恂再爲河內. 又如陳蕃[40]之樂安, 陶侃之荊州, 郭伋之幷州, 皆再任也. 或因民呼籲, 或察其聲績, 使之撫綏此一邦也.【宋張詠再任益州】

梁習爲幷州刺史, 召其豪右, 邊境咸安. 兼貢達闕士, 咸顯於世, 武帝善之. 文帝卽位, 以君有譽幷土, 重授幷州, 爲天下最.

徐榮知藁城縣, 親喪去官. 服闋, 部民乞罷新令而還榮, 英宗許之. 秩滿復

---

39 績: 新朝本에는 '續'으로 되어 있음.
40 蕃: 新朝本에는 '審'으로 되어 있음.

乞留, 許之.【以下『明史』】

康彦民知天台縣著績. 永樂初罷歸, 洪熙元年, 御史巡按, 至天台縣, 民二百餘人言: "彦民廉公, 有爲乞還之天台, 以慰民望." 御史以聞, 宣宗歎曰: "彦民去天台二十餘年, 民猶思之, 其善政可知." 乃除江寧縣.

謝袞【字子襄】爲靑田知縣, 九載課最. 當遷, 其部民相率訴於上官, 乞再任. 上官以聞, 帝嘉之, 卽擢處州知府, 俾得治其故縣. 子襄知處州, 聲績益著, 有虎遁蝗死之異. 有牛將屠而逸, 至前俛首若有訴, 乃捐俸贖還之.

萬觀知嚴州, 九年考績, 治行爲海內第一. 旣以憂去, 將除服, 嚴州民預上章, 願復得觀, 金衢民亦上章乞之. 朝廷異焉, 補平陽, 有芝生堯祠.

薛愼知長淸縣, 以親喪去. 洪熙元年, 長淸民知愼服闋, 相率詣京師, 乞再任. 吏部尙書蹇義言: "交代已久, 卽如民言, 又當更易." 帝曰: "國家置守令, 但欲其得民心, 雖屢易何害?" 遂還之.

高麗崔陟卿爲耽羅令, 與利革弊, 民皆安之. 及還, 耽羅人作亂. 全羅按察使馳奏: "耽羅人告: '令尉侵暴以反.' 乃曰: '若得陟卿爲令, 當釋兵.'" 王謂宰相曰: "有賢如此, 何不用之?" 召賜綾絹, 卽除耽羅令. 耽羅人聞陟卿來, 卽具輕艦迎之. 比入境, 皆投戈羅拜曰: "公來, 吾屬再生矣." 安堵如故.

高麗李伯謙嘗爲濟州牧使, 有善政. 忠肅王時, 濟州賊魁, 使用金成等, 嘯聚兇徒, 逐星主王子以叛, 欲討之, 難其人. 賊黨咸曰: "若得李伯謙宋[41]英來撫, 吾豈敢叛乎?" 乃遣伯謙英招撫之, 未幾賊平.

高麗蔡靖掌慶州書記, 其後東京人, 與永州作亂. 朝廷議遣按撫使, 難其人, 聞東京人思靖不已, 乃拜靖留守副使. 單騎之任, 東京人聞其至, 反側悉安.

俞省曾爲羅州牧使, 多善政. 宣祖時, 邑人詣闕上書, 乞復借之, 特命再除.

其遭喪而歸者, 猶有因民不舍, 或起復而還任, 或喪畢而復除.

項忠爲陝西按察使, 適陝饑, 忠不待奏報, 輒發倉賑之, 民感其惠. 聞繼母

---

41 宋: 新朝本에는 '李'로 되어 있음.

喪, 民詣闕乞留, 詔奪服反任. 明年, 徵爲大理卿, 陝人復赴闕借留, 天子許之. 軍民喜忠復來, 焚香迎迓.

孫浩, 永樂中知邵陽, 遭喪去官. 按察使頌浩善政, 宣宗嘉歎, 卽命起復.

張璟知平山縣, 秩滿士民乞留, 英宗命進秩復任. 景泰初, 以母憂去, 復從士民請, 奪情視事.

劉永事荊州知府, 遭父喪, 軍民萬八千餘人乞留, 英宗命奪情視事.

盛顒知束鹿邑, 豪右聞其來, 相戒曰: "是嘗劾石總兵者, 其人不可犯也." 未幾丁內艱去, 民留之不可. 俟其服闋, 相率詣闕, 乞得顒再任.

暢宣知泰安縣, 以母憂去, 民頌於使司. 仁宗命服闋還任. 仁宗崩而服闋, 吏部以請, 帝曰: "民欲之, 監司言之, 固當從, 況有先帝之命乎!" 遂如其請.

劉伯吉知碭山縣, 以親喪去. 服除, 碭山民守闕下求再任. 吏部言: "新令已在碭山二年矣." 帝曰: "新者勝舊, 則民不復思, 今久而又思, 其賢於新者, 可知矣." 遂易之.

宣和爲礪山縣監, 恩威並行, 吏民懷之. 以外喪去位服闋, 邑人上書還任.

陰與吏謀, 誘動奸民, 使之詣闕而乞留者, 欺君罔上, 厥罪甚大.

劉迪爲永寧稅課大使, 秩滿刲羊置酒, 邀耆老請留. 民詣闕奏乞, 事覺, 宣宗怒, 下之吏. ○王聚爲漢中同知, 亦張宴求屬吏保奏, 知府以聞, 宣宗怒, 並屬吏罪之. 自後部民奏留, 率下所司覈實云. ○案 『明史[42]循吏傳』云: "宣宗之世, 最重循良, 而吏部尙書蹇義尤愼擇守令, 考察明恕." 若馬旭·楊信之等十數人, 皆九載奏最, 爲民乞留, 卽加秩留任. 沿及英宗之世, 吏治淳厚, 部民奏留, 率報可. 然其間亦有作奸者, 如劉迪·王聚之事是也.

第四條 乞宥

---

42 史: 新朝本에는 '吏'로 되어 있음.

文法所坐, 黎民哀之, 相率籲天, 冀宥其罪者, 前古之善俗也.

『周禮司勳』云: "民功曰'庸', 事功曰'勞', 治功曰'力'." 此唐虞之舊典, 所謂 '軍服以庸'者也. 「小司寇」八議之法: "四曰'議能', 五曰'議功', 七曰'議勤'." 所 謂十世宥之, 以勸能者也. 天下之曰功曰能, 無以蹄於牧民而安民. 苟其愛戴 之情, 眞實無僞, 呼籲之聲, 惻怛可感, 雖所坐深重, 因以宥之, 以順民情, 不 亦可乎? 近世朋比傾陷, 一爲所擯, 卽民之乞宥者, 亦罹文網, 其罪不測. 故民 雖哀傷歎嗟, 百身思贖, 而終不敢一聲以自暴, 世道之日汚日卑, 如是矣. 部 民之已蒙治理者, 猶其易者也. 或流配所到, 民聞其名, 欲赴闕乞借者, 亦時 有之. 率皆畏此罪罟, 莫敢先動, 豈不嗟哉? 宜著爲式, 凡民籲所訟, 雖所坐深 重, 許令末減以勸能者. 若夫奸謀誘動, 以罔天聽者, 其辨別至易, 斯不足爲 慮也.

趙廣漢爲京兆尹, 威制豪强, 發奸摘伏如神. 後坐事下廷尉獄, 吏民守闕號 泣者數萬人. 或言: "臣生無益縣官, 願代趙京兆死, 使得牧養小民." 廣漢竟 死, 而百姓追思, 歌之至今.

漢魏相爲河南太守, 禁止奸邪, 豪彊畏服. 有告賊殺不辜者, 事下有司. 河 南戍卒在京師者二三千人, 遮大將軍【霍光也】, 願復留作一年【乞加戍一年】, 以 贖太守罪, 河南老弱萬餘人守闕[43], 欲入上書. 大將軍遂下相廷尉獄, 會赦出, 後再爲河南太守.

王尊爲京兆尹, 旬月間盜賊平. 以劾匡衡事左遷, 病免. 湖三老公乘興等上 書稱善曰: "賊亂盡除, 豪猾伏辜, 以佞巧廢黜. 一尊之身, 三期之間, 乍賢乍 佞, 豈不甚哉?" 書奏, 天子復以尊爲徐州刺史.

晉王蘊爲吳郡太守, 郡荒賑卹. 朝廷科罪免官, 士庶詣闕訟冤, 特左降晉陵 太守.

高斗南爲定遠知縣, 才識精敏, 多善政. 會與知永州余彦誠等九人, 並坐事,

---

43 闕: 新朝本에는 '關'으로 되어 있음.

先後被徵. 其耆民奔走闕下, 具列善政以聞, 太祖嘉之, 賜襲衣寶鈔遣還, 並賜耆民道路之費. 諸人旣還任, 政績益著. 尋擧天下廉吏數人, 斗南與焉. 列其名於「彰善榜聖政記」以示勸.【以下『明史』⁴⁴】

余彥誠知安陸州, 以征稅愆期, 當就逮, 其父老伏闕乞留. 太祖賜宴嘉賞遣還, 父老亦預宴.

鄭敏知齊東縣, 嘗坐事被逮. 部民數千人, 守闕下求宥. 帝宴勞, 復其官, 賜鈔百錠衣三襲. 居數年, 考滿入朝, 部民復走京師, 乞再任, 帝從其請.

周榮爲靈璧⁴⁵丞, 坐累逮下刑部, 耆老羣赴輦下稱其賢. 帝賜鈔八十錠綺羅衣各一襲, 禮部宴榮及耆老而還之. 無何擢爲靈璧⁴⁶知縣, 後爲河南布政使.

李湘知東平州, 成祖晚年, 數北征, 令山東長吏督民轉餉, 道遠多死亡, 唯東平人無失所. 奸人誣湘苛斂民財, 訐於布政司, 縣民千三百人走訴巡按御史及布按二司, 力白其冤, 耆老七十人復奔哭闕下, 發奸人誣陷狀. 又有耆老九十人隨湘訟冤. 事下刑曹, 閱實乃復湘官, 而抵奸人於法.

孔公朝知寧陽縣, 永樂間坐事遣戍. 部民屢叩閽乞還, 皆不許. 宣德二年, 詔求賢, 有以公朝薦者. 寧陽人聞之, 又相率叩閽. 帝曰: "公朝去寧陽已二十餘載, 民奏乞不已, 此非良吏耶? 可卽與之."

郭完知會寧縣, 爲奸人所訐被逮. 里老伏闕訟冤乞還, 帝亦許之.

范希正爲曹縣知縣, 有奸吏受賕, 希正按其罪, 械送京師. 吏反誣希正他事, 坐逮. 曹民八百餘人, 詣京白通政司言: "希正廉能, 橫爲奸吏誣枉." 侍郎許廓以公事過曹, 曹父老二百餘人遮道稽顙泣言: "朝廷奪我賢令." 事並聞, 帝乃釋希正, 使還縣.

歸安丞高彬, 曹縣主簿劉郁, 衡山主簿紀惟正, 霑化典史杜護, 皆坐事, 以部民乞宥, 復其官, 而惟正立擢陝西參議. 其後州縣佐貳, 因部民之請, 超遷

---

44 以下明史: 문맥상 문단 처음의 "高斗南爲定遠知縣" 뒤에 있어야 옳은 듯함.

45 璧: 新朝本에는 '壁'으로 되어 있음.

46 璧: 新朝本에는 '壁'으로 되어 있음.

內職者, 數十餘人. ○案 佐貳之官, 有丞·有史·有主簿有尉, 吾東並無此官. 所以守令莅邑, 橫恣無懼, 擅行其志, 民日益困, 職此由也. 韓文公作「藍田縣丞廳壁記」, 甚言'丞佐無權, 不足有無', 而『明史』所載, 以丞佐之職, 而大得民心, 功績茂著者, 不可勝數, 在乎朝廷勸獎之如何耳. 國初有京所鄉[47]所之名, 皆賓佐之輔治者. 京所多卿相, 在京句管, 鄉所以儒品, 在鄉者居之, 本是賓佐, 故名之曰'座首'. 今賤族奸民乃爲座首, 與吏朋奸, 欺蔽萬狀, 宜革其名, 降爲主簿, 別選京官, 差爲丞佐, 以遵大明之舊制也.

李性恒爲延豐縣監, 時朝廷有煮硝令. 已而查究其不從令者, 旁邑或欲便文以苟免, 公曰: "如此, 勿欺之義安在?" 遂自實以罷去. 吏民聞之, 爭之闕下, 號泣請貰.

李永輝爲安峽縣監, 以非罪見罷. 一縣驚愕. 相聚訴屈於都事, 擁馬首不去. 其去縣也, 父老攀轅而哭, 送出境者, 猶數百人.

第五條 隱卒

在官身沒而清芬益烈, 吏民哀[48]悼, 攀輀號咷, 旣久而不能忘者, 賢牧之有終也.

漢韓延壽爲左馮翊, 恩信周徧. 後坐事棄市, 吏民數千人送至[49]渭城, 老少扶持車轂, 爭奏酒炙. 延壽不忍拒逆, 人人爲飮, 計飮酒石餘. 使掾史分謝送者: "遠苦吏民, 死無所恨." 百姓莫不流涕.

漢薛聰爲齊州刺史, 政尙簡靜. 卒於州, 人吏追思, 留所坐榻, 以爲遺愛.

東漢王渙爲洛陽令, 居身平正, 能以明察, 發摘奸伏, 外猛內慈, 人皆悅服. 竟卒于官, 百姓莫不流涕, 爲立祠, 作詩絃歌以祭. 太后嘉之, 詔以其子爲郎

---

47 鄉: 新朝本에는 '卿'으로 되어 있음.
48 哀: 新朝本에는 '愛'로 되어 있음.
49 至: 新朝本에는 '之'로 되어 있음.

中.

梁任昉爲義興太守, 及歸無衣. 鎮軍將軍沈約, 遺裙衫迎之. 後爲新安太守, 爲政清省. 卒于官, 無以爲殮. 遺言不許以新安一物還都, 雜木爲棺, 浣衣爲殮. 闔境痛惜.【楊震遺令以雜木爲棺, 蓋謂一棺六合, 雜用諸木.】

周茂叔宰南昌, 嘗得疾, 更一晝夜始甦. 友人潘興嗣視其家服御之物, 止一敝篋, 錢不滿數百.

蔡君山爲太康主簿, 卒于縣. 縣人哀其貧, 以錢二百千爲其賻. 程氏泣曰: "吾家素以廉爲吏, 不可以此汚吾夫." 拒而不受.

錢本忠爲吉水知縣, 有廉名, 詿誤罷官. 父老奔走號泣乞留, 郡人胡廣力保之, 得還任. 民聞本忠復來, 空閭井迎拜. ○永樂中, 卒於官. 民哀慕留葬吉水, 爭負土營墳. 其得民如史誠祖.

曾泉謫補氾水典史, 不以降黜而有惰心, 闢土收穀, 伐材木, 備營繕, 通商賈, 完逋責, 官有儲積, 民無科擾. 造舟楫, 置棺椁, 贍民器用, 百姓婚喪不給者, 咸資於官. 泉死之日, 老幼巷哭. 正統四年, 河南參政上言, 備上其善狀, 且曰: "臣行部氾水, 泉沒已三年矣, 民懷其惠, 言輒流涕, 雖古之循吏, 何以加此? 請復其官, 下詔褒美." 帝從之.

陳鋼爲黔陽知縣, 多善政. 病甚, 民爭籲神, 願減己算, 益鋼壽, 病亦尋愈. 丁母憂歸卒, 黔陽人祠祀之.

丁積爲新會知縣, 蠲甲首錢. 會歲大旱, 築壇圭峯頂, 昕夕伏壇下者八日, 雨大澍, 而積遂得疾以卒. 士民聚哭於途, 有一嫗夜哭極哀, 或問之, 曰: "來歲當甲首, 丁公死, 吾無以聊生矣."

張宗璉知常州, 政務廉恕. 御史李立來理軍籍, 暴橫不法, 宗璉心積不平, 疽發背卒. 常州民白衣送喪者千餘人, 爲建祠君山.

于謙巡撫河南, 時公廨在馬軍橋西. 天順初, 謙被誣死開封. 父老聞之, 咸涕泣, 相率詣故廨, 爲位哭奠. 後因立祠廨旁祀之. 李夢陽爲之記. 後杭州復以于謙配伍子胥褚遂良·岳飛爲四忠祠.

海瑞以南京都御史卒於官. 僉都王用汲入視, 葛幃敝簏有寒士所不堪者.

歎息泣下, 啓其篋, 僅十餘金. 士大夫醵金爲殮具, 士民哭之, 罷市者數日. 喪出江上, 簞食壺漿之祭, 數百里不絶.

毛吉爲廣東副使, 流賊之亂, 殺賊戰死. 初吉出軍時, 給官銀千兩, 充軍餉, 委官徐文司之, 已費及牛. 文憫吉死無歸, 以所餘銀, 密授其僕, 俾爲喪具. 是夜僕婦忽出中堂, 據正席坐, 擧止如吉狀, 顧左右曰: "請夏憲長來." 擧家驚惶. 頃之夏至, 乃起揖而言曰: "吉受國恩, 不幸死於賊, 固無餘憾. 但徐文所遺官銀, 已付我家, 我負汚辱于地下矣. 願亟還官, 毋汚我." 言畢, 忽仆地, 少頃婦甦. ○案 此說, 或近浮誕, 恐未可信也.

郭垠爲潭陽府使, 輕徭[50]薄賦, 爲政淸慈. 暴卒于官, 人皆悲慟, 絶酒肉相弔, 歸葬之日, 巷哭聲相接. 士民相議, 歲歲忌還, 聚米設齋, 以祈冥福. 家乘又言: "魚商不入其境曰: '潭民必不食矣.'"【南秋江孝溫所錄】○郭公喪行將還, 什物皆還之, 獨一弊笥, 遺在隱處. 夫人見之大驚曰: "此物奚在於斯? 速還之, 毋累夫子之淸德也."

盧大河以古阜郡守, 歿于官. 將殮, 郡致襚用紋錦. 井邑縣監朴忠生來視殮, 不許曰: "公平生不以奢侈爲禮."

尹亨來爲懷仁縣監, 政先仁恕, 民仰若父母. 公病殆, 人有過境而宿, 見老嫗以杖叩地而泣曰: "惜乎! 失賢宰, 民何以生?" 早穀始生, 民相繼來獻曰: "此新物, 味或可嘗?" 公皆謝遣之, 猶有躊躇而不能去者.

寢疾旣病, 宜卽遷居, 不可考終于政堂, 以爲人厭惡.

政堂者, 公堂也. 若不幸而易簀, 卽後人厭惡, 邪說紛興. 牧旣寢疾, 自度病情, 如有深憂, 宜卽移處于冊房, 不可以堅臥爲德也. 古人有定力者, 不必嫌忌, 而在我道理, 宜謹避之.

『南史』: "陸襄出爲楊州中從事, 以父終此官, 固辭. 武帝不許, 聽與府司馬換廨居之."

---

50 徭: 新朝本에는 '徑'으로 되어 있음.

唐李吉甫改郴饒二州. 會前刺史相繼以死, 吉甫命薹除其廨, 自若視事.

李緯國爲祥原郡守, 郡廨有鬼祟, 前後爲守者多死, 因久廢不居. 公到郡, 卽令治茸而居之. 是夜, 所乘馬無故忽斃. 公怡然不爲意, 竟亦無事. ○後爲利川府使, 前此府使, 相踵而死于府廨者三. 府人皆爲之設座鋪筵, 饗其神于府堂. 後官至則畏避, 寄居民舍, 如是累政. 公謂吏曰: "新官來, 舊官當去. 神道豈異於人事?" 卽遷其神而居之. ○按 此非夫人之所能爲也. 我自謹避, 毋爲邪說之囮, 不亦善乎?

喪需之米, 旣有公賜, 民賻之錢, 何必再受? 遺令可矣.

『續大典』: "外官身死及遭喪者, 給喪需米有差. ○觀察使及守令任所在喪, 則湖南嶺南四十石, 湖西三十石. 己喪則湖南嶺南四十石, 湖西三十五石. 海西親喪己喪三十五石. 妻喪並比己喪折半."【兵使喪, 嶺南湖南三十五石, 湖西海西二十石. ○水使喪, 嶺南湖南三十石, 湖西海西十五石. ○營將喪, 湖南嶺南三十石, 湖西十五石. 並以儲置米劃給.】○案 公賜之米, 若是其優厚者, 爲不欲斂之於下民也. 葛伯食之, 又不以祭, 匿君之賜, 而又收民賻可乎? 民賻斷不可受也. 牧旣寢疾, 若病情危篤, 卽宜遺令, 勿收民賻可矣. 若我清白到骨, 雖受公賜, 實無以千里反柩者, 我死之後, 丞佐斂議, 必有以處之, 何必民賻是斂哉?

『續大典』: "曾經承旨觀察使節度使防禦使, 東班二品實職而身沒外任者, 並給擔柩軍丁. ○守令邊將之在任身死者, 返柩時, 駕牛題給." ○案 擔軍駕牛, 法雖有級, 守令之返柩也, 無不給擔軍者也, 孔路之衝, 頻逢此行. 並有規式, 擔軍自設會所, 名之曰'息肩廳', 有上司知會, 自能奉行.

『喪具補纂』云: "千里運柩, 其事至艱, 造棺宜從狹小輕薄. 擇乾燥之材, 四圍及地板, 其厚一寸二分, 天板厚一寸八分, 斯可矣[51]. 參天兩地, 地板每視天板三分而損一也. 欲棺之狹小, 則先從斂事, 勿用雜絮雜衣, 務從褻小, 斯可矣. 知壙室之理者, 仍以是棺葬之可也. 不知經遠之謀, 而重爲觀美者, 到

---

51 矣: 新朝本에는 '失'로 되어 있음.

山下改棺, 亦無不可, 大抵柩體重大, 易於撲損, 汗流脅息, 擔夫厭惡. 聖人之制喪禮, 爲不使人厭惡也. 當喪者, 宜知此意."

治聲旣轟, 常有異聞, 爲人所誦.

王業字子香, 爲荊州刺史, 有德政, 卒于支江. 有三白虎, 低頭曳尾, 宿衛其喪, 及喪去踰州境, 忽然不見.【『陳留耆舊傳』】

第六條 遺愛

旣沒而思, 廟以祠之, 則其遺愛可知矣.

漢朱邑, 少時爲桐鄉嗇夫, 廉平不苛, 未嘗笞辱人, 存問耆老孤寡, 吏民愛敬. 稍遷至大司農, 病且死, 屬其子曰: "我故爲桐鄉史, 其民愛我, 必葬我桐鄉. 後世子孫不如桐鄉民." 及死, 葬之桐鄉西郭外, 民果然共起冢立祠, 歲時祠祭不絶.

後漢羅衡爲茂陵令, 治化浹洽. 徙萬年縣, 牛馬皆繫[52]道邊曰: "屬之羅公." 後竟立祠.

梁任昉爲吳興太守, 兒妾食麥而已, 被代至都, 無衣不能入. 沈約遣裙衫迎之, 百姓追思, 立祠享之.

韓文公爲潮州刺史, 潮民悦服. 公歿後民思焉, 爲祠於州城之南, 飮食必祭, 水旱疾疫, 凡有求必禱焉.

柳宗元爲柳州刺史, 治化大行, 公無負租, 流逋四歸, 宅有新屋, 步有新船. 嘗與其部將歐陽翼等, 飮酒驛亭曰: "吾棄於時, 而寄於此, 與若等好也. 明年吾將死, 死以爲神. 後三年爲廟祀我." 及期而死. 三年孟秋辛卯, 侯降于州之後堂, 其夕夢告曰: "餝我于羅池." 遂立廟祭之. ○案 此事恍惚, 不可憑也.

---

52 繫: 新朝本에는 '擊'으로 되어 있음.

張方平爲益州刺史, 先是, 蜀有訛言, 公至帖然, 蜀人以安. 於是留像於淨衆寺[53], 眉山蘇洵爲之記.

趙汝愚爲信州, 政成惠洽. 郡人於城南, 建祠設像, 爲之祝壽. 汝愚因觴客於中, 命撤其像, 戲名曰'一杯亭'.

趙豫爲松江知府, 減吏休民, 均徭節費, 省刑蠲租. 正統中, 九載考績, 民五千餘人, 列狀乞留. 巡按御史以聞, 命增一秩還任. 及十年春, 大計羣吏, 始擧卓異之典, 豫與寧國知府袁旭皆預焉. 賜宴及襲衣遣還. 在職十五年, 淸靜如一日. 去郡, 老穉攀轅, 留一履以識遺愛. 後配享周忱祠.

金熙爲南原府使, 視民如子, 決訟如流, 在官數載, 一邑晏然. 未幾以病終于官, 邑人每於忌日, 祭之不替.

金係熙爲羅州牧使【世祖朝】, 有惠政, 大修學校. 民有去思, 及死如喪其親. 爲立寶, 每歲忌日, 州中大小人皆集, 設祭于明倫堂.

生而祠之, 非禮也. 愚民爲之, 相沿而爲俗也.

生祠之俗, 起於西京. 石慶爲齊相, 人慕其家行, 爲立生祠; 欒布嘗守燕, 郡人慕其廉平, 爲立生祠. 自玆以降, 荀勉童恢韋義【爲政, 狂獄屢空】王堂杜軫之等, 摠有生祠, 唐宋以來, 益汗漫矣.

晉陸雲爲浚儀令, 百姓圖畫形像, 配食縣社.

唐狄仁傑爲魏州刺史, 民爲立生祠. 後其子景暉官魏州司功, 貪暴爲虐, 民苦之, 因毁父生祠.

唐王敬伯守巴郡, 爲政淸惠. 吏民爲立生祠.

韓魏公所歷諸大鎭, 皆有遺愛, 人人畫像事之, 獨魏人於生祠爲塑像, 歲時瞻尊, 比狄梁公. ○宋張綸知泰州, 修海堰, 復逋戶, 民利之, 爲立生祠. ○高賦知衢州, 除蠱患, 知唐州, 闢土田, 兩州爲立生祠.

徐九思爲句容知縣, 多善政. 及去, 句容民爲建祠茅山. 九思家居二十二年,

---

53 寺: 新朝本에는 '等'으로 되어 있음.

年八十五, 抱疾抗手曰: "茅山迎我." 遂卒.

陳鎰鎭陜[54]州, 民有疾者, 發願爲鎰舁轎, 不事醫藥祈禱, 輒愈. 一出行, 儓人爭舁之, 雖禁不息也. 及鎰去, 民多圖其像, 事之如神.

李相國元翼爲平安觀察使, 廉慈多惠政, 民爲立生祠. ○李公萬元, 亦於西京有生祠, 遺像至今在焉. ○按 今之生祠, 無縣不立, 無有限紀, 不能盡錄.

『雪樵山談』云: "生祠之弊, 歲增月加. 影堂香火, 項背相望, 而旣沒立祠者, 今反未聞, 蓋以諂諛成風. 凡貴臣望重, 蔚有前途者, 必欲及其生而獻媚, 以受其報, 故猾吏奸民, 相與朋締, 歸家未稅, 廟貌已立. 此而不禁, 淫祠其不可勝焚矣. 牧旣生存, 未有不聞而知之者, 默自歡喜, 莫之思毁, 可乎?"

刻石頌德, 以示悠遠, 卽所謂善政碑也. 內省不愧, 斯爲難矣.

晉羊祜久鎭襄陽, 多行仁惠. 祜旣卒, 百姓於峴山建碑立廟, 卽祜平生游憩之所也. 歲時饗祭, 望其碑者, 莫不流涕, 杜預因名爲墮淚碑.

阮略爲齊國內史, 風化大行. 卒于官, 齊人欲立碑, 時官制嚴峻, 自司徒魏舒以下, 皆不得立. 齊人思略不已, 遂共冒禁立碑, 然後詣闕待罪. 朝廷聞之, 尤歎美其惠.【『陳留志』】 ○按 善政碑之虛實相蒙, 已自魏晉之際, 早有此弊. 故禁令嚴峻, 民不得擅立之也. 憶在先朝, 申嚴此令, 立碑在三十年以來者, 並令琢毁. 今此禁亦弛, 虐政纔去, 又以刷馬錢立碑錢, 民力重困, 豈不嗟哉? 牧於歸後, 若聞立碑之說, 宜引先大王舊詔, 嚴嚴戒飭, 庶幾追念而不敢爲也.

唐宋璟曾於廣州有惠政. 廣州請爲璟立遺愛碑, 璟請禁之, 以革諂諛之風. 於是他州皆不敢立.

唐房彦謙爲長葛令, 民號曰慈父. 旣去, 立碑頌德.

唐劉晏爲溫令, 有惠利可紀. 民皆刻石以傳.

唐韋丹守江西, 有遺愛. 宣宗與宰相語: "元和時治民孰第一?" 周墀對曰: "臣嘗守江西, 韋丹有大功[55], 德被八州. 歿四十年, 老幼思之不忘." 乃詔觀察

---

54 陜: 新朝本에는 '陳'로 되어 있음.

使, 上丹功狀, 命刻功于碑, 詔史館杜牧撰銘.

李石潭潤雨爲鏡城判官, 鏡城絶塞累千里, 古石幕之墟. 其俗雜胡貉, 尤難治. 公爲政, 以誠善推恕. 旣還, 其人冶鑄鐵碑, 追思不已.

宋木翁瑄爲抱川縣監, 田政不治, 豪右兼幷成風, 小民苦之. 木翁一繩之以法, 右族多不悅. 治縣三月罷, 百姓立遺愛碑.

丁公彦璜爲安東府使, 以疾[56]棄歸, 儒品吏民, 請留不得, 立石追思. 問遺不絶者數十年, 及聞公卒, 致賻且送祭需以至三年.

柳正源爲通川郡守, 多惠政. 拜副校理, 公以單騎赴召, 民老少擁馬首號泣, 或僵臥路中不起, 公慰諭而行. 後邑人鑄銅碑, 以頌其德.

梁貞陽侯蕭明爲豫州刺史, 百姓言其德政, 樹碑于州. 明廣營廚帳, 多召人物, 躬自率領. 識者笑之曰: "王自立碑, 非州人也." 【『南史』】 ○白香山作「靑石詩」云: "不願作官家道旁德政碑, 不鐫實德鐫虛辭." 碑之難信久矣. 今人解官, 陰以錢數百兩, 留付奸鄉猾吏, 使建遺愛碑, 名之曰'碑債', 此亦自立碑之類也.

『大淸律』: "凡現任官, 實無政蹟, 輒自立碑建祠者, 杖一百, 若遣人妄稱己善, 申請於上者, 杖八十, 受遣之人, 各減一等, 碑祠折毀."

木碑頌惠, 有誦有諂, 隨卽去之, 卽行嚴禁, 毋底乎恥辱矣.

『寒巖瑣話』云: "一政小厲, 謗訕朋興; 一令乍便, 木碑相望, 是之謂弊民. 木碑者, 牧之所宜禁也. 雖使萬民咸悅, 必有一夫含怨, 今日新碑潔白, 明日有過而穢之者. 無成與虧, 故[57]昭氏之不鼓也. 莫如隨建隨去, 嚴飭諸鄕, 無得再建, 斯無悔也."

李判書相璜爲忠淸道暗行御史, 赴槐山郡, 未及郡五里, 天色猶昧, 見遠遠芹田裏有氓, 袖出木片, 倒揷泥中, 旣又安置于道旁, 又前行數十步, 又出袖

---

55 功: 新朝本에는 '切'로 되어 있음.

56 疾: 新朝本에는 '族'으로 되어 있음.

57 故: 新朝本에는 '古'로 되어 있으나 『莊子·齊物論』에 의거하여 바꾼 것임.

中木片, 泥而建之, 如是者五. 御史問之曰: "彼是何物?" 曰: "這是善政碑, 旅人不知乎? 這是善政碑." 御史曰: "何乃泥之?" 曰: "暗行御史蹤跡滿地, 吏房召我, 授此碑十箇, 使我東道立五箇, 西道立五箇. 恐怕瞎御史, 將以此爲眞碑, 故泥而建之也." 御史遂從此入按事, 先數泥碑事, 封庫罷黜.

旣去而思, 樹木猶爲人愛惜者, 「甘棠」之遺也.
　辛仲甫爲彭州, 種柳道邊, 名曰'補闕柳'. 至[58]李順之亂, 民曰: "無傷補闕柳."
　唐李錫爲虞城令, 館有三柳, 公往來憩之. 後人勿翦比「甘棠」.
　寇準知歸州巴東縣, 多善政. 手植雙柏於縣庭, 至今民以比「甘棠」, 謂之'萊公柏'.
　南軼爲漆原縣監, 有遺愛. 至今人指其所種樹木, 曰'南亭子'云.

愛之不諼, 爰取侯姓, 以名其子者, 所謂民情大可見也.
　江祚爲安南太守, 民思其德, 以江名子.
　孟宗爲豫章太守, 人思其惠, 生子以孟爲名.
　唐陽城爲道州, 治民如治家, 奏罷侏儒之貢, 州人感之, 以陽名子. ○韓退之爲陽山令, 民生子, 多以其姓字之. ○按 長沙之民, 以宗爲名【思宗慶】; 新息之民, 以賈爲名【思賈彪】; 順昌之民, 以兪爲名【思兪偉】. 若是者更多【見上慈幼條】, 散見諸篇.

旣去之久, 再過兹邦, 遺黎歡迎, 壺簞滿前, 亦僕御有光.
　漢郭伋曾爲荊州, 後伋入界, 兒童騎竹馬出迎.
　後漢耿純拜東郡太守, 有惠政. 後道過東郡, 百姓數千, 隨馬駕云: "欲復得耿君."

---

58 至: 新朝本에는 '之'로 되어 있음.

韋景駿爲肥縣令, 有善政. 後遷趙州長史, 路經肥縣, 人吏驚喜, 競來餽餞, 留連彌日. 有童幼數人, 年甫十歲, 亦在其中, 景駿謂之曰: "計吾北去, 此時汝輩未生, 旣無舊恩, 何慇懃之甚也?" 咸對曰: "比間長宿傳說, 縣中廨宇學堂館舍堤橋, 並是明公遺跡, 將謂古人, 不意得瞻視, 不覺欣戀, 倍於常也."

廖欽爲河內丞, 以廉能稱. 後坐事謫戍, 久之以老病放歸, 道河內, 河內民競持羊酒爲壽, 且遺之縑, 須臾衰數百匹, 欽固辭不得, 一夕遁去.

柳正源爲通川郡守, 多惠政. 旣遞後數年, 掌監試, 至淮陽. 通民五十餘人, 不遠數百里, 相率來拜, 至有出涕者.【『大山集』】

輿人之誦, 久而不已, 其爲政可知已.

鄧攸守吳郡, 不受祿, 載米來食, 惟飲郡中水而已. 及去, 百姓留之不得, 歌曰: "鄧侯挽不來, 謝令推不去."

唐李峴爲京尹, 甚著聲績. 楊國忠惡其不附己, 出爲長沙太守. 時京師米貴, 百姓歌曰: "欲得米粟賤, 無過追李峴."

高麗河允源知原州, 有仁政. 政滿召還, 雉岳山僧云鑑, 作詩寄之云: "兒嬉在母側, 恩愛尙未知, 母去兒啼號, 無乃逼寒飢?"

居無赫譽, 去而後思, 其唯不伐而陰善之乎?

漢何武累爲郡守, 所居無赫赫之名, 去後常見思.

晉謝安爲吳會太守, 任官無當時譽, 去後人思之.

仁人所適, 從者如市, 歸而有隨, 德之驗也.

『五代史』: "吳越儇守永嘉, 政化翔洽, 百姓愛之. 及移守姑蘇, 溫人有携家從者, 謂之'隨使戶'."

若夫毀譽之眞, 善惡之判, 必待君子之言, 以爲公案.

元結作「道州刺史廳壁記」云: "天下太平, 方千里之內, 生植齒類, 刺史能存亡休戚之; 天下兵興, 方千里之內, 能保黎庶, 能攘患難, 在刺史耳. 凡刺史若無文武才略, 若不清廉肅下, 若不明惠公直, 則一州生類皆受其害. 於戲! 自至此州, 見井邑丘墟, 生民幾盡, 試問其故, 不覺涕下. 前政刺史, 或有貪猥惛弱, 不分是非, 但以衣服飲食爲事, 數年之間, 蒼生蒙以私欲侵奪, 兼之公家驅迫, 非姦惡彊富, 殆無存者. 問之耆老, 前後刺史能恤養貧弱, 專守法令, 有徐公履道李公廙而已. 徧問諸公, 善或不及徐李二公, 惡有不堪說者. 故爲此記, 與刺史作戒." ○ 呂溫作後記云: "元次山自作「道州刺史廳記」, 旣彰善而不黨, 亦指惡而不誣, 直擧胸臆, 用爲鑑戒, 昭昭吏師, 長在屋壁, 後之貪虐放肆, 以生人爲戲者, 獨不愧於心乎? 予自幼時, 讀古循吏傳, 慕其爲人, 以爲士大夫立名於代, 無以高此. 自爲此州, 雖履劇自課, 而未能逮其意也."

정약용丁若鏞

조선 정조 때 실학자로 호는 다산茶山이다. 1762년 경기도 광주부에서 출생하여 28세에 문과에 급제했다. 곡산부사·동부승지·형조참의 등의 벼슬을 지냈다. 경학經學과 시문학에 뛰어났으며 천문·지리·의술 등 자연과학에도 밝았는데, 수기치인修己治人의 실학은 그의 학문 자세와 방향을 상징하는 말이 됐다. 18년간의 강진 유배생활 동안『목민심서』『경세유표』『흠흠신서』등 방대한 분량의 초고를 저술했으며, 경학 연구서 232권을 비롯해 2500여 수의 시와 다수의 산문 등 빼어난 저술들을 남겼다. 1818년 귀양이 풀려 고향으로 돌아와 1836년 별세하기까지 방대한 저술의 완성에 힘을 쏟았다.

다산연구회

1975년 고故 벽사 이우성 선생을 필두로 실학에 관심을 가진 학자들이 함께 원전을 읽고 토론해보자는 취지로 모임이 시작되어『목민심서』독회와『역주 목민심서』출간에 이르렀다. 10년간 치밀하게 조사하고 치열하게 토론하며 역주에 힘을 쏟은 결과, 1978년『역주 목민심서』(창작과비평사) 제1권을 간행한 이래 1985년 전6권이 완간되었다. 회원은 작고한 분으로 이우성李佑成·김경태金敬泰·김진균金晉均·박찬일朴贊一·성대경成大慶·정윤형鄭允炯·정창렬鄭昌烈, 현재 활동하는 분으로 강만길姜萬吉·김시업金時鄴·김태영金泰永·송재소宋載邵·안병직安秉直·이동환李東歡·이만열李萬烈·이지형李篪衡·임형택林熒澤 등 16인이다.『목민심서』200주년을 기념한『역주 목민심서』전면개정판 작업의 교열은 임형택이 맡았다.

역주 목민심서 7

초판 발행/1978~1985년
전면개정판 1쇄 발행/2018년 11월 7일

지은이/정약용
역주/다산연구회
교열/임형택
펴낸이/강일우
책임편집/윤동희 홍지연
펴낸곳/(주)창비
등록/1986년 8월 5일 제85호
주소/10881 경기도 파주시 회동길 184
전화/031-955-3333
팩시밀리/영업 031-955-3399 편집 031-955-3400
홈페이지/www.changbi.com
전자우편/human@changbi.com

ⓒ 다산연구회 2018

ISBN 978-89-364-6053-2 94300
     978-89-364-6985-6 (세트)